LE DICTIONNAIRE DE Dieu

PIERRE CHAVOT

LE DICTIONNAIRE DE Dieu

Éditions de La Martinière

Couverture et conception graphique : © F4/Nicolas Hubert

Connectez-vous sur : www.lamartiniere.fr

Introduction

Le passé et le présent sont inséparables du « fait religieux », tout le monde en convient, que l'on croie ou non en une puissance supérieure et invisible. Les religions ont depuis toujours imprégné les comportements, les habitudes, les rapports humains. Et les mentalités occidentales, et orientales aussi pour partie, ont plus particulièrement été façonnées par trois religions nées au Proche-Orient qui, par leur importance numérique, mais aussi leur influence, et à la faveur des migrations de l'Histoire, cohabitent aujourd'hui sur les cinq continents, et concernent la moitié de l'humanité, soit un peu plus de trois milliards d'individus. Ce sont, par ordre chronologique, le judaïsme, trois fois millénaire, le christianisme, présent depuis deux mille ans, et l'islam, né au VIIe siècle. Toutes trois partagent la foi au Dieu unique, le Créateur et l'Éternel. Elles sont dites aussi « religions du Livre ». Ce mot de « livre », ordinairement nom commun, devient ici nom propre, car il désigne les écrits sacrés révélés par Dieu aux hommes.

Ainsi, pour le judaïsme, Dieu se manifesta aux hommes par l'intermédiaire des prophètes, dont le plus grand fut Moïse, auquel Dieu transmit la Torah, première partie de la Bible juive. Pour le christianisme, ces mêmes prophètes jouent certes un rôle capital, mais Dieu se révéla avant tout, élément essentiel de la foi, par son Fils, Jésus Christ, qui transmit l'Évangile ; ce dernier, fondement de la religion chrétienne, est aussi le nom donné aux quatre premiers livres du Nouveau Testament, les textes sacrés chrétiens. L'islam reconnaît et loue les prophètes, mais non la nature divine de Jésus ; pour les musulmans, la révélation finale de Dieu s'est faite au travers du Coran, dicté au prophète Mahomet par l'ange Gabriel. L'homme n'est ainsi qu'un « avertisseur », précise à de nombreuses reprises le Coran, pour qui juifs et chrétiens sont les « Gens du Livre » (*ahl al-Kitab*).

Bien sûr, les plus sceptiques essaient de démonter ces « révélations », mais sans tenir compte de la *foi*, qui demeure aux antipodes de leurs préoccupations : la foi, état éminemment personnel, échappe à toute explication rationnelle tout en cohabitant aisément avec la science historique. Laissons aux historiens et archéologues le soin de prouver ou d'infirmer, laissons aux Livres celui de transmettre le message de Dieu. N'étant ni juif, ni chrétien, ni musulman, ni même affilié à une quelconque religion, j'en parle d'autant plus à mon aise, et avec le profond respect dû à ceux qui vivent au quotidien leur amour de Dieu. Car, n'en déplaise aux grincheux, les trois religions du Livre, si elles se sont au cours de l'Histoire tantôt accordées, tantôt affrontées, n'ont jamais cessé d'échanger savoirs et traditions dont notre présent est le fruit, et dont témoignent les dialogues interreligieux, toujours actifs. Possédant des identités propres et fortes, d'une beauté stupéfiante, elles forment une vaste famille cohérente, riche, exceptionnelle, tant sur le plan historique que spirituel. Elles partagent des traits communs abordés de manière spécifique : Abraham (le père de tous les croyants), l'amour du prochain, l'aumône... Un héritage qui fait des juifs, des chrétiens et des musulmans les membres d'une même famille, des frères réunis autour de Dieu et motivés par le même espoir, vieux comme le monde : celui de la paix. Un mot qui se dit *chalom* en hébreu, *salam* en arabe, termes de même étymologie, qui rappelle que ces deux langues sont des sœurs venues des très anciens Sémites...

Ainsi, croyants ou non, nous appartenons à l'une des trois religions, ou bien nous vivons auprès de juifs, de chrétiens ou de musulmans. Le plus souvent, nous ne connaissons pas ce voisin ni la source de sa foi qui motive ses actes et ses pensées. Notre regard est voilé par les préjugés que les médias, toujours pressés, concourent à entretenir et à amplifier, car ils ne retiennent en général que les phénomènes extrêmes, et le plus souvent minoritaires. Il suffit pourtant de consulter les calendriers civils pour se convaincre que la grande majorité des fêtes chômées trouvent leur origine dans la religion. Le carnaval, le ramadan, le Nouvel An juif (Rosh ha-Shanah), la Toussaint, Noël, Pâques... sont inscrits dans notre rythme de vie. Et malheur à celui qui ferait mine de les supprimer : il provoquerait la fureur générale, y compris celle des athées et des plus farouches ennemis des religions ! Mais que représentent, pour beaucoup, le Grand Pardon (Yom Kippour), la fatwa et la chariah, si souvent mal interprétées, l'Immaculée Conception, déviée de son sens premier ? Connaît-on encore l'origine de la fête de Noël, ou le sens de termes aussi répandus que *païen*, *amen*, *parabole* ou *index* ? Sait-on les rapports étroits qui existent entre le grand dieu El de l'Antiquité proche-orientale, le nom des anges et Allah ? Et qui sont ces *rabbins*, ces *prêtres* et ces *imams* ? De même, certains mots et expressions sont devenus tellement banals que nous en avons oublié la source : l'acolyte, « la paille et la poutre » de Jésus, le *jubilé*, le *tohu-bohu*, le *petit chérubin*, l'*année sabbatique*, le *souk* et le *hammam*, ou encore les *agapes*... Et pourtant, tous ces termes sont aussi liés aux religions du Livre. Par-delà les convictions et les opinions de chacun, ces considérations nous ont amené à dresser un constat. C'est lui qui est à l'origine de l'élaboration de ce dictionnaire.

Le Dictionnaire de Dieu est né d'une expérience, d'une envie et d'un besoin. Ayant eu la chance, et le privilège, d'écrire plusieurs ouvrages sur la religion, surtout sur le christianisme et sur la Bible, j'ai toujours eu pour objectif, non de raisonner en spécialiste, mais de transmettre des connaissances au plus grand nombre. Car l'essentiel est de savoir pour comprendre, et donc pour « se » comprendre entre êtres humains. Partant de ce principe, je suis parti à la recherche d'un livre qui aurait recensé les principaux mots spécifiques et/ou communs aux religions du Livre. Or, curieusement, un tel ouvrage n'existait pas. Par exemple, pour connaître la signification de la notion de *Jugement dernier*, ou pour savoir ce que sont les *anges*, il fallait jusqu'ici puiser à différentes sources, et les compiler. Ainsi est apparu le besoin de faire un ouvrage donnant la définition de termes et d'expressions dans l'ordre de l'abécédaire, forme qui s'imposa comme la plus attrayante et la plus pratique.

Le Dictionnaire de Dieu comble donc un vide. Outil de connaissance accessible à tous, il ne prétend pas être une somme exhaustive, tâche presque impossible, mais un éclairage général permettant ensuite d'approfondir avec plus d'aisance tel ou tel sujet à l'aide d'autres sources. Il s'affirme aussi comme un outil permettant à chacun de mieux connaître l'autre, ainsi que sa propre culture et ses traditions. En le consultant, le lecteur pourra franchir les ponts qui relient les religions du Livre, ou bien s'attarder sur l'un ou l'autre qui le passionne.

Pour répondre à cet objectif, le dictionnaire se compose de quelque 1 100 définitions, réparties en nombre à peu près égal entre les trois religions, dont près de 200 communes. Chacune d'elles emploie un langage clair, sachant que l'étymologie porte à elle seule une grande part de la signification, de la symbolique et du rôle d'un mot. Par exemple, nous connaissons le *macchabée*, c'est-à-dire un mort : mais sait-on qu'il s'agit à l'origine d'une famille juive qui, au IIe siècle av. J.-C., restaura en Palestine le judaïsme, malmené par trois siècles d'occupation étrangère ? Les notices, dont nous nous sommes efforcé de rendre la lecture aisée et agréable, obéissent aussi à un souci de simplicité. Nous avons par exemple conservé les noms propres ou communs francisés, comme Mahomet au lieu de Muhammad, et noté toutes les dates en fonction de la naissance de Jésus-Christ par souci d'uniformisation (le calendrier juif débute en effet à la Création du monde et de l'homme, 3 761 ans av. J.-C., et le calendrier musulman à l'Hégire, soit en 622 apr. J.-C.). En outre, nous avons choisi de privilégier le nom de Dieu, même dans les définitions propres à l'islam, qui le nomme Allah, et au judaïsme, qui, depuis des siècles, ne le nomme pas.

Ce travail, relu avec attention par des spécialistes de chaque religion, prétend avant tout expliquer et transmettre, souvent par le biais du récit. C'est pourquoi il s'appuie de manière prépondérante sur les trois sources qui sont au cœur des religions monothéistes : la Bible pour le judaïsme, le Nouveau Testament pour les chrétiens (en priorité les évangiles), le Coran pour les musulmans. Viennent dans un second temps les divers écrits et traditions qui leur sont liés, comme la Michnah et le Talmud chez les juifs, les décisions des conciles, les fonctions du clergé et les caractéristiques de la liturgie chez les chrétiens, les *hadith*, la *Sunna* et la chariah chez les musulmans. Le lecteur découvrira donc le contenu de ces livres, avec leurs personnages illustres (les prophètes, David, Jésus, Mahomet, Ali, Moïse, Abraham...), leurs créatures (démons, Léviathan, Satan...), leurs grands thèmes (sagesse, mystique, monachisme, apocalypse, enfer...) ; il fera connaissance avec les différentes liturgies et lieux de culte (synagogue, église, mosquée...), avec les courants et familles qui enrichissent chaque religion (ashkénaze, séfarade, catholique, protestant, orthodoxe, sunnite, chiite...) et avec les événements historiques qui leur sont liés (dynasties musulmanes, croisades, Shoah, talibans...). En revanche, nous avons soigneusement esquivé les sujets très généraux, comme la mort, la science, le mariage, ou la guerre, dont les ramifications, multiples, se laissent difficilement enfermer dans le seul cadre religieux. Nous avons fait de même pour le thème de l'art, en incluant néanmoins les termes en rapport intime avec la religion, comme l'arabesque ou les portes (*bab*) musulmanes, les arts roman, gothique et baroque. Par ailleurs, certains s'étonneront peut-être de ne pas trouver de développement sur la condition féminine, sujet épineux, long et complexe. L'Histoire a montré que le droit des femmes fut une lutte incessante contre une morale favorisée par des sociétés patriarcales et un commentaire des écrits sacrés afin d'argumenter la prédominance masculine. Mais ce dictionnaire n'a pas pour but de juger, chacun ayant la conscience nécessaire pour se forger une opinion. Il s'attache en priorité à présenter le contenu de ces Livres où, il est vrai, l'homme occupe le premier rang, tout en accordant une place de choix à de grandes femmes. Les temps ont heureusement changé et la légitimité des femmes, bien que leur reconnaissance soit récente, est, dans de nombreux pays, encouragée aussi par des hommes, croyants ou non. Nous avons aussi évité de parler de certains événements de la fin du XXe siècle et de ce début de millénaire. En effet, dans un monde qui va vite, trop vite peut-être, l'information retient plus volontiers le sensationnel qui frappe efficacement les consciences, mais au risque de caricaturer et de disproportionner les réactions. Les religions sont ainsi récupérées à des fins politiques, certains « visionnaires » se réclamant d'une mission prophétique, presque messianique. Cet imbroglio spirituel, heureusement très minoritaire mais aux conséquences parfois considérables, est en fait le résultat d'une lecture partisane et d'une interprétation tendancieuse de ce qui constitue l'âme de ces trois religions. Dieu n'y est donc pour rien ! Pour ces raisons, certaines définitions ne s'étendent pas sur le sens qu'on pourrait dire « géopolitique » du mot, comme *djihad*, Palestine, voile... C'est donc sciemment que nous nous sommes tenus aux acceptions spirituelles et originelles pour ne pas empiéter sur des débats complexes et brûlants. Si nous nous penchons sur les écrits, parfois très complexes, des Livres, il apparaît que Dieu, dont il faut craindre la colère et suivre les exigences, est avant tout un créateur qui tient à ce qu'il a créé, en l'occurrence le monde, l'univers, les êtres vivants, les humains occupant le premier rang. Il les entoure d'amour paternel, de protection, de grandeur... À la toute fin de l'évangile qui porte son nom, l'apôtre Jean précise : « Il y a encore bien d'autres choses qu'a faites Jésus. Si on les mettait par écrit une à une, je pense que le monde lui-même ne suffirait pas à contenir les livres qu'on en écrirait » (21, 25). Les hommes ont oublié l'essentiel.

Ce dictionnaire a pour ambition de faire connaître la *foi*, celle qui, concrètement, est pratiquée par l'immense majorité des juifs, chrétiens et musulmans, dans le respect à la fois magnifique et réaliste des préceptes d'amour, de charité et de paix.

Bonne et heureuse lecture.

א
A

A

Aaron ✡✝☪

Dans la Bible, Aaron est le frère de Myriam et de Moïse, dont il devient le porte-parole (Ex. 4, 15-16). Mais Aaron, entouré de ses fils, est surtout le premier grand prêtre d'Israël – charge donnée par Moïse sur l'ordre de Dieu (Lév. 8, 6-9) – et le fondateur de la classe des prêtres qui officiera dans le Temple de Jérusalem. Aaron et Moïse sont ainsi rattachés à la tribu de Lévi, qui deviendra la classe sacerdotale.

La figure d'Aaron est attachée à de grands événements de l'Exode : il assiste Moïse devant Pharaon, ou encore laisse le peuple des Hébreux adorer le Veau d'or, ce que lui reproche son frère avant de lui pardonner. Mais, comme Moïse, il n'entrera pas en Canaan, la Terre promise : à Mériba, tous deux ont douté que Dieu, par sa simple volonté, pût faire jaillir une source. Il meurt avant Moïse, et Éléazar, son fils, le remplace. Le Talmud le décrit comme un homme pacifique, à la voix douce. Il est présent lors de la fête de Soukkot (pendant laquelle l'on commémore les quarante années d'errance des Hébreux dans le désert).

Le Nouveau Testament a repris le personnage d'Aaron. L'épître aux Hébreux dit : « Tout grand prêtre [...] pris d'entre les hommes est établi pour intervenir en faveur des hommes dans leurs relations avec Dieu, afin d'offrir dons et sacrifices pour les péchés. [...] Nul ne s'arroge à soi-même cet honneur, on y est appelé par Dieu, absolument comme Aaron. De même, ce n'est pas le Christ qui s'est attribué à soi-même la gloire de devenir grand prêtre, mais il l'a reçue de celui qui lui a dit : "Tu es mon fils, moi, aujourd'hui, je t'ai engendré." » (5, 1-6). Certains attributs des évêques, même si la mission de ces clercs est différente de celle d'Aaron, sont directement inspirés de ceux du premier grand prêtre d'Israël, comme la crosse qui rappelle son bâton miraculeux et celui de Moïse.

Aaron (Haroun en arabe) est cité plusieurs fois dans le Coran, qui le range parfois parmi les prophètes (*Marie*, 19, 53), « ceux qui font le bien » (*Les Troupeaux*, 6, 84). Moïse, qui lui aussi a reçu la Loi ou Torah (*Les Prophètes*, 21, 48), se présente devant Pharaon et ses magiciens (*Jonas*, 10, 75-82 ; *Ta Ha*, 20, 1-79 ; *Les Poètes*, 26, 13-48) avec son frère à ses côtés, à qui il demande de le remplacer auprès « de [son] peuple » (*al-Araf*, 7, 142), car il a demandé à Allah : « Donne-moi un assistant de ma famille : mon frère Aaron ; accrois ainsi ma force ; associe-le à ma tâche » (20, 29-32). Allah répond : « Nous allons te faire aider par ton frère ; nous vous donnerons de l'autorité » (28, 35). Aussi, Moïse reproche-t-il à Aaron l'épisode du Veau d'or (7, 150), bien qu'Aaron ait pourtant mis en garde les Hébreux contre cette « tentation » et essayé d'obtenir leur obéissance (20, 90).

→ Canaan, Exode, lévites, Moïse, Veau d'or.

Abbassides ☪

La dynastie arabe des Abbassides (750-1258), deuxième grande dynastie de l'islam, porte le nom de al-Abbas, oncle de Mahomet. Vainqueurs en 749 des Omeyyades établis à Damas (Syrie), les Abbassides prennent pour calife le propre frère du dirigeant omeyyade défunt : il s'agit de Abou al-Abbas, qui se fait appeler as-Saffiah (« celui qui offre en abondance »), référence au mahdi (qui doit revenir avec le Messie, c'est-à-dire Jésus) dont l'un des bienfaits est son incommensurable générosité. Dès l'instauration du pouvoir, la dynastie doit gouverner avec la coalition composite qui lui a permis de l'emporter, notamment des chiites (partisans d'Ali, cousin et gendre du Prophète) d'Iran. S'ouvre alors une époque de grands développements, permis entre autres par l'absence de conquêtes territoriales et la préservation des frontières : on assiste à la promotion de l'arabe qui devient la langue officielle de l'empire, à la création et à l'essor de villes, à l'expansion et à la suprématie commerciale internationale de l'axe reliant l'Inde à la Méditerranée (aux mains des musulmans) – avec la création de comptoirs –, mais allant aussi de l'Asie centrale à l'Égypte et au Maghreb. Ainsi, les Abbassides règnent depuis Bagdad (Irak), fondée en 762 par le calife al-Mansour et située sur la route des échanges commerciaux. À cela s'ajoutent dès le VIIIe siècle nombre de progrès intellectuels et scientifiques, que l'on enseigne en arabe, même auprès des non musulmans, les chrétiens notamment. Le rayonnement abbasside, centré sur Bagdad qui abrite une Cour somptueuse, est donc considérable et touche l'Europe occidentale. Mais si les trois premiers siècles du règne des Abbassides sont considérés par les historiens comme l'âge d'or de l'islam, leur unité territoriale se voit compromise dès le Xe siècle (indépendance déjà effective des Omeyyades d'Espagne, des Fatimides d'Égypte, des Ghaznévides d'Afghanistan...). L'autorité abbasside finit par se cantonner à l'Irak. En 945, les Bouyides, chiites, prennent les rênes du pouvoir, suivis par les Seldjoukides turcs (1055), qui ont chassé les Ghaznévides d'Iran. Puis les Abbassides retrouvent un peu de leur éclat, mais les Mongols, grands ennemis de l'islam, s'emparent de Badgad en 1258 et tuent le dernier calife, al-Moustasim. Les autres Abbassides se réfugient en Égypte.

→ **Calife et califat, chiisme, Fatimides, Mahdi, Omeyyades.**

Abbaye †

L'abbaye est un monastère supérieur, sorte d'autorité dont dépendent des maisons « filles ». Elle est dirigée par une abbesse ou un abbé (de l'araméen *abba*, « père ») élu, et fonctionne de manière autonome, c'est-à-dire qu'elle jouit d'un gouvernement propre, quoiqu'il existe de nombreuses variantes de cette autonomie. Certaines de ces abbayes ont laissé de profondes traces dans l'Histoire, comme celle de Cluny (Xe-XIe siècles), dont dépendaient des dizaines de monastères et qui mena d'importantes réformes. Construite autour du cloître qui en constitue de ce fait le cœur, l'abbaye obéit aux mêmes lois architecturales qu'un monastère, et aux mêmes règles de vie religieuse. L'abbatiale est l'église d'une abbaye.

→ **Cloître, commende, monachisme.**

Abd ☪

C'est, dans l'islam, « le serviteur de... ». On retrouve souvent ce préfixe dans les noms propres ou les prénoms. Par exemple, Abdallah signifie « le serviteur d'Allah ».

→ **Allah, islam.**

Abdias ✡

Prophète qui s'insurgea contre le peuple d'Édom, après que celui-ci, en 587 av. J.-C., se fut réjoui du malheur du royaume de Juda, apportant même son aide à Babylone lors du saccage de Jérusalem. Abdias prédit à ce peuple, ennemi « héréditaire » d'Israël, le châtiment de Dieu. Un recueil du Midrash (interprétation et commentaires du texte biblique par les rabbins) le fait descendre de l'un des amis de Job, Éliphaz, pour qui Dieu punit au nom de la justice, même Israël. Le livre d'Abdias (Obadiah en hébreu) est le plus court de la Bible (vingt versets).

→ **Jérusalem, Job, Juda, Midrash, prophète.**

Abel ✡✝☪

Deuxième fils d'Ève et Adam, Abel a pour frère aîné Caïn, tous deux ayant été conçus, par la volonté de Yahvé, après que leurs parents ont été bannis du jardin d'Éden.

Le drame d'Abel, évoqué dans la Genèse (4, 1-16), illustre les premiers temps d'Israël, où les cultivateurs sédentaires de Canaan s'opposaient parfois violemment aux éleveurs semi-nomades (Israélites) venus s'établir sur leur terre. Abel choisit de devenir « pasteur de petit bétail », tandis que Caïn « cultiv [e] le sol ». Abel fait une offrande (premiers-nés du troupeau et leur graisse) à Yahvé, qui – sa préférence étant toujours mystérieuse – la choisit au détriment de celle de Caïn (prémices des récoltes [premières productions agricoles de l'année]). « Caïn en fut très irrité et eut le visage abattu. » Dieu le met alors en garde contre cette indisposition, laquelle démontre que son geste, au contraire de celui d'Abel, est marqué d'une arrière-pensée qui pourrait le conduire au péché. Caïn, dévoré par la jalousie, attire Abel en pleine campagne, le tue, regrette son geste et le sang répandu, mais se voit tout de même frappé d'exil tout en bénéficiant d'une protection divine.

La Bible n'est pas la seule à rendre compte de ce crime. Les auteurs arabes avaient pour habitude d'appeler Caïn du nom de Cabel (« premier ») et Abel de celui de Habel, mot qui évoque le désarroi. Le Coran parle aussi d'Abel et Caïn, sans les nommer. Le verset 27 de la sourate 5 (*La Table servie*) rapporte : « Raconte en toute vérité l'histoire des deux fils d'Adam : ils offrirent chacun un sacrifice : celui du premier fut agréé ; celui de l'autre ne fut pas accepté ; il dit alors : "Oui ! Je vais te tuer !" » La suite de cette sourate est dans le sillage de la Bible.

L'histoire d'Abel et Caïn est triplement symbolique pour chacune des religions du Livre : éclairer la condition du juste, croyant sincère et persécuté ; condamner le meurtre (le premier de l'humanité), qui va à l'encontre des commandements de Dieu ; insister sur le repentir grâce auquel le coupable ou le mauvais croyant bénéficiera du pardon de Dieu.

→ **Éden, juste, prémices, repentir.**

5

Ablution ✡ † ☪

L'ablution, du latin *abluere* (« laver »), est une pratique de purification commune à de nombreuses religions et croyances. Par l'eau, élément de pureté, source de vie et de régénérescence, on se défait de tout ce qui est impur – fautes, maladies, intentions... Il en va de même dans les trois religions du Livre.

La Torah, première partie et cœur de la Bible, est ainsi imprégnée de rites liés à l'eau. Le livre du Lévitique prévoit des ablutions que les prêtres devaient effectuer avant d'entrer et de sortir du Temple de Jérusalem, et avant et après une cérémonie. Au temps de Jésus, elles sont toujours pratiquées, et prescrites à tout juif ayant touché une source d'impureté (cadavre, lépreux, corps souillé par les rapports sexuels...). La communauté des esséniens de Qumrân (qui mettaient en pratique la loi juive avec intransigeance) était très attachée aux ablutions, et les judéo-chrétiens poursuivirent ces pratiques. C'est, entre autres, contre ces rites très contraignants que se dressa Jésus. Aujourd'hui, le grand mode d'ablution du judaïsme est le *miqveh* (bain rituel).

Au cours de la messe chrétienne, l'opération appelée « lavabo » répond au même principe de purification liturgique, et la présence dans les églises de bénitiers, vasques remplies d'eau bénite, permet de se purifier avant d'entrer dans ce lieu de culte. C'est le sacrement du baptême qui adopte la dimension la plus symbolique de la purification.

Pour l'islam, les ablutions sont de trois sortes. La petite ablution, ou *woudou* (bras, coudes, visage, cheveux, pieds), est une préparation à la prière ; il convient en effet de se présenter calme et serein devant Dieu, de prier en état de pureté intérieure et extérieure. Car « Dieu est celui qui efface les péchés et qui pardonne », rappelle la sourate *Les Femmes* du Coran. Et plus loin : « Ô vous qui croyez ! N'approchez pas de la prière, alors que vous êtes ivres [...] ou impurs [...] – attendez de vous être lavés » (4, 43). La sourate recommande, en l'absence d'eau (ou si elle est souillée), de prendre du sable : c'est la deuxième ablution, ou *tayammoum*. Il existe enfin la grande ablution (*ghousl*), le corps étant lavé entièrement après un acte sexuel ou la fin du cycle menstruel, par exemple.

→ Baptême, lavabo, messe, péché, sacrement.

Abou Bakr ☪

À la mort de Mahomet (632), son beau-père, Abou Bakr, père d'Aïcha, devient son « successeur » (calife). Compagnon de la première heure du Prophète, riche marchand, il a financé les débuts de l'islam, affranchi des esclaves convertis, dont Bilal, le premier muezzin. Il n'a pas hésité à se convertir et a accompagné Mahomet durant l'Hégire (fuite du Prophète à Médine, en 622), ce qui lui vaudra le qualificatif de « très fidèle », « celui qui croit fermement et avec certitude » [*as-siddiq*]. C'est lui qui, pendant la maladie de son gendre, a montré sa foi exemplaire en prenant la charge d'imam, directeur de la prière, charge que lui avait confiée Mahomet lui-même et qui prouve son statut particulier. Mais il n'exerce sa fonction de calife que pendant deux ans. Omar lui succède, héritant d'un islam aux frontières consolidées.

→ **Aïcha, calife et califat, Hégire, Mahomet, prophète.**

Abou Lahab ☪

Le nom d'Abou Lahab (« père de la flamme ») nous ramène au début de la mission de Mahomet (vers 570-632). En recevant la révélation du Coran par Dieu, et en exhortant ses compatriotes de La Mecque à la conversion, Mahomet se heurte à l'hostilité, même au sein de sa propre famille. Ainsi, son oncle Abou Lahab s'oppose à lui, et concourt à sa fuite en 622 à Médine, ou Hégire, qui marque la naissance de l'islam. Dès lors, la prédication de Mahomet prend aussi les accents de la lutte. Abou Lahab, resté son ennemi, meurt à la bataille de Badr (623), premier grand engagement entre les musulmans et les Mecquois. Les premiers l'emportent sur les seconds, bien que trois fois moins nombreux. Ceci explique qu'Abou Lahab soit maudit dans le Coran, plus précisément dans la courte sourate 111 (cinq versets), intitulée *La Corde* : « Que les deux mains d'Abou Lahab périssent et que lui-même périsse ! Ses richesses et tout ce qu'il a acquis [ou fait] ne lui serviront à rien. Il sera exposé à un feu ardent ainsi que sa femme, porteuse de bois, dont le cou est attaché par une corde de fibres. » Pour Dieu, le châtiment concerne tous ceux qui s'opposeront par les armes à la véritable foi. Ainsi, sur le plan symbolique, la corde est associée par son aspect concret au transport pénible du bois ; elle représente aussi le malheur et la mort, suivie par les tortures de la géhenne (enfer).

→ **Coran, géhenne, Hégire, Mahomet.**

Abraham ✡ † ☪

Le patriarche Abraham, ou Abram, premier homme à croire au Dieu unique, selon la Bible, fait montre d'une foi exemplaire qui lui vaut d'être le « père » des trois religions du Livre, judaïsme, christianisme et islam – Abraham et Abram signifient en effet « père puissant », ou encore « père d'une multitude de nations ». Juifs, chrétiens et musulmans sont ainsi les enfants d'Abraham.

L'épopée ou « cycle » d'Abraham est racontée dans le livre de la Genèse (12-25). Fils de Térah, frère de Nahor et Harân, Abraham est un éleveur prospère à Harân, au nord de la Mésopotamie. Un jour, Yahvé s'adresse à lui : « Quitte ton pays, ta parenté et la maison de ton père, pour le pays que je t'indiquerai. Je ferai de toi un grand peuple, je te bénirai, je magnifierai ton nom ; sois une bénédiction ! » (12, 1-2). Abraham quitte sa patrie pour cette terre promise par Dieu, accompagné de son épouse Sarah, de son neveu Lot (fils d'Harân) et de ses troupeaux. Il arrive ainsi en Canaan, puis y revient après un séjour en Égypte et s'installe à Hébron, au chêne de Mambré, tandis que Lot gagne la vallée du Jourdain. Il se rend aussi à Salem (Jérusalem), dont il rencontre le roi, Mechisédech, qui le bénit : « Béni soit Abram par le Dieu Très Haut qui créa ciel et terre » (14, 19). N'ayant toujours pas de descendance, à laquelle Dieu a renouvelé la promesse de la terre de Canaan, et Sarah étant stérile, il s'unit à Agar, la servante de sa femme. De cette union naît un fils, Ismaël. Abraham adopte ensuite la circoncision, signe de l'Alliance avec Dieu. Quelques années plus tard, trois anges rendent visite à Abraham – certains y voient Dieu lui-même – et lui annoncent que Sarah va enfanter un garçon, Isaac. Mais Sarah étant l'épouse en titre, ce fils est considéré comme le seul « fils de la promesse ». En conséquence, elle demande qu'Ismaël et Agar soient chassés de Canaan : Abraham s'y soumet difficilement, et ils partent pour l'Arabie, où Ismaël sera l'ancêtre du peuple arabe.

Après l'épisode des villes pécheresses de Sodome et Gomorrhe, où Abraham sauve Lot, Isaac voit le jour et est circoncis à l'âge de huit jours. Dieu exigeant que toutes prémices lui soient offertes en tant que Créateur, il ordonne au père de sacrifier son fils. Abraham obéit à ce sacrifice (*aqédah*), montrant encore sa foi, lui le juste par excellence : il brandit son couteau, mais Dieu remplace l'enfant par un bélier. Abraham meurt après Sarah, à cent soixante-quinze ans, et, comme elle, est enterré à la grotte de Makpéla, à Hébron. De Isaac naîtra Jacob, lequel aura douze fils, les ancêtres des douze tribus d'Israël.

Abraham a alimenté de nombreux récits de la Haggadah, littérature du judaïsme, et la tradition lui attribue d'avoir créé Chaharith, l'office du matin. Selon le Midrash (commentaire de la Bible), il aurait brisé les idoles adorées par son père Térah ; puis Nemrod, roi de Mésopotamie, l'aurait précipité dans une fournaise d'où il émergea sain et sauf. Il est aussi décrit comme l'exemple de l'hospitalité et de la loyauté, qualités avancées également par les musulmans.

Le Nouveau Testament reprend bien sûr la figure d'Abraham qui, avec Isaac et Jacob, accueillera les croyants au festin du Royaume de Dieu. Les évangélistes Luc (3, 8) et Matthieu (3, 8-9) évoquent ainsi la prédication de Jean le Baptiste, précurseur de Jésus : « Produisez donc des fruits dignes du repentir, et n'allez pas dire en vous-mêmes : "Nous avons pour père Abraham." Car je vous dis que Dieu peut, des pierres que voici, faire surgir des enfants à Abraham. » Tous deux font ensuite descendre Jésus d'Abraham. Saint Paul, dans ses épîtres aux Galates (chapitre 3) et aux Romains (chapitre 4), avance que Paul a cru à la promesse de Dieu et, en raison de cette foi, fut considéré par Dieu comme un juste. Or, à cette époque lointaine, Abraham ne pratiquait pas la Loi, il n'était pas circoncis. Ce n'est donc pas cette pratique qui rend l'homme juste devant Dieu, mais la foi. Paul en tire la conclusion que ceux qui croient en Dieu, qui a ressuscité Jésus, n'ont pas, ou n'ont plus s'ils sont juifs, à respecter tous les préceptes de la Torah. Cette doctrine contribuera beaucoup à la séparation des juifs et des chrétiens, et permettra aux païens d'entrer dans l'Église sans pratiquer la Loi. Ainsi, Abraham devient Père de tous les croyants, juifs et non juifs. Tous sont également fils de Dieu. Jean, de son côté, consacre un long passage (8, 31-59) à Jésus et Abraham : « Jésus dit alors aux juifs qui l'avaient cru : "Si vous demeurez dans ma parole, vous êtes vraiment mes disciples, et vous connaîtrez la vérité et la vérité vous libérera [des péchés]." Ils lui répondirent : "Nous sommes la descendance d'Abraham et jamais nous n'avons été esclaves de personne. Comment peux-tu dire : Vous deviendrez libres ?" [...] " Je sais, vous êtes la descendance d'Abraham ; mais vous cherchez à me tuer, parce que ma parole ne pénètre pas en vous. [...] Si vous êtes enfants d'Abraham, faites les œuvres d'Abraham." »

Le Coran abonde en références à Abraham (Ibrahim), l'« ami de Dieu » (al-Khalil) et le croyant par excellence, auquel la sourate 14, qui porte son nom, est plus spécialement consacrée. Pour *La Vache* (2, 118-140), Abraham, le juste choisi par Dieu pour montrer le vrai chemin aux juifs et aux chrétiens, est, avec Ismaël, chargé d'une mission divine. Ce sont les messagers (*rassoul*) de Dieu : « Purifiez ma Maison [Kaaba de La Mecque], pour ceux qui accomplissent les circuits [circumambulations], pour ceux qui s'y retirent pieusement, pour ceux qui s'inclinent et se prosternent. » « Ô gens du Livre ! Pourquoi vous disputez-vous au sujet d'Abraham alors que la Torah et l'Évangile n'ont été révélés qu'après lui ? », précise *La Famille d'Imran* (3, 65). « Abraham n'était ni juif ni chrétien mais il était un vrai croyant [*hanif*] soumis à Dieu ; il n'était pas au nombre des polythéistes » (67). Abraham, conduit par Dieu, ennemi des idoles, fils (ou neveu, selon certains érudits musulmans) d'Azar (*Les Troupeaux*, 6, 74) et non de Térah, apporta aussi la circoncision et le sacrifice de substitution. Celui-ci est pratiqué en période de pèlerinage (*Hadjj*) et recommandé après la naissance d'un enfant (*el-'aqîqa*). Des musulmans pensent enfin que ce sacrifice ne concernait pas Isaac mais Ismaël, l'ancêtre des Arabes.

→ Agar, Alliance, Isaac, Ismaël, Lot, Sarah.

Absalom ✡

Absalom (ou Abichalom, « Le père est la paix ») est le troisième fils du roi David. Jeune homme brillant, mais très ambitieux et vaniteux, très beau, célèbre en Israël pour ses hauts faits, il rêve du trône, mais a des frères aînés. Le premier, Ammon, viole leur sœur Tamar. Absalom le fait alors assassiner lors d'un banquet avant de se réfugier trois ans durant à l'étranger. Grâce à l'entremise du général Joab, il parvient à retrouver son pays et l'affection de David. Mais, assoiffé de pouvoir, il entre en rébellion, poussant le roi à quitter Jérusalem et à placer sa confiance en Dieu. Son armée est battue dans les forêts de Galaad. Absalom trouve alors une mort absurde : juché sur sa monture, il prend ses magnifiques cheveux dans les branches d'un chêne et reste suspendu. Joab le rejoint et, désobéissant à David, le tue de trois coups de lance, puis jette son corps dans une fosse, dernière demeure des anonymes et des humbles. Dieu ne pouvait accorder sa faveur à Absalom !

→ David, Jérusalem.

Achamnou ✡

Ce mot, qui signifie en hébreu « nous avons pêché », débute la prière de confession que l'on récite à Yom Kippour, au cours de jeûne, mais aussi, et selon les communautés, avant le mariage, avant la mort, voire chaque jour. L'aveu des péchés se fait dans l'ordre de l'abécédaire, en utilisant le « nous », tandis que l'on se frappe la poitrine pour chaque faute reconnue.

→ **Jeûne, péché, Yom Kippour.**

Achoura ☪

Cette fête, au cours de laquelle on respecte le jeûne, est dite « du Dixième jour » car elle se déroule le 10 de mouharram, premier mois du calendrier musulman.

Certains y voient l'influence du Yom Kippour juif, d'autres celle d'une fête locale existant avant l'islam, ou encore le mariage de rites juifs et chrétiens. De nombreux musulmans pratiquent ce jeûne en l'honneur de Moïse et de son peuple qui, échappant aux armées de Pharaon, purent, grâce à Dieu, franchir à sec la mer Rouge. En fait, historiquement, cette date coïncide avec celle de l'assassinat du petit-fils du Prophète (680), Hussein, ce qui crée une confusion. Des rapporteurs de la *Sunna* (tradition du Prophète) attestent que ce jeûne fut institué comme une recommandation et non comme une obligation.

L'Achoura, ou Ashoura, est en tout cas l'occasion d'une grande ferveur de la part des sunnites (partisans de la *Sunna*), qui y voient un jour chargé de bienfaits à venir. Depuis le Xe siècle, les chiites (se réclamant d'Ali, cousin et gendre du Prophète, et de ses descendants), eux, commémorent le martyre d'Hussein, qui mourut à la bataille de Kerbala. À cette date, on peut ainsi assister à des processions et aux mystères de la Passion d'Hussein (*taziya*, pluriel de *taziyè*), une forme quasiment unique de théâtre en islam.

→ **Ali, Hussein, Yom Kippour.**

Achré ✡

L'Achré (« heureux ceux ») est l'hymne précédant la lecture des psaumes de la Bible lors des offices quotidiens du judaïsme, ainsi qu'au shabbat et lors de certaines fêtes. De fait, il contient un extrait du psaume 84, invitation au bonheur dans la maison de Dieu (« Heureux les habitants de ta maison »), ou encore un passage du psaume 145, splendide louange à Dieu. Il s'achève par *alleluia* (hallelouyah).

→ **Alléluia, Béatitudes, office, psaumes, shabbat.**

Acolyte †

Tiré du grec *akolouthos*, « suivant » ou « serviteur », qui désignait dans l'Antiquité les porteurs de torches au service des empereurs romains, l'acolyte remplit lors de la messe une des fonctions dites « ordres mineurs », une autre étant celle de lecteur. Ces fonctions étaient jusqu'en 1972 exercées par des clercs – ces derniers ne recevaient pas une vraie ordination puisque l'imposition des mains n'intervenait pas –, mais à partir de cette date une réforme du pape Paul VI les place dans le domaine laïc. Les enfants de chœur sont par exemple qualifiés d'acolytes quand ils sont chargés de porter les cierges et les burettes (flacons contenant les saintes huiles) et de sonner la cloche. Selon ce qu'ils portent, ils sont aussi dits thuriféraires (encensoir), porte-croix (croix) et céroféraires (chandeliers).

→ **Laïc, huile sainte, messe.**

Actes des Apôtres †

Les Actes (faits et gestes) des Apôtres, cinquième livre du Nouveau Testament, est en général attribué à l'évangéliste Luc. Les chercheurs hésitent encore à dater sa rédaction, celle-ci se situant au plus tôt en l'an 63, au plus tard dans les années 80-90.

On y assiste à l'Ascension, au remplacement de Judas, à la descente de l'Esprit saint sur les apôtres, au jour de la Pentecôte, marqué par le don des langues (glossolalie), et à de nombreuses conversions de juifs. Suivent les premiers temps de l'Église de Jérusalem. Pierre et Jean, à qui on reproche d'enseigner la Résurrection de Jésus, comparaissent devant le Sanhédrin, la grande instance juive, puis sont relâchés, avant d'y retourner ; un pharisien (les pharisiens formaient à l'époque un courant du judaïsme), Gamaliel, leur permet de repartir libres. Le nombre sans cesse croissant des disciples entraîne la création des premiers diacres, assistants des apôtres, dont Étienne, qui est aussi le premier martyr, lapidé en présence d'un certain Saül de Tarse (qui deviendra Paul). Mais ces persécutions n'empêchent pas les missions et les baptêmes qui, débordant la Judée, touchent la Samarie. Même Saül se convertit à son tour, sur le chemin qui le mène à Damas (Syrie), avant de se désigner apôtre. Les premiers païens embrassent bientôt la nouvelle foi, et, à Antioche, sont appelés chrétiens, c'est-à-dire disciples du Christ. Pour intégrer ces populations non juives, le premier concile se réunit à Jérusalem. Enfin, dans les Actes des Apôtres, un long développement est consacré à Paul : ses missions, son arrestation, son départ pour Rome, où il est emprisonné pour la première fois (vers 63).

→ **Apôtre, Christ, évangiles, Pentecôte, pharisiens, Sanhédrin.**

Ad ☪

Le Coran mentionne à plusieurs reprises cette tribu, que l'on situe en général au sud de l'Arabie, parmi les tribus originelles arabes. Mais cette localisation reste incertaine pour beaucoup. Les Ad (de même que les Thamoud), appelés aussi Adéens, reçoivent des messagers d'Allah, tel Houd (sourate *al-Araf*, 7, 65-73), mais refusent de reconnaître la prééminence du Dieu unique et continuent de vénérer les idoles, n'acceptant pas d'abandonner « ce que [leurs] pères adoraient » (*al-Araf*, 7, 70). Ils « ont traité les prophètes de menteurs » (*Les Poètes*, 26, 123). Dieu les punit alors, car « le Démon embellissait leurs actions » : « Il en est, parmi eux, à qui nous avons envoyé un ouragan. Il en est, parmi eux, que le Cri a saisis. Il en est, parmi eux, que nous avons fait engloutir par la terre. Il en est, parmi eux, que nous avons noyés. Il ne convenait pas à Dieu de les léser, mais ils se sont fait tort à eux-mêmes » (*L'Araignée*, 29, 38-40). « Comme j'ai châtié et comme j'avais averti ! » (*La Lune*, 54, 21), rappelle Dieu qui « a utilisé [un vent] contre eux pour tout dévaster durant sept nuits et sept jours » (*Celle qui doit venir*, 69, 8).

→ **Arabie, démon, idole.**

Adab ☪

L'*adab* désigne la littérature et la culture, ou plutôt les connaissances générales et multiples nécessaires à la formation d'un croyant (littérature, histoire, religion, morale, musique...). Par extension, il signifie la « politesse » ou la « courtoisie », sens littéral de ce mot. Parmi les grands esprits du *adab*, citons le littérateur Djahiz (776-868) et son contemporain Ibn Khurradadhbeh, ou encore le soufi persan al-Hujwîrî (mort entre 1072 et 1077), pour qui « la bonne éducation fait partie de la foi ».

→ **Arabe, foi.**

Adah ☪

Ce sont les « coutumes » issues de la tradition et qui régissent la vie au côté de la chariah (la loi de l'islam). En Indonésie, on parle des *Adat*, mot malais dérivant de *adah* (les *rumah adat* sont par exemple les maisons traditionnelles).

→ Chariah.

Adam ✡ ✝ ☪

Dans la Bible, le livre de la Genèse débute par le récit de la Création : le sixième jour, Dieu crée le premier homme à partir de la glaise du sol. Cette créature, qui reçoit la vie par le souffle divin, est appelée Adam, c'est-à-dire simplement « homme » en hébreu (*âdâm*). Ce mot possède également la même racine que *adama*, qui signifie « la terre » dont Adam est issu. On dit aussi qu'il pourrait provenir de *demout*, qui signifie « image » (de Dieu) puisque l'homme est fait à l'image de Dieu. Adam prend ensuite place dans le paradis, et Dieu, décidant qu'il ne peut rester seul, crée les bêtes sauvages et les oiseaux du ciel, auxquels Adam attribue des noms. Mais l'homme, que Dieu a fait à son image, ne trouve personne qui lui soit égal. Aussi Dieu crée-t-il la femme, Ève, qui s'installe avec l'homme au paradis. Dominant les autres créatures, ils ont pour consigne de se multiplier. C'est sans compter avec le démon et le fruit défendu de l'arbre de la connaissance. Le péché va se répandre, à commencer par le propre fils d'Adam et Ève, Caïn, qui tuera son frère Abel.

Le judaïsme et le christianisme (avec le Nouveau Testament notamment) se sont abondamment nourris de la figure d'Adam. De même, le Coran, qui reprend les éléments de la Genèse, l'évoque à de nombreuses reprises, notamment dans les sourates *La Vache* (2, 34) et *Les Femmes* (4, 1).

→ Abel, Caïn, Coran, péché, Testament.

Adar ✡

Adar (février-mars) est le sixième mois du calendrier religieux juif et le douzième mois du calendrier civil. Adar est jalonné de célébrations historiques et, de ce fait, marqué par la joie. La tradition fixe au 7 la naissance et la mort de Moïse. Le 13 est célébré le jeûne d'Esther (qui permit de sauver son peuple d'un génocide). Le 14 se déroule Pourim, fête majeure d'adar, consacrée aux récits rapportés dans le livre d'Esther. Et c'est le 23 de ce mois qu'eut lieu, en 515 av. J.-C., la dédicace du second Temple de Jérusalem, comme le rapporte le livre d'Esdras. Certaines années (sept fois sur une période de dix-neuf ans), un treizième mois, adar II, est ajouté afin de combler le décalage créé entre le cycle solaire et le cycle lunaire qui rythment le calendrier.

→ **Esther, Moïse, Pourim, Temple.**

Adhan ☪

Dans les pays musulmans, c'est « l'appel » aux cinq prières quotidiennes (*salat*) de l'islam. Le muezzin en est le messager, du haut du minaret de la mosquée, un quart d'heure avant la prière – en réalité, cela dépend des mosquées et des prières car il n'y a aucune prescription canonique. L'*adhan* peut varier selon les pays. Par exemple, en Indonésie, on peut utiliser des gongs (probable influence du bouddhisme), et, quand la voix ne peut franchir d'épaisses forêts, des tambours (*belug*).

L'*adhan* comprend les formules suivantes, répétées en général deux fois (il existe des variantes en fonction des différents courants de l'islam) :

Allahou akbar (« Allah est le plus grand »).

Aschhadou an la'ilaha illa-Llah (« J'atteste qu'il n'y a de dieu qu'Allah ») ; c'est la *shahada* (profession de foi).

Ashhadou anna Muhammadan rasoulou-Llah (« J'atteste que Muhammad est son Envoyé »).

Hayya'ala-s-salah (« Levez-vous pour la prière »).

Hayya'ala-la-falah (« Levez-vous pour le salut »).

Allahou akbar (« Allah est le plus grand »).

La ilaha illa-Llah (« Il n'y a pas d'autre dieu qu'Allah »).

À la prière du matin (*Sobh*) est ajouté : *As-salatou khayrun mina n-naum* (« La prière est préférable au sommeil »).

→ **Muezzin, prière, salat, shahada.**

Adonaï ✡

Le mot *adon* signifie, en hébreu, « maître », ou plus précisément « Seigneur ». Dans la Bible, Adonaï, son pluriel « Mes Seigneurs », apparut vers le IIIe siècle av. J.-C. au sein de milieux lettrés, afin de remplacer le tétragramme YHWH, prononcé « Yahvé », le nom de Dieu. Adonaï signifie que Dieu est le maître du monde, le seigneur de tous les rois. La Septante,

traduction grecque de la Bible, a rendu Adonaï par Kyrios, puis la version latine par Dominus. Les textes du Nouveau Testament ont souvent recours à la dénomination « Seigneur ».
Dans le judaïsme, *adon* forme, associé à *olam* (« univers »), le titre et les deux premiers mots d'un hymne célèbre, l'Adon Olam (XIe siècle), chanté notamment à la fin de l'office du matin de sabbat, des fêtes, voire du Yom Kippour. Il met l'accent sur le rôle créateur de Dieu, sa majesté, sa puissance et son pouvoir de libérateur.

→ **Shabbat, Rosh ha-Shanah, Yom Kippour.**

Agape †

Dans le christianisme, le mot grec *agapè*, essentiellement chrétien, désigne la « charité » qui se concrétise grâce à l'amour réciproque entre Dieu et les hommes, et entre les hommes eux-mêmes. L'équivalent musulman est le *mahabbah*, « amour ». Jusqu'au IVe siècle, époque où l'Église les interdit, arguant d'excès préjudiciables à la morale, les chrétiens s'adonnaient à des repas fraternels et communautaires appelés « agapes », pris sur une table rappelant la Cène et où ils pratiquaient l'eucharistie – souvent à côté de la tombe de martyrs, en souvenir des chrétiens qui, sous Rome, avaient transposé dans les catacombes la coutume romaine de célébrer les défunts par un repas. Le mot « agapes » (utilisé toujours au pluriel) illustre aujourd'hui des repas festifs, plantureux et bien arrosés.

→ **Aumône, catacombes, Cène, charité, eucharistie, martyr.**

Agar ✡ † ☪

Le livre de la Genèse (16, 1-16) présente Agar comme la servante égyptienne de Sarah, épouse d'Abraham. Trop longtemps stérile, Sarah se résout à ce que son mari s'unisse à Agar pour lui donner une descendance. De fait, celle-ci tombe enceinte et, devenue concubine d'Abraham, en vient à dédaigner sa maîtresse. Sarah, furieuse, la maltraite et l'oblige à s'enfuir dans le désert. Là, Yahvé, par l'entremise d'un ange, lui dit : « Retourne chez ta maîtresse et sois-lui soumise. [...] Je multiplierai beaucoup ta descendance, tellement qu'on ne pourra pas la compter. [...] Tu es enceinte et tu enfanteras un fils, et tu lui donneras le nom d'Ismaël, car Yahvé a entendu ta détresse [Ismaël signifie "Dieu écoute"]. » Ismaël voit le jour, suivi d'Isaac, fils d'Abraham et de Sarah, devenue enfin fertile.

La Genèse (21, 8-20) rapporte ensuite que Sarah, apercevant les deux enfants en train de jouer, demande à Abraham de chasser Agar et son fils : la terre de la promesse (Canaan) ne peut être partagée. Cette parole déplaît beaucoup à Abraham, mais Dieu le rassure et lui demande de s'exécuter : « C'est par Isaac qu'une descendance perpétuera ton nom, mais du fils de la servante je ferai aussi une grande nation [Arabes] car il est de ta race. » Agar, portant Ismaël dans ses bras, prend le chemin du désert, où l'eau vient vite à manquer. Elle installe son fils sous un buisson et se désespère. Mais Dieu lui désigne un puits : « Elle alla remplir l'outre et fit boire le petit. [...] Il [Ismaël] demeura au désert de Parân [nord de la péninsule du Sinaï] et sa mère lui choisit une femme du pays d'Égypte. » Agar a donc donné naissance à un peuple frère d'Israël, les Arabes.

Le Nouveau Testament évoque Agar dans l'épître aux Galates (4, 21-31), où Paul se livre à une comparaison étonnante : « Abraham eut deux fils, l'un de la servante, l'autre de la femme libre ; mais celui de la servante est né selon la chair, celui de la femme libre en vertu de la promesse. » Agar symbolise l'alliance de la servitude et Sarah celle de la promesse.

→ Abraham, Hadjj, Alliance, Sarah, Sinaï, Testament.

Aggée ✡

Dans le livre (très court) de la Bible qui porte son nom, le prophète Aggée intervient durant le règne de l'empereur perse Darius Ier, précisément de la fin août à la mi-décembre de l'an 520 av. J.-C. Comme son contemporain Zacharie, il se désole que le chantier du Temple (détruit en 587) ait été abandonné, demande aux juifs de se réveiller, proclame l'intervention directe de Dieu, qui prend alors son nom guerrier, Sabaot. Aggée fait aussi la louange de deux hommes : Zorobabel, gouverneur de Juda, descendant de David, serviteur de Dieu qui l'a choisi pour restaurer le pouvoir royal, et Josué, chargé du chantier du Temple, représentant du pouvoir sacerdotal.

→ Sabaot.

Aggiornamento †

L'*aggiornamento*, « mise à jour » en italien, a amorcé un mouvement salutaire, une sorte d'entrée de l'Église dans la modernité. Ce discours fut prononcé par le pape Jean XXIII le 25 janvier 1959, lors de l'annonce du concile Vatican II. Le souverain pontife, rompu à la diplomatie, utilisa le nom d'*aggiornamento* pour éviter d'avoir à prononcer ceux de « réforme » (lourd de sens historique) ou de « changement », qui pouvaient sous-entendre une mutation profonde de l'Église. Bien qu'élu parce qu'on pensait que ce vieil homme ne montrerait pas une telle audace, le pape Jean XXIII surprit tout le monde à cette occasion. Mais il est mort en 1963, avant la fin du concile (1965). L'œcuménisme – dialogue entre les Églises –, la possibilité d'utiliser les langues nationales au lieu du latin dans la liturgie (source d'une vive opposition, encore sensible, des fondamentalistes) et la participation accrue des laïcs illustrent entre autres choses l'*aggiornamento*. Certains reprochent aux successeurs de Jean XXIII, Paul VI et Jean-Paul II, d'avoir freiné cet élan.

→ **Concile, œcuménisme.**

Agneau ✡ ✝ ☪

Innocent et fragile, gage de l'avenir du troupeau, l'agneau est une figure souvent évoquée dans la Bible. En groupe, les agneaux sont le peuple guidé par Dieu, le pasteur et le berger. L'agneau est aussi le juste, le croyant par excellence. Il est donc logique qu'il ait été l'objet de sacrifices, notamment de l'holocauste pratiqué dans le Temple de Jérusalem. L'agneau est surtout associé à l'une des fêtes majeures du judaïsme : la Pâque (Pessah) qui, selon la Bible, puise son origine dans l'Exode. Alors que la dixième plaie (les « dix plaies d'Égypte » sont les malheurs que Dieu envoie à Pharaon pour le forcer à libérer les Hébreux) va s'abattre sur l'Égypte, Dieu conseille à Moïse et à son frère Aaron de badigeonner le linteau des portes des Hébreux avec du sang d'agneau. De la sorte, l'Ange de la mort reconnaît les maisons et ne frappe que celles où vivent les premiers-nés égyptiens. L'agneau pascal est donc destiné à souder la communauté d'Israël autour de son Dieu, qui l'a épargnée aux temps anciens, ce sang versé ayant permis de les sauver.

Le christianisme a repris cette image biblique de l'agneau, qui sert à illustrer l'un des grands thèmes de l'art religieux chrétien, le sacrifice de Jésus. Lui, le juste souffrant sur la croix, pareil à cet innocent que le prophète Isaïe a décrit dans les *Chants du Serviteur* à propos de la persécution d'un juste : « Maltraité, il s'humiliait, il n'ouvrait pas la bouche, comme l'agneau qui se laisse mener à l'abattoir » (53, 7). Pour Jean, dans son évangile, Jésus est l'agneau de Dieu (*agnus dei*), comme l'a annoncé Jean le Baptiste : « Voici l'agneau de Dieu, qui enlève le péché du monde »

(1, 29). Et quand Jésus crucifié reçoit le coup de lance, Jean ajoute : « Car cela est arrivé afin que l'Écriture fût accomplie : pas un os ne lui sera brisé » (19, 36). Jésus a versé son sang pour le Salut des hommes. Il est l'agneau, image de la renaissance et de la victoire de la vie sur la mort. Mais cet animal peut aussi être combattant, comme dans l'Apocalypse de Jean qui, l'identifiant à Jésus, le situe dans la lutte incroyable qui se déroulera à la fin des temps.

Chez les musulmans, l'agneau est consommé à l'aïd al-Kébir, fête qui commémore le sacrifice du fils d'Abraham (Ismaël pour la plupart des musulmans, Isaac pour d'autres).

→ Agnus Dei, berger, Pâques, pasteur, Pessah.

Agnosticisme ✡ ✝ ☪

L'agnosticisme, dérivé du grec *agnostos* (« inconnaissable »), déclare qu'il est impossible de savoir si quelque chose existe en dehors de l'expérience ou de la raison. Ce mot fut créé en 1869 par le philosophe anglais Huxley (1825-1895). En matière religieuse, l'agnostique est un sceptique : il ne nie pas forcément l'existence de Dieu, à la différence de l'athée, mais ne peut savoir si Dieu existe.

→ Athéisme, déisme, gnosticisme.

Agnus Dei ✝

L'*Agnus Dei* (« agneau de Dieu ») est un chant qui prend place juste avant la communion, au cours de la messe, dont il fit partie dès le VIIe siècle. Il trouve son origine dans la déclaration de Jean le Baptiste qui, en parlant de Jésus venant à sa rencontre, a cette formule célèbre, transmise par l'évangéliste Jean : « Voici l'agneau de Dieu, qui enlève le péché du monde » (1, 29). On trouve, en outre, dans les *Chants du Serviteur*, insérés dans le livre du prophète Isaïe, l'évocation de la persécution d'un juste (53, 7) : « Maltraité, il s'humiliait, il n'ouvrait pas la bouche, comme l'agneau qui se laisse mener à l'abattoir. »

→ Agneau, crucifixion, Jésus.

Ahl al-Kitab ☪

C'est la « communauté du Livre » ou les « gens du Livre », c'est-à-dire les juifs et les chrétiens souvent évoqués dans le Coran, et qui, comme les musulmans, bénéficient de livres révélés par des prophètes (Torah pour les juifs, Évangile pour les chrétiens). La sourate 98, *La Preuve décisive* (huit versets), est plus spécialement consacrée à un thème récurrent dans le Coran, celui des incrédules et des polythéistes. Ceux-là sont voués à la géhenne (l'enfer), et « ceux qui croient et qui accomplissent des œuvres bonnes [...] auront, pour récompense, auprès de leur Seigneur, les Jardins d'Éden ». « Ô gens du Livre ! Venez à une parole commune entre nous et vous : nous n'adorons que Dieu ; nous ne lui associons rien ; nul parmi nous ne se donne de Seigneur, en dehors de Dieu », dit *La famille d'Imran* (3, 64), rappelant que les trois religions ont ce point commun essentiel.

→ **Éden, Évangile, Livre.**

Ahqaf, Al ☪

Nom de la 46ᵉ sourate (chapitre) du Coran, qui comporte 35 versets, et qui insiste sur la révélation de ce Livre, qui vient parachever les deux autres, Torah juive et Évangile chrétien. L'homme n'est qu'un avertisseur chargé d'annoncer le message de Dieu : répandre le bien, le paradis étant réservé à ceux qui disent et pratiquent le précepte « Notre Seigneur est Dieu ». Au jour du Jugement, et de la résurrection, Dieu récompensera chacun en proportion de ses bienfaits, les autres allant brûler au feu de la géhenne (enfer). La sourate rappelle ainsi Houd, qui « avertit son peuple dans le pays d'Al-Ahqaf » au sujet des incrédules, frappés par « un vent qui contient un douloureux châtiment ». « Ne cherche pas à hâter quoi que ce soit, pour ces gens-là [les incrédules] », recommande le dernier verset. « Qui donc sera anéanti, sinon le peuple pervers ? » Le nom Al-Ahqaf désigne des dunes de sable gigantesques qui se trouvaient au Yémen, dans une région côtière appelée ech-Chahre, ou dans celle de Hadramawte.

→ **Coran, Houd, paradis, sourate, versets sataniques.**

Aïcha ☪

Aïcha (613-678), que l'on décrit d'une grande beauté, est la troisième épouse de Mahomet (mort en 632) et, selon la tradition, celle qu'il préféra. Elle est aussi la fille d'Abou Bakr, qui succéda au Prophète, devenant le premier des quatre califes dits « bien guidés ».

Pour la Tradition, le début de la sourate 24 (1-26), *La Lumière*, fait une allusion directe à Aïcha qui, perdue dans le désert après le retour d'une campagne militaire, fut ramenée à Médine par un jeune homme. Elle fut suspectée d'adultère, mais Mahomet refusa de divorcer, comme le suggérait Ali, son cousin et gendre (début d'une grande inimitié de la part d'Aïcha à l'égard d'Ali), et Aïcha fut innocentée. « Voici une Sourate que nous avons révélée, que nous avons imposée », dit le premier verset, tandis qu'il est précisé plus loin qu'un adultère doit être prouvé par quatre témoins. Aïcha s'opposera au quatrième calife, Ali, avant de mourir à Médine, où elle s'était retirée après sa défaite et celle des coalisés à la bataille du Chameau (en 656). Aïcha, à la source de nombreux *hadith* (paroles, actes et commentaires du Prophète), fait aussi partie des grands muftis et savants de l'islam.

→ **Ali, Mahomet, prophète.**

Aïd al-Fitr ☪

L'aïd al-Fitr (« fête de la rupture du jeûne »), ou encore aïd al-Saghir (« petite fête ») dans le langage populaire, est, avec l'aïd al-Kébir, l'une des deux grandes célébrations solennelle de l'islam, tant chez les sunnites (ceux qui respectent la tradition du Prophète, la *Sunna*) que chez les chiites (partisans d'Ali, cousin et gendre du Prophète). Elle marque la fin du ramadan, le 1er du mois de shawwal (« mois de la chasse »), et dure trois jours. Les musulmans prononcent une prière spéciale, la *Slâtu el-aïd* (« prière de la fête »), et se rencontrent pour manger ensemble et s'offrir des cadeaux.

→ **Aïd al-Kébir, jeûne, ramadan, sunnisme.**

Aïd al-Kébir ☪

L'aïd al-Kébir (« grande fête ») est l'une des deux principales fêtes musulmanes, l'autre étant l'aïd al-Fitr (« fête de rupture du jeûne »). Également appelée aïd el-Adha, littéralement « fête du sacrifice » (d'Abraham), elle a lieu le 10 du mois de *dhu-l-hijjah*, le « mois du pèlerinage », et dure trois jours. L'animal emblématique est l'agneau (ou le mouton), que l'on tue en prononçant le *basmallah* (signifie « Au nom de Dieu ») en direction de La Mecque (*qibla*), en souvenir du fils qu'Abraham s'apprêtait à sacrifier mais que Dieu sauva (Ismaël, le père des Arabes, pour la majorité des musulmans, Isaac pour certains). « Nous avons racheté son fils par un sacrifice solennel. Nous avons perpétué son souvenir dans la postérité », souligne le Coran (sourate *Ceux qui sont placés en rangs*, 37, 107-108). Il est d'usage, selon la *Sunna* (tradition du Prophète) et en vertu du principe de charité musulmane, de partager l'agneau en trois parts : une pour les pauvres, une pour les amis, la troisième pour la famille. Enfin, la *Slâtu el-aïd* (« prière de la fête »), commune avec l'aïd al-Fitr, et une *zakat* (aumône) ponctuent cette fête.

→ **Abraham, aïd al-Fitr, pèlerine, qibla.**

Alaouites ☪

En Syrie, où prédomine le sunnisme (doctrine des sunnites, partisans de la *Sunna*, faits et paroles du Prophète), il existe une enclave chiite (se réclamant d'Ali, cousin et gendre du Prophète, et de ses descendants), celle des alaouites. Ils se distinguent par l'apport de courants spirituels comme le manichéisme (doctrine qui admet deux principes exclusifs, l'un bon, l'autre mauvais) ou le gnosticisme chrétien (doctrine de certaines sectes hétérodoxes), qui les mettent aux frontières de l'hérésie musulmane. Ils diffèrent aussi par la croyance en une triade, ou « mystère », composée de trois êtres divinisés : Mahomet, son cousin Ali et son compagnon Salman al-Farisi, dotés chacun d'une lettre spécifique de l'alphabet, et reliés – différemment selon les courants alaouites – à la Terre, à la lune et au soleil. Les Alaouites sont aussi ouverts au principe de la métempsycose, croyance selon laquelle une âme peut habiter des enveloppes successives, humaines, animales ou végétales.

Les Alaouites représentent 13 % de la population syrienne et fournissent nombre des grands personnages de l'État, comme le président Hafez al-Assad, décédé en 2000. Les Alaouites de Syrie sont indépendants des Alaouites qui gouvernent le Maroc depuis quelque quatre siècles. C'est depuis le protectorat des Français sur la Syrie (1920) qu'ils sont ainsi appelés. Mais, historiquement, ils se nomment Nusayris ou Nosaïris, d'après un ancêtre majeur, Ibn Nusayr ou Nosaïr, qui vécut au IXe siècle (mort en 884), époque de leur fondation en Irak. Arrivés en Syrie au siècle suivant, les Alaouites, persécutés, finirent par se réfugier au XIe siècle dans les régions isolées, notamment dans le djebel Ansarieh, montagne de Syrie parallèle au littoral de la Méditerranée.

→ **Ali, Mahomet, chiisme, sunnisme.**

Alaq, Al ☪

Al-Alaq (*Le Caillot de sang*) est la première sourate révélée à Mahomet par l'ange Gabriel. Mais, dans la recension du Coran, elle est la 96e. Le mot *alaq*, au sens étymologique, signifie l'« adhérence », quelque chose qui s'accroche ; ce que l'embryologie contemporaine nomme « nidation » ou « implantation ». On trouve dans cette sourate le fondement de la religion musulmane : s'en remettre à Dieu. Le Seigneur « a créé l'homme d'un caillot de sang », puis l'a « instruit au moyen du calame ». Mais gare aux biens matériels qui aveuglent. Il faut refuser de suivre les hommes gâtés, qui ont oublié le chemin de Dieu. La sourate *Le Pèlerinage* ajoutera que les hommes furent « créés de poussière, puis d'une goutte de sperme, puis d'un caillot de sang, puis d'une masse flasque, formée ou non » (22, 5).

→ **Coran, Création, sang, Seigneur, sourate.**

Albigeois †

Nom donné au XIIe-XIIIe siècle, d'abord aux adeptes du catharisme de la région d'Albi (Languedoc), puis, par extension, à tous les cathares du Midi de la France. Le catharisme fut considéré par l'Église comme une hérésie, en raison de différences de doctrine, de sacrements et d'organisation en Église « parallèle ». L'Inquisition, les Cisterciens ou encore saint Dominique, fondateur des Dominicains, les combattirent âprement. Une « croisade », lancée en 1208 par le pape Innocent II, et commandée par Simon de Montfort, se solda par le massacre des Albigeois et la confiscation de leurs biens. Mais la résistance fut acharnée ; Montségur, l'un des célèbres « châteaux cathares », ne fut pris qu'en 1244, et le catharisme s'éteignit rapidement.

→ **Cathares, hérésie, Inquisition.**

Alénou ✡

L'Alénou le-chabbéah ou simplement l'Alénou est une prière entonnée à Rosh ha-Shanah, le Nouvel An juif, et à la fin de tous les offices. Elle peut être interprétée comme une véritable profession de foi, dans laquelle on loue le peuple élu (par Dieu) puis Dieu lui-même, tout-puissant, vers qui retourneront tous les impies, et dont la gloire rejaillira sur un monde de félicité. « Le Seigneur sera Roi sur toute la terre, en ce jour le Seigneur sera Un et Son nom Un », conclut la prière. L'Alénou fut intégré à l'Amidah (prière de Rosh ha-Shanah) par Abba Arikha, ou Rav, l'un des plus grands *amoraïm* (IIIe siècle), les sages du Talmud. Mais des indices laissent penser que cette prière remonterait à une époque plus ancienne, sans doute à celle du second Temple, plus précisément à celle de la Grande Assemblée (assemblée de religieux qui œuvra à la restauration du Dieu unique après l'exil de Babylone).

→ **Amora, Grande Assemblée, Rosh ha-Shanah.**

Al Hêt ✡

Au cours du Yom Kippour, le « Grand Pardon », l'Al Hêt (« pour le péché ») est littéralement la reconnaissance publique, individuelle ou collective, des fautes. Cette formule figure au début de chaque ligne composant la confession, récitée neuf fois durant la fête.

→ **Péché, Yom Kippour.**

Ali ☪

Ali ibn Abi Taleb figure parmi l'un des premiers convertis à l'islam. Il a alors douze, ans dit-on. Il est hachémite, clan de la tribu des Quraïch, comme son cousin Mahomet, dont il épouse vers 623 la fille Fatima, née de Khadidja, et de laquelle il a deux fils, Hassan et Hussein. Durant les débuts de l'islam, Ali s'illustre lors de combats et remplit des missions confiées par Mahomet. Après la mort de celui-ci, en 632, et après avoir hésité, il finit par prêter allégeance (*bay'a*) à Abou Bakr, compagnon du Prophète, qui s'impose comme premier calife, successeur de Mahomet.

Sous ce califat et les deux suivants, ceux d'Omar (634-644) et d'Othman (644-656), l'opposition d'Ali devient de plus en plus sensible en matière religieuse, politique et sociale. Il a cependant été le consultant incontournable d'Omar, lequel a rarement pris des décisions sans le consulter, car tous louaient sa science et son savoir religieux. Se réclamant de la *Sunna* (coutume), Ali réunit ainsi des partisans – de là vient le *chi'at Ali*, le « parti d'Ali » (chiisme). Grâce à ceux-ci, et après l'assassinat de Othman (656), il accède à la fonction de calife (il est le quatrième et dernier des califes dits « bien guidés »). Il s'ensuit une révolte, conduite d'une part par Moawiya, gouverneur de Damas (Syrie) et Omeyyade, parent d'Othman, d'autre part par Aïcha, troisième épouse de Mahomet. Tous deux lui reprochent de ne pas avoir, en tant que calife, puni les assassins d'Othman, comme l'oblige la chariah, la loi. En décembre 656, non loin de Bassora (Irak), a lieu la bataille du Chameau, appelée ainsi parce qu'Aïcha y assiste depuis une litière portée par un chameau. Ali, vainqueur, se débarrasse de ses rivaux, dont les plus dangereux, Talha et al-Zubayr, sont tués, tandis qu'Aïcha est simplement reconduite à Médine.

L'année suivante, Ali affronte Moawiya à la bataille de Siffin, qui se conclue non par les armes, mais par un arbitrage religieux ; refusant ce principe, une frange de ses partisans le quittent, d'où leur nom de khâridjites (« sortants »). Le Coran doit en effet servir à départager les deux camps : Moawiya l'emporte et deviendra calife après la mort de son rival.

Ali accorde aux kharidjites toutes les libertés d'opinion et de pratique, à condition qu'ils n'organisent aucun trouble armé au sein de la communauté, ce qu'ils ne respectent pas, excommuniant les partisans d'Ali et ceux qui acceptent son gouvernement. Ali riposte et les vainc à la bataille de Nahrawan, en 658, laissant peu de survivants ; cette victoire entraîne d'autres défections dans son camp, l'empêchant de poursuivre sa campagne contre Moawiya, dont les conquêtes progressent. Il est assassiné en 661 (40 après l'Hégire) par un kharidjite, à Koufa, en Irak, où il a transféré ce qui reste de son pouvoir. Le califat, rongé par des luttes intestines, ne sera jamais restauré dans sa plénitude et son unité passées. Hassan succède à son père Ali, mais seulement durant six mois, et, après négociation, cède le pouvoir à Moawiya ; puis Hussein se révolte avant d'être tué à son tour (680). Des deux fils d'Ali descendront les chérifs. L'Arabie, jusqu'alors cœur de l'islam, laisse cette place à Damas, où vont régner les Omeyyades (660-750).

Il est difficile de cerner précisément le portrait d'Ali. Cependant, un certain consensus le présente comme peu doué pour la politique, mais saint homme, courageux et très pieux. Les sunnites (partisans de la *Sunna*, tradition du prophète) reconnaissent en général son rôle militaire, religieux (transmission de *hadith* – paroles, actes et commentaires du Prophète) et littéraire, sans pour autant lui accorder une place privilégiée. Certains courants sunnites ultras le rejettent même sans hésitation. Ali est vénéré par les chiites comme le premier imam, sur l'affirmation que Mahomet en aurait fait son successeur au retour de son dernier pèlerinage de La Mecque, dit « de l'Adieu » ; cet événement aurait eu lieu à l'étang de Ghadir el-Khumm (« la mare de Khumm »), entre La Mecque et Médine, et est fêté chaque année, depuis le Xe siècle, par les chiites duodécimains (qui reconnaissent douze imams) lors de l'aïd al-Ghadir (« fête de la mare »). La vénération entourant Ali pousse même des chiites extrémistes soit à le diviniser, soit à refuser sa mort, soit à voir en lui le mahdi (figure qui doit revenir avec le Messie, c'est-à-dire Jésus, à la fin des temps). Sa tombe, située à Nadjaf (Irak), non loin de Koufa, fut dissimulée pendant un siècle après sa mort, et fait l'objet d'un pèlerinage chiite.

→ **Alides, calife et califat, chiisme, kharidjites, Mahomet, Sunna.**

Alides ☪

Les Alides sont les descendants d'Ali, cousin et gendre de Mahomet. Mais cette origine n'implique pas que ces personnes soient obligatoirement des chiites (partisans d'Ali et de ses descendants). Ils peuvent aussi être sunnites (partisans de la tradition enseignée par le Prophète), comme par exemple les chérifs qui règnent sur le Maroc (les Alaoui) et la Jordanie.

→ **Ali, chérif et chérifat, chiisme, sunnisme.**

Alif ☪

Alif est la première lettre de l'alphabet arabe. Valant « un », elle figure au début d'Allah, le nom véridique du Dieu unique, et d'Adam, le premier homme. Comme pour la kabbale juive (doctrine qui croit au sens mystique et symbolique de l'écriture) avec l'hébreu, la tradition mystique musulmane accorde une valeur hautement symbolique aux lettres de l'alphabet arabe. Le Coran contient ainsi vingt-huit lettres, dont certaines, les mystérieux *fawatih*, introduisent ou titrent des sourates, comme *çad*, *ta* et *ha*, *qaf*, *ya* et *sin*. L'interprétation de ces lettres, ou *huruf*, est du ressort de la « science des lettres » (*ilm al-huruf*), assurée par les *hurufis* qui les considèrent comme la source créatrice des choses et des êtres qu'elles désignent ; transmises à Adam par Dieu, elles sont donc des outils de la Création, et leur valeur numérique permet d'avoir une interprétation mystique du Coran. Certaines, comme *qaf*, possèdent en elles une puissance propre qu'elles transmettent à celles qui leur sont associées. Certains musulmans font cependant de la lettre *alif* le symbole d'Iblis, le démon, ce qui empêche de l'unir aux lettres sacrées, même si elle forme avec elles un mot ou une expression (par exemple avec le *dal*, neuvième lettre de l'alphabet).

→ **Fawatih, Iblis, kabbale, mystique, qaf.**

Aliya ✡

L'Aliya est, en hébreu, la « montée », terme qui recouvre des significations différentes, mais toutes essentielles. Il s'agit d'abord de l'immigration juive en terre d'Israël (Erets Israël), depuis les patriarches jusqu'à notre époque : le départ d'Abraham pour le pays de Canaan, le retour de l'exil de Babylone, ou encore le retour des juifs de la diaspora à Sion (nom d'une colline de Jérusalem, d'où découle le mot « sionisme »). Tout juif a aussi le devoir de monter à Jérusalem pour le pèlerinage et les grandes fêtes. Enfin, l'Aliya est un privilège accordé à la synagogue : lire la Torah, depuis la *bimah* (l'estrade).

→ **Pèlerin, sionisme, Torah.**

Allah ☪

Allah est le terme employé par les arabophones (chrétiens ou musulmans) pour désigner Le Dieu unique. C'est le plus important et le plus puissant des noms de Dieu dans le Coran, et sans doute le plus connu des non musulmans. À l'origine, les Arabes avaient foi en la religion monothéiste d'Abraham dont le fils (et leur ancêtre) Ismaël prodigua l'enseignement. Mais cette croyance en Allah l'unique subit, au fils des temps, l'influence des cultures polythéistes. Tout en continuant de croire en Allah, dont ils évoquaient souvent le nom dans des discours, des poèmes et même des supplications, les Arabes lui associèrent d'autres divinités : statues, astres, démons, anges... Ils consacraient un culte à ces idoles, les considérant comme des médiateurs auprès d'Allah. C'est pour cette raison que le Coran les qualifie de *muchrikûne*, c'est-à-dire d'« associationnistes ». Allah, formé à partir de El, le grand dieu des civilisations sémites du Proche-Orient, vient de l'arabe *al-ilah*, « la divinité ». Mais au-delà de son étymologie, Allah, le nom propre et véridique de Dieu, contient en lui l'adoration que tout croyant doit rendre à Dieu. Dieu est le Créateur de tout, l'Éternel, le Seigneur et le Miséricordieux. Allah commence par la lettre *alif*, au puissant symbolisme.

→ **Coran, Éternel, Mahomet, musulman, Seigneur.**

Allahou akbar ☪

C'est, en arabe, la reconnaissance de la grandeur suprême de Dieu (Allah) : « Allah est le plus grand. » Ces mots sont prononcés notamment au cours de l'*adhan*, l'appel à la prière. Cette proclamation est appelée aussi *takbir*, mot qui fait appel à la notion d'embellissement, de noblesse, de majesté.

→ **Adhan, Allah, rak'a, tasbih.**

Alléluia ✡ ✝

Alléluia est une exclamation attesté par plusieurs psaumes de la Bible, parmi lesquels ceux composant le Hallel (« louange »). On la trouve aussi à la fin du livre de Tobie, et dans l'Apocalypse du Nouveau Testament. Elle signifie, en hébreu, « louez (*hallelou*) Dieu (Yah, abréviation de Yahvé) ». Elle a été reprise par la liturgie catholique.

→ **Apocalypse, Testament, psaumes, Tobie (livre de), Yahvé.**

Alliance ✡ ✝ ☪

Pour la Bible, la première Alliance (*bérith* en hébreu) entre Dieu et les hommes remonte au Déluge. Une autre Alliance, signée par le rite de la circoncision, est conclue avec Abraham, le premier homme à avoir la révélation du Dieu unique. Le Code de l'Alliance, remis à Moïse sur le Sinaï, en même temps que le Décalogue, scelle les liens indéfectibles de Dieu avec les Hébreux : dès lors, Israël est le peuple particulier de Dieu, ce qui le distingue des autres nations. En retour, ce peuple doit respecter les commandements et préceptes de Dieu contenus dans la Torah (Loi), et la liturgie qui en découle.

Au cours de la Passion, rapportent les trois évangiles synoptiques (ceux de Matthieu, Marc et Luc) du Nouveau Testament, Jésus institue l'eucharistie lors de la Cène, son dernier repas. Après avoir partagé le pain, symbole de son corps, avec les apôtres, il tend une coupe de vin qui circule de

bouche en bouche. Luc (22, 19-20), Marc (14, 22-25) et Matthieu (26, 26-29) livrent ces mots : « Cette coupe est la nouvelle Alliance en mon sang, versé pour la multitude. » « En vérité, je vous le dis [Amen], je ne boirai plus du produit de la vigne jusqu'au jour où je boirai le vin nouveau dans le Royaume de Dieu », ajoutent Matthieu et Marc. Pour les chrétiens, l'Alliance nouvelle, personnifiée par le Christ (Messie), est venue renouveler et revivifier l'ancienne, et le mot hébreu *bérith* fut traduit par le latin *testamentum*, qui a donné le français « testament ».

Dans le Coran, Dieu fait alliance avec le premier homme, Adam, qui « l'oublia » (*Ta Ha*, 20, 115), puis avec les hommes. Vint ensuite Abraham, le juste auquel Dieu affirme : « Mon alliance ne concerne pas les injustes » (*La Vache*, 2, 124). Les injustes sont par exemple ces Hébreux qui, las d'attendre le retour de Moïse, parti sur le mont Sinaï, se construisent une idole, le Veau d'or. Dieu est aussi en alliance avec les prophètes, dont Jésus. Les musulmans font ainsi partie d'une alliance qui, si elle est rompue ou corrompue, leur interdira la vie future : « Dieu ne leur parlera pas ; il ne les regardera pas, le Jour de la résurrection ; il ne les purifiera pas et un châtiment douloureux les attend » (*La Famille d'Imran*, 3, 77). En revanche, le paradis, « promesse faite en toute vérité dans la Torah, l'Évangile et le Coran » (*L'Immunité*, 9, 111), attend ceux qui la respectent aussi bien que Dieu, le Miséricordieux.

→ Abraham, Christ, circoncision, Moïse, Peuple élu, Testament.

Almohades ☪

Les Almohades (1130-1269), d'origine berbère, constituèrent une dynastie qui régna en Afrique du Nord et sur une grande partie de l'Espagne. Ce terme espagnol vient de leur qualificatif arabe d'*Al-Muwahhidoun*, ou « unitaires » (comme les Wahhabites ultérieurs d'Arabie), faisant référence à la proclamation de l'unicité absolue de Dieu. Les Almohades succèdent par la force aux Almoravides, dont la fin de règne a été marquée, selon eux, par un certain relâchement en matière religieuse. Avec les Almohades, le retour à la primauté de Dieu, même dans les affaires des hommes, au Coran et à la tradition, sera largement suivi. Ce courant repose sur les pensées du Berbère du Haut Atlas marocain Muhammad ibn Abdallah Ibn Toumart (1077-1130), qui se proclama mahdi (figure qui doit revenir avec le Messie, Jésus). La conquête est achevée par Abd al-Moumin (mort en 1163), lieutenant du précédent, qui fait de Marrakech sa capitale (1147), puis s'établit à Séville. En 1195, Al-Mansour (1184-1199), « le victorieux », bat les chrétiens à Alarcos. Mais la Reconquista (reconquête de l'Espagne par les chrétiens) aboutit à la défaite de Las Navas de Tolosa (1212), défaite qui marque la fin de l'Espagne almohade, prélude à celle, proche, de la présence musulmane sur la péninsule Ibérique. Les Almohades, dont le pouvoir alors s'étiole, sont chassés à la chute de Marrakech, prise par des vassaux, les Mérinides (dynastie marocaine) berbères ou Banu Mérin, qui resteront au pouvoir jusqu'au XVe siècle.

Les Almohades, grands promoteurs du commerce et de l'industrie, ont laissé des vestiges d'une architecture lumineuse, résultat d'un goût du raffinement éloigné des préceptes d'Abdallah Ibn Toumart. En Andalousie, la tour de la grande mosquée de Séville (ou Giralda), les sanctuaires de Marrakech et Rabat (Maroc) témoignent de leur influence. Leur présence a coïncidé avec une brillante philosophie musulmane, celle de Ibn Toufayl, du mystique de Murcie Ibn Arabi et du grand Averroès (Ibn Roushd).

→ **Almoravides, Mahdi, mosquée, Reconquista, wahhabites et wahhabisme.**

Almoravides ☪

D'origine berbère, issus de deux tribus converties à l'islam à la fin du IXe siècle, les Almoravides (1056-1147) furent maîtres de l'Afrique du Nord et de l'Espagne. Vers 1050, ils se distinguent par leur mode de vie, qui s'organise au sein des *ribat* (« liens »), communautés militaires, d'où leur nom arabe de *Al-Mourabitoun* (« gens du ribat »), qui donnera la forme espagnole « Almoravides ». De 1054 à 1060 environ, conduits par leur chef spirituel Abdallah ibn Yasin (mort en 1059) et des militaires, les frères ibn Oumar, ils conquièrent l'Afrique de l'Ouest jusqu'à l'Afrique noire. Marrakech, fondée vers 1060 par Yousouf ibn Tasfin, maître du Maroc et du Maghreb, devient la capitale de l'empire, qui s'étend bientôt jusqu'à Alger (1082), puis à l'Espagne (1086), où il faut secourir les musulmans, divisés en factions et menacés par la Reconquista (la reconquête de l'Espagne par les chrétiens). Ibn Tasfin réussit ensuite à instaurer l'unité de l'Espagne musulmane, que son fils et successeur, Ali ibn Yousouf (1106-1143), parvient à maintenir tant bien que mal, tout en préservant les territoires d'Afrique. Mais les Almohades, Berbères en action à partir de 1143, musulmans reprochant aux Almoravides de s'être écartés de l'islam au profit d'un juridisme excessif, s'emparent du pouvoir en 1147 avec la prise de Marrakech.

→ **Almohades, Berbères, ribat.**

Alpha et oméga †

Alpha et oméga, première et dernière lettres de l'alphabet grec, symbolisent le début et la fin de toute chose, dont le monde. Ils sont à l'origine de l'expression « l'alpha et l'oméga », le commencement et la fin. Dieu est ainsi le premier, mais il est présent aussi parmi les derniers, c'est-à-dire les plus humbles, a clamé le prophète Isaïe. Jean désigne Jésus par ces lettres dans l'Apocalypse : « [...] Oui, Amen ! Je suis l'Alpha et l'Oméga, dit le Seigneur Dieu, "Il est, Il était et Il vient", le Maître-de-tout » (1, 4-8). Plus loin, dans la vision d'une Jérusalem céleste, il rapporte : « C'en est fait [...], je suis l'Alpha et l'Oméga, le Principe et la Fin ; celui qui a soif, moi, je lui donnerai de la source de vie, gratuitement. Telle sera la part du vainqueur ; et je serai son Dieu, et lui sera mon fils. Mais [...] tous les hommes de mensonge, leur lot se trouve dans l'étang brûlant de feu et de soufre : c'est la seconde mort » (21, 1-8). Évoquant la parousie (retour du Christ à la fin des temps), il écrit encore : « J'apporte avec moi le salaire que je vais payer à chacun, en proportion de son travail. Je suis l'Alpha et l'Oméga, le Premier et le Dernier » (22, 12-13). Par ce titre, Jean rappelle que Jésus, en tant que Verbe (Parole) de Dieu, était avant toute chose et subsistera quand la Création aura disparu (Jn 1, 1-14). L'alpha et l'oméga figurent souvent sur la croix du Christ et sont également inscrits sur les cierges allumés à Pâques.

→ **Apocalypse, parousie, péché, prophète, Royaume.**

Amen ✡ † ☪

Ce mot hébreu provient d'un radical commun à l'arabe et à l'hébreu qui signifie « ce qui est ferme » ou « ce qui est solide ». Il marque une approbation de la parole et du pouvoir de Dieu : *amen* est ce qui est vrai. La Bible accorde une grande importance à ce mot sacré, puisqu'il y figure environ cent cinquante fois. La Septante, traduction grecque de la Bible, l'a rendu par *genoïto*, « ainsi soit-il », sens que les chrétiens ont adopté. Dans l'Apocalypse de Jean, on trouve ce propos concernant le Christ : « Ainsi parle l'Amen, le Témoin fidèle et vrai, le Principe de la création de Dieu » (3, 14). De fait, durant son ministère, Jésus a souvent accompagné ses propos des formules « en vérité » ou « en vérité je te le dis » – soixante-quinze fois dans les évangiles.

De nos jours, *amen* sert toujours à conclure une prière juive ou chrétienne. Il a aussi son correspondant dans l'islam, *amin* (« écoute et

accepte cette prière »), prononcé après des supplications et prières adressées à Dieu. Le mot est généralement formulé par une personne ou un groupe après une invocation publique, celle d'un imam notamment.

→ **Jean, Jésus, prière.**

Amidah ✡

L'Amidah est la prière inscrite au cœur du judaïsme, lors du shabbat, des fêtes ou des offices quotidiens, avec des variantes en fonction de ces divers rendez-vous. Dans la tradition, l'Amidah se substitue aux offrandes faites au Temple de Jérusalem. On fait remonter son origine à la Grande Assemblée (réunion composée de religieux et qui œuvra à la restauration du Dieu unique après l'exil de Babylone), et son texte définitif date du IIe siècle. L'Amidah doit être dite à voix basse, « debout » (sens de l'hébreu *amidah*), tourné vers l'arche (et Jérusalem), pieds joints, et elle exige le silence des fidèles, qui la récitent mentalement sans perturber le récitant, très concentré.
Dans le corps principal de l'Amidah, nous trouvons trois bénédictions d'ouverture destinées à louer les patriarches, les bienfaits de Yahvé et la sainteté de Son nom. Elles sont suivies de trois autres bénédictions : reconstruction du Temple et reprise du service des prêtres, louange de la bonté de Dieu, appel à la paix. En conclusion, le fidèle appelle Dieu à guider ses pas. Aux offices des jours de semaine, celui du matin (Chaharith), de l'après-midi (Minhah) et du soir (Maariv), treize bénédictions sont placées entre les trois bénédictions d'ouverture et les trois suivantes. La prière concerne des demandes précises, comme le privilège de la « connaissance », le regroupement en Israël de tous les exilés, la reconstruction de Jérusalem, ou encore l'attente du Messie. Pour Shabbat et les fêtes, ces treizes bénédictions sont remplacées par une seule.

→ **Chaharith, Grande Assemblée, Maariv, Minhah.**

Amora et amoraïm ✡

Les *amoraïm* (pluriel de *amora*, « interprète ») furent de grands esprits du judaïsme qui participèrent à l'élaboration des deux Talmud (le Talmud de Babylone et celui de Jérusalem), depuis l'an 200 environ à la toute fin du Ve siècle. Considérés comme des sages, ils ont aussi apporté de précieux éclairages dans les recueils du Midrash (réflexions sur la Bible par des rabbins). Leurs discussions, souvent animées, ne pouvaient cependant mettre en doute les décisions des *tannaïm*, autres sages qui les avaient précédés, mais ils se chargèrent d'en fixer la pensée et les arguments par écrit, voire d'identifier des *tannaïm* anonymes. Au contraire de ces derniers, les *amoraïm* ne se concentrèrent pas uniquement en Palestine – où ils se faisaient appeler *rabbi* et où ils édifièrent le Talmud de Jérusalem (dit aussi de Palestine) –, mais travaillèrent aussi à Babylone (sous le nom de *rav*), où les trois dernières générations d'*amoraïm*, sur les huit que l'on recense en général, achevèrent le Talmud babylonien. Ces spécialistes éminents furent environ deux mille, répartis en académies.

→ **Michnah, Midrash, Talmud, tanna et tannaïm.**

Amos ✡

Prophète chargé par Dieu de transmettre sa Parole au pays de Samarie, dont le peuple s'était perverti.

Les écrits d'Amos forment le premier livre daté de la Bible. Natif et résident de Tequoa, ville du royaume de Juda, située à environ huit kilomètres de Bethléem, ce prophète se présente comme un « bouvier et pinceur de sycomores » (7, 14), c'est-à-dire de figuiers, dont il vend les fruits après les avoir incisés pour les rendre plus mûrs. Yahvé lui fait prononcer ses oracles en Samarie, au nord, pays frère où le roi Jéroboam II (783-743 av. J.-C.) achève son règne, car les idoles y sont plus menaçantes qu'au royaume de Juda, les inégalités flagrantes, les pauvres exploités par des riches dépravés, les prêtres captivés par les biens matériels…

À Béthel, sanctuaire où passèrent les patriarches Abraham et Jacob, Dieu est honoré sous la forme d'un taureau, alors qu'Il ne doit pas être représenté. Des dieux étrangers sont vénérés à proximité, pendant que des prostitués, masculins et féminins, vendent leurs charmes aux pèlerins. Yahvé désapprouve ces sacrilèges et la fausse dévotion dont il est entouré. Il charge donc Amos d'annoncer un châtiment terrible, « le jour de Yahvé », préfiguration du style apocalyptique. De fait, en 722, la Samarie va tomber sous les coups assyriens, et ses habitants seront dispersés, mais parmi eux subsistera le « reste de Joseph » (allusion au patriarche Joseph, fils de Jacob et l'un des ancêtres des douze tribus d'Israël) qui, dans l'épreuve de l'exil, sera le noyau d'où renaîtra Israël.

→ **Abraham, idole, Samarie.**

Amr ☪

Mot arabe (dérivé du verbe *amara*, « ordonner ») utilisé par le Coran pour désigner un « décret » de Dieu le Créateur, un « commandement » réalisé par sa Parole et Volonté. Quand il s'agit des hommes, *amr* prend plutôt le sens d'une affaire ou d'un point relevant du domaine spécifiquement humain, et non plus divin.

→ **Commandement.**

Amulette ✡ ☪

C'est un objet que l'on porte sur soi pour ses vertus réputées bénéfiques.

Le principe de l'amulette renfermant des formules ou portant des inscriptions destinées à se protéger contre les sorts néfastes et le mauvais œil est une constante de l'Antiquité. On le retrouve par exemple en Chine et en Égypte. Héritant peut-être de ces pratiques anciennes, le judaïsme et l'islam recourent encore à ces amulettes, mais beaucoup moins qu'autrefois.

Pour réaliser un vœu ou se prémunir contre des démons, comme la terrible Lilith, certains juifs portent sur eux des images représentant des lettres magiques empruntées à la kabbale (mystique juive insistant sur la valeur symbolique de l'alphabet sacré), des noms d'anges, la menorah (le chandelier à sept branches) ou l'étoile de David (*magen David*). Les attributs sacrés du culte, *teffilin* (phylactères) et *mezouzot* (le *mezouzah* est un petit étui contenant un passage de la Torah et qui est fixé au montant d'une porte), sont considérés aussi comme protecteurs. On trouve aussi une « main » (*yad* en hébreu, *hamsa* en arabe), utile pour écarter le mal car le nom de Dieu y est inscrit. Cette main se dit aussi *khamsa* en arabe (« cinq doigts »). Cette tradition se retrouve surtout dans les communautés juives du Maghreb, comme le Maroc, qui l'ont transmise aux musulmans. Mais elle n'a aucun fondement au regard de l'islam et ressort davantage de la superstition – les musulmans d'Orient en ignorent l'usage. Ainsi, des passages du Coran recopiés sur divers supports continuent à être utilisés, surtout en Afrique du Nord, pour se placer sous l'aile bienfaitrice de Dieu. Ces supports peuvent être des mains stylisées, des bijoux ou encore des pochettes de cuir. En Afrique de l'Ouest, les amulettes sont appelées gris-gris, et *hajib* en Afrique du Nord.

→ **Étoile de David, kabbale, Lilith, menorah, Talmud, teffilin.**

Anachorète ✝

Les anachorètes (du grec *anakhorêtès*, « se retirer ») étaient des moines solitaires se plaçant sous l'autorité d'un ancien, ou *abba* (« père »), dont ils suivaient les conseils et avec lequel ils se réunissaient le dimanche pour pratiquer l'eucharistie.

C'est après l'arrêt des persécutions contre les chrétiens, rendu possible par le décret de l'empereur Constantin (313), que ces derniers ont pu pratiquer leur foi au grand jour. Certains d'entre eux menaient auparavant une existence d'ermite. Autour de Thèbes, en Haute-Égypte, saint Antoine le Grand (251-356), après avoir vaincu ses célèbres tentations dans le désert, à force de prières, groupe autour de lui des disciples. Ce monachisme initial gagne ensuite le Proche-Orient et la partie orientale de la Méditerranée. Il évoluera aussi vers le mode cénobite (la vie en communauté).

→ **Cénobite, ermite, monachisme.**

Anathème ✡✝

« Anathème », comme de nombreux termes bibliques, est passé dans le langage courant où il signifie aujourd'hui « condamnation », « blâme total ». Dans la Bible, il répond à une exigence divine, à une loi : aux prémices d'Israël, Yahvé ordonne que les ennemis et leur bétail soient massacrés, que le butin lui soit consacré. Ainsi, dans le livre de Josué, qui rapporte la conquête de Canaan après l'Exode, la ville de Jéricho subit cette loi. Dans le livre de Samuel, qui relate les débuts de la royauté d'Israël, Saül, premier roi avant David, y désobéit et le paie très cher : la disgrâce de Dieu puis la mort. Dans le Pentateuque (les cinq premiers livres de la Bible), le Lévitique (27, 28-29) précise que tout bien provenant d'un anathème ne peut être vendu, car : « Tout anathème est chose très sainte qui appartient à Yahvé. » Mais en fait, au travers de ces ouvrages, les scribes ont surtout voulu mettre en garde Israël contre les tentations de l'idolâtrie, car nous constatons que l'anathème est en contradiction avec le septième commandement de Dieu, contenu dans le Décalogue rapporté par le Deutéronome : « Tu ne tueras pas. » Le sens premier de l'anathème, transcrit par le grec et le latin *anathema*, était en effet de « vouer » une offrande à Dieu. L'anathème, qui ne semble pas avoir été appliqué à la lettre, doit donc être compris de manière symbolique, comme la détermination de résister, de

conserver pure la religion, d'alerter les croyants. Surtout après le retour de l'exil à Babylone, en 538 av. J.-C., quand Israël ne possédait plus d'armée.
Dans le judaïsme, l'anathème (*hèrem* en hébreu) fut appliqué aux juifs reconnus grands pécheurs, sous forme d'expulsion, temporaire ou définitive, de la communauté, assortie entre autres d'une interdiction de prier et de réciter la Torah. Cette forme d'excommunication, devenue très minoritaire, concerne essentiellement les milieux très orthodoxes.
Dans le Nouveau Testament, saint Paul confère à l'anathème la dimension d'une malédiction, notamment dans ses épîtres aux Romains (Rm 9, 1-5) et aux Corinthiens (1 Cor 16, 22). De fait, l'Église a repris ce terme pour l'appliquer aux excommunications touchant tout partisan d'une hérésie. Les conciles statuaient sur ceux qui devaient être condamnés. Au Moyen Âge, l'anathème fut assorti d'une interdiction de sacrements et de l'exclusion de la communauté. Le concile Vatican II (1962-1965) a mis un terme à cette sanction que seules les plus hautes instances pouvaient lever.

→ **Concile, hérésie, idole, péché.**

André †

Dans les évangiles, André, moins connu que son frère Simon (que Jésus appelle aussi Pierre), comme lui pêcheur sur le lac de Tibériade et résidant de Capharnaüm, n'en demeure pas moins l'un des quatre principaux apôtres de Jésus, avec Simon, Jean et son frère Jacques (le Majeur). D'abord disciple de Jean le Baptiste, il est le premier nommé par Jésus dans le groupe des apôtres, dans lequel il entraîne Simon (Jean 1, 40-42), tous deux devenant « pêcheurs d'hommes », rapporte Matthieu (4, 19). André intervient ensuite plusieurs fois au cours du ministère de Jésus (par exemple lors du miracle de la multiplication des pains). Son destin après la Pentecôte (fête qui commémore la descente du Saint-Esprit sur les douze disciples de Jésus) reste un mystère, et, comme pour les autres apôtres, se teinte fortement de légende. Certains lui attribuent l'évangélisation de Patras (Grèce), de la Russie ou encore d'une partie de la Roumanie. Au sein de l'Église de Constantinople, qui en a fait son patron (ainsi que l'Écosse), les patriarches sont les successeurs d'André, comme les papes de Rome sont ceux de Pierre. Saint André (du grec *andreas*, « courageux ») aurait subi le martyre à Patras, sur une croix en forme de X, qui depuis porte son nom. Il est fêté le 30 novembre depuis le Ve siècle.

→ **Apôtre, disciple, Jésus, Messie.**

Ange ✡✝☪

Les anges sont des créatures célestes communes aux trois religions du Livre. Ce sont des êtres surnaturels qui parfois adoptent l'apparence d'humains. Un ange, messager de Dieu (le mot « ange » vient de *aggelo*, « messager » en grec, *malak* en hébreu), intervient en général auprès des hommes pour leur annoncer de grandes nouvelles (naissance d'illustres personnages, par exemple, comme Samson), mais aussi pour remplir diverses missions. On en rencontre dès la Genèse, auprès d'Abraham, puis de son petit-fils Jacob, qui lutte avec un ange et reçoit le nom d'Israël. Dans le livre de l'Exode, Moïse est devant le Buisson ardent avec « cet ange de Yahvé ». Les anges peuvent être aussi combattants : le livre de Josué, qui relate la conquête de Canaan, parle de l'« armée de Yahvé » (5, 14), et le premier livre des Rois d'« armée du ciel » (22, 19). Enfin, ils encadrent la Gloire de Dieu dans les récits de prophètes comme Ézéchiel : ce sont les séraphins et les chérubins qui, au côté des archanges, font partie d'une hiérarchie céleste mise au point dans les premiers siècles du christianisme et aujourd'hui abandonnée. L'ange porte à la fin de son nom le suffixe *el*, nom de la divinité principale des religions anciennes du Proche-Orient. Chacun des noms d'ange possède ainsi une signification particulière : Raphaël (« Dieu guérit ») est présent dans le livre de Tobie ; Michel (« qui est comme Dieu ») lutte contre le Diable dans l'Apocalypse, où il affronte les mauvais anges, car un ange peut être déchu, comme Satan ; Gabriel (« Homme de Dieu ») aide Daniel à obtenir des visions, et c'est lui qui annonce à Marie la naissance prochaine de son fils Jésus. Nous trouvons aussi Raziel (« secret de Dieu »), qui initia Adam et Noé au mysticisme, et Uriel (« lumière de Dieu ») qui, entre autres, permit aux Hébreux de passer la mer Rouge, et dont le nom était inscrit sur des amulettes protectrices.

Mais si la Bible reconnaît les anges, ceux-ci n'ont commencé à être vraiment personnalisés qu'à partir du livre de Job (milieu du Ve siècle av. J.-C.), et à porter des noms dans le livre de Daniel (164 av. J.-C.). De fait, les chercheurs pensent que, s'inspirant des créatures associées aux divinités païennes, le judaïsme, surtout après l'Exil (VIe siècle), les récupéra et les adapta. Reconnus par le Talmud, mais absents de la Michnah (version écrite de la loi orale, dont le Talmud est le prolongement), en raison du caractère très juridique de cette dernière, les anges ont fait l'objet de nombreuses réflexions de la part des érudits. La mystique juive (kabbale) s'y est intéressée de près, notamment le *Zohar*, ouvrage fondamental. Enfin, les anges sont présents dans la liturgie juive, par exemple dans le Qedoucha (prière) et le *chalom alekhem* récité au shabbat. En fait, les anges acquièrent une grande importance dans les écrits intertestamentaires (textes rédigés pendant la période séparant la Bible et le Nouveau Testament), dans la littérature apocalyptique, comme le livre d'Hénoch et les livres des Jubilés, et surtout dans le Nouveau Testament. Par exemple, dans les Actes des Apôtres, Pierre est délivré de sa prison par un « ange du Seigneur ».

L'islam accorde une place très grande aux anges, particulièrement à l'ange Gabriel (Djibril), ange de la révélation, qui dicta le Coran à Mahomet. Dans ce livre sacré, les anges sont également les « serviteurs de Dieu », dont ils font la louange et auprès duquel ils demandent le pardon pour les hommes. Nous les retrouvons aussi avec Abraham et son neveu Lot, avec Zacharie le père de Jean le Baptiste, et avec Marie. Ils peuvent être annonciateurs de châtiments et requis pour combattre : « Je [Allah] vous envoie un renfort de mille anges, les uns à la suite des autres » (*Le Butin*, 8, 9) ; Dieu fait ainsi « descendre des armées invisibles » (*L'Immunité*, 9, 26), après avoir fait descendre sa *sakina* (présence) sur les hommes et son Prophète. D'autres anges sont des écrivains de Dieu : « Il envoie vers vous ceux qui enregistrent vos actes » (*Les Troupeaux*, 6, 61). L'ange de la mort est chargé de recueillir les défunts et de les amener vers Dieu. Enfin, dans la géhenne (l'enfer) règne un feu dévorant gardé par des anges : « Ses surveillants sont au nombre de dix-neuf » (*Celui qui est revêtu d'un manteau*, 74, 30-31).

→ **Annonciation, archange, chérubin, djinns, Ézéchiel, séraphin.**

Angélus †

L'Angélus, signalé par la cloche du même nom, est une prière récitée trois fois par jour, matin, midi et soir. L'Angélus est composé de trois versets suivis chacun d'un Ave Maria, et se termine par une oraison dédiée à la Vierge, à qui l'ange Gabriel annonça la naissance de son fils, d'où le mot « angélus ». Dans cette prière, tout est centré sur Jésus, en qui « le Verbe [Dieu] s'est fait chair ».

→ **Annonciation, Ave Maria, Gabriel, oraison, Verbe.**

Anglicanisme †

L'anglicanisme, né en Angleterre, possède un statut particulier, conséquence d'événements historiques.

En 1534, en Angleterre, le roi Henri VIII (1491-1547) s'autoproclame chef de l'Église anglaise et rejette l'autorité du Vatican – l'évangélisation de ce pays remonte au IIIe siècle. Il argue pour cela de la trop grande mainmise de l'Église catholique sur l'enseignement et les affaires du pays, d'autant que le pape a refusé d'annuler son mariage avec Catherine d'Aragon. Ainsi naît cette forme particulière d'Église, dont la nature est empruntée à la Réforme protestante, qui vient d'éclater en Allemagne. C'est l'anglicanisme qui, centré sur les textes sacrés, ne reconnaît que deux des sept sacrements catholiques : le baptême et l'eucharistie. Toujours séparée de Rome, l'Église anglicane est aujourd'hui répartie en deux familles principales : la *High Church* (Haute Église), qui rejoint sur beaucoup de points le catholicisme, en matière de dogme et de liturgie ; la *Low Church* (Basse Église), proche du courant presbytérien calviniste (protestant). L'Église anglicane a été très active dans l'œcuménisme (dialogue entre les diverses Églises chrétiennes).

→ **Calvinisme, œcuménisme, protestant, Réforme.**

Annonciades †

Les Annonciades, comme les Visitandines, forment un ordre exclusivement féminin, ce qui n'est pas fréquent. Leurs établissements, dont certains pratiquent aujourd'hui l'enseignement, sont depuis l'origine voués à la contemplation, selon le vœu de la fondatrice de l'ordre des Annonciades Jeanne de France (1464-1515). Celle-ci, laide et contrefaite, est la fille de Louis XI le Valois, qui, en la mariant à un cousin, Louis d'Orléans, est persuadé qu'elle n'aura pas d'enfant, éteignant du même coup la branche rivale des Orléans. Mais, en 1498, Louis d'Orléans devient roi (Louis XII), fait annuler le mariage par le pape Alexandre VI et épouse Anne de Bretagne. Jeanne de France gagne Bourges, où elle fonde son ordre, dont la règle est approuvée par le même pape, en février 1501. Pie XII procède à la canonisation de Jeanne de France en 1950.

→ **Canonisation, ordre, pape, visitandines.**

Annonciation †

L'Annonciation désigne traditionnellement l'annonce faite à Marie de la naissance prochaine de son fils Jésus. L'évangile de Luc, qui la rapporte (1, 26-38), la place après celle, survenue six mois plus tôt, de Jean le Baptiste, cousin et précurseur de Jésus. Dans les deux cas, l'ange Gabriel est le messager de cette nouvelle.

Marie, fiancée à Joseph, un charpentier, habite à Nazareth, en Galilée. Alors qu'elle se trouve chez elle, Gabriel lui apparaît et la salue : « Réjouis-toi, comblée de grâce, le Seigneur est avec toi » (1, 28). Marie apprend ensuite qu'elle enfantera un fils nommé Jésus, qui sera le Messie. Elle objecte qu'elle est vierge et fiancée, mais Gabriel lui apprend que son enfant sera conçu par l'Esprit saint, et que sa cousine Élisabeth attend aussi un enfant (Jean) de par la volonté de Dieu. Suit alors ce qu'on appelle la Visitation (1, 39-45) : après le départ de l'ange, Marie se rend chez Élisabeth, qui réside près de Jérusalem : « Bénie es-tu entre les femmes, et béni le fruit de ton sein ! » (1, 42), déclare Élisabeth, reconnaissant par là la première place de Jésus dans les intentions divines. « Mon âme exalte le Seigneur » (Magnificat, 1, 46), clame Marie dans son « cantique » (46-56).

Selon l'évangile de Matthieu, Joseph, en découvrant que Marie est enceinte, décide de la répudier, mais dans la discrétion, car les femmes adultères sont alors lapidées jusqu'à la mort. Un ange parvient à le convaincre de n'en rien faire, et Joseph adoptera l'enfant.

→ **Esprit saint, Gabriel, Jésus, Joseph, Marie, Vierge.**

Antéchrist † ☪

C'est le nom de l'adversaire du Christ, qui viendra *avant* lui sur la Terre (d'où le glissement d'*Antichristus*, mot originel, à *Antechristus*).

Dans le Nouveau Testament, la première épître de Jean cite pour la première fois l'Antichrist. Il ne s'agit pas seulement d'un ennemi du Christ, mais bien de l'anti-Messie : « Vous avez ouï dire que l'Antichrist doit venir ; et déjà maintenant beaucoup d'antichrists sont survenus : à quoi nous reconnaissons que la dernière heure est là. [...] Qui est le menteur, sinon celui qui nie que Jésus soit le Christ ? Le voilà l'Antichrist ! Il nie le Père et le Fils. [...] Voilà ce que j'ai tenu à vous écrire au sujet de ceux qui cherchent à vous égarer » (2, 18-26). Car, pour vivre en enfants de Dieu, il faut se rappeler que « tout esprit qui ne confesse pas Jésus n'est pas de Dieu ; c'est là l'esprit de l'Antichrist. Vous avez entendu dire qu'il allait venir ; eh bien ! maintenant, il est déjà dans le monde » (4, 3). Cette créature maléfique est dans la droite ligne du courant eschatologique (relatif à la fin des temps) développé dans le judaïsme peu avant le début de l'ère chrétienne, comme la littérature apocalyptique, autant d'œuvres dont les manuscrits de Qumrân (textes trouvés dans des grottes sur les rives de la mer Morte) nous ont livré des exemples. De fait, la fin des temps est une préoccupation importante des premiers chrétiens, notamment des Pères de l'Église, qui guettent les Antéchrists, ces imposteurs à la parole pernicieuse et dangereuse, aux miracles trompeurs, osant parler au nom du véritable Messie. Seule une foi pure et totale pourra enrayer leur action. Dans L'Apocalypse de Jean, la Bête venue de la mer, soutenue par le diable (Satan), est l'exemple le plus connu de l'Antéchrist – qui n'est cependant pas nommé ainsi dans cette œuvre. Aujourd'hui, la figure et la venue de l'Antéchrist sont considérées comme des symboles.

L'islam possède aussi son Antéchrist en la personne du Dajjal, plus précisément *el-masîh ed-dajjal*, le « faux Messie ». Selon certains *hadith* (paroles, actes et commentaires du Prophète), il sera tué avant la fin des temps par Jésus lui-même – le vrai Messie selon le Coran. Il est prêté au Dajjal à peu près les mêmes ruses qu'à son frère chrétien.

→ **Bête, diable, eschatologie, millénarisme, Satan.**

Antisémitisme ✡

Haine envers les juifs, qui amène à les rejeter et à les persécuter.

L'antisémitisme fut actif dès l'Antiquité, puis au Moyen Âge et jusqu'au siècle des Lumières. Au XIXe siècle, il s'est enrichi d'écrits de « théoriciens » dont s'inspireront les nazis, comme ceux de l'Anglais Houston Stewart Chamberlain (1855-1927). Ce mot, attribué à un pamphlétaire allemand hostile aux juifs, Wilhelm Marr (1873), dans son texte *La Victoire du judaïsme sur le germanisme*, fut repris en 1879 par l'*Allgemeine Zeitung des Jundenthums*, journal juif allemand. Mais le terme est erroné – les Arabes, par exemple, sont également sémites, au même titre que les Palestiniens. En fait, le terme le plus adapté serait celui d'antijudaïsme. Les prétendus critères raciaux ne tiennent pas non plus. Les juifs viennent de tous les horizons humains, depuis l'Inde et l'Éthiopie jusqu'à la Russie, avec toutes les caractéristiques physiques qu'impliquent ces origines. Il n'existe donc pas de « race juive » mais une seule race humaine avec ses variétés. Il n'existe pas non plus de peuple juif (on ne parle pas de peuple chrétien ou musulman), mais un État, Erets Israël (« terre d'Israël »), où résident les Israéliens, dont 80 % sont juifs, et les juifs de la diaspora, vivant au sein de pays dont ils sont des citoyens à part entière.

→ **Diaspora, ghetto, marranes, pogrom, Sémites, Shoah.**

Antonin †

Ce mot se rapporte à des ordres religieux maintenus en Orient, mais disparus d'Occident avec la fin des Hospitaliers de Saint-Antoine (1803). Ces religieux se placent sous le patronage de saint Antoine le Grand (251-356), grand promoteur du cénobitisme, c'est-à-dire la première forme de vie communautaire dans le monachisme chrétien, dont l'initiateur fut saint Pacôme (286-346).

→ **Cénobitisme, monachisme, ordre, religieux.**

Apicorète ✡

L'apicorète désigne, dans le judaïsme, le juif qui se montre laxiste, voire infidèle aux règles de sa religion. Par conséquent, il peut être considéré comme hérétique, surtout lorsqu'il avance des idées hétérodoxes, c'est-à-dire qui ne sont pas en accord avec la tradition et la doctrine. Ce mot vient du grec *apikoros*, terme que les rabbins donnaient aux adeptes d'Épicure (341-270 av. J.-C.), philosophe grec qui, dans son jardin d'Athènes, enseignait une conception du bonheur et de la paix qui reposait sur les plaisirs.

→ **Hérésie, rabbin.**

Apocalypse ✡ † ☪

L'apocalypse est la révélation (*apokalupsis* en grec) de Dieu aux hommes. Un jour, qui n'est bien sûr pas précisé, Dieu, le Créateur, le seul roi, le maître de l'Histoire, jugera les nations et les hommes en fonction de leurs actes : dans ce bilan redouté du passé, les bons et les justes seront récompensés, les autres châtiés. Dieu régnera alors sur un monde purifié, fait de justice et de sainteté, apportant le salut.

Le mot « apocalypse » est à mettre à l'actif des écrits chrétiens, mais la Bible préfigure cette révélation au travers d'un genre littéraire dit « style apocalyptique ». On en trouve les prémices chez les prophètes Amos

(VIIIe siècle av. J.-C.), qui menace les impies du terrible « jour de Yahvé », et Sophonie (vers 630 av. J.-C.), puis chez d'autres prophètes, comme Malachie (vers 520 av. J.-C.), et surtout Ézéchiel (début VIe siècle av. J.-C.). Mais c'est avec Joël (V[e] -IVe siècles av. J.-C.) que ce thème est développé. Le style apocalyptique est véritablement inauguré par le livre de Daniel (164 av. J.-C.), qui introduit une dimension nouvelle : jusqu'ici, seuls les vivants étaient jugés ; désormais, les morts sont aussi concernés, l'idée de résurrection s'étant répandue dans le judaïsme. Le style se développe ensuite, comme en témoignent les livres absents de la Bible d'Hénoch, des Jubilés ou encore de Baruch... À l'époque de Jésus, ces textes s'insèrent dans une tradition qui culmine avec le Livre de l'Apocalypse.

Ce livre, le dernier du Nouveau Testament, est attribué à l'évangéliste Jean, mais des doutes subsistent. Son style puissant, profond, allégorique, magnifique, bien dans la lignée des écrits apocalyptiques juifs, ses symboles (les chiffres par exemple) et ses visions en font un ouvrage à part au sein du Nouveau Testament, et une somme littéraire passionnante. Tout se concentre sur des notions théologiques qui viennent compléter les évangiles, dont bien sûr la fin des temps (eschatologie). D'après certains chercheurs, la singularité de cette œuvre la rapproche des textes judéo-chrétiens, c'est-à-dire des textes de juifs convertis au message de Jésus le Christ et qui continuent à pratiquer la Loi (Torah) juive. L'auteur (probablement Jean), qui écrit depuis l'île de Patmos (Grèce), s'adresse à sept Églises situées en Asie Mineure. Le récit de ses visions débute vraiment au chapitre 4 : l'Agneau, symbole du Christ, brise les sept sceaux du livre de Dieu ; pour chacun des quatre premiers sceaux brisés apparaît un des quatre cavaliers de l'Apocalypse (blanc pour le Christ, les trois autres étant le malheur). Puis, au cinquième et sixième sceaux brisés apparaissent les martyrs et la justice de Dieu : « Il est arrivé, le grand Jour de sa colère [Jour de Yahvé], et qui donc peut tenir ? » (6, 17). L'Agneau accueille alors les justes sous son aile. Puis il brise le septième sceau : sept anges sonnent de sept trompettes annonçant un déferlement de plaies où périssent les impies, précédant l'avènement du Royaume de Dieu où le Christ siège au côté de son Père, où prennent place les saints et tous ceux marqués du sceau de Dieu. « Alors s'ouvrit le temple de Dieu dans le ciel, et son arche d'alliance apparut » (11, 19). L'Apocalypse se poursuit sur le Dragon, « l'antique Serpent, le Diable ou le Satan, comme on l'appelle, le séducteur du monde entier », qui, avec ses anges, est précipité « sur la terre ». Le Dragon transmet alors son pouvoir à deux Bêtes. Celles-ci sont vaincues à leur tour, et le Dragon est prisonnier pour mille ans (source du millénarisme), mais « les mille ans écoulés, Satan, relâché de sa prison, s'en ira séduire les nations des quatre coins de la terre, Gog et Magog, et les rassembler pour la guerre, aussi nombreux que le sable de la mer » (20, 7-8). Après le Jugement des nations vient la glorification d'une Jérusalem céleste où ceux qui y prendront place, autour du trône de Dieu et de l'Agneau, connaîtront la félicité éternelle.

Le Coran, qui abonde en thème eschatologique, est particulièrement centré sur le Jugement dernier, tout en évoquant aussi une bête apocalyptique. L'apocalypse est décrite dans plusieurs sourates dont les titres correspondent à des noms qui lui sont attribués. Citons, par exemple, *Celle qui doit venir* (*al-Haqqa*, sourate 69), c'est-à-dire l'heure du Jugement, quand « le ciel se fendra et sera béant » (69, 16) et que les hommes seront « exposés en pleine lumière ». L'Apocalypse marque ainsi *La Rupture du ciel* (*al-Infitâr*, sourate 82) et *Le Décrochement* (*al-Takwir*) du soleil, titre de la sourate 81. L'heure du Jugement, *Celle qui enveloppe* (*al-Ghâshiya*, sourate 88), se manifestera aussi par *Le Tremblement de terre* (*al-Zalzala*, sourate 99), jour où « les hommes surgiront par groupes pour que leurs actions soient connues » (99, 6), qu'il s'agisse d'un bien ou d'un mal infinitésimal. Car elle est *Celle qui fracasse* (*al-Qari'a*, sourate 101), ce jour où les hommes seront dispersés, comme des papillons.

→ Antéchrist, Armagedôn, Bête, Gog et Magog, Jugement dernier, millénarisme.

Apocryphe ✡ †

Les chrétiens des premiers siècles, pour constituer leur Bible, adoptèrent la traduction grecque des Septante (IIIe-IIe siècles av. J.-C.), qui devint l'Ancien Testament. Cette Bible diffère de la Bible originale hébraïque, fixée par le canon (règle) juif, par plusieurs écrits : Maccabées, Siracide, Judith, Tobie, Sagesse de Salomon, et quelques passages des livres de Daniel, Jérémie et Esther. Les protestants, mais aussi les juifs, appelleront ces écrits des apocryphes (« cachés » en grec) de l'Ancien Testament. Les catholiques, quant à eux, les ont rangés dans le canon officiel et qualifient d'apocryphes tous les livres qui ne figurent pas dans le canon – notamment ceux qui influencèrent le culte de Marie, mère de Jésus, ou certains des récits des apôtres.

→ Canon, Marie, Septante, Vulgate.

Apostasie ✡ † ☪

Dans le christianisme, l'apostasie (du latin *apostasia*, « abandon ») est, sur le plan juridique, soit le renoncement à la foi chrétienne au profit d'une autre religion, soit l'abandon par un clerc ou un religieux de ses vœux. Celui qui se rend coupable d'apostasie est dit « apostat ».

L'apostasie s'applique également aux deux autres religions du Livre. Le judaïsme, tout au long de son histoire, a dû se confronter aux idoles dénoncées par les prophètes, ou encore au christianisme naissant, qui comprenait une majorité de juifs adhérant à la nouvelle foi. Mais rappelons qu'au Moyen Âge, les juifs d'Europe furent souvent soumis à des pressions, allant parfois jusqu'à la mort, aux fins d'embrasser le catholicisme : il en alla ainsi des *conversos* d'Espagne au XVe siècle, appelés aussi marranes. Le judaïsme distingue alors deux sortes d'apostats : les *anoussim* (convertis par force), dont certains se révélèrent de grands ennemis de leur religion d'origine, et les *mechoummadim* (convertis par choix). Les tentatives chrétiennes de conversion des juifs ont cessé après la Shoah.

L'islam estime que l'incroyance est la plus grande des fautes : « Écarter les hommes du chemin de Dieu, être impie envers lui et la Mosquée sacrée, en chasser les habitants, tout cela est plus grave encore devant Dieu », dit le Coran (*La Vache*, 2, 217). L'apostasie, ou « défection » (*ridda*), mérite quant à elle la fureur divine et le brasier de l'enfer. Cependant, dans la chariah (la loi de l'islam), la peine de mort n'est pas préconisée de manière systématique et divers grands esprits de l'islam n'avalisent pas une telle sentence, comme Omar le 2e calife (successeur de Mahomet, 634-644) : l'apostasie, qui prend différentes formes (reniement, hostilité, sacrilège…), doit être prouvée et n'est pas retenue, par exemple, quand l'apostat a été contraint.

→ Chariah, enfer, foi, marranes, vœux.

Apôtre †

Jésus, dès le début de son ministère en Galilée, s'entoure de partisans, ou disciples (du latin *discipulus*, « élève »), qui acceptent de partager une existence souvent difficile. Pour l'assister, il choisit parmi eux un groupe de fidèles qui seront appelés « apôtres » (du grec *apostolos*, « envoyé ») : c'est le groupe des Douze. Ce chiffre, très symbolique, rappelle les douze tribus d'Israël qui, selon la Bible, descendaient des douze fils du patriarche Jacob, et signifie donc que Jésus appelle une nouvelle Alliance avec Dieu afin de signifier la venue du Royaume. De fait, il s'agit de douze hommes (pas de femmes, malgré la présence de disciples féminins comme Marie de Magdala), dont les évangiles synoptiques (Mathieu, Marc et Luc) donnent la liste : on y trouve les tout premiers disciples, Jean et Jacques (le Majeur), fils de Zébédée, Simon (que Jésus appelle Kefa, « pierre » en araméen, et qui deviendra donc Pierre), toujours cité le premier, et son frère André, tous quatre Galiléens (comme Jésus) et anciens disciples de Jean le Baptiste. Les autres sont Thomas, Jacques dit le Mineur (fils d'Alphée), Judas Iscariote, Philippe, Matthieu (peut-être l'évangéliste), Barthélemy (appelé aussi Nathanaël), Thaddée, Simon le Zélote (ou le Cananéen). Les Douze, qui ont pour tâche de diffuser l'Évangile – leur mission est contenue entre autres dans le discours apostolique cité par Matthieu (10, 1-42) –, vont suivre Jésus jusqu'au terme de la Passion (derniers jours de Jésus), malgré des revers : la trahison de Judas Iscariote, bien sûr, mais aussi les célèbres reniements de Pierre. Après la mort de Jésus, les apôtres, réduits à onze à la suite du suicide de Judas, se dispersent, désemparés, mais se reconstituent au lendemain de la Résurrection pour reprendre leur mission et annoncer le message du Christ. Avant la Pentecôte, le groupe revient à douze avec le remplacement de Judas par Matthias. À la suite de cette fête, qui célèbre la descente de l'Esprit saint, Matthias va fonder à Jérusalem le collège apostolique dirigé un temps par Pierre, puis par Jacques, le « frère de Jésus ». Bientôt, l'Église naissante considérera tous les missionnaires comme des apôtres. Selon la tradition, la plupart des apôtres connaîtront le martyre, comme l'avait annoncé Jésus.

→ **Disciple, évangiles, Jésus, Messie.**

Aqédah ✡

Aqédah est le nom hébreu (signifiant « lier ») donné au sacrifice que Dieu demande à Abraham sur le mont Moriyya, celui de son fils Isaac que Dieu remplace par un bélier.

Pour d'anciens commentateurs juifs, comme le philosophe Philon d'Alexandrie (de 13 av. J.-C. jusqu'à 54), qui voit dans ce geste l'expression d'une foi exemplaire, cet épisode poignant vise aussi à dénoncer les sacrifices d'enfants au Proche-Orient, effectués pour conjurer les grands dangers, et même en Israël, où sévissait l'influence des baals (les faux dieux selon la

Bible) de Phénicie, pays adepte de ce rituel. À Jérusalem, les cérémonies, vouées par exemple au dieu assyrien Moloch, se déroulaient dans le quartier de Tophèt, niché au sud de la ville, dans la vallée du Cédron, appelée aussi vallée de Ben-Hinnom ou vallée de la géhenne. Les prophètes ont bien sûr condamné ces pratiques. Isaïe s'oppose ainsi au roi Achaz (736-716 av. J.-C.), qui a profané le Temple avec des dieux cananéens et sacrifié son enfant premier-né. Plus tard, Manassé (687-642), fils d'Ézéchias, pourtant considéré par la Bible comme un roi fidèle à Yahvé, se montre particulièrement impie : « Il fit passer son fils par le feu. Il pratiqua l'astrologie et la magie, institua nécromants [de nécromancie : consultation des morts] et devins. De multiples façons il offensa Yahvé en faisant ce qui est mal a ses yeux », rapporte le second livre des Rois (21, 7). La Torah interdit pourtant le sacrifice d'enfant, qu'elle punit de mort, le remplaçant par celui d'un agneau.

Pour le Midrash (interprétation de la Bible par les rabbins), Satan aurait fait douter Dieu de la foi d'Abraham, l'amenant à proposer le sacrifice d'Isaac pour éprouver sa piété, sur le mont Moriyya, identifié à celui sur lequel Salomon devait bâtir le Temple. Le récit de la Aqédah, qui a fait l'objet de réflexions de grands penseurs juifs, est logiquement intégré à la liturgie, notamment au moment de Rosh ha-Shanah (Nouvel An), ou du Yom Kippour pour la kabbale (mystique juive).

→ **Abraham, Isaac, Satan, Temple, Zohar.**

Arabe ☪

Jusqu'au début du VIIe siècle, l'arabe, langue sémitique de la même famille que l'hébreu ou l'araméen, ne concernait que des tribus nomades d'Arabie, dont certaines s'étaient fixées au sein d'oasis. Il était parlé aussi par des tribus implantées en ville, comme les Quraïch de La Mecque, ville de Mahomet. Il devait ensuite connaître une expansion formidable, avec la naissance puis l'essor de l'islam. L'arabe a ainsi laissé une forte empreinte dans certains pays conquis, en devenant leur langue officielle ou en influençant durablement leur culture. L'arabe a fourni, et continue de produire, une littérature d'une extrême finesse, comme la poésie des soufis (adeptes du soufisme, courant mystique de l'islam). Nous lui devons aussi des ouvrages de médecine, de mathématiques, d'astrologie ou encore de philosophie qui ont exercé une grande influence sur les mentalités occidentales. L'arabe est aussi (et surtout) la langue du Coran qui, pour être diffusé aux croyants et aux convertis, favorisa la mise au point d'une grammaire, et ce dès la première moitié du VIIIe siècle. La lecture du Coran se fait en arabe, même si l'on ne le comprend pas. La sourate *Joseph* le souligne d'emblée : « Alif. Lam, Ra. Voici les Versets du Livre clair : nous les avons fait descendre sur toi en un Coran arabe » (12, 1-2). Enfin, signalons l'existence d'une *Vie de Jésus en arabe*, œuvre rangée parmi les apocryphes chrétiens, et centrée plutôt sur la figure de Marie.

→ **Arabie, fawatih, Marie, qaf, soufi.**

Arabesque ☪

On trouve cet ornement spécifique de l'art musulman en architecture et dans les enluminures. Il s'agit d'un motif « à la manière arabe », où végétal (feuilles, tige, fleurs) et texte sont entrelacés. Cet art ancien trouva son aboutissement à l'époque des Abbassides (750-1258, deuxième grande dynastie de l'islam) et des Fatimides (dynastie d'Égypte, 909-1171). On le retrouve dans de superbes copies du Coran, des manuscrits et des livres (VIIIe-XIIIe siècle).

→ **Abbassides, Coran, Fatimides.**

Arabie ☪

Berceau de l'islam, l'Arabie, où se trouvent les villes saintes de La Mecque et de Médine, est peuplée sans doute dès le IIIe millénaire av. J.-C. Elle est occupée au IXe siècle avant notre ère par des tribus nomades parlant arabe, mais dont on ne connaît précisément ni la période d'arrivée, ni l'origine, excepté qu'elles appartiennent aux Sémites. Des textes assyriens et hébreux font alors mention d'*arabs* – ainsi la reine de Saba (reine légendaire), en Arabie du Sud (Yémen), lors de sa visite au roi Salomon (troisième roi des Hébreux, vers 970-931 av. J.-C.). Il s'agit de populations guerrières, se déplaçant en chameau, pratiquant l'élevage et le commerce, recourant parfois aux rapines. Il s'agit surtout de nomades, mais aussi de sédentaires (au sud). Placés sous l'orbite des Perses (VIe siècle), les Arabes adoptent, pour certains d'entre eux, l'araméen (langue de l'Empire perse), ainsi que des rites et des croyances perses. Nous les trouvons ensuite jusqu'en Syrie, en Jordanie, en Palestine, aux marges de la Mésopotamie.
Avant la révélation de Dieu à Mahomet (vers 610) et la fondation de l'islam, la religion des tribus arabes est polythéiste, voisinant avec des courants chrétiens et avec le judaïsme. Ainsi, à La Mecque, capitale de la région du

Hedjaz, cité riche et commerçante, des divinités sont vénérées à la Kaaba, la Pierre noire, autour de laquelle on tourne (*circumambulation*), tandis que non loin, à Arafat, on sacrifie des animaux. La figure de Al-Lat domine. Mais Mahomet unifie les tribus, fait briser les idoles représentant ces dieux, et La Mecque devient un lieu de pèlerinage, le *hadjj*, l'un des Cinq Piliers de l'islam. Cette religion, partie d'Arabie, se répand au Proche-Orient puis en Méditerranée, en Afrique et jusqu'en Asie. Au VIIIe siècle, le mouvement wahhabite (famille de l'islam) commence à conquérir l'Arabie qui, excepté le Hedjaz, finit par tomber sous la tutelle étrangère. Durant la Première Guerre mondiale, l'action des Arabes contre les Ottomans (par l'intermédiaire du colonel Lawrence) permet de chasser ces derniers. L'Arabie accède à l'indépendance en 1932, sous le nom d'Arabie Saoudite, bordée au sud par le Yemen, à l'est par les Émirats arabes et Oman.

→ **Arabe, Mahomet, Mecque (La), Médine, Piliers (les Cinq).**

Araf ☪

La signification d'*araf* reste encore mystérieuse. Ce mot pourrait évoquer un haut mur, une éminence, un lieu ou encore un chemin. En tout cas, sur le plan symbolique, si les mécréants sont voués aux flammes de l'enfer, l'*araf* représente, selon certains théologiens musulmans, un endroit où les croyants qui n'ont pas accédé au paradis en raison de leurs fautes sont soumis à une attente au bout de laquelle, purgés de leurs péchés, il leur serait possible de rejoindre les heureux élus (on peut y voir une sorte de purgatoire). La septième sourate du Coran porte le titre de *al-Araf*, et son verset 46 dit : « Un voile épais est placé entre le Paradis et la Géhenne : des hommes, se connaissant les uns et les autres d'après leurs traits [inconnus] distinctifs, seront sur les Araf. Ils crieront aux hôtes du Paradis : "Salut sur vous !" mais ils n'y entreront pas, bien qu'ils le veuillent. » Cette sourate (de 206 versets), qui débute par les *fawatih* (lettres mystérieuses de l'alphabet arabe), dont la lettre *alif*, est d'ailleurs consacrée à ce qui différencie croyants et incrédules, ainsi qu'aux attitudes que tout musulman se doit d'observer. Tout homme doit se souvenir que Dieu a « envoyé Moïse avec nos signes à Pharaon et ses conseillers, mais ils se montrèrent injustes envers nos signes. – Vois quelle a été la fin des corrupteurs ! – » (103). À tout croyant, il est dit : « Souviens-toi de ton Seigneur, en toi-même, à mi-voix, avec humilité, avec crainte, le matin et le soir » (205).

→ **Alif, fawatih, purgatoire, salut.**

Arafat ☪

Située à environ vingt-cinq kilomètres de La Mecque, la plaine d'Arafat est semée de collines, dont le mont de la Miséricorde qui est une étape grandiose du *Hadjj*, le grand pèlerinage musulman. Son nom viendrait de l'histoire d'Adam et Ève qui, chassés du paradis, s'y retrouvèrent et se « reconnurent » (sens étymologique d'*arafat*), mais cette légende n'est confirmée par aucun texte de l'islam, Coran ou Tradition du Prophète.

Partant de La Mecque, les pèlerins y parviennent le 9 de dhou al-hijjah, le « mois du pèlerinage ». De midi au coucher du soleil, ils font preuve d'une dévotion extraordinaire, prient, méditent, se donnent entièrement à Dieu, commémorent Mahomet, puis reviennent à La Mecque. Sur le plan symbolique, la station d'Arafat, cœur du *Hadjj*, est l'occasion d'un vaste pardon, la foule intense évoquant celle du Jugement dernier. C'est aussi un moment de profonde unité, tous les musulmans portant le même habit, accédant tous à la prière dans un même élan.

→ **Adam, Ève, hadjj, Jugement dernier, Mahomet.**

Araignée, L' ☪

L'araignée, que de nombreuses civilisations admirent pour la perfection de ses toiles, est le titre donné à la sourate 29 du Coran (*al-Ankabout* en arabe), qui compte 69 versets. Dans cette sourate, il s'agit de résister aux incrédules qui détournent les croyants de leur foi et qui devront répondre de leurs actes au jour de la résurrection. On y rappelle l'épisode de Noé et du Déluge envoyé pour punir le péché. Il y est précisé que : « Ceux qui prennent des maîtres en dehors de Dieu sont semblables à l'araignée : celle-ci s'est donné une demeure, mais la demeure de l'araignée est la plus fragile des demeures » (41). On retrouve une telle allusion dans le livre de Job : « Sa confiance [celle de l'impie] n'est que filandre, sa sécurité, une toile d'araignée. S'appuie-t-il sur sa demeure, elle ne tient pas ; s'y cramponne-t-il, elle ne résiste pas » (8, 14-15). Il faut pratiquer la prière qui « éloigne l'homme de la turpitude et des actions blâmables » (45), s'entretenir avec les gens du Livre, juifs et chrétiens, « de la manière la plus courtoise » (46), sauf s'ils sont injustes, car : « Oui, nous dirigerons sur nos chemins ceux qui auront combattu pour nous. Dieu est avec ceux qui font le bien » (69).

→ **Déluge, Noé, résurrection.**

Araméens ✡ †

Ce terme désigne à la fois un ensemble de populations et une langue, dont l'histoire est étroitement liée à celle d'Israël et de l'hébreu. En effet, la Bible fut écrite essentiellement en hébreu, la langue d'Israël, mais on trouve, dans les livres de Daniel et d'Esdras, des passages en araméen, langue de la même famille sémitique.

À la fin du IIe millénaire avant notre ère, des tribus s'installent au nord de la Syrie, dans une région appelée Aram, et en Mésopotamie. Ainsi naît le puissant royaume d'Aram, avec Damas pour capitale, qui sera tantôt l'ami, tantôt l'ennemi d'Israël, et affrontera l'Assyrie et Babylone. Parallèlement, la langue araméenne se répand au Proche-Orient, notamment grâce à la déportation de populations par les Assyriens, au point que les Perses, dès le VIe siècle av. J.-C., l'adopteront comme langue officielle depuis l'Inde jusqu'en Égypte. Deux siècles plus tard (en 331), quand Alexandre le Grand se rend maître de ces territoires, c'est le grec qui s'impose. Malgré cela, l'araméen, divisé en dialectes, continue à être parlé. Ainsi, à l'époque de Jésus, les juifs de Palestine utilisent toujours l'araméen, l'hébreu étant pratiqué surtout par l'élite religieuse, les fonctionnaires et certains milieux pieux comme les esséniens (communauté menant une vie austère). Mais ceux-ci emploient aussi l'araméen, comme le prouvent les *targoums* (traductions et commentaires de la Bible) rédigés dans cette langue et retrouvés dans des grottes des alentours de la mer Morte. En outre, le Talmud fut en grande partie écrit en araméen. La langue s'est essoufflée avec les siècles, à partir de l'époque des *geonim* (titre des présidents des académies du Talmud, de la fin du VIe siècle jusqu'au milieu du XIe), et aujourd'hui n'est plus pratiquée que par les communautés chrétiennes de Syrie (langue syriaque). Cependant, de nombreux ouvrages de la kabbale (mystique juive) ont été composés en araméen, dont le célèbre *Zohar* (fin du XIIIe siècle), le « Livre de la Splendeur ». On la retrouve aussi dans les contrats de mariages (*ketoubot*) et de divorce (*get*), ainsi que dans des prières de la liturgie juive (Kol nidré, Qaddich…).

L'araméen a repris l'alphabet phénicien et nourri le vocabulaire hébraïque. Il a également des points communs avec l'arabe.

→ **Assyrie, esséniens, liturgie, mystique, targoum.**

Arbre ✡ ✝ ☪

Amandier, chêne, acacia, cèdre, arbre à encens, térébinthe, ricin, palmier, tamaris, rameaux divers... La Bible et le Nouveau Testament abondent en référence aux arbres, le Proche-Orient étant à l'époque antique une région moins désertique qu'elle ne l'est aujourd'hui. Mais il existe deux arbres qui, par leur symbolique extraordinaire, sortent du lot commun : l'arbre de vie qui donne l'immortalité, et l'arbre de la connaissance du bien et du mal. Ils sont tous deux évoqués dans l'histoire de la Création rapportée par le livre de la Genèse.

Installés au Paradis, dans le jardin d'Éden, Adam et Ève vivent au cœur d'une abondante végétation. Dieu a précisé à Adam : « Tu peux manger de tous les arbres du jardin. Mais de l'arbre de la connaissance du bien et du mal tu ne mangeras pas, car, le jour où tu en mangeras, tu deviendras passible de mort » (2, 17). Intervient le Serpent, le Diable, le roi du mensonge ; il parvient à convaincre Ève de goûter aux fruits de l'arbre du bien et du mal. Séduite, certaine que cet arbre est « désirable pour acquérir le discernement », elle mange le fruit – il n'a jamais été question de pomme, et la « pomme d'Adam » est à mettre à l'actif de la tradition chrétienne. « Voilà que l'homme est devenu comme l'un de nous, pour connaître le bien et le mal ! Qu'il n'étende pas maintenant la main, ne cueille aussi de l'arbre de vie, n'en mange et ne vive pour toujours ! », décrète Yahvé (3, 22). Adam et Ève, désormais conscients de leur nudité, et donc pudiques, sont renvoyés du jardin d'Éden. « Il [Dieu] bannit l'homme et il posta devant le jardin d'Éden les chérubins et la flamme du glaive fulgurant pour garder le chemin de l'arbre de vie » (3, 24).

Les arbres sont encore présents dans les célébrations juives et chrétiennes. Le calendrier juif célèbre toujours le Nouvel An des arbres (Tou bi-Chevat), tandis que le christianisme fête les Rameaux et que l'arbre de Jessé (père de David) s'est inscrit dans la tradition chrétienne.

L'islam accorde aussi une grande importance aux arbres, tant au travers du Coran que des *hadith* (paroles, actes et commentaires du Prophète) et de la littérature. Ainsi, la « bonne parole de Dieu est comparable à un arbre excellent dont la racine est solide, la ramure dans le ciel et les fruits abondants en toute saison » (Abraham, 14, 24-25). La sourate *al-Araf* reprend la Genèse en commençant par ces mots : « [Dieu dit] "Ô Adam ! Habite le jardin, toi et ton épouse. Mangez de ses fruits partout où vous voudrez ; mais n'approchez pas de cet arbre que voici, sinon vous seriez au nombre des injustes." Le Démon [Iblis] les tenta afin de leur montrer leur nudité qui était encore cachée » (7, 19-26) – les sourates *La Vache* (2, 34-37) et *Ta Ha* (20, 116-123) évoquent aussi la tentation. Signalons enfin l'arbre de Zaqqoum : « Par ses fruits, il bout dans les entrailles comme du métal en fusion, comme de l'eau bouillante » (*La Fumée*, 44, 43-46).

→ Démon, Éden, péché, Rameaux.

Archange ✡ † ☪

L'archange occupe, dans la hiérarchie céleste, un rang supérieur aux anges en raison de son rôle important (le préfixe archi est synonyme de prééminence). Les archanges les plus connus sont Michel, Raphaël et Gabriel.

→ Ange, Gabriel, Michel.

Arche ✡ † ☪

On trouve dans la Bible mention de deux « arches » (*arôn* en hébreu) ou « coffres » (*arcæ* en latin, *tabut* en hébreu). La première est le vaisseau qui permettra à Noé de fuir le Déluge ; la seconde est l'arche d'Alliance, dans laquelle seront enfermées les Tables de la Loi.

Dans la Genèse, avant le Déluge, Dieu indique à Noé la manière de construire l'« arche » qui lui permettra, avec sa famille et un couple de chaque espèce d'être vivant, d'échapper au cataclysme destiné à punir le péché répandu dans le monde. Noé construit ainsi une armature en bois résineux, couverte de roseaux. L'ensemble, de 135 mètres de long et de 67,5 mètres de large, se compose de trois étages, d'un toit et d'une fenêtre. Il est nappé de bitume (goudron végétal) pour le rendre imperméable. Après le déluge, l'arche accoste sur le mont Ararat (Turquie). Le Nouveau Testament reprend explicitement l'arche de Noé. Les Évangiles de Luc et Matthieu l'évoquent à propos de l'avènement du Fils de l'homme : les gens mangeaient, buvaient, faisaient l'amour, pauvres insouciants emportés par les flots, comme ils seront engloutis au jour du Jugement. En effet, précise l'épître aux Hébreux, Noé fut sauvé parce qu'il avait une foi exemplaire en Dieu. Et Jésus est le Sauveur de toutes les âmes, même celles perdues dans le Déluge, énonce la première épître de Pierre.

La seconde arche (un coffre) remonte à l'Alliance : sur le mont Sinaï, Dieu remet à Moïse les Tables de la Loi, où sont gravés les commandements et les principes de l'Alliance avec le peuple hébreu. Durant l'Exode, elles sont abritées dans le tabernacle (ou tente), sanctuaire transporté durant ce long périple de quarante ans, et plus précisément dans le Saint des Saints, sa partie la plus sacrée. Le livre de l'Exode détaille la composition d'un meuble magnifique : mesurant environ 110 centimètres sur 70 centimètres, il est en bois d'acacia plaqué d'or pur à l'intérieur et à l'extérieur, le tout entouré d'une moulure d'or. Il repose sur quatre pieds équipés chacun d'un anneau d'or dans lesquels on passait des barres de bois permettant de le transporter. Une plaque d'or, servant de couvercle, est dominée par deux chérubins : c'est le propitiatoire sur lequel, le jour des expiations, les prêtres du Temple versaient le sang d'animaux sacrifiés, afin d'apaiser la colère de Dieu et de susciter son pardon. Par la suite, l'arche connaît une histoire exemplaire, car elle atteste la présence et la protection de Dieu. De fait, après la mort de Moïse, les Hébreux entament la conquête de Canaan, la Terre promise, sous la conduite de Josué. L'arche franchit le Jourdain, portée par des prêtres et, durant la campagne, sera favorable aux croyants en Dieu, semant le malheur chez les autres. Par exemple, des prêtres la portent en faisant le tour de Jéricho, dont les murailles s'effondrent au son de cornes de bélier. Éclipsée pendant l'époque troublée des Juges (vers 1200-1050 av. J.-C.), elle refait surface au temps du prophète Samuel, vénérée dans le sanctuaire de Silo, à environ trente kilomètres de Jérusalem. Mais les Philistins, ennemis d'Israël, s'emparent de ce coffre sacré dont ils redoutent la puissance. Ils le transportent à Ashdod (actuelle bande de Gaza) et le vouent à leur dieu Dagôn. Yahvé, furieux, abat la statue représentant cette divinité et rend malades les habitants de la ville, qui s'empressent de se défaire de l'arche. Puis celle-ci, circulant en Philistie, sème la mort et le malheur jusqu'à ce qu'elle soit rendue à Israël : dans la ville de Béth-Shémesh, entre la Méditerranée et Jérusalem, elle est accueillie dans l'allégresse. Mais, dans leur hâte, les Israélites ont oublié les rites de pureté indispensables pour approcher un objet aussi sacré. Accablés de maux par Dieu, les habitants la transportent dans la ville proche de Qiryat-Yéarim. C'est là que David (1010-970 av. J.-C.) vient la prendre, avant de lui réserver une entrée triomphale à Jérusalem, sa capitale. Son fils et successeur Salomon construira le Temple, la maison de Yahvé, où l'arche sera installée dans le Saint des Saints. L'arche aurait ensuite disparu lors de la prise de Jérusalem et l'incendie du Temple par les Babyloniens, en 587 av. J.-C. Des textes juifs apocryphes (non officiellement reconnus

par l'Église) avancent qu'elle aurait été cachée par le prophète Jérémie, et qu'elle réapparaîtra le jour de la venue du Messie.
Aujourd'hui, les synagogues abritent une « arche », sorte de petite armoire parfois richement ouvragée, et particulièrement sainte car elle représente le Saint des Saints (*debir*) de l'ancien Temple. Fixée dans le mur Est, donc en direction de Jérusalem, elle contient un rouleau (*sefer*) manuscrit de la Torah (ou Pentateuque), la Loi de la Bible, que l'on sort solennellement pour les lectures. Comme l'ancien *débir*, elle comporte un rideau, ou *parokhet*, et sa présence est signalée par une lumière brûlant en permanence (de même que le tabernacle des chrétiens). Les fidèles se tournent vers elle lors de la prière.
Nous trouvons bien sûr des références à l'arche d'Alliance dans le Nouveau Testament. Ainsi, dans l'épître aux Hébreux : « [Derrière le Saint] était une tente appelée Saint des Saints, comportant un autel, des parfums en or et l'arche de l'alliance entièrement recouverte d'or, dans laquelle se trouvaient une urne d'or contenant la manne, le rameau d'Aaron qui avait poussé et les tables de l'alliance ; puis, au-dessus, les chérubins de gloire couvrant d'ombre le propitiatoire » (9, 1-5). De même, dans le Coran, dans la sourate *La Vache* (2, 247-248), Dieu, omniprésent, donna le « signe de sa royauté » par l'arche que portaient les anges et qui contenait sa *sakina* (sa présence).

→ **Alliance, commandement, Déluge, Exode, Noé.**

Archevêque †

Dans les Églises chrétiennes, l'archevêque, fonction apparue au IVe siècle en Orient, puis étendue à l'Occident, était appelé à l'origine « métropolitain ». Évêque lui-même, il était chargé, en Occident, d'une province ecclésiastique, regroupement de diocèses (circonscription placée sous l'autorité d'un évêque) sur lesquels il avait autorité, dont celle de convoquer des synodes (assemblées nationales ou régionales d'évêques), et siégeait depuis un chef-lieu ou métropole ; son propre diocèse constituait l'archidiocèse (l'archevêque est toujours l'évêque d'une métropole, sans pour autant exercer une autorité au sens hiérarchique). Enfin, il était élu par les évêques (dits alors suffragants). Il porte comme signe distinctif le *pallium* remis par le pape, une étole de laine blanche. Mais l'organisation et les fonctions diffèrent selon les Églises chrétiennes.

→ **Diocèse, évêque, métropolitain, synode.**

Archimandrite †

Ce titre est réservé, dans les Églises orthodoxes, en particulier en Grèce, au supérieur d'un monastère, ou de plusieurs monastères. Il est aussi attribué de façon honorifique à des prêtres. Le préfixe archi, synonyme de prééminence, de chef, est associé à celui de « lieu clos » ou de « bergerie ».

→ **Monachisme, orthodoxe.**

Arianisme †

L'arianisme est un courant doctrinal jugé hérétique (contraire aux dogmes de la foi) par l'Église et condamné au concile de Nicée (325). L'initiateur en est Arius, prêtre d'Alexandrie vers 320, qui, se penchant sur la Trinité (Père, Fils et Saint-Esprit), avance que les trois personnes qui la composent ne peuvent pas être envisagées selon un même principe de divinité. En tant qu'homme, Jésus fut nécessairement inférieur à Dieu (Père), voire non divin selon certains ariens. Ces considérations complexes aboutirent à une grave crise au sein de l'Église d'Orient, qui convoqua le concile de Constantinople afin de mettre un point final au dogme de la Trinité et de condamner une nouvelle fois ces théories. Cependant, l'arianisme fut adopté par des rois germains en Italie et en Espagne jusqu'au VIe siècle.

→ **Concile, dogme, hérésie, Trinité.**

Armagedôn †

C'est le nom que, dans L'Apocalypse (16, 13-14), Jean donne à la bataille qui aura lieu lorsque les armées de Dieu, au jour du Jugement, viendront sur Terre pour en chasser Satan. C'est la seule mention qu'en font la Bible et le Nouveau Testament. L'origine précise de ce mot n'est pas certaine. Il pourrait s'agir de la montagne de Meguiddo, ville qui conduisait à la plaine de Yizréel, théâtre de plusieurs épisodes rapportés par la Bible (Jézabel, Débora, Saül, par exemple).

→ **Apocalypse, Jugement dernier.**

Ascension ✡ ✝ ☪

C'est la montée de Jésus au ciel, qui célèbre quarante jours après Pâques sa résurrection.

Une forme d'ascension au ciel est déjà mentionnée dans la Genèse à propos d'Hénoch, et dans le second livre des Rois de la Bible, à propos du prophète Élie (IXe siècle av. J.-C.), enlevé vivant par Dieu (2, 1-18) : « Un char de feu et des chevaux de feu se mirent entre eux deux [Élie et son disciple Élisée], et Élie monta au ciel dans le tourbillon. » Mais c'est dans le christianisme et dans l'islam que ce phénomène prend une dimension exceptionnelle. Dans les Actes des Apôtres du Nouveau Testament (1, 1-11), après sa Résurrection, Jésus se montre plusieurs fois à ses apôtres, parle du Royaume de Dieu, de sa crucifixion qui, bien qu'elle l'ait touché, lui le Messie, était prévue par Dieu. Au cours d'un repas, il leur recommande aussi de rester à Jérusalem pour le jour, proche, de la Pentecôte, car l'Esprit saint les habitera : « Vous serez alors mes témoins [...] jusqu'aux extrémités de la Terre. » Cette entrevue est la dernière. Au cours de l'ascension (6-11), passage d'une profonde spiritualité, il est littéralement enlevé au ciel, comme le fut Élie. Jésus va siéger près de son Père, et deux anges annoncent qu'il reviendra sur Terre (parousie) après la proclamation de l'Évangile dans le monde entier. Jésus, le Messie ressuscité, s'affirme donc comme le « juge établi par Dieu pour les vivants et les morts. [...] Qui croit en lui recevra, par son nom, la rémission de ses péchés », dira Pierre (Actes 10, 42-43). Ainsi naît l'Église. Dans le calendrier des fêtes, l'Ascension est célébrée le jeudi de la cinquième semaine après Pâques. Dans le Coran, Mahomet est également l'objet d'une ascension (*miraj*) au cours de son Voyage nocturne (*isra*) à Jérusalem. Cet événement est la source d'une intense piété, notamment au dôme du Rocher de Jérusalem, où eut lieu le *miraj*.

→ Actes des Apôtres, Évangile, Jésus, Mahomet, Pentecôte.

Ascèse ✡ ✝ ☪

L'ascète (du grec *askêsis*, « exercice »), dans sa quête de perfection et de pureté, choisit tous les moyens qui lui permettront d'approcher Dieu. Pour cela, il vit en solitaire, loin des tentations du monde matériel, s'imposant une alimentation austère.

Une telle recherche exista dès les premiers temps d'Israël, avec les *nazirs* (homme ou femme voué à Dieu pour une période donnée), et se prolongea avec les esséniens, par exemple, courant juif au temps de Jésus. À partir du IIe siècle, donc après la destruction du Temple de Jérusalem (70), des ascètes (*perouchim* en hébreu) apparurent, mais le judaïsme développé par les rabbins, comme l'attestent la Michnah (premiers écrits tirés de la loi orale) et le Talmud (prolongement de la Michnah), désapprouva ces attitudes extrêmes. Aujourd'hui, le jeûne est la forme d'ascétisme reconnue par le judaïsme. Le christianisme des premiers temps fut également marqué par le phénomène ascétique, présent dès le début du monachisme, en Égypte notamment, avec les ermites, et qui se poursuit aujourd'hui au travers de certains ordres monastiques, tandis que le jeûne n'est plus pratiqué, dans le calendrier catholique, que le mercredi des Cendres et le Vendredi saint. Le Coran, lui, pousse à l'honnêteté et à une vie exempte d'excès et autres débordements, sous peine d'être châtié au jour du Jugement ; autrefois, les ascètes (*oubbad*, « serviteurs de Dieu ») respectaient scrupuleusement ces consignes coraniques. Les soufis, mystiques musulmans, sont aujourd'hui dans le prolongement de ce courant ancien. Les musulmans pratiquent aussi le jeûne (ramadan).

→ Ermite, jeûne, nazir, ramadan.

Ashkénazes ✡

Les ashkénazes sont les membres de la communauté juive répandue en Europe occidentale, centrale et orientale (pays non méditerranéens) par l'effet des migrations, et qui partagent une spécificité qui les distingue de la famille des séfarades (communauté juive du bassin méditerranéen). Ainsi, ils prononcent différemment l'hébreu, et leur liturgie, tout en reposant sur un cœur commun, bat à des rythmes différents : par exemple, les *piyyoutim* (poèmes liturgiques chantés) sont en allemand et en français du Moyen Âge ; ils récitent l'*aqdamout millin* à Chavouot (Pentecôte), hymne en araméen faisant la louange de Dieu ; les officiants portent occasionnellement le *qitel*, une « blouse » blanche, par exemple lors de la prière pour la pluie de Chemini Atseret. Autre et importante particularité : les ashkénazes pratiquent la langue yiddish, qui a produit une abondante littérature. Dans le livre de la Genèse (10, 1-4), Noé est à l'origine d'une nombreuse descendance issue de ses trois fils, Sem (ancêtre des peuples sémites), Cham et Japhet, et à partir de laquelle « se fit la dispersion dans les îles des nations [le monde] ». Par exemple, Japhet donne naissance à Gomer,

lequel a à son tour des enfants, dont Ashkenaz qui, selon la tradition, serait l'ancêtre des Scythes. Cet ancien peuple d'origine iranienne fit au VIIe siècle av. J.-C. d'importantes incursions au Proche-Orient. Déferlant sur la Mésopotamie, les Scythes poussèrent jusqu'en Palestine et même en Égypte. Dans son livre, le prophète Jérémie les exhorte à faire chuter Babylone, qui a soumis et ravagé Juda et Jérusalem (en 587), et dont il a exilé la population.
Dans la ligne du traité Yoma du Talmud (prolongement de la Michnah) qui voit Gomer comme le père de la Germanie (Allemagne), des textes rabbiniques du XIe siècle emploient le nom d'Ashkenaz pour désigner la région franco-allemande correspondant alors à la Lotharingie. En effet, d'abord installés surtout en Allemagne, les juifs ashkénazes (ou ashkenazim) gagnèrent l'est de l'Europe à partir du XVe siècle, notamment la Pologne, qui s'affirma comme le centre ashkénaze. Mais, victimes de violences, beaucoup retournèrent vers l'ouest, dont la France et l'Allemagne. Au XIXe siècle, des ashkénazes partirent pour les États-Unis, puis, à la faveur du sionisme, pour la Palestine, où ils furent suivis au siècle suivant par d'autres juifs fuyant l'Allemagne nazie. Pendant la Shoah, une grande partie de la communauté ashkénaze fut décimée, surtout en Pologne. Les ashkénazes sont majoritaires (par rapport aux séfarades) dans l'actuel État d'Israël (notamment grâce aux juifs venus d'URSS dès 1989), et aussi au niveau mondial (70 % environ de la communauté juive internationale). Héritiers d'un long passé franco-allemand, ils ont évolué dans des pays chrétiens et leurs usages linguistiques, leurs coutumes et même l'architecture de leurs synagogues portent les traces de leur immersion dans ces pays.

→ **Exil, piyyout, séfarades, Shoah, yiddish.**

Asmodée ✡

Asmodée est une figure démoniaque dont s'est emparé le Talmud (prolongement de la Michnah) dans une série de légendes. Dans le livre de Tobie, Asmodée, « le pire des démons », a fait mourir les sept maris de Sarra « avant qu'ils se soient unis à elle comme de bons époux ». Tobie, épris de cette dernière, trouve le moyen de se débarrasser de cet esprit mauvais grâce à l'ange Raphaël. Il doit en effet montrer que l'union qu'il désire est avant tout fondée sur l'amour et non sur la satisfaction d'un besoin charnel. Et il faudra que les amoureux invoquent Dieu et sa protection, tout en faisant cuire sur la braise le foie et le cœur d'un poisson, dont l'odeur fera fuir Asmodée. Aussitôt, le démon s'échappe et court jusqu'en Égypte (pays du mal pour la Bible), où Raphaël l'enchaîne à jamais. On retrouve souvent Asmodée associé au roi Salomon, notamment dans l'épisode où celui-ci est chassé de son trône et devient mendiant.

→ **Démon, Salomon, Talmud, Tobie (livre de).**

Asr ☪

C'est la prière quotidienne – la troisième – que tout musulman doit effectuer. Al-Asr est *L'Instant*, titre de la 103e sourate (trois versets) du Coran, c'est-à-dire le temps de prière pour « ceux qui accomplissent des œuvres bonnes ; [...] s'encouragent mutuellement à rechercher la vérité ; [...] à la patience ».

→ **Coran, prière, salat, sourate.**

Assassin ☪

Assassin vient du mot *hashishiyya* ou *hashshashin*, autre nom arabe, véhiculé par les croisés, de la secte des nizaristes, que les sunnites (partisans de la *Sunna*, coutume du Prophète) réservaient aux ismaéliens qu'ils soupçonnaient d'atteindre l'extase à l'aide du haschisch.

En 1090, au nord-ouest de la Perse, non loin de la mer Caspienne, l'ismaélien Hassan al-Sabbah, surnommé le Vieux sur la Montagne, investit la forteresse d'Alamut. Il fonde ce que l'on appelle la secte des nizaristes, car le titre d'imam a été retiré à Nizar – qu'Hassan al-Sabbah a soutenu –, au profit de son cadet. Cette secte, qui se réclame d'un islam pur et de la vérité en matière religieuse, fait usage d'une stratégie guerrière adaptée à la puissance de son ennemi. Tous ceux qui, en islam, ne correspondent pas à son idéal – sunnites, seldjoukides, croisés – sont tués après que les membres de la secte ont, suppose-t-on, absorbé du haschisch. Les raids étaient lancés depuis la Syrie et, surtout, d'Alamut, qui finit par tomber aux mains des Mongols en 1256, tandis que le dernier point de résistance nizariste est enlevé dix-sept ans plus tard. La secte devait cependant se prolonger sous d'autres formes, sans attributs aussi violents, notamment en Inde jusqu'à la fin du XVIIe siècle. On en trouve un vestige en Syrie, proche du chiisme duodécimain (famille chiite qui reconnaît douze imams).

→ **Duodécimain, imam, islam, ismaéliens, Seldjoukides.**

Assomption †

L'Assomption est l'élévation au ciel de la Vierge Marie.

En Occident, l'Assomption – appelée Dormition en Orient – est depuis le VIIIe siècle fêtée le 15 août, date qui coïncida longtemps avec la fête nationale sous la monarchie française. L'Assomption n'est pas mentionnée dans le Nouveau Testament. Elle repose d'abord sur des écrits apocryphes, puis sur son élaboration progressive au fil des siècles par d'autres illustres figures de l'Église, comme Thomas d'Aquin (1226-1274), « docteur universel » de l'Église, et son maître Albert le Grand (vers 1200-1280), tous deux éminents théologiens de l'Université de Paris. Une fête de la Dormition est attestée dès le VIe siècle en Orient – elle pourrait être plus ancienne, de deux siècles selon certains chercheurs. Contrairement à l'Ascension de Jésus, Marie est enlevée juste à sa mort, car sa dimension de grande sainteté ne pouvait s'accorder avec la dégradation physique d'un défunt. Le mot « assomption » vient du latin *assumptio*, « prendre, admettre, emprunter », en l'occurrence le corps et l'esprit de Marie, considérée comme immaculée, et qui devait rester pure. Tout ceci explique que le pape Pie XII, après avoir consulté tous les évêques du monde, ait proclamé *ex cathedra* (mesure exceptionnelle) le dogme « divinement révélé » de l'Assomption, le 1er novembre 1950 : « Nous affirmons, Nous déclarons et Nous définissons [...] que l'Immaculée Mère de Dieu, Marie toujours Vierge, après avoir achevé le cours de sa vie terrestre, a été élevée en corps et en âme à la Gloire céleste. »

→ **Apocryphe, ascension, Immaculée Conception, Marie, Testament.**

Assyrie ✡

L'Assyrie est située en Mésopotamie (Irak actuelle) ; c'est « le pays entre les deux fleuves » (Tigre et Euphrate), berceau de grandes civilisations comme Sumer. Ninive, capitale de l'Empire assyrien, est évoquée par la Bible dans des termes peu flatteurs, notamment dans le livre de Jonas. Son existence en tant que nation structurée remonte au XVIIIe siècle av. J.-C. Mais après une longue histoire alternant les périodes d'indépendance et de soumission à Babylone, puis d'ambitions affichées, l'accession au pouvoir de Téglat-Phalasar III (745-727 av. J.-C.) marque la véritable naissance du grand empire. Téglat a besoin de finances pour mener son expansion, et, après avoir réformé son État, entame une série de conquêtes où il

dévaste, pille, rançonne, pratique la politique de la terre brûlée. Damas (Syrie) veut mener une coalition, mais tombe en 732. Dix ans plus tard, Salmanazar V (727-721) poursuit l'avancée. Sachant qu'Israël occupe un couloir stratégique qui conduit à la Méditerranée et aussi à la puissante Égypte, laquelle y a toujours vu un rempart contre les envahisseurs du nord, il fond sur la Samarie pour l'anéantir, déportant la population, mais épargnant Juda dont l'intérêt est moindre, tant sur le plan économique que géographique. L'Assyrie, arrivée à son apogée sous Sargon II (721-705), finit par se soumettre à Babylone qui prend Assur (614), l'ancienne capitale, puis Ninive (612). D'autres empereurs assyriens se sont illustrés, comme Assurbanipal (669-630 environ), qui dota Ninive d'une magnifique bibliothèque.
Pour la Bible (livre de la Genèse), l'Assyrie, ou Assour (nom parfois donné aussi à Babylone), descend de Sem, fils de Noé, ce qui fait du peuple d'Assyrie un peuple sémitique.

→ **Babylone, Jonas, Juda, prophète, Samarie.**

Athalie ✡

Athalie (immortalisée par Racine) est la fille de Jézabel et d'Achab (874-853 av. J.-C.), roi de Samarie, auxquels s'opposent les prophètes Élie et Élisée. Le second livre des Rois décrit Athalie comme une femme nuisible à deux rois de Juda, son mari Joram (848-841) et son fils Ochozias (841) qui, assassiné, lui laisse l'accès au pouvoir. Athalie (841-835) fait aussitôt éliminer les descendants de la lignée royale, mais sa fille Yehosheba et son jeune cousin Joas en réchappent et trouvent refuge dans le Temple, auprès du prêtre Yehoyada. Sept ans plus tard, Joas reçoit de ce dernier l'onction royale et, acclamé, provoque la colère d'Athalie. Les gardes s'emparent alors d'elle, la font sortir du sanctuaire, et « quand elle arriva au palais royal par l'Entrée des Chevaux, là elle fut mise à mort » (11, 16). Joas (835-796), quoique plus fidèle à Yahvé que sa cousine, laisse cependant les divinités païennes souiller la terre du Dieu unique. Il meurt assassiné lui aussi.

→ **Élie, Élisée, Jézabel, Juda, Samarie.**

Athéisme ✡ ✝ ☪

L'athéisme, mot qui remonte à l'Antiquité, notamment grecque, désigne l'absence de Dieu. Un athée ne croit pas à l'existence du divin en général, du Dieu unique en particulier. Ce mot représente aussi diverses nuances,

l'athée pouvant nier simplement cette existence, adopter une attitude passive face à la religion ou au contraire un véritable activisme, rejetant la foi et tout ce qui la représente. Il se distingue ainsi de l'agnostique, qui considère n'avoir aucun élément pour accréditer ou infirmer l'existence de Dieu.

→ **Église, foi, religion.**

Aube †

C'est la tunique de toile blanche (du latin *alba*, blanc) aux manches étroites que le prêtre met au-dessus de la soutane, ou sous la chasuble, au cours des célébrations liturgiques. Ce vêtement, emprunté aux Romains qui le portaient sous leur toge, est serré à la taille à l'aide d'un cordon. Mais comme la soutane, largement abandonnée, il a laissé place à l'aube-coule, celle des moines, plus ample, non serrée à la taille et aux manches plus larges.

→ **Chasuble, liturgie, messe, prêtre, soutane.**

Augsbourg, Confession d' †

C'est la profession de foi de la Réforme (demande de changement au sein de l'Église au début du XVIe siècle) ; le texte en a été rédigé par Melanchthon (1497-1560) d'après les fondements énoncés par Luther (1483-1546), initiateur de la Réforme, dont il est un grand disciple.

L'empereur Charles Quint (1500-1558), décidé à mettre un terme aux luttes consécutives à la Réforme, convoque la diète d'Augsbourg (assemblée politique), en Bavière. Le 25 juin 1530, il reçoit de princes la « confession » des Églises luthériennes. Ce texte vise à montrer que luthéranisme et catholicisme ne sont pas si éloignés, et, loin des caricatures, à rétablir la vérité, d'une part au travers de points essentiels, notamment la Trinité et les Écrits saints, d'autre part en ce qui concerne les différences de vue (ou « abus ») avec les catholiques (le célibat). Mais la *Réfutation*, publiée le 3 août par les théologiens catholiques, marque la rupture avec le luthéranisme (courant de Luther). Charles Quint rejette donc la *Confession* de Luther qui, le 22 septembre, fournit la matière d'un autre texte, l'*Apologie de la Confession d'Augsbourg*, rédigé également par Melanchthon (1531).

La *Confession d'Augsbourg* de 1530 sera bientôt en vigueur dans plusieurs États de l'empire germanique – en Suisse, Zwingli et Calvin se fonderont sur une version modifiée de 1540. Elle tiendra par la suite un rôle important auprès des anglicans et des méthodistes (courants du protestantisme).

→ **Anglicanisme, luthéranisme, méthodisme, protestant, Réforme.**

Augustin †

Saint Augustin (354-430), évêque d'Hippone (Algérie), est l'un des plus grands Pères et docteurs de l'Église. Ardent combattant des hérésies en Occident, comme le donatisme (des donatistes, disciples de Donat, évêque de Carthage) et le pélagianisme (doctrine hétérodoxe de Pélage), il a laissé une grande œuvre littéraire et religieuse, dans laquelle émerge *Les Confessions* où il évoque sa conversion. Il vécut entouré d'une communauté monastique pour laquelle il écrivit une règle. Plusieurs ordres se réclamèrent après sa mort de cette « règle » inspirée de son mode de vie communautaire, centré sur le travail, la prière, l'évangélisation et la charité. Citons les ermites de l'ordre des Augustins, fondé en 1256, les Augustins déchaux (« déchaussés », par signe d'humilité) et les Augustins récollets (religieux réformés), apparus au XVIe siècle. L'ordre le plus célèbre est sans doute celui des Augustins de l'Assomption, ou assomptionnistes, congrégation fondée à l'initiative d'Emmanuel d'Alzon, prêtre et chanoine de Nîmes, et approuvée par décret papal en 1864. Il s'agit de religieux vivant en communautés et menant des actions apostoliques, enseignement et recherches intellectuelles par exemple. Les assomptionnistes sont toujours très actifs, notamment dans le domaine de la presse et de l'édition (quotidien *La Croix* et le groupe Bayard, dont ils sont les propriétaires).

→ **Congrégation, monachisme, ordre, religieux.**

Aumône ✡ † ☪

Dans les trois religions du Livre, Dieu éprouve pour les hommes en général un amour immense, et pour les plus pauvres en particulier un sentiment fort et particulier : la « compassion », *eleos*, d'ou vient *eleêmosuné* en grec, qui a donné le mot « aumône ». Celle-ci n'est pas, comme on le croit souvent, un geste dévalorisant pour celui qui la reçoit car, indissociable de la charité, elle est un véritable geste naturel pour

celui qui, animé de la foi, la donne. En donnant à l'autre, il l'aide aussi moralement et spirituellement. Les cas de personnes secourues et ayant retrouvé leur place dans le monde sont innombrables dans l'Histoire, et toujours d'actualité.

Dans la Bible, le secours aux pauvres, aux affamés, aux malheureux, à la veuve, à l'orphelin, à tous les démunis fait partie des priorités des prophètes, des représentants de la sagesse, ou encore de certains rois, et bien sûr de tout juif. L'aumône est en effet inscrite au cœur de la Torah (la Loi divine), qui la considère comme un devoir de justice. Chaque personne devait verser un dixième de ses revenus au Temple de Jérusalem, principe de la dîme encore pratiquée en terre d'Israël (Erets Israël) sous d'autres formes. L'aumône peut être l'autorisation de glaner (prendre les épis non moissonnés) dans un champ, comme dans le livre de Ruth, de grappiller (récupérer les grappes de raisins qui subsistent après la vendange), de ramasser les fruits non cueillis d'un verger. C'est le *leqet* (« glanure » en hébreu), prescrit par le livre du Lévitique (19, 9-10) et par le Deutéronome (24, 19). Pour les rabbins, tout produit qui n'a pas été récolté doit être donné, et une partie d'un champ, d'une vigne et d'un verger doit être consacrée à l'aumône. En Israël, chacun se devait d'inviter une veuve, un orphelin et un étranger aux banquets.

Le Nouveau Testament fonde l'aumône avant tout sur l'amour d'autrui. L'évangile de Luc le précise : « Que celui qui a deux tuniques partage avec celui qui n'en a pas, et que celui qui a de quoi manger fasse de même » (3, 11) ; « Car où est votre trésor, là aussi sera votre cœur » (12, 34). Matthieu donne aussi des clés : « À qui te demande, donne ; à qui veut t'emprunter, ne tourne pas le dos » (5, 42) ; « Quand donc tu fais l'aumône, ne va pas le claironner devant toi ; [...] quand tu fais l'aumône, que ta main gauche ignore ce que fait ta main droite, afin que ton aumône soit secrète ; et ton Père, qui voit dans le secret, te le rendra » 6, 1-4). Dans les Actes des Apôtres, ceux-ci mettent leurs biens en commun ; le produit des quêtes est distribué justement et sert à financer les jeunes communautés. Les exemples d'abandon des biens abondent dans le christianisme, tel saint François d'Assise, fondateur des Franciscains. Le monachisme, par exemple, exige de se défaire de ses biens, et la vie communautaire est une constante chrétienne.

L'aumône fait naturellement partie des priorités de l'islam et des obligations (*fard*) voulues par Dieu. Dans le Coran, où elle est maintes fois évoquée, elle fait appel à la notion de purification, gage de l'accès à la vie

future auprès de Dieu : « Prélève une aumône sur leurs biens pour les purifier et les rendre sans taches », prescrit la sourate *L'Immunité* (9, 103) ; le butin pris aux ennemis est également distribué.
Deux termes, qui ont pris des sens différents, sont utilisés pour parler de l'aumône : la *zakat*, aumône légale et l'un des Cinq Piliers de l'islam et la *sadaga*, aumône volontaire.

→ **Charité, Piliers (les Cinq), ramadan.**

Aumônier, aumônerie †

Les prêtres au service de grands personnages nobles ou de la famille royale étaient autrefois appelés aumôniers, car tout en assurant les offices dans les chapelles de leurs protecteurs (d'où leur autre nom de chapelains), ils avaient aussi pour mission de distribuer les aumônes aux pauvres. Saint Vincent de Paul (1581-1660) fut ainsi aumônier de Marguerite de Valois, ancienne reine de France et première épouse d'Henri IV. Aujourd'hui, ce titre s'applique aux prêtres, aux religieux non prêtres, ou aux laïcs (aidés par des prêtres) spécialement formés, qui ont en charge une collectivité dont ils assurent le culte et la formation religieuse (écoles, lycées, associations, hôpitaux, communautés religieuses...). L'aumônerie est la charge de l'aumônier ou de l'administration où il exerce (aumônerie des prisons par exemple).

→ **Chapelain, curé, laïc, prêtre, religieux.**

Autel ✡ †

L'autel (du latin *altus*, « haut ») est un élément de l'architecture religieuse commun à de nombreuses civilisations de l'Antiquité. Il s'agissait de constructions en pierre sur lesquelles on procédait à des sacrifices ou qui recevaient les offrandes destinées à la divinité adorée.
La Bible mentionne l'existence de plusieurs autels édifiés par les patriarches par exemple, et l'habitude fut prise en Israël d'en ériger au sommet de collines, résurgence du culte des baals de Canaan, vénérés sur des « hauts lieux » prohibés par la Bible. Ces pratiques prirent fin avec la centralisation du culte décrétée par le roi Josias au VIIe siècle av. J.-C. Alors, le Temple bâti jadis par Salomon (Xe siècle) resta le seul temple où l'on pouvait offrir des sacrifices. Des hauts lieux continuèrent cependant de fonctionner, ce que dénoncent les prophètes. Il existait un autel recouvert d'or,

pour les offrandes et les holocaustes, et un autre, situé dans le Saint (Hékal) et fait d'acacia doré, pour brûler l'encens Après la destruction de ce premier Temple, les juifs, revenus de l'exil à Babylone (VIe siècle), commencèrent par restaurer l'autel avant l'édifice lui-même : il disparut avec ce second Temple en 70 apr. J.-C. Aujourd'hui, l'autel, qui remplissait donc une fonction expiatoire, est remplacé dans le judaïsme par l'acte de charité. Mais au cours du shabbat, par exemple, la table familiale rappelle l'autel.

Presque dès sa naissance, l'Église a repris le principe de l'autel où, depuis ces temps lointains, est célébrée la messe – les chrétiens dressaient des autels sur la tombe des martyrs. Dans une église, il est installé devant les fidèles et en hauteur, pour signifier son rôle essentiel.

→ **Baal, Église, messe, Temple.**

Autocéphale, Église †

Dans le monde chrétien orthodoxe, les Églises autocéphales sont des Églises nationales possédant « leur propre tête ». Elles sont donc indépendantes de tout patriarcat, tels ceux de Moscou et Constantinople qui, d'ailleurs, ne sont pas toujours d'accord pour donner les autorisations « d'autocéphalie ». Elles s'organisent et s'autogèrent, mais entretiennent des relations entre elles. Au sens large, ces mêmes patriarcats, au nombre de neuf, sont considérés comme autocéphales. Cette autonomie les conduit quelquefois à prendre des positions influencées par le pouvoir politique, ou à tomber sous sa coupe. On rencontre ces Églises en Europe de l'Est (Roumanie, Tchécoslovaquie, Bulgarie, Serbie, Géorgie, Pologne), en Grèce, en Albanie, à Chypre et en Amérique.

→ **Orthodoxe, patriarche.**

Autodafé †

Acte de foi (*auto da fe* en portugais) auquel étaient contraintes, au temps de l'Inquisition (XIIe-XVIe siècles), les personnes condamnées au bûcher – notamment pour hérésie –, afin de racheter leurs fautes supposées. L'origine portugaise de ce nom vient du fait que cette pratique, souvent très cruelle, se rencontra surtout dans la péninsule Ibérique et en Amérique du Sud. Le dernier exemple date de la fin du XVIIIe siècle.

Autodafé a pris par la suite un sens plus large, et s'est appliqué par exemple aux grands bûchers dans lesquels les nazis faisaient disparaître les livres « indésirables ».

→ **Foi, hérésie, Inquisition.**

Av ✡

Av (juillet-août) est le onzième mois du calendrier religieux et le cinquième mois du calendrier civil. Il est surtout marqué par la célébration du 9, le Tichah be-Av, où, dans la tristesse, on commémore la destruction du Temple.

→ **Av (neuvième jour de), hamichah, Temple.**

Av, neuvième jour de ✡

Av (juillet-août), onzième mois du calendrier religieux juif, est marqué par une célébration toute particulière : le 9 sont commémorées les destructions du premier Temple de Jérusalem par Babylone (587 av. J.-C.) et du second Temple par Rome (70), mais aussi divers drames ayant jalonné la longue histoire du monde juif – persécutions, expulsions et autres oppressions. À l'occasion de ce jour marqué d'une grande tristesse, ou Tichah be-Av, les juifs pratiquent un jeûne de vingt-cinq heures et respectent un certain nombre de prescriptions d'ascèse et d'interdits. À la synagogue, on récite entre autres les Lamentations de Jérémie, chant qui évoque Jérusalem dévastée. C'est également le 9 av que les juifs ont été expulsés d'Espagne en 1492, et du Portugal en 1495. Mais le Messie devant reconstruire le troisième Temple un 9 av, cette date deviendra alors un grand moment de fête.

→ **Jeûne, Lamentations, Messie, Temple.**

Ave Maria †

C'est le « Je vous Salue Marie », consacré à la Vierge, prière la plus courante du culte rendu à la mère de Jésus. Cette prière reprend les mots exacts de l'Annonciation (épisode où l'ange Gabriel apprend à Marie la naissance prochaine de Jésus) puis de la Visitation (épisode où Marie rend visite à sa cousine Élisabeth, alors dans son sixième mois de grossesse) rapportées par l'évangéliste Luc, et se termine par la formule fixée au concile de Trente, ou Contre-Réforme (réponse du catholicisme à la Réforme, XVIe siècle), qui adopte la forme définitive de cette prière : « Sainte Marie, mère de Dieu, priez pour nous, pauvres pécheurs, maintenant et à l'heure de notre mort. Amen. »

→ **Annonciation, évangiles, Marie.**

Avent †

L'avent est, dans les Églises chrétiennes d'Occident, la période consacrée à la préparation de Noël. Il commence quatre dimanches avant la fête. Le mot vient du latin *adventus*, « arrivée [de Jésus] », dans le sens d'un nouvel « avènement » pareil à celui des anciens empereurs de Rome, car il semble qu'une forme primitive d'avent se retrouve dès la fin du IVe siècle, notamment en Gaule occupée par les Romains. L'avent paraît ensuite avoir gagné Rome, au VIe siècle, avant de s'imposer dans l'année liturgique, dont il marque le début. Cette longue évocation de l'attente du Messie (Jésus-Christ), dont la solennité augmente au fur et à mesure que s'approche Noël, célèbre non seulement l'annonce de sa naissance par le prophète Isaïe (7, 14), mais aussi Jean, qui baptisa Jésus, Marie qui l'enfanta, jusqu'à la perspective du retour de Jésus (parcusie) et de l'instauration du Royaume de Dieu, où régneront la paix et la justice.

→ **Christ, Messie, Noël, parousie.**

Avinou ✡

Dieu, en tant que Père et créateur omnipotent, exigeant par conséquent le strict respect de la Torah (la Loi divine), a inspiré cette prière très ancienne, l'Avinou Malkenou (en hébreu « Notre Père, notre Roi »), récité aux jours de pénitence et de jeûnes. Les prémices en sont attribuées à Akiva (ou Akiba, vers 50-135), l'un des plus prestigieux *tannaïm* (sages qui, du début de l'ère chrétienne à la fin du IIe siècle, ont constitué la Michnah, la loi orale) : au cours d'une sécheresse, il inventa cinq suppliques commençant par les mots « Avinou Malkenou », et Dieu fit tomber la pluie. À la fin de la révolte de Bar Kokhba, Akiva, alors qu'il était martyrisé à mort par les Romains (il avait proclamé Bar Kokhba « Roi-Messie »), continua de prier tout en endurant de terribles souffrances.

→ **Bar Kokhba, jeûne, tanna et tannaïm.**

Avodah ✡

L'Avodah correspond aujourd'hui à un service supplémentaire pratiqué par les communautés juives au cours du Yom Kippour (le « jour des expiations », ou « Grand Pardon »). Dans le chapitre 16 du Lévitique, Dieu explique à Moïse le déroulement du « culte » (*avodah*) que devra respecter Aaron, ou, pour replacer ce livre dans le contexte de sa rédaction, le culte que devra respecter le grand prêtre dans le Temple le jour du Yom Kippour. Pour entrer dans le Saint des Saints, le cœur du Temple, il doit se présenter entièrement vêtu de lin consacré (symbole de pureté). Il présentera ensuite des offrandes d'animaux, pour éviter la fureur de Dieu qui se tient sur le propitiatoire (table d'or) de l'arche d'Alliance. Il s'agit d'un taureau, sacrifié pour la reconnaissance de ses péchés personnels, l'encens remplissant ensuite le sanctuaire tandis que le sang de la victime est aspergé sur le propitiatoire. Puis viennent deux boucs offerts par « la communauté des Israélites » : l'un, tiré au sort, « sacrifié pour le péché du peuple », est immolé, son sang étant aussi aspergé sur le propitiatoire. L'autre est lâché dans le désert entourant Jérusalem, où il servira de « bouc émissaire » et de proie à Azazel (démon). Une fois sacrifiées, les deux bêtes sont brûlées (holocauste), et les officiants lavent leurs vêtements et leurs corps. Signalons aussi l'Avodah Zarah, traité de l'ordre Neziqin de la Michnah (écrits tirés de la loi orale), centré sur l'interdiction des idoles.

→ **Bouc émissaire, Neziqin, Yom Kippour.**

Ayatollah ☪

En Iran, l'ayatollah (de l'arabe *ayat Allah*, « signe de Dieu ») est le responsable religieux le plus éminent du chiisme (partisans d'Ali et de ses descendants). En tant qu'imam (descendant de Mahomet pour les chiites) et moujtahid, c'est-à-dire une autorité en matière d'érudition et de droit canon, il prend des décisions très respectées. Car dans le chiisme duodécimain (qui reconnaît douze imams historiques), religion officielle de l'Iran, il fait fonction en quelque sorte d'imam caché, c'est-à-dire le douzième et dernier imam qui fut enlevé aux yeux des hommes au IXe siècle, et qui doit revenir à la fin des temps pour sauver la foi. Il est désigné par ses pairs imams. À partir de la Révolution islamique d'Iran (1979), initiée par l'ayatollah Khomeyni, ce titre a pris une connotation très politique, les ayatollahs occupant les rangs du pouvoir.

→ **Chiisme, houjjat, imam, moujtahid.**

Ayyoubides ☪

La dynastie sunnite (partisans de la *Sunna*, tradition du Prophète) des Ayyoubides (1169-1260) est fondée par un illustre personnage que les Européens appelleront Saladin (1138-1193), contraction de son nom Salah Al-Din Yusuf Ayyoubi. D'origine kurde, il commence par s'emparer de l'Égypte où règnent les Fatimides chiites puis de la Syrie après la mort de l'émir qu'il servait (1174). Saladin s'illustre dans son combat, efficace, contre les croisades chrétiennes. Il reprend ainsi Jérusalem en 1187, après la bataille de Hattin, en Palestine. À sa mort, les territoires reviennent à sa famille, mais la poussée des Mongols en Syrie et des Mamelouks en Égypte met fin au règne effectif des Ayyoubides.

→ **Croisades, Fatimides, sunnisme.**

Azazel ✡

Lieu du désert où, le jour de Yom Kippour (ou « Grand Pardon », qui célèbre la fin de la période de repentir commencée à la fête du Nouvel An juif), et selon la prescription contenue dans le livre du Lévitique (chapitre 16), le grand prêtre du Temple de Jérusalem envoyait le « bouc émissaire » chargé des péchés d'Israël. Ce nom était sans doute celui d'un mauvais esprit du désert, et les traditions ultérieures l'appliquent à un démon, voire au prince des démons, Satan. Des écrits de la kabbale (mystique juive) en font aussi la combinaison de deux anges malins, Ouza et Azaël.

→ **Bouc émissaire, démon, Yom Kippour.**

Azyme ✡ ✝

Le pain azyme (du grec *azymos*, « sans levain ») revient très souvent dans les rites juifs, en particulier lors de Pessah (Pâque), où il rappelle le pain emporté par les Hébreux durant l'Exode et qui ne put lever tant ils étaient pressés de sortir d'Égypte.

Au cours de la Cène, Jésus institue l'eucharistie et, pour cela, présente du pain, symbole de son corps. Il reprend ainsi l'usage juif lors d'une Pâque symbolique – il sera crucifié le lendemain, veille de Pâque et de shabbat. Ce pain était donc azyme.

Chez les orthodoxes, la messe est célébrée par du pain levé, et chez les catholiques traditionnellement par du pain azyme, depuis l'origine, mais aussi par du pain levé (depuis le concile Vatican II, 1962-1965).

→ **Cène, eucharistie, hostie, orthodoxe, Pâques, Pessah.**

B

B

Baal ✡ ☪

Baal (ou Ba'al) est, dans les langues sémitiques, le « seigneur », le « maître ». Dieu de l'orage, du vent et de la pluie, donc de la fertilité de la terre, de l'homme et de tout ce qui vit, il est le fils du grand El (dieu suprême) ou de Dagôn, et le frère d'Anat, déesse guerrière dont il fait aussi sa femme.

Les archéologues ont découvert à partir de 1929 des tablettes sur le site d'Ougarit (Syrie), témoignages âgés d'environ trois mille cinq cents ans, qui ont permis de mieux savoir ce que fut le culte proche-oriental de ce dieu. Pour favoriser la renaissance de la nature, il devait se battre tous les sept ans contre Mot, dieu de la guerre et de la mort : en cas de défaite, la sécheresse et la stérilité régnaient pendant sept nouvelles années. En outre, pour asseoir une autorité qui lui était parfois donnée, celle de roi des dieux, il devait affronter d'autres dieux. Baal était ainsi vénéré dans tout le Proche-Orient ancien, et particulièrement chez les Cananéens. Il ne portait pas toujours ce simple nom d'un pays à l'autre : ainsi, il était appelé Baal Péor (ou Belphégor, dieu du mont Péor) dans le royaume de Moab (plateau fertile situé à l'est de la mer Morte), Baal Shamen (dieu des cieux) en Phénicie ou Baal Zeboul (« Baal le prince ») d'Eqrôn en Philistie. Ce démon, que le français a transformé en Belzébuth, est repris par les évangiles synoptiques (ceux de Matthieu, Marc et Luc).

À Canaan, Baal était associé à Astarté (ou Ashéra), épouse de El, à laquelle étaient dévolus des « pieux sacrés » que fustigea le prophète Isaïe sous le roi Ézéchias (716-687 av. J.-C.). Car l'Israël antique eut de tout temps à se défendre contre le culte de Baal qui mettait en péril celui de Yahvé, le Dieu unique. Il est probable que, aux prémices de son histoire, à partir de son arrivée en Canaan (vers 1200 av. J.-C.), Israël ne fit pas une distinction nette entre Baal et Yahvé ; le culte de Baal ne commença à être proscrit qu'au temps du prophète Élie (IXe siècle), lequel s'opposa à la reine Jézabel qui tentait d'imposer ce dieu venu de son pays d'origine, la Phénicie. Mais Israël résista au syncrétisme (fusion de croyances) qui touchait d'ordinaire les peuples les plus récemment installés. Rejetant l'assimilation, Israël put compter sur de formidables combattants de Dieu : les prophètes se sont tous élevés contre les pratiques cultuelles entourant ces divinités, dont Astarté. Les cérémonies se déroulaient en ville et dans les « hauts lieux », sanctuaires établis au sommet de collines, où l'on sacrifiait des animaux, et où les prostitués, masculins et féminins, se proposaient aux pèlerins.

L'importance de Baal lui valut de donner son nom à d'autres dieux (comme ceux de l'orage, Hadad en Mésopotamie et Teshub au Proche-Orient), à certains lieux (Baalbek, au Liban, vient de Baal Becaa, « seigneur de la Beqaa »), à des patronymes et des prénoms. *Baalim*, pluriel de Baal, est également un terme générique appliqué par la Bible aux divinités païennes ou « faux dieux ». Le prophète Osée (VIIIe siècle) remplaçait dans les noms composés Baal par *boset* (« honte »).

Par son étymologie, Baal est également devenu un mot propre au judaïsme (ainsi dans *baal ha-bayit*, « maître de maison »). Israël ben Élie-zer (XVIIIe siècle), à qui est attribuée la fondation du hassidisme (qui prône la stricte observance des rites et le retour aux sources), fut surnommé le Baal Chem Tov (« maître du Nom », sous-entendu de Dieu), d'après Baal Chem, titre conféré dès le haut Moyen Âge à des êtres capables de guérir miraculeusement en utilisant le nom divin reçu par une grâce particulière, par exemple à l'aide d'amulettes. Nous trouvons aussi associées à la synagogue des fonctions comme celle du *baal teqiah* (« maître de la sonnerie » du chofar – instrument de musique), du *baal tefillah* (« maître de la prière », c'est-à-dire du culte), ou encore du *baal qeriah* (« maître de lecture » de la Torah).

Le Coran fait quant à lui mention de Baal, dans la sourate 37 (*Ceux qui sont placés en rang*), pour évoquer le grand combat d'Élie rapporté par la Bible (premier livre des Rois) : « Élie était au nombre des envoyés. Il dit à son peuple : "Ne craignez-vous Ba'al ? Délaisserez-vous le meilleur des créateurs : Dieu, votre Seigneur, le Seigneur de vos premiers ancêtres ?" » (123-126).

→ **Belzébuth, hassidisme, Phénicie.**

Bab et babisme ☪

Le mot *bab*, « porte » en arabe, s'applique d'abord à un élément architectural très présent dans l'art de l'islam, les plus anciennes de ces portes remontant au VIIIe siècle. Le mot *babba* signifie également « porte » en hébreu. Il est donné entre autres aux trois premiers traités de l'ordre Neziqin de la Michnah (transcription de la loi orale) : Babba Qamma, Babba Batra, Babba Metsia. Mais ce mot est aussi une clé très symbolique dans le chiisme (doctrine des partisans d'Ali, cousin et gendre de Mahomet). Pour les chiites, Ali, leur précurseur, est la porte permettant d'ouvrir sur la connaissance que représente le Prophète Mahomet.

En 1844, en Perse (Iran), Sayyid Ali Mouhammad (1819-1850) fut présenté ainsi comme le Bab, c'est-à-dire la porte vivante qui mène à la vérité, l'Imam caché (celui qui doit revenir à la fin des temps), puis comme le Mahdi (« l'attendu », qui reviendra avec le Messie, Jésus). Il fut exécuté après que ses disciples eurent provoqué des révoltes. Sa doctrine, le babisme, vise principalement à libéraliser la pratique de l'islam ; elle a survécu jusqu'à nos jours, mais sous une forme moins eschatologique (c'est-à-dire moins marquée par les croyances concernant la fin des temps), le bahaïsme.

→ **Ali, bahaïsme, Mahdi, Mahomet.**

Babel ✡

L'hébreu Babel est la traduction du premier nom de Babylone, Ka-Gingr-ra, « porte de Dieu » en sumérien. De l'avis des spécialistes, la tour qui porte ce nom, dans le livre de la Genèse, est une image directement associée aux ziggourats. Ces temples babyloniens, pyramidaux et à étages, permettaient de faire des observations astronomiques ; un sanctuaire placé au sommet servait à vénérer la divinité.

Après le Déluge, les fils de Noé, Sem (ancêtre d'Abraham), Cham (ancêtre de Canaan) et Japhet (d'où descend Ashkenaz), sont à l'origine d'une abondante descendance qui occupa la Terre. Ces peuples parlent alors la même langue et le même vocabulaire jusqu'au jour où, « à l'orient », ils se rendent à Shinéar (Babylone, en fait) : là, ils se disent : « Allons ! Faisons des briques et cuisons-les au feu ! La brique leur servit de pierre et le bitume leur servit de mortier. [...] Bâtissons-nous une ville et une tour dont le sommet pénètre les cieux ! Faisons-nous un nom et ne soyons pas dispersés sur toute la terre ! » Devant une ambition aussi sacrilège, Dieu disperse les peuples et leur fait parler des langues différentes pour briser cette unité. Il faut voir dans ce récit de la Genèse (11, 1-9), tellement atemporel, l'esprit des scribes de la Bible qui, après l'exil des juifs à Babylone (587-538 av. J.-C.), réfléchirent à la puissance déchue (symbolisée par la tour) de cet empire où l'on parlait plusieurs langues : Dieu est le maître de l'Histoire et des nations, redoutables ou non. Ainsi la tour de Babel fait-elle penser à la ziggourat qui se dressait dans la ville de Babylone. Faite de briques et de bitume, elle symbolisait le mont sacré babylonien, demeure de la divinité. On ne peut pas parler de sacrilège, mais de culte polythéiste, donc impie vis-à-vis du Dieu unique d'Israël. L'empereur perse Xerxès Ier la pilla en 479, puis Alexandre le Grand (356-323) l'abattit, prévoyant de la reconstruire (mais il mourut avant). Aussi ce monument se réduisait-il à un amas de briques où l'on venait puiser des matériaux de construction.

→ **Assyrie, Babylone, Cham.**

Babylone ✡

Vers 2000 av. J.-C., lorsque disparaît la brillante civilisation de Sumer, des nomades investissent le Croissant fertile : ce sont les Akkadiens ou Sémites, qui parlent une langue commune qui va donner naissance à d'autres langues, dont l'hébreu et l'araméen. Puis des royaumes apparaissent en Mésopotamie, dont ceux, éternels rivaux, d'Assur (Assyrie) au nord, et de Babylone au sud. À la fin du XVIIIe siècle av. J.-C., sous le grand roi Hammourabi, célèbre pour son code législatif conservé au musée du Louvre, Babylone l'emporte et règne sur cette région, avant d'être supplantée par Assur à partir du XIVe siècle avant notre ère. Après une longue éclipse, Babylone se réveille en - 625, avec la naissance de l'Empire néobabylonien ou chaldéen, grâce à Nabopolassar, prince de ces Chaldéens arrivés trois siècles plus tôt. Il s'allie aux Mèdes, détruit Assur (- 614), Ninive (- 612), capitale de l'Empire assyrien, puis met un terme à celui-ci (- 606). Les Chaldéens, qui régneront jusqu'en 556 av. J.-C., vont se montrer tout aussi terrifiants. En Palestine, Israël est réduit au royaume de Juda, la Samarie ayant été ravagée par les Assyriens. Le prophète Habaquq prévient que Dieu a choisi les Chaldéens pour être son instrument. Mais le roi Joiaqim (609-598) cherche la protection de l'Égypte, ce que lui reproche un autre prophète, Jérémie. Un an avant de monter sur le trône babylonien, Nabuchodonosor (604-562), fils de Nabopolassar, bat le pharaon Neko à

Karkémish, sur la rive gauche de l'Euphrate. La Syrie et la Philistie sont envahies. Malgré un premier avertissement en - 597, Juda se montre rebelle : Jérusalem et le Temple sont détruits en - 587, le roi Joiakîn est fait prisonnier, les Judéens partent pour l'exil, l'arche d'Alliance disparaît, emportée avec le butin de Nabuchodonosor. Le second livre des Rois rapporte : « Il déporta tout Jérusalem, tous les chefs, tous les gens riches, soit dix mille déportés, tous les artisans du métal et les serruriers ; il ne resta que les petites gens du pays. Le roi de Babylone établit roi à la place de Joiakîn son oncle Mattanya dont il changea le nom en Sédécias » (24, 16-17). En - 539, le Perse Cyrus renversera l'Assyrie. Enfin, c'est aussi à Babylone, où les communautés juives vivaient sous l'autorité d'un exilarque (représentant juif auprès de l'empire de Babylone), que sera composé l'un des deux Talmud (prolongement de la Michnah, version écrite de la loi orale), celui dit justement « de Babylone ».

→ **Assyrie, Talmud.**

Bahaïsme ☪

Issu du babisme, courant chiite iranienne du XIXe siècle, le bahaïsme est apparu dans la seconde moitié de ce même siècle. Les bahaïstes sont les disciples de Baha Allah, qu'ils considèrent comme le Mahdi (« l'attendu », qui reviendra avec le Messie, Jésus). Baha Allah, qui mourut en 1892 en exil, est enterré à Haïfa, en Israël, où se trouve le centre du mouvement qu'il a initié.

Opposés à la mystique entourant Dieu, non violents, monogames, les bahaïstes accordent une place prépondérante aux prophètes, dont bien sûr Mahomet, mais aussi ceux des deux autres religions du Livre, tandis que le bouddhisme et le confucianisme sont considérés comme des sagesses. Toutes les religions passées sont en fait des préparations à l'avènement du bahaïsme, ce qui en fait la religion universelle qui abolira la violence, les inégalités, les disparités entre hommes et femmes, les barrages des langues. Il n'existe ainsi aucun sacrement permettant d'y entrer, et pas de clergé. En Iran, les bahaïstes ont été persécutés dès 1979 par la Révolution islamique, qui les considérait comme des apostats – l'islam voit en eux des hérétiques. Le cœur du bahaïsme se trouve cependant dans ce pays, ainsi qu'en Europe et aux États-Unis, où il s'est répandu à partir de la fin du XIXe siècle.

→ **Bab et babisme, hérésie, prophète, sacrement.**

Bahir, Sefer ha- ✡

Le Sefer ha-Bahir, ou simplement le Bahir, est le « Livre de la Clarté », ouvrage prépondérant pour la kabbale (mystique juive). Édité en France à la fin du XIIe siècle, il a été composé à partir de sources diverses, où semble se dessiner une influence du gnosticisme (courants chrétiens hétérodoxes des premiers siècles). La tradition l'attribue à un sage du Ie siècle, Rabbi Nehounya ben ha-Kana. Sa forme littéraire, celle d'un midrash (commentaire de la Bible) où interviennent des paraboles, évoque aussi des autorités du Talmud (compilation de la loi orale) et d'autres personnages inconnus. Ce livre est fondamental pour la kabbale en raison de son langage très symbolique. Il développe en effet le rôle des sefirot (les dix nombres ou degrés du monde divin), apparus dans le Sefer Yétsira (ou « Livre de la création », ouvrage d'inspiration mystique, IIIe-VIe siècles), et par lesquels Dieu montre son pouvoir de Créateur.

→ **Gnosticisme, kabbale, Midrash, Sefer Yétsira.**

Baptême †

L'eau a de tout temps été symbole de vie et source de purification. Il en va ainsi dans l'hindouisme, le judaïsme ou l'islam. Le christianisme accorde à cet élément une valeur supplémentaire, celle du baptême (du grec *baptizein*, « plonger »). Le baptême est devenu aujourd'hui l'un des sacrements fondamentaux institués par Jésus. L'enfant ou l'adulte est immergé (symbole de la mort du Christ) puis sorti de l'eau (symbole de la résurrection). Il entre alors dans le Royaume de Dieu et dans son Église. En fait, le baptême consiste le plus souvent en une simple aspersion. Donné au nom de la Trinité, ce sacrement fait de celui qui le reçoit un enfant de Dieu par la réception de l'Esprit saint. La cérémonie prévoit un certain nombre d'actes liturgiques, comme la profession de foi ou l'onction d'huile sainte.

Le baptême est initié par Jean le Baptiste dans le Jourdain, et se démarque alors des bains du judaïsme. Tandis que ce dernier consiste en un simple plongeon dans l'eau, Jean, lui, baptise « en personne », ce qui permet ainsi de se purifier des péchés dans la perspective du Jugement dernier et d'être pardonné, en évitant d'avoir recours aux sacrifices pratiqués dans le Temple de Jérusalem pour obtenir ce même pardon. Il peut être administré aux hommes de toutes origines, juifs, païens, et même des

Romains. Jésus, baptisé par Jean, baptisera à son tour dans l'eau, mais aussi dans « l'Esprit saint et dans le feu » (Luc 3, 16-17), selon l'annonce du Baptiste.

→ **Ablution, huile sainte, Jean le Baptiste, onction, sacrement.**

Baptisme †

Le baptisme regroupe, outre les baptistes eux-mêmes, divers courants issus de la Réforme protestante, comme les pentecôtistes (qui insistent sur la piété et sur la vie morale) et les adventistes (qui croient au retour imminent du Christ). Il repose sur la priorité donnée aux Écrits saints et au baptême, ainsi qu'à l'Église en tant que communauté de convertis, en l'occurrence de baptisés volontaires. Le baptisme apparaît au XVIIe siècle en Angleterre, à l'initiative de John Smyth (1554-1612). Rompant avec le rite anglican, il se présente d'abord comme un anabaptisme, c'est-à-dire un refus systématique du baptême donné aux petits enfants, et exclusivement réservé aux adultes, lesquels sont seuls à avoir la foi et donc la conscience de leur entrée dans l'Église. L'autorité ne provient pas d'une instance supérieure ni d'une hiérarchie, comme dans les grandes Églises, mais des assemblées locales, chacune indépendante et souveraine dans ses décisions. Ce mode d'organisation explique les divisions jalonnant l'histoire du baptisme, qui reste cependant uni autour d'associations représentant ses différents courants. Ceux-ci ont joué un grand rôle dans le regain des missions protestantes (fin XVIIIe-XIXe siècles). La majorité des baptistes, regroupés depuis 1905 au sein de l'Alliance baptiste mondiale, sont implantés en Amérique du Nord.

→ **Anglicanisme, baptême, protestant, Réforme.**

Bar Kokhba ✡

C'est le surnom, signifiant « Fils de l'Étoile », donné à Siméon Ben Koséba, qui conduisit la révolte des juifs contre l'empereur romain Hadrien, au IIe siècle apr. J.-C.

La révolte juive de 66 à 70 apr. J.-C. est matée par les Romains ; ceux-ci détruisent le Temple de Jérusalem, renforcent leur domination par la pression fiscale, et créent une monnaie où figurent des formules explicites telles que « Judée vaincue », tout en octroyant aux juifs le droit d'exercer leur propre pouvoir, à l'image de l'ancien Sanhédrin (autorité religieuse supérieure), et même celui d'acheter des terres pour en tirer des profits. Mais, en 130, l'empereur Hadrien décide de faire de Jérusalem une ville romaine sur le mont sacré du Temple, sous le nom d'Aelia Capitola. Les juifs se révoltent à nouveau, conduits de 132 à 135 par Bar Kokhba. Selon le Talmud (compilation de la loi orale) et les traditions rabbiniques, nombre de juifs accourent de toute la diaspora (ensemble des populations juives vivant à travers le monde) – et même des gentils (*goys*, ou non-juifs) – pour soutenir l'insurrection. Dans les rangs, on parle hébreu, araméen et grec. Infligeant d'abord de sévères défaites aux Romains, Bar Kokhba, proclamé Messie par Rabbi Akiba – un des grands *tannaïm* (sages du début de l'ère chrétienne à l'origine de la Michnah, la loi orale) à qui est attribué le Avinou (prière) –, se bat surtout en Judée. Hadrien réplique par une terrible répression suivie de persécutions. Il trouve lui-même la mort au siège de la dernière forteresse encore investie par les insurgés, Béthar. Durant cette révolte, les morts des deux camps se comptent par milliers.

→ **Jérusalem, Romains, Temple.**

Bar mitsvah ✡

La Bar mitsvah (« fils du commandement », en hébreu) marque la maturité juive : c'est le moment où le garçon accède au statut d'adulte juif, et accepte en toute conscience l'application des commandements. Ce moment est en général fixé à l'âge de treize ans et un jour. Le garçon porte alors le châle (*tallit*) et les phylactères (*teffilin*). Il peut également intégrer un *minyan* (nombre d'adultes nécessaires pour la prière). Comme la communion solennelle catholique (aujourd'hui profession de foi), c'est l'occasion de fêter l'événement par un grand repas et des cadeaux. Les filles de douze ans et un jour, âge de la majorité religieuse, sont quant à elles fêtées, si elles le désirent, par la Bat mitsvah (« fille du commandement »).

→ **Commandement, minyan, teffilin, synagogue, tallit.**

Barabbas †

Prisonnier gracié par Ponce Pilate à la place de Jésus.
D'après les évangiles, Ponce Pilate, ne voyant pas de motif de faire crucifier Jésus, propose de le libérer, selon une coutume juive non attestée avec certitude, et qui aurait consisté à faire grâce à un prisonnier à l'occasion d'une fête – le « procès » de Jésus se déroulant la veille de la Pâque. Mais

le peuple demande que ce privilège soit accordé à Barabbas. Barabbas est décrit par Jean comme un « brigand » (18, 40) ; Marc raconte que cet homme a été « arrêté avec les émeutiers qui avaient commis un meurtre dans la sédition » (15, 7), ce que confirme Luc (23, 19), tandis que Matthieu le qualifie de « fameux » (27, 16). Barabbas, nom alors répandu et signifiant « fils du père » en araméen, était sans doute un zélote, secte révolutionnaire.

→ **Jésus, Luc, Marc, Matthieu, Ponce Pilate.**

Baraka ☪

La baraka est l'influence bénéfique d'une personne, d'un lieu ou d'un objet, de tout ce qui peut apporter la sainteté transmise par la grâce de Dieu. Par exemple, les fidèles se recueillant sur les tombes des saints établies près des *zaouïa* (centres religieux) du Maghreb recherchent la bénédiction (baraka) de ces saints. Ce mot se retrouve dans de nombreuses formules de salutations ou de dévotion (Barakat Allah, « Que Dieu soit béni »), et n'a donc que peu de rapports avec la « chance », sens qu'il a pris dans la mentalité occidentale.

→ **Bénédiction, grâce, zaouïa.**

Barbaresque ☪

L'Algérie, la Tunisie et la Tripolitaine (au nord-ouest de la Libye) formaient ce que l'on appela, à partir du XVIIe siècle environ, les États barbaresques. Ils étaient alors sous la domination de l'Empire ottoman et correspondaient au pays des Berbères, ou Barbarie, mot péjoratif employé par les Européens ayant une vision caricaturale de cette contrée, et évoquant les Barbares de l'Antiquité. De leurs côtes partaient des corsaires et leurs capitaines (*raïs*), qui, surtout en Méditerranée, mais aussi jusqu'en mer du Nord, faisaient des razzias, capturaient des chrétiens pour les vendre comme esclaves aux Barbaresques, exactions dont furent notamment victimes Miguel de Cervantès et saint Vincent de Paul. Au XIXe siècle, l'économie barbaresque s'essouffle, et les conquêtes françaises, rendues possibles par la maîtrise européenne des mers depuis deux siècles, mettent fin à ces activités.

→ **Berbères, Ottomans.**

Barekhou ✡

Le Barekhou (« bénissez » en hébreu) est une bénédiction qui appelle les fidèles aux offices du matin (Chaharit) et du soir (Maariv). Mais à condition que le nombre de participants requis pour réciter la prière communautaire soit réuni, soit dix hommes au moins (c'est le *minyan*). Le Barekhou se compose de la formule : « Bénissez Dieu, le béni », reprenant par là l'appel d'un psaume de la Bible : « Allons ! Bénissez Dieu, tous les serviteurs de Dieu, officiant dans la maison de Dieu, dans les parvis de la maison de notre Dieu. Dans les nuits levez vos mains vers le sanctuaire, et bénissez Dieu » (134, 1). L'assemblée répond ensuite par une autre et brève bénédiction adressée à Dieu pour l'éternité.

→ **Bénédiction, Chaharit, Maariv, minyan.**

Barnabites †

En 1530, Antoine-Marie Zaccaria (1502-1539) fonde une congrégation religieuse qui s'installe quelques années plus tard en l'église Saint-Barnabé de Milan, d'où le nom de barnabites donné à ses membres. Préfigurant le renouveau de l'Église catholique – la Contre-Réforme ou concile de Trente (1545-1563) –, les barnabites vivent dans la pauvreté, se vouent à l'évangélisation, aux œuvres de charité et aux missions. Ils sont aujourd'hui organisés en six provinces dans le monde, avec environ cent cinquante maisons regroupant quelques centaines de profès (personnes ayant prononcé leurs vœux).

→ **Congrégation, Contre-Réforme, vœux.**

Baroque †

Le mot « baroque » a sans doute pour origine le portugais *barroco*, qui signifie « perle irrégulière ». En effet, l'art baroque, en vigueur de la fin du XVIe siècle à la fin du XVIIIe siècle, étonna, voire choqua par son aspect foisonnant. Par extension, l'adjectif « baroque » a fini par désigner ce qui est confus, extravagant, décoré à l'excès – il a aussi qualifié la musique classique du XVIIe siècle. Le baroque est pourtant un style à part entière. Il prend naissance en Italie, plus précisément à Rome, cœur du monde catholique, et ce dans la droite ligne du concile de Trente (1545-1563) – ou Contre-Réforme –, réuni pour lutter contre l'avancée protestante et réagir contre l'austérité marquant les lieux de culte réformés. Il s'agit alors de créer un art tout en courbures et en décorations chargées, tant civiles que religieuses. Le baroque finit par gagner l'Europe, de la France à la Russie, avec plus ou moins de succès.

→ **Catholique, Contre-Réforme, Église.**

Baruch ✡

Le livre de Baruch, pseudonyme d'un auteur qui n'a rien à voir avec le secrétaire de Jérémie auquel il est habituellement attribué, figure dans la Septante (première traduction grecque de la Bible hébraïque, IIIe-IIe siècle av. J.-C.), mais non dans la Bible hébraïque. Il fut rédigé, de même que la Lettre de Jérémie qui lui a été ajoutée, après 164, et postérieurement à la profanation du Temple par le roi séleucide Antiochus Épiphane IV (175-163 av. J.-C.). Il convient donc de le lire en tenant compte de l'état d'esprit des juifs traumatisés par ce sacrilège. Près de quatre siècles séparent les faits rapportés de sa rédaction, qui se situe sous le règne de l'empereur babylonien Nabuchodonosor et après la chute de Jérusalem, soit vers 582 av. J.-C., ce qui explique quelques invraisemblances historiques. Mais, comme souvent dans la Bible, la trame sert avant tout à appuyer et transmettre la Parole de Dieu. Le livre de Baruch est adressé plus spécialement aux juifs de la diaspora (juifs du monde entier), auxquels sont donnés trois conseils : vivre en bonne intelligence avec les nations où ils résident ; obéir à la Loi ; entretenir l'espoir d'un retour en Israël. Les objets du culte, dont l'arche d'Alliance, ont été dérobés dans le Temple par le vainqueur et rapportés par Baruch, qui recommande à son peuple déporté de préserver leurs relations avec l'empereur. La première partie est une longue et superbe prière de pénitence, par laquelle Baruch reconnaît les fautes d'Israël responsables de la catastrophe, et demande à Dieu le pardon de tous les exilés. La deuxième partie est un éloge de la sagesse que Dieu, qui en est le seul possesseur, a transmise par la Loi, laquelle doit être pratiquée, même loin de la Terre promise. Enfin, la troisième partie, pendant de la première, décrit l'espoir d'un retour à Jérusalem.

→ **Alliance, Babylone, diaspora, Septante.**

Barzakh ☪

Dans l'eschatologie (croyance relative à la fin des temps), très présente dans l'islam au travers du Coran, le mot *barzakh* signifie « barrière », et évoque une sorte de monde intermédiaire, entre deux lieux ou deux états, un entre-deux où convergent deux pôles incompatibles comme l'enfer et le paradis, le bien et le mal, le monde d'ici-bas et l'au-delà : « C'est Dieu qui a fait confluer les deux mers : l'une est douce, agréable au goût ; l'autre est salée, amère. Il a placé entre les deux une barrière, une limite infranchissable » (*La Loi*, 25, 53). Et quand un pécheur ou un mécréant s'inquiète à l'approche de la mort : « Il dit : "Mon Seigneur ! Qu'on me renvoie sur Terre, peut-être alors accomplirais-je une œuvre bonne parmi les choses que j'ai délaissées ?" Non... ! C'est là seulement, une parole qu'il a prononcée ; une barrière se trouve derrière les hommes jusqu'au Jour [du Jugement] où ils seront ressuscités » (*Les Croyants*, 23, 99-100).

→ **Eschatologie, Jugement dernier.**

Basilique †

Les Romains rendaient la justice, se réunissaient et commerçaient dans un édifice de forme rectangulaire qui, en raison de son importance, était appelé *basilica*, « royal ». Reprenant les principes de l'architecture profane des Romains, l'Église s'inspira de ce plan « basilical » et royal pour construire ses églises – il ne cessera d'être appliqué au fil des siècles. Le mot basilique s'applique ainsi à de très anciennes églises. À partir du XVIe siècle, Rome accorda le titre de basiliques à des églises importantes. Celles-ci, réparties dans le monde entier, concernent les sept basiliques majeures (situées à Rome, dont Saint-Pierre), des pèlerinages (Marie par exemple), des saints majeurs ou des dévotions importantes et populaires (Sacré-Cœur de Jésus par exemple). Chaque basilique possède un signe particulier : la présence d'un pavillon (parasol) de couleurs rouge et jaune, placé, et souvent replié, à l'entrée du chœur.

→ **Église, Marie, pèlerin, Sacré-Cœur, saint.**

Basmallah ☪

Ce mot provient du premier verset de la sourate (chapitre) 1 du Coran, encore appelée *Fatiha* : « Au nom de Dieu » (*bismi Allah*) ; les deux autres versets étant : « celui qui fait miséricorde [ou le Clément], / le Miséricordieux ». En raison de sa haute valeur spirituelle, cette expression précède de multiples pratiques religieuses, comme l'abattage d'un animal, voire des actes personnels conformes aux règles de l'islam. Par exemple, avant le repas, il sert de bénédiction, à l'image du bénédicité chrétien.

→ **Bénédicité, Coran, Fatiha (al-), miséricorde.**

Béatification †

Par la béatification, première étape avant la canonisation (inscription sur la liste des saints), l'Église catholique accorde à une personne la qualité de « bienheureuse ». Ces deux décisions suivent la même procédure. Contrairement aux saints, les bienheureux ne font pas l'objet d'une fête nationale ou internationale, mais locale et facultative.

→ **Béatitudes, canonisation, martyr, saint.**

Béatitudes †

Au nombre de neuf, les Béatitudes (du latin *beatus*, « heureux ») constituent le texte que l'évangéliste Matthieu place au début du discours sur la Montagne (8, 1-12), et grâce auquel Jésus, avant de développer son sermon, et fort du succès qu'il rencontre alors, tient à dire qui a en priorité accès au Royaume de Dieu. Son auditoire, composé en grande majorité de gens modestes, comprend qu'il pourra accéder au salut que le judaïsme officiel rend très difficile à atteindre. Les Béatitudes proclament ainsi « heureux » les « tout-petits » (pauvres, doux, affligés, affamés et assoiffés de justice, miséricordieux, cœurs purs, persécutés). La neuvième béatitude est adressée à ceux qui souffriront sans doute à cause de Jésus, mais il s'agissait, dans le contexte d'écriture des évangiles, composés dans la seconde moitié du Ier siècle, de prévenir les disciples persécutés par les autorités juives et les païens.
Chez Luc (6, 20-23), nous trouvons quatre autres béatitudes qui, par leur style et leur teneur, correspondent sans doute mieux aux paroles de Jésus et servent à introduire un autre discours que celui-ci prononce en Galilée. Jésus déclare heureux les pauvres, ceux qui ont faim, ceux qui pleurent. La quatrième béatitude se rapporte aussi aux persécutés : « Quand les hommes vous haïront, quand ils vous frapperont d'exclusion et qu'ils insulteront et proscriront votre nom comme infâme, à cause du Fils de l'homme [qualificatif que Jésus se donne souvent]. » Luc se démarque ensuite de

Matthieu en ajoutant quatre malédictions (6, 24-26) destinées aux riches, aux repus, aux insouciants, aux railleurs. Mais il rappelle qu'il faut « aimer vos ennemis ».

→ **Achré, Montagne (discours sur la), psaumes.**

Bedeau †

Le bedeau est un laïc appointé, chargé de l'entretien d'une église et de l'ordre des cérémonies qui s'y déroulent. Dans le judaïsme, l'équivalent est le *chamach*.

→ **Chamach, Église, laïc.**

Bédouins ☪

Le mot bédouin (de l'arabe *badawi*, « habitant du désert ») désigne les populations nomades, de langue arabe, qui, à la faveur de l'expansion de l'islam, ont débordé leur berceau d'origine, le centre de l'Arabie, pour gagner le Moyen-Orient, l'Égypte et l'Afrique du Nord. Ces conquêtes entraînèrent une sédentarisation partielle et la diffusion des préceptes musulmans. Les Bédouins, organisés en tribus régies par un système patriarcal, sont connus pour leur attachement à leur territoire et à leurs prérogatives, même à l'égard des autres tribus. Leur vie est fortement liée à l'élevage, bien sûr, et ils sont inséparables de leurs chameaux et de leurs tentes, qui ont contribué à façonner une image d'Épinal.

→ **Arabie, islam.**

Béguines †

Les béguines étaient des femmes, souvent des veuves de soldats des croisades, qui, sans prononcer de vœux, se chargeaient des plus pauvres (l'équivalent masculin est le « bégard »). Les béguinages, maisons des béguines, communautés à la fois laïques et religieuses financées par des bourgeois fortunés, apparaissent à la fin du XIIe siècle, dans le nord de l'Europe, l'époque étant marquée par une paupérisation accrue entraînant l'augmentation de mendiants dans les villes. L'origine de ce mot, sujet de nombreuses hypothèses, reste mystérieuse. Ces béguinages, distincts des ordres monastiques, dépendent chacun de leur évêque. Mais, bientôt, leur action efficace attire des financements retirés aux clercs séculiers (non contemplatifs), comme les dominicains et les franciscains. Les béguines ne renoncent pas à leurs biens et peuvent se marier ; les bégards vivent au sein de communautés actives. Autant de traits qui tranchent avec le principe de pauvreté prônée par l'Église. Enfin, les béguinages croient au Libre-Esprit, courant de pensée actif du XIIIe au XVIe siècle, selon lequel l'Esprit saint procure à chacun le pouvoir de réaliser librement ses désirs (notamment amoureux, l'expression « avoir le béguin » trouvant là son origine, le *béguin* étant en outre le nom de la coiffe des béguines) sans avoir à craindre ou suivre une Église, une autorité supérieure. Bref, condamnés dès 1277, béguines et bégards sont déclarés hérétiques par le concile de Vienne (1311) et pourchassés par l'Inquisition – certains finiront sur le bûcher. En 1321, les béguines qui l'acceptent rejoignent la discipline de l'ordre des franciscains, où elles perdent leur état d'esprit novateur, tandis que les bégards résistent et paient souvent très cher leur attachement au Libre-Esprit.

→ **Hérésie, Inquisition, monachisme, vœux.**

Béhémoth ✡

Le pluriel *béhémoth* désigne, en hébreu, les « bêtes » que Dieu fait naître au cours de la Création, rapportée par la Genèse : « Dieu dit : Que la terre produise [...] des bêtes sauvages selon leur espèce et il en fut ainsi. [...] Dieu vit que cela était bon » (1, 24-25). Mais, toujours dans la Bible, le splendide livre de Job transforme plus tard le mot en nom propre, pour désigner la Bête terrestre, créature de Dieu qui, seul, peut la maîtriser : « Mais regarde donc Béhémoth, ma créature, tout comme toi ! Il se nourrit d'herbe, comme le bœuf. Vois, sa force réside dans ses reins, sa vigueur dans les muscles de son ventre. Il raidit sa queue comme un cèdre, les nerfs de ses cuisses s'entrelacent. Ses os sont des tubes d'airain, sa carcasse, comme du fer forgé. [...] Le couvert des lotus lui sert d'ombrage et les saules du torrent le protègent. Si le fleuve déborde il ne s'émeut pas ; un Jourdain lui jaillirait jusqu'à la gueule sans qu'il bronche. Qui donc le saisira par les yeux, lui percera le nez avec des pieux ? » (40, 15-24). Job évoque ensuite une créature tout aussi redoutable : le Léviathan marin. Il semble que ces deux monstres terrifiants soient inspirés de la mythologie babylonienne, où ils naissent du chaos, bien que Béhémoth évoque aussi l'hippopotame sacré et démoniaque d'Égypte. Selon certains écrits juifs qui ne figurent pas dans la Bible, ils sont nés au cinquième jour de la Création, et Dieu offrira leur chair aux justes, dans le monde messianique (qui régnera après le retour du Messie).

→ **Apocalypse, Bête, Job, Léviathan.**

Belzébuth ✡ †

Au temps de Jésus, l'adoration des baals (faux dieux selon la Bible) païens, contre laquelle ont combattu les prophètes d'Israël pour garantir le culte du Dieu unique Yahvé, n'est plus d'actualité depuis longtemps. Mais le nom d'un de ces dieux anciens, Baal Zeboub (« maître des mouches »), est resté dans les mémoires pour désigner ce qui, dans le domaine divin et religieux, a trait aux immondices. Il s'agissait de la déformation ironique et injurieuse de Baal Zeboul (« Baal le prince »), grand dieu d'Eqrôn en Philistie. Par exemple, le second livre des Rois commence ainsi : « Après la mort d'Achab [874-853 av. J.-C.], Moab [le royaume de] se révolta contre Israël. Comme Ochozias était tombé du balcon de son appartement à Samarie et qu'il allait mal, il envoya des messagers à qui il dit : "Allez consulter Baal Zeboub, dieu d'Eqrôn, pour savoir si je guérirai de mon mal présent" » (1, 1-2).

Pour de nombreux spécialistes, ce Baal Zeboul est en rapport direct avec le Béelzéboul cité dans les trois évangiles synoptiques (ceux de Matthieu, Marc et Luc). Selon Luc (11, 14-22), Jésus expulse du corps d'un muet un démon qui, une fois parti, laisse sa victime parler. Mais, dans la discussion qui s'ensuit entre Jésus et ses opposants, Béelzéboul désigne d'une manière globale Satan ou le Diable. Le français en a fait le nom Belzébuth.

→ **Baal, démon, diable, Satan.**

Bénédicité †

Prière que l'on récite avant chaque repas. Saint Paul, dans la première épître aux Corinthiens (10, 31), écrit : « Soit donc que vous mangiez, soit que vous buviez, et quoi que vous fassiez, faites tout pour la gloire de Dieu. » C'est à partir de cette réflexion qu'a été instauré, sans doute très tôt dans le christianisme, et peut-être à l'initiative de communautés monastiques, le bénédicité. Ce mot (« bénissez » en latin) introduit systématiquement la prière, dont il existe des formules différentes mais qui renvoient toutes à la louange de Dieu, à la charité, au don du « pain quotidien ». Il est d'usage aussi de prononcer un autre bénédicité en sortant de table.

→ **Birkat ha-mazon, Corinthiens (épître aux), épîtres, pain, Paul.**

Bénédictins ✝

Les bénédictins forment un ordre monastique catholique obéissant à la règle de saint Benoît de Nursie (vers 480-547), dont la vie nous est rapportée par le pape Grégoire le Grand (590-604). Après avoir vécu une longue période d'ermite à Subiaco (ville d'Italie, dans la province de Rome), Benoît, homme pieux et réputé, forme des disciples. Il réunit ensuite une communauté au mont Cassin, en Campanie (Italie), sur la route de Naples. À cette époque, les règles monastiques sont nombreuses, mais Benoît jette les principes de celle qui portera son nom. La règle de saint Benoît, formée d'un prologue et de soixante-treize chapitres, évoque la discipline, la communauté en tant que véritable famille centrée sur l'autorité de l'abbé, la place essentielle du travail, la prière, les sanctions, la liturgie (heures), les écrits saints, l'emploi du temps réglé du moine et de la moniale... Certains chercheurs hésitent cependant à lui en attribuer la paternité, tant son existence est obscure ; de plus, le document le plus ancien est un manuscrit datant du VIIe siècle. Mais cette règle, qui gagne en audience, notamment sous l'action de saint Benoît d'Aniane (vers 750-821), finit par s'imposer en Occident, supplantant les règles existantes, tout en côtoyant celles, anciennes, de Basile et Augustin. Les cisterciens (XIIe siècle) et les ordres mendiants, franciscains et dominicains (début XIIIe siècle), apporteront d'autres formes originales de monachisme. Après la mort de Benoît, son corps aurait été récupéré par des bénédictins de Fleury (Loiret), pour l'inhumer dans leur abbaye (toujours en activité), un 11 juillet 703, date de sa fête dans le calendrier. Aujourd'hui, le monde bénédictin est rassemblé en une confédération de toutes les congrégations qui le composent.

→ **Abbaye, congrégation, monachisme, ordre, règle.**

Bénédiction ✡ ✝ ☪

Dieu protège ses fidèles et les prémunit contre toute malédiction en leur donnant sa bénédiction, c'est-à-dire, en latin, de bonnes (*bene*) paroles (*dicere*). La Bible et le Nouveau Testament comptent environ cent cin-

quante de ces formules, qui s'adressent à Noé et au patriarche Abraham, etc. Mais on peut aussi voir d'illustres personnages accordant leur bénédiction, sous-entendu rendue possible par Dieu, à leurs fils, comme Isaac à Jacob, et celui-ci à ses douze fils d'où naîtront les douze tribus fondatrices d'Israël. On remarque également des prêtres procédant au même cérémonial auprès du peuple. Dans le judaïsme, les bénédictions (de *berakhot*, titre du premier traité de la Michnah, écrits tirés de la loi orale) apparaissent aussi dans les psaumes, et la formule « *Barouk atta Adonaï* » (« Tu es source de bénédiction, Seigneur ») fait partie de celles que la tradition rabbinique a retenues. En outre, les bénédictions accompagnent la liturgie, comme la Amidah, grande prière, et concernent tous les compartiments de l'existence, comme les ablutions (tel le *miqveh*), les repas avec le *birkat ha-mazon*, dont le pendant chrétien est le *Benedicite*. Elles comportent nécessairement le nom de Dieu (ou plutôt Adonaï, prononciation du tétragramme YHWH) et s'achèvent par « amen ».

Dans les évangiles, Jésus prononce des paroles de bénédiction. Mais c'est avec la bénédiction du pain de l'eucharistie, lors de la Cène, son dernier repas, qu'il effectue le geste chrétien le plus fort. L'Église n'accorde qu'aux prêtres le pouvoir de bénir, notamment au cours de la messe et de cérémonies comme le mariage ; le pape, le premier d'entre les prêtres, et les évêques, leurs supérieurs, peuvent procéder à des bénédictions particulières, comme celle de *urbi et orbi* (« à la ville et à l'univers », c'est-à-dire qui s'adresse au monde entier) prononcée par le souverain pontife depuis le balcon de la basilique Saint-Pierre de Rome.

En islam, Dieu est « le Miséricordieux, le Seigneur des mondes, le Roi du jour du Jugement », selon *La Fatiha*, la première sourate (chapitre) du Coran. C'est pourquoi il convient de le louer chaque jour par la prière, ou *salat*, mot arabe signifiant « appel ». Lors de la *dua*, la prière personnelle qui suit la *salat*, le musulman bénit le Prophète Mahomet, le messager de Dieu. On y trouve aussi la *baraka*, bénédiction demandée par exemple sur la tombe d'un saint dans l'islam populaire.

→ Amidah, grâce, messe, miséricorde, prophète, Mahomet.

Berbères ☪

L'arabe *berber*, dérivé du mot « barbare » que Grecs puis Romains de l'Antiquité utilisaient pour désigner les étrangers à l'empire, fut à son tour adapté par les Français qui en firent celui de « berbère ». Les Berbères regroupent à l'origine les populations du Maghreb, dont le point commun n'est pas ethnique mais linguistique. Présents dès la préhistoire, ils furent confrontés à la présence grecque (comptoirs) et phénicienne (fondation et destruction de Carthage), puis à celle des Romains et des Byzantins, mais ont toujours gardé farouchement leur indépendance. Certains furent christianisés dès le IIe siècle et adoptèrent le latin : saint Augustin (354-430), Père de l'Église et l'une des grandes figures du monachisme (l'institution monastique), était berbère et évêque d'Hippone (Algérie). On comptait aussi des populations acquises au judaïsme, dont il reste aujourd'hui des descendants. Au VIIe siècle, l'islam se répandant, les Berbères doivent affronter les premières invasions arabo-musulmanes qui imposent en partie l'arabe contre le latin, et la religion musulmane contre le christianisme. Pour parachever la conquête, encore fragile, et conforter la présence arabe, minoritaire, les Fatimides d'Égypte se lancent au XIe siècle à l'assaut du Maghreb. Mais les Almoravides (1056-1147) puis les Almohades (1130-1269), présents jusqu'en Espagne, s'imposent. À ces deux prestigieuses dynasties berbères et musulmanes succèdent d'autres lignées, moins rayonnantes, comme les Mérinides (XIIIe-XVe siècles). Aujourd'hui, les Berbères, comme les Chleuhs du Maroc, les Kabyles d'Algérie ou encore les Touaregs sont musulmans et revendiquent une identité culturelle (et politique) face à la prédominance arabophile. Mais la langue berbère, multiforme, sa diffusion essentiellement orale et la dispersion des Berbères ne facilitent pas cette revendication légitime. Pourtant, 60 % des Marocains et près de la moitié des Algériens sont berbères.

→ **Arabe, Bédouins, Maghreb.**

Berger ✡ †

Le berger, gardien de moutons (dont l'agneau), est une figure récurrente de la Bible. Comme le pasteur, le berger naît dans une Palestine antique où, en l'absence d'industrie, les juifs tiraient leurs revenus et leur subsistance de la terre et de l'élevage. Pour les psaumes et les prophètes, par exemple, le berger peut être Dieu menant son peuple. Il peut aussi représenter les rois et leur entourage qui, mauvais guides, ont précipité les deux royaumes d'Israël vers la ruine : Samarie en 722 av. J.-C. et Juda en 597-587. Ainsi, Ézéchiel (597) les rend responsables, tandis que dans le livre d'Isaïe (vers 740-700) a été inséré le livre de la consolation d'Israël, daté de la fin du VIe siècle av. J.-C., et dans lequel le peuple sera délivré de l'exil et retrouvera sa terre sous la conduite de Dieu. La référence du berger prend logiquement sa place dans les évangiles du Nouveau Testament, où Jésus l'utilise dans certaines de ses paraboles – lors de sa naissance, il a lui-même reçu la visite de bergers symbolisant le peuple. Pour Luc (15, 4-7), Jésus raconte l'histoire d'une brebis perdue puis retrouvée, afin de signifier le pardon du pécheur. Pour Matthieu (9, 36), ses compatriotes (et coreligionnaires) juifs sont « des brebis qui n'ont pas de berger », allusion claire à la responsabilité des autorités religieuses dans la misère qui touche son peuple. Jésus qualifie aussi les apôtres de bergers veillant sur des brebis, mais, sentant sa mort prochaine, les prévient du sort qui les attend (le martyre), en reprenant cet avertissement du prophète Zacharie (13, 7) : « Tous vous allez succomber, car il est écrit : Je frapperai le pasteur et les brebis seront dispersées. » Quant à Jésus, au jour du Jugement dernier, il sera ce Fils de l'homme qui « séparera les gens les uns des autres, tout comme le berger sépare les brebis des boucs », rapporte Matthieu (25, 32).

→ **Agneau, Jésus, martyr, nativité.**

Bernardins †

Le nom de bernardins est appliqué par la tradition aux cisterciens (ordre né à Cîteaux) en général, en référence à Bernard de Fontaine (1090-1153), abbé de Clairvaux, bien que de manière erronée : en effet, quoique Bernard de Fontaine ait donné son nom au « style bernardin », forme d'architecture romane appliquée à des monastères, l'initiateur de cet ordre est en réalité Robert de Molesmes (1028-1110), qui s'installa en 1098 à Cîteaux pour y fonder une abbaye.

→ **Abbaye, cisterciens, monastère, ordre.**

Bet din ✡

C'est le tribunal rabbinique, qui aujourd'hui traite principalement les affaires de divorce, de conversion au judaïsme (ou prosélytisme), et qui prononce des jugements dans des affaires civiles pour concilier les intérêts des deux parties.

La Bible fait remonter la notion de jugement à Moïse lui-même, qui s'entoura de juges pour l'assister, les décisions capitales lui revenant. Israël, avant l'instauration de la royauté, connut une période de troubles où intervinrent les Juges (vers 1200-1040 av. J.-C.), dont les exploits sont contés dans la Bible. À partir de David (fin XIe siècle), le jugement fut du ressort des rois, Salomon, son fils et successeur, s'illustrant par sa sagesse en ce domaine. Après le retour de l'exil, à partir de 538, date marquant le second Temple (- 515-70), les juifs, sous tutelle perse, s'organisèrent en « maisons de droit » (*bet din*, *baté dinim* au pluriel), composées chacune de trois à vingt-trois juges (*dayan*, *dayanim*, au pluriel), selon l'importance de la ville ou du bourg. Mais l'instance suprême était le Sanhédrin de Jérusalem, auquel on se référait pour les sentences les plus importantes. Après la disparition du Sanhédrin, en 425, l'autorité judiciaire, en matières religieuse, civile et personnelle, revint au bet din, qui pouvait par exemple prononcer le redouté anathème (*hérem*) marquant l'expulsion de la communauté. Ce pouvoir fut très présent tant que durèrent les persécutions. À partir du XVIIIe siècle, la reconnaissance des droits des juifs incita certains d'entre eux à se tourner aussi vers la justice et les tribunaux de leur pays. Aujourd'hui, les *baté dinim* sont encore en activité dans la plupart des communautés de la diaspora (ensemble des communautés juives dans le monde) et en Israël.

→ **Anathème, conversion, Juges (livre des), prosélyte, Sanhédrin.**

Bête ✡ ✝ ☪

La Bible évoque des créatures terrifiantes associées à des phénomènes eschatologiques (de l'eschatologie, croyance relative à la fin des temps), comme Béhémoth (« bêtes » en hébreu) et Léviathan. Mais, dans la lignée de ce courant, et de la littérature apocalyptique juive, l'Apocalypse du Nouveau Testament met en scène la Bête, qui devient un nom propre. Pourvue de sept têtes et de sept cornes ornées de diadèmes, elle surgira de la mer et le Dragon (Satan) lui transmettra son trône et son pouvoir sur le monde. Une autre Bête, venue de la terre, l'aidera dans sa campagne de destruction et de persécutions contre les adeptes de l'Agneau, son ennemi (Jésus-Christ). Mais le Christ reviendra et la vaincra. Les spécialistes voient dans cette épopée maléfique l'image de Rome persécutant les chrétiens. De fait, le 666, nombre permettant d'identifier la Bête, peut se lire selon un principe fréquent dans l'Antiquité et dans les écrits apocalyptiques : les lettres, dans l'ordre de leur alphabet, possédaient une valeur numérique, de sorte que l'on peut interpréter ce chiffre par César-Néron, le persécuteur de chrétiens (en hébreu), ou César-Dieu (en grec, à partir de 616, son équivalent).

Le Coran, dans la sourate *Les Fourmis*, rapporte aussi l'existence d'une bête apocalyptique qui rappelle celle de la terre : « Lorsque la Parole tombera sur eux, nous ferons, pour eux, sortir de terre une bête et celle-ci proclamera que les hommes ne croyaient pas fermement à nos Signes » (27, 82). Nous retrouvons encore une bête au sujet de Salomon, dans *Les Saba* : « Lorsque nous eûmes décrété sa mort, les Djinns ne s'aperçurent pas de son décès avant que, la Bête de la terre ayant rongé son bâton, son corps ne s'écroulât » (34, 14).

→ **Antéchrist, Apocalypse, Béhémoth, eschatologie, Léviathan.**

Bet ha-midrash ✡

Les synagogues sont souvent dotées d'une salle où l'on étudie les écrits du judaïsme (Torah, Talmud...). C'est le *bet ha-midrash* (« maison d'étude » en hébreu) qui, plus particulièrement, désigne aussi la vaste pièce d'une *yéshivah* (école supérieure du Talmud).

→ **Judaïsme, synagogue, yéshivah.**

Bethléem ✡ ✝

Bethléem est le village natal de Jessé et de son fils David, de qui doit descendre le Messie selon le prophète Isaïe. Dans la Bible, le prophète Michée (VIIIe siècle av. J.-C.) déclare à propos du Messie, sauveur d'Israël : « Et toi, Éphrata, petite parmi les clans de Juda, c'est de toi que sort pour moi celui qui doit gouverner Israël » (5, 1-3). Éphrata est en fait identifiée à Bethléem (qui signifie peut-être « maison du pain »), ville sise à neuf kilomètres au sud de Jérusalem. Le livre de la Genèse y situe l'enterrement de Rachel, l'épouse préférée du patriarche Jacob.

Dans le Nouveau Testament, la Nativité de Jésus-Christ (Messie) est située précisément à Bethléem, dont Joseph est originaire. La basilique de la Nativité, dont une bonne partie date du IVe siècle, en célèbre l'événement.

→ **David, Jessé, Jésus, Messie, nativité.**

Bible ✡ ✝ ☪

Le mot Bible vient du grec *ta biblia*, qui signifie « livres saints ». Ce mot a été employé par l'Église chrétienne pour désigner les textes qu'elle estimait sacrés, et qui étaient rassemblés en deux parties ou Testaments. L'Ancien

Testament, dont elle a hérité, se rapporte spécifiquement à l'histoire et à la religion juives. Il fut composé en hébreu, la langue mère d'Israël – seule une petite partie fut composée en araméen, la langue d'adoption en vigueur dans le Proche-Orient à partir du VIe siècle av. J.-C. environ. L'Ancien Testament fut traduit en grec dans la version des Septante (IIIe-IIe siècles av. J.-C.), traduction qui fut adoptée par les premiers chrétiens, lesquels lui donnèrent le nom d'« histoire sainte ». La seconde partie, ou Nouveau Testament, est consacrée à la foi chrétienne au travers du ministère de Jésus (évangiles) et des débuts de l'Église (Actes des Apôtres et épîtres), l'ensemble se terminant par un livre singulier, l'Apocalypse.

Dans la tradition occidentale, la Bible associe généralement les deux Testaments. Mais les écrits juifs, qui sont les premiers à chanter la foi au Dieu unique, sont pour cette raison une Bible à part entière – dont le Nouveau Testament est un prolongement – qui marque l'identité du christianisme. C'est pourquoi le dictionnaire a fait le choix de n'appliquer le mot Bible qu'à l'Ancien Testament, collection de textes juifs d'une valeur et d'une beauté inestimables.

Il existe en réalité deux Bibles. La première, ou Bible hébraïque, en vigueur dans le judaïsme, et la Bible chrétienne, inspirée de la Septante (traduction grecque de la première Bible, IIIe-IIe siècle av. J.-C.). Elles se différencient par la répartition de quelques livres et leur classement, mais partagent la plupart des ouvrages. Tous ces écrits, qu'ils soient courts ou longs, plongent dans la religion et l'histoire, splendide et souvent douloureuse, d'Israël. La Bible hébraïque est appelée aussi TaNaKh, mot composé des initiales de ses trois parties (selon le principe de l'acronyme) : Torah (la Loi), Neviim (Prophètes) et Ketouvim (les Écrits). Elle rassemble des écrits composés depuis la généralisation de l'écriture alphabétique (VIIIe siècle av. J.-C.), à partir de traditions diverses jusqu'au tournant de l'ère chrétienne. La liste des livres fut établie par le canon (règle) juif après la destruction du Temple de Jérusalem (70). Le choix se fit parmi de très nombreux textes, dont beaucoup furent produits dans les deux derniers siècles, comme en témoignent les manuscrits de Qumrân (ou manuscrits de la mer Morte). Certes, l'exégèse (étude des écritures), les historiens, les archéologues ont apporté de nombreux éléments pour mieux cerner les fondements historiques de ce monument. Mais le plus important est de le découvrir, aussi et surtout dans sa dimension religieuse et politique, dans ses récits épiques, sa poésie. C'est dans cette Bible que Jésus apprit à lire, à prier, à conforter sa foi.

La Torah (Loi) contient la révélation de Dieu à son peuple, chaque livre étant titré de ses premiers mots en hébreu. Elle va de la Création aux dernières recommandations de Moïse aux Hébreux, avant qu'ils n'entrent en Terre promise (Canaan). On y trouve Berechit (« Au Commencement » – Genèse chrétienne), Chemot (« Tels sont les noms » – Exode), Va-yiqra (« Et Yahvé appela Moïse » – Lévitique), Ba-midbar (« Dans le Désert » – Nombres), Devarim (« Telles sont les paroles » – Deutéronome). Neviim rassemble les Prophètes premiers, c'est-à-dire les acteurs à la source d'Israël (Josué, Juges, Samuel, Rois), les Prophètes postérieurs (Isaïe, Jérémie, Ézéchiel et ceux appelés les douze prophètes ou petits prophètes : Osée, Joël, Amos, Abdias, Jonas, Michée, Nahum, Habaquq, Sophonie, Aggée, Zacharie, Malachie). Les Ketouvim (Écrits ou hagiographes) comprennent : Psaumes (les grandes prières du judaïsme), Job, Proverbes, les Cinq Rouleaux sacrés du judaïsme (Ruth, Cantique des cantiques, Qohélet, Lamentations, Esther), Daniel, Esdras et Néhémie, Chroniques. Enfin, la Bible fut traduite en grande partie en araméen (version dite des *targoums*), tandis que la Michnah et les Talmud sont le produit d'une Loi orale élaborée à partir de la Torah écrite.
La Bible chrétienne est organisée en cinq parties. Le Pentateuque (« cinq rouleaux »), la première, est le nom grec de la Torah. Ce sont Genèse, Exode, Lévitique, Nombres, Deutéronome. La deuxième partie comprend les livres historiques se rapportant à Israël, depuis la conquête de Canaan par Josué (XIIIe siècle av. J.-C.) jusqu'à la période des Maccabées (167-63 av. J.-C.) : Josué, Juges, Ruth, Samuel, livres des Rois, Chroniques, Esdras, Néhémie, Tobie, Judith, Esther, Maccabées. Viennent ensuite les livres poétiques et sapientiels (qui renferment maximes et sentences de la sagesse) : Job, Psaumes, Proverbes, Qohélet (ou Ecclésiaste), Cantique des cantiques, Sagesse de Salomon, Siracide (ou Ecclésiastique). Enfin, viennent les prophètes qui interviennent de 740 à 490-500 av. J.-C. environ : Isaïe, Jérémie, Lamentations, Baruch, Ézéchiel, Daniel, Osée, Joël, Amos, Abdias, Jonas, Michée, Nahum, Habaquq, Sophonie, Aggée, Zacharie, Malachie. La Bible chrétienne, outre quelques passages dans certains livres, comme Daniel, diffère de la Bible hébraïque par la présence de Tobie, Judith, Maccabées, Sagesse de Salomon, Siracide, et Baruch.
L'islam a également appuyé sa foi sur Allah, le nom véridique du Dieu unique, notamment en se référant à la Bible. Le Coran dicté à Mahomet concentre ainsi son attention sur la Torah, ou Livres de Moïse, sur les

évangiles, et dans une moindre mesure sur les Psaumes, ce qui fait rentrer le judaïsme et le christianisme parmi les religions du Livre. Mais nous y trouvons aussi des évocations de prophètes, de rois tels David et Salomon considérés comme d'illustres prophètes, de grandes figures bibliques telles que Jonas.

→ **Apocryphe, christianisme, Coran, évangiles, judaïsme, Livre, Pentateuque, Septante, TaNaKh, Torah.**

Bidah ☪

La *bidah* (« innovation » en arabe) est un changement opéré au sein de l'islam mais qui ne correspond pas à ce que contiennent le Coran et la Sunna (code de conduite issu du Prophète Mahomet). Par exemple, pour certains fondamentalistes, elle s'appliquerait même à des éléments d'architecture de la mosquée, comme le minaret, qui ne sont pas mentionnés dans le Coran. Cependant, pour l'ensemble des musulmans, la *bidah* correspond à une innovation qui contredit l'islam ou, surtout, qui le met en péril, comme un commentaire sacrilège du Coran. En revanche, les changements sont acceptés quand ils respectent la religion (par exemple l'aménagement de locaux pour faciliter le culte des fidèles, même s'il ne respecte pas parfaitement la tradition).

→ **Coran, islam, mosquée.**

Bimah ✡

La *bimah* (ou *bima*) est l'estrade, ou plutôt la « tribune » (en hébreu), située en général au centre de la synagogue. Attestée depuis des temps très anciens, elle accueille la personne qui officie et les fidèles pour la lecture de la Torah.

→ **Synagogue, Torah.**

Birkat ha-mazon ✡

Pour la plupart des religions, il est d'usage de remercier les divinités ou le Dieu unique sans les ou lequel aucune nourriture ne pourrait exister. C'est pourquoi les fidèles récitent des actions de grâce, comme le birkat ha-mazon dans le judaïsme, où les repas sont inaugurés et clôturés par des bénédictions (*berakhot* en hébreu), dont l'équivalent chrétien est le

Benedicite. Ainsi, avant de manger, on bénit Dieu qui crée le pain, prière appelée ha-motsi, c'est-à-dire Dieu qui « tire » le pain de la terre ; puis, pour le remercier d'avoir pu consommer du pain, on prononce une birkat ha-mazon (« action de grâce après le repas »), comme le stipule le livre du Deutéronome (8, 10) : « Tu mangeras, tu te rassasieras et tu béniras Yahvé ton Dieu en cet heureux pays qu'il t'a donné. » Il s'agit de quatre bénédictions où sont loués le Dieu Créateur et les bienfaits dont il a entouré son peuple élu, la libération d'Égypte et la Terre promise (Canaan), sans oublier la demande faite à Dieu d'écarter d'Israël le malheur et la disette.

→ **Bénédicité, grâce, Israël, Peuple élu.**

Blasphème ✡ ✝ ☪

Dans toutes les religions, le blasphème (du latin *blasphemia*, « blâme ») est une parole injurieuse envers la divinité. Dans les trois religions du Livre, il est considéré comme un péché grave. La Bible, par le quatrième commandement du Décalogue rapporté dans le Deutéronome (5, 11), le stipule : « Tu ne prononceras pas le nom de Yahvé ton Dieu à faux, car Yahvé ne laisse pas impuni celui qui prononce son nom à faux. » De fait, dans l'ancien Israël, la lapidation était appliquée à tous ceux qui injuriaient Dieu. Au début de l'ère chrétienne, le judaïsme, dans le sillage de la Michnah (premiers écrits tirés de la loi orale), décréta que la mort ne serait appliquée qu'à celui qui blasphémait outrageusement le nom (qui n'était plus prononcé) de Dieu, les fautes moins graves étant sanctionnées par le fouet. Ensuite, quand les juifs s'éparpillèrent dans la diaspora (ensemble des populations juives dans le monde), le blasphème fut puni par l'excommunication (*hérem* ou anathème). Le christianisme s'inscrit aussi dans cette conception du blasphème, mais les peines capitales, pratiquées autrefois par l'Inquisition, n'ont plus cours depuis bien longtemps. En Islam, selon la loi, le blasphème mérite la mort, mais cette condamnation est loin d'être appliquée à la lettre, excepté parmi les mouvements extrémistes qui, comme dans toutes les religions, ont une lecture partiale des textes et des traditions.

→ **Anathème, excommunication, Inquisition, péché.**

Bouc émissaire ✡

Dans son chapitre 16, le livre du Lévitique fixe la manière dont il convenait de célébrer le jour de Yom Kippour, jour des expiations ou Grand Pardon. Le grand prêtre du Temple de Jérusalem devait ainsi choisir au sort deux boucs. Le premier était sacrifié à Yahvé. Le second, ou « bouc émissaire », était chargé des péchés d'Israël, transmis par l'imposition des mains du grand prêtre, et conduit dans le désert de Juda, dans un lieu appelé Azazel. Ainsi Israël pouvait-il expier ses fautes.

→ **Azazel, Yom Kippour, Temple.**

Bourda ☪

La bourda, manteau de laine de chèvre, était portée par Mahomet. Ce vêtement passa de main en main et est aujourd'hui exposé au musée Topkapi d'Istanbul. Il fut le thème récurrent de poésies arabes, dont une, célèbre, d'inspiration mystique (XIIIe siècle), *al-Bourda*, du poète al-Burisi.

→ **Khirqah, Mahomet.**

Bref †

Le bref est une lettre du pape portant sur des points précis de loi ecclésiastique, mais moins importants que ceux abordés par la bulle.

→ **Bulle, pape.**

Bréviaire †

Le bréviaire romain (du latin *breviarium*, « abrégé », « sommaire ») était le livre contenant les prières effectuées pour l'office divin de chaque jour, soit la liturgie des heures, à l'usage des laïcs (depuis le IXe siècle) comme des clercs séculiers (non moines), et tant privé que communautaire. Sur proposition du concile Vatican II, le pape Paul VI l'a réformé en 1971 et intitulé « Prière du temps présent », procédant aussi à des aménagements pour les laïcs.

→ **Heures, liturgie, office, pape.**

Buisson ardent ✡ ✝ ☪

Le Buisson ardent est un épisode fondateur pour les trois religions du Livre, car Moïse, qui en est une illustre figure, y rencontre Dieu. Le monastère chrétien Sainte-Catherine (dans le Sinaï), bâti au VIe siècle à proximité du site supposé de cet événement, en célèbre la grandeur.

Dans la Bible, le livre de l'Exode (3, 1-15) rapporte que Moïse, apprenant qu'il est un Hébreu, tue un contremaître égyptien qui maltraitait l'un des siens, puis s'enfuit dans le désert. Il se réfugie au pays de Madiân (Nord de l'Arabie), auprès d'un prêtre, Jéthro, dont il épouse la fille Çiporra. Un jour, il conduit son troupeau paître au bas du mont Sinaï (Horeb) : « L'Ange de Yahvé lui apparut, dans une flamme de feu, du milieu d'un buisson. Moïse regarda : le buisson était embrasé mais le buisson ne se consumait pas. Moïse dit : "Je vais faire un détour pour voir cet étrange spectacle, et pourquoi le buisson ne se consume pas." Yahvé vit qu'il faisait un détour pour voir, et Dieu l'appela du milieu du buisson. "Moïse, Moïse", dit-il, et il répondit : "Me voici." Il dit : "N'approche pas d'ici, retire tes sandales de tes pieds car le lieu où tu te tiens est une terre sainte." [Se déchausser dans les synagogues fut très important chez les juifs, le reste dans certains ordres monastiques chez les chrétiens, et dans les mosquées chez les musulmans.] Et il dit : "Je suis le Dieu de tes pères, le Dieu d'Abraham, le Dieu d'Isaac et le Dieu de Jacob." Alors Moïse se voila la face, car il craignait de fixer son regard sur Dieu. » Yahvé lui confie alors la mission de libérer les Hébreux de l'esclavage tandis qu'il le protégera. Moïse lui demande son nom : « Mais s'ils [les Hébreux] me disent : "Quel est son nom ?", que leur dirai-je ? Dieu dit à Moïse : "Je suis celui qui est." Et il dit : "Voici ce que tu diras aux Israélites : 'Je suis m'a envoyé vers vous'. [...] C'est mon nom pour toujours, c'est ainsi que l'on m'invoquera de génération en génération." » De la formule « Je suis qui je suis » (*Ehyé ache Ehyé* en hébreu) sera tiré « Yahvé », prononciation du tétragramme YHWH.

→ Exode, Hébreux, Moïse, Sinaï, YHWH.

Bulle ✝

Les jeunes nobles romains avaient l'habitude de porter au cou une petite boule d'or (*bulla* en latin). De cette tradition vient la bulle papale, sceau en forme de boule (en plomb ou en or) apposé sur un document (le pape utilise aussi un cachet de cire), mais qui désigne par extension le texte lui-même. Par ce document, le souverain pontife entend proclamer une décision solennelle, comme une constitution, une encyclique (lettre aux évêques) ou un rescrit (réponse à une question spécifique).

→ **Constitution, encyclique, pape, pontife.**

Bure †

La bure (du latin populaire *bura*, « bourre ») est une étoffe de laine épaisse et brune dont était fait le vêtement de certains moines, et qui a donné son nom au vêtement lui-même. Celui-ci n'est plus guère porté de nos jours.

→ **Monachisme.**

Butin, Le ☪

Le Butin (*al-Anfal* en arabe) est le titre de la sourate (chapitre) 8 du Coran. Elle comprend soixante-quinze versets : l'amour et la miséricorde de Dieu, le Seigneur, sont réservés aux vrais croyants, ceux qui pratiquent l'aumône, prient, récitent le Coran, craignent Dieu qui leur permet de discerner le bien du mal, et les protège contre le Démon. À eux est promis « une récompense sans limites auprès de Dieu », la vie future après la résurrection. Et dans leur combat contre les incrédules – non-musulmans qui œuvrent à l'éradication des musulmans d'alors –, auxquels est promis le feu de l'enfer, Dieu leur envoie un « renfort de mille anges ». Car « il n'y a pas de victoire si ce n'est auprès de Dieu – Dieu est puissant et juste ». Chacun doit se souvenir que Dieu aida les premiers croyants dans leur combat et leurs épreuves. « Sachez que quel que soit le butin que vous preniez [aux incrédules], le cinquième appartient à Dieu, au Prophète et à ses proches, aux orphelins, aux pauvres et au voyageur. »

→ **Coran, démon, juste.**

C

Cacher ✡ ✝ ☪

Si la tradition chrétienne ne comporte quasiment pas (ou plus) d'interdits alimentaires, ces derniers se limitant aux jeûnes et au Carême, le judaïsme a conservé les lois concernant l'alimentation et contenues dans la Torah (la Loi), puis étudiées dans la Michnah (première version écrite de la loi orale) et le Talmud (prolongement de la Michnah). Ces règles, qui comprennent notamment celles de l'abattage rituel (*chehita*), constituent la cacherout (ou casherout), c'est-à-dire « aptitude » en hébreu, l'un des ciments de l'identité juive, où tout aliment autorisé devient « apte » (*cacher*, mot provenant non de la Torah, mais du Talmud). Les interdits, dont l'origine est complexe, ne s'appliquent pas aux fruits et légumes (tous permis), mais aux viandes animales, et en priorité au sang, siège de la vie : au premier rang figure le porc, que les Égyptiens rangeaient déjà dans la catégorie des impurs (*tamé* en hébreu) car, sale et omnivore, il était un vecteur de maladies ; nous trouvons aussi le cheval, le lapin, certains oiseaux et leurs œufs, les coquillages et crustacés… Les animaux jugés purs (*tahor*) sont ceux aux sabots fendus en deux, les poissons à écailles et possédant au moins une nageoire, les volailles domestiques. La cacherout se penche également sur la manière de consommer certains aliments ; par exemple, l'association viande et produit lacté est proscrite, selon l'injonction répétée trois fois dans la Torah : « Tu ne feras pas cuire un chevreau dans le lait de sa mère. » Une partie d'un animal, même autorisé, qui ne se conforme pas à la cacherout est qualifié de *térefa* (« déchiré » en hébreu, sous-entendu « charogne »). Rappelons que si l'Église chrétienne, dans ses premiers temps, conserva certaines coutumes alimentaires juives, elle a suivi ensuite l'appel de Jésus pour qui la notion de pureté se trouve en l'homme : « Ce n'est pas ce qui entre dans la bouche qui souille l'homme ; mais ce qui sort de sa bouche, voilà ce qui souille l'homme. [...] Ce qui sort de la bouche procède du cœur, et c'est cela qui souille l'homme ? Du cœur en effet procèdent mauvais desseins, meurtres, adultères, débauches, vols, faux témoignages, diffamations. Voilà les choses qui souillent l'homme ; mais manger sans s'être lavé les mains, cela ne souille pas l'homme », rappelle l'évangile de Matthieu (15, 11-20).

Le mot cacher est parfois attribué, mais de manière impropre puisqu'il est spécifiquement juif, aux lois alimentaires (moins nombreuses) en vigueur dans l'islam – contenues dans ce qui est permis (*halal*). Nous y retrouvons certaines règles du judaïsme, au sujet du porc et du sang par exemple : « Dieu vous a seulement interdit la bête morte, le sang, la viande de porc et tout animal sur lequel on aura invoqué un autre nom que celui de Dieu », souligne le Coran (*La Vache*, 2, 173). Il existe aussi des devoirs sacrés : jeûner pendant le ramadan ou nourrir le pauvre, principe de charité commun à toutes les religions, tout comme l'hospitalité.

→ **Carême, halal, qibla, ramadan, sang.**

Çad ☪

Çad est le titre de la sourate (chapitre) 38 du Coran, rang qu'elle occupe aussi sur le plan chronologique (elle fut rédigée à La Mecque). C'est aussi la quatorzième lettre de l'alphabet arabe (le S), et l'une des lettres mystérieuses du Coran (*al-fawatih*). Les quatre-vingt-huit versets de cette sourate sont un appel à la prudence, un avertissement aux sceptiques, aux incrédules, aux factieux – tels les Ad, les Thamoud, le peuple de Noé qui traitèrent les prophètes de menteurs –, au contraire des grands personnages qui marquèrent les premiers temps d'Israël, comme les illustres prophètes, David, « un lieutenant [de Dieu] sur la terre » (26), et son fils Salomon qui, après avoir été tenté par les richesses et les cadeaux, demanda le pardon de Dieu, le Créateur, « le continuel Donateur ! » (35). À ce roi furent soumis « le vent, [...] les démons bâtisseurs ou plongeurs et d'autres encore » (27-28). Job, le juste persécuté par Dieu, qui le restitua dans une condition plus grande encore que la précédente après lui avoir parlé face à face, est un autre de ces grands personnages. La sourate mentionne d'autres illustres hommes auxquels Dieu a transmis puissance et discernement : les patriarches d'Israël (Abraham, Isaac, Jacob), Ismaël (ancêtre des Arabes), le prophète Élisée. Il faut redouter le jour du

Jugement : à ceux qui craignent Dieu est promis l'Éden et ses jardins, ses fruits, ses boissons ; aux incrédules, séduits par le démon Iblis, sont réservés la géhenne (l'enfer) et ses tourments.

→ **David, géhenne, Jugement dernier, sourate.**

Caïn ✡ ✝ ☪

Le chapitre 4 (1-16) de la Genèse rapporte que Caïn est le fils aîné d'Ève et Adam, et le frère d'Abel, qu'il tue par jalousie, Dieu ayant préféré les offrandes de ce dernier. Le sang répandu, comme le stipule le texte biblique, n'appartient pas aux hommes, mais à Yahvé, qui punit alors Caïn : « Maintenant, sois maudit et chassé du sol fertile qui a ouvert la bouche pour recevoir de ta main le sang de ton frère. Si tu cultives le sol, il ne te donnera plus son produit : tu seras un errant parcourant la terre. »

L'origine du nom de Caïn viendrait de l'hébreu *qânî-thî* (« j'ai acquis »), référence à Ève : « J'ai acquis un homme de par Yahvé » (Gn. 4, 1), ou de l'araméen *qayn*, « forgeron », puisqu'un descendant de Caïn, Tubal-Caïn, fut « l'ancêtre de tous les forgerons en cuivre et en fer » (Gn. 4, 22), ce qui ferait de Caïn l'ancêtre des Qénites, peuple vivant en Canaan avant l'installation des Israélites. Caïn est le témoin de la prolifération du péché dans le monde après la désobéissance d'Adam et Ève au commandement de Dieu. Il n'exprime aucun repentir, seulement sa peur devant la vengeance, inévitable désormais. Dieu lui donne juste l'assurance que, malgré son crime, il est marqué d'un signe le protégeant ; du coup, Dieu condamne ceux qui chercheraient à tuer Caïn. Le récit se termine donc par l'arrêt de la chaîne de la violence.

Les épîtres du Nouveau Testament insistent sur la figure de Caïn, archétype de l'impie pour Jude (l'un des douze apôtres) (11), et opposé au bien représenté par Abel, selon la première épître de Jean (3, 12) et l'épître aux Hébreux (11, 4). Comme Abel, le nom de Caïn n'est pas cité dans le Coran qui évoque simplement les deux fils d'Adam.

→ **Abel, Genèse, péché, sang.**

Calife et califat ☪

L'arabe *khalifa*, traduit par « calife », est mentionné plusieurs fois dans le Coran, en tant que « lieutenant [de Dieu] sur terre » (2, 30 ; 7, 74 ; 24, 55), de vicaire chargé de dispenser les aumônes reçues de Dieu (57, 7). Mais le

Livre n'indique pas les devoirs et les fonctions du *khalifa*, le terme n'étant pas employé dans un contexte d'élaboration d'un système politico-religieux. Pourtant, le calife a rempli au cours de l'Histoire une fonction (califat) éminente dans le monde musulman, en tant que successeur de Mahomet à la tête de la communauté musulmane, et en tant que détenteur d'un pouvoir temporel (politique et militaire) – ce qui explique que plusieurs dynasties revendiquèrent ce titre, en Espagne et au Maghreb notamment. Il s'agit donc d'une construction historique. Cependant, certains *hadith* (paroles, actes et commentaires du Prophète) parlent de *khulafâ' er-râchidûne* (« califes bien guidés ») des hommes justes qui remplaceront le Prophète dans la « direction » de la communauté. De fait, les quatre premiers califes (632-661), Abou Bakr, Omar, Othman et Ali, sont dits Califes « bien guidés » (*Rachidoun*) dans la mesure où leur légitimité vient de leur mérite (moral et religieux) et de leur proximité avec le Prophète, bien que celui-ci n'ait pas laissé de consignes concernant sa succession. Nommés sans doute par acclamation, ils régnèrent depuis Médine et sont particulièrement loués par les sunnites (partisans de la *Sunna*, tradition du Prophète), tandis que les chiites ne reconnaissent que le califat d'Ali – et celui, bref, de son fils Hassan.

En revanche, après les *Rachidoun*, le califat prit un tour héréditaire allant de pair avec l'expansion militaire de l'islam. Avant même l'assassinat d'Ali (661), son adversaire Moawiya, fondateur de la dynastie des Omeyyades (660-750), prend le titre de calife à Damas (Syrie), dignité qui, transmise au sein de la dynastie, reprend celle de « commandeur (religieux et militaire) des croyants », datant d'Omar. Les Omeyyades laissent place aux Abbassides (750-1258) de Bagdad (Irak), tandis qu'existe en Espagne, à Cordoue, une branche omeyyade (756-1031) qui, en 931, revendique aussi la dignité d'émir (commandeur) des croyants. Durant cette période longue et complexe, au calife est adjoint le titre d'imam (« guide »), ce que contestent les Fatimides d'Égypte (909-1171), des chiites pour qui l'imamat revient de droit aux descendants d'Ali. Le pouvoir abbasside s'étiolant, Bagdad tombe en 1258 sous les coups des Mongols. Jusqu'en 1517 et la conquête de l'Égypte par les Ottomans, les califes abbassides, réfugiés au Caire auprès des Mamelouks (dynastie de soldats esclaves), ne jouent plus de rôle déterminant. Les sultans ottomans prennent en quelque sorte le relais de cette autorité califale, jusqu'à l'abolition du sultanat, et donc du califat, en 1924, par le laïc Mustapha Kemal Atatürk.

→ **Abbassides, émir, imam, Ottomans, sunnisme.**

Çalih ☪

Dans le Coran, Çalih est, avec Chou'aïb et Houd, l'un des trois prophètes arabes ayant précédé Mahomet. La sourate *al-Araf* (7, 73-79) le présente comme un envoyé de Dieu auprès du peuple des Thamoud, auxquels il rappelle d'épargner « la chamelle de Dieu » (c'est-à-dire de cesser le sacrifice aux idoles), de ne pas corrompre la Terre, de se souvenir des bienfaits de Dieu... Mais « ceux qui étaient remplis d'orgueil » tranchent les jarrets de la chamelle : « Le cataclysme fondit sur eux, et, le matin suivant, ils gisaient dans leurs demeures. » Çalih exhorte les Thamoud à se repentir auprès de Dieu le Créateur, le Tout-Puissant, le Miséricordieux : « Mon Seigneur est proche et il exauce » (*Houd*, 11, 61). Dans *Les Fourmis* (27, 45-53), Çalih doit affronter « neuf individus qui répandaient la corruption sur la Terre et qui ne se corrigeaient pas », individus qui décident de l'assassiner de nuit, avec sa famille ; mais Dieu extermine ces corrupteurs, « eux et leur peuple en entier. Leurs demeures sont devenues désertes, parce qu'ils avaient été injustes. [...] Nous avons sauvé ceux qui croyaient et qui craignaient Dieu ». Dans *Le Pèlerinage*, Dieu rapportera à Mahomet que, avant lui, Çalih, comme Chou'aïb, fut traité de menteur (22, 42).

→ **Araf, Chou'aïb, Houd, sourate, Thamoud.**

Calomniateur, Le ☪

Titre de la 104e sourate du Coran, qui met en garde les médisants et les calomniateurs profitant de leurs méfaits et de leurs richesses pour garantir leur avenir et, pensent-ils, leur immortalité. Ils seront voués à la Houtama (la géhenne, ou enfer), ce « feu de Dieu allumé qui dévore jusqu'aux entrailles », et aux flammes qui les emprisonneront « en longues colonnes ».

→ **Enfer, géhenne.**

Calvaire ✝

Ce mot, synonyme de « grande épreuve », désigne, dans le christianisme, les représentations de la crucifixion de Jésus, ainsi que les croix qui se dressent dans les campagnes, notamment, pour rappeler les souffrances du Christ sur la croix. Il vient du latin *calvarium* (de *calva*, « crâne »), traduction de *Golgotha* (« lieu du crâne » en araméen), nom de la colline où Jésus subit son supplice.

→ **Crucifixion, Golgotha, Jésus.**

Calvinisme †

Le calvinisme désigne le mouvement lancé par Jean Calvin (1509-1564), Français qui épousa la Réforme protestante en 1533. Pourchassé par l'Inquisition de son pays, il se réfugia à Bâle (Suisse). Dans cette ville, il rédige son œuvre phare, *Institution de la religion chrétienne*. Tout en restant dans la ligne de Luther, initiateur de la Réforme, il s'en démarque en matière de théologie et crée à Genève un État qui, tout en reposant sur la religion, réprime toute forme d'opposition. Regroupées en une Alliance réformée mondiale, les Églises calvinistes considèrent que Jésus n'est présent que spirituellement dans l'eucharistie, que la révélation de la foi est un don de Dieu qui en exprime le sens dans les Écrits saints, la seule source valable. Au contraire de l'Église catholique, l'autorité calviniste part de la base : des pasteurs et des laïcs sont élus et vont représenter leurs paroissiens aux assemblées supérieures (synodes) ; c'est pourquoi les calvinistes sont appelés aussi presbytériens, terme qui signifie la prééminence du fidèle et de l'officiant (du *presbyterium*, le « prêtre ») sur la hiérarchie.

→ **Catholique, luthéranisme, pasteur, protestant, Réforme.**

Camaldules †

En 1023, le moine ermite (saint) Romuald (952-1027) fonde à Camaldoli, en Toscane, un ermitage où l'on peut pratiquer la solitude dans des pièces spécifiques (celles). Il est ainsi le fondateur de l'ordre des camaldules, lesquels se répandent puis se structurent en congrégation dès 1072. Après une longue histoire, et pour respecter les deux choix de vie qui font leur originalité (l'érémitisme et le cénobitisme), les camaldules s'organisent aujourd'hui en deux congrégations : pour la vie cénobitique (en commun) celle de Camaldoli, qui suit la règle de saint Benoît, adoptée en 1123, et pour la vie érémitique (en ermite) celle de Monte Corona, fondée au début du XVIe siècle, non loin de Pérouse, et dont la règle se rapproche de celle des chartreux (vie solitaire et contemplative).

→ **Cénobite, chartreux, congrégation, ermite, ordre.**

Cana †

La ville de Cana, à quelques kilomètres au nord-est de Nazareth, en Galilée, est le cadre du premier miracle de Jésus. Comme les autres miracles recensés par les évangiles, cet événement, rapporté seulement par Jean

(2, 1-12), doit être abordé selon les mentalités et le contexte du Ier siècle. Au tout début de son ministère, Jésus, accompagné de sa mère Marie et de disciples proches, tient à vaincre les ultimes hésitations de ces derniers. Pour montrer qu'il est l'envoyé de Dieu, il doit procéder au « commencement des signes », c'est-à-dire à des gestes miraculeux qui vont jalonner sa mission et montrer la puissance de Dieu, dont il est l'intermédiaire et le Fils. Lors d'une noce, Marie l'avertit que le vin, très important dans les fêtes nuptiales juives d'alors, vient à manquer. Il demande aux serviteurs (et non aux maîtres, ce qui montre qu'il tient à associer les humbles) de remplir d'eau les cuves ayant servi aux ablutions rituelles (manière de rompre avec les préceptes du judaïsme officiel). L'eau est changée en vin, que le « maître du repas » trouve à son goût au point que, s'adressant au marié, il fait remarquer : « Tout homme sert d'abord le bon vin et, quand les gens sont ivres, le moins bon. Toi, tu as gardé le bon vin jusqu'à présent ! » Sur le plan symbolique, ce vin montre que Jésus a ainsi manifesté « sa gloire », et alors « ses disciples crurent en lui ». En cherchant à renouveler l'Alliance entre Dieu et son peuple, très souvent évoquée dans la Bible sous la forme d'un mariage, le miracle de Cana est une manière de sceller de nouveau les noces d'Israël et de son Dieu. Plus tard, à Cana, et toujours selon Jean (4, 46-54), Jésus, de retour de Judée, procède à la guérison du fils d'un fonctionnaire royal, accomplissant ainsi un « deuxième signe ».

→ **Alliance, eau, miracle, vigne.**

Canaan ✡ ✝

Dans le livre de la Genèse, le pays de Canaan correspond à peu près à la Terre promise par Dieu à Abraham : « À toi et à ta race après toi, je donnerai le pays où tu séjournes, tout le pays de Canaan, en possession à perpétuité, et je serai votre Dieu » (17, 8). Ce territoire va plus précisément de « Dan [au nord] à Bersabée [au sud] » (environ 9 500 kilomètres carrés), précise le livre des Juges (20, 1). Canaan était ainsi limité par la Méditerranée (ouest), la Phénicie (Liban, nord), la vallée du Jourdain et la mer Morte (est), et l'Égypte (sud).

Canaan était un nom en vigueur à Babylone (*Kinahou*), aussi bien qu'en Égypte (*Kinahi*) où des archives l'évoquent au XIVe siècle av. J.-C. Sa traduction est « laine teintée de pourpre ». La pourpre, couleur royale tant au Proche-Orient qu'auprès des empereurs romains, était obtenue à partir de coquillages du genre Murex. Au nord de Canaan, les artisans de la côte étaient passés maîtres dans l'art de produire ce colorant, par ailleurs très précieux – il fallait dix mille coquillages pour obtenir un gramme de produit ! Après l'Exode, les Hébreux, vers le XIIIe siècle av. J.-C., y découvrent une population païenne, composée d'une mosaïque ethnique rassemblée sous le nom générique de Cananéens (parfois Amorites). Cette appellation est quelque peu péjorative, et, selon les textes bibliques, peut s'appliquer aux Israélites convertis aux idoles locales, les baals adorés dans des sanctuaires comme Béthel et Hébron. Le livre de la Genèse rapporte que l'ancêtre de Canaan est Cham qui, irrespectueux envers son père Noé, fut frappé de malédiction. Mais les Israélites, implantés en Canaan vers 1200 av. J.-C., constituaient une population semi-nomade qui trouva en ces baals des dieux de la nature capables de satisfaire les besoins élémentaires (récoltes, fertilité...). Israël, surtout grâce aux prophètes, dut batailler ferme pour imposer Yahvé, le Dieu unique. En Phénicie, Jésus rencontrera une Cananéenne, incarnation de l'impiété : selon les évangélistes Matthieu (15, 21-28) et Marc, qui parlent à son sujet d'une Syrophénicienne (7, 24-30), Jésus reconnaîtra cependant sa foi profonde, et guérira sa fille.

→ **Baal, Exode, idole, païen, Palestine.**

Canon ✡ ✝ ☪

Le canon, mot issu du grec *kanôn* (« règle »), est utilisé par les trois religions du Livre pour désigner l'autorité qui statua sur le choix des textes considérés comme révélés, et par conséquent appelés « canoniques » (Bible, Nouveau Testament, Coran). Les autres sont dits apocryphes (« cachés » en grec). Par extension, le canon désigne aussi l'ensemble des lois régissant une religion, comme le droit canon de l'Église catholique.

→ **Bible, Coran, index, Testament.**

Canonisation ✝

C'est l'action par laquelle un « bienheureux » (titre obtenu préalablement par la béatification) est inscrit sur la liste des saints.

Après sa béatification, déjà scrupuleusement étudiée avant d'être accordée, une personne peut être canonisée. La canonisation intervient à l'issue d'une procédure tout aussi minutieuse que celle qui préside à la béatification. D'abord, une « cause » (demande) est déposée auprès d'un diocèse. L'évêque étudie les arguments en faveur de la sainteté (attitude de l'intéressé de son vivant, ses vertus, importance de son œuvre, son martyr éventuel...). Le dossier, établi d'après des témoignages, l'avis de théologiens et avec l'appui d'un avocat de la cause – le postulateur –, parvient au Vatican, où intervient alors la Congrégation pour la cause des saints. Cet organisme, composé de cardinaux et d'évêques, examine la cause à la loupe, aidé par différents intervenants choisis pour leurs compétences : historiens, théologiens, ou encore médecins pour l'étude des guérisons miraculeuses. Une personne, ou promoteur de la foi, est désignée pour décortiquer le dossier, et en dégager tout ce qui est en faveur ou en défaveur de la personne (d'où son nom d'« avocat du diable »). En cas d'approbation par la Congrégation, la cause est transmise au pape, qui décide en dernier ressort. S'il la confirme, une cérémonie marque la canonisation. La durée de temps qui sépare la mort de l'intéressé et sa canonisation est très variable, allant par exemple de deux ans pour Claire d'Assise (1253) à cent quatre-vingt-dix-neuf ans pour Ana de los Angeles Monteaguido (1985).

→ **Béatification, martyr, miracle, saint, vertu.**

Cantate ✡ †

La cantate (du latin *cantata*, « ce qui est chanté ») est l'une des plus belles expressions de la musique sacrée. Elle consiste en l'alternance de parties d'orchestre, de chœurs (choral), de chants solistes et de passages (chantés) de récitants accompagnés d'instruments. Le plus grand représentant de ce genre est Jean-Sébastien Bach (1685-1750), qui, outre quatre ou cinq Passions de Jésus, dont deux nous sont parvenues, a écrit quelque trois cents cantates (seules deux cents environ nous sont connues). Marquées de son génie musical, elles se caractérisent par leurs deux destinations : le sacré ou le profane (commande pour des anniversaires, par exemple). De religion protestante (luthérien), Bach a su mêler liturgies catholique et protestante dans ce qui reste l'un des sommets de la musique classique, la *Messe en si mineur*. Il existe aussi une forme de cantate juive, par exemple la Simhat Torah, hymne à la loi (Torah), chanté selon le rite portugais.

→ **Choral, messe, Passion, profane.**

Cantilation ✡

La cantilation est, dans le judaïsme, l'art de psalmodier les textes de la Bible au cours des offices liturgiques, c'est-à-dire accentuer la diction des textes sacrés. On retrouve les premières traces de ces lectures, envoûtantes, musicales et magnifiques, après la reconstruction du Temple consacré en 515 av. J.-C. Elle a fait l'objet de codifications ultérieures, notamment dans la Massorah (la « tradition » ou la « transmission » du texte authentique de la Bible au travers de règles de lecture et de chant).

→ **Massorah, office.**

Cantique ✡ †

Le cantique est un « chant religieux » (*canticum*, en latin). Pour le judaïsme et le christianisme, il s'agit surtout de poèmes distincts des psaumes – ces grandes prières inscrites au cœur de leurs liturgies. Les cantiques sont des textes de louange, d'actions de grâce célébrant Dieu. Nous en trouvons de splendides exemples dans la Bible, comme, dans le livre de l'Exode (15,20), le Cantique de Moïse après le passage de la mer Rouge, également chez Débora, Tobie, Judith ou encore le prophète Isaïe. Et, bien sûr, le Cantique des cantiques, c'est-à-dire le plus beau des chants. La liturgie juive comprend ainsi le Chir ha-yihoud (cantique de l'Unité), le cantique de Moïse, et le Cantique des cantiques, qui fait partie des Cinq Rouleaux sacrés.

Le christianisme a repris les cantiques majeurs des évangiles. Lors des offices contenus dans le bréviaire (heures), par exemple, reviennent trois passages de l'évangile de Luc sous forme de cantiques : dans le Magnificat, Marie chante sa joie (1, 46-55) ; dans le Benedictus, Zacharie, père de Jean le Baptiste, loue Dieu pour cette naissance (1, 46-55) ; dans le Nunc Dimittis (« maintenant tu peux laisser aller »), après que Jésus est présenté au Temple de Jérusalem, comme le stipule la loi juive, Syméon, homme juste et pieux, célèbre en cet enfant le sauveur et la lumière du monde (2, 29-32).

→ **Évangiles, heures, liturgie, office, psaumes.**

Cantique des cantiques ✡

Ce chant, d'une beauté stupéfiante, est le seul de ce genre dans la Bible (hébraïque comme chrétienne), où sa présence, aux côtés d'écrits spirituels, prophétiques et historiques, peut sembler étonnante. Il s'agit d'un puissant hymne à l'amour charnel et à la passion ; le vocabulaire allégorique et poétique est parfois cru, le style rappelle celui de la poésie orientale. La bien-aimée et son bien-aimé, qui se désirent puis, en dépit d'entraves, se retrouvent pour une nuit sublime, s'expriment au cours de monologues et de dialogues, tandis qu'un chœur s'exalte, comme dans les tragédies antiques. Les étreintes et les baisers sont ardents, les corps s'enlacent. On retrouve dans ce chant les plantes réputées aphrodisiaques (grenade, myrrhe, safran, cannelle...). Le texte fait aussi une large place aux sentiments profonds, car l'amour est plus puissant que tout, conclut le livre. Les spécialistes datent sa rédaction du IVe siècle environ avant notre ère, époque où la tutelle perse prend fin et où le judaïsme doit se souder encore davantage pour subsister. Le Cantique des cantiques est en effet une illustration du couple monogame, uni et soudé, fondement et perpétuation d'Israël. Sur le plan religieux, il rappelle l'amour qui unit Yahvé et son peuple, de véritables liens « conjugaux » selon le prophète Osée (VIIIe siècle avant notre ère), ce que rappelle le Midrash (commentaires de la Bible). Le Cantique des cantiques, que la tradition attribue à Salomon, est aujourd'hui lu à la synagogue, à l'occasion, par exemple, de tous les shabbat chez les séfarades et, pour les ashkénazes, au shabbat de la semaine de Pâque (Pessah). Il fait partie des Cinq Rouleaux sacrés.

→ **Cantique, Cinq Rouleaux, Salomon.**

Capharnaüm †

Capharnaüm est une ville sise au bord du lac de Tibériade, en Galilée, au nord de la Palestine. Jésus choisit d'y résider dès le début de son ministère, juste après son premier miracle, celui des noces de Cana. Elle lui sert de halte entre deux missions en Galilée, et il habite sans doute dans la maison de Pierre. Capharnaüm s'affirme donc comme un des lieux essentiels où Jésus accomplit ses actes singuliers. Par exemple, il s'affiche avec des pécheurs, rapporte Marc (2, 15-17), ce qui est contraire à la Loi juive, qu'il connaît très bien. Toujours selon Marc (1, 21-31), un jour de shabbat, dans la synagogue, il subjugue les scribes pharisiens par la nouveauté de son enseignement, tout en respectant la Loi. Ils sont même impressionnés par son autorité, qui s'affirme naturelle et non façonnée par l'étude des textes sacrés. Mieux, il débarrasse un dément du mauvais esprit qui le taraudait, et la belle-mère de Pierre d'une fièvre tenace. Jésus est donc un combattant efficace du mal. Il peut apporter le Salut, comme le montre un autre miracle accompli à Capharnaüm (Mc 2, 1-12), la guérison du paralytique, auquel il lance cette célèbre phrase : « Lève-toi, prends ton grabat et va-t'en chez toi. » Mais Capharnaüm ne se convertira pas à l'Évangile, de même que les autres villes du lac, et Jésus leur prédira le traitement terrible qui a touché autrefois Sodome et Gomorrhe, où régnait le pur péché (Mt 11, 20-24). Depuis, le nom commun « capharnaüm » désigne un grand désordre d'objets, possible référence aux foules parfois confuses que Jésus attirait dans la cité.

→ **Jésus, miracle, Palestine, Tibériade.**

Capucins †

Au XVIe siècle apparaît une nouvelle branche dans l'ordre des franciscains, fondé par saint François d'Assise au tout début du XIIIe siècle. Ce sont les capucins, appelés ainsi en raison de leur capuchon en pointe, le capuce. Ces moines se caractérisent par une grande ascèse, la volonté de charité, la prière.

→ **Ascèse, franciscains, monachisme.**

Caraïtes ✡

Les caraïtes (ou qaraïtes) forment un courant du judaïsme centré sur la « lecture » (« qaraïte » vient de l'hébreu *qra*, « lire »). Ils sont aussi appelés Bené-Mikra, les « fils de l'Écriture ». Au VIIIe siècle apr. J.-C., à Damas, le rabbin Anan ben David (le créateur du caraïsme, selon la tradition) rejette le Talmud et la Michnah, c'est-à-dire toute Loi orale, la seule Loi pour lui étant celle de l'écrit, soit celle de la Bible. Il s'oppose donc à l'enseignement des rabbins. Ce retour aux textes premiers trouve bientôt un écho auprès des juifs du Proche-Orient, de Perse et jusqu'en Europe centrale. Mais certains spécialistes pensent que l'origine de ce mouvement original serait plus ancienne, et que les études (très éclairées) des caraïtes sur la Bible se rapprochent des textes de Qumrân, retrouvés près de la mer Morte. Le caraïsme, dont la liturgie diffère des règles rabbiniques en vigueur dans le reste du judaïsme, a produit aussi de grandes recherches sur l'hébreu. Aujourd'hui, décimé par les génocides du dernier siècle, ce courant se concentre essentiellement dans l'actuel État d'Israël.

→ **Judaïsme, liturgie, Qumrân.**

Caravansérail ☪

Sorte d'abri ou d'hôtel destiné aux voyageurs, le caravansérail (du persan *karawanseraï*, « hôtels de voyageurs »), ou *khan*, ou *foundouq* (du grec *pandokeion*, « maison d'hôtes »), est indissociable des pays musulmans, où la notion d'État était (elle l'est moins aujourd'hui) étroitement liée à la religion. Servant de relais aux caravanes marchandes, à l'origine institué pour les protéger des voleurs, le caravansérail se situe en dehors ou à l'intérieur des villes et se présente souvent comme une véritable forteresse flanquée de tours, mais de forme, de dimensions et de facture différentes selon les pays et les époques. Il a aussi un aspect pratique, proposant en général entrepôts, écuries, boutiques, logement, mosquée ou simple oratoire... On en trouve encore de très beaux exemples à Istanbul et en Anatolie (Turquie), à Damas ou au Caire.

→ **Islam, souk.**

Cardinal †

Le mot « cardinal » vient du latin *cardo*, qui signifie « gond », « pôle » ou « pivot ». Ce titre remonte au temps où le pape était élu par le clergé et les habitants de Rome, élection organisée par les curés des plus importantes paroisses de la ville et les diacres pontificaux, personnages qui servaient ainsi de « pivot ». En avril 1059, le pape Nicolas II décida que les souverains pontifes seraient désormais élus par les seuls cardinaux. Ceux-ci furent ensuite organisés dans ce qu'on appelle encore le Sacré collège de Rome, fondé en 1150, présidé par un doyen (président sans prérogatives) et administré par un camerlingue (« chambellan » qui s'occupe aussi des affaires entre deux élections papales). Depuis 1179 et le concile du Latran III, ils représentent le « sénat » du Vatican et élisent le nouveau pape, lors du conclave, à la majorité des deux tiers – en novembre 1970, Paul VI a limité à quatre-vingts ans l'âge du droit de vote, et, en novembre 1973, fixé à cent vingt le nombre de cardinaux électeurs. Les cardinaux, contrairement aux évêques ou aux diacres, sont donc le résultat du droit et non de la coutume primitive du christianisme. Ils représentent presque tous les pays du monde, et, pour faciliter le travail de l'Église catholique (« universelle »), occupent, après le pape, le rang le plus élevé. Aujourd'hui, ils sont environ cent soixante-dix (contre trente au XVe siècle) et sont « créés » par le pape au cours du consistoire. La barrette, avec laquelle le pape coiffe le nouveau cardinal, est l'insigne de cette création. Ils occupent une place privilégiée au sein de la curie qui a en charge les affaires du Vatican, et constituent un conseil du pape, qui les consulte en assemblée plénière ou partielle. Ce rôle concurrence le synode des évêques, restauré par Vatican II, qui reste malgré cela influent. Les cardinaux, appelés autrefois « éminences », titre qu'ils portent encore aujourd'hui, se reconnaissent à leur chapeau (attribut depuis 1244), leur soutane et leur calotte (ou barrette) pourpres. La couleur pourpre répond à plusieurs registres symboliques très riches, dont celui de l'autorité suprême. Rappelons que pour se moquer de sa « royauté » et avant de l'envoyer au supplice, les soldats romains coiffèrent Jésus d'une couronne d'épines et le revêtirent d'un manteau pourpre, couleur des empereurs romains. Pour les cardinaux, la « pourpre cardinalice » signifie aussi qu'ils doivent être prêts à verser leur sang pour leur foi.

→ **Conclave, consistoire, évêque, pontife, Vatican.**

Carême †

Précédé par le carnaval, inauguré par le mercredi des Cendres, jour de jeûne, le carême dure quarante jours pour s'achever à Pâques. Le carême débute donc le « quarantième jour » avant Pâques (en latin *quadragesima dies*, d'où vient le mot « carême »). Cette période dicte aux fidèles de fortifier leur foi, de faire pénitence en vue de la Pâque qui va célébrer la Résurrection de Jésus. Il convient aussi de pratiquer la charité et de s'abstenir de consommer de la viande. Les sept derniers jours forment la Semaine sainte, temps voué à la Passion de Jésus. Le nombre quarante est fréquent dans la Bible : les quarante jours du Déluge, les quarante ans de l'Exode des Hébreux, etc. Mais on retrouve aussi ce nombre dans les évangiles, avec les quarante jours que Jésus passe dans le désert de Judée, soumis aux tentations du Diable. Ce chiffre exprime en effet une attente qui se conclut par un changement.

→ **Cendres (mercredi des), charité, Semaine sainte.**

Carmes †

Ordre de religieux créé en Syrie au XIIIe siècle.

D'après la tradition, Élie (IXe siècle av. J.-C.), grand prophète du judaïsme, s'en alla prier et méditer dans une grotte du mont Carmel (Palestine). Aux premiers temps du monachisme chrétien, des ermites en font leur patron et s'installent sur ce mont du recueillement par excellence. La vie des moines, centrée sur l'oraison (prière silencieuse), la contemplation, le silence, le travail et la pauvreté, fait l'objet d'une règle en 1226. Mais l'échec des croisades chrétiennes, peu après, les contraint à gagner l'Europe où, sous l'influence des dominicains, apparaît une autre règle, dite « mitigée » (par exemple, ils enseignent, ce qui rompt leur solitude voulue), mais les fondements de ces carmes demeurent.

En 1452 est créée la branche féminine de l'ordre, les carmélites. Partant du principe que l'isolement est avant tout intérieur, les monastères, ou carmels, tant masculins que féminins, s'implantent en ville, au milieu des âmes vers lesquelles est dirigée la prière – monastères et abbayes sont en règle générale isolés dans la campagne. Alors que l'Église catholique entame la Contre-Réforme, lors du concile de Trente (1545-1563), pour réagir contre l'avance protestante mais aussi pour décider d'un certain nombre de changements, une mutation se fait jour au sein des carmels. En Espagne, qui connaît son Âge d'or, une carmélite, Thérèse de Cepeda y Ahumada (1515-1582), ou Thérèse d'Avila, réussit à imposer un retour à l'origine et à la première règle du mont Carmel. Elle fixe le nombre des sœurs à vingt et un au maximum, pour faciliter l'instauration de liens fraternels. Thérèse reçoit aussi le soutien d'un carme, Jean de Yepes (1542-1591), ou Jean de la Croix. En 1562 est fondé le premier carmel réformé, qui marque la naissance de l'ordre des déchaux ou déchaussé(e)s (les sandales remplacent désormais les chaussures, en signe d'humilité). À sa mort, Thérèse d'Avila laisse seize couvents de carmélites et quinze couvents de carmes déchaussés. Sa réforme essaime ensuite en Europe, puis en Amérique. Aujourd'hui, les carmélites et les carmes sont répartis en deux ordres : d'une part les déchaux, et d'autre part les grands carmes, qui n'ont pas suivi la réforme de Thérèse d'Avila. Trois docteurs de l'Église, dont l'œuvre mystique est reconnue pour sa grande profondeur, sont issus des carmels : Thérèse d'Avila, première femme à accéder au rang de docteur (1970), Jean de la Croix, surnommé le « docteur mystique », et Thérèse de Lisieux (1873-1897), ou Thérèse de l'Enfant Jésus, une jeune femme extraordinaire reconnue docteur en 1997 et dont les écrits forcent l'admiration.

→ **Abbaye, dominicains, monachisme, règle.**

Carnaval †

Le carnaval débute un dimanche et s'achève un mardi, la veille du mercredi des Cendres qui ouvre la période du carême. Pendant ces trois jours, il est permis de s'amuser sans retenue, de manger à satiété, avant le mercredi, jour de jeûne complet qui va « enlever la viande » (*carnevale* en italien). Le mardi est ainsi appelé « mardi gras », car c'est la dernière occasion de manger de la viande avant la fin du carême, ces quarante jours marqués par la frugalité.

→ **Carême, Cendres (mercredi des), jeûne.**

Catacombes †

Les Romains avaient l'habitude d'installer les sépultures en dehors des villes. Mais peu à peu confrontés à la surpopulation, ils durent enterrer les morts dans des souterrains, quand la nature du sous-sol le permettait, comme à Rome même par exemple. Ainsi apparurent les catacombes, c'est-à-dire les « cimetières souterrains » (du grec *kata*, « de haut en bas », et du latin *tumba*, « tombe »). De part et d'autre des galeries étaient installées des couches de *loculi*, cavités fermées par une plaque et abritant les corps des gens simples, tandis que les personnages importants bénéficiaient d'une pièce entière. Avant l'arrêt des persécutions en 313, les chrétiens trouvèrent refuge dans ces catacombes, les Romains considérant le séjour des morts comme sacré et interdit aux forces armées. Ces chrétiens reprirent aussi à leur manière l'usage romain de manger près de la tombe de martyrs en y célébrant l'eucharistie, repas fraternels appelés agapes. Ils assurèrent aussi, à la mode romaine, la décoration des parois : mosaïques et fresques. On a également retrouvé dans ces catacombes des symboles chrétiens, comme la vigne, et surtout le célèbre poisson qui consistait en réalité à glorifier secrètement Jésus-Christ : en effet, poisson se dit *ichtus* en grec ; si l'on décompose les lettres de ce mot, nous obtenons I (Iesu), CH (Christos), T (Théou), U (Uios), S (Sôter), soit « Jésus-Christ, Fils de Dieu, Sauveur ». C'est certainement pourquoi le poisson fut souvent représenté dans l'art sacré.

→ **Agape, Christ, eucharistie, Romains, vigne.**

Catafalque †

À l'église, au cours des obsèques, il est d'usage de dresser un catafalque (de l'italien *catalfalco*, « échafaudage »), estrade placée devant l'autel, où reposera la dépouille du défunt, ou qu'elle symbolisera en l'absence de corps.

→ **Autel, Église.**

Catéchisme †

Le catéchisme est un écrit de l'Église catholique à l'intention des fidèles (enfants en particulier), ou plus largement de ceux qui souhaitent connaître la foi et la manière dont celle-ci s'exprime. Le mot vient du grec *katêkhein* (« faire retenir »). Autrefois transmis oralement, il fit l'objet d'une forme écrite au XIVᵉ siècle, puis de livres imprimés après l'apparition de l'imprimerie en Europe au siècle suivant. Le catéchisme contient la catéchèse de l'Église, c'est-à-dire la profession de foi, la liturgie et les sacrements, l'attitude conforme au message de Jésus-Christ, et la prière (partie s'achevant par le Notre-Père, la prière centrale du christianisme). Le catéchisme désigne aussi la formation religieuse (on parle alors aussi de catéchèse) des enfants baptisés, assurée par des prêtres ou des laïcs.

→ **Catholique, Église, liturgie, prière, sacrement.**

Catéchumène †

Présent dès le début du christianisme, le catéchumène est un adulte qui, souhaitant recevoir le sacrement du baptême, est préalablement formé au catéchisme de l'Église, c'est-à-dire au contenu et à l'expression de la foi. Cette période, ou catéchuménat, est conforme à l'enseignement que donnaient les apôtres de Jésus, rapporté par les Actes des Apôtres du Nouveau Testament. Le catéchuménat a été restauré en France depuis le concile de Vatican II (1962-1965) et prépare au baptême quelque deux mille adultes par an.

→ **Actes des Apôtres, baptême, catéchisme, foi, sacrement.**

Cathares †

Les cathares (du grec *katharos*, « pur ») furent les adeptes d'un courant religieux, le catharisme, qui rayonna du XIᵉ au XIIIᵉ siècle en Italie, en Catalogne et surtout en France, notamment en Bourgogne mais surtout dans le

Sud, où ils furent appelés Albigeois. Le catharisme puise à la fois dans le christianisme et le manichéisme, car on y trouve à la fois le principe de la dualité entre deux puissances – le bien (Dieu) et le mal (Diable) – et l'absence de Trinité, la Vierge sainte, la confession (pénitence)... Le grand rite de ce mouvement, marqué par l'austérité, se faisait par le consolament (*consolatum* en latin), « baptême de l'esprit » ; la personne, homme ou femme, à l'issue d'une période d'ascèse, devenait ainsi un *parfait*, au faîte de la hiérarchie. Le parfait se devait de donner l'exemple par sa rigueur et son détachement des choses matérielles. Condamné comme hérésie au concile du Latran III (1179), le catharisme, qui gênait un clergé catholique alors trop préoccupé par ses richesses, fut dénoncé par les prédicateurs et impitoyablement réprimé par l'Inquisition. Des « croisades » firent tomber les châteaux qu'occupaient les cathares, dont Montségur (1244), en Ariège.

→ **Albigeois, ascèse, hérésie, Inquisition, vaudois.**

Cathédrale †

Le principe de la cathédrale existe depuis les premiers siècles du christianisme, mais ce mot ne concerne que les Églises qui ont conservé la hiérarchie épiscopale (évêques), l'âge d'or de ces édifices magnifiques se situant au XIIIe siècle. Tout pays catholique est divisé en régions, les diocèses, placés chacun sous l'autorité spirituelle et ecclésiastique d'un évêque. Celui-ci, pour signifier sa fonction, occupe un « fauteuil » (*cathedra* en latin), dit aussi trône de l'évêque, situé dans l'église principale de son diocèse, et près de laquelle il habite en général. Cette église est ainsi appelée cathédrale. Cette prééminence explique le soin particulier dont furent entourés ces chefs-d'œuvre d'architecture.

→ **Diocèse, Église, évêque, ex cathedra.**

Catholique †

Dès le Ier siècle, l'Église chrétienne s'organise en patriarcats et, malgré quelques divergences, reste une seule entité. Répondant au message de Jésus à ses apôtres – baptiser toutes les nations – l'Église chrétienne rayonne sur l'Empire romain, le monde d'alors, et peut donc s'affirmer « universelle » (*katkolikos* en grec, d'où vient le mot « catholique »). À la chute de l'Empire romain d'Occident (476), nous trouvons toujours le patriarche de Rome, c'est-à-dire le pape, qui gouverne toute l'Église au nom de la primauté donnée par Jésus à Pierre, mort à Rome en martyr (vers 60). Le latin est en outre la langue en vigueur. Mais le patriarche de Constantinople (actuelle Istanbul), capitale de l'Empire romain d'Orient (qui durera mille ans, jusqu'aux Ottomans), s'oppose à l'autorité du pape. À cette querelle de tutelle s'ajoutent des désaccords religieux, complexes et multiples. Ces désaccords relèvent de trois domaines : le pouvoir que le pape veut exercer sur tout le monde chrétien en vertu de la dimension universelle (*catholicos*) de Rome ; des questions de dogme (vérités en matière de foi), par exemple le *Filioque*, c'est-à-dire la place du Fils au sein de la Trinité ; des différences en matière de liturgie et de législation (ordination de prêtres mariés, par exemple). Le climat s'envenime et aboutit, en 1054, à la séparation des deux Églises, qui s'excommunient mutuellement. Les excommunications mutuelles entre orthodoxes et catholiques prononcées à cette date ne seront levées qu'au concile Vatican II (1962-1965). Les catholiques sont majoritaires au sein du monde chrétien.

→ **Concile, excommunication, orthodoxe, pape.**

Caverne, La ☪

La Caverne (*al-Kahf*) est la sourate 18 du Coran. Composée de 110 versets, cette sourate – dont le titre fait référence à un lieu récurrent des croyances antiques, la grotte, qui symbolise le secret et la méditation – débute par la légende dite des Sept Dormants. Puis, après l'évocation du feu promis aux injustes et du paradis récompensant les justes, intervient une parabole, où un homme, à qui Dieu a donné une luxuriante vigne, se vante de ses richesses auprès d'un autre, prétendant que le paradis ne peut égaler ses jardins. Dieu, le Créateur, le punit en ravageant sa récolte, tandis que personne ne vient à son aide : « La protection, en pareil cas, ne dépend que de Dieu, la Vérité : c'est lui qui est le meilleur pour récompenser et pour donner une fin à toute chose » (44). Et quand Dieu rassemblera les hommes à la fin des temps, « ils trouveront, présent devant eux, tout ce qu'ils ont fait » (49). Il faut refuser la parole mensongère du démon, mais suivre celle de Dieu, qui guida Moïse, puis (sans doute) Alexandre le Grand (IVe siècle av. J.-C.) dans ses conquêtes : appelé Dhou al-Qarnaïm (« celui qui a deux cornes », attribut de puissance chez les peuples sémites), celui-ci parvient à vaincre les Yadjouj et les Madjouj (peuples terrifiants, identifiés à Gog et Magog).

→ **Gog et Magog, parabole, Sept Dormants, sourate.**

Célestin †

L'ordre célestin, branche érémitique des bénédictins, doit son nom à son fondateur, Pierre de Morrone, qui deviendra le pape Célestin V, mais pour un an seulement (1294). Répandus en France, les célestins s'installent aussi à Paris, où siège dès 1352 le monastère principal de l'ordre français (actuel quai des Célestins). Introduits auprès des rois, ils connaissent un net recul après les guerres de Religion (1562-1598), et abordent difficilement le XVIIIe siècle. La Révolution française met fin à leur existence et leur bibliothèque de Paris est dispersée.

→ **Bénédictins.**

Cendres, mercredi des †

Le mercredi des Cendres, qui suit le carnaval, est le jour d'ouverture du carême. Il précède Pâques de quarante jours. Au cours de la célébration de ce jour, il est d'usage d'étendre de la cendre sur son front, symbole du regret de la faute commise, du péché qu'il convient d'avouer dans la perspective du pardon de Dieu. Car l'homme n'est que poussière, comme le proclament à plusieurs reprises la Bible et le Nouveau Testament. Ainsi, dans le livre de la Genèse, Abraham a ces mots en s'adressant à Dieu : « Je suis bien hardi de parler à mon Seigneur, moi qui suis poussière et cendre » (18, 27). Le mercredi des Cendres est donc un jour de pénitence ; c'est pourquoi, dans le calendrier actuel de l'Église catholique, il reste l'un des deux jours de jeûne, avec le Vendredi saint.

→ **Carême, jeûne, Vendredi saint.**

Cène †

La Cène (du latin *cena*, « repas ») est l'ultime repas que prend Jésus avec ses disciples. Elle se déroule un jeudi soir (début du vendredi pour le calendrier juif), dans une pièce appelée justement cénacle, que les spécialistes ont localisée sur le mont Sion, à l'ouest de Jérusalem. La salle est dite aussi « chambre haute », car située au premier étage de la maison d'un disciple. Cette année-là, ce repas a lieu aussi la veille de la Pâque et du shabbat, qui commenceront tous deux le vendredi soir (samedi pour les juifs). L'évangéliste Jean (13, 1-20) rapporte que Jésus lave d'abord les pieds des apôtres « avec le linge dont il [est] ceint ». Il s'agit d'un geste d'amour et d'humilité, car il est d'ordinaire réservé aux esclaves étrangers : « Le serviteur n'est [donc] pas plus grand que son maître, ni l'envoyé plus grand que celui qui l'a envoyé. » Puis Jésus prévient ses compagnons que leur repas commun est le dernier avant que n'advienne le Royaume. Il va bientôt mourir. Et il pratique une Pâque symbolique, que l'Église nommera eucharistie, afin que ses disciples « vivent » sa présence et la perspective du Royaume qui va arriver après sa mort. Le lendemain, vendredi, Jésus est jugé et crucifié.

→ **Disciple, eucharistie, Pâques, Royaume, Vendredi saint.**

Cénobite †

Au début du monachisme chrétien (IIIe-IVe siècles), marqué d'abord par le mouvement des ermites et des anachorètes, solitaires du désert, apparaît un nouveau mode de vie dit « cénobitique » (du grec *koinobion*, « vie en commun »). L'initiative en revient à saint Pacôme (286-346), ancien ermite qui, en Égypte, crée en 323 une communauté obéissant à une règle fondée sur le travail, la charité, l'obéissance, la fraternité... bref, sur ce qui constitue le fondement même du monachisme. Les cénobites vivent dans des maisons collectives entourées par une enceinte, principe premier de la clôture, qui n'ont donc plus rien de commun avec les habitats isolés des ermites du désert. La sœur de Pacôme, Marie, crée à son tour une communauté féminine en 340. Des chrétiens d'Occident, dont saint Jérôme (345-420), visiteront ces établissements, et en importeront le principe en Europe.

→ **Anachorète, cloître, ermite, monachisme.**

Chaatnez ✡

Le chaatnez (« tissus mixte ») était un vêtement qui n'était pas autorisé, excepté pour les prêtres du Temple de Jérusalem. « Tu ne porteras pas sur toi un vêtement en deux espèces de tissu », prescrit le Lévitique (19, 19). Toujours dans la Bible, le Deutéronome précise davantage cette règle qui, inexpliquée comme beaucoup de décisions divines, faisait sans doute partie d'interdits très anciens : « Tu ne feras pas de vêtement tissé mi-laine mi-lin » (22, 11). Les différentes injonctions de la Bible ne pouvant pas disparaître avec le temps, le judaïsme traditionnel refuse toujours ce mélange.

→ **Deutéronome, Lévitique (livre du), Michnah, Zeraïm.**

Chador ☪

Le chador, ou tchador, est le « voile corporel » des femmes musulmanes. On le rencontre en Iran et au Moyen-Orient. Ce vêtement de pudeur, noir et long, recouvre la femme des pieds à la tête, comme une tente (sens du persan *chador*). Seul le visage est libre, contrairement au chadri.

→ **Chadri, hidjab, voile.**

Chadri ☪

Le chadri est le voile intégral porté par des femmes du Pakistan et de l'Afghanistan, où les talibans (étudiants en théologie) ont généralisé et imposé le port de ce voile qui existait bien avant eux. Il se distingue du chador par un grillage qui dissimule les yeux. Toutes les parties corporelles sont donc dissimulées.

→ **Chador, hidjab, voile.**

Chaféisme ☪

C'est l'une des quatre traditions juridiques de l'islam, avec le malékisme, le hanafisme et le hanbalisme.

Son nom vient de Mouhammad ibn Idris al-Chaafi (767-820), membre de la tribu de Mahomet, les Quraïch, et grand acteur du droit musulman. Il privilégia la *Sunna* (« voie » du prophète, ses paroles et ses actes) et les *hadith* (paroles, actes et commentaires du Prophète) dans l'élaboration de la science juridique, où il aboutit à une synthèse de la jurisprudence. Il se distingua par exemple des hanafites qui introduisirent la notion d'avis personnel.

→ **Hanafisme, hanbalisme, madhahib, malékisme.**

Chahadah ☪

La Chahadah (« témoignage » ou « attestation », en arabe) est la profession de foi de l'islam, dont elle est le premier Pilier. Tout musulman (et tout converti) y affirme : « J'atteste qu'il n'y a de Dieu qu'Allah et que Mahomet est son Prophète [son Messager, son Envoyé, *rassoul*]. » Par ce credo, tout croyant se déclare soumis à l'islam, sens du mot musulman (de *muslim*, croyant). Le croyant sait intimement que tout vient de Dieu, la seule réalité possible, et que Mahomet, par la révélation de Dieu, vint accomplir tout ce qu'avaient transmis les prophètes avant lui. Il ne s'agit pas de croire, mais de se soumettre à Dieu, ou plutôt de s'en remettre à lui, en appréciant son amour et sa miséricorde, mais en craignant sa colère. La sourate 49 (*Les Appartements privés*, 49, 15) rappelle une formule qui revient plusieurs fois dans le Coran : « Seuls sont vraiment croyants ceux qui croient en Dieu et son Prophète – sans plus jamais en douter ensuite – tandis qu'ils luttent dans le chemin de Dieu avec leurs biens et leurs personnes. – Voilà ceux qui sont véridiques –. »

→ **Allah, musulman, Piliers (les Cinq), prophète, sourate.**

Chaharith ✡

L'aube se disant *chahar* en hébreu, la liturgie juive appelle Chaharith l'office du matin, la plus longue des trois prières quotidiennes. Cet office remplace le sacrifice qui avait lieu chaque matin au Temple de Jérusalem. La tradition en attribue l'origine au patriarche Abraham, en vertu de ce passage de la Genèse : « Levé de bon matin, Abraham vint à l'endroit où il s'était tenu devant Yahvé » (19, 27). Le fidèle commence par remercier Dieu pour la journée qui s'annonce, récite des versets extraits surtout des Psaumes. Puis viennent le Chema (la grande prière de la foi juive), précédé et suivi de bénédictions, et l'Amidah (autre prière importante), assortie de la Qedoucha (louange à Dieu). À chaque Chaharith, il est obligatoire de porter le *tallit* (châle) et les *teffilin* (phylactères), sauf au neuvième jour de av (ils sont réservés pour la prière du Minha, office de l'après-midi) ainsi que certains jours de fête comme le Yom Kippour (le « Grand Pardon »). Au cours du shabbat et des fêtes, le Chaharith prend un visage particulier et se trouve enrichi d'autres éléments liturgiques.

→ **Amidah, Chema, liturgie, Qedoucha, Yom Kippour.**

Chalom ✡

Le mot *chalom* signifie « paix » en hébreu. Il se retrouve dans les salutations juives telles que « *chalom alekhem* » (« que la paix soit sur vous »). Au cours du shabbat, il prend une dimension particulière puisque ce jour chômé est aussi un moment de paix – on l'appelle aussi « shabbat chalom ». Ainsi, lorsqu'un enfant ashkénaze (juifs établis ou originaires d'Europe centrale et de l'Est) vient au monde (auquel il apporte symboliquement la paix), il est d'usage que la famille et les parents se rassemblent le vendredi soir (début du shabbat) qui suit la naissance, pour apporter la « paix au nouveau-né » (« *chalom zakhar* »).

→ **Ashkénazes, salam, shabbat.**

Cham ✡

Dans le livre de la Genèse, Cham, le cadet des trois fils de Noé, est présenté comme l'ancêtre de Canaan (la Terre promise). Pour les rédacteurs de la Bible, il fallait montrer que la rivalité entre Israël et les Cananéens (qui étaient alors une population païenne constituée de différentes ethnies) remontait aux débuts de l'humanité. De fait, un jour, Noé, qui a trop bu de vin, s'endort nu dans sa tente. Il se découvre lui-même et Cham avertit ses deux frères qui aussitôt recouvrent le corps d'un manteau en reculant pour ne pas voir la nudité de leur père. Quand Noé émerge de sa torpeur, furieux, il maudit Cham (et Canaan) : « Béni soit Yahvé, le Dieu de Sem [ancêtre des Sémites], et que Canaan soit son esclave ! »

→ **Canaan, Genèse, Noé.**

Chamach ✡

À la synagogue, le chamach (« serviteur » en hébreu) est l'équivalent du bedeau de l'église chrétienne (en charge de l'entretien, de l'assistance lors des offices, etc.). Dans l'actuel État d'Israël, sa mission est considérée par tous les juifs comme importante. Attaché à de grandes synagogues, le chamach peut aussi travailler pour une communauté juive, en se chargeant par exemple de remplir des tâches administratives. Autrefois, dans les ghettos, il venait frapper aux portes des fidèles pour les appeler à l'office du matin (rôle appelé *Schulklopfer*). Le chamach est aussi le nom d'une flamme allumée au cours de la fête des Lumières (Hanoukah).

→ **Bedeau, ghetto, Hanoukah, synagogue.**

Chandeleur †

La chandeleur, ou « fête des chandelles », célèbre un rituel juif en vigueur dans l'ancien Israël. L'évangéliste Luc rapporte (2, 21-35) que Jésus, circoncis huit jours après sa naissance, est, selon la Loi de Moïse (Torah), présenté au Temple de Jérusalem comme tout premier-né. Deux tourterelles et deux colombes sont sacrifiées. Dans le Temple est présent un vieillard du nom de Syméon, qui reconnaît en Jésus le Messie et chante la grandeur future de cette « lumière des nations ». C'est pour célébrer cet événement, ou Présentation du Seigneur, que le 2 février, quarante jours après Noël, on allume des cierges bénits pendant la cérémonie.

→ **Cierge, Jésus, Noël, Seigneur.**

Chanoine †

L'origine des chanoines (du latin *canonicus*, « soumis à une règle ») remonte aux premiers temps du christianisme, lorsque les évêques, plus précisément saint Augustin (354-430), Père et docteur de l'Église, ressentirent le besoin de s'entourer de clercs pour les assister dans certaines tâches. Les chanoines séculiers, nommés par les évêques, sont des prêtres attachés au service d'un diocèse : ils forment le chapitre d'une cathédrale ou celui d'une collégiale dont ils assurent les offices. Les chanoines réguliers, qui forment un ordre, ont pour originalité de mener une vie monastique selon la règle de saint Augustin, faisant vœu de pauvreté, de chasteté et d'obéissance ; ils sont aussi mis à la disposition de paroisses et de leurs églises, se chargeant de missions pastorales (au service du peuple). Ces chanoines constituent plusieurs congrégations, comme les augustins ou les prémontrés.

→ **Augustin, clerc, collégiale, paroisse, prémontré.**

Chapelain †

Le droit canon (règles) de l'Église catholique appelle chapelains les prêtres remplissant la fonction d'aumônier (qui consiste à assurer la formation religieuse d'une collectivité). Ce terme concerne aussi les prêtres attachés à un sanctuaire, comme les chapelles renfermant des reliques de saint ou les lieux de pèlerinage.

→ **Aumônier, chapelle, pèlerin, relique, saint.**

Chapelet † ☪

Objet de dévotion constitué de grains enfilés : ces grains sont au nombre de cinq dizaines, chacun d'eux correspondant à un Ave Maria ; les dizaines sont séparées par des grains différents qui correspondent aux Notre-Père.

Au Moyen Âge, il était d'usage de couronner de roses les statues de la Vierge Marie, chaque fleur symbolisant une prière. À cette pratique se substitua celle du chapelet (petit « chapel », couronne de fleurs), peut-être parce qu'il était difficile de se procurer des roses, mais plus sûrement parce que les grains portés par un fil permettent aisément, en les faisant glisser entre les doigts, de réciter un nombre précis de prières sans avoir à compter. Cet objet servait déjà au XIIe siècle, époque à partir de laquelle il se répandit. Saint Dominique (1170-1221), fondateur des dominicains, qui portaient le chapelet à leur ceinture, en généralisa encore l'usage. Depuis 2003, la récitation de quatre chapelets forme un Rosaire (récitation de deux cents *Ave Maria*, par groupes de dix), contre trois chapelets auparavant.

Nous trouvons aussi le chapelet musulman (*soubha*), qui comprend, pour le modèle courant, quatre-vingt-dix-neuf grains. Certains comportent trente-trois grains à égrener trois fois, voire, plus rarement et pour les milieux mystiques, mille grains.

→ **Ave Maria, dominicains, Notre-Père, rosaire.**

Chapelle †

Une chapelle est un lieu de culte pourvu d'un autel, mais qui n'a pas de juridiction territoriale. On en trouve ainsi à l'intérieur d'une église, chez des particuliers ou pour des communautés comme les hôpitaux.

La tradition avance que saint Martin de Tours (vers 315-397) partagea son manteau avec un pauvre ; ce manteau, devenu une relique sacrée, accompagna longtemps les rois de France partis en campagne militaire. Ce long vêtement, ou chape (*capa* en latin), prenait place dans une tente spéciale qui fut appelée *capella*, d'où vient le mot « chapelle ».

→ **Autel, baptême, culte, Église, oratoire.**

Chapitre †

Dans l'Église catholique, le chapitre (du latin *caput*, « tête ») est la salle où se réunissent les membres d'un monastère ou d'un couvent, et désigne par extension la réunion elle-même, autour de l'abbé ou du supérieur. On y lit un passage de la règle que suit l'ordre auquel se rattache la communauté, et on y évoque les affaires courantes. Les chapitres régionaux et généraux rassemblent les instances de l'ordre. Enfin, dans chaque diocèse (province placée sous l'autorité d'un évêque), il existe un chapitre de chanoines (prêtres attachés au service d'un diocèse, et assurant les offices).

→ **Couvent, diocèse, monachisme, ordre.**

Chariah ☪

La chariah est, selon son emploi dans le Coran, le chemin, la voie indiquée par les anciens, à commencer par le Prophète Mahomet. Au IXe siècle, l'islam se dota aussi d'un ensemble de textes regroupés sous le nom de chariah, et produit par les écoles juridiques (*madhahib*). On y trouve des éléments venant du Coran, des *hadith* (paroles, actes et commentaires du Prophète) et de la *Sunna* (« voix », coutume issue du Prophète). Toutes ces dispositions ont fait l'objet de jurisprudences (*fiqh*). Rappelons que l'islam, contrairement à une opinion rencontrée parfois, n'est pas une religion d'interdits, bien au contraire. Comme toute foi, l'islam est encadré par un certain nombre de règles permettant au croyant de guider ses actions dans tous les domaines de la vie (religieux, social, traditionnel) : il s'agit essentiellement du *haram* (interdit pur et simple), du *halal* (ce qui est permis), du *fard* (ce qui est obligé), du *makrouh* (découragé) et du *moustahab* (ce qui est recommandé).

→ **Coran, hadith, halal, harram, Sunna.**

Charisme †

Selon les Actes des Apôtres, à la Pentecôte, l'Esprit saint descend sur les apôtres qui se mettent en ce jour sacré à parler toutes les langues existantes (c'est la glossolalie). Ce don est appelé un charisme (du grec *charisma*, « don »). Dans sa première épître aux Corinthiens (12, 1-11), saint Paul précise la nature des dons spirituels offerts au jour du baptême : « Il y a, certes, diversité de dons spirituels, mais c'est le même Esprit. [...] À chacun la manifestation de l'Esprit est donnée en vue du bien commun [Sagesse, science, foi, guérisons, miracles, prophète, don des langues]. Mais tout cela, c'est l'unique et même Esprit qui l'opère, distribuant ses dons à chacun en particulier comme il l'entend. » Pour Paul, la glossolalie est le dernier charisme (et le moins important), le premier étant la charité. Par extension, ce mot qualifie aujourd'hui le pouvoir, l'influence que certaines personnes ont sur leurs semblables.

→ **Actes des Apôtres, Esprit saint, glossolalie, Paul, Pentecôte.**

Charité ✡ ✝ ☪

La charité (du latin *carus*, « cher ») est l'expression de l'amour de Dieu et des hommes envers leurs prochains. Elle est donc inscrite au cœur de la foi des trois religions du Livre, qui continuent d'en appliquer le principe. En accordant à son tour les bienfaits venus de Dieu, le croyant peut espérer accéder au monde futur, à ses côtés. L'aumône est ainsi l'un des grands actes de charité.

Dans le judaïsme, la charité (*tsedaqah* en hébreu dont le sens primitif était « justice »), en tant que source matérielle servant à secourir les pauvres (argent par exemple), est un commandement qui fait partie de la catégorie plus générale des actes de bonté. La Torah (la Loi divine) contient ainsi nombre de prescriptions alimentaires ou pécuniaires, comme la dîme aux nécessiteux pendant l'année sabbatique, qui intervient tous les sept ans. On trouve aussi, dans l'ordre Zeraïm de la Michnah (la loi orale), le traité Péah relatif à la dîme que tout paysan devait verser aux pauvres. Le respect du mendiant, convaincre un autre d'être charitable, donner à plus pauvre que soi-même si l'on a reçu... tout cela fait toujours partie de la morale et de l'humanisme juifs. De même, pour le christianisme, la charité est un commandement central du ministère de Jésus, et elle figure même parmi les vertus théologales (« données par Dieu »). Elle ne s'exprime pas uniquement en argent, mais en actes, pensées, générosité, intentions... le moteur demeurant, comme pour les juifs et les musulmans, l'amour donné par Dieu et qui lui est rendu. Les évangiles rappellent cette démonstration constante de la foi : « Quiconque vous donnera [vous les disciples] à boire un verre d'eau pour ce motif que vous êtes au Christ, en vérité, je vous le dis, il ne perdra pas sa récompense », rapporte Marc (9, 41). Matthieu (25, 31-40), évoquant Jésus parlant du Jugement dernier, écrit : « Quand le Fils de l'homme viendra dans sa gloire, escorté de tous les anges, alors il prendra place sur son trône de gloire. Devant lui seront rassemblées toutes les nations [...]. Alors le Roi dira à ceux de droite [les justes] : "Venez, les bénis de mon Père [...]. J'ai eu faim et vous m'avez donné à manger, j'ai eu soif et vous m'avez donné à boire, j'étais un étranger et vous m'avez accueilli, nu et vous m'avez vêtu, malade et vous m'avez visité, prisonnier et vous êtes venus me voir. [...] En vérité je vous le dis, dans la mesure où vous l'avez fait à l'un de ces plus petits de mes frères, c'est à moi que vous l'avez fait." »

En islam, la charité est un souci constant de tout musulman, en direction de ses frères mais aussi du voyageur de passage, de l'étranger accueilli selon les lois sacrées de l'hospitalité (qualité commune aussi aux juifs et aux chrétiens). L'aumône, l'un des Cinq Piliers de l'islam, en est le grand principe. On se doit ainsi de donner toujours à manger aux plus pauvres, sous peine de ne pas dormir sur ses deux oreilles. Le Coran rappelle constamment le devoir de charité. Ainsi, dans *La Clarté du jour*, sourate 93 : « Ne t'a-t-il [Dieu] pas trouvé orphelin et il t'a procuré un refuge. Il t'a trouvé errant et il t'a guidé. Il t'a trouvé pauvre et il t'a enrichi. Quant à l'orphelin, ne le brime pas. Quant au mendiant, ne le repousse pas » (6-10). Car il faut se souvenir que Dieu a donné aux hommes *L'Abondance*, titre de la courte sourate 108 (deux versets).

→ Agape, aumône, commandement, dîme, Jugement dernier, Piliers (les Cinq).

Chartreux †

En 1084, saint Bruno (vers 1030-1101), soucieux de plonger dans les racines du monachisme, fonde un premier ermitage dans le massif de la Grande-Chartreuse, entre Chambéry et Grenoble. À sa suite, Guigues le Chartreux (1090-1137), prieur (supérieur d'un prieuré) de la Chartreuse, met en forme une règle qui tente de concilier la vie érémitique (l'état d'ermite) et la vie monastique définies par la règle bénédictine. Ainsi, la notion de communauté voit le jour. L'ordre est approuvé par le pape en 1133. Les moines (les moniales apparaissent au XIIe siècle), aidés par des convers (moines chargés des tâches matérielles et de l'organisation), mènent une existence de prière, de recueillement, de travail et de solitude, ne se retrouvant que pour les grands rendez-vous collectifs, messe et repas par exemple. Les chartreux, surmontant les épreuves de l'Histoire qui ont fait disparaître d'autres ordres, existent toujours.

→ **Bénédictins, ermite, monachisme, règle.**

Chasuble †

La chasuble, mot issu du latin *casula*, « manteau à capuchon », est un vêtement sacerdotal (qui appartient au sacerdoce, fonction du prêtre) ample, que l'on pourrait comparer à une sorte de poncho. Il n'a en effet pas de manches. Le prêtre s'en revêt pour célébrer la messe, et sa couleur varie selon le calendrier.

→ **Messe, prêtre.**

Chavouot ✡

Chavouot (ou Shavouot) est la « fête des Semaines », car, précise la Bible, elle a lieu sept semaines après la Pâque (Pessah), plus précisément le cinquantième jour, d'où son autre nom, « Pentecôte » (du mot grec qui signifie « cinquantième »). Comme plusieurs des fêtes qui jalonnent le calendrier juif, elle possède une origine agraire. C'est pourquoi elle est appelée aussi Prémices, rappelant ce temps ancien où l'on venait au Temple de Jérusalem offrir les premiers produits des moissons. Ceci explique aussi la présence de fleurs et de verdure dans les synagogues. Durant Chavouot, qui se déroule les 6 et 7 (le 6 en Israël) du mois de sivan (mai-juin), on célèbre la Loi (Torah) donnée par Dieu à Moïse sur le mont Sinaï, comme le rapporte le livre de l'Exode (19, 10-11) : « Yahvé dit à Moïse : "Va trouver le peuple et fais-le se sanctifier aujourd'hui et demain ; qu'ils lavent leurs vêtements et se tiennent prêts pour après-demain, car après-demain Yahvé descendra aux yeux de tout le peuple sur la montagne du Sinaï." » On récite le Décalogue (les Dix Paroles de Dieu), et le livre de Ruth (l'un des Cinq Rouleaux), qui fait justement référence aux moissons de l'ancien Israël. Dans l'actuel État d'Israël, la fête prend un visage particulier dans les kibboutzim (pluriel de *kibboutz*, exploitation agricole collective), où il n'est pas rare de rencontrer des paniers de fruits et de pains.

→ **Cinq Rouleaux, kibboutz, Pentecôte, prémices.**

Chehita ✡

La Chehita est littéralement l'« abattage rituel » des animaux. Les règles en sont énoncées dans les traités Houllin et Zevahim de l'ordre Qodachim de la Michnah (premiers écrits tirés de la loi orale), mais aussi dans le Talmud (prolongement de la Michnah). Considérée comme l'un des actes sacrés, la Chehita exige que l'animal soit égorgé par une lame qui, perpendiculaire au cou, sectionne la trachée-artère et l'œsophage dans un aller-retour rapide. Toute hésitation ou mauvaise position invalide la Chehita, car, pour éviter la souffrance de l'animal, cet acte, condition pour que la viande soit consommable (cacher), demande la perfection. Le chohet, l'« abatteur », doit être dûment reconnu par les autorités rabbiniques ; il vérifie au préalable l'état parfait de la lame. Le chohet prononce une bénédiction avant l'abattage, puis répand à terre le sang des animaux non domestiques et de la volaille avant de le recouvrir avec du sable ou de la poussière (pour la volaille uniquement) – pudeur devant le fait d'ôter la vie d'un être qui n'a pas dépendu de l'homme. Enfin, les viscères sont examinés soigneusement pour déceler d'éventuelles malformations, perforations et autres anomalies. La Chehita, pratique très ancienne, est aujourd'hui réalisée surtout dans des abattoirs à grande échelle.

→ **Cacher, Michnah, Qodachim, sang, Talmud.**

Cheikh ☪

Le *cheikh*, ou *chaykh*, ou *pîr* en Iran, est un homme arborant les signes d'une grande maturité, et donc susceptible de détenir la sagesse et l'expérience, autant de valeurs faisant de lui un maître. À ce titre, il peut revêtir deux autorités : celle, morale, au sein d'une communauté, par exemple celle des tribus du désert ou des campagnes, fonction existant en Arabie avant l'islam ; celle, religieuse, en raison de son grand savoir, comme dans les écoles ou au sein du soufisme (courant mystique de l'islam). Dans l'Empire ottoman, le titre de Cheikh al-Islam était donné, depuis le XVIe siècle, à un personnage hautement influent, dirigeant les muftis (juges).

→ **Mufti, soufisme.**

Cheliah tsibbour ✡

Les synagogues possèdent un « représentant de la communauté » (*cheliah tsibbour*) chargé de réciter les prières. Dans les communautés très importantes, il s'agit souvent du *hazzan* (« chantre » en hébreu), qui, rémunéré la plupart du temps, est choisi pour ses qualités de chanteur, de musicien et pour sa piété.

→ **Rabbin, synagogue.**

Chema

« Écoute [*chema* en hébreu], Israël : le Seigneur est notre Dieu, le Seigneur est Un. » C'est ainsi que débute le Chema, la grande prière de la foi juive, proclamation de l'unicité de Dieu gravée dans le cœur, de l'obéissance à ses commandements. Dans sa version originale hébraïque, il se compose de 245 mots, et trois mots ont été ajoutés pour le relier aux 248 commandements positifs de Dieu, qui correspondent aux 248 organes du corps humain. Véritable profession de foi, il est récité aux offices du matin et du soir, avant l'Amidah (autre prière importante), mais anime aussi plusieurs rendez-vous liturgiques (shabbat, Yom Kippour et autres fêtes), et toute l'existence d'un juif : de sa première enfance au dernier soupir avant la mort, où l'agonisant trouve la force d'en prononcer les phrases – les martyrs juifs, dit-on, expiraient en récitant le Chema.

Le Chema comprend trois passages de la Torah (la Loi divine). Il commence par le Deutéronome (cinquième livre de la Torah, la Loi) : d'abord la reconnaissance du monothéisme et de l'omnipotence de Dieu (6, 4-9). Puis l'obéissance aux commandements, garante de vie et de bonheur, tandis que l'impiété est source de châtiment (11, 13-21) : « Ces paroles que je vous dis, mettez-les dans votre cœur et dans votre âme, attachez-les à votre main comme un signe, à votre front comme un bandeau [à l'aide des *teffilin*, phylactères]. » « Tu les écriras sur les poteaux de ta maison et sur tes portes [à l'aide des *mezouzot*, petits étuis], afin d'avoir de nombreux jours, vous et vos fils, sur la terre que Yahvé a juré à vos pères de leur donner, aussi longtemps que les cieux demeureront au-dessus de la terre. »

Le dernier passage, le livre des Nombres (15, 37-41), énonce que les juifs doivent « se faire des houppes aux pans de leurs vêtements et mettre un fil de pourpre bleue à la houppe du pan ». C'est le *tsitsit* (vêtement à franges), qui rappelle « tous les commandements » à mettre en pratique pour être consacré à Dieu. Car c'est Dieu qui a fait sortir son peuple (les Hébreux) d'Égypte.

→ **Amidah, Deutéronome, mitsvot, shabbat, Yom Kippour.**

Chemini Atseret

Chemini Atseret (« huitième de l'assemblée solennelle ») est célébré le 22 du mois de tichri, c'est-à-dire le huitième jour de Soukkot, appelé aussi fête des Tabernacles (ou des Tentes, pour rappeler les habitations des

Hébreux durant l'Exode). Cependant, elle est souvent une fête à part entière et non la clôture (Atseret) de cette dernière. Elle répond à la prescription du Lévitique (reprise en écho dans le livre de l'Exode) : « Pendant sept jours vous offrirez un mets à Yahvé. Le huitième jour il y aura pour vous une sainte assemblée, vous offrirez un mets à Yahvé. C'est jour de réunion, vous ne ferez aucune œuvre servile » (23, 36). On y récite l'Amidah (prière) et le Qiddouch, mais aussi une prière pour la pluie et une autre à la mémoire des morts (Yizkor). En Israël, Chemini Atseret coïncide avec Simhat Torah : cette fête de réjouissance correspond à la fin du cycle annuel de la lecture de la Torah, lequel repart alors pour une nouvelle année. En diaspora (communautés juives en dehors d'Israël), elle est indépendante et a lieu le lendemain, le 23 Tichri.

→ **Amidah, Exode, Qiddouch, Simhat Torah, Soukkot.**

Chérif et chérifat ☪

Le mot francisé « chérif » (de l'arabe *sharif*) s'appliquait aux temps anciens à quelqu'un possédant « noblesse » et « gloire » héritées de son ascendance prestigieuse, qualités qui lui permettaient d'occuper des positions sociales élevées. De ce fait, il fut aussi donné, dans l'islam, à Fatima, l'épouse d'Ali, à leurs fils Hassan et Hussein et à leur descendance, et donc à celle de Mahomet. Les chérifs, aux origines véritables ou non, se comptent ainsi par milliers dans le monde musulman. Mais le système du chérifat est un rouage étatique important. Les Hachémites, la tribu du Prophète, se réclament toujours chérifs. En effet, à La Mecque, les chérifs hachémites régnèrent du Xe siècle jusqu'à la conquête wahhabite, à partir de 1924, qui devait aboutir en 1932 à la création du royaume d'Arabie Saoudite par le wahhabite Ibn Séoud. Abdallah, fils du dernier chérif de La Mecque, Hussein ibn Ali, qui s'était illustré durant la Première Guerre mondiale au côté du colonel Lawrence (d'Arabie), fut placé à la tête du nouveau (et actuel) royaume de Jordanie. Il faut signaler qu'au Proche-Orient, durant ce conflit, les Britanniques, relayés par les Français, firent preuve d'une duplicité dont les effets sont encore très sensibles au Proche-Orient, promettant la souveraineté aux Arabes, et aux juifs la création d'un foyer juif (déclaration Balfour, 1917), le tout sans concertation entre les deux parties. Ils ne purent en revanche décider, malgré la volonté française, du sort du Maroc, où le chérifat est institué depuis la fin du XIIIe siècle.

→ **Ali, Alides, Hachémites, Mahomet, wahhabites et wahhabisme.**

Chérubin ✡ †

Ce mot français vient de l'hébreu *keroubim*, issu de *karibou* (« bénir ») qui, en langue akkadienne de Mésopotamie (Assyrie et Babylone), désignait des divinités secondaires, sortes de sphinx chargés de garder les temples et de faire le lien entre les dieux importants et les hommes. Ce rôle se retrouve dans la Bible, où les chérubins, êtres célestes, sont présents dès la Création : « Il bannit l'homme et il posta devant le jardin d'Éden les chérubins et la flamme du glaive fulgurant pour garder le chemin de l'arbre de vie » (Gn 3, 24). On les retrouve aussi dans la description que le livre de l'Exode fait de l'arche d'Alliance, où leurs ailes couvrent une plaque d'or ; plus tard, sous le roi Salomon (vers 970-931 av. J.-C.), quand l'arche réside au sein même du Temple, la maison de Dieu à Jérusalem, ils sont encore présents (1R 8, 7). L'une de leurs plus somptueuses évocations est due au prophète Ézéchiel qui, en 593 avant notre ère, depuis l'exil, dans la vision au cours de laquelle il reçoit sa vocation (chapitre 1), contemple des êtres de feu à quatre faces (les chérubins) et le char de Yahvé (Dieu) – saint Jean reprendra cette image dans l'Apocalypse (4, 6-9). Plus loin, il voit (chapitre 10) la gloire de Yahvé quitter sa demeure de Jérusalem ; les chérubins ont « quatre faces et chacun quatre ailes, avec des formes de mains humaines sous leurs ailes ». Enfin, dans sa description d'une Jérusalem et d'un Temple idéaux, il écrit (41, 18) : « On avait aménagé un espace pour y faire des chérubins et des palmiers, un palmier entre deux chérubins ; chaque chérubin avait deux faces : une face d'homme vers le palmier d'un côté, et une face de lion vers le palmier de l'autre côté, sur tout le Temple, tout autour. »

→ **Ange, Éden, Exode, Ézéchiel, Genèse, Gloire de Dieu.**

Chevat ✡

Chevat (janvier-février) est le cinquième mois du calendrier religieux et le onzième mois du calendrier civil. Le Deutéronome (cinquième livre du Pentateuque) aurait été lu par Moïse le 1er du mois de chevat : « Ce fut la quarantième année, le premier jour du onzième mois, que Moïse parla aux Israélites selon tout ce que Yahvé lui avait ordonné à leur sujet. » (1, 3). Mais c'est surtout le Nouvel An des arbres, Tou bi-Chevat, qui se distingue parmi ces trente jours.

→ **Deutéronome, Moïse, Tou bi-Chevat.**

Chiisme ☪

Le chiisme, certes très minoritaire par rapport au sunnisme (90 %), n'en demeure pas moins une famille fondamentale et importante de l'islam, puisqu'il puise son origine (en Iran) et son identité au temps du Prophète Mahomet lui-même (VIIe siècle). Il est en effet lié à Ali, cousin et gendre de Mahomet : opposé aux premiers califes, le chiisme ne reconnaît que les descendants de ce dernier, ses partisans se réunissant autour du *chi'at Ali*, le « parti d'Ali ».

Comme le sunnisme, le chiisme reconnaît la révélation du Coran (qui fait entrer les musulmans dans la « communauté du Livre », Ahl al-Kitab), l'unicité de Dieu et Mahomet comme Prophète de Dieu. Les chiites célèbrent Ali comme le quatrième des califes « bien guidés », et ses fils martyrs, Hassan et Hussein. Refusant les autres califats, reconnus et parvenus au pouvoir sous la dynastie iranienne des Bouyides (932-1062), ils furent ensuite persécutés, avant de resurgir au grand jour sous les Séfévides (1501-1732), qui instituèrent en Iran le chiisme duodécimain comme religion d'État. Prépondérant dans l'Iran d'aujourd'hui, le chiisme est représenté aussi par des foyers au Liban, en Syrie, et en Irak où se trouvent deux lieux saints : Kerbala (tombeau d'Hussein) et Nadjaf (tombeau d'Ali).

Le chiisme trouve son essence dans la foi aux douze imams ou guides (sens du mot « duodécimains », ou imamites) – par extension, il s'applique à ceux qui se réclament de cette ascendance (Ismaéliens et Druzes par exemple). Le douzième imam historique, Mohamed Gawan, « caché » (c'est-à-dire « occulté ») au IXe siècle, doit revenir à la fin des temps ; c'est le Mahdi (qui doit revenir avec le Messie, Jésus). La hiérarchie chiite diffère du sunnisme par l'autorité supérieure conférée aux imams, descendants du Prophète, qui peuvent être mollah (« maître ») et surtout ayatollah (« signe de Dieu »). Sur le plan du droit, les chiites suivent la chariah, établie sur le Coran et les *hadith*, mais selon leur propre école juridique (jafarite).

→ **Ali, calife et califat, duodécimain, Kerbala, Mahomet, sunnisme.**

Chofar ✡

Instrument à vent utilisé par les rabbins lors de certaines cérémonies.

Pour le Talmud (prolongement de la Michnah, version écrite de la loi orale), la sonnerie du chofar (ou schofar, « corne de bélier ») évoque le bélier qu'Abraham, au cours de la Aqédah (sacrifice), substitue à son fils Isaac :

« Abraham leva les yeux et vit un bélier, qui s'était pris par les cornes dans un buisson, et Abraham alla prendre le bélier et l'offrit en holocauste à la place de son fils », rapporte le livre de la Genèse (22, 13). Cet instrument intervient à plusieurs reprises dans les récits bibliques, notamment pour annoncer l'année du Jubilé dans le Lévitique (25, 9). Le chofar est confectionné en priorité à partir d'une corne de bélier, et parfois d'une corne d'un autre animal au « sabot fourchu, fendu en deux ongles, et qui rumine [mouton, bouc, cerf...] », comme le stipule le Deutéronome (14, 6), mais le bœuf, que l'on peut manger, est exclu car il rappellerait l'épisode impie du Veau d'or. Le chofar exprime différents états : le repentir, la puissance divine, la pénitence, l'espérance ou encore le pardon. Il intervient surtout à Rosh ha-Shanah (Nouvel An juif), où les sons sont très codifiés, mais aussi au Yom Kippour (ou « Grand Pardon »).

→ **Aqédah, Rosh ha-Shanah, shabbat, Veau d'or, Yom Kippour.**

Choral †

Le choral est, comme l'indique son étymologie latine (*chorus*, « chœur »), un chant religieux polyphonique (à plusieurs voix) dont le texte est composé dans la langue du pays. L'initiative en revient à Martin Luther (1483-1546), promoteur de la Réforme protestante, qui voulut ainsi introduire la musique dans la liturgie afin de mieux servir les fidèles. Jusque-là, on ne disposait que du chant grégorien (en latin), d'interprétation et de compréhension difficiles. Le choral fut repris par Calvin, et plus tard par la liturgie catholique. D'illustres musiciens se sont illustrés dans l'art du choral, mais le maître reste sans aucun doute Jean-Sébastien Bach (1685-1750), au travers de ses cantates, par exemple.

→ **Cantate, catholique, grégorien, protestant, Réforme.**

Chou'aïb ☪

Dans le Coran, Chou'aïb est, comme Houd et Çalih, un prophète arabe précédant Mahomet. Dans la sourate *al-Araf* (7, 85-93), il est envoyé par Dieu au pays de Madiân (Nord de l'Arabie), cette région où Moïse trouva refuge et se maria – ce qui a laissé supposer que Chou'aïb pourrait être Jethro, beau-père de Moïse. Mais les chefs lui disent : « Nous te chasserons de notre cité, ô Chou'aïb ! Toi et ceux qui ont cru en même temps que toi, à moins que vous ne reveniez à notre religion. » Le lendemain, tous sont frappés par

Dieu, et « ceux qui avaient traité Chou'aïb de menteur disparurent comme s'ils n'avaient jamais existé ». En revanche, le Seigneur étant « miséricordieux et aimant », il sauve « ceux qui avaient cru » (*Houd*, 11, 84-95). Dans *Les Poètes*, le Prophète condense le sens de sa mission, où l'on reconnaît les qualités du musulman : « Ne craindrez-vous pas Dieu ? Je suis pour vous un prophète digne de foi. Craignez Dieu et obéissez-moi. [...] Utilisez des mesures exactes ; ne soyez pas au nombre de ceux qui trichent. Pesez avec une balance juste, ne causez pas de tort aux hommes dans ce qui leur appartient ; ne soyez pas malfaisants sur la terre, en la corrompant » (26, 177-184).

→ **Houd, sourate.**

Chrême †

Le saint chrême est, chez les catholiques et les orthodoxes, une huile (*khrisma* en grec) consacrée. Il est utilisé pour trois sacrements, baptême, confirmation et ordre (ordination), qui sont marqués par les dons de l'Esprit saint (symbolisés par le parfum). Il est aussi employé pour la consécration d'une église ou d'un autel.

Dans l'Antiquité, l'huile parfumée, que l'on appliquait par onction, était répandue. Dans le judaïsme et le christianisme, elle a valeur de symbole : Dieu transmet sa puissance et sa bénédiction, en même temps que le parfum exprime la joie d'être ainsi investi.

→ **Baptême, bénédiction, Esprit saint, huile sainte, onction.**

Christ †

Le mot Christ n'est pas, comme on le pense parfois, Jésus sur la croix. Ce mot vient du grec *christos*, « oint », qui traduit l'hébreu *mashiah*, transcris en français par « Messie », le sauveur d'Israël. Il fut donné à Jésus peu après sa mort, par les premières communautés réunies autour de son enseignement. Dans les Actes des Apôtres (11, 26) du Nouveau Testament, on trouve ainsi celle d'Antioche, « où les disciples reçurent le nom de chrétiens », donc adeptes du Christ. Cette appellation, apparue autour de l'an 50 de notre ère, signe la naissance du christianisme.

Le Christ, dont l'ennemi juré est précisément l'Antéchrist, est aussi la représentation de Jésus sur la croix (crucifix). Enfin, la christologie est l'étude de la personne et du message de Jésus.

→ **Christianisme, crucifixion, disciple, Jésus, Messie.**

Christianisme ✡ † ☪

Le nom de chrétiens est donné, dans les Actes des Apôtres, aux « disciples du Christ Jésus » de la communauté d'Antioche. Se réclamant du message de Jésus, ou Évangile (contenu dans les ouvrages du même nom retenus plus tard par le canon de l'Église), les premiers chrétiens partent répandre la nouvelle foi, d'abord auprès des juifs, leur religion d'origine, puis en direction des païens. Bientôt, ils se démarquent du judaïsme par la suppression progressive de la pratique de la Torah (coeur de la foi juive), puis le christianisme élabore les fondements de son credo, notamment la Trinité (Père, Fils et Esprit saint), lors des premiers conciles. Après vingt siècles d'une histoire mouvementée, le christianisme se répartit entre trois familles principales : les catholiques, les orthodoxes (séparés des premiers depuis 1054) et une troisième famille formée des Églises issues de la Réforme protestante (XVIe siècle).

Le judaïsme, auquel appartenait Jésus, se distingue du christianisme sur des points fondamentaux : Dieu étant unique, il ne peut y avoir de Trinité ; Dieu ne peut avoir de Fils. Pour les juifs, on atteint le salut par ses efforts et la fidélité aux préceptes du judaïsme ; pour le christianisme, le salut est donné par la foi au Christ, Fils de Dieu. Pour le judaïsme, l'Alliance conclue par Dieu avec Moïse est éternelle ; pour le christianisme, elle a été renouvelée dans la mort et la résurrection de Jésus.

Pour l'islam, Jésus est un grand prophète, mais l'Évangile ne fut qu'une étape dans le dessein de Dieu, qui confia à Mahomet, son messager (*rassoul*), le soin de parachever la Révélation. L'unicité de Dieu étant absolue, la religion musulmane réfute la Trinité et la divinité de Jésus. En revanche, Marie, qui fait l'objet d'une sourate dans le Coran, est une sainte majeure, certains théologiens la qualifiant de prophétesse ; elle ne peut cependant pas être la mère de Dieu.

→ Actes des Apôtres, Alliance, Christ, Évangile, prophète, Trinité.

Chroniques, livre des ✡

Cet ouvrage, rangé parmi les livres historiques de la Bible, comprend deux parties (depuis la traduction grecque de la Septante, IIIe-IIe siècle av. J.-C.). La première débute par une longue généalogie, depuis Adam jusqu'à la naissance d'Israël ; l'histoire court ensuite jusqu'au règne du roi David (1010-970 av. J-C.). La seconde commence par le roi Salomon et s'achève avec l'exil (597-587) et avec l'édit du roi perse Cyrus qui permet aux Israélites de retrouver leur terre (538). La dimension historique des Chroniques est différente de celle des livres des Rois et de Samuel. Ce qui importe ici à l'auteur (anonyme), c'est de focaliser l'attention sur la Loi et le Temple de Jérusalem. Il rapporte ce qui a été fait ou non en faveur du Temple, louant les rois comme David (qui en a jeté les principes), Salomon (qui l'a édifié), ainsi que Josaphat (870-848), Ézéchias (716-687) et surtout Josias (640-609), connus pour leurs tentatives de réforme religieuse. D'autres, comme Sédécias (597-587), font « ce qui déplaît à Yahvé ». La dimension religieuse l'emporte donc sur les faits. Cet ouvrage fut en effet composé à la fin du IIIe siècle av. J.-C. : les Perses, qui avaient permis le retour de l'exil, ont alors laissé place aux Grecs ; la royauté n'existant plus, le Temple et la Loi sont le cœur d'Israël. Cela explique aussi certains anachronismes, telle la présence de lévites à l'époque de David.

→ **David, Israël, Salomon, Septante, Temple.**

Cierge †

Le cierge est une chandelle longue et effilée, pourvue d'une mèche entourée de cire (*cera* en latin, d'où son nom). Dans la symbolique antique, la lumière représentait l'autorité supérieure, humaine ou divine ; ainsi, dans le Temple de Jérusalem, la menorah (le chandelier à sept branches) signifiait la Sagesse de Dieu et le don de la Torah ; le judaïsme, qui utilise toujours cet objet, fête encore les Lumières (Hanoukah).
La lueur de la bougie ou toute forme de lumière née d'une flamme symbolise depuis les premiers siècles du christianisme celle de Jésus-Christ. Le cierge est utilisé à de nombreuses occasions dans les églises : messe, prière particulière, dévotion à un saint, autel où il brûle en permanence, chapelle… À Pâques, le cierge pascal, qui se distingue notamment par sa grande taille et l'inscription « alpha et oméga », symbolise la présence et la lumière, hautement importantes en ce jour, de Jésus-Christ.

→ **Alpha et oméga, autel, chapelle, Hanoukah, menorah, Pâques.**

Cinq Rouleaux ✡

Les Cinq Rouleaux (*megillot* en hébreu, pluriel de *megillah*) désignent cinq des livres de la Bible hébraïque, qui en comprend vingt-quatre en tout, lus à la synagogue lors des fêtes. Dans l'ordre du calendrier liturgique, nous trouvons le Cantique des cantiques (Pessah), le livre de Ruth (Chavouot), les Lamentations de Jérémie (neuvième jour de av), Cohélet (Soukkot), et le livre d'Esther (Pourim).

→ **Av, Chavouot, Jérémie, Pourim, Pessah, Soukkot.**

Circoncision ✡☪

Rite juif s'appliquant aux jeunes garçons, et au cours duquel le prépuce de l'enfant âgé de huit jours, est enlevé par le *mohel* (le « circonciseur »), en présence d'un *minyan* (nombre requis de participants). La présence d'Élie est symbolisée par le fauteuil de ce prophète où prend place le parrain (*sandak*) qui porte l'enfant sur ses genoux pendant cet acte. Cette opération marque l'appartenance d'un jeune garçon au peuple de Dieu, dit de l'Alliance, et plus précisément aux descendants du patriarche Abraham, qui circoncit ses fils, Ismaël (islam) et Isaac (judaïsme). L'opération même se dit d'ailleurs *berit milah* en hébreu (« alliance de la circoncision »).
La circoncision, commune à de nombreux peuples, se perd dans la nuit des temps. Est-ce un acte d'hygiène ? Un rite initiatique ? Le mystère demeure. Mais le judaïsme et l'islam en ont fait un acte majeur. Le livre de la Genèse annonce : (17, 9-14) : « Dieu dit à Abraham : Et toi, tu observeras mon alliance, toi et ta race après toi, de génération en génération [...] que tous vos mâles soient circoncis. [...] Qu'il soit né dans la maison ou acheté à prix d'argent à quelque étranger qui n'est pas de ta race, on devra circoncire celui qui est né dans la maison et celui qui est acheté à prix d'argent. Mon alliance sera marquée dans votre chair comme une alliance perpétuelle. L'incirconcis, le mâle dont on n'aura pas coupé la chair du prépuce, cette vie-là sera retranchée de sa parenté : il a violé mon alliance. » On notera deux prolongements de la circoncision. D'abord le *orlah* (« non circoncis »), titre d'un traité de l'ordre Zéraïm de la Michnah (première version écrite de la loi orale), où sont décrites les règles entourant l'interdiction de profiter des fruits d'un arbre pendant ses trois premières années. Ensuite, la circoncision du cœur, symbolique dans la Bible. Les premiers chrétiens étaient juifs et donc circoncis. La question de la circoncision des chrétiens d'origine païenne se posa très vite, en même temps que la pratique d'autres exigences de la Torah, notamment alimentaires. Les judéo-chrétiens voulaient ainsi imposer la circoncision à tous, tandis que Paul (« l'apôtre des

païens ») refusa. Le Concile de Jérusalem ne l'exigea pas des païens et la circoncision ne fut plus pratiquée dans l'Église, car la foi au Christ Jésus donne le salut et non la pratique de la Torah.
En islam, la circoncision (*khitan* en arabe, « purification ») intervient chez l'enfant dès la naissance et jusqu'à un âge tardif, et fait l'objet d'une fête. Mais elle ne figure pas parmi les règles canoniques, et le Coran n'en fait pas mention. En revanche, elle est fortement conseillée par les Madhahib, les écoles juridiques de la chariah, la loi islamique.
Enfin, si la circoncision est une pratique admise, il n'en va pas de même de son équivalent féminin, l'excision.

→ **Abraham, Alliance, excision, judéo-chrétien, minyan, Zeraïm.**

Circumambulation ✡ ☪

La pratique consistant à tourner autour d'un lieu, d'un objet ou d'un édifice sacré est une constante des pèlerinages orientaux et extrêmes-orientaux, depuis la Perse antique jusqu'en Inde et au Tibet, et chez les peuples sémitiques. Ce rite a ainsi perduré dans le judaïsme au travers des *haqqafot*, « tournées » autour de la tribune (*bimah*) de la synagogue ; on peut y voir un épisode de la Bible où des prêtres font sept fois le tour de la ville de Jéricho, qui finit par s'écrouler. Le sept, chiffre exprimant un tout, comme la Création, se retrouve aussi en islam, dans le *tawaf* : les pèlerins font sept fois, et de gauche à droite, le tour de la Kaaba, la Pierre noire de La Mecque, au cours du Hadjj (pèlerinage). Le Coran le rappelle : « Purifiez ma Maison pour ceux qui accomplissent les circuits » (*La Vache*, 2, 125). De fait, le *tawaf* reprend un rite qui existait avant l'islam et que Mahomet fut chargé de restaurer, non plus dans une perspective polythéiste mais avec un fondement monothéiste.

→ **Hadjj, haqqafot, Kaaba, Mecque (La), synagogue.**

Cisterciens †

En 1098, un Champenois du nom de Robert (1024-1110) est abbé à Molesmes (Côte-d'Or), l'abbaye bénédictine qu'il a fondée. Constatant que cette abbaye, bénéficiant d'une certaine prospérité, s'est éloignée du fondement de la règle de saint Benoît (pauvreté, chasteté, obéissance, travail, solitude), il fonde une petite communauté de quelques moines à Cîteaux, au sud de Molesmes, avec pour principe un retour à la stricte observance de la règle. Ainsi se constitue l'ordre des Cisterciens, marqué par l'austérité et la contemplation. Cet ordre religieux connaît un grand essor, avec Cîteaux pour centre, notamment sous l'impulsion de l'abbé Bernard de Fontaine (1090-1153), de l'abbaye de Clairvaux, fondée en 1115 et « fille » de Cîteaux. Mais l'austérité de l'ordre périclite au cours des siècles. Il est réformé par l'abbé de Rancé (1626-1700) à l'abbaye de La Trappe, d'où le nom de trappistes donné aux cisterciens de la stricte observance.

Les cisterciens sont aujourd'hui répartis en ordre de la commune observance (issu de Cîteaux) et ordre de la stricte observance (trappistes).

→ **Abbaye, bénédictins, Contre-Réforme, ordre, règle, trappistes.**

Clarisses †

L'ordre monastique des clarisses fut inauguré en 1212 par Claire di Offreduccio, dite sainte Claire d'Assise (1194-1253). Cette jeune femme fut convertie par le message de saint François d'Assise (1181 ou 1182-1226), fondateur des franciscains, dont les clarisses sont le pendant féminin.

→ **Franciscains, ordre.**

Clerc †

Toute communauté a besoin d'une autorité, plus ou moins affirmée, pour édicter et faire respecter les règles et principes qui en assurent l'originalité et le fonctionnement. Ce principe est également valable en matière de religion où la dimension spirituelle se conjugue, pour certaines croyances, à une dimension hiérarchique. On désigne alors par « clercs » les personnes qui s'engagent à en transmettre l'« héritage » (*kleros* en grec). Il en va ainsi des religions du Livre, et surtout du christianisme où la notion de clergé concerne ceux qui appartiennent à la hiérarchie (évêques, prêtres, diacres). Les laïcs, tout en étant acteurs de leur religion, ne sont pas clercs.

→ **Curé, curie, diacre, laïc, évêque, prêtre.**

Cloche †

Les cloches des églises remplissent un rôle important, au point que, depuis le VIIIe siècle, on leur attribue un nom et on les baptise par aspersion et consécration avec du saint chrême. Elles annoncent en effet l'appel à la prière pour les grandes cérémonies : messe, baptême, mariage... L'idée en reviendrait à saint Paulin de Nole (Ve siècle). Citons le carillon, apparu en Occident au Moyen Âge, composé de trois à huit cloches ; le glas, au tintement lent et grave, se fait entendre lors des enterrements, tandis que le tocsin, à la sonnerie répétée et prolongée, annonce la guerre ou signale un incendie. L'angélus, quant à lui, est sonné matin, midi et soir ; il invite les fidèles à réciter la salutation de l'ange (*angelus* en latin) à Marie : « Je vous salue Marie. »

→ **Baptême, consécration, Église, messe, prière.**

Cloître †

En Occident, le cloître, dont on a trouvé la préfiguration en Syrie (Ve siècle), est l'élément d'architecture au cœur de la vie monastique. Il consiste en un espace (jardin ou cour) entouré d'une galerie couverte, laquelle dessert les autres parties du bâtiment (monastère ou couvent). Il est réservé aux membres de la communauté, qui s'y promènent, méditent, circulent en lisant des écrits saints... Car il est avant tout l'expression de l'existence choisie par les moines et certains religieux : la clôture (*claustrum* en latin, d'où vient cloître), inscrite dans les règles les plus anciennes. C'est ainsi la barrière, matérielle ou symbolique, qui sépare du monde. Chez les orthodoxes, le cloître est absent, mais la clôture tout aussi essentielle.

→ **Abbaye, anachorète, cénobite, monachisme, orthodoxe.**

Codex †

Dans le judaïsme ancien (mais aussi actuel, avec le Sefer Torah par exemple), ainsi qu'aux premiers siècles du christianisme, des scribes étaient chargés de copier les textes en général, sacrés en particulier, d'abord sur des feuilles de papyrus, puis sur des parchemins (peau d'animal) assemblés pour former des rouleaux (*volumen* en latin, d'où vient « volume »). Nous disposons ainsi de textes de la Torah (Pentateuque c'est-à-dire les « Cinq Rouleaux »), du reste de la Bible, du Nouveau Testament.

Avant l'apparition et la diffusion de l'imprimerie en Europe, au XVe siècle, ces écrits saints continuèrent d'être recopiés, travail assuré essentiellement par des moines. Au début du Moyen Âge fut repris le principe des Romains qui reliaient des tablettes de bois marquées d'un texte pour former un codex

(« tronc d'arbre » en latin, mais aussi « tablette »). Ainsi naquit l'ancêtre de notre livre, pages assemblées par une reliure de cuir incrustée parfois de métaux précieux. De splendides codex sont conservés au Vatican.

→ **Monachisme, Romains, scribe, Sefer Torah.**

Cohen ✡

Le nom de famille « Cohen », tout comme ses dérivés Kahn ou Kagan, signifie « prêtre » en hébreu. Le livre de l'Exode énonce ainsi : « Je [Dieu] vous [les Hébreux] tiendrai pour un royaume de prêtres, une nation sainte » (19, 6). Tout juif, descendant d'Aaron, frère de Moïse et premier grand prêtre, est ainsi considéré comme un prêtre. Mais le *cohen* d'une synagogue est le prêtre attitré, assisté du lévite.

→ **Aaron, Exode, Moïse, prêtre, synagogue.**

Collège †

Les Romains désignaient par *collegium* toute corporation ou association, artisans ou prêtres par exemple. L'Église a repris ce terme pour l'appliquer à sa propre organisation. À l'origine, nous trouvons le collège apostolique, c'est-à-dire des apôtres, dont les successeurs (catholiques, orthodoxes, anglicans) sont les évêques. Dans l'Église catholique, ces derniers forment avec le pape, premier d'entre eux, le collège épiscopal, qui a remplacé sans discontinuer celui des apôtres et dont la mission est de garantir la cohésion, d'enseigner et d'entretenir la foi, d'organiser la vie spirituelle. On parle ainsi de collégialité dans l'Église, principe qui trouve aussi son expression dans les conciles et les synodes (assemblées), les conférences épiscopales, ainsi que dans le collège formé par les cardinaux, le Sacré Collège. On parle également de collège à propos de chanoines d'une collégiale.

→ **Collégiale, concile, conférence épiscopale, Sacré Collège, synode.**

Collégiale †

Dans l'Église catholique, les chanoines (prêtres attachés au service d'un diocèse) assistent l'évêque, dont le siège est une église dite cathédrale. Ils forment ainsi un chapitre, ou collège. Mais ils peuvent aussi se charger d'une église qui n'est pas une cathédrale : celle-ci prend alors le nom de collégiale.

→ **Cathédrale, chanoine, chapitre, collège, évêque.**

Colossiens, épître aux †

Parmi les épîtres de saint Paul contenues dans le Nouveau Testament, celle qu'il écrit vers 61 à 63 aux Colossiens, habitants de Colosses (Asie Mineure), répond au souci de préserver cette communauté chrétienne en proie à une crise interne. Il y rappelle la primauté du Christ, la foi qu'il faut placer en lui, seul vrai chef des hommes, des anges et de l'Église... Aux tentations de l'ancienne idolâtrie, il faut répondre par la conduite découlant de l'attachement à la vie nouvelle que rend possible le Christ.

→ **Épîtres, foi, idole, salut, Testament.**

Commandement ✡ † ☪

Dieu, dont l'amour est incommensurable, est exigeant. C'est pourquoi, au travers des trois Livres sacrés (Bible et surtout Torah, Nouveau Testament, Coran), Dieu a édicté un certain nombre de commandements (*mistvot* en hébreu, *amr* en arabe), destinés à fixer les relations que les hommes doivent entretenir avec lui et entre eux. Le Décalogue (les « Dix Paroles »), à la dimension morale et religieuse, en est l'illustration la plus concise – et la plus célèbre. L'Église catholique, pour sa part, a produit ses propres commandements (respect des fêtes, dont Pâques, du dimanche, des jeûnes et du carême, confession des péchés...).

→ **Amr, confession, Décalogue, jeûne, mitsvot.**

Commende †

En 1516, le roi François Ier institua le régime de la commende (du latin *commendare*, « confier ») en signant un concordat avec le pape Léon X. Cette décision ne fit qu'officialiser une pratique existant depuis le Ve siècle. Il était en effet habituel d'attribuer provisoirement des abbayes, des évêchés ou des paroisses à des clercs, le temps de trouver un successeur. Puis, ces commendataires perçurent les bénéfices, parfois considérables, de cette charge. De sorte qu'au Moyen Âge, la commende devint un moyen employé par les rois pour récompenser des clercs et même des laïcs. Cependant, les commendataires n'assuraient pas forcément leurs responsabilités, se contentant de toucher l'argent qu'elles généraient. Ainsi, à partir de 1516, nommés par le roi et non plus élus par les communautés, comme l'abbé d'une abbaye, ils portèrent préjudice à de nombreux établissements religieux privés d'une grande part de leurs subsides. La commende fut abolie par la Révolution française.

→ **Abbaye, clerc, concordat, laïc, paroisse.**

Communion †

La communion est la réunion de personnes partageant une même foi, et par conséquent qui se regroupent en une communauté (*communio* en latin). On peut donc dire que les fidèles de chaque religion du Livre communient en partageant la foi juive, chrétienne ou musulmane. Ils forment ainsi la communion des juifs, celle des chrétiens, et celle des musulmans. L'exclusion d'un membre (ou d'un groupe) d'une communauté est appelée excommunication. Pour le christianisme, la communion eucharistique, du corps et du sang de Jésus, est le signe de l'unité des chrétiens, donc de la parfaite communion des membres d'une Église. C'est pourquoi « l'intercommunion », ou communion des membres des Églises séparées (catholique, orthodoxe...), est interdite.

L'expression « première communion », quant à elle, concerne les enfants recevant l'eucharistie pour la première fois. Quant à la « communion solennelle », qui est célébrée vers l'âge de douze ans, elle est appelée aujourd'hui communément « profession de foi ». Enfin, la communion des saints exprime la communion des vivants et des morts pour tous ceux qui, en tant qu'enfants de Dieu, forment un seul corps spirituel dans leur union au Christ.

→ **Christianisme, eucharistie, foi, Notre-Père, sacrement, salut.**

Complies †

Les complies sont des prières qui marquent l'achèvement (*complementum* en latin) du jour. C'est donc l'office du coucher du soleil dans le livre des heures.

→ **Heures, office, laudes, vêpres.**

Concile †

Le concile (du latin *concilium*, « assemblée ») remonte à l'époque des apôtres : en 48 ou 49, ces derniers, dont saint Pierre et saint Paul, se retrouvent à Jérusalem pour décider s'il faut accepter les rites juifs dans

l'Église naissante. Depuis, le concile (version latine de « synode », mot issu du grec) est une institution essentielle de l'Église. Il s'agit de la convocation d'évêques (successeurs des apôtres) afin de débattre de questions importantes. Il est aujourd'hui d'usage de désigner par ce mot les assemblées les plus déterminantes, c'est-à-dire celles dites « œcuméniques » (universelles), qui réunissent les évêques du monde entier convoqués par le pape.
Ces conciles ont eu lieu à des époques et dans des circonstances délicates, c'est pourquoi y furent prises des décisions capitales concernant le dogme, comme la divinité de Jésus, la liturgie ou la lutte contre les hérésies, mais aussi pour s'adapter aux évolutions de la foi et asseoir de nouvelles communautés chrétiennes. L'Église catholique en retient vingt et un, de Nicée I (325) à Vatican II (1962-1965). Les orthodoxes ne reconnaissent que les sept premiers, jusqu'à Nicée II (787). Les anglicans et certains protestants (luthériens) ne valident quant à eux que les quatre premiers, Nicée I, Constantinople I (381), Éphèse (431) et Chalcédoine (451), car ces conciles concentrent l'essentiel de la christologie.
Les conciles furent d'abord convoqués par les porte-drapeau du monde chrétien : les empereurs romains jusqu'à Théodose Ier (Constantinople I), puis les empereurs d'Orient jusqu'à Basile Ier (Constantinople IV, 869-870). En revanche, les suivants sont à l'initiative des papes, qui avaient déjà revendiqué la présidence en tant que successeurs de saint Pierre : malgré des tentatives de rapprochement avec les orthodoxes, ils portèrent essentiellement sur les questions touchant l'Occident et les catholiques. On en distingue trois étapes : les conciles du Moyen Âge, du Latran I (1123) à Vienne (1311-1312), les conciles de la Renaissance, de Constance (1414-1418) à Latran V (1512-1517), les conciles dits modernes, de Trente (ou Contre-Réforme, 1545-1563) à Vatican II. Ce dernier, appelé aussi Aggiornamento (mise à jour), a représenté une grande ouverture vers la modernité (rôle des laïcs par exemple), l'œcuménisme (tentatives de rapprochement avec les autres Églises chrétiennes) et le dialogue avec les autres religions. Dès le XVe siècle, un mouvement, le conciliarisme, a tenté d'accorder une plus grande autorité aux conciles œcuméniques qu'au pape, mais celui-ci, depuis Vatican I, est reconnu investi de l'infaillibilité. Le concile reste néanmoins déterminant car il exige l'unanimité presque totale en matière de décision.

→ **Aggiornamento, Contre-Réforme, œcuménisme, synode, Vatican.**

Liste des conciles œcuméniques :

325 : Nicée I

381 : Constantinople I
431 : Éphèse
451 : Chalcédoine
553 : Constantinople II
680-681 : Constantinople III
787 : Nicée II
869-870 : Constantinople IV
1123 : Latran I
1139 : Latran II
1179 : Latran III
1215 : Latran IV
1245 : Lyon I
1274 : Lyon II
1311-1312 : Vienne
1414-1418 : Constance
1431-1445 : Bâle-Ferrare-Florence
1512-1517 : Latran V
1545-1563 : Trente
1869-1870 : Vatican I
1962-1965 : Vatican II

Conclave †

Le conclave (« pièce fermée » en latin) désigne à la fois l'assemblée des cardinaux et le lieu où ils se réunissent, en principe à Rome, pour élire un nouveau pape.

→ **Cardinal, pape.**

Concordat †

Le *concordat* (« faire cœur ensemble » en latin) est, pour l'Église catholique, un accord passé entre le Saint-Siège et un État sur leur autorité mutuelle au sein de ce dernier, sur les plans civil et religieux. L'Histoire a connu plusieurs de ces conventions, signées notamment avec l'Allemagne (Worms, 1122, le plus ancien) et la France (avec François Ier, 1516 ; avec Bonaparte Premier consul, 1801).

→ **Catholique, Église, Saint-Siège.**

Conférence épiscopale †

Dans l'Église catholique, la conférence épiscopale répond au souci de collégialité. C'est, à l'échelle d'un pays, une réunion d'évêques, régionale ou nationale, qui discutent de questions les concernant tous et prennent les décisions en conséquence. Celles-ci sont ensuite soumises au Vatican. Il existe aussi une conférence des évêques au niveau européen.

→ **Catholique, collège, Église, évêque, Vatican.**

Confession ✡ † ☪

En matière de religion, la confession (du latin *confessio*, « aveu ») revêt trois sens. D'abord, chacun peut faire la confession (proclamation) publique de sa foi, oralement ou par écrit : c'est la profession de foi. Ensuite, au sein d'une religion comme le christianisme, les différents courants, qui renvoient chacun à une expression particulière de la foi, peuvent être appelés confession (église) catholique, orthodoxe ou protestante. Enfin, c'est aussi la confession d'une faute, c'est-à-dire l'aveu d'un péché. Pour les trois religions du Livre, cette reconnaissance est la condition du pardon et de la miséricorde de Dieu. La Bible, le Nouveau Testament et le Coran, mais aussi certaines fêtes comme le Yom Kippour juif (le « Grand Pardon »), la pratique de jeûnes, ou encore certaines prières attestent d'une telle quête. Le judaïsme et l'islam ne recourent pas à des intermédiaires chargés de recueillir l'aveu des fautes ou confession. En revanche, dans l'Église catholique, cette confession est un des sept sacrements – elle est aussi pratiquée par l'Église orthodoxe. Elle se déroule en général dans un lieu discret, comme le confessionnal d'une église. Le prêtre est mandaté par l'Église pour exprimer cette parole de pardon et de réconciliation avec Dieu. C'est pourquoi l'Église, depuis le concile Vatican II (1962-1965), parle plutôt de « sacrement de la réconciliation ».

→ **Miséricorde, orthodoxe, péché, prière, repentir.**

Confirmation ✡ †

Après le baptême, qui marque l'entrée dans l'Église, la confirmation consiste à pérenniser cette entrée. C'est un des sept sacrements de l'Église catholique, mais que les orthodoxes et les protestants estiment inclus dans le baptême. C'est pourquoi elle exige que celui qui la demande le fasse en toute confiance, soit entre dix et quatorze ans, car il sera désormais un chrétien adulte, c'est-à-dire capable de saisir l'importance de sa foi et de l'Évangile. La confirmation touche donc les adolescents baptisés dès leur premier âge, mais elle peut aussi concerner des adultes, qui la reçoivent alors immédiatement ou peu après leur baptême. Au moment du sacrement, l'évêque, assisté de prêtres, pose ses mains sur le front de la personne (imposition des mains). Celle-ci reçoit ainsi l'Esprit saint de la même manière que les apôtres de Jésus au jour de la Pentecôte. Il invoque en même-temps l'Esprit saint tandis qu'il oint le front de saint chrême, onction rappelant celle du Christ.

Le judaïsme applique le terme (français) de confirmation à la cérémonie touchant garçons et filles, en général à l'âge de quinze ans. Elle a lieu en public, au cours de l'office de Chavouot (Pentecôte), à la synagogue, et le participant réaffirme sa judéité (son adhésion au judaïsme), laquelle a déjà été scellée au cours de la *bar mitsvah* (*bat mitsvah* pour les filles).

→ **Baptême, bar mitsvah, onction, Pentecôte.**

Confiteor †

Dans la liturgie catholique, le confiteor est une prière commençant par « je confesse » ou « j'avoue » (*confiteor* en latin). Par cette prière, le fidèle demande le pardon car il se reconnaît pécheur, tant devant Dieu et les hommes que personnellement. Elle est récitée au début de la messe et pendant la confession, ces deux confiteor étant une préparation aux deux sacrements donnés à ces occasions (eucharistie et réconciliation ou pénitence).

→ **Confession, messe, péché, sacrement.**

Congrégation †

Au XVIIe siècle apparaît une forme nouvelle d'engagement religieux, tant de la part de prêtres que de laïcs. C'est la congrégation (du latin *congregatio*, « réunion »), dont les membres s'engagent par des vœux simples à la différence des ordres (bénédictin, trappiste...) qui prononcent des voeux solennels. Ils peuvent ainsi mener des actions séculières (vers le monde extérieur), tout en vivant dans une communauté régie par une règle – ce sont par exemple les lazaristes de saint Vincent de Paul, ou congrégation des Prêtres de la Mission et des milliers de congrégations de femmes ou d'hommes.

Le mot « congrégation » s'applique aussi aux dicastères (du grec *dikasterion*, « tribunal »). Ces commissions, qui aident le pape depuis le XVIe siècle dans sa mission de pasteur, sont composées de cardinaux chargés de questions précises au sein de la curie (gouvernement) du Vatican (foi, sacrements et culte, évangélisation...). Il en existe dix aujourd'hui, comme la congrégation pour la Cause des Saints. Enfin, on rencontre des congrégations dans le monachisme : ce sont les réunions de plusieurs abbayes et monastères sous l'autorité d'un même supérieur ; chez les bénédictins, Subiaco, Solesmes ou Mont-Olivet (olivétains) en sont des exemples.
Dans le monde protestant, le congrégationalisme, apparu dans l'anglicanisme au XVIIe siècle, consiste en l'autonomie de chaque structure locale.

→ **Abbaye, monachisme, pasteur, séculier, vœux.**

Connaissance ✡ ✝ ☪

La Bible, le Nouveau Testament et le Coran évoquent souvent la connaissance de Dieu. Mais il ne s'agit pas d'« apprendre Dieu », ou d'acquérir un savoir concernant Dieu dans le but d'en retirer une forme de culture. La connaissance consiste à aimer et craindre Dieu, à en respecter les lois, cet amour étant alors donné en retour aux hommes. Elle peut aussi concerner toute une panoplie de relations humaines, comme le couple. Ainsi, le chapitre 4 de la Genèse, consacré à Caïn et Abel, commence par ces mots : « L'homme [Adam] connut Ève, sa femme ; elle conçut et enfanta Caïn. »

→ **Bible, Coran, Genèse, Testament.**

Consécration ✝

La consécration consiste à vouer une personne, un objet, voire un pays au service de Dieu. Dans la liturgie catholique, à la messe, lors de la célébration eucharistique, le prêtre offre le pain et le vin (offertoire), puis, après avoir rappelé l'œuvre de Dieu et invoqué l'Esprit saint (épiclèse), procède à la consécration du pain et du vin. Par la prière, où il rappelle les paroles de Jésus prononcées au cours de la Cène, il en fait le corps et le sang du Christ par l'intermédiaire de l'Esprit saint.

→ **Esprit saint, eucharistie, messe, pain, vigne.**

Conseil pontifical †

Les conseils pontificaux forment, avec les congrégations, le secrétariat d'État du Vatican et les tribunaux ecclésiastiques, le cœur de la curie (gouvernement du Saint-Siège). Présidés par un cardinal, ils concernent des domaines universels (sens du mot « catholique ») : laïcs, unité des chrétiens, famille, justice et paix, *cor unum* (« un seul cœur ») pour le secours aux victimes et aux peuples, migrations et personnes en déplacement, services de santé, interprétations des textes législatifs de l'Église, dialogue interreligieux, dialogue avec les diverses cultures (dont les non-croyants), communications sociales.

→ **Catholique, curie, Saint-Siège, Vatican.**

Consistoire ✡ †

Les empereurs de Rome avaient pour habitude de rendre la justice dans une pièce appelée consistoire. Au Vatican, le consistoire s'applique à la réunion, ordinaire ou extraordinaire (non publique), du pape et des cardinaux afin de traiter des affaires importantes, comme la création d'un nouveau cardinal. Dans le judaïsme, le consistoire central, instauré par Napoléon Ier en 1808, et qui supervise les consistoires régionaux, est la principale organisation juive de France. Les Églises issues de la Réforme (le protestantisme) sont également organisées en consistoires.

→ **Cardinal, pape, Réforme, Vatican.**

Constellations, Les ☪

Les Constellations (*al-Buruj*) est le titre de la 85e sourate (chapitre) du Coran, composée de vingt-deux versets. Prenant d'emblée à témoin le ciel et ses mondes, elle fait référence aux « hommes de Ukhdoud », c'est-à-dire les martyrs chrétiens d'Arabie mis à mort en 523 pour leur foi. Une action intolérable qui mérite, pour tout assassin de croyant et de croyante qui ne s'est pas repenti, le feu impitoyable de la géhenne (enfer). Car Dieu, à l'incommensurable pardon, est le Miséricordieux et le Créateur de toute chose.

→ **Enfer, géhenne, martyr.**

Constitution †

Dans l'Église catholique, la constitution est un texte ayant valeur de loi. On parle ainsi de constitution apostolique quand le pape prend une décision très importante, concernant la foi ou le droit de l'Église par exemple, et la diffuse (par une bulle ou autre moyen). Une constitution peut être aussi finalisée par un concile (assemblée internationale d'évêques), en matière de dogme ou de liturgie, par exemple. Enfin, un ordre ou un institut religieux (congrégation) met aussi au point une constitution qui, tout en respectant la règle ancienne en vigueur, tient compte de la spécificité de la communauté.

→ **Bulle, concile, dogme, ordre, règle.**

Contre-Réforme †

La Contre-Réforme est le nom donné à la réaction de l'Église catholique devant l'avancée de la Réforme protestante engagée au XVIe siècle par Martin Luther (1483-1546). Celui-ci ayant dénoncé des abus (indulgences, népotisme, enrichissement, corruption...), il s'avère alors urgent de réagir afin d'apporter les changements attendus et salutaires, notamment un retour à l'Évangile qui prône désintéressement et dénuement. C'est dans ce but qu'est créée la Compagnie de Jésus (jésuites) en 1540. Mais Rome ne réagit qu'en 1545 : le pape Paul III (1534-1549), appuyé par sa curie (gouvernement), convoque le concile de Trente. Après des interruptions parfois longues, et en dépit de manœuvres politiques de la part de rois, cette assemblée rend ses conclusions en 1563. Outre Paul III, les papes Jules III (1550-1555) et Pie IV (1559-1565), ce dernier soutenu par Charles Borromée (son neveu), ont œuvré pour qu'il soit mené à bien. Il en ressort un certain nombre de mesures importantes : généralisation des séminaires pour mieux former les prêtres, fixation du nombre et du rôle des sacrements, distinction nette entre clercs et laïcs... Il s'ensuit un regain de la spiritualité, dont bénéficie notamment le monachisme, ainsi qu'un essor des missions. Mais, en même temps, l'antagonisme avec les protestants s'accentue, notamment en France où ceux-ci sont persécutés et reculent (guerres de Religion, 1562-1598), en Angleterre où au contraire ce sont les catholiques, en Allemagne où les princes des deux camps s'affrontent.

→ **Catholique, concile, indulgence, jésuites, protestant, Réforme.**

Contumace †

Toute personne n'assistant pas à son procès et faisant l'objet d'une peine est dit *contumax*, et donc « condamné par contumace » – le latin *contumax* signifie « orgueilleux » et, par extension, « indomptable, rebelle ». C'est avec cette dernière acception que l'Église catholique déclare contumace celui ou celle qui refuse son autorité, soit par son attitude qui motive une excommunication (hérésie par exemple), soit par la violation délibérée du droit canon dont il a connaissance.

→ **Canon, excommunication, hérésie, Procès de Dieu.**

Convers †

Le convers (ou la converse), charge apparue au Moyen Âge, est un religieux (ou une religieuse) chargé des tâches matérielles et domestiques au sein de sa communauté (monastique ou religieuse). Il s'agissait à l'origine de non-religieux, qui permettaient ainsi aux moines ou moniales de pratiquer plus tranquillement leur culte. Convers vient du latin *conversus*, « retourné ». Ce mot s'est substitué à celui de frère lai, lequel possède la même racine grecque que « laïc » (*laos*, « peuple »).

→ **Conversion, culte, monachisme, religieux.**

Conversion ✡ † ☪

La conversion, décision essentiellement adulte tant elle fait appel à une pleine conscience de ses choix, possède trois sens. Elle s'applique d'abord au croyant qui, après s'être écarté de sa religion, se « tourne vers Dieu » (sens du latin *conversio*) à nouveau. Elle peut aussi concerner toute personne qui, athée, agnostique ou déiste, se tourne un jour vers Dieu, brusquement ou lentement selon les cas. Enfin, elle correspond à un changement de religion. Dans tous les cas, ce chemin étant aussi personnel et mystérieux que la foi, la conversion doit être libre et non forcée, à la différence de ce qui s'est plusieurs fois produit au cours de l'Histoire (les marranes, par exemple, juifs d'Espagne convertis de force au christianisme, et expulsés du XVe au XVIIIe siècle). Pour les trois religions du Livre, cette décision, importante et lourde de sens, suppose l'acception de ce qui fait la spécificité de chacune.

Pour le judaïsme, la conversion (*giyyour* en hébreu) consiste, pour le non-juif (gentil), femme ou homme, à intégrer le monde juif par l'intermédiaire d'un bet din (tribunal de la communauté). Pour cela, le prosélyte (le

nouveau converti) s'engage à suivre la Torah, avec ses interdictions et ses permissions, à être circoncis, à se purifier dans un bain (*tevilah*), et à d'autres rites qui en font un *gere tsedeq* (juste converti). Les juifs, de leur côté, lui témoignent un respect et un amour fraternel.

Dans le christianisme, le baptême est le signe de la conversion. La personne, qui doit, comme pour les deux autres religions, expliquer les raisons qui l'amènent à un tel changement, pourra ensuite être confirmée puis communier par l'eucharistie.

En islam, la conversion (*aslama* en arabe) permet d'entrer dans la communauté islamique (*oumma*), ou communauté des croyants. Pour cela, il faut se purifier par une ablution (*ghusk*) et prononcer la profession de foi (*chahadah*).

→ Ablution, baptême, circoncision, gentil, prosélyte.

Coptes † ☪

Les coptes (du grec *aiguptos*, « égyptiens ») sont les chrétiens d'Égypte (entre quatre et six millions de personnes). Ils forment une Église autonome depuis toujours. Ils pratiquent une liturgie où se marient leur langue, le copte issu de l'égyptien ancien, et l'arabe. En raison de la présence de l'islam en Égypte, l'Église éthiopienne (environ quinze millions de fidèles), longtemps coupée de ce pays auquel elle était rattachée, est indépendante de celui-ci depuis 1959. Elle célèbre en langue éthiopienne.

→ Arabe, diaspora, Église, islam, liturgie.

Coran ☪

En arabe, *al-Quran* (francisé en « Coran ») évoque la notion de transmission orale, faite à haute voix. De fait, Mahomet (vers 570-632) reçut la Révélation de Dieu en arabe, par l'ange Gabriel (Djibril), de 610 à 632. Il l'enseigna jour après jour à ses frères arabes, jusqu'alors païens ; en 652, vingt ans après sa mort, sous le calife (successeur) Othman (644-656), le canon (règle) rassembla ses propos par écrit dans un ensemble, ou vulgate : c'est le Coran, qui fit ensuite l'objet de commentaires (*tafsir*). Les autres dires authentiques du Prophète constituent la Tradition (Hadith).

Le Coran, chef-d'œuvre de la langue arabe, qui y puisa l'essentiel de son identité, est un appel à la soumission au Dieu unique, c'est-à-dire l'islam. Toute traduction est en soi une perte plus ou moins importante du sens original : cette constatation est d'autant plus valable pour le Coran, où l'arabe est d'une subtilité impressionnante, d'un style sans équivalent et d'une sobriété déroutante. En outre, il y est surtout question de la Révélation, c'est-à-dire de la parole même de Dieu, qui ne peut donc être totalement et fidèlement traduite. Mahomet parachève en effet la prophétie de Moïse contenue dans la Torah (première partie de la Bible), et de Jésus rapportée dans les Évangiles. Mais, au contraire de la Bible judaïque et du Nouveau Testament chrétien, qui furent composés puis compilés sur des périodes plus ou moins longues, le Coran fut dicté par fragments, sur quelques années, à un seul homme et par Dieu seul. Certaines notions du judaïsme et du christianisme, présents en Arabie à cette époque, y sont présentes, mais considérées sous l'angle de la foi musulmane : géhenne, paradis, Jugement dernier, eschatologie (fin des temps), résurrection, sans oublier les personnages majeurs de ces religions, tels les patriarches (Abraham, Isaac, Jacob), les prophètes et des rois majeurs d'Israël (David, Salomon), Jésus, Jean le Baptiste et Marie...

Le Coran, honoré de qualificatifs prestigieux tels que Glorieux (*Majîd*) ou Noble (*Karîm*), se compose de 6 219 versets regroupés dans 114 sourates (chapitres). Celles-ci ne sont pas classées par ordre chronologique, mais selon leur nombre décroissant de versets. En fait, la dictée du Coran fut faite à Mahomet au cours de deux périodes : d'abord à La Mecque, sa ville natale, où elle est éminemment religieuse (ce sont les sourates les plus courtes) ; puis, après l'Hégire (622), à Médine (Yathrib), où les sourates prennent un tour plus juridique, cette période correspondant au combat contre le polythéisme et les ennemis de l'islam La première sourate (en fait la cinquième), *al-Fatiha*, concentre en ses sept versets l'essentiel du Coran, ce qui lui vaut d'être reprise en partie (dans la *basmallah*) pour introduire chacune des autres sourates.

→ **Hadith, Mahomet, Mecque (La), Médine, révélation.**

Coré ✡ ☪

Cité par le livre de l'Exode et celui des Nombres, Coré (« le chauve ») est présenté comme celui qui, contestant l'autorité de Moïse et Aaron conférée par Dieu, est durement châtié, ainsi que ses partisans : « Yahvé dit à Moïse : Parle à cette communauté et dis : "Éloignez-vous de la demeure de Coré." Moïse se leva et s'en vint auprès de Datân et Abiram [partisans de Coré]. [...] Le sol se fendit sous leurs pieds, la terre ouvrit sa bouche et les engloutit, eux et leurs familles, ainsi que tous les hommes de Coré et tous ses biens. Ils descendirent vivants au Shéol [l'enfer], eux et tout ce qui leur appartenait. [...] À leurs cris, tous les Israélites qui se trouvaient autour d'eux s'enfuirent. Car ils se disaient : "Que la terre ne nous engloutisse pas !" » (Nombres, 16, 24-35). Les fils de Coré, échappant cependant au massacre, seront parmi les lévites, les prêtres du Temple de Jérusalem.

Coré figure trois fois dans le Coran. La sourate 28, *Le Récit*, rapporte : « Coré appartenait au peuple de Moïse, mais il était rempli de violence envers lui. [...] Ne savait-il pas que Dieu avait fait périr avant lui des générations plus redoutables que lui par la force et plus importantes en nombre ? [...] Nous avons fait engloutir par la terre Coré et sa maison. » (28, 76-82). Coré n'a pu échapper à son châtiment car il faisait partie de ceux auxquels Moïse « avait apporté des preuves décisives, mais [qui] s'enorgueillirent sur la Terre » (*L'Araignée*, 29, 39). Malheur à cet homme qui traita Moïse d'imposteur (*Celui qui pardonne*, 40, 24).

→ **Exode, Moïse, Nombres (livres des), péché, shéol.**

Corinthiens, épîtres aux †

Dans le Nouveau Testament, les deux épîtres aux Corinthiens, rédigées entre 55 et 57, sont adressées par saint Paul aux membres de la communauté chrétienne de Corinthe, fondée en 50-52. Cette implantation se trouve donc en terre païenne (Grèce), et Paul tient à rappeler à ces personnes, modestes pour la plupart, le danger qui réside dans leurs pratiques ancestrales (notamment sexuelles et idolâtriques). C'est pourquoi il leur enseigne la sagesse chrétienne, le « repas du Seigneur » (eucharistie), les dons spirituels (charismes), la charité, la résurrection des morts, le ministère d'un apôtre, la générosité et la fraternité entre chrétiens. Accusé d'ambition, il se voit aussi contraint d'y faire son propre éloge.

→ **Charité, épîtres, idole, Paul, Testament.**

Corneille †

Corneille est le nom d'un centurion romain dont l'histoire est rapportée par les Actes des Apôtres (chapitre 10) du Nouveau Testament. Après la Pentecôte, où l'Esprit saint les a investis, les apôtres partent annoncer l'Évangile, comme l'a demandé Jésus. Pierre, le premier d'entre eux, rencontre Corneille à Césarée en Judée. Cet homme, un païen, donc non cir-

concis, n'appartient pas au peuple juif. Pourtant, il donne des aumônes aux juifs, et Dieu l'en félicite par l'intermédiaire d'un ange qui lui commande d'appeler Pierre pour écouter ce qu'il a à lui dire. Avec des compagnons, ce dernier se rend auprès du centurion, qui se prosterne à ses pieds. « Relève-toi. Je ne suis qu'un homme, moi aussi », dit Pierre qui, réalisant qu'il s'agit d'un païen, sait aussi que l'Évangile ne fait pas de distinction concernant l'accès au Royaume de Dieu : « Dieu vient de me montrer, à moi, qu'il ne faut appeler aucun homme souillé ou impur. » Il enseigne donc l'Évangile à Corneille. « Pierre parlait encore quand l'Esprit saint tomba sur tous ceux qui écoutaient la parole. Et tous les croyants circoncis qui étaient venus avec Pierre furent stupéfaits de voir que le don du Saint-Esprit avait été répandu aussi sur les païens. Ils les entendaient en effet parler en langues et magnifier Dieu. Alors Pierre déclara : "Peut-on refuser l'eau du baptême à ceux qui ont reçu l'Esprit saint aussi bien que nous ?" Et il ordonna de les baptiser au nom de Jésus Christ. »
Cet événement est important car il entraîne l'entrée des païens dans l'Église, sujet de débat lors du premier concile de Jérusalem.

→ **Baptême, Esprit saint, païen, Pierre, Testament.**

Coule †

La coule (du latin *cuculla*, « cagoule ») consiste en un vêtement muni d'un capuchon que les moines portent lors des offices liturgiques, au-dessus de leur tenue habituelle, différente selon les ordres. De même, la coule se présente différemment selon les ordres (noire chez les bénédictins, blanche chez les cisterciens).

→ **Liturgie, monachisme, office, ordre.**

Coulpe †

Dans un ordre religieux, la coulpe consiste à reconnaître ses fautes envers la règle, et devant l'ensemble de la communauté ; le mot vient du latin *culpa*, « faute ». Plus largement, l'expression « battre sa coulpe » revient à se frapper la poitrine (au sens propre) ou la conscience (au sens figuré), le but étant de faire pénitence.

→ **Péché.**

Coursiers rapides, Les ☪

La 100e sourate (chapitre) du Coran, très courte (onze versets), porte le titre de *Coursiers rapides* (*al-Adiyât*), premiers mots d'une évocation, au style très profond, du Jugement de Dieu qui attend les hommes. Quand « le contenu des tombes sera bouleversé », c'est-à-dire à la résurrection, gare à ceux qui, ingrats envers Dieu, auront préféré les richesses matérielles à celles que procurent la foi et la confiance de Dieu.

→ **Jugement dernier, résurrection.**

Couvent ✝

Le mot « couvent » désignait à l'origine n'importe quelle réunion (*conventus* en latin). Aujourd'hui, il s'applique (en principe) à toute communauté religieuse d'ordres mendiants (franciscains, dominicains, clarisses...), de congrégations (augustins...) ou d'ordres ne relevant pas spécifiquement du monastère, qui, lui, réunit des moniales ou des moines vivant en clôture et souvent dans la campagne. En effet, le couvent, où la notion de clôture reste cependant essentielle, est situé en ville, car les religieux, tout en obéissant à une règle, sont aussi tournés vers le monde extérieur, par exemple au travers de l'enseignement : certains couvents abritent encore des pensionnats. La messe dite « conventuelle » réunit toute la communauté.

→ **Abbaye, monachisme, ordre, religieux.**

Création et Créateur ✡✝☪

La Bible débute par le livre de la Genèse, dont les chapitres 1 et 3 sont consacrés à la Création de la Terre et de l'homme, thème essentiel du judaïsme repris par le christianisme. Ce récit fut achevé après le retour de l'exil (fin du VIe siècle av. J.-C.) – la tradition juive le situe avant cette date et l'attribue à un seul auteur – par des milieux pieux et lettrés qui voulaient illustrer la manière dont Yahvé avait guidé et protégé son peuple. Israël, au contraire d'autres vaincus, avait survécu aux catastrophes, grâce à Dieu, qui conduisait le destin de toutes les nations, comme l'avaient proclamé les prophètes. Le récit de la Création devait donc insister sur le rôle primordial de Dieu dans la création de la Terre et de l'univers, afin de le démarquer des divinités vantées dans les mythes babylo-

niens ou phéniciens diffusés au Proche-Orient. Les prêtres et les scribes auteurs de ces récits utilisèrent, d'une part, des traditions d'Israël, et d'autre part firent des emprunts à ces mythes, par exemple celui de l'arbre de vie. C'est pourquoi la Création comporte deux récits, mais où est proclamé le rôle personnel de Dieu. Dans le premier (1-2, 4a), Dieu crée par sa Parole. En six jours, il donne forme à l'univers à partir du chaos, c'est-à-dire le *tohu* et le *bohu* : lumière, jour et nuit, firmament, océans, végétation, soleil et lune, étoiles, animaux. Le sixième jour, il crée son œuvre la plus importante, l'homme (*adâm*) et la femme, qui sont « à l'image et à la ressemblance de Dieu ». L'humain, plus proche de Dieu que les bêtes, possède ainsi un rôle majeur dans l'univers, mais il semble une minuscule poussière comparé au pouvoir que ce poème confère au Créateur. Le septième jour, enfin, Dieu se repose et l'homme devra lui vouer totalement ce temps – le shabbat juif et à sa suite le dimanche chrétien ont puisé une partie de leur origine dans ce jour. Le second récit (2, 4b-3, 24), *La formation de l'homme et de la femme*, est une petite nouvelle différente par son style et son contenu. Il commence par un condensé du travail de Dieu jusqu'à ce qu'il modèle « l'homme avec la glaise du sol ». Puis il l'installe dans « un jardin en Éden », crée les animaux sur lesquels règne homme, et enfin la femme à partir d'une côte de l'homme. Ce premier couple vit ainsi au paradis, nus et sans avoir « honte l'un devant l'autre ». Il doit en respecter les règles, dont l'interdiction de toucher à l'arbre de la connaissance du bien et du mal, sous peine de mort. Mais le serpent (que la littérature de sagesse puis la tradition chrétienne identifieront au diable) tente la femme, qui goûte au fruit défendu. Dieu punit l'homme et la femme qui viennent de commettre le premier péché (que la tradition chrétienne a appelé péché originel) et les renvoie du paradis.

Le Coran ne mentionne aucun arbre de connaissance, mais parle simplement d'un arbre, sans le définir. Le péché est évoqué, mais sans qu'Ève ait tenté Adam, ni que sa punition fût l'accouchement dans la douleur. Par ailleurs, il n'est pas dit qu'Ève provient de la côte d'Adam, tous deux ayant été créés à partir d'une seule âme (*naîçine wâhida*). Après avoir reconnu leur faute, ils furent pardonnés. Le Coran utilise à plusieurs reprises le mot *fâtir*, « celui qui sépare » (lumière et ténèbres, eaux, jour et nuit...), traduit par Créateur, titre de la sourate 35 ; les quarante-cinq versets de cette dernière sont voués à Dieu, qui a fait des anges ses messagers, et qui « ajoute à la création ce qu'il veut ». Omnipotent et omniscient, il suscite la crainte des incrédules et châtie les malfaisants, mais prodigue aussi ses bienfaits aux hommes, « égare qui il veut et dirige qui il veut ». Maître des vents et des astres, il a créé l'homme de la terre, puis d'une semence, formant ensuite les couples. On ne peut être que pauvre devant Dieu, qui seul peut purifier, pardonner. Les fidèles accéderont aux « Jardins d'Éden où ils seront parés de bracelets en or et de perles », et « le feu de la Géhenne est destiné aux incrédules ». La sourate conclut en avertissant les hommes que Dieu pourrait très bien tout faire disparaître et procéder à une nouvelle Création : « Si Dieu s'en prenait aux hommes pour ce qu'ils ont fait, il ne laisserait aucun être vivant sur la surface de la terre. Il leur accorde cependant un délai, jusqu'à un terme fixé ; mais qu'ils sachent, quand leur terme arrivera, que Dieu voit parfaitement ses serviteurs. »

→ **Arbre, diable, Éden, paradis, péché, Sefer Yétsira, tohu bohu, Verbe.**

Crèche †

Dans le récit de la Nativité, rapporté par l'évangile de Luc, il est dit que Jésus, à peine sorti du ventre de sa mère, est déposé à Bethléem dans une mangeoire pour animaux. La mangeoire se dit aussi crèche, mot d'origine celtique ou germanique. Les premiers chrétiens reprirent ce mot pour l'appliquer à des représentations de l'étable où, selon la tradition de Noël qui associe le bœuf et l'âne, Jésus aurait vu le jour. C'est à saint François d'Assise, fondateur des franciscains, mort en 1226, que revient l'idée d'une crèche vivante. Il la fit réaliser à la Noël 1223, à Greccio (en Ombrie, Italie), au haut d'une montagne ponctuée de grottes.

→ **Bethléem, franciscain, Jésus, Luc, nativité.**

Credo ✡ † ☪

Le *Credo* (« je crois » en latin) est le contenu fondamental de la foi chrétienne et, par extension, de toute religion et croyance, qui purent ainsi lutter contre les hérésies. Le *Credo* chrétien, ou symbole des apôtres, fut en effet adopté très tôt puisqu'il remonte aux conciles de Nicée (325) et Constantinople (381) : croire au Dieu unique et créateur, au Seigneur Jésus-Christ, son Fils, en la Trinité (Père, Fils et Esprit saint), en la Résurrection, en l'Église catholique (dans son sens premier d'universelle), au baptême. Le *Credo* s'achève par le Amen. L'islam affirme quant à lui Six Piliers de la foi : la croyance au Dieu unique, ses anges, les Livres révélés, ses prophètes, le jour du Jugement dernier et le Destin.

→ Christ, Esprit saint, Fils, Père de l'Église, résurrection, Trinité.

Croisades ✡ ✝ ☪

Dès le IXe siècle, le pape a promis d'absoudre les péchés de ceux qui combattraient les « infidèles » (musulmans), notamment en Espagne. Aussi, en 1071, quand l'Empire byzantin est défait par les Seldjoukides turcs qui investissent l'Asie Mineure, la papauté réagit : en 1095, Urbain II, sans doute appelé par les Byzantins, exhorte les chrétiens d'Occident à sauver leurs coreligionnaires persécutés et à récupérer la Terre sainte, tout en leur promettant une indulgence plénière (remise totale des péchés). Ainsi débute une série d'expéditions militaires, les croisades, pendant lesquelles, et durant deux siècles, de simples gens d'abord, puis des chevaliers vont mener la lutte, avec l'aide de moines-soldats dont les ordres sont créés à cette époque.

En 1096 débute la première croisade, appelée ainsi en raison de la croix que les soldats arborent dans leur dos. Quatre armées, commandées entre autres par Godefroy de Bouillon, s'emparent de Nicée, d'Antioche puis de Jérusalem (1099), où est fondé le « royaume latin » qui, au fil des années, reçoit l'aide de pèlerins occidentaux venus prier. Mais les Turcs, en reprenant Édesse (1144), provoquent la deuxième croisade (1147-1149), laquelle aboutit à un échec. Il faut attendre la prise de Jérusalem (1187) par le grand sultan Saladin pour que l'élan chrétien permette une troisième croisade (1189-1192) qui s'empare de Saint-Jean-d'Acre, et où interviennent l'empereur germanique Frédéric Barberousse, le roi de France Philippe Auguste et le roi d'Angleterre Richard Ier Cœur de Lion, lequel, à son retour, sera capturé par le duc Léopold d'Autriche. Richard Ier signe une trêve avec Saladin, mais Jérusalem reste aux mains des Turcs. La quatrième croisade (1202-1204) n'y change rien, mais aboutit au siège, à la prise et au pillage de Constantinople (avril 1204), à qui, pourtant, a toujours été promise la restitution des territoires pris par les Turcs. Et dans cette capitale du christianisme d'Orient, séparée de Rome depuis 1054, est fondé un royaume latin. L'Occident, dans ses projets initiaux de libération de la Terre sainte, se prive ainsi du secours précieux des Grecs, qui reprennent la ville en 1261. Les cinquième (1217-1219) et sixième

(1228-1229) croisades ne bouleversent pas non plus l'échiquier. Mais la chute de Jérusalem (1244) aboutit à la septième (1248-1249), à laquelle participe le roi de France, saint Louis, qui, capturé, est libéré grâce au paiement d'une rançon et retrouve le sol français en 1254. Afin de défendre les dernières possessions en Terre sainte, la huitième croisade (1268-1270) est organisée : saint Louis meurt de la peste en 1270, au siège de Tunis, et Saint-Jean-d'Acre, Tyr et Tripoli sont perdues. Le royaume latin disparaît en 1291...

Les huit croisades organisées par l'Église, certes motivées en partie par la foi, la charité envers ses coreligionnaires en danger et l'irrépressible besoin d'un pèlerinage à Jérusalem, ont, au-delà du bilan humain et financier, conduit à gâter encore les rapports avec les chrétiens d'Orient. La papauté, en créant une fiscalité et en pesant politiquement, en est pourtant sortie renforcée. Le mot a ensuite servi à désigner toute entreprise de défense de la chrétienté et de l'Église de Rome : ainsi la croisade contre les Albigeois (1208), jugés hérétiques, et, visant les musulmans, d'autres expéditions contre les Ottomans (XIVe-XVIIe siècles), les Maures (XVe siècle) et les Barbaresques (XVIIe siècle). Les musulmans réagirent en développant la notion de *djihad*, la guerre sainte. En revanche, les croisades ont favorisé le commerce des ports de Méditerranée orientale et une connaissance mutuelle avec les musulmans. Elles ont aussi permis à l'Occident de bénéficier de savoirs venus d'Orient, et même d'Asie, où œuvrèrent des missionnaires.

Cependant, cette longue période constitue l'une des heures les plus noires du monde juif. Dès la première croisade, les juifs qui se trouvent sur le chemin des croisés sont persécutés. Les croisés leur reprochent de ne pas vouloir se convertir ou les accusent de faits souvent invraisemblables qu'ils n'ont pas commis (meurtres rituels, profanation d'hosties, complots, crimes et plus particulièrement déicide, c'est-à-dire meurtre de Jésus). En 1215, le concile du Latran II décide entre autres que les juifs devront porter un signe distinctif (ou rouelle). Celui-ci varie selon les pays : en Angleterre est adoptée une pièce de tissu sur laquelle sont représentées deux tables de pierre blanche symbolisant les tables de la Loi, tandis qu'en France saint Louis impose un morceau d'étoffe de forme circulaire. À Paris, Le Talmud (fondement de la pratique juive), jugé blasphématoire envers la foi chrétienne, est brûlé en 1244 en place publique. Les juifs sont expulsés d'Angleterre (1290), de France (1306) puis d'autres pays. Ils demeurent néanmoins dans certaines régions telles

que le Comtat Venaissin (Avignon et ses environs) qui appartient alors au pape. Mais il faut attendre le XVIIIe siècle, celui des Lumières, pour que les juifs commencent à être émancipés. Les croisades ont laissé un souvenir douloureux dans la mémoire juive, comme en témoigne le Av ha-Rahamin (« Père miséricordieux »), prière dédiée aux martyrs de la première croisade et intégrée au rite ashkénaze. L'Église catholique a quant à elle exprimé sa repentance pour ces massacres.

→ **Albigeois, Jérusalem, pèlerin, sultan.**

Croissant ☪

Les historiens et géographes ont appelé Croissant fertile une région, effectivement très verte, qui, comprise entre l'Égypte et l'Iran, englobe principalement la Palestine, le Liban, le littoral et une partie de la Syrie, enfin l'ancienne Mésopotamie (Irak), baignée par le Tigre et l'Euphrate. Autant de régions où l'islam s'implanta. Mais l'emblème qui orne le drapeau des pays musulmans ne vient pas de ce croissant. Il figure le croissant de lune, ou *hilal*, hérité des Ottomans et repris depuis les croisades dans la plupart des pays musulmans et dans l'art. Comme celui de nombreuses civilisations antiques, et même du judaïsme, le calendrier musulman est fixé sur le cycle lunaire, qui détermine ainsi la date des fêtes et autres rendez-vous religieux. Par exemple, la nouvelle lune signe le début et la fin du jeûne du ramadan, et le premier quartier est aussi déterminant pour le *Hadjj* (pèlerinage à La Mecque) que pour l'aïd al-Adha (fête du sacrifice ou aïd al-Kébir). Comme en Israël et dans le monde juif avec l'étoile de David, le symbole du croissant s'est étendu à d'autres domaines, comme avec le Croissant-Rouge musulman, équivalent de la Croix-Rouge.

→ **Aïd al-Kébir, Hadjj, pèlerin, ramadan.**

Crucifix †

La croix, sous différentes formes, est un symbole partagé par de nombreuses civilisations, par exemple en Inde pour adorer Agni, en Chine, en Égypte... Le christianisme a ainsi repris le crucifix (du latin *crucifigere*, « mettre en croix »), figurant le Christ crucifié sur une croix en forme de T. Cet emblème omniprésent n'a pas toujours eu le visage que nous lui connaissons. Symbole du sacrifice de Jésus pour la multitude, il avait d'abord pour but de signifier que le Christ avait surmonté la condition d'homme et vaincu la mort. C'est pourquoi, jusqu'au VIe siècle, il se résuma à une simple croix, puis un Jésus aux attitudes triomphales lui fut ajouté, et enfin un supplicié mort, affichant les affres de la souffrance. En réalité, s'il était d'usage de clouer les condamnés sur la croix (bras séparés ou les deux ensemble, les pieds joints et percés au talon), il n'est pas certain que la croix de Jésus était un T. En effet, si cette forme était la plus répandue chez les Romains, ceux-ci assemblaient aussi des Y ou des X, et utilisaient même les arbres quand les matériaux venaient à manquer. Nous savons aussi que les croix étaient en général petites, et que les plus grandes, surplombant les autres, signalaient une punition exemplaire. Il est donc peu probable que celle de Jésus ait été aussi haute. En outre, sur les crucifix, Jésus porte un linge autour de la taille, alors que les crucifiés mouraient nus. Il peut s'agir ici d'un geste des autorités juives, voilant la nudité à la veille de la Pâque et de shabbat, jour correspondant à la crucifixion du Christ. Enfin, le « INRI », ou *titulus*, fut ajouté sur les crucifix à partir du XVe siècle, mais rien n'indique qu'il ait figuré au-dessus de la tête de Jésus. Le crucifix, né de la croyance et de la ferveur, reste, comme tous les symboles forts des religions, le vecteur d'une communication directe avec le cœur de la foi. En cela, et quelle que soit la conviction de chacun, il doit être respecté.

→ **Christ, crucifixion, INRI, Jésus, Pâques, shabbat.**

Crucifixion †

L'auteur latin Quinte-Curce (ou Quintus Curcius Rufus), dans ses *Histoires d'Alexandre le Grand*, cite le cas de deux mille habitants de Tyr (Phénicie) crucifiés sur les rives de la Méditerranée par Alexandre le Grand, après le siège de la ville, en 332 av. J.-C. D'autres témoignages, dont ceux d'Hérodote, historien grec du Ve siècle av. J.-C., et de l'historien juif Flavius Josèphe (Ier siècle apr. J.-C.), qui rapporte des cas au sein même d'Israël, confirment que ce châtiment cruel ne fut pas inventé par Rome, mais qu'il était infligé par nombre de puissances antiques. Il n'a cependant jamais été décrit avec autant de précision que dans les évangiles du Nouveau Testament, lesquels contiennent des détails confirmés par l'archéologie et l'histoire.

À l'époque de Jésus, Rome, occupant la Palestine, a fait de la crucifixion une peine exemplaire appliquée dans tout l'empire. Le « bois de malheur », selon l'expression romaine, a pour but de dégrader l'individu, c'est pourquoi il est épargné aux citoyens romains et réservé en priorité aux esclaves rebelles, comme Spartacus, esclave révolté qui fut crucifié en 71 av. J.-C. avec ses compagnons. Il s'étend aussi à des criminels, pirates ou encore séditieux comme les zélotes (juifs révolutionnaires). Le condamné, qui est toujours exécuté en dehors de la ville, est d'abord déshabillé et flagellé, épisode au cours duquel on se moque de lui pour augmenter son humiliation. Les fouets, cruels, sont parfois garnis de boules de plomb. Puis, épuisé, quand il n'est pas mort sous les coups, il porte l'une des traverses de la croix, sous les quolibets des curieux et jusqu'au lieu de son supplice. La croix est alors assemblée, et le malheureux, entièrement nu, est fixé par des clous ou des cordes – des chercheurs ont retrouvé en 1968, à Jérusalem, un corps datant du Ier siècle apr. J.-C., celui d'un homme d'une trentaine d'années, Yohanan, dont les talons étaient transpercés par un clou de 17 cm. Il arrive qu'une pancarte, le *titulus*, qui indique le nom du condamné et le motif de sa peine, soit placée au-dessus de sa tête. Il peut agoniser pendant des heures, voire des jours, avant de succomber asphyxié ou d'avoir les tibias brisés pour accélérer sa fin (pratique appelée *crurifragium*). C'est ce qui arrive aux deux « brigands » crucifiés avec Jésus, des voleurs (« larrons ») ou des zélotes. Car, en cette veille de Pâque et de shabbat, il ne devait pas y avoir de cadavres dans et autour de Jérusalem.

Les exécutions étant en général groupées pour en augmenter l'impact, il est très probable que Jésus fut ajouté à un lot de condamnés. Le vendredi matin vers neuf heures, Jésus, après avoir été fouetté et raillé par ses bourreaux, marche vers le Golgotha, qui se dresse à environ cinq cents mètres, non loin des murs de Jérusalem. Dans les rues étroites, la foule lui adresse ses habituelles méchancetés. Il porte le *patibulum*, la traverse horizontale, et peut-être aussi un *titulus*, le célèbre INRI. En entendant des femmes se lamenter sur son martyre, il surmonte son épuisement et a cette phrase, rapportée par Luc : « Ne pleure pas sur moi ! Pleurez sur vous-mêmes et sur vos enfants » (23, 28). Ensuite, Simon de Cyrène est requis pour l'aider. Sur le Golgotha, Jésus, littéralement « porté », est pourtant décidé à affronter son supplice. Il refuse ainsi de boire un vin narcotique qui, selon l'habitude, était offert au crucifié pour lui éviter de souffrir. Dévêtu, il a les poignets cloués au *patibulum*, que l'on emboîte au *stipes crucis*, la traverse verticale sur laquelle ses talons sont également cloués. Pour lui éviter de s'affaisser, une *sedula* (crochet de bois) le retient à la croix, au pied de laquelle des proches sont venus le soutenir, dont sa mère Marie et Marie de Magdala. Les soldats romains se partagent ensuite ses vêtements (autre coutume), dont sa tunique, qui est tirée au sort. Alors qu'il s'écrie : « Mon Dieu, mon Dieu, pourquoi m'as-tu abandonné ? » (début du psaume 22, 2), il se voit proposer au bout d'un roseau une éponge imbibée de *posca*, eau vinaigrée consommée par les soldats romains. Puis, vers quinze heures, raconte Jean (19, 30), témoin du drame, Jésus prononce dans un dernier souffle : « C'est achevé. » Un soldat lui perce le flanc pour constater la mort. « Et voilà que le voile [*parokhet*] du Sanctuaire [Saint des Saints du Temple] se déchira en deux, du haut en bas », rapporte Matthieu (27, 51), pour signifier que la Nouvelle Alliance est en marche. Le corps est ensuite dirigé vers le tombeau d'un disciple, Joseph d'Arimathie. Le dimanche matin, Marie de Magdala est le premier témoin de sa résurrection.

Le chemin de croix, représenté dans les églises et encore pratiqué, surtout pendant le carême, reconstitue ce « chemin de douleur » (*Via Dolorosa*). Il comporte quatorze étapes ou « stations ». En fait, l'archéologie a montré qu'à Jérusalem, il ne suit pas le trajet historique de Jésus, mais celui fixé par les franciscains selon la topographie de la Jérusalem du XIIIe siècle de notre ère. En outre, cinq de ces stations ne figurent pas dans les évangiles et sont nées de la tradition : les trois chutes de Jésus (III, VII, IX) ; sa mère Marie présente sur le parcours (IV) ; Véronique essuyant son visage sanglant (VI), thème apparu au IVe siècle.

Le Coran estime que Jésus n'a pas été crucifié, mais qu'un autre a pris sa place ou qu'il était simplement « apparent » : « Dieu l'a élevé vers lui : Dieu est puissant et juste », proclame la sourate *Les Femmes* (4, 157-158).

→ **Calvaire, crucifix, Golgotha, INRI, martyr, résurrection.**

Culte pur, Le ☪

La sourate 112, intitulée *Le Culte pur* (al-Ikhlâs), est l'une des plus courtes du Coran, avec ses quatre versets qui condensent le principe de l'unicité indiscutable d'Allah : « Dis : "Lui, Dieu est Unique ! Dieu !... L'Impénétrable ! Il n'engendre pas ; il n'est pas engendré ; nul n'est égal à lui !" ». Dieu ne peut pas avoir « d'associé », et sa nature ne peut être divisée, ce qui s'oppose à la Trinité chrétienne.

→ **Allah, Coran, sourate, Trinité.**

Curé †

Le curé est un prêtre placé à la tête d'une paroisse, dont il a la « charge » (*cura* en latin). Il se distingue de l'aumônier, prêtre responsable d'une collectivité, école ou hôpital par exemple.

→ **Aumônier, paroisse, prêtre.**

Curie †

C'est l'organisation gouvernementale de l'Église catholique, qui siège à Rome.

Romulus, fondateur de Rome avec son frère Remus, aurait partagé le peuple romain en trois tribus composées chacune de dix *curiæ*, c'est-à-dire la cellule de base de la cité de Rome. Le mot *curia* en vint ensuite à désigner le Sénat romain. L'Église catholique de Rome a repris ce terme pour l'appliquer à son propre gouvernement. Le pape, premier pasteur de l'Église, est ainsi aidé par un ensemble de structures : congrégations, conseils pontificaux, tribunaux ecclésiastiques, un secrétariat d'État (pour les relations extérieures du Vatican) et des organismes chargés de gérer l'organisation du Saint-Siège (bibliothèque, archives, audiences du pape, liturgie pontificale…). Par extension, la curie diocésaine est le gouvernement à l'échelle d'un diocèse, où des prêtres assistent l'évêque.

→ **Cardinal, conseil pontifical, diocèse, Saint-Siège, Vatican.**

D

D

Daniel, livre de ✡

Le livre de Daniel est rangé parmi les écrits prophétiques dans la Bible chrétienne, et parmi les Écrits (après Esther) dans la Bible hébraïque. Il est daté précisément d'octobre 164 av. J.-C., ce qui en fait l'un des textes les plus récents de la Bible. Cette date suit de quelques semaines la purification du Temple de Jérusalem par Judas, dit Maccabée, grand acteur de la révolte juive qui porte son nom. L'auteur, anonyme, situe son propos après la prise de Jérusalem par l'empereur babylonien Nabuchodonosor, en 587. Dans la première partie (chapitres 1-6), quatre amis, jeunes juifs fidèles à Dieu, Ananias, Misaë, Azarias et Daniel, sont condamnés à mort parce qu'ils refusent de vénérer les idoles païennes. Mais Dieu les protège et permet à Daniel d'interpréter les rêves dont il a peuplé le sommeil de Nabuchodonosor. Celui-ci apprend ainsi que sa chute est proche. Daniel, comme autrefois Joseph en Égypte, voit son talent reconnu et obtient un poste à la cour. La seconde partie est une suite de visions extraordinaires, d'une grande puissance littéraire, qui font de ce texte un chef-d'œuvre du style apocalyptique, qu'il influencera par la suite. Le passé, le présent, l'avenir lointain de l'Histoire et la fin des empires qui ont soumis Israël (Babylone, Assyrie, Perse)... Daniel « voit » cela, tout en précisant que Dieu, même si son peuple est brimé, établira son règne par l'intermédiaire du Fils de l'Homme. Les impies seront punis, et le mal balayé. Durant cette lutte, le monde tremblera sous l'effet d'une peur intense et inconnue. Tous les hommes, morts ou vivants, seront jugés : seuls les bons, c'est-à-dire les justes, auront droit à la vie éternelle.

→ **Apocalypse, Esther, Fils, Judas et Judas Iscariote, Maccabées (livres des), Temple.**

David ✡✝☪

David, qui régna de 1010 à 970 av. J.-C. environ, est considéré par les juifs comme le plus grand roi qu'ait connu Israël. Dans la Bible, son histoire est contée dans les livres de Samuel, et la fin de sa vie au début du livre des Rois et des Chroniques. Né à Bethléem, de la tribu de Juda, et fils de Jessé, il réussit à vaincre Goliath, le champion des Philistins, redoutables ennemis d'Israël. « Élu selon le cœur de Dieu », il reçoit l'onction royale (huile versée sur la tête) des mains du prophète Samuel. Il succède ensuite à Saül, son beau-père qui, jaloux, a cherché à l'assassiner. Il enlève Jérusalem, dont il fait sa capitale et où il fait venir l'arche d'Alliance. Il unifie les douze tribus israélites, jusque-là sans cohésion, et, par ses conquêtes et ses alliances, donne à son royaume une étendue que les juifs ne retrouveront plus jamais. Mais il commet deux fautes : il fait le recensement de ses sujets alors que Dieu seul est comptable des hommes, et, pour épouser la belle Bethsabée, qui sera sa femme préférée, il se serait arrangé pour que son mari Urie meure à la guerre. Aussi, quand il propose de construire la maison de Dieu, le Temple, Dieu lui fait dire par le prophète Nathan que c'est ce dernier qui lui (Dieu) bâtira une maison : toutefois, pour récompenser sa foi et son obéissance à la Loi (Torah), sa dynastie ne s'éteindra pas. En effet, le chantier du Temple revient à son fils et successeur, Salomon, le roi sage qui, pourtant, ne l'égalera jamais en gloire.

Réputé poète et musicien, David possède une telle aura que des psaumes (prières juives) de la Bible lui sont attribués. En outre, pour la tradition juive, le Messie (sauveur d'Israël) doit descendre de David, comme l'annonça le prophète Isaïe (VIIIe siècle av. J.-C.). Pour la Haggadah (littérature du judaïsme) et la kabbale (mystique juive insistant sur la valeur symbolique de l'alphabet sacré), il personnifie le royaume d'Israël.

Pour le christianisme, Jésus-Christ (*Christos* signifie en grec Messie) naît à Bethléem, comme David, et descend de celui-ci par son père (adoptif) Joseph. En effet, dans la seconde moitié du VIIIe siècle av. J.-C., le prophète Michée (5, 1) a annoncé que le Messie naîtrait à Bethléem. C'est pourquoi, dans le Nouveau Testament, l'évangile de Matthieu (1, 1-17) présente une longue généalogie de Jésus, qui se trouve rattaché à David. Luc, de son côté, parle simplement de « maison de David » (1, 27).

Dans le Coran, les évocations de David (Daoud) sont très nombreuses. Prophète auquel Dieu remet les psaumes et la sagesse, il est l'inventeur de la cotte de mailles (Les Prophètes, 21, 80) et parle aux djinns et aux oiseaux (qui lui sont soumis)...

→ **Bethléem, Goliath, Jérusalem, Messie, Salomon, Temple.**

Débora ✡

Débora (« abeille » en hébreu), ou Déborah, est le seul Juge féminin et l'une des rares « héroïnes » de la Bible, avec Esther, Ruth, Judith ou encore les matriarches. L'action de cette prophétesse se situe, en ces temps troublés (XIIe siècle environ av. J.-C.), dans le nord d'Israël, où les tribus israélites doivent affronter le roi d'Haçor (ville cananéenne) Yabîn, dont les neuf cents chars de fer, donc redoutables, sont commandés par un certain Sisera. Débora parvient à convaincre l'un des siens, Baraq, de réunir les guerriers des tribus de Zabulon et de Nephtali, soit dix mille hommes, qu'elle suit au mont Tabor. À l'issue de la bataille, les armées de Yabîn sont mises en déroute par Dieu, et les fuyards tous massacrés. Sisera parvient cependant à s'échapper et à gagner la tente de Héber le Qénite (clan allié d'Haçor), dont la femme, Yaël, l'accueille, lui donne à manger et le dissimule sous une couverture. Puis, profitant de son sommeil, elle lui enfonce un piquet dans le crâne et fait entrer Baraq, lequel, avec Débora, chante Dieu et la victoire d'Israël, dans un style d'une grande poésie. Cet récit illustre également le rôle important des femmes en Israël.

→ **Esther, Judith, Juges (livre des), Ruth (livre de).**

Décalogue ✡

Sur le mont Sinaï, Dieu remet à Moïse le Décalogue, ou Dix Paroles, gravé sur des tables de pierre, matériau symbolisant l'éternité, tandis que le chiffre dix illustre un tout harmonieux aux éléments indissociables. Il est presque impossible d'en fixer la date de rédaction, mais il figure sous deux formes légèrement différentes dans deux livres du Pentateuque (Torah) dont nous connaissons à peu près la période de constitution : le Deutéronome (5, 1-22 ; la version sans doute la plus ancienne) et l'Exode (20, 1-17). La tradition l'appelle aussi Dix Commandements, en référence aux centaines de commandements de la Torah, mais ce qualificatif est impropre car, dès sa première parole, Dieu se présente : « Moi, Yahvé, je suis ton Dieu, qui t'ai fait

sortir du pays d'Égypte, de la maison des esclaves » (Dt 5, 6). Suivent les célèbres phrases, courtes et percutantes, qui contiennent toutes les attitudes qu'il convient d'adopter à l'égard des autres et de Dieu, et qui concernent les grands domaines de la vie : comment louer Dieu et utiliser son nom, ne pas le représenter, respecter le jour du shabbat, honorer ses parents et, bien sûr, ne pas commettre de meurtre, d'adultère, de vol, de faux témoignage et ne pas montrer de convoitise.
Le Décalogue, inscrit au cœur du judaïsme, a été repris par le christianisme.

→ **Commandement, Deutéronome, Moïse, Sinaï, Torah.**

Déchirure, La ☪

La Déchirure, ou plutôt *La Fissure*, (*al-Inshiqaq*), titre de la 84e sourate (chapitre) du Coran, évoque celle du ciel, annonciatrice du jour du Jugement. Le croyant, pieux et bon, rencontrera son Seigneur Dieu, et les fourbes, les faux croyants et les incrédules, désemparés par cette rencontre qu'ils ne soupçonnaient pas, recevront un châtiment terrible.

→ **Jugement dernier, Seigneur.**

Décret, Le ☪

Le Décret (*al-Qadr*, c'est-à-dire le commandement [*amr*] de Dieu réalisé), titre de la 97e sourate (chapitre) du Coran, est l'annonce de la nuit du Décret (ou du Destin), *Laylat al-Qadr*, durant laquelle, en 610, le Coran descendit sur Mahomet, marquant le début de la révélation sous la dictée de l'ange Gabriel (Djibril). Cette nuit, fixée dans les dix derniers jours du mois de ramadan (souvent le 27e), est toujours entourée d'une grande solennité.
« Oui, nous l'avons [le Coran] fait descendre durant la nuit du Décret. Comment pourrais-tu savoir ce qu'est la nuit du Décret ? La nuit du Décret est meilleure que mille mois ! Les anges et l'Esprit descendent durant cette nuit, avec la permission de leur Seigneur, pour régler toute chose. Elle est paix et salut jusqu'au lever de l'aurore. »

→ **Amr, commandement, Mahomet, ramadan, révélation.**

Décrochement, Le ☪

Le Décrochement (*al-Takwir*) est le titre de la 81ᵉ sourate (chapitre) du Coran. Le début se rapporte au jour du Jugement, où « toute âme saura ce qu'elle devra présenter » (14). Mahomet est le « noble Messager [de Dieu], doué de force auprès du Maître du Trône inébranlable » (19-20). Il prévient que sa prophétie « n'est qu'un rappel adressé aux mondes, pour celui d'entre vous qui veut se tenir droit » (27-28).

→ **Coran, Jugement dernier, Mahomet, prophète.**

Degrés, Les ☪

Les Degrés (*al-Maarij*), ceux qui accomplissent l'ascension, est le titre de la 70ᵉ sourate (chapitre) du Coran. Dieu est le maître de ces degrés, barreaux symboliques d'une échelle pareille à celle de Jacob, patriarche d'Israël, qu'empruntent « les anges et l'Esprit [Djibril, l'ange Gabriel] ». En revanche, ils ne sont pas accessibles aux hommes, parmi lesquels les incrédules seront promis au châtiment de Dieu quand viendra le jour du Jugement.

→ **Gabriel, Jugement dernier, patriarche.**

Déicide ✡ ✝

L'argument selon lequel les juifs auraient « tué » Jésus, fils de Dieu, servit de prétexte à des persécutions contre ces derniers de la part de chrétiens. Il a ainsi alimenté le mythe du Juif errant, mais a été banni explicitement du langage de l'Église. Il reposait entre autres sur le déroulement du procès de Jésus.

→ **Église, Jésus, Juif errant, Procès de Jésus.**

Déisme ✡ ✝ ☪

Le déisme, prisé au XVIIIᵉ siècle, avance qu'il existe un Dieu unique et créateur, mais qu'il ne s'est pas révélé aux hommes, en l'occurrence Moïse, Jésus ou Mahomet. Il ne se reconnaît donc pas dans les religions et leurs dogmes. Le culte de l'Être suprême instauré pendant la Révolution française était ainsi d'essence déiste. Bien que ce culte ait disparu, cette

notion d'être suprême, d'entité invisible, souveraine et indéfinissable, persiste. En philosophie, le déisme est parfois appelé aussi théisme, ou en est distingué, car le théiste cherche justement à définir Dieu.

→ **Agnosticisme, athéisme, dogme, révélation.**

Délibération, La ☪

Composée de cinquante-trois versets, *La Délibération* (*al-Nasr*) est la 42e sourate (chapitre) du Coran. L'accent est mis d'emblée sur la révélation du Coran et l'urgence, pour les habitants polythéistes de La Mecque (prise par les musulmans en 630), de rejoindre le message de Dieu, le seul maître, sous peine de finir dans le « brasier » (enfer), comme tous les incrédules. Au contraire, les croyants auteurs de bonnes actions iront aux jardins (paradis). Dieu, aussi exigeant que miséricordieux, détenteur de la véritable justice, réclame leur unité autour du culte, comme il le fit pour Noé, Abraham, Moïse et Jésus. Il sait aussi effacer les fautes quand l'homme fait preuve de repentir, mais l'injustice flagrante et sans remords sera durement punie par les feux de la géhenne (enfer).

→ **Enfer, géhenne, Mahomet, Mecque (La), paradis.**

Déluge ✡

Cataclysme envoyé par Dieu pour détruire la terre envahie par le péché. La Bible, dans le livre de la Genèse, raconte que le péché, inauguré par Adam et Ève, se répand ensuite dans le monde. Ainsi, leur fils Caïn tue son frère Abel avant d'être banni par Dieu. Puis, ils enfantent Seth, d'où descendent Hénoch, Mathusalem et d'autres patriarches. Mais le péché, malgré la piété de ces illustres personnages, gangrène l'humanité et Dieu se décide à envoyer le Déluge (6, 5-9, 17), la grande « inondation » (*diluvium* en latin). Toute vie sur Terre doit disparaître. Seul un juste trouve grâce auprès de Dieu : c'est Noé qui, sur ses consignes, fabrique une arche dans laquelle sa famille et un couple de chaque espèce vivante trouvent refuge. Noé achève son travail en sept jours (durée de la Création) – près de cent-vingt ans pour la tradition juive –, et, à peine la porte refermée, le Déluge s'abat. Quarante jours et quarante nuits d'une pluie incessante, dont les vagues soulèvent l'arche, submergent et anéantissent toute forme de vie. Après cent cinquante jours, le vent amorce une décrue qui durera sept mois. Et l'arche finit par se poser sur le mont Ararat (Turquie). Au bout de trois mois commencent à apparaître les sommets des montagnes. Noé lâche alors un corbeau et une colombe qui reviennent pour révéler que la terre est encore gorgée d'eau. Puis, la colombe s'envole et revient, un rameau d'olivier dans le bec ; elle repart et cette fois disparaît, prouvant par là que la terre est redevenue habitable. Noé, par ses fils Cham, Japhet et Sem, peuplera le monde. Et Dieu, par ce châtiment, a montré son pouvoir de Créateur, capable de donner la vie et de la retirer. Sachant que l'humanité est imparfaite par nature, il noue avec elle une Alliance, la première : les hommes pourront jouir de la terre et il n'enverra plus de déluge. Mais il se voit ensuite contraint de les punir lorsqu'ils bâtissent la tour de Babel, avec laquelle ils pensent pouvoir atteindre le ciel...

Le Déluge, punition divine pour une faute majeure commise par les hommes, se retrouve aussi dans de nombreuses mythologies antiques, où elle représentait la régénération du monde qui précède un nouveau cycle. De l'avis des chercheurs, les auteurs du récit biblique se sont sans doute inspirés de sources venant de Mésopotamie, plus précisément des Babyloniens, qui les empruntèrent eux-mêmes à Sumer, civilisation qui, rappelons-le, inventa l'écriture. La bibliothèque d'Assurbanipal (VIIe siècle av. J.-C.), à Ninive (capitale de l'Assyrie), a fourni un précieux exemplaire d'un ouvrage du début du IIe millénaire av. J.-C., l'*Épopée de Gilgamesh*. Gilgamesh, roi d'Uruk, ville sumérienne, aurait vécu il y a quatre mille cinq cents ans environ. On retrouve dans ce récit le bateau, que l'un des dieux demande au héros (Utanapishtim) de construire afin d'y embarquer sa famille et des animaux. La pluie s'abat pendant sept jours ; au huitième, Utanapishtim libère une colombe et une hirondelle qui retournent au navire, puis un corbeau qui, ne revenant pas, montre ainsi que le monde est redevenu accessible. Utanapishtim, rendu immortel par les dieux, rejoint avec les siens une contrée lointaine où Gilgamesh viendra le rencontrer.

→ **Alliance, arche, Genèse, Hénoch, Mathusalem, Noé, péché.**

Démon ✡ ✝ ☪

Les Grecs anciens croyaient aux *daimôn*, « génies protecteurs », mot qui donnera celui de « démon ». Ces créatures bénéfiques ou maléfiques étaient des intermédiaires entre les dieux et les hommes. Pour les trois religions du Livre, les démons sont forcément mauvais, autant dans la Bible que dans le Nouveau Testament et le Coran. Ils envahis-

sent le corps d'une personne pour la rendre malade, aux sens mental et physique du terme, et la plupart des miracles de Jésus consistent à les chasser du corps atteint et à rendre la santé (*salus* en latin) à la victime. Mais surtout, les démons sont des tentateurs, toujours prêts à provoquer le péché de l'homme, comme l'un d'entre eux le fit au paradis avec Adam et Ève. C'est pourquoi ils essaient en permanence de contrarier l'œuvre de Dieu, particulièrement le premier d'entre eux : le diable, appelé aussi Satan, qui affronte les armées du ciel dans l'Apocalypse. En islam, les djinns, êtres invisibles, peuvent faire le bien ou le mal, comme l'homme. S'ils font le mal et tentent les hommes, ils sont des satans (*chaïtans*).

→ Antéchrist, Apocalypse, diable, exorcisme, péché, Satan.

Denier du culte †

Le denier (ancienne monnaie française) du culte, ou plutôt denier de l'Église, est une contribution volontaire des paroissiens, récoltée chaque année dans les diocèses. Il sert à subvenir aux besoins des églises et du clergé. Son pendant, le denier de saint Pierre, revient à la Curie (gouvernement) romaine.

→ Curie, diocèse, Église, Pierre.

Deo gratias †

Expression signifiant « merci à Dieu », utilisée dans la liturgie pour rendre grâce à Dieu de ses bienfaits.

→ Grâce, liturgie.

De profundis †

Le psaume 130 (129) est l'un des sept psaumes de pénitence. Il est récité au cours de la liturgie des morts, et commence par ces célèbres mots : « Des profondeurs [*de profundis*] je crie vers toi, Seigneur », suivis d'un appel à l'espérance et au pouvoir rédempteur de Dieu.

→ Psaumes, rédemption.

Derviche

Le mot « derviche », issu du persan *darwish* qui évoque la notion de mendicité (acception la plus courante), désigne les membres d'une confrérie musulmane (*tariqa*) vivant en communauté (*ribat*) autour d'un maître (cheikh), et le plus souvent voués à la pauvreté (*faqr*). Ils se rattachent au soufisme, mystique musulmane. En Occident, ce mot s'est réduit, ce qui n'est donc pas correct, aux Mawlawi, disciples de Mawlana, fondateur au XIIIe siècle d'un ordre soufi à Konya, ville sainte de Turquie, où il fut supprimé par Atatürk en 1925. Mais les Mawlawi, reconnaissables à leur haute toque et leur long habit, officient encore en Égypte, par exemple. Pour atteindre l'extase, ils commencent par faire trois tours sur eux-mêmes pour se rapprocher de Dieu : le premier représente la chariah (la Loi), le deuxième la *tariqa* (chemin emprunté par le mystique musulman), le dernier la *haqiqa* (« vérité »). Les bras tendus, ils entrent dans une danse d'une beauté stupéfiante, la paume droite vers le ciel pour accueillir la grâce, celle-ci étant transmise à la terre par la paume gauche. Cette chorégraphie d'une grande intensité spirituelle leur a valu d'être appelés « derviches tourneurs ».

→ **Dhikr, fakir, mystique, ribat, soufisme, tariqa.**

Deutéronome

Le Deutéronome, écrit après le retour de l'Exil des Israélites à Babylone en 538, est le cinquième et dernier livre du Pentateuque (Torah), première partie de la Bible. Nous trouvons dans ces écrits des lois et des coutumes réunies en un code (chapitres 12-26), que le roi Josias (640-609) utilisa sans doute pour appuyer sa tentative de réforme religieuse au royaume de Juda. Le Deutéronome, où plane ainsi la menace de l'exil, contient des éléments fondamentaux du judaïsme (comme le Décalogue), regroupés dans trois discours que Moïse aurait tenus devant les Hébreux qui, rassemblés devant le Jourdain et au pied du mont Nébo – ou du mont Pisga – (nord-est de la mer Morte, en face de Jéricho), attendaient d'entrer en Terre promise (Canaan). Ces discours évoquent le passé récent, comme la fuite d'Égypte et le mont Sinaï où Dieu donna à Moïse la Loi qui exprime sa Sagesse et qui contient le Décalogue. Ils sont aussi un rappel constant du respect dû à la Loi (Torah) qui a permis cette libération, et qui s'affirme comme le gage du bonheur à venir ou, en cas d'infidélité, du châtiment exemplaire (l'exil). Dieu, le Dieu unique et le Créateur, le roi du monde, et le peuple qu'il a élu par amour sont liés par une Alliance qu'il convient de respecter, la Loi et ses exigences étant transmises entre les générations. En retour, Dieu accordera sa protection.

Moïse confie ensuite la conquête de Canaan à Josué. Après avoir loué Dieu, il gravit le mont Nébo, bénit son peuple, regarde vers la Terre promise qui se profile à l'horizon, et meurt. Les siens l'enterrent sur place.

→ **Alliance, Canaan, Décalogue, Josué, Moïse, Torah.**

Devéqout ✡

Partant du principe biblique (dans le livre du Deutéronome) que la vie n'est possible que par l'attachement à Dieu, la *devéqout* (« adhésion » en hébreu) est, pour la kabbale (mystique juive insistant sur la valeur symbolique de l'alphabet sacré), le chemin emprunté dans la prière et les mots qui la composent. On peut ainsi, en se concentrant à l'extrême, élever son âme jusqu'au monde des nombres magiques (*sefirot*) et rencontrer la présence de Dieu (*shekina*). Il s'agit, on le voit, de la perfection en matière de foi, mais accessible à tout juif, lettré ou non.

→ **Foi, kabbale, mystique, sefirot, shekina.**

Dhikr ☪

Le *dhikr* est, en arabe, l'« invocation » ou la « commémoration » du nom de Dieu, à voix haute ou silencieuse (comme l'oraison), jusqu'à des milliers de fois. Il revient, pour les soufis, mystiques musulmans, à se conformer au Coran qui, à plusieurs reprises, rappelle la nécessité impérieuse de se souvenir de Dieu. « Invoque le Nom de ton Seigneur ; consacre-toi totalement à lui », commande la sourate (chapitre) *Celui qui s'est enveloppé* (73, 8). « Invoquez-moi et je me souviendrai de vous », souligne *La Vache* (2, 152). On retrouve par conséquent le *dhikr* dans les pratiques des confréries musulmanes (*turuq*), où, permettant d'atteindre l'extase, il conduit à l'unité avec Dieu.

→ **Fakir, mystique, oraison, soufisme, tariqa.**

Dhimmi ☪

En terre d'islam, les Gens du Livre (*ahl al-Kitab*), c'est-à-dire les juifs et les chrétiens, étaient appelés aussi *dhimmis* (« protégés » en arabe). Ce statut spécial disparut après la Première Guerre mondiale, les formes anciennes de gouvernement musulman laissant place à des structures plus modernes. Plus ou moins enviable au cours de l'Histoire, la condition de dhimmi prévoyait le droit de culte, une hiérarchie conservée, le paiement d'une taxe par tête (*djizya*), le respect du droit musulman en vigueur, mais aussi la conservation de leurs droits canons... Si des dhimmis accédèrent à de hautes responsabilités, d'autres furent marginalisés, voire persécutés pour des raisons politiques et non religieuses, mais pas autant que les juifs et les chrétiens « hérétiques » en Europe, ou les Amérindiens, « païens » du Nouveau Monde.

→ **Ahl al-Kitab, christianisme, culte, juif, païen.**

Dhou-al-hijjah ☪

Dhou-al-Hijjah, douzième et dernier mois du calendrier religieux musulman, est littéralement, en arabe, le « mois du pèlerinage », c'est-à-dire celui de La Mecque, le *Hadjj*. Le 10 du même mois a lieu un autre rendez-vous majeur de l'islam, la « fête du sacrifice », aïd al-Adha, appelée aussi aïd al-Kébir (« grande fête »), car on y commémore le sacrifice d'Abraham, le père des croyants.

→ **Abraham, aïd al-Kébir, Hadjj, Mecque (La), pèlerin.**

Dhou al-Kifl ☪

Le nom de ce prophète (qui signifie « qui aura la double part ») est cité deux fois dans le Coran : dans la sourate (chapitre) *Les Prophètes* (21, 85), avec Idris (l'Hénoch de la Bible) et Ismaël ; dans la sourate *Çad* (38, 48), avec Élisée (prophète d'Israël) et Ismaël. Son identification reste mystérieuse, bien que certains auteurs l'aient assimilé à Ézéchiel, grande figure du prophétisme biblique.

→ **Élisée, Ézéchiel, Hénoch, Ismaël.**

Dhou-al-qadah ☪

Onzième et avant-dernier mois du calendrier religieux musulman, *dhou-al-qadah* est le « mois du repos » en arabe.

Diable † ☪

Le diable est « celui qui divise » (*diabolos* en grec). C'est le roi du mensonge, qui, en provoquant folie et péché, conduit ses victimes vers son royaume, l'enfer. Dans le Nouveau Testament, il est appelé aussi Belzébuth (« Prince des démons »), ou aussi, dans l'Apocalypse, Satan, c'est-à-dire « l'Adversaire ». Les Pères de l'Église, grands penseurs des premiers siècles de l'ère chrétienne, lui donneront également le nom de Lucifer (« porteur de lumière » en latin). Dans le Coran, le diable est assimilé à la figure d'Iblis, nom propre désignant le père des satans, ces djinns (êtres invisibles) qui commettent le mal et le prônent.

→ **Antéchrist, Apocalypse, Belzébuth, enfer, Iblis, péché, Satan.**

Diacre †

Si Étienne, le premier martyr chrétien (mort vers 36 de notre ère), fut institué diacre par les apôtres, cette fonction, ou diaconat, a évolué depuis la naissance de l'Église. Il ne s'agit pas d'un sous-prêtre, mais d'un véritable « serviteur » (*diaconos* en grec) direct de l'évêque.

Il n'existe pas dans les évangiles de définition du diaconat, et saint Paul cite souvent ce mot sans en préciser le sens, excepté dans la première épître à Timothée (2, 8-13) : « Les diacres, eux aussi, seront des hommes dignes, n'ayant qu'une parole, modérés dans l'usage du vin, fuyant les profits malhonnêtes. [...] Les diacres doivent être maris d'une seule femme, savoir bien gouverner leurs enfants et leur propre maison. » Dès la première Église, en expansion, les apôtres s'entourent de prêtres et diacres dont les fonctions semblent alors identiques. C'est du moins ce que supposent certains chercheurs, en s'appuyant sur les Actes des Apôtres (6, 1-6), rapportant une « institution des Sept » dirigé par Étienne. Le diaconat fut dévolu aux chrétiens de culture grecque qui se plaignaient que leurs veuves fussent négligées « dans le service quotidien ». Il s'agissait de « sept hommes de bonne réputation [...] et nous les préposerons à cet office. [...] On les présenta aux apôtres et, après avoir prié, ils leur imposèrent les mains. »

Le diacre fut d'abord chargé de tâches illustrant la charité et la fraternité chrétiennes, comme le soutien aux malades et aux malheureux, la trésorerie de l'église, et bien sûr le service liturgique (partage des offrandes, aide au cours de la communion, administration du baptême...). Mais, si les diacres devinrent souvent des évêques, le diaconat déclina au fil du temps, sans doute en raison d'un nombre suffisant de prêtres. En effet, le diaconat fut longtemps considéré comme une étape vers la prêtrise, jusqu'au concile Vatican II (1962-1965), qui décida de lui redonner sa nature première et un rôle permanent – pour pallier le manque de prêtres dû au célibat, disent certains. Ainsi, le diaconat est l'un des trois ministères donnés par ordination sacramentelle (conformément à l'époque des apôtres), avec l'épiscopat (évêque) et le presbytérat (prêtrise). Les diacres, formés pendant trois à cinq ans, peuvent baptiser, donner la communion (eucharistie), présider les cérémonies de mariage et d'enterrement. Ils ont toujours le droit d'être mariés, mais à « une seule femme » (un veuf ne peut se remarier). Le diaconat a pris une ampleur notable depuis ce concile. En revanche, il n'est pas accessible aux femmes, bien qu'il existât des diaconesses (aux fonctions moins larges) dans l'Église des premiers siècles, surtout en Orient. Les anglicans lui accordent la même importance. Le diaconat est également en vigueur chez les orthodoxes, et dans certaines Églises protestantes qui, toutefois, ne lui accordent pas la dimension du sacrement.

→ **Apôtre, iconostase, ordination, prêtre, sacrement.**

Diaspora ✡

Depuis plus de deux mille ans, les juifs n'ont cessé d'être sujets à la « dispersion » (*diaspora* en grec), c'est-à-dire à l'émigration depuis la terre (Erets) d'Israël. Ces implantations étrangères, qui motivèrent l'espoir du retour (*aliya*), se firent pour diverses raisons, les principales étant l'Exil (*galout*), comme celui des habitants de Juda à Babylone au VIe siècle av. J.-C., les guerres, mais aussi la volonté de propager le judaïsme hors de ses frontières d'origine. Nous trouvons ainsi des communautés juives établies en Égypte après les conquêtes d'Alexandre (IVe siècle av. J.-C.), dont Israël faisait partie, et à Rome dès le IIe siècle avant notre ère. Des livres de la Bible, comme celui de Jonas, font clairement référence à ces communautés, pieuses et actives, dont les membres ont

aussi le droit d'être considérés comme juifs, même en dehors d'Israël. À partir de Jésus, puis de la révolte juive aboutissant à la destruction du Temple de Jérusalem, en 70, la dispersion s'accentue.
En effet, la diaspora résulte d'une autre cause : les persécutions entamées au Moyen Âge par les royaumes européens, les expulsions des XIVe et XVe siècles – qui poussent des juifs (dont les marranes d'Espagne) à se réfugier dans d'autres pays, notamment musulmans –, auxquelles s'ajoutent les ghettos, les pogroms des XIXe-XXe siècles et la terrible Shoah de la Seconde Guerre mondiale. La diaspora a cependant abouti à l'émergence des deux grandes familles du judaïsme : ashkénazes et séfarades. Nous trouvons aussi de très anciennes communautés dont l'implantation est parfois étonnante. Ainsi, les *Bené Israël* (« Fils d'Israël »), en Inde, font remonter leur origine au IIe siècle apr. J.-C. Il existe aussi, en Éthiopie, ancienne Abyssinie, les seuls juifs noirs d'Afrique : il s'agit des *Beta Israël*, « Maison d'Israël » en guèze, langue éthiopienne classique. L'origine de cette dernière communauté, imprécise, pourrait remonter à l'Antiquité : comme les *Bené Israël*, ils seraient les descendants des dix tribus perdues d'Israël, lesquelles composaient le royaume de Samarie avant sa destruction en 722 av. J.-C. par les Assyriens. La population de la Samarie fut alors déportée, et l'on perd quasiment sa trace. Le rite pratiqué par ces Falachas est indiscutablement très ancien, remontant sans doute à une époque précédant l'exil à Babylone, en 587 av. J.-C. ; il existe aussi un livre d'Hénoch en éthiopien. Les *Beta Israël* observent une Bible traduite en guèze, et n'acceptent pas l'autre nom qui leur est donné, celui de Falachas (« étranger », « émigré » en guèze). L'Éthiopie possède en outre l'une des plus anciennes Églises chrétiennes (Lalibela), et l'islam y est implanté depuis longtemps.
La diaspora juive, dont la plus importante communauté réside aux États-Unis, est aujourd'hui nettement plus nombreuse que la population de l'État d'Israël. Au sens large, le mot diaspora peut s'appliquer aussi aux musulmans aujourd'hui dispersés dans le monde occidental, à la faveur de l'émigration politique, économique, voire humanitaire.

→ **Aliya, ashkénazes, Exil, ghetto, Israël, marranes, pogrom, séfarades, Shoah.**

Dibbouq ✡

En Europe de l'Est apparaît au XVIIIe siècle le mot de *dibbouq* (« attachement » en hébreu). Il désigne en fait une notion beaucoup plus ancienne, celle de démons investissant un corps, à l'image de ceux que Jésus expulse par ses miracles, ou encore des cas de possession décrits dans la Bible – celui du roi Saül, par exemple. La manifestation du *dibbouq* est peut-être inspirée de la kabbale (mystique juive insistant sur la valeur symbolique de l'alphabet sacré). Une personne, nécessairement coupable de péché, peut être ainsi habitée par cet esprit mauvais qui, la déstabilisant et s'emparant de son âme, la plonge dans un profond désarroi spirituel (le *dibbouq* correspond en effet à une âme qui, selon un thème de la kabbale, n'est pas passée dans un autre corps après la mort, conformément au phénomène de la transmigration des âmes). La victime parle d'une voix différente, et la seule manière de la débarrasser du *dibbouq* est de procéder à un exorcisme.

→ **Démon, exorcisme, kabbale, mystique, péché, Saül.**

Dieu ✡ ✝ ☪

L'humanité, dès la préhistoire, a manifesté le besoin de supports divins, comme l'attestent les peintures des cavernes ou les représentations sculptées de personnages féminins (symboles de fécondité et de vie), appelées les Vénus. Avec l'instauration du polythéisme, égyptien, grec, mésopotamien ou encore romain, déesses et dieux reçurent des noms propres ; des légendes en racontèrent les aventures et en illustrèrent les pouvoirs. Mais pour le Dieu unique des trois religions du Livre, ce principe, très humain, ne peut s'appliquer. En effet, prononcer un nom revient à connaître et reconnaître celui qui le porte ; or le « Nom » (propre) de Dieu reste un mystère, il est une puissance exigeant crainte et respect, amour et foi. Ainsi, les juifs s'interdisent depuis plus de deux mille ans de le prononcer. Les musulmans, eux, accordent une infinité de noms à Dieu, dont Allah, le véridique qui les contient tous – l'idée selon laquelle Dieu possède quatre-vingt-dix-neuf noms est répandue mais non fondée ; certes, un *hadith* (actes, paroles et commentaires du Prophète) mentionne ce chiffre mais pas de manière restrictive. Qu'on le nomme Seigneur, Tout-Puissant, Très-Haut, Sabaot ou Yahvé, Dieu, pour les juifs, les chrétiens et les musulmans, est le Créateur, celui qui voit tout, sait tout, dirige

les hommes et les nations, et qui, en retour de son amour incommensurable, exige le respect de ses commandements pour le bonheur de tous, ici-bas et dans le monde éternel.

→ **Adonaï, Allah, El, Élohim, Jéhovah, Sabaot, Seigneur, Très-Haut, Yahvé, YHWH.**

Dimanche †

Le christianisme, comme le judaïsme avec le shabbat, possède un jour sacré et chômé dans la semaine. Son étymologie latine, *dies dominicus*, l'indique : dimanche est le « jour du Seigneur », jour que les évangiles présentent comme celui de la résurrection de Jésus, fondement de la foi, lors de la Pâque juive. « Après le jour du shabbat, comme le premier jour de la semaine commençait à poindre [...] », relate Matthieu (28, 1). Il est le repos hebdomadaire, qui commémore le septième jour de la Création, celui où Dieu se reposa. Il est aussi pour les croyants une occasion d'aller à la rencontre de Dieu et du Christ, surtout au cours de la messe (eucharistie). Dès l'époque des apôtres, le dimanche se substitua peu à peu au shabbat, dont il garda le rythme : il commençait la veille (samedi) au coucher du soleil pour se terminer le lendemain au même moment, selon la définition alors habituelle des jours. Le Nouveau Testament confirme à plusieurs reprises cette place du dimanche. Dans l'Apocalypse, attribuée à l'apôtre Jean, celui-ci déclare : « Je tombai en extase, le jour du Seigneur » (Ap 1, 10). Et quand saint Paul se trouve à Troas, sur la mer Égée : « Le premier jour de la semaine [dimanche], nous étions réunis pour rompre le pain [eucharistie] », écrit l'auteur des Actes des Apôtres (20, 7). Dans sa première épître aux Corinthiens, le même Paul recommande : « Que le premier jour de la semaine, chacun de vous mette de côté chez lui ce qu'il aura pu épargner, en sorte qu'on n'attende pas que je vienne pour recueillir les dons » (16, 2).

Le dimanche remplaça aussi le rite du soleil chez les Romains ; de même que les juifs, ils en faisaient le premier jour de la semaine. En dehors de son rôle hebdomadaire dans le calendrier, il est également le jour de grandes fêtes chrétiennes : Pâques, Rameaux et Pentecôte, par exemple.

→ **Actes des Apôtres, évangiles, messe, Pâques, Pentecôte, Rameaux, shabbat.**

Dîme ✡✝☪

La dîme (*maaser* en hébreu) est inscrite dans le livre de la Genèse de la Bible, où le patriarche Abraham la paye à Melchisédech, roi de l'antique Jérusalem. Il s'agissait, dans l'ancien Israël, de remettre le dixième (*decima* en latin, qui a donné « dîme ») des récoltes et du bétail aux prêtres et aux lévites du Temple de Jérusalem, afin de remercier Dieu. L'ordre Zeraïm de la Michnah (premiers écrits tirés de la loi orale) s'est intéressé de plus près aux modalités de la dîme, notamment le traité Péah, dîme pour les pauvres. Après la destruction du Second Temple, en 70 apr. J.-C., cette mesure fut abandonnée, et n'est plus appliquée aujourd'hui par la diaspora juive. En revanche, certains milieux religieux organisent dans l'État d'Israël une forme de dîme, la réservant à différents usages.

Le principe de la dîme agricole fut repris par l'Église catholique afin de financer les lieux de culte et le clergé, conformément à l'usage des premiers siècles du christianisme, où chacun s'acquittait d'une participation pour l'entretien et le fonctionnement de la communauté. De fait, dans le Nouveau Testament, on trouve mention d'un concours financier dans la première épître aux Corinthiens de saint Paul : « Ne savez-vous pas que les ministres du temple vivent du temple, que ceux qui servent à l'autel partagent avec l'autel ? » (9, 13). Aux IVe et Ve siècles, ne pas payer la dîme entraîne désormais la punition de l'anathème ou l'excommunication. Cet impôt fait l'objet d'une législation plus précise en 585, lors du concile de Mâcon. Imposée bientôt à tous les pays chrétiens, la dîme concerne aussi bien les revenus que l'agriculture. Son produit, recueilli par les dîmiers (souvent mal accueillis), est remis à l'évêque (puis plus tard aux curés de paroisse) qui le répartit, dans son diocèse, entre lui-même, les pauvres, les clercs et les lieux de culte. Abolie dans les pays qui la pratiquaient, elle a été supprimée en France en 1789.

En islam, la *zakat* (aumône légale) est à rapprocher de la dîme.

→ Diocèse, Église, paroisse, zakat.

Diocèse ✝

Dans l'Église catholique, chaque pays est divisé en provinces ecclésiastiques, chacune placée sous l'autorité d'un archevêque, et composée de divisions administratives. Ces divisions sont les diocèses (du grec *dioikê-*

sis, « administration »), inspirés des Romains, qui délimitaient des territoires (cités) possédant leurs propres règles et leur organisation, tout en rendant des comptes au pouvoir central de Rome. Mais au contraire des Romains, le Vatican, où siège le pape – le premier des évêques –, ne décide pas du sort des diocèses. Chaque diocèse est dirigé par un évêque et porte le nom de la ville où celui-ci a son siège (qui est une cathédrale). Il réalise une Église à part entière, tandis que les évêques du monde entier forment, avec le souverain pontife, l'Église « universelle » (sens du mot « catholique »). Un diocèse représente donc à lui seul cette Église, au travers des paroisses et des prêtres qui en ont la charge.

→ **Archevêque, cathédrale, Église, évêque, pape, paroisse, prêtre, Vatican.**

Disciple ✡ † ☪

Le disciple, femme ou homme, est l'« élève » (*discipulus* en latin) d'un maître qui lui enseigne son savoir et, en matière religieuse, le contenu de la foi (ou discipline). Sans disciples, les trois religions du Livre n'auraient pu se répandre, convertir, exister. Ce sont eux qui transmirent les écrits de la Bible, qui rapportèrent les paroles (*logia*) de Jésus dans les évangiles du Nouveau Testament, et, pour l'islam, qui diffusèrent le Coran et la Tradition (*hadith*).

→ **Discipline, évangiles, hadith, Livre, Testament.**

Discipline †

La discipline est, dans l'acception chrétienne la plus courante, l'enseignement qu'un maître transmet à ses disciples (Jésus et les apôtres par exemple), et, plus rarement, le respect d'une règle édictée, comme celles du monachisme ou bien du droit canon élaboré par l'Église catholique.

→ **Apôtre, canon, disciple, monachisme.**

Discussion, La ☪

Al-Mujadala (*La Discussion*), 58e sourate (chapitre) du Coran, commence par ces versets : « Dieu a entendu les propos de celle qui discutait avec toi au sujet de son époux, et qui se plaignait à Dieu. Dieu entendait votre conversation – Dieu est celui qui entend et voit. » En effet, Dieu met en garde celui qui chasse injustement son épouse, et qui devra, par exemple, nourrir soixante pauvres, l'aumône purifiant le cœur et la foi. Car toute mauvaise pensée, tout péché, produit du démon, sera compté au jour du Jugement ; les incrédules, les « partisans du démon », finiront dans les flammes éternelles de la géhenne (l'enfer), et les « partisans de Dieu » connaîtront l'immortalité dans les jardins merveilleux.

→ **Aumône, démon, géhenne, Jugement dernier, péché.**

Disputation ✡ ✝

La disputation, mot venant de « disputer » (du latin *disputare*, « discuter »), est un débat engageant des représentants de religions différentes, chacun défendant les articles de sa foi tout en essayant d'en démontrer la prééminence sur les autres. L'Histoire fut ainsi émaillée, dès le Ier siècle apr. J.-C., de grandes disputations, les plus importantes se situant au Moyen Âge et engageant des juifs et des chrétiens ou des juifs apostats.

→ **Apostasie, foi.**

Diwan ☪

Le mot *diwan*, d'origine persane ou arabe, possède un double sens. Il s'agit d'abord d'un recueil de textes, le plus souvent de poésie. Par extension, il en vint à désigner, dans les premiers États musulmans, des bureaux administratifs remplissant des tâches précises (armée, poste, économie, impôts...). Au Xe ou XIe siècle, sous la dynastie des Abbassides, il désigna le cœur de l'administration. Enfin, l'Empire ottoman le reprit pour l'appliquer au gouvernement qui se réunissait autour du sultan, dans une salle garnie de coussins – de là vient le « divan » sur lequel on s'assoit. L'institution du *diwan* disparut au XVIIIe siècle, remplacée ensuite par des structures plus contemporaines, comme les ministères.

→ **Abbassides, Ottomans, sultan.**

Djamâ'a ☪

Présent dès les premiers temps de l'islam (notamment dans l'école juridique hanbalite, l'une des quatre traditions juridiques de l'islam), mais absent du Coran, le terme *djamâ'a*, qui évoque l'idée de collection, est une autre désignation de la communauté des croyants (*oumma*). On le retrouve en revanche dans de nombreux *hadith* (actes, paroles et commentaires du

Prophète). Mais il doit se comprendre dans un sens strictement religieux, et donc n'englobe pas les incrédules et même ceux qui procèdent à des changements (*bidah*) jugés très hétérodoxes (c'est-à-dire contraires à l'orthodoxie, la véritable voie). On trouve ce mot dans l'assemblée (*yawm al-djoum'a*) réunie pour la prière du vendredi, ou encore dans l'appellation arabe des sunnites (*ahl al-sunna wa'l-djama'a*, les « gens de la *Sunna* et de la communauté »).

→ **Bidah, hanbalisme, oumma, Sunna, sunnisme, vendredi (prière du).**

Djihad ☪

Le mot arabe *djihad* (« effort » sur soi-même et dans la voie d'Allah) a souvent été interprété comme la « guerre sainte », qui impliquerait massacres, servitudes et autres atteintes aux droits des peuples. Certes, le *djihad* a correspondu à des combats, mais ce serait le réduire à une seule dimension. Les luttes armées doivent être resituées dans leur époque historique. Dans le Coran, les appels au combat se situent dans un contexte guerrier hostile à la nouvelle religion. Il faut donc le comprendre dans le sens d'un *djihad* défensif.

Il existe en effet, dans la Tradition musulmane, deux catégories de djihad. Le *djihad* mineur (*el-jihad el-asghar*), qui est le combat physique servant à défendre la foi, l'intégrité et l'intérêt de la communauté de l'islam lorsque celle-ci est attaquée. Il ne s'agit pas d'obliger quiconque à embrasser la religion musulmane. Plus d'un verset du Coran, livre sacré de l'islam, attestent que contraindre par la force un non musulman à se convertir n'a, non seulement aucun sens, mais est contraire à la volonté de Dieu. « Si Dieu l'avait voulu, il aurait fait de vous une seule communauté », énoncent les sourates (chapitres) *La Table servie* (5, 48) et *Les Abeilles* (al-Nahl 16, 93). Le *djihad* majeur (*el-jihad el-akbar*) correspond quant à lui à un combat spirituel et moral afin d'atteindre la rectitude et la vertu. « Pas de contrainte en religion ! », clame *La Vache* (2, 256). Car « si ton Seigneur l'avait voulu, tous les habitants de la terre auraient cru », souligne *Jonas* (10, 99).

Le *djihad* se range parmi les obligations (*fard*) au service de la communauté, dites aussi de suffisance (*fard al-kifaya*). En effet, les combattants (*moudjahidin*), nécessairement des hommes adultes, doivent être en nombre suffisant, et ne s'engager que si la lutte est justifiée sur le plan religieux et la victoire possible. Ils font ainsi preuve de dévotion (*ikhlas*) et montent directement au paradis quand ils tombent au combat – chacun est alors un martyr (*shahid*, « témoin »). L'islam étant par essence la religion véritable, il s'agit de lui gagner des territoires, de convertir les non-croyants en général (athées ou agnostiques), et de laisser les gens du Livre (*ahl al-Kitab*), juifs et chrétiens, qui ne veulent pas se convertir, libres de culte (ils sont alors dhimmis, « protégés »). Mais le djihad devient une obligation « personnelle » (*fard al-ayan*) – comme la *zakat* (aumône) – quand l'islam est menacé et agressé. « Dieu prend la défense des croyants ; Dieu n'aime pas le traître incrédule. Toute autorisation de se défendre est donnée à ceux qui ont été attaqués parce qu'ils ont été injustement opprimés [...] et à ceux qui ont été chassés injustement de leurs maisons. [...] Si Dieu n'avait pas repoussé certains hommes par d'autres, des ermitages auraient été démolis, ainsi que des synagogues, des oratoires et des mosquées où le nom de Dieu est souvent invoqué. Oui Dieu sauvera ceux qui l'assistent », stipule par exemple la 22e sourate (chapitre) du Coran (*Le Pèlerinage*, 22, 39-40).

→ **Anathème, conversion, Coran, dhimmi, fard, ikhlas, moudjahid.**

Djinns ☪

On pense aujourd'hui que la croyance aux djinns existait avant l'islam. Les djinns, génies invisibles aux humains, ont été créés par Dieu : « Il a créé l'homme d'argile, comme la poterie ; Il a créé les djinns d'un feu pur [sans fumée] », rapporte la sourate (chapitre) 55 (14-15, *Le Miséricordieux*) du Coran. « Le Feu est votre demeure ! Vous y demeurerez durablement [*khâlidîna*], à moins que Dieu ne le veuille pas » (6, 128, *Les Troupeaux*). La sourate 72 leur est consacrée.

Les djinns, féminins ou masculins, peuvent adopter les formes les plus originales pour se rendre visibles. Ils disputent aux hommes, qu'ils envoûtent, l'amour de Dieu. S'ils occupent, avec ces derniers, les « deux charges » (ou *al-thaqalan*, 55, 31) du monde, ils n'ont cependant pas le pouvoir de connaître les mystères de l'avenir (34, 14, *Les Saba*), et, rappelle la sourate 7 (179, *al-Araf*), « Nous avons destiné à la géhenne [l'enfer] un grand nombre de djinns et d'hommes ».

Plutôt associés au mal (« Nous avons suscité, à chaque prophète, un ennemi : des hommes démoniaques et des djinns » 6, 112), ils sont cependant parfois bénéfiques. Ainsi, ils assistent Salomon, qui sait les soumettre : « Les armées de Salomon, composées de djinns, d'hommes et d'oiseaux furent rassemblées et placées en rangs » (27, 17, *Les Fourmis*) ; « Certains djinns étaient à son service avec la permission de son Seigneur » (34, 12).

→ **Ange, Iblis, Saba, Salomon, Satan.**

Docétisme †

Le docétisme (du grec *dokein*, « paraître »), doctrine apparue dès la fin du Ier siècle et développée aux IIe et IIIe siècles, avançait que Jésus n'avait pas été un être humain à part entière, mais une sorte d'« apparition » qui, étant donné son immatérialité, avait échappé aux souffrances et autres réalités réservées aux hommes. Il mettait ainsi à mal l'incarnation de Dieu en Jésus son Fils, laquelle nécessite une enveloppe humaine, donc matérielle, mais aussi la Résurrection et l'Ascension de Jésus au ciel. Le docétisme fut combattu par l'Église, en même temps que le gnosticisme (qui assimilait la matière au mal) qu'il avait nourri au IIIe siècle.

→ **Fils, gnosticisme, incarnation, résurrection, Trinité.**

Docteur de l'Église †

Au contraire des Pères de l'Église, les Docteurs, hommes ou femmes, sont désignés comme tels par l'Église en raison de l'exemplarité de leur vie, de leurs écrits, de leur foi et de leur richesse intérieure. Issus de l'Occident comme de l'Orient, ils jalonnent l'histoire du christianisme auquel ils ont apporté, par leurs réflexions et leurs œuvres, de profondes pensées théologiques. Certains sont également Pères, comme saint Jérôme (347-320), auteur de la Vulgate, traduction latine de la Bible, ou saint Augustin (354-430), acteur du monachisme. Plus près de nous, sainte Thérèse de Lisieux (1872-1897), par-delà des convictions religieuses de chacun, a laissé des témoignages bouleversants et d'une humanité profonde, à l'égal de son « J'entre dans la vie » prononcé juste avant de mourir. Elle a été nommée docteur en 1997.

→ **Église, monachisme, Père de l'Église, théologie, Vulgate.**

Doctrine †

La doctrine est un « enseignement » (du latin *doctrina*) de l'Église, destiné à cerner et expliquer la foi, qu'elle nourrit ainsi dans ses multiples aspects et manifestations, comme les sacrements par exemple. La doctrine fondamentale du christianisme est bien entendu l'Évangile, la « bonne nouvelle » annoncée par Jésus. Lorsqu'une doctrine de foi est définie de manière solennelle, elle devient un dogme.

→ **Foi, dogme, Évangile, Jésus, sacrement.**

Dogme †

Dès les premiers temps du christianisme est apparue la nécessité de fixer des vérités fondamentales de la foi afin, notamment, de faire barrage aux hérésies. Ce sont les dogmes, c'est-à-dire les « croyances » qu'il est obligatoire de « professer » (*dogma* en grec). C'est ainsi que les conciles élaborèrent le Credo (Nicée, 325), exprimant l'essentiel du contenu de la foi, notamment que « le Saint-Esprit procède du Père ». Le concile de Constantinople (381) a développé ce Credo. Après la séparation de l'Orient orthodoxe et de l'Occident catholique, en 1054, l'Église de Rome poursuivit seule la définition de ces dogmes. Aujourd'hui, le dogme est plutôt une doctrine de foi définie précisément par un acte du magistère (enseignement) extraordinaire de l'Église catholique. Les dogmes étant pour l'Église des chemins à suivre, et pour leurs détracteurs des vérités imposées sans recours possible, les plus récents, nés de croyances anciennes, ont provoqué de grandes polémiques, notamment de la part des chrétiens qui n'avaient pas été associés à leur élaboration. Il s'agit principalement de l'Immaculée Conception de la Vierge Marie (1854), de l'infaillibilité du pape (1870) et de l'Assomption de la Vierge (1950).

→ **Concile, Credo, doctrine, foi, infaillibilité, magistère.**

Dôme du Rocher ☪

Le Dôme (ou Coupole) du Rocher (Qubbat al-Sakhra), séparé de la mosquée al-Aqsa par des arcades, a été édifié à partir de 691 par Abd al-Malik, sur l'emplacement supposé du Temple de Salomon, à Jérusalem, mais aussi de *l'aqédah*, le sacrifice d'Abraham, qui aurait eu lieu sur ce Rocher (mont Moriyya). Plus important encore, Mahomet aurait fait une halte en ce lieu juste avant son ascension (*miraj*) au ciel depuis le Rocher. Il ne s'agit donc pas d'une mosquée, mais plutôt d'un sanctuaire. La coupole de ce plus ancien témoignage architectural musulman est empruntée à l'architecture chrétienne, comme la basilique du Saint-Sépulcre bâtie dès le IVe siècle à Jérusalem. Sous une charpente de bois (matériau pourtant peu fréquent dans cette région) qui domine le Rocher (18 x 14 mètres), la décoration, magnifique, comprend mosaïques, bronzes et autres marbres. Le Dôme du Rocher est parfois appelé par erreur « mosquée Omar », du nom du calife qui s'empara de Jérusalem en 638 : après avoir ordonné de nettoyer l'esplanade du Temple, déserte et jonchée de détritus, il y fit sa prière.

→ **Abraham, aqédah, ascension, Mahomet, miraj.**

Dominicain †

Les dominicaines et dominicains forment un ordre monastique fondé par saint Dominique Guzman (vers 1170-1221), à la même époque que les franciscains, mais séparément, sans qu'il y eût de lien entre eux. Ces deux ordres, qui rompirent avec certains fastes de l'Église en prônant le dénuement et la rigueur, furent appelés « mendiants ». Conscients de la nécessité de donner aux populations une formation religieuse de qualité, notamment pour contrer les cathares, que l'Église juge hérétiques, Dominique et ses disciples sont autorisés à prêcher (enseigner et répandre l'Évangile), ce qui était jusque-là réservé aux évêques. D'où l'autre nom de Frères prêcheurs donné depuis 1217 à cet ordre. Même si on peut leur reprocher, entre autres, d'avoir pris une part active à l'Inquisition, les dominicains ont produit des esprits d'une qualité remarquable, comme Henri Lacordaire (1802-1861), qui restaura l'ordre en France après sa disparition durant la Révolution, mais aussi les grands théologiens que furent Thomas d'Aquin (1225-1274) et son maître Albert le Grand (1200-1280). Les dominicains, répartis en quarante provinces dans le monde, ont aussi assuré des missions en direction des pays les plus pauvres, et n'ont cessé de mener des recherches et d'enseigner dans de nombreux domaines.

→ **Franciscains, hérésie, Inquisition, monachisme, ordre.**

Donatisme †

En 313, l'empereur romain Constantin protège le christianisme et laisse aux chrétiens la liberté de culte, mettant fin aux persécutions contre ces derniers, dont certains renièrent leur foi (ce sont les *lapsi*, « qui sont tombés »). L'une de ces campagnes, celle de Dioclétien, commencée en 303, a conduit certains évêques à livrer (*tradere* en latin) aux Romains les livres saints, d'où leur surnom de « traditeurs ». À Carthage (Afrique du Nord), l'élection de Cécilien au siège épiscopal en 312 est remise en question, l'un des électeurs ayant été soi-disant traditeur. Cécilien est presque aussitôt évincé par Donat qui, bien que condamné par les évêques de Gaule, restera en poste trente ans. D'une grande intransigeance, Donat est désavoué de l'accusation concernant le supposé traditeur. Soutenu par un élan populaire, le donatisme s'allie avec les mouvements paysans, prenant alors une tournure politique et sociale en réaction à l'autorité impériale. La répression ne tarde pas : Donat meurt en exil (355), mais Julien l'Apostat reprend le flambeau. Combattus par saint Augustin (354-430), l'un des pères du monachisme chrétien, les donatistes refusent les sacrements donnés par des clercs qu'ils suspectent de mauvaise conduite passée. Mais le mouvement s'éteint à la mort d'Augustin. L'Église d'Afrique sort affaiblie de ce schisme de près d'un siècle.

→ **Monachisme, Père de l'Église, schisme.**

Dormition †

C'est le nom donné en Orient à l'Assomption de Marie, où elle est fêtée depuis le VIe siècle au moins, à la même date qu'en Occident, le 15 août.

→ **Assomption, Marie, orthodoxe.**

Doxologie †

La doxologie est, dans la liturgie chrétienne, une « parole de gloire », une prière solennelle à la gloire de Dieu. Le Nouveau Testament en fournit trois exemples, dans les épîtres aux Romains (16, 25-27), aux Éphésiens (3, 20) de saint Paul, et dans l'épître de Jude (24-25).

→ **Gloire de Dieu, liturgie.**

Druzes ☪

Les druzes, qui tiennent leur nom de leur fondateur Darazi (début du XIe siècle), forment un courant issu de l'islam (qui voit en eux des hérétiques) et dérivé de l'ismaélisme (des ismaéliens, partisans d'Ismaël, le septième imam). Ils sont implantés dans le sud du Liban et de la Syrie (dont le djebel Druze), et au nord d'Israël. Organisés en initiés et non-initiés, ils se proclament les « unitaires » (unité de Dieu). Délaissant les Cinq Piliers de l'islam (jeûne du ramadan, pèlerinage à La Mecque...), dépourvus de lieux de culte, comme les mosquées, ils respectent scrupuleusement sept principes ou commandements (fraternité, soumission à Dieu, etc.) mais fêtent l'Achoura (jour célébré en vue des bienfaits à venir) et l'aïd al-Kébir aïd al-Adha ou « fête du sacrifice »).

→ **Achoura, aïd al-Kébir, ismaéliens.**

Dua ☪

La *dua* (mot arabe) est une « invocation » de Dieu, mais individuelle et faite à n'importe quel moment, ce qui la différencie de la prière rituelle quotidienne (*salat*). Elle se fait en silence, à la manière d'une oraison, ou à voix haute, et peut suivre une *salat* pour adresser à Dieu des louanges particulières.

→ **Oraison, prière, salat.**

Duha, al- ☪

Sourate (chapitre) 93 du Coran, *al-Duha* est traduit par *La Clarté du jour*. Elle correspond à la matinée. Mahomet entend de Dieu les bienfaits que procurent la foi, plus grands encore que ceux qu'il pourrait recevoir dans sa vie présente. Orphelin errant, il a désormais un guide qui lui apportera richesse, sens de la fraternité et de la charité, autant de bienfaits qu'il se doit de faire connaître.

→ **Charité, foi, Mahomet, Mecque (La), révélation.**

Duodécimain ☪

Les duodécimains (de *duodecimus*, « douzième ») forment la famille principale du chiisme (les chiites sont les partisans d'Ali, cousin du Prophète, et de ses descendants) et la composante de l'islam iranien – ils sont aussi présents en Irak. Ils rejettent les trois premiers califes (successeurs de Mahomet), et croient en douze imams (d'où leur autre nom d'imamites), dont le dernier, Muhammad, enlevé aux yeux des hommes au IXe siècle, doit revenir à la fin des temps en la personne du Mahdi (« l'attendu » qui sera avec le Messie, Jésus). L'imam est le guide, représentant du Prophète, et exige donc obéissance et respect. C'est pourquoi il remplit une fonction religieuse éminente, mais peut aussi assumer un rôle politique.

→ **Ayatollah, calife et califat, chiisme, imam, Mahdi, prophète.**

Duperie réciproque, La ☪

Titre de la 64e sourate (chapitre) du Coran, *La Duperie réciproque* (*al-Taghabun*) met en garde contre la tentation de suivre le prétendu message religieux d'un seul homme, ou, pour les croyants, d'accorder des faveurs qui ne reviennent qu'à Dieu, comme le pardon. Seul Dieu peut effacer les mauvaises actions et faire ainsi entrer dans les jardins (paradis) ceux qu'il juge en avoir acquis le mérite. Il connaît tout, sait tout, et les incrédules, qui nient ses signes, iront à leur « détestable fin », l'éternité dans les flammes de l'enfer.

→ **Enfer, paradis.**

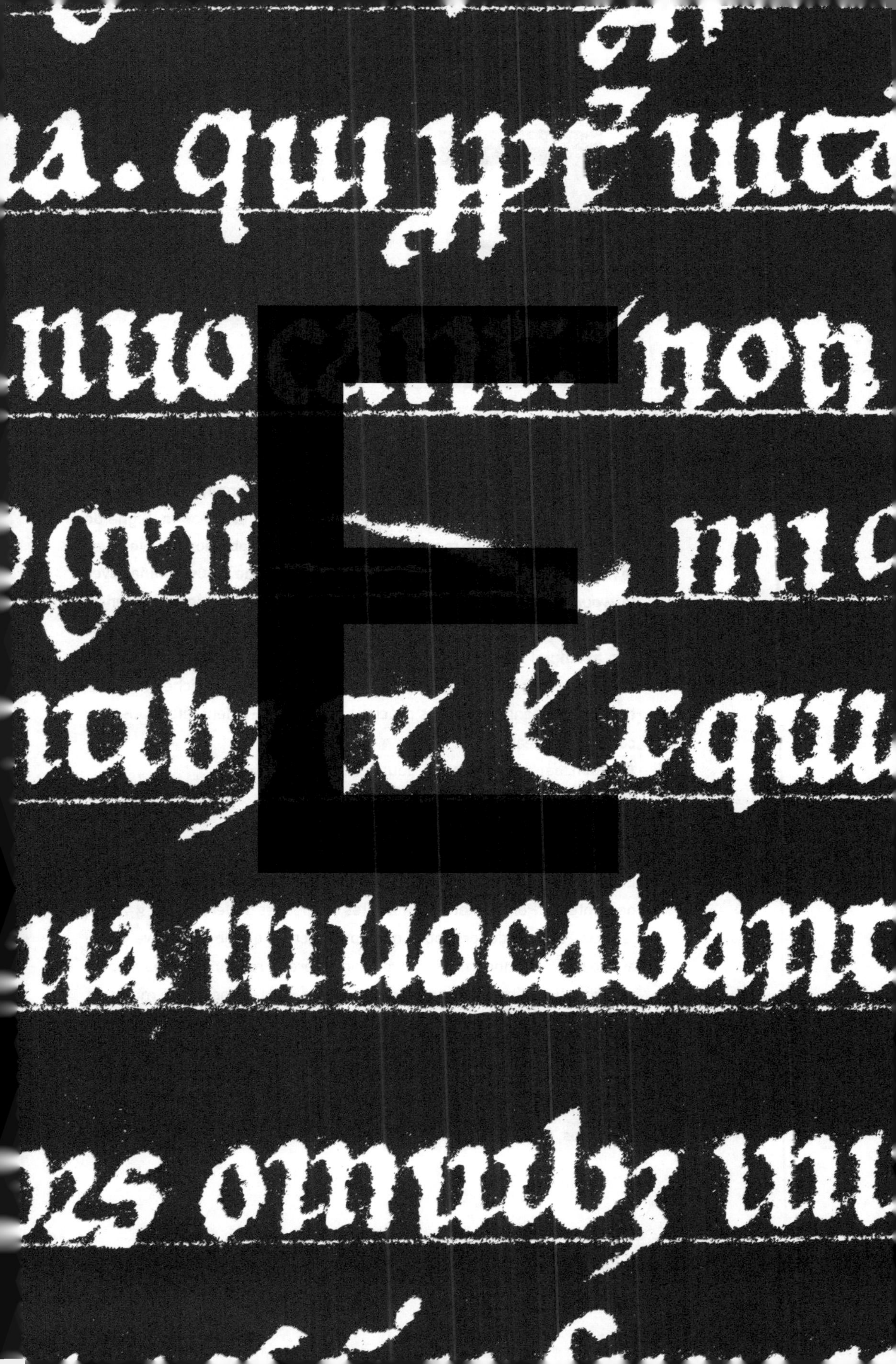
E

E

Eau ✡✝☪

Dans la symbolique religieuse, l'eau possède trois dimensions. Elle est à la source de la vie, animale et végétale, donc de la Création. Signe de bénédiction, elle est un moyen de se purifier par les ablutions : juives avec le *miqveh*, par exemple ; chrétienne avec le baptême ; musulmanes avec le *woudou* et le *ghousl*. L'eau est enfin synonyme de régénérescence. Dans la Bible et le Nouveau Testament, les allusions aux puits (de Jacob par exemple), aux fleuves tel le Jourdain et autres oasis (de l'Exode notamment) sont nombreuses. Le Coran est également riche en évocations, l'eau, denrée toujours précieuse au Proche-Orient, étant aussi au cœur de la Création.

→ **Ablution, baptême, Création, Jourdain, miqveh.**

Ecce homo ✝

L'évangéliste Jean rapporte (19, 1-5) que Jésus, après avoir été fouetté, est présenté par Ponce Pilate aux autorités religieuses de Jérusalem. « Voyez, je vous l'amène dehors, pour que vous sachiez que je ne trouve en lui aucun motif de condamnation », déclare le préfet romain pour les embarrasser. « Voici l'homme [*ecce homo* en latin] », dit-il ensuite en montrant Jésus. Pilate sera contraint de le faire crucifier. De nombreuses peintures et sculptures, appelées *Ecce Homo*, représentent Jésus coiffé de la couronne d'épines, un roseau dans les mains, habillé du manteau dont l'ont revêtu les soldats.

→ **Évangiles, Jean, Jérusalem, Jésus, Ponce Pilate.**

Éden ✡ ✝ ☪

Dans la Genèse, premier livre de la Bible, Dieu crée le monde, les animaux, puis le premier homme (Adam) et la première femme (Ève). Il place ensuite ce couple, le premier de l'humanité, dans un jardin, en Éden. Celui-ci se trouve quelque part en Orient, c'est-à-dire vers le soleil levant, mais dans un lieu indéterminé. Ce jardin, splendide et généreux, recèle notamment deux arbres, celui de vie, qui donne l'immortalité, celui de la connaissance du bien et du mal, à la source du premier péché. Il est aussi appelé « jardin des délices », sens du mot hébreu *eden* (« plaisir », « délice »). Pour rendre cette idée de richesse, les traducteurs grecs de la Bible rendirent ce mot par *paradeisos* (du persan *pardes*, « parc », sous-entendu luxuriant), qui a donné notre « paradis ». Il convient donc de distinguer le paradis sur Terre du paradis céleste où résideront ceux qui auront mérité de connaître la vie éternelle auprès de Dieu. Le christianisme s'inscrit dans la Création décrite ainsi par la Bible. Le Coran, qui multiplie les références au paradis, évoque aussi l'Éden à plusieurs reprises, jardin arrosé de rivières et où résideront les justes. Ainsi, dans la sourate (chapitre) *Le Créateur* : « Ils pénétreront dans les Jardins d'Éden où ils seront parés de bracelets en or et de perles, où leurs vêtements seront en soie » (35, 33). Les Jardins d'Éden sont une récompense de Dieu, près de qui les fidèles resteront immortels (*La Preuve décisive*, 98, 8).

→ Adam, arbre, Création, Ève, Genèse, paradis, péché.

Église ✝

Dans le christianisme, le mot « Église » correspond aujourd'hui à une organisation qui occupe une place à part de la société civile, tout en étant inscrite dans le monde, et dont le fonctionnement est assuré par une hiérarchie. Elle est, de par son étymologie, une « assemblée » (*ecclesia* en latin). Mais Jésus n'avait pas pour projet de fonder pareille institution. Il souhaitait sceller une nouvelle Alliance avec Dieu, en appelant tous les hommes à y entrer. Pourtant, après sa crucifixion, sa résurrection et son ascension au ciel, vers l'an 30 de notre ère, l'Église (nom propre) est instituée au jour de la Pentecôte, et assurée par les premiers disciples de Jésus – bientôt appelés chrétiens. Son message est d'abord destiné aux juifs, puis s'étend à tous les païens, comme l'a demandé Jésus : « De toutes les nations faites des disciples », rapporte l'évangile de Matthieu (28, 19).

L'apôtre Pierre en est d'abord le responsable, et, grand évangélisateur, est assez vite remplacé par Jacques, « frère de Jésus ». L'Église reçoit aussi le renfort d'un ancien persécuteur de chrétiens, Paul, qui, inlassable voyageur, contribue à lui donner sa dimension universelle.

L'Église prend ensuite un double visage, en 1054, lors d'un grand schisme : en Occident les catholiques, en Orient les orthodoxes. Puis, après l'apparition de la Réforme protestante (XVIe siècle), d'autres Églises se constituent. Parallèlement, des Églises locales ont franchi les siècles en se démarquant à leur tour. Pour les catholiques, les orthodoxes et certains protestants (luthériens et anglicans par exemple), une Église n'est considérée comme telle que si elle est dirigée par un évêque, successeur des apôtres et veillant sur une région (diocèse) : ainsi, les patriarches orthodoxes et le pape catholique (le premier de tous les évêques).

Le mot « église » (nom commun) en est venu logiquement à désigner aussi l'édifice dans lequel, dès le IIIe siècle, les chrétiens ont commencé à célébrer l'eucharistie (messe). L'expansion de ces églises ne fut possible qu'après l'arrêt des persécutions romaines contre les chrétiens, en 313. Apparurent d'abord les basiliques, calquées sur l'architecture civile romaine. Puis chaque région, pays ou empire adopta ses propres critères stylistiques, les grands courants communs restant le roman (Xe-XIIe siècles), le gothique, apparu au XIIe siècle et présent dans les anciennes cathédrales (église principale d'un diocèse, où réside l'évêque), ou encore le baroque (XVIe-XVIIIe siècles). Cependant, chaque église suit peu ou prou le même plan : en forme de croix, rappelant celle de Jésus, elle est tournée vers Jérusalem, la Ville sainte où il fut crucifié et où il doit revenir (parousie) au jour du Jugement dernier. Précédée par un parvis, elle comporte un porche, où l'on peut s'abriter, et un narthex (vestibule) par où l'on entre. On débouche alors sur la nef, réservée aux fidèles et bordée de chapelles ; plus loin, elle s'élargit à droite et à gauche pour former le transept, qui confère à l'église la forme de la croix. Puis vient le domaine du clergé : le chœur, où repose l'autel et où est célébrée la liturgie, prolongé par l'abside, extrémité semi-circulaire de l'église.

→ **Apôtre, basilique, cathédrale, christianisme, messe, orthodoxe, protestant, Réforme.**

El ✡

Dans le Proche-Orient antique que conquirent les Hébreux, les mythologies sémites, dont celles de Canaan (la Terre promise), avaient El pour dieu suprême. La Bible a repris ce nom pour qualifier le Dieu unique, en le joignant à d'autres noms, comme El-Shaddaï, appellation archaïque signifiant « Dieu des Montagnes », ou El-Elyon (« Dieu Très-Haut »). El figure aussi à la fin du nom des anges (Gabriel, Raphaël...), chez celui de certains prophètes (Élie, Samuel...), et dans le nom d'Emmanuel, descendant de David considéré par le prophète Isaïe comme le Messie. À partir de El, l'hébreu a créé « Élohim » (pluriel emphatique), nom de Dieu très fréquent dans la Bible. On retrouve aussi El dans le « Allah » des musulmans.

→ **Canaan, Élohim, Hébreux, Gabriel, Messie, prophète.**

Éléphant, L' ☪

L'Éléphant (*al-Fil* en arabe) est la 105e sourate (chapitre) du Coran ; elle est composée de cinq versets. Il y est question des « hommes de l'Éléphant », agresseurs lancés contre La Mecque, et comptant dans leurs rangs quelques-uns de ces animaux. Cette attaque, qui fut un échec, aurait eu lieu l'année traditionnelle de la naissance de Mahomet, en 570. La sourate précise que Dieu déjoua leur ruse à l'aide d'oiseaux qui les bombardèrent de pierres, au point de les rendre méconnaissables.

→ **Coran, Mahomet, Mecque (La).**

Élie ✡ † ☪

Élie et son successeur Élisée sont deux prophètes parmi les plus populaires du judaïsme. Mais, contrairement aux douze prophètes présents dans la Bible au travers de leurs livres, ils n'ont pas laissé d'écrit, aucun ouvrage ne leur étant attribué, même en partie. Leurs épopées sont racontées dans le premier (17-22) et le second livre des Rois (chapitre 1). Elles se déroulent en Samarie, royaume israélite du Nord, au IXe siècle av. J.-C., sous le règne de deux rois impies, Omri (885-874) et son fils Achab (874-853). Dieu appelle Élie à prophétiser dans ce pays, où son culte est menacé par les baals, ces divinités étrangères venues de

Phénicie, la patrie d'origine de Jézabel, épouse d'Omri. Car, en Juda, l'autre royaume israélite, les rois Asa (911-870) et son fils Josaphat (870-848) sont, selon la Bible, résolus à combattre ces divinités.

C'est contre Jézabel, reine impie par excellence, qu'Élie s'oppose particulièrement, Dieu le rendant capable de miracles pour signifier sa puissance et sa bonté. Par exemple, alors qu'il loge chez une veuve, il redonne vie à son fils. Plus tard, il demande aux prêtres et (faux) prophètes de Jézabel dévolus aux baals de le rejoindre sur le mont Carmel : celui qui parviendra à allumer le feu du sacrifice en invoquant son dieu aura montré que celui-ci est le seul Dieu. Élie gagne la partie et ordonne que les idolâtres soient égorgés. La Samarie, débarrassée de ses idoles, et qui pâtit d'une sécheresse envoyée par Dieu pour la punir, voit de nouveau la pluie abreuver le sol. Jézabel, furieuse, commande d'assassiner Élie, qui trouve refuge dans le désert du Sinaï : là, Yahvé (Dieu) s'adresse à lui, comme il le fit jadis avec Moïse sur le mont Sinaï, mais sans apparaître au travers d'un cataclysme (orage, éclairs...). Pendant ce temps, Achab réussit, pour agrandir son palais, à s'accaparer une vigne, Jézabel ayant fait tuer son propriétaire, Nabot. Malgré son repentir et ses remords, Achab et les siens sont frappés par Dieu, qui a écouté les reproches d'Élie : il meurt lors d'une bataille contre le royaume de Damas, son fils Ochozias reste paralysé à la suite d'un accident, et Jézabel finit assassinée, son corps dévoré par les chiens. Quant à Élie, alors qu'il se trouve au bord du Jourdain, en face de Jéricho, avec son disciple Élisée, il est enlevé vivant au ciel et conduit directement au côté de Dieu. Élisée ramasse son manteau, symbole de la relève, car ce prophète reçoit à son tour l'Esprit de Dieu.

Israël, par cette ascension exempte de l'épreuve de la mort, s'est mis à espérer au retour d'Élie à la fin des temps, qui verra l'intervention de Dieu pour dominer le monde. La Haggadah (littérature du judaïsme) et la Halakhah (pan juridique du judaïsme) ont ensuite magnifié la figure d'Élie, et nous la retrouvons associée à plusieurs rites juifs, comme la circoncision. En outre, il est celui qui doit préparer l'arrivée du Messie (sauveur d'Israël). Ainsi, au temps de Jésus, considéré par les chrétiens comme le Messie (*Christos* en grec), certains voyaient le « nouvel Élie » en Jean le Baptiste, et Jésus lui-même rencontre Élie et Moïse lors de la Transfiguration. Dans le Coran, Élie (Ilyas en arabe) compte parmi les justes envoyés par Dieu, au même titre que Moïse et Jésus (sourate *Les Troupeaux*, 6, 85). « Paix sur Élie » clament ceux qui sont placés en rang (37, 123-130).

→ **Ascension, Élisée, Jézabel, prophète, Samarie, transfiguration.**

Élisée ✡ ✝ ☪

Comme Élie, son maître, Élisée (Élicha en hébreu), l'un des plus grands prophètes du judaïsme, n'a pas laissé d'écrit dans la Bible, et son histoire est rapportée dans les livres des Rois. Son action se situe aussi au IXe siècle av. J.-C. et dans le royaume israélite du Nord, la Samarie. Investi à son tour par l'Esprit de Dieu, rendu également capable de miracles (la Bible en rapporte plus que pour Élie), il guérit par exemple Naamân, un général araméen (du royaume de Damas, grand ennemi des Israélites) victime de la lèpre et qui se convertit au judaïsme. Il parvient aussi à ramener à la vie le fils d'une habitante de Shunem, ville du sud de la Galilée. Nous le retrouvons purifiant une source polluée de Jéricho, ou encore multipliant des pains pour nourrir cent affamés. Alors qu'il sent sa fin proche, Joas (798-783), roi de Samarie, vient lui rendre hommage et, malgré son impiété dénoncée par la Bible, déplore sa perte. Mais la Samarie, en dépit des semonces des prophètes, tous ardents défenseurs de la foi au Dieu unique d'Israël, n'écoute pas. Dieu la châtie en 722 av. J.-C. en envoyant l'Assyrie l'envahir, la ravager et en exiler la population.

Élisée a laissé surtout l'image d'un grand thaumaturge (auteur de miracles). De fait, on ne peut s'empêcher de rapprocher l'épisode de la multiplication des pains de celui réalisé par Jésus et rapporté dans les évangiles du Nouveau Testament. Luc est cependant le seul à évoquer le miracle de la guérison de Naamân. Enfin, de même qu'Élie, Élisée (Alyasa en arabe) est considéré par le Coran comme un juste (sourate *Les Troupeaux*, 6, 86), et compte même parmi les meilleurs, avec Ismaël et Dhou al-Kifl (*Çad*, 38, 48).

→ **Élie, évangiles, prophète, Samarie, Testament.**

Élohim ✡

« Élohim » est en hébreu la forme plurielle et majestueuse de El, le dieu suprême des panthéons sémitiques du Proche-Orient antique. Dans la Bible, c'est le nom donné à Dieu avant que celui-ci ne révèle le sien à Moïse, dans l'épisode du Buisson ardent : Yahvé. Mais on le retrouve aussi des centaines de fois dans la Bible, notamment dans le livre de Job.

→ **Bible, Buisson ardent, Dieu, El, Job, Moïse.**

Éloul ✡

Éloul (août-septembre) est le douzième mois du calendrier religieux et le sixième mois du calendrier civil. Il s'affirme comme la préparation spirituelle au Nouvel An (Rosh ha-Shanah), qui se déroule le mois suivant (tichri). C'est donc un temps de préparation, de repentir. Le livre de Néhémie mentionne que, vers 445 av. J.-C., après le retour de l'Exil, le rempart de Jérusalem fut achevé (en cinquante-deux jours) un 25 éloul. Le premier livre des Maccabées (14, 27), qui ne figure pas dans la Bible hébraïque, mentionne quant à lui le 18 éloul de l'an 140 av. J.-C., où fut glorifié Simon Maccabée, qui reprit la Palestine.

→ **Maccabées (livres des), Néhémie, Rosh ha-Shanah, tichri.**

Émir ☪

Le mot émir, dérivé de l'arabe *amir* (« commandant », « chef »), désignait, au temps des premiers califes, un chef d'armée. Gouverneur du territoire qu'il avait conquis, il était placé sous l'autorité, plus ou moins forte au cours de l'Histoire, de ces derniers. Certains émirs acquirent ainsi une indépendance, parfois en prenant le pouvoir, allant jusqu'à initier une dynastie, avec toutefois l'aval essentiel du calife. Le califat a disparu, mais des principautés du golfe Persique sont appelées émirats, comme le Koweït ou le Qatar, puisque ces État indépendants sont dirigés par un émir ou prince ; quant à l'Arabie Saoudite, elle octroie ce titre à un membre de la famille régnante.

Le terme s'est progressivement étendu à divers titres et niveaux de responsabilité. Le calife fut ainsi l'*Amir al-Muminin* (« commandeur des croyants ») ; le chef de la flotte était l'*Amir el-Bahr* (d'où vient le mot « amiral ») ; le « commandeur des musulmans » (*Amir al-Muslimin*) était en vigueur chez les Almoravides... Nous en trouvons la racine aussi au temps des Abbassides, des Seldjoukides, des Mamelouks, lors du pèlerinage de La Mecque...

→ **Calife et califat, Mecque (La), musulman, pèlerin.**

Emmaüs †

Emmaüs est le nom d'une localité située non loin de Jérusalem, et rendue célèbre par l'évangile de Luc (24, 13-35). Au lendemain de la crucifixion de Jésus, ses disciples, découragés par la mort de celui qu'ils pensaient être le Messie (sauveur d'Israël), s'éparpillent, après avoir partagé une vie d'errance et de prédication pendant les quelque deux ans et demi de son ministère. La plupart rentrent chez eux. Parmi ces derniers, deux hommes se résignent à regagner Emmaüs, l'un d'eux s'appelant Cléophas. Jésus apparaît, les escorte et s'entretient avec eux, mais sans qu'ils le reconnaissent. Cléophas confie sa peine : Jésus a été crucifié trois jours auparavant et les autorités religieuses de Jérusalem auraient dû empêcher la mort de ce « prophète puissant en œuvres et en paroles ». Certes, des femmes ont trouvé son tombeau vide, mais personne, à leur connaissance, ne l'a vu ressuscité. Jésus, toujours incognito, leur explique que le sacrifice de ce Messie est expliqué dans les Écritures (la Bible). Le soir venant à tomber, les deux hommes l'invitent à partager leur repas dans une auberge. À table, il rompt, bénit et partage le pain de telle manière qu'ils reconnaissent aussitôt la fraction du pain dans l'eucharistie, et donc leur maître. Mais Jésus disparaît à leurs yeux. Cléophas et son ami retournent à Jérusalem retrouver les apôtres, qui leur confirment la Résurrection

→ **Apôtre, évangiles, Jérusalem, Jésus, Messie, résurrection.**

Encens ✡ † ☪

L'encens (du latin *incensum*, « ce qui a été allumé, a brûlé ») est une résine odorante produite par certains arbres. Il se retrouve dans les religions orientales et asiatiques, où il symbolise, par la fumée qu'il dégage, une proximité avec la divinité ou l'esprit supérieur. Israël en fit ainsi usage dans le Temple de Jérusalem, et se le procurait surtout auprès du royaume de Saba (Yémen actuel), rendu célèbre par la reine qui rendit visite au roi Salomon (xe siècle av. J.-C.). L'encens (*qetoret* en hébreu) se présentait sous deux formes : pur, ou associé à d'autres ingrédients (aromates, cannelle, storax, myrrhe ou encore onyx). Autant de matières alors précieuses qui en augmentaient le prix, déjà élevé. Il accompagnait les offrandes, brûlait matin et soir sur l'autel des Encens, dans le Saint (*hékal*), la partie la plus proche du Saint des Saints (*debir*), cœur du Temple où se dressait l'arche d'Alliance. Le grand prêtre ne brûlait l'encens

dans le *debir* qu'une fois par an, pour le Yom Kippour, la fête des Expiations. Mais après la destruction du Temple, en 70 apr. J.-C., l'usage religieux de l'encens, réservé aux prêtres, a été interdit aux particuliers par le Talmud (prolongement de la Michnah, version écrite de la loi orale).
Le christianisme recourt également à la symbolique de l'encens. Dans une église, son parfum caractéristique intervient à diverses occasions, comme la messe, pour représenter la prière montant vers le ciel. Enfin, l'encens, dont l'Arabie est un producteur ancien, fait encore partie de certaines traditions musulmanes, comme le bois d'aloès ou l'oliban.

→ Messe, Saints des Saints, Talmud, Temple, Yom Kippour.

Encyclique †

L'encyclique (du grec *egkulios*, « circulaire ») est une lettre du pape à l'intention de tous les évêques du monde, ou seulement à certains d'entre eux (ceux d'un pays en particulier, par exemple), qui en transmettent le contenu à leurs fidèles et aux clercs. Par ce document, il tient à faire passer un enseignement, à alerter sur un point précis et, ce qui est rare, à condamner. Chaque encyclique, rédigée en latin et traduite dans les langues nationales, porte un titre composé de ses premiers mots : par exemple, l'encyclique *Pacem in terris* (« Paix sur la Terre »), de Jean XXIII, du 11 avril 1963.

→ Clerc, évêque, pape.

Enfance, évangiles de l' †

Toute « biographie » de Jésus étant une entreprise plus que risquée, son enfance échappe d'autant plus aux repères chronologiques. Dans l'Antiquité, il n'existait pas d'état civil et d'actes de naissance, et il était d'usage de fixer les âges en fonction des règnes des souverains. À cette carence s'ajoute la place que l'enfant occupait à l'époque de Jésus : elle était minime, tant dans la famille que dans la société, entre autres en raison de la mortalité infantile qui, importante, empêchait de trop s'y attacher. Enfin, et cette raison est essentielle, les évangiles n'ont pas été composés pour raconter la vie de Jésus, mais pour glorifier son image et son message. Matthieu (1-2) et Luc (1-2) sont les seuls à présenter un « évangile de l'enfance », composé de textes différents et conçus séparément.

Matthieu commence par la généalogie de Jésus. Celui-ci naît à Bethléem, la ville du roi David, dont Jésus est le descendant par Joseph, et où les mages lui rendent visite. Le roi Hérode le Grand, reconnu roi des juifs par les Romains, apprenant la naissance d'un autre « roi des juifs », ordonne d'assassiner tous les enfants de moins de deux ans, à Bethléem et dans ses environs (massacre des Innocents). Jésus doit fuir avec ses parents en Égypte, puis, à la mort d'Hérode, ils gagnent Nazareth, en Galilée.

Luc, plus prolixe, débute par les deux Annonciations (Jésus et Jean le Baptiste). Viennent ensuite la naissance et la circoncision (signe d'appartenance au peuple juif) de Jean, la naissance de Jésus (Nativité), sa circoncision huit jours plus tard et sa présentation au Temple, où le vieillard Syméon et la veuve Anne le saluent. Enfin, Luc saute douze années. À douze ans, âge du statut d'adulte, Jésus, Marie et Joseph se rendent à Jérusalem pour la Pâque. Mais Jésus se perd au milieu des pèlerins. Ses parents se mettent à sa recherche et le retrouvent trois jours plus tard, au Temple, discourant de la Loi au milieu de scribes « stupéfaits de son intelligence et de ses réponses ». « Ne saviez-vous pas que je dois être dans la maison de mon Père ? » leur dit-il.

L'enfance de Jésus est également racontée, avec beaucoup plus de détails, par des textes apocryphes. Par exemple le *Protévangile de Jacques* (sans doute antérieur au IIe siècle), et *Histoire de l'enfance de Jésus* (antérieur au IVe siècle), qui se penche sur la période de sa vie qui va de cinq à douze ans.

→ **Annonciation, apocryphe, Hérode, massacre des Innocents, nativité, Pâques, Pessah, scribe, Temple.**

Enfer ✡ † ☪

À l'origine, la Bible ne parle pas d'un monde où se consumeront ceux qui ont péché, mais fait appel à la notion de *shéol*, un univers informe caractérisé par le vide. Il ne s'agit donc pas du monde inférieur commun à de nombreuses civilisations antiques, où les défunts vivent tourments et ennui, et qui s'oppose aux mondes supérieurs et divins, synonymes d'éternité. Mais le shéol évolua ensuite, fut destiné aux méchants, et, en même temps que la croyance en la résurrection, apparue au IIe siècle av. J.-C., se fit jour l'idée d'une âme survivant à la mort, de pécheurs

consumés et de justes récompensés par la vie éternelle auprès de Dieu. Cependant, cette perspective est avant tout liée, dans le judaïsme, à la fin des temps (eschatologie), avec la perspective du Jugement dernier.
La notion d'enfer (du latin *infernus*, « en bas ») prend naissance dans le Nouveau Testament, à partir de la géhenne, le séjour des morts condamnés par Dieu. Les malheureux, coupables de fautes graves et impardonnables, sont voués pour l'éternité au feu dévorant, aux tortures, aux ténèbres et au soufre, sous l'œil maléfique du diable et de ses anges. Et, ce qui est le pire pour l'Église, ils sont privés du bonheur d'être auprès de Dieu, dont ils se sont séparés par leurs actions. Même le purgatoire, monde intermédiaire qui permet de se racheter, n'y peut rien. Depuis ces temps anciens, l'Église chrétienne a beaucoup nuancé son propos ; cependant, tout en refusant de condamner quiconque à l'enfer, elle reste attachée à l'existence de celui-ci. Précisons que Jésus fit un séjour en enfer, mais que ce passage reste avant tout symbolique : le Christ libère en effet les morts et ouvre le chemin de la résurrection, permettant à toutes les âmes de monter au ciel, qu'elles soient ou non chrétiennes. Le christianisme reste une religion d'amour et de fraternité, comme l'islam, et non de punition.
Le Coran, qui l'appelle aussi parfois géhenne (*jahennam* en arabe), donne plusieurs noms à l'enfer, lesquels illustrent le sort terrible et épouvantable réservé à ceux qui, en priorité, le méritent : les incrédules et les coupables de mauvaises actions, qui seront plongés dans la fournaise. On découvre ainsi le feu (*al-nar*), la brûlure (*al-jahim*) ou encore le feu qui rôtit (*as-saqar*). On compte ainsi une centaine de références explicites à l'enfer, qui s'ajoutent à celles contenues dans la Tradition du Prophète (*hadith*). L'eau chaude, la chaleur insupportable, le fer fondu, le cuivre brûlant et liquide, les outils de torture comme les barres de fer, voire même le froid glacial qui brise tout comme une allumette sont parmi les châtiments qui touchent pour toujours les incroyants, mais que les musulmans coupables de fautes n'endurent que le temps prévu pour leur peine, avant de rejoindre le paradis. Le Coran insiste en effet sur le fait que tout péché est susceptible d'être pardonné, sauf le polythéisme, comme le souligne la sourate (chapitre) *Les Femmes* : « Celui qui associe quoi que ce soit à Dieu commet un crime immense » (4, 48). Enfin, selon un avis orthodoxe, l'enfer n'est pas éternel, au contraire du paradis.

→ Diable, géhenne, Jugement dernier, juste, paradis, péché, purgatoire, shéol.

Envoyés, Les ☪

Al-Mursalâte, Les Envoyés, est la 77e sourate (chapitre) du Coran. Ces « envoyés » semblent être des vents, des souffles ou des anges qui doivent intervenir au jour du Jugement, ou « jour de la Décision », quand le malheur qu'ils portent s'abattra sur les menteurs, les pécheurs, tous ceux qui ne se prosternent pas, niant l'œuvre créatrice et le pouvoir d'Allah.

→ **Allah, Coran, Jugement dernier.**

Éphésiens †

À Éphèse (Turquie) était établie l'une des plus importantes communautés du début du christianisme. Outre l'apôtre Jean, qui y résida, elle reçut pendant trois ans la visite de saint Paul, qui composa à son attention l'épître aux Éphésiens, incluse dans le Nouveau Testament. Cette lettre, rédigée peut-être en 60 – voire après la mort de Paul (vers 67) par un de ses disciples –, se compose de six chapitres destinés non seulement aux fidèles d'Éphèse, mais surtout à tous les chrétiens. L'auteur y évoque le salut qui passe par Jésus-Christ, lequel a ouvert la porte du Royaume de Dieu aux juifs comme aux païens. Suit ce que l'on appelle une parénèse (du grec *parainesis*, « exhortation »), enseignement à caractère moral. L'accent est mis sur la nécessaire unité des chrétiens, sur la rupture avec les mœurs païennes, indispensable à tout engagement dans la voie du Christ, sur le respect d'une « morale domestique » (5, 21-33 à 6, 1-9), dans laquelle « le mari est chef de sa femme, comme le Christ est chef de l'Église », et où il est dit : « maris, aimez vos femmes comme le Christ a aimé l'Église : il s'est livré pour elle », « enfants, obéissez à vos parents ». Toutes ces dispositions ne peuvent que procurer et renforcer « l'armure de Dieu » et « le bouclier de la foi », afin de se prémunir contre les attaques perfides du mal (diable).

→ **Apôtre, épîtres, païen, Paul, salut, Testament.**

Épiclèse †

L'épiclèse est, au cours de la messe, une prière d'« appel » ou d'« invocation » (du grec *epiklêsis*) de l'Esprit saint qui, par son intervention puissante sur le pain et le vin, permet de rendre présents (c'est la consécration) le corps (pain) et le sang (vin) du Christ.

→ **Cène, consécration, Esprit saint, eucharistie, messe, pain, vigne.**

Épiphanie †

L'Épiphanie est la « manifestation » (*epiphania*) de Dieu au travers de son fils Jésus-Christ. Dans l'Église catholique, elle est célébrée le dimanche suivant le 1er janvier, donc après Noël (25 décembre), qui commémore la naissance de Jésus – les orthodoxes la fêtent toujours le 6 janvier, en même temps que Noël. Apparue très tôt en Orient, l'Épiphanie devint, au IVe siècle, la fête spécialement consacrée aux (rois) mages qui, représentant le monde, vinrent rendre visite à Jésus. À l'origine, il était d'usage de manger un gâteau dans lequel était placée une fève, l'un des produits de base de l'alimentation d'autrefois. Celui qui la trouvait était fait roi, pour partager la joie de rencontrer Jésus. Aujourd'hui, des représentations diverses, comme les petits jésus, ont remplacé cette fève.

→ **Jésus, mages (rois), nativité, Noël.**

Épiscope †

L'épiscope (« surveillant » en grec) était, au Ier siècle, le responsable de la communauté chrétienne de Jérusalem. Le premier fut Jacques, « frère de Jésus ». Saint Paul en fait mention dans la première épître de Timothée (3, 1-7), où il évoque une « noble fonction », une personne « irréprochable, mari d'une seule femme », sobre, « détaché de l'argent », capable d'exercer son autorité sur sa propre maison comme sur l'Église. Puis, ce titre, qui prévoyait l'autorité sur les presbytres (du grec *presbuteros*, « ancien », d'où viendra le mot « prêtre »), en vint à s'appliquer à tout représentant local d'une Église, c'est-à-dire l'évêque.

→ **Église, évêque, prêtre, Timothée.**

Épîtres ✝

L'« épître », d'où viennent les mots « épistolier » et « épistolaire », est une « lettre » (*epistula* en latin) en prose ou en vers, de contenu très variable et qui était en vogue dès l'Antiquité. On en attribue la forme classique au grand poète romain Horace (Ier siècle av. J.-C.), et ce genre émailla les littératures occidentale et arabe.

Le christianisme a inséré dans le Nouveau Testament deux ensembles rassemblant vingt et une épîtres écrites par les apôtres à l'intention de communautés chrétiennes. Le premier concerne celles de saint Paul, ou « pauliniennes » (Romains, Corinthiens 1 et 2, Galates, Éphésiens, Philippiens, Colossiens, Thessaloniciens 1 et 2, Timothée 1 et 2, Tite, Philémon) ; l'épître aux Hébreux est placée à part et juste après ce corpus. Le second ensemble contient les épîtres dites catholiques, dans le sens d'« universelles », car elles s'adressent à tous les chrétiens (Jacques, Pierre 1 et 2, Jean 1 à 3, Jude).

→ **Jacques, Jean, Jude (épître de), Pierre, Testament.**

Épreuve, L' ☪

Al-Mumtahina (*L'Épreuve*, ou plutôt « la mise à l'épreuve ») est le titre arabe de la 60e sourate (chapitre) du Coran. Il s'agit d'une mise en garde contre toute alliance avec des incrédules qui pourrait éloigner de Dieu. À l'image d'Abraham, le père des croyants, qui rejeta les polythéistes adorateurs des idoles, il faut sans cesse revenir à Dieu, lui remettre sa confiance. Seul Allah, le Seigneur de tout, l'Unique, peut instaurer de l'amitié entre un croyant et un incroyant, car il est le Tout-Puissant, le Miséricordieux. En effet, il encourage la bonté et l'équité à l'égard de ceux qui laissent les musulmans pratiquer leur religion et habiter leur maison. Mais la sourate rapporte ces mots, qui résonnent encore dans le concert mondial actuel : « Il se peut que Dieu place de l'affection [dans vos cœurs] entre vous et ceux que vous aviez pris pour ennemis. Et Dieu est omnipotent. Dieu est Tout pardon, Miséricordieux. Dieu ne vous interdit pas de vous montrer vertueux et équitable envers ceux qui ne vous combattent pas pour cause de religion, ni vous chassent de vos demeures, Dieu est équitable. Dieu vous interdit seulement de pactiser avec ceux qui vous combattent pour cause de religion, vous chassent de vos demeures ou concourent à votre expulsion » (60, 7-9). La sourate aborde ensuite la reconnaissance des croyantes (femmes).

→ **Abraham, Allah, Coran, miséricorde, Seigneur.**

Érev ✡

Sachant que, dans le judaïsme, une journée commence au coucher du soleil pour s'achever le lendemain au même moment, l'*érev*, ou « soir », est la première soirée d'un jour important, shabbat et fêtes. Les règles à observer diffèrent selon les cas. Rappelant les temps anciens du Temple de Jérusalem où le *chofar* (corne) annonçait le passage à l'*érev*, des sirènes retentissent aujourd'hui.

→ **Chofar, Jérusalem, shabbat, Temple.**

Ermite †

La recherche de la solitude dans le but de se rapprocher de Dieu, comme la vécurent les prophètes, existe dans les trois religions du Livre. Mais l'érémitisme, c'est-à-dire la condition d'ermite (du grec *eremos*, « désert »), est spécifique du monachisme chrétien – le monachisme n'est pas inscrit dans les traditions juive et musulmane. Il concerna les premiers moines (du grec *monos*, « solitaire ») qui, vivant la chasteté, l'ascèse et la pureté de la foi, décidèrent de se retirer dans le désert d'Égypte. Le courant érémitique, en faveur aux XIe et XIIe siècles (chartreux et camaldules par exemple), n'a cessé d'être pratiqué dans le christianisme, notamment dans le monachisme orthodoxe.

→ **Ascèse, camaldules, chartreux, monachisme, orthodoxe.**

Érouv ✡

Le shabbat et les fêtes du judaïsme sont entourés de règles qui, dans certains cas, ne sont pas faciles à observer. C'est pourquoi a été institué l'*érouv* (« mélange » en hébreu). Il ne s'agit pas d'éviter l'observation de ces règles, mais de les aménager tout en les respectant. Par exemple pour l'*érouv tavchilin* (« plats cuits »), si une fête tombe en même temps qu'un shabbat, il est permis de préparer le repas seulement pour la fête, et non pour le shabbat. En revanche, si un repas a été préparé avant le vendredi (le shabbat commence le vendredi soir), il peut servir pour les deux occasions. Dans la Michnah (version écrite de la Loi orale), l'ordre Moed comporte un traité, Érouvim, plus spécialement consacré aux objets que l'on peut ou non transporter lors du shabbat.

→ **Michnah, Moed, shabbat.**

Eschatologie ✡ † ☪

L'eschatologie (du grec *eskatos*, « dernier ») est la partie de la théologie s'intéressant aux « fins dernières » (résurrection, salut, paradis, Jugement dernier, réincarnation...), tant celles de l'homme que celles de l'humanité et du monde. Elle concerne de nombreuses religions, antiques ou encore actives, dont les trois religions du Livre.
Le judaïsme s'intéresse surtout au destin ultime des hommes et du monde, plutôt qu'à celui de l'individu. Le christianisme, du moins dans sa forme première, est soucieux du Royaume de Dieu, dont l'avènement est imminent, et de l'Apocalypse, magnifiée entre autres par le livre de Jean, qui clôt le Nouveau Testament. Pour l'islam enfin, l'eschatologie tient une place essentielle, en liaison avec la résurrection et le Jugement dernier ; on y retrouve Gog et Magog, l'Antéchrist ou encore Jésus.

→ **Antéchrist, Apocalypse, Gog et Magog, Jugement dernier, résurrection, salut.**

Esdras ✡

Dans la Bible, le livre d'Esdras (Ezra en hébreu), et celui de Néhémie, constitués au IIIe siècle av. J.-C., apportent des informations sur la situation de la communauté juive de Judée, au retour de l'exil, après le décret de Cyrus (538). Israël, peuple particulier qui n'a plus d'indépendance politique depuis la disparition de la monarchie (587), se rassemble alors autour du Temple et de sa Loi particulière. De 538 à 398, époque incluant l'intervention d'Esdras et de Néhémie (445-398), le Proche-Orient est assez calme et le pays vit sous domination perse.
Esdras intervient sans doute vers 398, sous l'empereur Artaxerxès II (404-358), dont il est l'un des fonctionnaires. Le livre commence par raconter le retour des exilés, qui s'établissent difficilement à Sion (Jérusalem), notamment en raison de l'opposition avec les habitants de Samarie. Ils entament la reconstruction de la ville et celle du Temple, dédicacé dans le courant de l'année 515, peu avant de célébrer la Pâque. Esdras est mandé depuis Babylone par l'empereur pour apprendre aux Judéens que la Torah (Loi) est désormais leur code législatif en vigueur. Sa première mesure est de prohiber les unions avec les femmes étrangères (cananéennes, égyptiennes...) afin de conserver la pureté religieuse, tout contrevenant étant

expulsé avec les siens. Il fait aussi une lecture de la Torah, que des traducteurs transcrivent en araméen, langue de l'empire, les juifs revenus de l'Exil ne comprenant plus l'hébreu.

→ **Araméens, Babylone, Exil, Néhémie, Sion, Temple, Torah.**

Esprit saint ✡ ✝ ☪

Le mot « esprit » ne désigne pas seulement la part d'un être qui lui permet de réfléchir, de produire des idées et des sentiments. Il est d'abord, au sens étymologique, le « souffle » (*spiritus* en latin), c'est-à-dire une nature vivante, comme la respiration, mais insaisissable car elle échappe aux critères de la perception humaine. Pour les trois religions du Livre, il est en effet l'expression du pouvoir créateur, de la toute-puissance de Dieu. C'est pourquoi il devient un nom propre qualifié de saint, ou de sainteté ; il rend une personne, un objet ou un lieu « pur » et « sacré » (*sanctus* en latin). Cet état d'exception, qui rapproche de Dieu, est la source de la révélation : Dieu, par essence invisible et inconnaissable, se manifeste à un homme en particulier (pour l'élaboration de livres sacrés par exemple), ou à tous les hommes lors du Jugement dernier ou de l'Apocalypse (qui signifie justement « révélation »).

Dans la Bible, l'Esprit de sainteté (*Rouah ha-qodech* en hébreu) est à l'œuvre dès la Création, et rend celle-ci fertile, notamment en donnant vie au premier homme, Adam. Il procure force et conviction à des personnages capitaux, comme les patriarches (Abraham, Isaac, Jacob), à des héros tels que Samson, des rois prestigieux comme David et Salomon, et bien sûr à des prophètes ; selon le Talmud (IIIe-Ve siècles apr. J.-C.), ouvrage central du judaïsme dans le sillage de la Bible, l'Esprit quitta Israël après les derniers prophètes (Aggée, Zacharie et Malachie), à la fin du VIe siècle av. J.-C. Pour la tradition juive ultérieure, il peut cependant investir les justes, juifs d'une piété parfaite et exemplaire.

Dans le Nouveau Testament, l'Esprit saint descend sur Jésus au cours de son baptême, administré par Jean le Baptiste, lui permet ensuite de procéder à des miracles durant son ministère de deux ans et demi environ. Puis, après sa résurrection et son ascension au ciel, ses apôtres sont investis par l'Esprit sous la forme de langues de feu, au jour de la Pentecôte, qui marque la naissance de l'Église. Pour les chrétiens des premiers siècles, l'Esprit est déjà le continuateur de Jésus. De ce fait, il est, avec le Père et le Fils, l'une des trois personnes de la Trinité, dont le

Credo (« Je crois... »), texte rédigé en latin, fut défini en 381. Ainsi, chaque chrétien reçoit l'Esprit à son baptême, et l'Esprit procure à chacun les charismes, c'est-à-dire les dons spirituels (devenir aussi bien scientifique que sage par exemple).

Dans le Coran, l'Esprit est bien au cœur la Création : il envahit Marie lors de la conception de Jésus, il est présent chez les prophètes, qui sont les envoyés de Dieu, et aussi dans le *amr*, le commandement de Dieu, comme le rapporte la sourate (chapitre) *Les Abeilles* (16, 97). Celle-ci rappelle aussi que l'Esprit de sainteté a fait descendre le Coran sur Mahomet, « comme une direction [...] afin d'affermir les croyants » (16, 102). De même, *La Vache* souligne que Dieu a donné le Livre à Moïse, et que l'Esprit a en outre fortifié Jésus (2, 87 et 253), et qu'il émana de lui (*Les Femmes*, 4, 171). Pour le Coran, il se présenta devant Marie, fille d'Imran, une vierge à qui il insuffla son pouvoir. C'est Gabriel l'Archange (*Ruh el-Qudus*).

→ **Baptême, charisme, Création, miracle, patriarche, prophète, Trinité, Vierge.**

Esséniens ✡

La secte juive des esséniens est fondée dans la première moitié du IIe siècle av. J.-C. par un mystérieux « Maître de Justice ». Les textes découverts à partir de 1947 dans les grottes de Qumrân, site de Judée au nord-ouest de la mer Morte, où les esséniens formaient la Communauté (monastique et masculine) de l'Alliance, et les fouilles archéologiques ont permis de savoir comment ils vivaient – quelque mille cent dépouilles ont été dégagées dans le cimetière attenant. Ces écrits comprennent entre autres des livres bibliques et des pseudépigraphes (surtout de styles apocalyptique et eschatologique). Ascèse, discipline, austérité, obéissance, pauvreté sont parmi les conditions de vie de ces mystiques, qui se nomment « Fils de Lumière » et recourent souvent aux bains de purification et autres ablutions. La Loi (Torah) et les textes sacrés sont, bien sûr, un grand sujet d'étude. Pour les esséniens, Qumrân est le véritable Israël, et tous ceux qui ne correspondent pas à leur idéal sont impurs, Romains et clergé du Temple en priorité. Car personne ne trouve grâce à leurs yeux, même pas les Maccabées des IIe et Ier siècles av. J.-C. À la mort du Maître (vers l'an 110), certains d'entre eux gagnent la région de Damas en Syrie, et celle du lac Maréotis (Égypte), où, suivant une règle plus souple, ils vivent encore à l'aube du christianisme. Pourtant, les évangiles ne font aucune mention de ces groupes, ni même de celui de Qumrân. Des chercheurs ont pourtant avancé que Jésus aurait été influencé, et peut-être formé, par les esséniens, en se fondant sur des points communs (résurrection, repas communautaires, attente messianique, rite ressemblant au baptême...). Mais cette théorie est toujours vivement contestée.

La secte, pourtant à vocation pacifique, prend une part très active à la révolte juive de 67 apr. J.-C. L'été de l'année suivante, Qumrân est détruite, les manuscrits cachés dans les grottes, les esséniens présents massacrés. On retrouve quelques-uns d'entre eux en 73, parmi les derniers résistants de la forteresse de Massada (dont les zélotes), qui préfèrent se donner la mort plutôt que de se rendre.

→ **Ablution, ascèse, eschatologie, intertestamentaire, Israël, pseudépigraphe, Qumrân, secte.**

Esther ✡

Ce livre de la Bible est un véritable roman, avec ses héros, ses rebondissements, sa forte symbolique. Il fut rédigé après que le roi séleucide (des Séleucides, dynastie hellénistique) Antiochus IV Épiphane (175-163 av. J.-C.) eut persécuté les juifs qu'il gouvernait, campagne qui eut pour effet de provoquer la révolte juive des Maccabées. Le contexte historique décrit, discutable, s'efface au profit de l'objectif premier de ce livre, qui fut très populaire dans la diaspora (l'ensemble des communautés juives éparpillées dans le monde) : Dieu ne peut abandonner son peuple, en dépit des difficultés, en particulier les persécutions qui se sont répétées tout au long de l'Histoire.

À une époque indéterminée, l'empereur de Perse Assuérus répudie sa femme, jugée trop indépendante. Il convient donc de trouver une autre épouse. Esther, jeune juive adoptée par son cousin Mardochée, vit à proximité du palais royal. Sa grande beauté lui vaut d'être amenée auprès de l'empereur, qui en tombe amoureux et en fait la reine. Elle prévient Assuérus d'un complot, avec l'aide de Mardochée qui, en même temps, est haï par le vizir Aman. Celui-ci, habile et plein d'orgueil, parvient à persuader Assuérus de tuer tous les sujets juifs. Il a « tiré au sort » (*pour*) le jour du massacre, soit le 13 du mois d'adar. Esther et son peuple se réfugient dans la prière et le jeûne. Puis elle réussit à démontrer à Assuérus la malhonnêteté d'Aman, qui finit pendu. Soixante-dix mille ennemis sont tués, avec l'aval d'Assuérus, le jour où les juifs auraient dû être eux-mêmes exterminés.

Le livre d'Esther, grand thème de l'art populaire juif, est ainsi lu au cours de Pourim (« Sorts »), fête qui a son origine dans ce récit magnifique, où l'instrument de Dieu est pour une fois une femme.

→ **Adar, Haman, jeûne, Maccabées (livre des), Pourim.**

Éternel ✡✝☪

L'éternité est, par définition, une durée qui s'écoule, mais sans début, sans fin et sans repères chronologiques. Elle est en quelque sorte un présent perpétuel. À plus forte raison en religion, où elle concerne tout ce qui ressort de Dieu et auquel les hommes ne peuvent accéder, comme la perfection et la toute-puissance – ils peuvent cependant l'approcher grâce à la vie éternelle, celle qui intervient après la mort. Ainsi, Dieu est-il l'Éternel (*olam* en hébreu) des juifs, des chrétiens et des musulmans (*al-çamadh*).

→ **Juste, Sagesse de Dieu.**

Étoile, L' ☪

Avec ses soixante-deux versets, *L'Étoile* (*al-Najm*), la 53e sourate (chapitre) du Coran, est un magnifique hymne à la révélation du Livre sacré de l'islam. Mahomet, suivant la révélation du Coran par l'ange Gabriel (Djibril), résiste aux influences des hommes et ne peut plus se laisser abuser par les déesses Al-Lat, Al-Uzza et Manat, sources d'idolâtrie, encore honorées autour de La Mecque. Il ne s'agit que de noms sans pouvoir, adorés par ceux qui ne croient pas aux anges et à la vie future, alors que Dieu décide, voit, connaît et crée tout, à commencer par l'existence. Détenteur de l'unique pureté, tout lui revient, lui appartient, et c'est en fonction des actes et des pensées de chacun qu'il récompense les croyants et châtie les autres. La véritable richesse est dans l'adoration de Dieu, dans la foi et la soumission à sa Parole.

→ **Gabriel, idole, Livre, Mecque (La), révélation.**

Étoile de David ✡

L'étoile de David, ou plutôt le « bouclier de David » (*magen David*), consiste en deux triangles équilatéraux entrecroisés pour former six branches. Bien qu'elle ne fut adoptée qu'au XIXe siècle par les communautés juives du monde comme signe distinctif, à l'instar de la croix des chrétiens, puis par les sionistes (promoteurs de la création d'un État juif en Palestine) en 1897, elle remonte en fait à un passé très lointain. En effet, elle date au moins de l'âge du bronze, où elle était commune à de nombreux peuples. Le judaïsme la reprit à partir du VIIe siècle av. J.-C., sans lui accorder une place de choix. Ainsi, on la retrouve parfois associée à la *svastika*, motif encore plus ancien et partagé par nombre de civilisations (des Basques aux Chinois), et que les nazis reprirent en l'inversant pour créer leur croix gammée. Il semble que l'étoile de David ait possédé une forte connotation mystique, voire magique, comme le confirme son autre nom, « sceau de Salomon », sceau suprême que, selon la Bible, Dieu appose : il symbolisait les quatre éléments (feu, eau, air, terre), mais aussi le ciel avec le soleil et les planètes. De fait, il figure au Moyen Âge sur des amulettes juives inspirées de la kabbale (mystique juive).

C'est d'elle que s'inspireront les nazis pour créer la sinistre étoile jaune que les juifs des pays occupés étaient contraints d'arborer sur leurs vêtements. Le principe renouvelait celui de la rouelle, pièce de tissu circulaire que les juifs devaient porter, depuis le concile du Latran IV de 1215 (« Les juifs des deux sexes porteront quelque marque sur leurs habits qui les distinguera des chrétiens. »), notamment en France sous le roi Saint Louis (1226-1270).

Le nom de *magen David* apparut tardivement, après le VIe siècle de notre ère, et l'étoile finit par s'imposer progressivement au sein des communautés juives en tant que figure religieuse. Elle orne aujourd'hui les frontons des synagogues, le drapeau blanc et bleu de l'État d'Israël et sert d'emblème à la Magen David Adom, les secours d'urgence du pays, équivalent de la Croix-Rouge.

→ **Amulette, David, judaïsme, kabbale, mystique, Salomon, sionisme.**

Eucharistie †

Au cours de son dernier repas, la Cène, Jésus sait que sa fin terrestre est imminente. Réuni avec les apôtres, il tient à leur transmettre un rite qui, après sa mort, permettra de ressentir sa présence. Les évangiles synoptiques du Nouveau Testament relatent les circonstances de ce que l'Église appellera « eucharistie » (du grec *eucharistia*, « action de grâces »). Mais la première épître aux Corinthiens (11, 23-26) de saint Paul a laissé le plus ancien témoignage (vers 56) concernant l'institution de l'eucharistie.

En cette veille de Pâque juive, Jésus prend le pain azyme qui en est l'un des éléments sacrés du rite. Cet aliment, qui constitue la base de l'alimentation, est partagé entre les apôtres : « Ceci est mon corps, donné pour vous ; faites cela en mémoire de moi », rapporte Luc (22, 19). Il saisit ensuite une coupe de vin, également présent dans le rituel juif, et la fait circuler : « Cette coupe est la nouvelle Alliance en mon sang, versé pour vous », poursuit Luc (22, 20). Nous apprenons, par l'évangile de Jean, qu'il a déjà annoncé le sens de l'eucharistie lors du miracle de la multiplication des pains : « Ma chair est vraiment une nourriture et mon sang vraiment une boisson. Qui mange ma chair et boit mon sang demeure en moi et moi en lui » (6, 55-56).

Jésus procède ainsi à une Pâque symbolique pour montrer que l'Alliance conclue autrefois entre Dieu et les Hébreux, c'est-à-dire le peuple juif dont il fait partie, est désormais renouvelée au travers de son sacrifice imminent. Il signifie à ses disciples, et aux chrétiens qui les suivront, qu'ils pourront partager le don de son corps pour le salut des hommes.

Par l'eucharistie et le baptême, les deux sacrements fondamentaux du christianisme, les fidèles communient ainsi à la mort et à la résurrection du Christ. Précisons que l'eucharistie est appelée sainte Cène par les orthodoxes, et sainte Liturgie par les protestants.

→ **Alliance, Cène, pain, Pâques, Pessah, sacrement, sang, vigne.**

Eudiste †

En 1643, saint Jean Eudes (1601-1680), prêtre français désirant assurer une formation de qualité au sein des séminaires, fonde le sien à Caen (Orne). Considéré comme un des grands esprits de la spiritualité du XVIIe siècle, il intervient en effet dans l'élan de la Contre-Réforme du concile de Trente (1545-1563) où, entre autres, est soulignée l'urgence d'un clergé suffisamment formé. Puis il crée la Congrégation de Jésus et Marie, ou eudistes, destinée à étendre cette formation afin de mieux assurer les missions auprès des populations. Les eudistes existent toujours ; ils vivent en communautés. Ils poursuivent leurs tâches de missionnaires et de formateurs auprès des autres prêtres, mais aussi de laïcs.

→ **Congrégation, Contre-Réforme, laïc, séminaire, vœux.**

Évangile † ☪

Tiré du mot *evangelion*, que les Grecs utilisaient pour évoquer un événement heureux, l'Évangile est la « bonne nouvelle » du Royaume, c'est-à-dire l'annonce de la venue prochaine du Royaume de Dieu. Dans sa prédication, Jésus centre son propos sur cet événement, qui verra l'intervention directe de Dieu dans le monde. C'est pourquoi, explique-t-il, il est urgent de se convertir, c'est-à-dire de se tourner vers Dieu, de s'en remettre à lui, de ressentir la présence déjà effective du Royaume avant son avènement final. L'Évangile fut transmis oralement après la mort et la résurrection de Jésus (vers l'an 30), puis consigné par écrit, avant de désigner (IIe siècle), au pluriel, les livres rapportant le ministère et le message de Jésus. Quatre de ces ouvrages ont été retenus par le canon (règle) de l'Église pour figurer dans le Nouveau Testament.

Dans le Coran, c'est précisément sous le nom d'Évangile (*al-indjil* en arabe) que Mahomet désigne l'ensemble du Nouveau Testament, sans distinguer les évangiles qui y figurent au début. Moins cité que la Bible, il fait appel aux figures essentielles du christianisme, Jésus et Marie, Jean le Baptiste et son père Zacharie (Zakariya). Mais si l'Évangile (au sens coranique) est reconnu comme un produit de la Révélation de Dieu, ce qui fait entrer les chrétiens parmi les Gens du Livre (*ahl al-Kitab*), il est considéré comme une déformation (*tahrîf*) partielle du message original de Jésus.

→ **Ahl al-Kitab, Coran, évangiles, Royaume, Testament.**

Évangiles †

Après la crucifixion et la résurrection de Jésus, vers l'an 30, ses disciples commencent à répandre le cœur de son message, l'Évangile, c'est-à-dire la « bonne nouvelle », la venue imminente sur Terre du Royaume de Dieu. Cette transmission se fait d'abord oralement, puis par des écrits qui, rapportant le ministère et la prédication de Jésus pour certains d'entre eux, sont appelés logiquement évangiles. À la fin du IVe siècle, le canon (règle) de l'Église chrétienne détermine quels sont les vingt-sept livres révélés par Dieu et formant le Nouveau Testament. Cet ensemble commence ainsi par quatre de ces évangiles. Ils précèdent les Actes des Apôtres (naissance et début de l'Église), les épîtres (correspondances avec les premières communautés chrétiennes) et l'Apocalypse (ouvrage particulier concernant la fin des temps).

Les évangiles furent rédigés entre 65 et 90 environ. Ils sont attribués à quatre auteurs. Il s'agit d'abord de Matthieu, Marc et Luc, qui constituent les évangiles dits synoptiques (« vue d'ensemble ») car ils comportent d'indéniables points communs (plan, style, récits...), puis de l'apôtre Jean, dont le texte se distingue par son vocabulaire, son plan et un ton général plus théologique.

Les évangiles canoniques ne cherchent pas à relater la vie de Jésus. Ils sont un reflet de la foi qui anime l'Église dans la seconde moitié du Ier siècle. Élaborés à partir de la tradition orale, ils ont pour objectif d'éclairer la prédication de Jésus en rapportant ses paroles (*logia* en latin). C'est pourquoi, adressés aux communautés qui voulaient se démarquer du judaïsme, dont Jésus et les premiers chrétiens étaient issus, ils montrent Jésus auréolé d'une gloire extraordinaire, ce qui leur confère une dimension avant tout religieuse. Cette particularité rend donc assez difficile la reconstitution des faits et gestes de Jésus – et impossible une biographie au sens contemporain du mot. D'autant plus que la durée et les étapes de son ministère diffèrent selon les livres : les épisodes le concernant, sans liens entre eux, sont quelquefois très courts, voire résumés à quelques mots. En outre, ils furent rédigés à des époques différentes, et les communautés auxquelles ils étaient adressés n'étaient pas de même nature, certaines étant par exemple d'origine juive, d'autres de culture grecque.

Enfin, les évangiles que nous connaissons ne sont pas les « originaux ». Comme il était d'usage dans les temps anciens, ils furent copiés et recopiés durant les premiers siècles, les copistes prenant parfois la liberté d'enlever, de changer ou d'ajouter des mots, des phrases et même des passages. Nous possédons ainsi cinq mille documents de dimensions variées, qui, écrits dans des langues différentes, dont le grec, ont permis aux exégètes (spécialistes de l'écriture sainte) de reconstituer ces originaux. Ces chercheurs ont pu par exemple étudier les plus anciens : pour les fragments, celui du début du IIe siècle ; pour les évangiles complets, celui de Jean, remontant aux années 170.

À côté de ces quatre livres sacrés, il faut compter sur les évangiles qui, parfois contemporains de ces derniers, n'ont pas été retenus par le canon chrétien, et sont dits apocryphes (« cachés » en grec). Les informations qu'ils apportent sont souvent précieuses et leur influence sur la tradition chrétienne est importante. Citons par exemple les Actes (faits et gestes) de l'apôtre Thomas, dont l'original daterait de la seconde moitié du Ier siècle, qui rapporte cent quarante *logia* de Jésus considérées comme très proches

de celles qu'il aurait pu prononcer ; ainsi que le *Protévangile de Jacques*, rédigé peut-être avant le IIe siècle, et centré sur la mère de Jésus, Marie, dont il a contribué à répandre le culte.
Les évangiles canoniques restent cependant la source écrite essentielle de la foi chrétienne.

→ **Actes des Apôtres, apocryphe, épîtres, Évangile, Testament.**

Ève ✡

La Genèse raconte que, au sixième jour de la Création, Dieu façonne les bêtes (*béhémoth* en hébreu) puis le premier homme, Adam. Mais que peut faire Adam avec des créatures qui ne lui sont pas semblables ? Dieu l'endort, tire une de ses côtes, referme la plaie et sculpte la première femme. Adam, en s'éveillant, s'écrie : « C'est la chair de ma chair ! » Le couple, le premier de l'humanité, est installé au Paradis et vit un amour parfait. Mais ils commettent le premier péché. Dieu les chasse du Paradis, la femme ayant reçu son nom, Ève, de l'hébreu *hawwa*, « la vivante », qui devient ainsi la mère de tous les vivants. Ève engendre d'abord deux fils : mais l'un d'eux, Caïn, assassine son frère Abel, et, maudit par Dieu, disparaît dans les contrées lointaines. Le couple, pour peupler la Terre, doit donc concevoir d'autres enfants : ainsi naîtra Seth, d'où descendront Mathusalem et Noé, ancêtres de l'humanité.

→ **Abel, Adam, Caïn, Genèse, Mathusalem, Noé, paradis, péché.**

Évêque †

Le mot « évêque » vient du latin *episcopus*, lui-même issu du grec *episkopos*, « surveillant », étymologie correspondant à son rôle éminent dans l'Église catholique, chez les orthodoxes et dans les Églises protestantes qui ont conservé cette fonction.
L'évêque est considéré comme le successeur des apôtres de Jésus. Dans l'Église catholique, il s'agit d'un prêtre désigné par le pape (qui est le premier évêque). Il reçoit le sacrement dit « épiscopal » de la part d'autres évêques : par l'imposition des mains sur sa tête, ils lui transmettent l'Esprit saint, qui l'accompagnera dans sa mission. Dès lors responsable d'un diocèse, l'évêque exerce sa responsabilité depuis l'église principale (cathédrale) et peut à son tour donner des sacrements – ordination de prêtres et confirmation par exemple. Il est assisté par des prê-

tres et des diacres attachés au service de la cathédrale. Pour discuter des questions importantes, les évêques se réunissent en synode (l'échelle régionale), en conférence (échelle nationale), en concile (échelle mondiale). Enfin, l'évêque se reconnaît à la couleur violette de ses vêtements, couleur qui symbolise le calme, état nécessaire pour apporter la paix dans les cœurs.

→ **Cathédrale, concile, conférence épiscopale, diocèse, épiscope, ordination, synode.**

Ex cathedra †

Cette expression est utilisée dans une circonstance précise, mais très rare : le pape, investi de l'infaillibilité, expose une doctrine afin de défendre la foi dans le cadre d'un magistère (enseignement) extraordinaire. Il procède à cette définition depuis (*ex*) son siège (*cathedra* en latin transcrit du grec, d'où vient le mot « cathédrale »). Depuis le XIXe siècle, les dogmes de l'Immaculée Conception (1854) et de l'Assomption de la Vierge (1950) sont les seuls à avoir été prononcés *ex cathedra*.

→ **Assomption, doctrine, Immaculée Conception, infaillibilité, magistère, pape, Saint-Siège.**

Ex-voto †

L'*ex-voto* est littéralement ce qui est fait à la suite d'un vœu (*votum* en latin). On le trouve dans les civilisations antiques, où il avait une dimension religieuse ou civile. Dans le christianisme, il se présente sous la forme d'objets ou de tableaux destinés à rendre grâce à Dieu pour un bienfait reçu en réponse à un vœu, et orne une église ou une chapelle. L'ex-voto est ainsi très présent dans les lieux de pèlerinage depuis le Moyen Âge.

→ **Chapelle, Église, grâce, pèlerin, vœux.**

Exarque †

Dans l'Empire romain d'Orient, exarque (du grec *arkhein*, « commander ») était le titre donné au gouverneur d'une grande province. Dans le christianisme d'Orient (orthodoxes et Églises orientales catholiques), il en vint aussi à désigner, au Ve siècle (et désigne toujours), un personnage dont l'autorité se situait entre l'archevêque (ou métropolite) et le patriarche (chef d'une ou plusieurs Églises). De nos jours, dans le monde oriental, l'exarque est le représentant d'un patriarche à l'étranger. Pour les catholiques, il est le chef spirituel d'une Église orientale catholique qui, validée par le Vatican, est située hors de sa terre d'origine et donc non dépendante du patriarche (par exemple l'Église arménienne en France).

→ **Archevêque, métropolitain, orthodoxe, patriarche, Vatican.**

Excision ☪

Si la circoncision s'est imposée par l'usage en islam, mais non par le Coran, il n'en va pas de même pour son pendant féminin, appelé « excision » – en fait, ce mot peut aussi s'appliquer à la circoncision puisqu'il s'agit de l'ablation d'un fragment plus ou moins volumineux d'organe ou de tissu vivant. Cette excision particulière, qui est une tradition africaine, est en fait une véritable mutilation consistant à couper le clitoris, attribut de la sexualité et de l'identité féminines, ce qui interdit tout plaisir sexuel à la femme, contrairement à l'ablation du prépuce masculin. Cette pratique (*khifad*), condamnée en Occident et par la loi islamique, n'est donc pas canonique. Et le *hadith* (Tradition) sur lequel se reposent ses partisans est apocryphe (non reconnu).

→ **Canon, circoncision, Coran, hadith, islam.**

Excommunication ✡ ✝ ☪

L'excommunication est, au sens littéral, l'exclusion de la communion (communauté) des juifs, des chrétiens ou des musulmans. Elle ne peut être prononcée que pour des fautes graves, et, selon les religions, prend des aspects distincts. Le repentir, obligatoire, ne lève pas pour autant la sanction, laquelle peut être temporaire ou définitive. Citons par exemple le *karet* juif (« retranchement » de la communauté). Ou la condamnation à mort que l'islam prévoit (en principe) aux cas prouvés d'apostasie (pour des adultes mâles en bonne santé) sous ses différentes formes (renoncement à la foi et combat contre les musulmans, blasphème contre le Coran, adoration d'idoles et donc polythéisme).

→ **Anathème, apostasie, blasphème, communion, repentir.**

Exil ✡

En 722 av. J.-C., la terrifiante Assyrie balaie Samarie, le royaume du Nord né de la scission d'Israël deux cents ans auparavant. Cet empire exile la population et implante à sa place des étrangers aux mœurs religieuses différentes – les futurs Samaritains. Mais le terme d'exil (*galout* en hébreu) s'applique surtout à celui qui, en deux vagues (597 et surtout 587), frappe Juda, le royaume du Sud conquis par Babylone, qui a vaincu à son tour son vieux rival assyrien. Dans la Bible, les prophètes Jérémie et Ézéchiel décrivent le déroulement et les conséquences de cette déportation, dont la destruction du Premier Temple et de sa ville sainte, Jérusalem. Comme le livre des Rois, ils y voient la punition de Dieu pour l'infidélité de son peuple. Les empires du Proche-Orient antique avaient pour principe d'imposer leurs mœurs et croyances aux vaincus. Aussi se posa la difficile survivance du judaïsme en terre babylonienne. Au vu des écrits bibliques, il semble que la communauté israélite fut d'abord découragée, à l'image des Lamentations de Jérémie. Mais elle finit par se comporter en « petit reste », pour reprendre la formule célèbre de prophètes du VIIIe siècle av. J.-C. (Amos, Osée et Isaïe), donc antérieurs aux événements. À partir de ce noyau va croître le peuple du retour. Il se soude autour de la foi au Dieu unique, des œuvres prophétiques et de la parole des prêtres exilés. C'est au creuset du *galout* que l'on forme les recueils des prophètes et les livres historiques de la Bible, et que l'on constitue la Torah (Pentateuque). Ainsi, en 538, le Perse Cyrus le Grand (un juste), qui a soumis Babylone, autorise par décret les peuples exilés à rejoindre leurs terres. Les Israélites commencent donc à rentrer à Jérusalem, d'abord timidement, ensuite sur un rythme plus soutenu, en dépit d'une économie sinistrée et de la dépendance de la Judée vis-à-vis de la Samarie, toutes deux devenues provinces perses. Les livres d'Esdras et de Néhémie relatent abondamment les difficultés de ce retour en Terre promise, véritable renaissance du peuple d'Israël. Plus tard, le terme de *galout* s'étendra à toute la « dispersion » (diaspora) juive, consécutive aux méfaits de l'Histoire et objet d'un intense désir de retour (ou « montée », *aliya*) à Sion (Israël).

→ **Aliya, Babylone, diaspora, Israël, Juda, Judée, juste, Samarie, Sion.**

Exilarque ✡

Le mot « exilarque » est la traduction de l'hébreu *rech galouta*, « chef de l'exil ». Il apparut au IIe siècle apr. J.-C. pour qualifier les grands dignitaires qui, nécessairement descendants du roi David, représentaient les communautés juives implantées en Babylonie (implantation remontant à l'Exil, ou *galout*) – l'équivalent en Palestine était le *nassi*. De cette région, riche en érudits, devait émerger le Talmud (prolongement de la Michnah) dit « de Babylone » (achevé vers 500). Le pouvoir de l'exilarque comportait une police, la collecte d'impôts particuliers aux juifs, une justice civile et religieuse.

→ **Babylone, Exil, nassi, Palestine, Talmud.**

Exode ✡

Deuxième livre de la Torah (Pentateuque), l'Exode raconte le « départ » (*exodos* en grec) des Hébreux d'Égypte sous la conduite de Moïse. Soumis à l'esclavage par un pharaon qui ignore tous les hauts faits de leur ancêtre Joseph, quatre cents ans auparavant, ils continuent pourtant de se multiplier. Le souverain décrète alors la mort de chacun de leurs nouveau-nés mâles. Afin de le sauver, les parents du petit Moïse le déposent dans une corbeille qu'ils abandonnent aux eaux du Nil. Moïse est recueilli par la fille de Pharaon et élevé à la cour. Mais un jour, il tue un contremaître égyptien qui maltraitait un Hébreu. Il se sauve, trouve refuge dans le désert de Madiân (à l'est de la péninsule du Sinaï), auprès d'un prêtre, Jethro, dont il épouse la fille Çiporra. Puis, lors de l'épisode du Buisson ardent, Dieu lui révèle son nom (Yahvé) et lui confie la mission de libérer son peuple. Pharaon ne cède qu'après la dixième des plaies que Moïse, rendu capable de miracles, a fait descendre sur l'Égypte. Parvenus au bord de la mer Rouge (en fait la mer des Roseaux, vaste étendue marécageuse qui rejoignait alors la Méditerranée), les Hébreux sont poursuivis par les troupes de Pharaon, qui a changé d'avis. Moïse brandit son bâton et les eaux s'écartent, laissant passer son peuple à sec tandis qu'elles se referment sur les soldats, les « forces du mal ». Un long séjour commence alors dans le désert du Sinaï. Les Hébreux se lamentent, ils ont soif, et Moïse fait jaillir l'eau d'un rocher à l'aide de son bâton. Mais ils ont faim aussi, et Dieu fait venir chaque matin la manne, une nourriture mystérieuse qui montre combien il veille sur son peuple. Ils sont attaqués par les amalécites auxquels Dieu inflige la défaite. Parvenus au pied du mont Sinaï, les Hébreux laissent Moïse gravir seul le sommet, où, dans une théophanie magnifique, celui-ci reçoit de Dieu lui-même un ensemble de lois, dont le Décalogue. L'Alliance est scellée. Pourtant, inquiets d'une absence qui leur paraît longue, ils se construisent un Veau d'or, représentation de Yahvé qui, pourtant, a interdit toute image de lui. Décidé à les exterminer, il ne change d'idée que devant le plaidoyer de Moïse. Et, pour accompagner les Hébreux, il commande la construction de sa maison, la Tente de la Réunion (Tabernacle), contenant l'arche d'Alliance qui abrite les tables de la Loi. En même temps, pour les guider vers la Terre promise, Canaan, il apparaît sous la forme d'une nuée (signe de sa protection et, par nature, impossible à décrire). L'Exode, commencé un an auparavant, va se poursuivre encore trente-neuf ans, période racontée dans les Nombres, quatrième livre de la Torah.

Le judaïsme évoque bien sûr abondamment l'Exode, colonne vertébrale de son identité, source d'Israël et du monde juif. On le retrouve dans ses prières (Qiddouch, Chema par exemple), lors des fêtes (Chavouot, Soukkot, shabbat, Pessah...) et dans de nombreuses mentions de la Bible.

→ **Alliance, Buisson ardent, Canaan, Décalogue, manne, Moïse, plaies d'Égypte, Sinaï, tabernacle, théophanie, Veau d'or.**

Exorcisme ✡ ✝ ☪

L'exorcisme est l'action par laquelle on fait prêter serment (en grec *exorkizien*, de *orkos*, « serment »), ou plus précisément on « abandonne », on « adjure ». En religion, ce mot est lié à l'expulsion de démons ayant pris possession d'un corps, en tête desquels figure le diable (ou Satan). Si la Bible, et à sa suite le Talmud, condamne toute forme de magie et de sorcellerie, et n'évoque pas de séances d'exorcisme, nous en trouvons cependant un exemple dans la tradition juive, avec le *dibbouq*, démon particulièrement craint, qui, dès le XVIe siècle, fit l'objet de telles pratiques. Pour le christianisme, où le diable occupe une place beaucoup plus importante, l'expulsion des démons constitue une grande part des miracles de Jésus rapportés par les évangiles du Nouveau Testament, et les apôtres reçurent de lui le pouvoir d'exorciser. L'Église, aujourd'hui très prudente en la matière, n'exclut pas pour autant la possibilité de la possession démoniaque. Le baptême, qui fait entrer dans l'Église, est ainsi un exorcisme « ordinaire », dans la mesure où il purifie la personne

(enfant ou adulte) qui le reçoit. Les exorcismes « extraordinaires », prières adressées à Dieu et adjurations au démon, sont du ressort d'un clerc spécialement désigné (en principe) dans chaque diocèse par l'évêque. Enfin, le Coran met constamment en garde contre les djinns et contre Iblis, un djinn qui tenta Adam et Ève, mais sans se référer à aucune pratique exorciste : les croyants doivent les combattre en s'en remettant à Allah, à sa protection. Dieu le rappelle : sans sa volonté, ces créatures maléfiques n'ont aucun pouvoir sur les hommes qui lui sont fidèles ; c'est lui qui les envoie à ceux qui le méritent. En revanche, ils peuvent investir ceux qui ne croient pas. On trouve cependant des récits d'expulsion de démons dans la tradition populaire, voire dans certains faits et gestes attribués au Prophète Mahomet.

→ Démon, diable, dibbouq, djinns, Iblis, Satan.

Expiation ✡ ✝ ☪

L'expiation est, au sens étymologique, se rendre « pieux » (*pius* en latin), c'est-à-dire reconnaître ses fautes (péchés), envers Dieu ou autrui, et les réparer afin de s'amender devant Dieu et d'apaiser sa colère. Elle exige donc au préalable le repentir. Dans le judaïsme, elle trouve son point d'orgue avec le Yom Kippour, jour des Expiations (*kappa rot* en hébreu), où chaque juif reconnaît personnellement et collectivement ses fautes, et qui donnait lieu autrefois, dans le désert près de Jérusalem, au lâcher d'un bouc « émissaire » chargé des fautes d'Israël. Pour le christianisme, l'expiation, plus théologique, se vit dans la foi au Christ : Jésus, par son sacrifice sur la croix, tel l'agneau de Pâques, a donné sa vie pour le salut des hommes, qui, au travers de sa mort, se découvrent pécheurs et pardonnés. Le jeûne, forme de pénitence commune aux trois religions du Livre, qui permet de se purifier devant Dieu, est illustré dans l'islam par le grand jeûne du ramadan.

En islam, *tawba* consiste à regretter la faute, à se faire pardonner par Dieu, au travers d'actes de repentir : la générosité (*sadaqa*), les prières, le jeûne... mais aussi à chercher le pardon de ceux qui ont été offensés, etc. Tout péché peut être pardonné, sauf l'associationisme (*shirk*), c'est-à-dire l'association d'une divinité à Dieu qui reste unique. Il faut pour cela avoir confiance et espoir en Dieu.

→ Bouc émissaire, jeûne, péché, ramadan, repentir, salut, Yom Kippour.

Extrême-onction †

L'extrême-onction appartient au groupe des sept sacrements catholiques. Elle est l'application d'huile sainte sur le front du malade, souvent donnée en même temps que le « viatique », c'est-à-dire le sacrement de l'eucharistie donné aux mourants pour préparer leur chemin vers Dieu et Jésus-Christ, qui affronta seul la mort.

→ **Eucharistie, huile sainte, onction, sacrement, viatique.**

Exultet †

L'*exultet* est le premier mot latin d'un chant de prière (« exultez de joie, les anges du ciel ») entonné le soir de Pâques, pour annoncer la résurrection de Jésus et célébrer celui-ci comme la lumière du monde, laquelle est symbolisée par un cierge particulier (pascal). L'*exultet*, qui remonte sans doute au Ve siècle, s'imposa au IXe siècle.

→ **Cierge, Jésus, Pâques, résurrection.**

Ézéchiel ✡

Dans la Bible, le livre du prophète Ézéchiel (en hébreu Yehezqel, « Dieu réconforte ») se distingue par un style d'une expressivité confinant parfois à la violence. Les allégories, les images, les symboles forts, des propos d'une crudité parfois surprenante font de l'auteur un prophète particulièrement inspiré sur le plan littéraire, au point que des chercheurs se sont demandé s'il n'avait pas utilisé quelque substance hallucinogène pour parvenir à ces visions. Ézéchiel est ainsi considéré comme le pionnier de la littérature apocalyptique.

Ézéchiel intervient dans le drame qui secoue Juda au début du VIe siècle av. J.-C. Juda était le seul royaume de l'ancien Israël encore indépendant, l'autre royaume, Samarie, ayant disparu en 722. En 597, l'Empire babylonien menace une première fois Juda et sa capitale Jérusalem, exilant une partie de la population. Ézéchiel fait partie de ces premiers exilés à Babylone, ville où il transmet ses oracles jusqu'à 570 environ. Depuis cet exil, il a d'abord la vision fantastique d'un char de feu : Dieu déclare qu'il va délaisser sa maison, le Temple de Jérusalem, et le charge de transmettre sa Parole. De fait, Dieu abandonne le Temple, souillé par des idoles étrangères, pour ce qui est désormais le véritable Israël, le noyau des exilés.

Jérusalem, ville impie, doit être punie : de fait, la capitale de Juda tombe en 587 sous les coups de Babylone, qui procède au second exil. Ézéchiel, à qui cette chute est apparue en vision, devient muet jusqu'à ce que la catastrophe soit connue à Babylone, où, recouvrant la parole, il réconforte les Israélites découragés par ce drame. La conversion (retour vers Dieu) est le gage de la survie d'Israël, au contraire de ces rois et de leur politique, de ces prêtres et de ces faux prophètes qui ont livré la Samarie et Juda à l'invasion étrangère et à la ruine. Mais l'exil n'est pas seulement imputable à une faute collective.

En effet, Ézéchiel introduit alors une notion nouvelle de la responsabilité, dans le sillage du prophète Jérémie son contemporain. Comme ce dernier, il reprend un proverbe célèbre en Israël (18, 2-4) : « Les pères ont mangé des raisins verts et les dents des fils ont été agacées. » Mais Dieu avertit : « Vous n'aurez plus à répéter ce proverbe en Israël. Voici : toutes les vies sont à moi, aussi bien la vie du père que celle du fils, elles sont à moi. Celui qui a péché, c'est lui qui mourra. » L'homme n'est plus seulement responsable collectivement, mais aussi individuellement. Désormais, Dieu le punira, ou lui pardonnera et le récompensera en fonction de sa conduite. Dieu s'affirme aussi comme le guide de son peuple qui, tel des « ossements desséchés auquel l'Esprit redonnera vie », retrouvera un jour le chemin de sa terre, pour une Alliance éternelle. Enfin, Ézéchiel décrit cet Israël idéal, conception utopique d'un pays possédant les frontières du royaume glorieux de David, et dont le cœur sera un nouveau Temple où régnera la pureté conforme à la Loi.

Ézéchiel n'a pas vécu le retour des juifs en terre d'Israël, en 538 av. J.-C. Mais par sa foi et ses mots, il a contribué à ce que, au creuset de l'exil, ses compatriotes résistent à l'assimilation culturelle et religieuse des vaincus par les vainqueurs, phénomène alors habituel. De cette résistance alimentée par cette personnalité hors du commun se dégage aussi une force encore d'actualité : Israël est un peuple différent des autres car il a été choisi par Dieu.

→ **Alliance, Apocalypse, Exil, Jérémie, Juda, Peuple élu.**

F

F

Fabrique †

La fabrique, ou conseil de fabrique, fut une institution importante du clergé jusqu'au début du XXe siècle. Elle regroupait les fabriciens, des clercs et des laïcs chargés de la construction et de la conservation des églises. Elle avait à sa tête un bureau composé de marguilliers (du latin *matricularius*, « qui conserve les matricules [les registres] ») élus par les fidèles de la paroisse concernée. Ils s'occupaient de l'entretien, et, à ce titre, des finances et de la décoration de l'église, excepté pour les chapelles appartenant à des corporations ou des familles. Cette décoration, qui prévoyait le choix des artistes et le suivi des travaux, était soumise à des règles variant selon les époques. De même, les commandes faites par des confréries ou des corps de métiers obéissaient à des principes spécifiques. Supprimées à la Révolution française, rétablies en 1803, les fabriques ont disparu avec la loi de séparation de l'Église et de l'État en 1905. Aujourd'hui, toutes ces tâches sont assurées le plus souvent par des laïcs.

→ **Église, laïc, paroisse.**

Factions ☪

Les Factions (*al-Ahzab*), titre de la 33e sourate (chapitre) du Coran, désigne les tribus arabes de La Mecque qui combattirent Mahomet et auxquelles se rallièrent des juifs de Médine. Pour Dieu, les actions commises par erreur peuvent être pardonnées, mais non les méfaits prémédités dont ces frères se sont rendus coupables. Car l'alliance que Dieu a scellée avec les prophètes (Noé, Abraham, Moïse et Jésus) appelle l'unité de tous les croyants, dont les victoires, difficiles, sont favorisées par Dieu. Malheur aux couards et aux hypocrites, qui un jour s'allient à Dieu et le renient le lendemain pour mieux se sauver. La sourate rappelle ensuite les

« Piliers » que tout croyant, homme ou femme, doit respecter : aumône, charité, prière, jeûne. Il faut suivre Mahomet, non comme un enfant suit son père, mais comme le Prophète de Dieu, son envoyé, son avertisseur. Après une évocation du voile (*hidjab*) concernant les femmes du Prophète, et le *jilbab*, habit ample et large de toutes les musulmanes, la sourate s'achève sur la condamnation des incrédules et des polythéistes.

→ **Mahomet, Mecque (La), Médine, prophète.**

Fajr, al- ☪

Al-Fajr est *L'Aube*, titre de la 89e sourate (chapitre) du Coran. Ce moment ferme la nuit, inaugure et honore une journée. Dieu honore aussi les hommes qui, éprouvés par ses dons, doivent en retour honorer les plus faibles, les aider au lieu de se soucier d'argent ou d'héritage. Chacun doit donc craindre Dieu et la perspective de la géhenne (séjour infernal des morts). Dans cette sourate, Dieu demande aussi aux âmes de s'apaiser, car il leur suffit de retourner vers lui pour entrevoir le paradis qu'il réserve à ses fidèles serviteurs.

→ **Géhenne, paradis.**

Fakir ☪

Le mot « fakir » renvoie à la situation matérielle misérable d'une personne ; il inspire souvent la pitié et la désolation. C'est oublier qu'il trouve sa véritable signification dans le Coran, précisément dans la sourate *Muhammad* (47, 38) : « Dieu est celui qui se suffit à lui-même et vous êtes pauvres [*fuqara* en arabe]. » La pauvreté (*faqr*), qui n'est pas misère, est ainsi la condition du soufi, le mystique musulman, qui, détaché des choses matérielles, peut mener sa quête spirituelle vers Dieu. Ascète et pauvre (*faqir*, qui a donné fakir), il parvient d'autant mieux à communiquer avec Dieu au cours du *dhikr*, la prière personnelle où il l'invoque. Le fakir est aussi appelé derviche, mot d'origine persane.

→ **Derviche, dhikr, faqr, mystique, soufisme.**

Falaq, al-

Al-Falaq, *L'Aurore*, est le titre de la 113e sourate (chapitre), très courte (cinq versets), du Coran ; elle en est aussi l'avant-dernière. Dieu est le Seigneur de l'aurore, cet instant qui, suivant l'aube, précède le lever du soleil, la lumière restant symboliquement l'un des moteurs de la vie. Tout homme doit se placer sous la protection de cette lumière afin de lutter contre le mal, les ténèbres effrayantes et les vices qui entachent l'humain.

→ **Mecque (La), Seigneur, vice.**

Faqih

Le *faqih* est celui qui maîtrise et applique le *fiqh* (« savoir »), c'est-à-dire la science juridique canonique. Il est ainsi longuement formé au Coran et aux *hadith*, ainsi qu'à toutes les subtilités séparant les divers courants de l'islam.

→ **Canon, fiqh, hadith, islam, madhahib, ouléma.**

Faqr

Le *faqr* est le « dénuement », la « pauvreté », vertus auxquelles il faut parvenir pour ressentir au mieux la présence intérieure de Dieu. Cet état, qui est aussi bien spirituel que matériel, est à rapprocher de la kénose chrétienne.

→ **Kénose.**

Fard

Tout musulman remplit un certain nombre d'« obligations » voulues par Dieu (*fard* en arabe) ; pour le fidèle, elles complètent les règles prévues par la loi humaine. Il en va ainsi de la prière, du jeûne, du *djihad* (défense et propagation de l'islam) ou de l'aumône, laquelle prend deux formes illustrant les deux acceptions du *fard* : la *zakat* est une obligation « personnelle » (*fard al-ayan*), tandis que la *sadaqa*, don volontaire, est considérée comme une bonne action, une *fard al-kifaya*. Celle-ci ne s'impose pas à chaque musulman : il suffit qu'un individu ou un groupe la remplisse pour que tous les autres membres de la communauté en soient dispensés, telle « la prière funéraire » (Salâtu el-janâza).

→ **Aumône, djihad, jeûne, sadaqa, zakat.**

Fatiha, al- ☪

Al-Fatiha (« ouverture » ou « liminaire ») est le titre de la première sourate (chapitre) du Coran, qui s'ouvre donc par ces versets profonds et splendides, dont ils condensent l'essence :

« Au nom de Dieu :
le Miséricordieux,
le Tout-Miséricordieux.
Louange à Dieu,
Seigneur des mondes :
le Miséricordieux,
le Tout-Miséricordieux,
Celui à qui appartient le jour du Jugement dernier.
C'est toi que nous adorons,
c'est toi
dont nous implorons le secours.
Dirige-nous dans le droit chemin :
le chemin de ceux que tu as comblés de bienfaits ;
non pas ceux qui ont encouru ta colère,
ni ceux qui s'égarent. »

Cette sourate est aussi appelée la « Mère du Livre » (*Omm al-Kitab*), en raison de son importance. Selon certains savants coranistes, la *basmallah* (« Au nom de Dieu [*bismi Allah*], le Miséricordieux, le Tout-Miséricordieux »), prière placée en tête de toutes les sourates, excepté la sourate 9 (*L'Immunité*), en est extraite. La *Fatiha* est invoquée dans les prières quotidiennes (*salat*), spontanées (*dua*), mystiques (*dhikr*) ou lors de cérémonies et de toute autre circonstance importante. Elle fait partie des quelques passages du Coran que le fidèle se doit d'apprendre par cœur, et se conclut par la formule *amin* (amen).

→ **Amen, basmallah, Coran, sourate, versets sataniques.**

Fatima ☪

De sa première femme Khadidja, Mahomet eut six enfants : les trois garçons moururent en bas âge, tandis que les filles, hormis Fatima qui épousa Ali ibn Abi Taleb, cousin du Prophète, moururent après leur mariage sans laisser de descendance. En dépit de l'absence d'informations historiques précises, Fatima est néanmoins reconnue, par ce mariage, comme étant une grande figure du chiisme, courant de l'islam qui voit en Ali (le quatrième des califes « bien guidés ») son précurseur, et ses fils, Hassan et Hussein, ses acteurs principaux. Fatima est cependant vénérée par l'ensemble des musulmans, Mahomet l'ayant reconnue comme un personnage exemplaire de l'islam. La sourate 33 (*Les Factions*) comprend ce verset : « Ô vous, les gens de la Famille [*Ahl al-Bayt*] ! Dieu veut seulement éloigner de vous la souillure et vous purifier totalement » (33). À ce verset s'ajoute un *hadith* (récit tiré de la vie du Prophète) dans lequel Mahomet prend ces mêmes « gens », dont Fatima, sous son manteau. Une dignité supérieure est donc conférée à Mahomet, Ali, Fatima, Hassan et Hussein. De magnifiques traditions entourent Fatima et son culte, reposant notamment sur sa sainteté, et son qualificatif fréquent de *az-zahra* (« la resplendissante », « la lumineuse ») ont accentué son aura au fil des siècles. Certains chercheurs, chrétiens il est vrai, rapprochent l'importance de son culte de celui entourant la Vierge Marie. Fatima mourut peu après Mahomet, dont elle était très proche, en 632 ou 633, et fut enterrée à Médine.

→ **Ali, Hassan, Hussein, Mahomet, Médine.**

Fatimides ☪

Les Fatimides constituèrent une prestigieuse dynastie chiite (909-1171), qui se prétendait issue de Fatima, fille de Mahomet et épouse d'Ali (dont se réclame le chiisme). Son fondateur, Ubayd Allah (vers 862-934), né en Syrie, imam caché (celui qui doit revenir à la fin des temps) des ismaéliens (qui considèrent Ismaël comme le véritable septième imam), se présenta comme le Mahdi. En 909, ses armées remportent assez de victoires pour qu'il se proclame imam et calife. Partis d'Afrique du Nord, les Fatimides, qui fondent Le Caire et en font leur capitale en 972, connaissent alors leur apogée et règnent sur un vaste empire qui s'étend du Maghreb et de la Sicile jusqu'à l'Égypte et la Syrie. Des luttes internes et des scissions, dont celle de la secte dite des Assassins, auxquelles s'ajoutent la perte de territoires, rongent peu à peu le pouvoir. Le grand sultan Saladin chasse les Fatimides d'Égypte et restaure le sunnisme (courant des partisans de la *Sunna*, « coutume » du Prophète) dans le pays. Le Caire porte encore les témoignages architecturaux de la présence fatimide, comme les mosquées al-Azhar (978) et al-Hakim (1004).

→ **Abbassides, Ali, chiisme, Fatima, imam, ismaéliens, Mahdi.**

Fatwa ☪

La fatwa est un « avis », un arrêt religieux transmis par un érudit, grand connaisseur de la chariah, la loi islamique. Cet érudit, le mufti (jurisconsulte), peut être un ayatollah (chez les chiites), un *qadi* ou tout autre haut représentant religieux du pays concerné, et la décision juridique qu'il prend peut porter sur un point de religion ou sur tel ou tel acte contraire à celle-ci. Mais une fatwa n'est pas un oukase, c'est-à-dire une mesure imposée par une seule personne. Elle doit être émise suite à une demande (officielle ou individuelle), faire l'objet d'une discussion et d'une argumentation. En effet, prolongement des législations fondamentales que sont le Coran et les *hadith* (paroles, actes et commentaires du Prophète), la fatwa sert à adapter le monde musulman au monde contemporain, en conformité avec les principes essentiels de l'islam, et dans des domaines aussi variés que la médecine, l'économie ou la vie sociale. La fatwa est, dans son fondement, bien différentes de certaines fatwas (minoritaires) qui, pour des raisons politiques, religieuses et morales, ont été prononcées contre des individus, jusqu'à les condamner à mort.

→ **Ayatollah, chariah, hadith, mufti, qadi.**

Fawatih ☪

Vingt-neuf des cent quatorze sourates (chapitres) du Coran sont inaugurées, ou titrées, par des « lettres d'ouverture », ou « liminaires » (*al-huruf al-fawatih*), les *fawatih*, appelées aussi « lettres séparées » (*al-huruf al-muqattaat*). La signification de ces lettres arabes est encore mystérieuse ; elles confèrent aux sourates qu'elles introduisent une grande valeur mystique. Seules ou groupées par deux ou cinq, elles sont présentes dans les sourates suivantes (avec leur transcription française) :

– alif, lam, mim, (A, L, M) : sourates 2 (*La Vache*), 3 (*La Famille de Imran*), 29 (*L'Araignée*), 30 (*Les Romains*), 31 (*Luqman*), 32 (*La Prosternation*) ;

– alif, lam, mim, çad (A, L, M, S) : sourate 7 (*Al-Araf*) ;

– alif, lam, ra (A, L, R) : sourates 10 (*Jonas*), 11 (*Houd*), 12 (*Joseph*), 14 (*Abraham*), 15 (*Al-Hijr*) ;

– alif, lam, mim, ra (A, L, M, R) : sourate 13 (*Le Tonnerre*) ;

– kaf, ha, ya, aïn, çad (K, H, I, A, S) : sourate 19 (*Marie*) ;

– ta, ha (T, H) : sourate 20, titrée ainsi ;

– ta, sin, mim (T, S, M) : sourates 26 (*Les Poètes*), 28 (*Le Récit*) ;

- ta, sin (T, S) : sourate 27 (*Les Fourmis*) ;
- ya, sin (Y, S) : sourate 36, titrée ainsi ;
- ç̣ad (S) : sourate 38, titrée ainsi ;
- ha, mim (H, M) : sourates 40 (*Celui qui pardonne*), 41 (*Les Versets clairement exposés*), 43 (*L'Ornement*), 44 (*La Fumée*), 45 (*Celle qui est agenouillée*), 46 (*Al-Ahqaf*) ;
- ha, mim, aïn, sin, qaf (H, M, A, S, Q) : sourate 42 (*La Délibération*) ;
- qaf (Q) : sourate 50, titrée ainsi ;
- noun (N) : sourate 68 (*Le Calame*).

→ **Alif, Araf, qaf, sourate, Ta Ha.**

Fedayin ☪

Les *fedayin* (*fedaï* au singulier) sont les « hommes qui se sacrifient » pour une cause. Ce terme n'existe ni dans le Coran, ni dans les *hadith* (tradition du Prophète). Il n'a aucune relation avec le principe de la *fidiah*, c'est-à-dire la « rédemption par le sacrifice » (charité, immolation, jeûne...). Le terme se rapproche plutôt d'actes rituels de compensation. Le mot *fedayin* est apparu dans le vocabulaire des militants palestiniens laïcs engagés dans la lutte armée, dont certains étaient même athées. Il n'est pas exclu qu'il soit d'origine chrétienne. En effet, *el-fidâ* signifie « sacrifice » dans le vocabulaire chrétien arabe.

→ **Rédemption.**

Fer, Le ☪

Dans *Le Fer* (*al-Hadid*), 57e sourate (chapitre) du Coran, Dieu est d'emblée le seul roi du ciel et de la Terre, il est le Créateur, « le premier et le dernier », c'est-à-dire l'alpha et l'oméga (première et dernière lettres de l'alphabet grec). Dieu est le commencement et la fin de toute chose. C'est pourquoi il faut se garder des illusions engendrées par le monde matériel, car, ici-bas, l'existence « n'est qu'une jouissance éphémère et trompeuse » comparée aux perspectives éternelles ouvertes par Dieu et annoncées par les prophètes, ses messagers. Parmi ces derniers, il y eut d'abord Noé et Abraham, ferments du judaïsme, mais la plupart des croyants pervertirent leur message. Puis vint Jésus, à qui Dieu donna l'Évangile, tandis que ses disciples reçurent « la mansuétude, la compassion et la vie monastique », cette dernière étant suscitée par Dieu mais non prescrite : car la parole de l'Évangile, elle aussi, a été pervertie. Ainsi, seul le Coran contient la vér-table foi.

→ **Abraham, alpha et oméga, Évangile, monachisme, Noé, prophète.**

Fête-Dieu †

Dans le calendrier officiel catholique, le deuxième dimanche après la Pentecôte a lieu la fête du Saint-Sacrement (eucharistie), ou Fête-Dieu, qui célèbre ainsi le sang et le corps de Jésus. Les fidèles font preuve d'une grande ferveur religieuse, notamment au travers de processions. L'institution de cette fête remonte au temps du pape Urbain IV (1264).

→ **Dimanche, eucharistie, Jésus, sang.**

Feuillant et feuillantine †

Au milieu du XIIe siècle est fondée l'abbaye cistercienne de Feuillant, non loin de Toulouse (Haute-Garonne). Soumise au régime de la commende (attribution d'un établissement religieux à des clercs ou des laïcs) en 1493, elle est placée en 1562 sous l'autorité de Jean de La Barrière (1544-1600), qui, au lieu de profiter de ce système pour s'enrichir, comme la plupart de ses homologues, entame onze ans plus tard une réforme monastique, après avoir connu la conversion. Il revient à la stricte observance cistercienne, partageant avec les quelques moines (appelés feuillants) restés à ses côtés une existence d'une grande rigueur. Son action rayonne bientôt jusqu'à Paris, qui accueille une maison des Feuillants, rue Saint-Honoré, et gagne tant en importance qu'il fonde son propre ordre monastique en 1591. À la Révolution, ce couvent est occupé (1790) par un club politique issu des Jacobins, et dit des Feuillants – on y trouvait alors le général La Fayette. Cette occupation marque aussi la disparition de l'ordre.

→ **Cisterciens, commende, conversion, couvent, ordre.**

Fiat lux †

Dans la Bible, le livre de la Genèse (1, 3) rapporte : « Dieu dit : "Que la lumière soit" [*fiat lux* en latin] et la lumière fut. » Cette parole créatrice, que la foi place à la source du monde, a été reprise dans un sens plus large, entre autres par la philosophie : le *fiat* (« que cela soit fait ») est la révélation lumineuse d'un obscur mystère ; c'est notamment le mot prononcé par Marie après l'Annonciation.

→ **Annonciation, Bible, Marie.**

Figuier, Le ☪

Le Figuier (*al-Tin*), titre de la 95e sourate (chapitre) du Coran, est avec l'olivier l'un des arbres mythiques et très cultivés du Proche-Orient ; la Bible et le Nouveau Testament y font aussi souvent allusion. La sourate évoque d'emblée ces deux arbres aux côtés du mont Sinaï et de La Mecque, pour montrer la continuité de l'œuvre divine depuis la Création jusqu'à la naissance de l'islam, le Sinaï semblant être une allusion au judaïsme. En effet, si Dieu a créé l'homme parfait puis l'a « renvoyé au plus bas des degrés », c'est parce qu'il est le juste par excellence, celui qui rend la justice sans faille.

→ **Création, juste, Mecque (La), Oliviers (jardin des), Sinaï.**

Filioque †

La querelle du *Filioque* (« et du Fils » en latin), relative à la Trinité, fut l'une des grandes pommes de discorde entre Église d'Occident et Église d'Orient, qui devaient conduire à leur séparation (schisme) en l'an 1054. Aux conciles de Nicée (325) et de Constantinople (381), l'Église aboutit à une définition commune du Credo (base de la foi) : « Je crois dans le Saint-Esprit qui procède du Père. » Au VIe siècle, le *Filioque*, qui affirme que le Saint-Esprit procède du Père « et du Fils », fut ajouté au Credo, sans doute en Espagne. Il gagna ensuite une grande partie de l'Europe, diffusion qui conduisit à des malentendus probablement provoqués par des erreurs de formulation dans les différentes langues. Les Orientaux (orthodoxes), pour qui tout vient du Père, considéraient cet ajout comme une hérésie. En 867, Photius, patriarche de Constantinople, rompit un temps avec Rome. Quand le *Filioque* acheva de se généraliser au XIe siècle, la rupture, due à d'autres causes complexes, était consommée. Le désaccord reste d'actualité mais s'est beaucoup atténué, notamment grâce aux travaux œcuméniques (dialogues entre les Églises).

→ **Credo, Fils, œcuménisme, orthodoxe, Trinité.**

Fils †

La filiation divine de Jésus est le fondement même de la religion chrétienne (différence essentielle avec l'islam). Dieu entretient avec les hommes une liaison paternelle, qui, dans la Bible, est appliquée à Israël son peuple, donc à tous les juifs, mais surtout aux justes et au Messie auquel il a donné l'onction. Jésus, dans le Nouveau Testament – qui reprend le principe de cette filiation –, ne se montre pas amateur de titres qui, semble-t-il, ne peuvent refléter son ministère et son message. Ainsi, il n'apprécie pas particulièrement celui de Messie (*Christos* en grec), que lui donneront les premières communautés chrétiennes. En revanche, il présente souvent Dieu comme son Père, et il entretient avec lui une relation filiale très affectueuse, en l'invoquant sous le nom d'Abba (« papa »). Il demande aussi à ses disciples d'invoquer Dieu comme Père, car ils sont également des fils. Jésus se qualifie de « Fils de l'homme », expression utilisée par les prophètes, dont Daniel, qui associe Jésus à la venue des derniers temps pour décrire une sorte d'archétype de l'homme proche de Dieu. De fait, par ces mots, Jésus entend signifier son rapport direct à Dieu, auprès duquel il siégera lors du Jugement dernier, ainsi que la part d'homme qui est en lui et qui le contraindra à affronter la douleur et la crucifixion, à l'égal de tout humain. Il le proclame d'ailleurs dans les évangiles.

→ **Évangiles, Jésus, Messie, Père de l'Église, Testament.**

Fiqh ☪

Le *fiqh* est le « savoir » en arabe, plus précisément la science juridique, qui fut traitée dans les écoles appropriées, dont il subsiste les quatre *madhahib* (traditions juridiques) des sunnites et l'école jafarite des chiites. Il s'est élaboré au fil du temps, à partir de la chariah (la loi) et sous forme de jurisprudences. Le spécialiste du *fiqh* est le *faqih*.

→ **Chiisme, faqih, jafarites, madhahib, sunnisme.**

Foi ✡†☪

La foi en Dieu échappe à toute tentative de description. Ce mouvement intérieur, résultat d'un appel de Dieu (vocation), est bien trop personnel et divers selon celle ou celui qui l'accueille. Car la foi n'est pas une prise de possession brutale, mais un don de Dieu. Comme l'indique l'étymologie

latine de ce mot, *fides* (« confiance » ou « croyance ».), avoir la foi c'est s'en remettre à Dieu en toute confiance, croire en sa toute-puissance, son amour, sa miséricorde, ses commandements aussi. Mais la foi ne possède pas qu'une dimension individuelle. Certes, elle s'entretient par la prière et par la pratique des liturgies et des règles spécifiques à chacune des religions du Livre, mais elle a aussi une dimension collective et, de ce fait, doit être partagée avec ses coreligionnaires. C'est ce qu'on appelle la profession de foi, récitée à l'occasion de certains offices et rites. L'Alénou et le Chema juifs, le Credo récité au cours de la messe (catholique), la Shahada de l'islam (foi se dit *iman* en arabe) sont des exemples majeurs de professions de foi.

→ Agnosticisme, athéisme, Credo, déisme.

Fondamentalisme ✡ ✝ ☪

Le fondamentalisme consiste, dans les trois religions du Livre où il est présent depuis l'origine, à considérer de manière littérale les textes sacrés, et, par là, à refuser tout commentaire et toute évolution. Il fige ainsi la foi au lieu de la nourrir, car toute lecture est nécessairement influencée par la manière dont elle est menée, et se trouve enrichie par les commentaires qui marquent l'évolution de toute croyance. Ainsi, des fondamentalistes juifs ou chrétiens affirment que Dieu a créé le monde en six jours, comme le rapporte le livre de la Genèse qui ouvre la Bible – ils sont appelés « créationnistes ». Les fondamentalistes musulmans, quant à eux, adoptent les règles qu'ils estiment contenues dans le Coran, comme le font les talibans, dont les mesures reposent sur une interprétation très radicale des sourates (chapitres). Cependant, toute religion est, par essence, fondamentale, puisqu'elle puise en permanence à sa source ; aussi le mot « fondamentalisme » n'est-il pas tout à fait adapté pour qualifier cette attitude. Nous entendons aussi parler d'« intégristes », c'est-à-dire d'adeptes d'un système, d'un « tout » vu selon leurs critères, et où les changements n'ont pas leur place. Mais une religion est par essence intégrale et pousse à l'intégrité. Ce mot n'est donc pas plus satisfaisant. En revanche, celui d'« extrémistes » ou d'« ultras », employé notamment par les musulmans, semble mieux refléter ces points de vue.

→ Bible, Coran, Genèse, Livre, sourate, talibans.

For †

Le sens commun de « for » (du latin *forum*, « place publique ») est « tribunal » ; le « for intérieur » est donc le « tribunal de la conscience ». Dans le droit canonique de l'Église catholique, le for prend deux dimensions qui engagent chacune une responsabilité particulière. Elles sont distinctes mais étroitement liées, allant parfois jusqu'à s'influencer : le for interne (d'où vient « for intérieur », le plus profond de soi-même) concerne la relation intime (et invisible) d'une personne avec Dieu et avec sa conscience ; le for externe, lui, est le rapport de cette personne avec le monde, dont les manifestations sont visibles et qui tombe ainsi sous le coup de la loi ecclésiastique.

→ **Catholique, Église, péché.**

Fourmis, Les ☪

Les Fourmis (*al-Naml*) est le titre de la 27ᵉ sourate (chapitre) du Coran, car ces animaux en constituent les acteurs principaux. Cet insecte, assimilé à la terre et à la poussière, est loué par de nombreuses religions et croyances pour sa persévérance, son ardeur au travail (chez les bouddhistes tibétains) ou encore pour son honnêteté (dans le Talmud, ouvrage principal du judaïsme), autant de qualités dont devraient se souvenir les paresseux et les imprévoyants. Car si Dieu a choisi les figures éminentes du judaïsme que furent Moïse, David et Salomon, il peut aveugler l'incrédule ou celui qui doute pour brouiller sa lucidité et le rendre insensible à ses signes. Nous trouvons aussi dans cette sourate un développement sur la reine de Saba et sa relation avec le roi Salomon, ainsi qu'une évocation de Lot, neveu d'Abraham, sauvé par Dieu de la ruine de Sodome et Gomorrhe.

→ **David, Lot, Moïse, Saba, Salomon, Sodome et Gomorrhe.**

Franciscains †

Nom donné à l'ordre religieux fondé par saint François d'Assise.

Après une jeunesse tumultueuse faite de plaisirs et de jeux virils, voire guerriers, François (fils du « Français ») de Bernadone (1181 ou 1182-1226), né à Assise, en Ombrie, se convertit, sans doute en 1204. Fils d'un riche drapier, il abandonne tous ses biens et décide de se vouer à la pauvreté totale et à la pénitence, d'où son surnom de Poverello, le « petit pauvre ». Devenu frère François, il s'installe dans un petit oratoire, la Portioncule, et attire une poignée de compagnons qui, comme lui, vivent de travail et d'aumônes, en sillonnant les routes pour appeler à l'Évangile, à la bonté, à la charité... Bientôt naît le besoin d'une reconnaissance de cette fraternité qui, par le dénuement qu'elle exige, se distingue nettement des mœurs du haut clergé de cette époque, et même de ceux des moines vivant dans des abbayes puissantes. En 1210, le pape Innocent III accorde, du bout des lèvres, un premier statut à ces frères que François dit « mineurs », tant ils sont peu de chose : ils reçoivent la tonsure, mais non le sacrement de l'ordre. La communauté grandit et, parallèlement, une jeune femme, Claire di Offreduccio, fonde l'ordre franciscain des Petites Dames, qu'on appellera les clarisses. Après avoir consacré ses jours à la prière, à l'ascèse, à l'évangélisation, à la définition d'une vraie règle – approuvée en 1223 (année où il crée la première crèche vivante) –, François d'Assise meurt le 3 octobre (jour de sa fête dans le calendrier) 1226, laissant un ordre qui a débordé les frontières de l'Italie. Il lègue aussi plusieurs écrits, dont le *Cantique de Frère Soleil*, odes au Dieu créateur. L'ordre franciscain se répartit ensuite en deux tendances : les conventuels (qui voudraient adapter la règle en fonction des évolutions) et les spirituels (conformes à la règle originelle). L'ordre des « frères mineurs » comprend aujourd'hui trois branches : les frères mineurs de la régulière observance, les conventuels et les capucins.

→ **Abbaye, ascèse, aumône, capucins, clarisses, conversion, ordre.**

Fraudeurs, Les ☪

La sourate (chapitre) 83 du Coran, intitulée *Les Fraudeurs* (*al-Mustaffifin*), se distingue par la période de sa révélation : pour l'exégèse (étude des écrits saints), elle contient les derniers versets dictés à Mahomet (1-6). Elle évoque les fraudeurs que sont les tricheurs, les escrocs, tous ces libertins promis à la fournaise de l'enfer. La sourate évoque ainsi le *Sijiin*, un « livre écrit » renfermant la liste de tous ces damnés. En revanche, l'*Illiyoun* dresse la liste des purs, des justes, des élus de Dieu qui, privés de vin sur Terre, pourront se régaler d'un « vin rare [*rahiq*], cacheté par un cachet de musc [...] et mélangé à l'eau du Tasnim », source du paradis réservée aux proches de Dieu. Ils pourront regarder les impies soumis aux tortures qu'ils méritent.

→ **Enfer, juste, Mahomet, paradis, révélation, vigne.**

Fumée, La ☪

La 44e sourate (chapitre) du Coran, *La Fumée* (*al-Dukhan*), débute par l'évocation de la nuit où descendit le « Livre clair » (Coran), c'est-à-dire, selon la tradition musulmane, la 17e nuit du mois de ramadan. Puis est annoncée la fumée « bien visible » qui « enveloppera les hommes » au jour du Jugement dernier, uniquement ceux qui ont douté des messagers de Dieu et qui les ont raillés. À cette date, toute l'humanité sera convoquée, les uns iront faire bouillir leurs entrailles dans le métal fondu des enfers, les autres seront reçus aux jardins (paradis) pour y retrouver les houris (femmes merveilleuses).

→ **Houris, Jugement dernier, paradis, ramadan.**

Futuwwa ☪

Le mot arabe *futuwwa* (« jeunesse ») s'applique, dès l'époque de Mahomet, à un élan du cœur, un état de bonté et de noblesse qui poussaient autrefois les jeunes hommes qui le recherchaient à se mettre au service de l'islam pour le défendre, des opprimés et des faibles pour les protéger. On trouvait de tels personnages parmi les soufis (mystiques de l'islam), mais aussi auprès de politiques, comme les Abbassides (2e dynastie de l'Islam), surtout à l'époque des croisades, où ils faisaient l'admiration des croisés et des musulmans. Cette recherche des vertus mises en pratique a incité les Occidentaux à comparer la *futuwwa* à une forme de chevalerie, bien qu'elle n'ait pas possédé les caractéristiques d'une telle organisation. Le terme *futuwwa* s'étendit ensuite à la force et à la virilité, sens qu'il conserve de nos jours, notamment en Iran, au travers de spectacles où les combats sont auréolés d'une dimension religieuse.

→ **Abbassides, croisades, soufisme, vertu.**

G

Gabriel ✡ ✝ ☪

Gabriel (« Homme de Dieu »), ange très important dans chacune des trois religions du Livre, est en général placé juste après Michel (Mikaël en hébreu) dans la hiérarchie céleste.

Dans la Bible, il donne le sens de ses visions à Daniel, dont le livre (IIe siècle av. J.-C.) est à la source de la littérature apocalyptique. Pour le Talmud (prolongement de la Michnah), Gabriel est l'un des transmetteurs de la *bat qol* (« écho »), c'est-à-dire la voix céleste transmettant les ordres de Dieu. Pour la tradition juive, il est l'un des trois anges qui rendirent visite à Abraham, et il sauva Lot, neveu de ce dernier, avant que le feu et le soufre ravagent Sodome. Maître des chérubins dans le ciel, il doit revenir à la fin des temps pour lutter contre le Léviathan, une bête monstrueuse.

Dans le Nouveau Testament, c'est lui qui annonce à Zacharie la naissance de son fils Jean le Baptiste, le précurseur de Jésus. Puis, annonce fondamentale du christianisme, il apparaît à Marie pour lui apprendre la venue au monde de Jésus (Annonciation).

Enfin, pour l'islam, Gabriel (appelé Djibril ou encore « notre Seigneur Gabriel », Sidna Djibril) est une créature céleste capitale. Il est appelé par l'Esprit saint (*Ruh el-Qudus*). C'est lui qui, annonçant la « descente » du Coran sur Mahomet, transmet à celui-ci les paroles de Dieu qui seront ensuite consignées par écrit puis données aux hommes.

→ Coran, Daniel (livre de), ange, annonciation, archange, chérubin, Michel.

Galates (épître aux) ✝

Écrite vers l'an 57, l'épître aux Galates s'adresse aux habitants de la Galatie, province romaine d'Asie Mineure, que l'auteur, saint Paul, a convertis à l'Évangile. Ce texte est important car il marque la volonté de Paul de rompre avec les rites du judaïsme. Il rappelle que, juif lui-même, il fut un persécuteur de chrétiens et un pratiquant acharné des traditions juives. Aussi sa conversion fut-elle accueillie favorablement par les communautés chrétiennes de Palestine. Mais il s'est opposé à ceux qui, dans l'Église, voulaient imposer la circoncision (signe identitaire des juifs) aux païens (non-juifs) dont l'évangélisation était de son ressort. Les Galates subissant l'influence des juifs convertis, qui voudraient que le salut passe par la circoncision, Paul les exhorte en rappelant que chacun sera sauvé par la liberté qu'accorde la foi en Jésus-Christ. Pour Paul, celle-ci dépasse en effet la simple pratique de la Loi juive (Torah), qui n'a été qu'une étape dans le dessein de Dieu. Le Christ n'en a-t-il pas dénoncé les règles nombreuses et contraignantes, montrant ainsi que l'homme doit vivre par la foi et non par des préceptes ? Il l'a ainsi libéré, lui permettant d'exercer pleinement la charité envers autrui.

→ **Circoncision, épîtres, Évangile, Paul, Torah.**

Gallicanisme †

Comme son nom l'indique, le gallicanisme est un courant catholique particulier à la France. Dès le XIe siècle en effet, le clergé et les rois français affichent une volonté d'indépendance vis-à-vis du pape et de Rome. Cette autonomie, dont les fondements seront ensuite élaborés par des juristes, consiste par exemple à laisser l'Église de France nommer ses évêques et avoir un droit de regard sur les textes émanant du souverain pontife. Soutenu activement par Louis XIV (1643-1715), le gallicanisme persiste jusque dans le concordat signé par Bonaparte en 1801. Son déclin s'amorce au XIXe siècle, où les ultramontains (partisans de la primauté totale de Rome) lui donnent le coup de grâce : en 1870, le concile Vatican I décrète l'infaillibilité pontificale, qui fait du pape le pasteur « éternel » de l'Église.

→ **Concile, concordat, infaillibilité, ultramontanisme.**

Gamaliel ✡ †

Le nom de Gamaliel est celui d'une lignée de présidents (*nesiim*, *nassi* au singulier) du Sanhédrin, grande instance juive disparue en 425 apr. J.-C. Elle prit naissance avec Gamaliel l'Ancien, qui vécut dans la première moitié du Ier siècle apr. J.-C. De fait, ce pharisien, petit-fils du grand sage Hillel (vers 70 av. J.-C.-10 apr.), juif tolérant, est aussi le premier de cette lignée à recevoir le titre honorifique de *rabban* (« notre maître »), plus collectif que *rabbi* (« mon maître »). Les Actes des Apôtres (5, 17-42) du Nouveau Testament racontent que les apôtres de Jésus, arrêtés par les gardes du Temple, sont jetés dans une prison d'où ils s'échappent grâce à un ange. Retrouvés en train d'enseigner sur le parvis du Temple, ils sont conduits devant le Sanhédrin, mais « sans violence, car ils [les gardes] craignaient le peuple, qui aurait pu les lapider ». Le grand prêtre, leur reprochant de répandre l'Évangile malgré l'interdiction, est prêt à les faire exécuter. Mais Gamaliel, « docteur de la Loi respecté de tout le peuple », fait sortir les apôtres et déclare aux membres du Sanhédrin : « Hommes d'Israël, prenez bien garde à ce que vous allez faire [...] ne vous occupez pas de ces gens-là, laissez-les. Car si leur propos ou leur œuvre vient des hommes, il se détruira de lui-même ; mais si vraiment il vient de Dieu, vous n'arriverez pas à les détruire. Ne risquez pas de vous trouver en guerre contre Dieu. » Les apôtres sont flagellés et relâchés. Plus tard, saint Paul, toujours dans les Actes, déclarera aux juifs de Jérusalem : « C'est aux pieds de Gamaliel que j'ai été formé à l'exacte observance de la Loi de nos pères » (22, 3). Gamaliel Ier restera pour la tradition talmudique un homme juste et l'un des plus illustres docteurs de la Loi, à l'image de la charité, qu'il voulait égale pour les juifs et les gentils (non-juifs).

Siméon ben Gamaliel Ier, son fils, poursuit son œuvre religieuse. Il participe activement à la révolte juive de 66, qui, dans Jérusalem investie par les zélotes extrémistes auxquels il s'oppose, aboutit en 70 à la destruction du Temple.

Siméon ben Gamaliel II, ou Gamaliel de Jabneh (Jamnia), fils du précédent, reprend en main le Sanhédrin et en consolide l'autorité ; il laissera à la postérité nombre de « réflexions », qui figurent dans la Michnah (premiers écrits tirés de la loi orale), dont il donne les principales clés à l'auteur, son propre fils et successeur, Yehoudah (Juda) ha-Nassi (vers 135-220). Selon la tradition, celui-ci serait né le jour de la mort de l'un des plus prestigieux *tannaïm* (sages), Rabbi Akiba, auquel est attribué l'Avinou (prière), et qui fut exécuté à la fin de la révolte de Bar Kokhba qu'il avait proclamé « Roi-Messie ».

Le dernier des Gamaliel du Sanhédrin est Gamaliel VI (370-425).

→ **Actes des Apôtres, Bar Kokhba, nassi, Sanhédrin, Temple, zélotes.**

Géhenne ✡✝☪

La géhenne est le séjour des morts condamnés par Dieu, l'enfer où ils subissent brasier, tortures et tourments éternels.

Ce mot trouve son origine dans la Bible : en Juda, royaume israélite du Sud, le roi Achaz (736-716 av. J.-C.), impie envers le Dieu unique d'Israël, et cherchant la faveur des baals, divinités étrangères, fit sacrifier son enfant premier-né. De telles pratiques, sans doute héritées des Phéniciens, se déroulaient au sud de Jérusalem, au fond de la vallée de Gê-Himmon (c'est-à-dire du Cédron, qui coule au pied de la ville), dans un quartier appelé Tophèt. Gê-Himmon fut transcrit en grec par *geena*, qui donna le latin *gehenna*, d'où vient géhenne.

Jusqu'aux abords de l'ère chrétienne, le judaïsme n'entrevit la mort que dans le *shéol*, un monde profond où régnait le néant. Puis, au Ier siècle av. J.-C., se fit jour la notion d'une résurrection, mais aussi d'une condamnation des impies par Dieu dans un lieu qui devait porter le nom de cette vallée terrifiante, symbole du mal et de l'horreur. Cette conception d'un monde infernal est présente dans des écrits apocryphes juifs – c'est-à-dire non retenus dans la Bible par le canon (règle) juif –, comme le livre d'Hénoch. Selon le Talmud (prolongement de la Michnah), le défunt, après une sorte de purgatoire d'un an, voit son âme rejoindre le paradis s'il est un juste, la géhenne s'il est impie ; cependant, pour certains talmudistes, celle-ci doit disparaître avec le monde instauré par le Messie.

L'existence de la géhenne fut reprise par les évangiles synoptiques et l'Épître de Jacques (Nouveau Testament). Elle devient alors le lieu où sévit le feu éternel, l'enfer réservé aux maudits, aux créatures célestes déchues, aux grands pécheurs et aux impies, tous malmenés par le diable et ses anges.

Le Coran parle abondamment de la géhenne (*jahennam* en arabe), et l'assimile à l'enfer. Le gardien en est Malik, cité une seule fois (*L'Ornement*, 43, 77). C'est le châtiment du brasier, le feu ardent (Saqar), la fournaise où iront brûler les incrédules et tous les blasphémateurs. *Celle qui fracasse* (101e sourate de onze versets), c'est-à-dire l'heure du Jugement, promet aussi cet « abîme » (*hawiya*) à « celui dont les œuvres seront légères ». L'homme n'étant qu'un « avertisseur », si le paradis est pour celui qui a craint de « comparaître devant son Seigneur », les autres auront la fournaise pour refuge, rapporte la 79e sourate (*Ceux qui*

arrachent). Une tradition du Prophète rapporte que l'enfer sera vidé de ses habitants et voué à l'extinction, contrairement au paradis qui restera éternel.
La géhenne, mot quelque peu abandonné, désigne aujourd'hui la torture infligée à un criminel, ou toute autre douleur insupportable.

→ **Apocryphe, Baal, diable, enfer, évangiles, shéol.**

Gémilout ✡

Désigne les actes de bonté (*gemilout hasadim*) – comme la charité, le prêt sans intérêt, l'hospitalité ou le soutien aux personnes endeuillées –, qui sont partie intégrante du judaïsme, indissociables de la Torah (la Loi, c'est-à-dire les cinq premiers livres de la Bible) et de la pratique religieuse.

→ **Charité, judaïsme, Torah.**

Genèse ✡

La Genèse, dont le rôle est considérable auprès de l'humanité, raconte ce qui advint « au commencement ». Sa portée, par-delà les convictions de chacun, est avant tout philosophique et religieuse.
Le livre de la Genèse, qui ouvre la Torah (ou Pentateuque), et donc la Bible, est le fruit de la réflexion des milieux juifs pieux qui, au retour de l'exil de Babylone, à partir de 538 av. J.-C., s'interrogèrent sur la survivance du judaïsme et d'Israël, et sur le rôle que Dieu avait tenu dans cette pérennité pourtant tellement fragile, notamment en anéantissant les empires menaçant l'existence de son peuple. Maître de l'univers et influençant le destin de toutes les nations, Yahvé avait nécessairement une dimension encore supérieure, celle de créateur, c'est-à-dire de seul acteur dans la création du monde. Il fallait rassembler des traditions de diverses provenances afin de reconstituer l'« origine » (*genesis* en grec) de tout ce qui existe.
Les chapitres 1 à 11 rapportent les circonstances de la Création, dont celle du premier homme Adam et de la première femme Ève, l'apparition du péché, le meurtre d'Abel par son frère Caïn, le Déluge, que Noé affronte dans son arche, les débuts très difficiles de l'humanité (la tour de Babel), puis dressent une interminable généalogie (dont Hénoch et Mathusalem) qui mène aux patriarches d'Israël. La formidable épopée de ces derniers (12-50), les grands ancêtres, vante la foi et la conduite exemplaire d'Abraham, de son fils Isaac et du fils de ce dernier, Jacob (ou Israël). La Genèse

se termine sur l'aventure de Joseph, fils de Jacob et père de douze fils, fondateurs des douze tribus d'Israël. Tous ces éléments fondamentaux seront repris par le christianisme et pris en compte par l'islam.

→ **Babel, Babylone, Création, Déluge, Midrash, patriarche.**

Genizah ✡

La *genizah* est la pièce d'une synagogue où sont conservés des *teffilin* (phylactères), des *mezouzot* (étuis contenant des extraits de la Torah) abîmés et des manuscrits, tous ces objets étant sacrés. La *génizah* peut simplement être un meuble ou un caveau. Ce mot dérive de l'hébreu *genaz*, qui signifie « conserver » ou « cacher ».

En 1896, dans la banlieue du Caire, ville charnière entre les juifs du Proche-Orient et ceux d'Afrique du Nord et d'Europe, ont été découverts d'inestimables manuscrits hébraïques dormant dans la *genizah* d'une ancienne synagogue caraïte, certains de ces documents datant du VIe ou VIIe siècle. Solomon Schechter (1847-1915), rabbin et grand érudit, professeur à la prestigieuse université anglaise de Cambridge, put ainsi étudier cent quarante mille fragments (aujourd'hui conservés en Angleterre), parmi lesquels il reconnut un extrait de la version hébraïque originale du Siracide (ou Ecclésiastique, livre inséré dans la Bible chrétienne) connu jusque-là seulement par des traductions. Les autres fragments, soit soixante mille pièces, sont conservés en Russie (Saint-Pétersbourg) et aux États-Unis. Ce trésor comprend aussi des *responsa* (« réponses » des *geonim* [sages] aux difficultés rencontrées par les juifs de la diaspora), des écrits en yiddish ou encore des passages du Talmud (prolongement de la Michnah, version écrite de la loi orale) de Jérusalem (ou de Palestine). Il constitue, avec celle de Qumrân, l'une des deux découvertes fondamentales pour la connaissance historique et religieuse du judaïsme ancien.

→ **Caraïtes, Qumrân, Talmud, yiddish.**

Gentil ✡

« Gentil » dérive du latin *gentiles*, mot employé par la Vulgate, la traduction latine de la Bible, pour désigner ceux qui appartiennent aux « nations » (*gentes*) autres qu'Israël. En effet, pour le judaïsme, le gentil (qui est auss appelé *goy*, *nohri*, « étranger », ou encore *orel*, « qui n'est pas circoncis ») est une personne qui n'est pas née d'une mère juive ou n'est pas prosélyte (convertie).

Le gentil est considéré comme païen (*akoum*) s'il ne respecte pas les lois noahides (« commandements des fils de Noé [Noah en hébreu] ») qui, en Israël, en font un « étranger résidant » (*guer tochav*) bénéficiant de l'aide et de l'assistance des juifs ; la charité, pilier des trois religions du Livre, s'applique néanmoins à tous les gentils. Au nombre de sept, ces lois obligent à fonder un tribunal civil, et interdisent le blasphème, le vol, l'idolâtrie, la déviance sexuelle, la consommation du membre d'un animal vivant et le meurtre. En contrepartie, les gentils pourront accéder aux places réservées dans « le monde à venir » (*olam haba*), apparu après l'avènement du Messie. Mais ils n'ont pas le droit de célébrer le shabbat et d'étudier la Torah (la Loi). Les chrétiens – même s'ils croient en la Trinité, croyance que quelques érudits juifs ont assimilée à de l'idolâtrie – et les musulmans peuvent ainsi être *guer tochav*.

Il existait, devant le Temple de Jérusalem, un « parvis des gentils » où tous les non-juifs étaient admis ; mais ils n'avaient pas le droit, sous peine de mort, de pénétrer dans l'enceinte sacrée.

→ **Israël, judaïsme, païen, prosélyte.**

Génuflexion ✡ ✝ ☪

La génuflexion, acte de poser un ou deux genoux à terre, est, depuis les temps anciens et encore de nos jours, un signe de respect envers une autorité supérieure (empereur, grand clerc ou roi, par exemple). Dans la tradition catholique, elle signifie le respect de Dieu, en particulier devant le tabernacle (petit meuble contenant les hosties de l'eucharistie) et lorsque l'hostie est exposée (saint-sacrement). En islam, où le genou symbolise la force, la prière se fait agenouillé, comme le stipule la 45e sourate, titrée précisément *Celle qui est agenouillée* (*al-Jathiya*) : « Tu verras chaque communauté agenouillée [...] devant son Livre » (45, 28). Dans le judaïsme, la bénédiction est la *berakah*, pluriel *berakhot*, mot signifiant « genou » et qui rappelle que l'on pliait celui-ci pendant la prière.

La Bible témoigne de cette ancienne pratique, notamment chez le prophète Isaïe (45, 23), dans les Psaumes (95, 6), le livre de Daniel (6, 11) et le second livre des Chroniques (6, 13). Mais agenouillement et prosternation ont été abandonnés par la plupart des juifs, au profit d'une simple

inclinaison. Ils ne subsistent, dans la liturgie juive à la synagogue, que chez certaines communautés, pour les fêtes de Rosch ha-Shanah (Nouvel An) et de Yom Kippour (fête des Expiations) : en récitant l'Alénou, action de grâces essentielle, la personne se met à genoux en touchant le sol de la tête et se relève les pieds joints.

→ **Alénou, eucharistie, hostie, tabernacle.**

Geonim ✡

Les *geonim* (pluriel de *gaon*, « éminence » en hébreu) était le titre donné aux présidents des académies du Talmud (prolongement de la Michnah) installées à Sura et Pumpédita, en Babylonie.

De la fin du VIe siècle au milieu du XIe siècle, les connaissances et la sagesse des *geonim* débordèrent les frontières babyloniennes et rayonnèrent dans toute la diaspora (ensemble des communautés juives dispersées dans le monde). En effet, les juifs reconnurent en eux l'autorité supérieure en matière d'enseignement, mais aussi de décisions – les *responsa*, réponses aux questions des diverses communautés dispersées. Il exista aussi des *geonim* en Palestine, de la fin du IXe siècle au début du XIIe siècle, mais la prééminence revenait aux Babyloniens. À partir du XIIe siècle, donc après la fin des *geonim* proprement dits, le titre se répandit en Syrie, en Égypte, et finit par être appliqué de manière honorifique à certains maîtres, tel Élie ben Salomon Zalman (1720-1797), *gaon* de Vilna (Vilnius, capitale de la Lituanie). Ce grand savant du Talmud est connu aussi pour s'être opposé au mouvement de la Haskalah, caractérisé entre autres par une ouverture sur le monde non juif, et au hassidisme (courant mystique), apparu vers 1750 avant de s'étendre en Lituanie.

→ **Diaspora, hassidisme, responsa, Talmud.**

Gezerah ✡

Le *gezerah* (*gezerot* au pluriel) est un « décret » destiné à préserver la Torah, la Loi écrite, des influences non juives. Au cours du temps, la tradition rabbinique a promulgué un certain nombre de *gezerot*. Ce mot, cependant, s'applique aussi à des décisions prises par Dieu sans qu'il en explique la raison. Sur le plan historique, le *gezerah* concerne aussi l'interdiction du culte juif lors des périodes de persécution, ou encore la conversion forcée des juifs au christianisme, comme dans le cas des marranes (en Espagne et au Portugal), et qui peut devenir cause de massacres et de pillages (pogrom).

→ **Conversion, décret, marranes, pogrom.**

Ghetto ✡

Dans le langage courant, ce mot désigne une communauté confinée dans une zone géographique d'un pays ou d'une ville, connaissant la pauvreté et souffrant d'inégalité sociale. Il évoque aussi les horreurs du nazisme. Mais son origine est beaucoup plus ancienne. La plus communément admise le fait remonter au XVIe siècle (1516), et au *gietto*, quartier de Venise où se trouvait une fonderie de canons et où les juifs étaient forcés de résider.
Au Moyen Âge, les juifs s'étaient établis de leur plein gré dans certains quartiers de cités européennes, parfois séparés du reste de la ville par une enceinte. À partir du concile du Latran IV, en 1215, l'autorité catholique les contraignit à vivre à l'intérieur de certains secteurs clos, arguant de prétextes religieux, alors que la principale motivation était d'ordre économique, les juifs représentant des « concurrents » dans le domaine du commerce. Dans le document final publié à l'issue du concile, on trouve des dispositions discriminatoires, comme l'obligation d'arborer une « marque » distinctive sur les vêtements, l'interdiction d'assurer des charges publiques, et, pour ceux d'entre eux qui se seraient convertis au christianisme, la dénonciation d'un syncrétisme qui « ne serait propre qu'à ternir la beauté de la religion chrétienne ». Les règlements seront cependant plus ou moins sévères selon les pays. À l'aube du XIXe siècle, le principe de ces ghettos où s'entassaient les juifs s'effritera dans la plus grande partie de l'Europe, sous l'influence des avancées intellectuelles du siècle des Lumières et de la Révolution française (les juifs français seront émancipés en 1791). On peut par exemple en voir des vestiges dans le Comtat Venaissin, jadis propriété de la papauté, à Carpentras. Si les ghettos européens s'ouvrent (excepté en Italie où, sauf à l'époque de l'occupation française, la papauté les maintiendra jusqu'en 1870), dans certains pays musulmans ils persisteront jusqu'au XXe siècle. Enfin, Hitler reprend dans *Mein Kampf* le principe du ghetto, et l'appliquera dans le cadre de la « Solution finale », notamment en Pologne, dans les villes de Lodz et de Varsovie dès 1940, où des centaines de milliers de juifs, dépossédés de

leurs biens et marqués de la sinistre étoile jaune héritée de la rouelle du Moyen Âge, succomberont à la famine ou seront envoyés dans des camps d'extermination.
Les ghettos juifs n'existent plus, et l'ensemble des chrétiens et des musulmans cohabitent désormais pacifiquement avec les communautés juives, si l'on excepte les tensions au Proche-Orient. Le terme de ghetto est toujours utilisé, pour désigner cette fois des quartiers où vivent des populations spécifiques et défavorisées.

→ Catholique, concile, étoile de David, juif, Shoah.

Gloire de Dieu ✡ ✝ ☪

Pour les religions, la gloire n'est pas la conséquence d'un acte de courage ou l'effet d'une célébrité quelconque, telle celle d'un chef militaire. La Gloire (nom propre) de Dieu est sa majesté, sa puissance, sa sainteté, sa force créatrice. Juifs, chrétiens et musulmans la célèbrent par des louanges. Dans la Bible, le livre du prophète Ézéchiel débute par un récit stupéfiant, où la Gloire (*kabod* en hébreu) est portée par un char de feu ; cette description est à l'origine du trône de Gloire sur lequel Dieu, entouré d'anges, se tient au ciel. La Gloire biblique se manifeste notamment par les miracles ou par les théophanies (apparitions de Dieu à des hommes), et agit de même dans le Nouveau Testament, où elle concerne aussi la présence de Jésus après sa résurrection. Le *Gloria*, chanté à la messe du dimanche, est une glorification de Dieu.

→ Hékhalot, miracle, séraphin, théophanie.

Glossolalie ✝

Il s'agit de la faculté données aux apôtres qui, soulevés par l'Esprit saint lors de la fête de la Pentecôte, se mettent à parler des langues qu'ils ne connaissaient pas. Ce « don des langues » est mentionné aussi dans la communauté des Corinthiens, fondée par Paul, qui essaye d'en canaliser les manifestations excessives au sein des assemblées.

→ Apôtre, Corinthiens (épître aux), Esprit saint, Pentecôte.

Gnosticisme †

Le gnosticisme désigne des courants de pensée, jugés hérétiques par l'Église, qui se développèrent dans les premiers siècles du christianisme et persistèrent jusqu'au milieu du Moyen Âge. Le judaïsme et l'islam furent aussi concernés. Il reposait sur un principe ancien : seule la connaissance (*gnosis* en grec) permettait d'accéder à la révélation (vérités cachées de Dieu) qui libère l'homme, et non la foi. En outre, la Création ne fut pas assurée par Dieu mais par un esprit malin ; l'âme, réceptacle de la lumière et siège de la connaissance, échappant seule à ce désastre.

→ **Création, foi, hérésie, révélation.**

Gog et Magog ✡ † ☪

Gog, roi du pays de Magog, est un personnage maléfique apparu dans la littérature apocalyptique juive. Celle-ci a pour précurseur le prophète Ézéchiel (VIe siècle av. J.-C.) qui, dans son livre, consacre presque deux chapitres (38 à 39, 20) aux agissements de ce roi des puissances du mal. Après avoir répandu la terreur, semé le désordre et la destruction, Gog et ses sbires sont vaincus, terrassés, submergés par le feu de Dieu,

Dans le Nouveau Testament, Gog est mentionné dans l'Apocalypse de Jean (20, 7-8), aux côtés de Magog, devenu un personnage à part entière. Tous deux, dévoués à Satan, représentent les païens qui, à la fin des temps, combattront l'Église. Mais ils seront dévorés par le feu du ciel, et leur maître, le tentateur, finira dans le soufre et le brasier de l'enfer éternel.

La 18e sourate (chapitre) du Coran, *La Caverne* (94-97), se fait l'écho de cette tradition. Gog (Yadjouj) et Magog (Madjouj) sont deux peuples terrifiants, les acteurs du chaos. Dhou al-Qarnaïm (souvent identifié à Alexandre le Grand, IVe siècle av. J.-C) parvient à les enfermer jusqu'à la fin des temps à l'intérieur d'un rempart de fer. Mais, pour la 21e sourate, *Les Prophètes* (21, 96), toute cité détruite par Dieu ne pourra être de nouveau habitée que lorsque ces deux peuples auront trouvé la brèche qui leur permettra de s'échapper.

→ **Apocalypse, Caverne (La), Ézéchiel, prophète, Satan.**

Golem ✡

Le mot hébreu *golem* signifie « sans forme ». La Bible chrétienne, dans le verset 16 du psaume 139, le traduit par « mon embryon » : « Mon embryon, tes yeux le voyaient ; sur ton livre, ils sont tous inscrits les jours qui ont été fixés, et chacun d'eux y figure. » Ce terme a pris ensuite des significations différentes : un idiot (pour la Michnah, premiers écrits tirés de la loi orale), une matière informe (pour la kabbale, ou mystique juive insistant sur la valeur symbolique de l'alphabet sacré), ou encore l'état primordial d'Adam avant qu'il ne soit créé (pour le Talmud, prolongement de la Michnah, version écrite de la loi orale). Dans le Sefer Yétsira (« livre de la Création », IIIe-VIe siècle ap. J.-C.), ouvrage qui a beaucoup influencé la kabbale, les lettres de l'alphabet hébraïque sont capables de donner vie au golem. À cela s'ajouta aussi le pouvoir créateur du tétragramme de Dieu (YHWH) et du mot vérité (*emet*). Au Moyen Âge, le golem peut ainsi devenir un serviteur à forme humaine, façonné à partir d'argile ou de terre, et au son d'incantations. Ceci explique les nombreuses légendes où de grands personnages du judaïsme étaient aidés d'un golem, lequel pouvait parfois devenir maléfique, obligeant son créateur à le détruire.

→ **Création, mystique, Talmud, Sefer Yétsirah, sefirot, YHWH.**

Golgotha ✡ †

Condamné à la crucifixion, Jésus est conduit au-delà des remparts de Jérusalem, les Romains ayant pour principe de procéder aux exécutions en dehors des villes, pour que les suppliciés soient vus de tous. Il arrive ainsi devant une petite colline pelée, réservée aux crucifiés, le Golgotha (« lieu du crâne » en araméen, traduit en latin par *calvarium*, qui a donné le mot « calvaire »).

La basilique du Saint-Sépulcre se dresse sur l'endroit supposé de ce Golgotha, mais quelques chercheurs pensent qu'il pourrait s'agir d'une autre hauteur.

→ **Calvaire, crucifixion, Jérusalem, Jésus, Romains.**

Goliath ✡

Goliath est le géant philistin qu'affronte et que terrasse David, dans le Ier livre de Samuel (Bible).

À la fin du XIe siècle av. J.-C., Israël, sorti de l'époque des Juges, est dirigé par son premier roi, Saül. Mais cet homme a déplu à Dieu, qui le destitue et demande au prophète Samuel de donner l'onction royale à celui qu'il a élu. C'est le jeune David, fils de Jessé et originaire de Bethléem. Dans la Bible, le chapitre 16 du premier livre de Samuel donne deux versions différentes de cette onction : dans la première, Samuel se rend à Bethléem ; dans la seconde, David, au charme ravageur, devient écuyer de Saül qui, délaissé par l'Esprit de Dieu, est tourmenté par un esprit mauvais, que David chasse en chantant avec sa cithare. Mais il existe une troisième tradition, la plus célèbre, celle du chapitre 17, qui raconte le combat que se livrent les Israélites et les Philistins dans la vallée du Térébinthe (le wadi es-Sant, au sud-ouest de Jérusalem). Chacun des deux camps se tient sur une montagne, prêt à en découdre quand, soudain, un géant de près de trois mètres s'avance devant les Israélites. C'est Goliath, le champion des Philistins, impressionnant avec son armure de 57 kilos et ses armes de fer. Il défie un Israélite en combat singulier : le peuple du vainqueur sera le maître du peuple du vaincu. Personne n'ose affronter ce guerrier redoutable. Mais David, envoyé par son père pour porter des provisions à ses frères qui vont combattre, s'exclame : « Qu'est-ce que ce Philistin incirconcis pour qu'il ait lancé un défi aux troupes du Dieu vivant ? » Saül, mis au courant, le fait venir, et David déclare vouloir relever le défi. Certain que ce tout jeune homme sera massacré, il lui prête ses habits de guerre. Casqué et couvert d'une cuirasse, David « prit son bâton en main, il se choisit dans le torrent cinq pierres bien lisses et les mit dans son sac de berger, sa giberne, puis, la fronde à la main, il s'avança vers le Philistin ». Goliath se moque de son âge : « Suis-je un chien pour que tu viennes contre moi avec des bâtons ? [...] Viens vers moi, que je donne ta chair aux oiseaux du ciel et aux bêtes des champs ! » David réplique : « Tu marches contre moi avec épée, lance et cimeterre, mais moi, je marche contre toi au nom de Yahvé Sabaot [nom guerrier de Dieu], le Dieu d'Israël. » Il arme sa fronde et la pierre vient se ficher dans le front du géant. Puis, s'emparant de son épée, il le décapite. Les Philistins s'enfuient, poursuivis par les Israélites jusque dans leur pays (l'actuelle bande de Gaza). David, introduit aussitôt à la Cour, est promis à Mérab, la fille de Saül, comme le prévoyait la promesse faite au vainqueur. Mais il épouse Mikhal, autre fille de Saül. Il se lie aussi d'une très forte amitié avec Jonathan, fils de Saül. Mais Saül, bientôt rongé par la jalousie, cherchera à l'éliminer. Dieu le punira de mort et David sera roi.

Le Coran, qui célèbre aussi la mémoire de David, mentionne également Goliath dans la sourate (chapitre) *La Vache* (2, 249-251), pour conclure : « Si Dieu ne repoussait pas certains hommes [Goliath et les Philistins] par d'autres, la Terre serait corrompue. Mais Dieu est celui qui dispense la grâce aux mondes. »

→ **Bethléem, David, Philistins, Sabaot, Samuel (prophète et livre de), Saül.**

Gothique †

Au milieu du XIIe siècle, en Île-de-France, apparaît dans les églises un style architectural nouveau, qui tranche avec les critères de l'art en vigueur (celui qui sera appelé « roman » au XIXe siècle). La cathédrale de Saint-Denis, dont la façade fut achevée en 1140, en est le premier (et splendide) exemple.

L'art gothique se caractérise par l'apparition de la rosace, de l'arc brisé, par l'utilisation nouvelle de la voûte d'ogive, de la lumière et des volumes, et par d'autres éléments encore. Servi par des artisans anonymes et de grands noms de l'histoire de l'art, il va trouver sa pleine expression dans l'édification des cathédrales d'Europe. Concernant tous les domaines artistiques, de la sculpture au mobilier en passant par les vitraux, il règne jusqu'au début du XVIe siècle, connaissant plusieurs stades successifs d'évolution, le dernier (1350-1500) étant dit « flamboyant » en raison de sa décoration luxuriante. À la Renaissance, il est abandonné et reçoit le terme dévalorisant de « gothique », allusion à son côté jugé « barbare ». Il ne trouve sa reconnaissance qu'à la fin du XVIIIe siècle, et surtout au siècle suivant, sous l'impulsion des romantiques, tel Victor Hugo qui, avec son roman *Notre-Dame de Paris*, alimente ce courant qui favorisera la restauration de nombreux chefs-d'œuvre, dont la Sainte-Chapelle, à Paris, construite par Saint Louis (XIVe siècle).

→ **Cathédrale, roman.**

Grâce ✡ † ☪

En religion, la grâce n'est pas plus un avantage accordé à quelqu'un que le charme d'un corps qui évoluerait en faisant valoir ses formes. C'est littéralement « l'aide de Dieu » (*gratia* en latin), qui, par son amour, accorde ses bienfaits. Juifs et chrétiens la célèbrent par les actions de grâces, louanges à la puissance et à la bonté de Dieu. Ces actions de grâces peuvent

avoir lieu avant un repas (par exemple le *birkat ha-mazon* juif ou le *Benedicite* chrétien). Le judaïsme se distingue, dans la recherche des grâces, par des bénédictions (*berakhot*) qui lui sont particulières. Pour les chrétiens, la grâce désigne l'état de sainteté et la réconciliation de Dieu avec l'homme pêcheur (état de grâce). Elle est célébrée également par des chants (*Deo gratias*, par exemple) ou des prières liturgiques, comme le *Benedictus* (au cours de l'office des laudes) et le *Magnificat* (vêpres). Mais cette quête est essentiellement l'eucharistie (du grec *eucharistia*, « action de grâces »), où la grâce de Dieu se manifeste par son Fils Jésus-Christ.

Pour l'islam, la grâce (*fadl*) est un don gratuit de Dieu, qui n'implique pas une telle quête particulière. Elle œuvre en permettant au musulman de suivre le bon chemin indiqué par Dieu, mais elle peut aussi le protéger ou se concrétiser par des biens matériels. Elle n'appartient qu'à Dieu, qui la dispense à qui il veut : aller au paradis est une grâce, par exemple, mais ce n'est pas une réponse et une rétribution mécaniques aux bonnes œuvres accomplies dans ce bas-monde. Pour les croyants, la pratique des piliers de l'islam (prières, jeûne du ramadan...) permet de rechercher la grâce.

→ **Eucharistie, heures, Magnificat, Piliers (les Cinq), ramadan.**

Grande Assemblée ✡

La Grande Assemblée (*Knesset ha-Gedolah* en hébreu), ou Grande Synagogue, œuvra, à Jérusalem, de la période perse (peut-être Ve siècle) au IIe siècle av. J.-C. Cette assemblée, composée de religieux, aurait servi de relais avec l'époque prophétique. En effet, les derniers prophètes Aggée, Zacharie et Malachie en auraient fait partie, selon les écrits talmudiques.

La Grande Assemblée correspond donc à la restauration en Israël du Dieu unique après l'exil de Babylone, période capitale au cours de laquelle les juifs fortifient les supports de la foi, ce qui leur permettra de résister aux influences des autres cultures, grecque et romaine notamment, jusqu'à notre époque. Elle aurait fixé de nombreuses règles liturgiques, dont certaines figurent dans le Talmud (prolongement de la Michnah, version écrite de la loi orale), notamment sur le shabbat (jour de repos hebdomadaire) et Pourim (fête des Sorts), et participé aux décisions du canon biblique (livres d'Ézéchiel, de Daniel, d'Esther). Elle serait aussi à l'origine des attributs essentiels que sont les *mezouzot* (étuis contenant des extraits de textes sacrés) et les *teffilin* (phylactères). Pour certains chercheurs, par son rôle législatif, judiciaire et pédagogique, elle préfigurerait le Sanhédrin, la grande institution juive au temps de Jésus.

→ **Babylone, Exil, Sanhédrin.**

Grégorien †

Chacun connaît le chant grégorien, mélodies profondes et mystérieuses à une seule voix, interprétées *a cappella* (sans instruments) dans les églises, et aujourd'hui encore dans de nombreux monastères. Mais sait-on que le mot de « grégorien » est emprunté au pape Grégoire le Grand (540-604), docteur de l'Église, qui, pour redonner de la vigueur à une Église latine en proie à la corruption et autres maux, mena un travail important durant son pontificat (missions, regain du monachisme, biographie de saint Benoît...). Il n'existe pourtant pas de lien entre ce pape et les chants grégoriens, ces derniers apparaissant, semble-t-il, vers l'an 700 dans le monde monastique bénédictin. En revanche, notre calendrier dit « grégorien », qui repose sur le cycle solaire (année de 365 jours + 0,2422166 jour), fut institué en 1582 par le pape Grégoire XIII. Il se substitua au calendrier julien, appelé ainsi parce qu'il était en vigueur depuis l'an 45 av. J.-C., sous Jules César ; il était en retard sur le temps réel, car calculé sur 365 jours + 0,25 jour.

→ **Bénédictins, pape.**

Groupes, Les ☪

Al-Zumar, *Les Groupes*, 39e sourate (chapitre) du Coran, débute par la gloire de Dieu, l'Unique, le Tout-Puissant, le dominateur qui condamne l'ingratitude et apprécie la reconnaissance qui lui est rendue, notamment par la pratique d'un « culte pur ». Il faut craindre sa puissance et sa colère tout en ayant foi en sa miséricorde et en ses promesses. Au jour de la résurrection, le paradis sera pour les vrais croyants aux cœurs illuminés par sa volonté, qui y retrouveront les anges réunis autour du trône de Dieu. Le feu de la géhenne (enfer) reviendra aux incrédules, aux railleurs de Dieu, aux orgueilleux et aux cœurs endurcis qui y récolteront le fruit de leurs injustices.

→ **Culte pur (Le), enfer, géhenne, Gloire de Dieu, paradis.**

H

H

Habaquq ✡

Le prophète Habaquq, ou Habacuc (nom rapproché du mot « basilic », la plante), a laissé dans la Bible un court recueil (trois chapitres). On s'accorde à penser qu'il a vécu au tournant des VIIe et VIe siècles av. J.-C., époque marquée au Proche-Orient par la menace grandissante de Babylone, vainqueur de l'Assyrie en 606. Habaquq serait ainsi à peu près contemporain de Jérémie. Il fut sans doute membre du clergé de Jérusalem, c'est-à-dire un lévite, et son souvenir devait être vivace puisque dans le livre de Daniel (IIe siècle av. J.-C.), il est transporté par un ange et rejoint Daniel à Babylone (14, 33-39).

Devant le péril de Babylone (à qui il donne le nom de Chaldéens, désignant la dynastie qui a redonné vigueur à l'empire dès 625), Habaquq débute son livre en annonçant que Dieu a rendu puissant cet envahisseur, « ce peuple farouche et fougueux », « terrible et redoutable », dont les « chevaux sont plus rapides que panthères, plus mordants que loups du soir ». À Habaquq inquiet, Dieu répond : « Voici qu'il succombe, celui dont l'âme n'est pas droite, mais le juste vivra par sa fidélité. » De fait, en 587, Juda et sa capitale Jérusalem tombent sous les coups de Babylone, qui en exile la population. La foi, martyrisée en ces temps obscurs, sera pourtant revivifiée par les justes. Car « le juste vivra par sa fidélité » (2, 4), formule inscrite au cœur du judaïsme. Habaquq termine ainsi par un texte, une sorte de psaume de lamentations, qui conclut : « Yahvé mon Seigneur est ma force, il rend mes pieds pareils à ceux des biches, sur les cimes il porte mes pas. »

→ **Babylone, Daniel (livre de), Jérémie, Jérusalem, Juda.**

Hachémite ☪

Parmi la tribu des Quraïch, très influente à La Mecque, figurait le clan des Banou Hachim, dont faisait partie Mahomet, comme son cousin (et gendre) Ali. Les Hachémites (« fils de Hachim », arrière-grand-père de Mahomet) s'en réclament les descendants, ainsi que, par exemple, la dynastie qui règne sur la Jordanie.

→ **Ali, Mahomet, Mecque (La), Quraïch (Les, ou Qoraychites).**

Had gadya ✡

Chant populaire – surtout auprès des enfants – que l'on a coutume d'entonner à la fin du Séder (déroulement) de Pessah (Pâque). Composé en araméen, il est accompagné de musiques diverses, la plupart très gaies. L'origine de cette œuvre est très ancienne, mais l'époque, l'auteur et l'origine restent très imprécis.

Composée de dix strophes, elle est interprétée par certains comme une allégorie historique d'Israël qui, soumis et persécuté par des empires, voit ces derniers vaincus à leur tour par d'autres, la toute-puissance revenant à Dieu, qui terrasse le plus redoutable, l'Ange de la mort : un homme achète « un seul chevreau » (*had gaya*), que mange un chat (Assyrie, Babylone), qui est mordu à son tour par un chien (la Perse de Cyrus le Grand), lequel est frappé à coups de bâton (la Grèce d'Alexandre le Grand) ; celui-ci est mis au feu (Romains), que l'eau (Barbares) éteint ; le bœuf (islam) boit l'eau, avant d'être abattu par le boucher (croisades), que tue l'Ange de la mort.

→ **Babylone, croisades, islam, Pessah, Romains.**

Hadith ☪

Le mot *hadith* (« récits » ou « propos » en arabe) s'appliqua d'abord aux paroles authentiques du prophète Mahomet, avant de concerner aussi ses actions ainsi que son avis concernant des propos et des actes dont il fut le témoin. En cela, ces *hadith* se rapportent davantage à la tradition, et sont d'ailleurs rassemblés sous le nom propre de Tradition. En effet, excepté une catégorie particulière, ils ne sont pas tous le produit de la Révélation (paroles données par Dieu), celle-ci étant contenue dans le Coran, première autorité dans l'islam.

Coran et *hadith* se complètent cependant, les seconds apportant des éclaircissements et des commentaires sur des points contenus dans le premier. Ils ont par ailleurs fourni la matière de la chariah (loi de l'islam), et contiennent en outre les actes et les paroles du Prophète, c'est-à-dire la *Sunna*, définition religieuse et usuelle (par l'usage) de la conduite individuelle et collective en Islam.

Après la mort de Mahomet (632), le Coran était la seule source ayant autorité. Puis, avec l'expansion de l'islam, apparut la nécessité de répondre aux besoins de communautés d'origines différentes, en s'appuyant sur les paroles et des actes du Prophète. Il fallut d'abord les recueillir auprès de témoins, ses fidèles compagnons et les premiers califes (ses successeurs), puis par le biais d'une « chaîne de transmission » (*isnad*) : un collecteur ou « traditionaliste » (*mouhadith*) était ainsi chargé de collecter les récits d'un témoin et, après vérification, de les consigner dans un recueil.

L'islam aboutit ainsi à une grande quantité de *hadith*, de genres et de contenus très variés : eschatologie (croyance relative à la fin des temps), contenu de la foi, politique et domaine social, coutumes... Leur étude, tant religieuse qu'historique, n'a pas cessé.

Il existe trois catégories de *hadith*, du plus authentique au plus discutable. Les *qudsi* (« saints ») sont les seuls contenant des paroles venues de Dieu ; viennent ensuite les *hadith* traditionnels ou « nobles » (*sharif*) : *sahih* (le plus authentique), *hasan* (« bon »), *da'if* (« faible »), *maudu'a* (« forgé de toutes pièces »).

Dans le sunnisme (courant des partisans de la *Sunna*), les plus prestigieux recueils de *hadith* sont les *sahih* (« authentiques ») de Boukhari (810-870) et de Mouslim (816-873). Nous trouvons aussi des collections reconnues, élaborées aussi au IXe siècle : celles d'Abou Daoud, Ibn Madja, Nasa'i (mort en 915), Thirmidi, etc., ainsi que celles de deux fondateurs d'écoles juridiques (*madhahib*), Malik ibn Anas (vers 710-795, malékisme) et Ahmad ibn Hanbal (780-855, hanbalisme).

Pour les chiites (partisans d'Ali), le *hadith* est une « nouvelle » (*khabar*), parvenue non pas par la chaîne de transmission remontant aux compagnons du Prophète, mais par Ali, gendre et cousin de ce dernier, et les imams (guides) chiites.

→ **Ali, chariah, chiisme, imam, Sunna, sunnisme.**

Hadjj ☪

Hadjj désigne le pèlerinage à La Mecque, au cours duquel la communauté musulmane (*oumma*) atteint le sommet de sa cohésion. Dans cette impressionnante métaphore de la résurrection, tout le monde est égal. Ce « pilier » de l'islam, qui réunit tous les musulmans autour d'Allah, le Dieu unique, puise dans l'histoire d'Abraham, de son fils Ismaël (ancêtre des Arabes) et de sa mère Agar. Tout adulte, femme ou homme, se doit de l'accomplir au moins une fois dans sa vie. Pour cela, il faut être sain de corps et d'esprit, et pouvoir financer une telle entreprise. Mais une dérogation sous forme d'offrande ou par procuration permet de remplacer une participation « physique », si celle-ci est impossible.

Il existe en fait deux pèlerinages.

Le pèlerinage majeur se déroule à La Mecque, dans la Grande Mosquée et à ses environs. Il réunit plus d'un million de musulmans. Le pèlerin s'y prépare par des ablutions, pour se purifier et parvenir à l'*ihram*, état de consécration à Dieu, représenté par des vêtements blancs, couleur de pureté, des sandales (humilité) et la tête nue pour ajouter encore au dépouillement. Tous les musulmans présents sont alors égaux devant Allah, quelle que soit leur position sociale. Ils respectent aussi le *haram*, « interdit » de nature diverse. Le *Hadjj* a lieu les deux premières semaines du mois de *dhou al-hijjah* (« mois du pèlerinage »). Il reprend les pratiques instituées par Mahomet, qui l'inaugura en 632, dont la plupart étaient en vigueur avant l'islam. Ainsi, il commence par les sept circumambulations (*tawaf*) autour de la Kaaba de La Mecque (le « sept » est le chiffre de la totalité, comme les sept jours de la Création), dont le pèlerin embrasse la Pierre noire. Puis chacun prie à la « station d'Abraham » (*Maqam Ibrahim*), où une pierre porte l'empreinte d'un pied qui serait celui d'Abraham. Ensuite, on s'abreuve à la source de Zemzem, qui permit à Agar de sauver Ismaël près de mourir de soif dans le désert. Les pèlerins courent (ou marchent) sept fois entre les collines proches de Safa et de Marwah, pour rappeler qu'Agar erra à la recherche de cette eau. Puis vient la station dans la plaine d'Arafat, à environ vingt-cinq kilomètres de La Mecque, où les pèlerins se consacrent à Dieu dans une demande de pardon collective, massive et très impressionnante. Le lendemain, ils se rendent à Mina, où ils lapident trois fois les trois colonnes symbolisant Iblis, appelé aussi « Satan le lapidé », qui tenta de séduire Abraham. Le même jour a lieu l'aïd al-Adha, ou aïd al-Kébir (« grande fête »). Cette « fête du sacrifice », effectuée aussi par tous les musulmans dans le monde, commémore le sacrifice d'Abraham, le père des croyants et le premier musulman, puisque l'origine du pèlerinage lui est attribuée. Après une autre *tawaf* autour de la Kaaba, le *Hadjj* s'achève le 12 du mois. Mais certains peuvent poursuivre par d'autres pratiques et prières, ou en se rendant à Médine, autre ville sainte de l'islam.

Le pèlerinage mineur (*oumra*, « visiter ») peut être effectué n'importe quand dans l'année, les dix derniers jours du mois de ramadan étant recommandés. La différence consiste à raccourcir et simplifier les rites.

→ **Aïd al-Kébir, circumambulation, dhou al-hijjah, haram, ihram, Kaaba, Mecque (La), omra, Pierre noire.**

Hafiz ☪

Ce nom dérive du verbe arabe *hafaza*, qui veut dire à la fois « protéger » et « mémoriser ». Le *hafiz* est ainsi celui qui a appris par cœur le Coran, et peut le réciter de la première à la dernière sourate (chapitre).

→ **Coran.**

Haftarah ✡

Mot hébreu signifiant « conclusion » et qui désigne le moment où, à la synagogue, aux offices du matin (Chaharith), au shabbat ou lors des fêtes, il est prévu, après la lecture de la Torah, de réciter des passages des prophètes de la Bible hébraïque. Le contenu de cette Haftarah diffère selon ces divers rendez-vous, le principe étant d'y inclure quelques passages sur un cycle annuel. Un jeune garçon faisant sa bar mitsvah (cérémonie célébrant la majorité religieuse) connaît l'honneur de lire la Haftarah pour la première fois.

→ **Bar mitsvah, Chaharith, Maariv, synagogue, Torah.**

Haggadah ✡

La Haggadah (« narration » en hébreu) est un ensemble littéraire portant sur des domaines divers : morale, folklore, théologie, histoire, philosophie, éthique, fictions... Élaborée par les autorités rabbiniques, elle se démarque de la Halakhah, autre composition des rabbins, car elle ne contient pas de prescriptions purement juridiques. Produite par des écoles différentes, elle est importante par la qualité de son contenu, mais aussi par la place qu'elle prend dans le Midrash (étude de la Bible), où elle est très présente, et dans les deux Talmud (prolongement de la Michnah, version écrite de la loi orale) : un tiers dans celui de Babylone, un sixième dans celui de Palestine. Commentant les textes de la Bible, avant tout la Torah (Loi divine), s'appuyant aussi sur les hauts faits et héros de l'histoire juive, les rabbins ont élaboré une série de textes dont certains ont un caractère légendaire. D'autres fois, ils ont usé de paraboles pour mieux transmettre une réflexion très théologique. On trouve aussi des développements sur les anges et les démons qui ont largement contribué à façonner la tradition populaire en ce domaine, allant jusqu'à influencer la kabbale (mystique juive insistant sur le caractère symbolique de l'alphabet sacré). « Haggadah » désigne aussi le texte lu au Séder (déroulement) de Pessah (Pâque).

→ **Halakhah, kabbale, Midrash, rabbin, Talmud.**

Hagiographe ✡ ✝ ☪

Ce mot possède deux sens.

Dans le premier, il s'agit, d'après l'étymologie grecque, de tout écrit (*graphein*) sacré (*hagios*). Ainsi, dans la Bible hébraïque, la troisième partie (Ketouvim) porte le titre d'« Écrits ou hagiographes ». Cet ensemble regroupe en effet les psaumes, grandes prières au cœur du judaïsme, les livres relevant du courant de Sagesse (célèbre en Israël), les Proverbes par lesquels l'homme est enjoint de pratiquer la Torah (Loi divine), des textes que l'on pourrait dire plus philosophiques (Siracide et Qohélet), et des ouvrages plus historiques (Esdras-Néhémie, Chroniques, Tobie, Esther, Judith). Nous trouvons aussi le splendide livre de Job, intense réflexion sur le bien et le mal : Job, malheureux frappé par Dieu en dépit de sa foi exemplaire, force ce dernier à un dialogue magnifique avant de recouvrer santé, fortune et bonheur. À ce monument fait écho celui de l'amour, sujet du chef-d'œuvre que reste le Cantique des cantiques.

Le second sens du mot est l'extension du premier. Il désigne l'auteur du récit d'une vie de saint, les premières hagiographies chrétiennes remontant par exemple au IVe siècle. De manière plus large, il s'applique à toute louange excessive d'un personnage.

→ **Cantique des cantiques, Job, Ketouvim, psaumes, Sagesse (littérature et courant de), saint.**

Hakel ✡

Ce mot, qui signifie d'abord « assemble », a également désigné un rite inspiré par le passage du Deutéronome qui dit (31, 12) : « Assemble [*hakel*] le peuple, hommes, femmes, enfants, l'étranger qui est dans tes portes, pour qu'ils entendent, qu'ils apprennent à craindre Yahvé votre Dieu et qu'ils gardent, pour les mettre en pratique, toutes les paroles de cette Loi [Torah]. » Ce rite consistait, à l'époque du Temple de Jérusalem, à se rassembler au cours de la fête de Soukkot (qui commémore l'Exode) à raison d'une fois tous les sept ans, pendant la chémitah (année sabbatique).
Nous trouvons trace d'un rassemblement assez proche dans le livre de Néhémie (7, 72- 8, 1-8), où, en 398 av. J.-C., Esdras fait une lecture publique de la Torah, symbole de celle effectuée à la fin de l'Exode des Hébreux : « Or quand arriva le septième mois [tichri] [...] tout le peuple se rassembla comme un seul homme sur la place située devant la porte des Eaux. [...] Esdras apporta la Loi devant l'assemblée, qui se composait des hommes, des femmes et de tous ceux qui avaient l'âge de raison. [...] Il lut dans le livre, depuis l'aube jusqu'à midi [...] : tout le peuple tendait l'oreille au livre de la Loi. [...] Alors Esdras bénit Yahvé, le grand Dieu ; tout le peuple, mains levées, répondit : "Amen ! Amen !" » Puis le peuple se fabriqua des huttes pour la fête.

→ **Deutéronome, Esdras, Exode, Soukkot, Torah.**

Hakham ✡

Les juifs séfarades (originaires du bassin méditerranéen) appellent hakham (« sage » en hébreu) le rabbin d'une communauté. Ce titre trouve son origine dans la Bible, qui évoque à de nombreuses reprises des personnages réputés pour leur sagesse (*hokmah*). Il désigna ensuite – à l'époque des *nassi*, présidents du Sanhédrin lors de la constitution de la Michnah (premiers écrits tirés de la loi orale, Ier-IIe siècles ap. J.-C.) – un responsable juif en Israël et pour la diaspora.

→ **Michnah, nassi, Sanhédrin, Sagesse (littérature et courant de), séfarades.**

Halakhah ✡

La Halakhah (mot hébreu extrait de la racine *halakh*, « cheminer », « aller ») est le pan juridique du judaïsme, au contraire de la Haggadah qui en est l'aspect théologique, moral et plus spécialement littéraire. Elle est scrupuleusement pratiquée par le judaïsme orthodoxe, et respectée par les autres familles spirituelles qui, comme le judaïsme réformé, l'estiment parfois trop rigide et contraignante. Elle comprend les commandements de Dieu (*mitsvot*) et ceux institués par les rabbins. Les mesures qu'elle contient sont issues de la jurisprudence et constituent l'autorité supérieure en matière de décision. Elle comporte aussi des aspects répondant à des besoins spécifiques aux époques successives, comme les *minhagim* (coutumes locales), les *responsa* et les *taqqanot* (ordonnances). Composée à partir du Iᵉʳ siècle apr. J.-C. (par les *tannaïm*, sages qui constituèrent aussi la Michnah, premiers écrits tirés de la loi orale), elle fut poursuivie au temps du Talmud (par les *amoraim*, vers 200 à la fin du Vᵉ siècle) et durant tout le Moyen Âge. Depuis, elle n'a cessé de s'enrichir, de s'adapter ; toujours vivante, elle continue d'évoluer au rythme des *responsa* et autres mesures. Fruit d'une longue élaboration, la Halakhah est donc « le chemin à suivre », autant à l'égard des autres que de Dieu auquel tout juif doit obéissance. Ce guide de conduite, élaboré au fil du temps et des évolutions à partir du cœur de la foi que constitue la Torah, concerne tous les comportements de l'existence, régit les relations de toute nature et bien sûr la pratique religieuse.

→ **Amora, Haggadah, judaïsme, Michnah, mitsvot, responsa, tanna et tannaïm.**

Halal ☪

Le mot arabe *halal* désigne ce qui est « selon la loi », c'est-à-dire permis. Il englobe en particulier les règles alimentaires, à l'instar de la cacherout juive : par exemple, tout animal ayant été tué selon l'abattage rituel est dit *halal*, nom donné aussi aux boucheries où se fournissent les musulmans. Son contraire est le *haram* (« ce qui est interdit »). Les interdits alimentaires concernent les omnivores (le porc, le sanglier) et les anthropophages. Les autres mesures ne sont pas des interdits mais des désapprobations. Elles concernent les carnivores, donc des animaux qui se nourrissent d'autres animaux (rapaces, charognards, fauves, chien...). En revanche, tous les herbivores peuvent être consommés. L'abattage se fait en égorgeant l'animal, pour rompre au plus vite les connections nerveuses (afin de respecter sa souffrance) et le vider de son sang. Il n'est pas obligatoirement effectué en direction de La Mecque (*qibla*).

→ **Cacher, haram, harem.**

Hallah ✡

Il s'agit du fragment que l'on retire, après le pétrissage d'une pâte à pain qui est confectionnée uniquement à partir des cinq céréales autorisées (avoine, blé, épeautre, orge, seigle) et que l'on jette au feu. Autrefois, la *hallah* (« gâteau de pain ») était offerte aux prêtres du Temple de Jérusalem. Elle est aujourd'hui prélevée à chaque fois que l'on prépare une pâte.

Elle trouve son origine dans un passage du livre des Nombres (15, 18-21) : « Parle aux Israélites, tu leur diras : Quand vous serez entrés dans le pays où je vous conduis [Canaan], vous devrez faire un prélèvement pour Yahvé lorsque vous mangerez du pain de ce pays. Comme prémices de vos huches, vous prélèverez un gâteau : vous ferez ce prélèvement comme celui que l'on fait sur l'aire. Vous donnerez à Yahvé un prélèvement sur le meilleur de vos huches. Ceci concerne vos descendants. » L'ordre Zéraïm de la Michnah (loi orale) comprend un traité, Hallah, qui explique toutes les règles concernant la pratique ancienne.

→ **Pain, prémices, Temple, Zéraïm.**

Hallel ✡

Le *Hallel* est une « louange » de Dieu extraite du Psautier et intégrée lors des offices et des fêtes du calendrier juif, dont Pessah (la Pâque) et Soukkot (qui commémore l'Exode). Il concerne trois formes d'actions de grâces. Le grand *Hallel* correspond au psaume 136, où Dieu, le Créateur qui « a fait les grands luminaires », à l'amour éternel, a permis l'Exode des Hébreux. Le *Hallel* en tant que tel comprend les psaumes 113 à 118, dont cinq, comme le précédent, débutent par l'exclamation « Alléluia » (« louer Yahvé »). Il comprend une version abrégée.

→ **Alléluia, office, psaumes.**

Halouqqah ✡

Quand les juifs purent revenir de l'exil à Babylone, à partir de 538 av. J.-C., ils se lancèrent dans la reconstruction, difficile, de Jérusalem. Ils se chargèrent aussi de redresser le Temple détruit par les Babyloniens cinquante ans auparavant. Ce second Temple reçut sa dédicace en 515. Cette époque, capitale dans le judaïsme, fut aussi l'occasion pour la diaspora d'apporter une aide financière à ces vastes chantiers. Ainsi fut instituée la *halouqqah* (« répartition » en hébreu), qui, malgré les aléas de l'Histoire, continua d'affluer en Palestine, contribuant à préserver les implantations et les écoles juives. Elle est toujours pratiquée, essentiellement par les juifs orthodoxes, afin de soutenir certaines institutions religieuses d'Israël.

→ **Exil, Jérusalem, Palestine, Temple.**

Haman ☪

Haman est le vizir du roi perse Assuérus : dans le livre d'Esther de la Bible, il complote auprès du souverain pour faire assassiner tous les juifs de l'empire – l'action se situe à une époque indéterminée. Mais Esther, la reine, juive elle-même, déjoue ses plans et parvient à convaincre Assuérus de la malhonnêteté d'Haman, qui est pendu. Ce récit est à l'origine de Pourim, la fête juive des Sorts. Dans la traduction latine de la Bible (Vulgate), Haman fut transcrit en « Aman ».

Haman est cité à trois reprises dans la sourate (chapitre du Coran) *Le Récit* (28, 6, 8, 38), pour insister sur le sort réservé à ceux qui s'attaquent aux croyants, ceux-ci comprenant les juifs. Ces versets situent Haman (ministre de Pharaon) à l'époque de Moïse, ce qui ne correspond donc pas à la Bible. De même dans les sourates *L'Araignée* (29, 39) et *Celui qui pardonne* (40, 24,36).

→ **Araignée (L'), Esther, Pourim, Vulgate.**

Hamets ✡

Hamets est le « levain » (en hébreu). En souvenir de l'Exode, où les Hébreux n'eurent pas le temps de faire lever leur pain avant de partir en toute hâte, son utilisation comme sa possession sont interdites à la fête de Pessah (la Pâque). Cette mesure concerne tout produit fait à partir de farine et autres composants contenant du levain, comme la bière. Le pain est ainsi remplacé par l'azyme.

→ **Azyme, Exode, pain, Pessah.**

Hamichah ✡

À l'époque du second Temple (515 av. J.-C.-70 apr. J.-C.), au quinzième (*hamichah assar*) jour du mois d'av, les jeunes filles habillées de blancs (pureté et virginité) dansaient dans les vignes avec les jeunes hommes, qui pouvaient ainsi choisir leur promise. Cette joyeuse tradition puisait son origine dans une fête religieuse. Elle a laissé place aujourd'hui à une journée exempte de toute tristesse et de pénitence. Les supplications (*tahananounim*) sont supprimées le jour et la veille des offices.

→ **Av, Temple.**

Hammam ☪

Établissement de bains hérité des thermes romains, le hammam (« bain chaud ») alterne des salles allant de la plus froide (*frigidarium*) à la plus chaude (*caldarium*). L'hygiène corporelle étant très importante pour les musulmans, il fut adopté par l'islam dès ses débuts, avec la dynastie des Omeyyades (660-750). Ce passage du froid au chaud, d'un état extrême à l'autre, ainsi que l'attente qui précède le bain, dans la salle de déshabillage et de repos, est en effet idéal pour la pratique de la grande ablution (*ghousl*), c'est-à-dire la toilette du corps entier, notamment avant la grande prière du vendredi. Privé ou public, il fut l'un des trois pôles de toute cité de l'islam, avec la mosquée et le souk. Destiné aussi bien aux hommes qu'aux femmes, à des heures distinctes quand il n'a pas d'enceinte réservée pour chaque sexe, il reste inséparable de la civilisation musulmane, et, à la faveur de l'émigration, a gagné les pays occidentaux.

→ **Ablution, mosquée, souk.**

Hanaféisme ☪

École juridique (*madhahib*) sunnite se réclamant du théologien Abou Hanifa (697-767), l'hanaféisme a repris le principe de l'avis personnel dans l'élaboration des lois, lesquelles reposent sur le Coran et les *hadith* (Tradition du Prophète). Cette forme de jurisprudence a fourni la base des législations de trois grandes dynasties de l'islam : Abbassides (750-1258), Seldjoukides (1038-1194) et Ottomans (1281-1924).

→ **Hanbalisme, madhahib, malékisme, sunnisme.**

Hanbalisme ☪

Ahmad ibn Hanbal (780-855), d'où vient le mot « hanbalisme », est considéré comme un puriste en matière de droit musulman. L'école juridique (*madhahib*) sunnite, fondée par ses disciples, a repris le fondement de sa pensée : refus de toute interprétation personnelle de l'essence même du droit, c'est-à-dire le Coran et les *hadith* (paroles et commentaires du Prophète).

→ **Hadith, hanaféisme, madhahib, malékisme, sunnisme.**

Hanif ☪

Le *hanif*, mot d'origine incertaine, est celui qui, avant l'islam, croyait au Dieu unique sans pour autant s'attacher au judaïsme ou au christianisme. Au pluriel, les *hounafa*, monothéistes à la foi pure, refusent les idoles et le paganisme. Dans le Coran, ils sont les vrais croyants, à l'image d'Abraham et de Mahomet. Et l'islam est la religion vraie (*al-din al-hanif*).

→ **Abraham, foi, idole, Mahomet.**

Hanoukah ✡

La fête de Hanoukah (« inauguration », « dédicace »), ou fête des Lumières, débute le 25 du mois de kislev et dure huit jours. Elle évoque la famille des Maccabées, qui restaura le pouvoir juif sur la Judée, jusque-là gouvernée par les Séleucides de culture grecque. Parmi ces derniers, le roi Antiochius IV Épiphane (175-163 apr. J.-C.) profane le Temple de Jérusalem, la maison de Dieu, en le dédiant à des dieux païens auxquels il offre des sacrifices (167) ; une attitude résolument destinée à faire disparaître le judaïsme. Une révolte juive éclate, conduite par le prêtre Matthatias, dont le fils Judas, dit Maccabée, reprend Jérusalem en 165. Le Temple redevient celui de Dieu, retrouve la *menorah* (candélabre à sept branches) et connaît une nouvelle dédicace. D'après la tradition talmudique, les juifs, en le purifiant, eurent besoin d'huile sainte. Ils en trouvèrent une quantité juste suffisante pour brûler une journée dans le candélabre, mais en fait elle dura huit jours. C est pourquoi, à Hanoukah, qui célèbre cette restauration du Temple, on allume huit lumières (lampes ou bougies), une par jour. Ce rituel signifie que la foi ne peut jamais s'éteindre. La fête est aussi l'occasion de réjouissances et de jeux qu'apprécient les enfants, lesquels reçoivent des cadeaux.

→ **Kislev, Maccabées (livres des), menorah, Talmud, Temple.**

Haqqafot ✡

À la synagogue, notamment à la fête de Soukkot (qui commémore l'Exode), mais aussi à d'autres occasions, il est d'usage de faire des « tournées » (*haqqafot* en hébreu) autour de la *bimah*, la tribune. Ces circumambulations sont des processions rappelant l'épisode de Jéricho, quand, raconte le livre de Josué, les prêtres, sonnant de la trompe, firent sept fois le tour des murailles de la ville, qui s'écroulèrent au septième coup. Dans la liturgie, elles se rapportent au chiffre sept, qui évoque un cycle complet, comme celui de la Création par exemple.

→ **Bimah, circumambulation, Jéricho, Josué, Soukkot.**

Haram ☪

Haram est « ce qui est interdit », c'est-à-dire défendu, mais aussi ce qui est « sacré » – son contraire est le *halal*. Il s'applique aux aliments prohibés, ainsi qu'aux périmètres de plusieurs kilomètres entourant La Mecque et Médine, deux villes sacrées (*haraman*) : ces périmètres sont interdits aux non-musulmans (selon certains avis, ils peuvent les visiter mais non y résider), tandis que, à l'intérieur de ces mêmes périmètres, les musulmans n'ont pas le droit de pratiquer certaines activités (comme la chasse, excepté celle les bêtes dangereuses), et, bien sûr, ne doivent pas blasphémer ou mal se comporter. De même, à Jérusalem, troisième ville sacrée, l'esplanade du Temple, où se dressent le Dôme du Rocher et la mosquée Al-Aqsa, est *haram*.

→ **Chariah, fard, fiqh, halal, Mecque (La), Médine.**

Harem ☪

Quand on évoque un harem, chacun pense aussitôt à la partie d'une demeure réservée aux femmes, et interdite aux visiteurs, notamment dans les palais des sultans. Mais cette acception n'est qu'un prolongement du sens profond de sa racine étymologique. En effet, ce mot vient de l'arabe *haram*, qui signifie « interdit », « ce qui est sacré ». Par exemple, à Médine et à La Mecque, villes sacrées de l'islam, des zones sont dites *haramaym* car interdites aux non-musulmans.

→ **Halal, haram, Mecque (La), Médine, sultan.**

Harout ☪

Les écrits sacrés des trois religions du Livre condamnent la magie, associée aux démons. Mais elle reste cependant ancrée depuis toujours dans la mentalité et la culture des juifs, chrétiens et musulmans. Par exemple, en l'absence de connaissances médicales approfondies, elle servit à traiter des maladies imputées à des possessions démoniaques, et les miracles anciens sont souvent des formes d'exorcisme.

La magie est ainsi évoquée (et prohibée) plusieurs fois dans le Coran, notamment dans la 2e sourate (chapitre), *La Vache* : deux anges déchus, Harout et Marout, enseignent la magie qui a été transmise aux habitants de Babil (Babel, c'est-à-dire Babylone). Cependant, et à l'inverse de la plupart des créatures démoniaques, ils avertissent que cette transmission n'est qu'une tentation, qu'il faut avoir foi en Dieu sans lequel les démons n'ont aucun pouvoir. Ils se montrent donc proches du repentir.

→ **Babel, Babylone, démon, miracle.**

Haskamah ✡

Encore en vigueur aujourd'hui, la *haskamah*, principe ancien, est une « autorisation » donnée par une instance rabbinique et figurant au début de l'ouvrage imprimé auquel elle a été accordée. Cette caution religieuse est donc l'équivalent de l'*imprimatur* catholique. Les livres concernés sont essentiellement des textes anciens corrigés et des études menées par des rabbins.

→ **Imprimatur, rabbin.**

Hassan ☪

Hassan (625-670), fils d'Ali et de Fatima, donc petit-fils de Mahomet, est une figure du chiisme (courant des partisans d'Ali et de ses descendants). Après l'assassinat de son père (661), il lui succède en tant que cinquième calife. Aussitôt, Moawiya, calife et fondateur de la dynastie des Omeyyades, rival d'Ali et de ses successeurs au califat, songe à le combattre. Mais Hassan négocie et obtient d'abandonner le califat en échange d'une sécurité financière, pour lui et son frère cadet Hussein. Il n'a exercé le pouvoir que six mois, et s'installe à Médine où il meurt dans des circonstances mystérieuses (670). Il est le deuxième imam pour les chiites.

Reprenant le flambeau, Hussein, après la mort de Moawiya (680), refuse l'autorité califale du fils de celui-ci, Yazid. Il est tué à la bataille de Kerbala (Irak), en 680.

→ **Ali, calife et califat, chiisme, Hussein, imam, Kerbala.**

Hassidisme ✡

Le mot « hassidisme » (de l'hébreu *hassid*, « dévot », « pieux ») s'applique à deux spécificités du judaïsme. La première concerne un mouvement mystique né en Allemagne, centré sur la prière et l'amour de Dieu. Fondé entre 1150 et 1250 par la grande famille des Kalonymides, il a laissé de grands textes, comme le Sefer Hassidim, et marqué le judaïsme ashkénaze. Le second hassidisme est apparu en Ukraine autour de 1750. Il fut créé à partir des enseignements d'Israël ben Éliezer (1700-1760), appelé Baal Chem Tov (« maître du Bon Nom », c'est-à-dire celui de Dieu), personnage légendaire qui insistait notamment sur le *devéqout*, « adhésion » mystique avec Dieu. Il trouve sa source à partir de la seconde moitié du XVIIe siècle, quand les juifs ukrainiens furent appauvris par les persécutions. À ces grandes difficultés matérielles s'ajouta un trouble spirituel : certains, refusant la tradition du judaïsme, se convertirent au christianisme ou à l'islam, entraînant de nombreux coreligionnaires. Le hassidisme émerge donc dans un contexte particulier. En appelant à des changements de liturgie (introduction de la danse, par exemple), à revivifier la pratique religieuse (recherche de la joie et de l'extase dans la prière) et en créant ses propres communautés et synagogues (*shtibel*, « petite chambre » en yiddish), le hassidisme rencontre l'opposition de certains rabbins et, bien que respectueux des fondements du judaïsme, finit même par faire l'objet d'un *hérem* (anathème ou excommunication) dans certaines régions. Au début du XVIIIe siècle, il se répand en Pologne, et se scinde aussi en diverses familles, dont la plus célèbre est sans doute celle des Loubavitchs. Réconcilié avec les instances rabbiniques pour maintenir la cohésion du monde juif, il gagne l'Europe et les États-Unis à partir de 1870, époque marquée aussi par des persécutions, dont les sinistres pogroms. Effacé de l'Europe par la Shoah, il est redevenu très vivant aujourd'hui, surtout en Israël et à New York (quartier de Brooklyn). Le hassidisme, représentant majeur de l'orthodoxie juive, a conservé l'usage du yiddish. Les hassidim sont toujours sous l'autorité spirituelle d'un maître, le *rebbe* (« rabbin » en yiddish), l'intermédiaire avec Dieu, qui aide à atteindre le *devéqout* – ce maître avait autrefois le titre de *tsaddiq* (« juste »). Ils se reconnaissent à leurs vêtements noirs et ancestraux : portant de longues barbes et les tempes ornées de *péot* (papillotes), les hommes arborent leur chapeau noir à large bord, et parfois, les jours de fête, le fameux *shtreimel*, une toque de fourrure.

→ **Anathème, Loubavitch, mystique, orthodoxe, Sefer Hassidim, yiddish.**

Havdala ✡

À la fin du shabbat et des fêtes juives, il est d'usage de marquer une « séparation » (*havdala* en hébreu) entre le temps sacré qui vient de se dérouler et le temps profane dans lequel on retourne. La Havdala est donc une cérémonie particulièrement symbolique, pratiquée à la maison ou à la synagogue lors de l'office du soir (Maariv). Pratiquée en entier ou en partie selon les célébrations, elle se compose, dans sa version complète, de quatre bénédictions. D'abord le vin (ou une autre boisson), dont la Bible situe l'origine au temps de Noé, le raisin faisant partie des fruits offerts par Dieu. Viennent ensuite les épices, dont on respire les effluves tout en les bénissant car elles fouettent l'âme et le corps. Puis ce sont des bougies, composées de deux mèches au minimum, leur lumière revenant après avoir été absente durant le shabbat. Enfin, c'est la Havdala proprement dite, où les fidèles louent l'Éternel, Dieu qui seul peut vraiment séparer deux éléments, comme le shabbat et les six autres jours de la semaine.

→ **Maariv, Noé, shabbat, vigne.**

Hébreu ✡

L'hébreu est la langue sacrée du judaïsme et la langue officielle de l'État d'Israël depuis la création de celui-ci en 1948. Il appartient au groupe des langues sémitiques (de Sem, fils de Noé), et sa forme primitive remonte aux habitants de Canaan, avant l'installation des Hébreux, qui l'adoptèrent. Il y eut d'abord l'hébreu biblique qui, après le retour de l'Exil (538 av. J-C.), subit la marque de l'araméen, alors langue véhiculaire du Proche-Orient. Puis l'hébreu s'est enrichi d'un vocabulaire plus large tout en se simplifiant sur le plan phonétique, évolution perceptible notamment dans les grands écrits juifs comme la Michnah, ou dans les œuvres de la mystique juive, par exemple le Sefer Yétsirah. Après une période de repli durant laquelle il était pratiqué surtout par les érudits et le clergé, il servit au

XVIIIe siècle à des publications autres que religieuses, puis vécut une renaissance sous l'égide d'Éliézer ben Yehoudah (1858-1922) : dans son dictionnaire (*Thesaurus*), celui-ci fit la synthèse historique de la langue issue des multiples influences de la diaspora, offrant le fondement de l'hébreu d'aujourd'hui.

→ **Araméens, Canaan, diaspora, Michnah, mystique, Sémites.**

Hébreux ✡

L'histoire continue des Hébreux débute avec le patriarche Abraham, vers le XVIIIe siècle av. J.-C., et s'achève en 135 apr. J.-C., après la révolte juive de Bar Kokhba contre les Romains et la disparition de toute forme d'État juif. La Bible, pour qui les Hébreux descendent de Sem, fils de Noé, rapporte cette histoire depuis les patriarches et la Terre promise (Canaan) jusqu'aux Maccabées (IIe-Ier siècles av. J.-C). Ainsi, Abraham est le premier à recevoir le qualificatif d'« hébreu », dans le livre de la Genèse (14, 13). Jacob, son petit-fils, a douze fils, dont Joseph, avec lesquels il s'installe en Égypte. Leurs descendants demeurent quatre cents ans dans le delta du Nil, mais un jour, un pharaon les réduit à l'esclavage. Ils sont libérés par l'un des leurs, Moïse, et, après l'Exode de quarante ans dans le désert, conquièrent Canaan dont ils adoptent la langue, qui deviendra précisément l'hébreu – il est d'usage de les appeler alors Israélites. Après deux siècles d'implantation difficile, marquée par l'intervention des Juges, les Hébreux fondent le royaume d'Israël, avec David et Salomon (Xe siècle), qui se scinde ensuite en deux. La suite (chute des royaumes de Samarie et de Juda, exil à Babylone et retour à Jérusalem, tutelle perse et grecque, Maccabées, puis arrivée des Romains) est largement développée dans la Bible. Les chercheurs s'interrogent toujours pour savoir d'où viennent ces Hébreux et qui ils furent précisément. S'appuyant sur des textes autres que la Bible et sur les découvertes archéologiques, ils ont abouti à des conclusions différentes. Les Hébreux pourraient être des descendants des Hyksos qui, arrivés en Égypte au XVIIIe siècle av. J.-C., en auraient été chassés vers -1550. Une autre thèse, plus largement admise que la précédente, les fait descendre des Apirous, des nomades pillards qui, après une période d'esclavage en Égypte, auraient envahi Canaan au XIVe siècle av. J.-C. Quant au nom de « juifs » donné aux Hébreux après le retour de l'Exil (VIe siècle av. J.-C.), il ne s'imposera qu'à l'ère chrétienne, les premiers chrétiens parlant encore d'Hébreux, comme en atteste par exemple l'épître aux Hébreux du Nouveau Testament.

→ **Abraham, Bar Kokhba, Canaan, Israël, Juda, Moïse, patriarche.**

Hébreux, épître aux †

L'épître aux Hébreux a été écrite dans les années 80 par un auteur demeuré inconnu. De même, on ne sait où elle fut rédigée et à quelle communauté elle était adressée. Elle suit, dans le classement du Nouveau Testament, les épîtres de saint Paul dont elle est proche par son enseignement, mais elle s'en différencie par son style et son vocabulaire, lesquels évoquent un écrivain de culture grecque. Tout est centré sur Jésus qui, à la suite des grands acteurs d'Israël (l'auteur connaît très bien la Bible), à la foi exemplaire, a parachevé le dessein de Dieu. Il est le grand prêtre, supérieur à Moïse, et, en tant qu'homme, s est sacrifié pour le salut des hommes. La nature de ce sacrifice, qui scelle la nouvelle Alliance avec Dieu, et le culte rendu au Christ montrent ainsi que la foi chrétienne se démarque totalement de la foi juive. Celle-ci représente l'ancienne Alliance, marquée par des sacrifices d'animaux comme l'holocauste (par le feu).

→ **Alliance, holocauste, salut.**

Hébron ✡ † ☪

La ville d'Hébron, à 40 kilomètres au sud de Jérusalem, est actuellement l'objet de négociations difficiles entre Palestiniens et État d'Israël, en raison de sa position (en Cisjordanie) et surtout de son caractère sacré. C'est en effet à Hébron, au « chêne de Mambré », que Dieu apparut au patriarche Abraham, qui devint ainsi le père des croyants, juifs, chrétiens et musulmans. Il y repose ainsi que sa femme Sarah, son fils Isaac et sa femme Rébecca, son petit-fils Jacob et sa femme Léa. Hébron est ainsi le lieu saint : à la grotte de Makpéla se situe le tombeau des patriarches et des matriarches – quant au tombeau de Rachel, l'épouse préférée de Jacob, il se trouverait à l'entrée de Bethléem. C'est aussi à Hébron que David se fit sacrer roi et que son fils Absalom tenta de lui ravir sa

couronne (pour son malheur). Les musulmans appellent Hébron *al-Khalil* (« l'ami »), qualificatif donné à Abraham (Ibrahim), dont le tombeau s'appelle *Haram al-Khalil* en arabe.

→ Abraham, Palestine, Sarah.

Hechvan ✡

Hechvan, ou marechvan (octobre-novembre), est le deuxième mois du calendrier religieux juif et le huitième mois du calendrier civil. Il est évoqué, sous un autre nom (bûl), dans le premier livre des Rois (6, 37-38), à propos du Temple de Salomon : « En la quatrième année, au mois de ziv [iyyar], les fondations du Temple furent posées ; en la onzième année, au mois de bûl – c'est le huitième mois –, le Temple fut achevé selon tout son plan et toute son ordonnance. Salomon le construisit en sept ans. »

→ Iyyar.

Hedjaz ☪

Le Hedjaz (*Hidjaz* en arabe, « barrière ») est le berceau de l'islam. Cette région montagneuse abrite en effet les deux grandes villes saintes, La Mecque et Médine. Située sur des axes d'échanges qui ont favorisé l'essor de la région, elle borde la mer Rouge sur près de mille kilomètres, depuis Akaba au nord jusqu'à La Mecque au sud, Médine étant située à l'intérieur des terres. Le Hedjaz est marqué par la rudesse de son climat et de ses paysages.

Après la naissance de l'islam, le Hedjaz fut d'abord soumis à l'autorité des quatre premiers califes (successeurs de Mahomet), dits « bien guidés » (632-661) ; puis, au fil des dynasties musulmanes, il fut placé sous la tutelle des chérifs hachémites, c'est-à-dire les descendants du Prophète. Au XXe siècle, en 1916, alors que le Hedjaz est englobé dans le vaste Empire ottoman, Hussein ibn Ali, chérif de La Mecque, donne le signal de la révolte, encouragé par le colonel Lawrence (dit d'Arabie) : il en fait un royaume indépendant. Mais en 1926, Ibn Séoud Abdallah s'en empare lors de la conquête de l'Arabie, qui devient, en 1932, le royaume d'Arabie Saoudite. Hussein devient cette année-là le souverain de la Jordanie, tout nouvellement créée.

→ **Calife et califat, chérif et chérifat, islam, Mecque (La), Médine, Ottomans.**

Hégire ☪

L'arabe *al-hijra*, « émigration », est à l'origine du mot « Hégire », qui désigne le départ de Mahomet pour Médine, en l'an 622. Quittant La Mecque en raison de persécutions et sous la pression de ses compatriotes païens, de la tribu des Quraïch, et accompagné de ses proches compagnons, dont Abou Bakr, son beau-père et son futur successeur (calife), Mahomet se réfugia à Médine (Yathrib à l'époque). Dans cette ville, il continua de recevoir la révélation du Coran. Ce changement géographique coïncide surtout avec l'évolution de la mission de Mahomet : principalement religieuse à La Mecque, elle prend une dimension politique et militaire à Médine, inaugurant ainsi la naissance de l'État musulman et les conquêtes de l'islam. C'est pourquoi, plutôt que l'année de naissance de Mahomet, qui reste une estimation (570), c'est la date de l'Hégire qui fut préférée pour fixer celle de l'islam, comme la Nativité de Jésus marque celle de l'ère chrétienne – mais ici avec une marge d'erreur de quatre à six ans. Le calendrier dit « hégirien » repose sur le cycle de la lune, et se trouve donc en décalage avec le calendrier grégorien (cycle solaire) en vigueur dans la plupart des pays du monde. C'est pourquoi l'Hégire correspond à juillet 622 dans le calendrier hégirien, et à septembre 622 dans le grégorien.

→ **Abou Bakr, calife et califat, Mecque (La), Médine, nativité.**

Hékhalot ✡

Les Hékhalot (« palais » en hébreu), ensemble d'ouvrages composés du IIIe au VIIe siècle apr. J.-C., constituent les premiers écrits de la mystique juive, bien que certains soient des traités de magie et d'autres des explications de théologie. On y trouve notamment la « mystique de la Merkabah ("char") », référence à la vision extraordinaire d'Ézéchiel au début de son livre, alors qu'il reçoit sa vocation de prophète : il voit un char où trône la Gloire de Dieu. Il s'agit, en effet, d'atteindre les palais du ciel pour rencontrer le Char divin. Ainsi est décrite l'ascension de Rabbi Akiba, grand *tanna* (sage) – à qui est attribué l'Avinou, l'une des prières fondamentales du judaïsme – qui fut exécuté à la fin de la révolte juive de Bar Kokhba (132-135 apr. J.-C.).

→ **Ascension, Ézéchiel, mystique.**

Hekhcher ✡

L'alimentation conforme aux règles du judaïsme, c'est-à-dire cacher, fait l'objet d'une « certification » (*hekhcher*) délivrée par un rabbin ou un bet din (tribunal rabbinique). Cette attestation, donnée pour le vin, les alcools, les produits ordinaires ou ceux entrant dans la composition de mets, concerne aussi bien les particuliers que les commerçants.

→ **Bet din, cacher, Chehita.**

Hénoch ✡ † ☪

Hénoch est le septième patriarche avant le Déluge (Gn 5, 17-24), et qui, avant d'être « enlevé » au ciel, comme plus tard le prophète Élie, « marcha avec Dieu ». La tradition ultérieure dira qu'il a pu ainsi être initié aux mystères célestes et divins. Le *Livre d'Hénoch* est un pseudépigraphe (écrit non biblique attribué à un personnage illustre) rédigé en hébreu pendant les deux siècles précédant l'ère chrétienne, mais dont on ne possède qu'une version en éthiopien. Cet ouvrage s'inscrit dans la tradition apocalyptique juive, dont Hénoch est l'une des figures majeures. Il existe deux autres livres d'Hénoch, l'un en ancien slave, l'autre en hébreu. On trouve également mention d'Hénoch dans le Siracide, livre de Sagesse de la Bible : « Personne sur Terre ne fut créé l'égal d'Hénoch, c'est lui qui fut enlevé de terre » (49, 14).

Hénoch est aussi repris par le Nouveau Testament. Dans sa généalogie de Jésus, l'évangéliste Luc se réfère à lui (3, 37) pour remonter jusqu'à Adam. Et l'épître aux Hébreux avance : « Par la foi, Hénoch fut enlevé, en sorte qu'il ne vit pas la mort, et on ne le trouva plus, parce que Dieu l'avait enlevé. Avant son enlèvement, en effet, il lui est rendu témoignage qu'il avait plu à Dieu » (11,5).

Dans le Coran, Hénoch a été souvent assimilé à Idris.

→ **Apocalypse, ascension, patriarche, Testament.**

Hérésie ✡ † ☪

L'hérésie est littéralement un « choix particulier » (*hairesis* en grec). Dans le langage courant, elle correspond à une idéologie contraire au sens établi et jugé conforme à la raison. Mais dans son sens premier, et

religieux, c'est l'opposition aux dogmes ou leur remise en cause, c'est-à-dire la contestation des éléments centraux de la foi. Pour les religions du Livre, il s'agit en priorité de la négation de l'unicité de Dieu.

Pour le judaïsme, toute hérésie est la croyance contraire à l'existence de Dieu, à la révélation de la Torah (la Loi divine) à Moïse par Dieu, à la réalité de la prophétie, ou encore à la venue du Messie (sauveur). Mais elle peut aussi concerner un pratiquant laxiste ou infidèle envers les règles et les fondements de la foi juive – c'est l'apicorète. L'Église dut affronter très tôt divers courants de pensée au sein du christianisme, ce qui la contraignit à définir ses articles de foi, notamment la Trinité au IVe siècle. À partir du XIIIe siècle, la terrible Inquisition fut chargée de les combattre. Citons parmi ces hérésies : l'arianisme, le docétisme, le gnosticisme, le manichéisme, le monophysisme, le nestorianisme, le catharisme... Pour l'islam, toute personne est reconnue hérétique (*zindiq*) quand elle commet une déviation (*ilhad* en arabe) par rapport à la révélation du Coran, mais aussi à la Tradition (*hadith* et *Sunna*).

→ **Apicorète, dogme, foi.**

Hérode ✡ ✝

Hérode le Grand, roi de Judée, fut promu au titre de « roi des juifs » par les Romains. Son règne (40-4 av. J.-C.), qu'il rend prospère grâce au commerce, est marqué par de grandes constructions, la création de villes en Palestine, comme Césarée qu'il dédie à César. Il procède aussi à l'aménagement de Sébaste (Samarie). Mais surtout, en l'an -15, il agrandit et embellit le second Temple de Jérusalem : cette construction disparaîtra lors de la révolte juive de 70 apr. J.-C., et il ne subsiste aujourd'hui que le mur occidental (dit des Lamentations par les chrétiens). Il laisse surtout l'image d'un tyran, d'un homme épris de puissance qui n'hésite pas à faire tuer sa femme Mariamme, qu'il pense adultère, et leurs deux fils. C'est pourquoi, méprisé par les Romains qui ne voient en lui qu'un courtisan zélé, mais efficace, il est aussi détesté, malgré ses tentatives de séduction, par les Grecs et les juifs. Pour ceux-ci, ce monarque, étranger puisque Arabe, est le valet de Rome, et ses travaux d'embellissement du Temple ne sont qu'une mesure de diversion qui ne peut cacher ses dépenses outrancières et les constructions païennes qui se dressent dans la Ville sainte. C'est sans doute dans les deux dernières années de son règne que naît Jésus, comme le laissent supposer les évangiles de l'Enfance du Nouveau Testament, avec la visite des mages et le massacre des Innocents.

Le testament d'Hérode prévoit que son royaume de Palestine sera partagé entre trois de ses fils, lesquels dépendront du légat de Syrie. La Galilée et la Pérée reviennent à Hérode Antipas, que Jésus traite de « renard », rapporte Luc (13, 32) : rusé et cherchant à plaire aux Romains et aux juifs, il fera décapiter Jean le Baptiste. Philippe est responsable des territoires du Nord. Archélaos reçoit la Samarie, l'Idumée et la Judée : trop violent, il est déposé par Rome en l'an 6 et exilé en Gaule. Il est remplacé par un préfet romain, qui garde un œil vigilant sur les deux frères. Ponce Pilate occupe cette fonction au temps de Jésus, qu'il fera crucifier.

→ **Enfance (évangiles de l'), Jean le Baptiste, Jésus, massacre des Innocents, Ponce Pilate, Temple.**

Hésychasme †

La vie monastique est par nature tournée essentiellement vers Dieu et Jésus Christ, et ceci depuis son origine, en Égypte, aux IIIe et IVe siècles. À cette époque, et pour répondre encore davantage au besoin d'une quiétude intérieure obtenue par la prière et le respect d'une liturgie, apparut une recherche spirituelle particulière. C'est l'hésychasme, qui permet d'arriver à la « paix » (*hesycha* en grec) intérieure en priant et en invoquant le nom de Jésus. Pour sentir en lui l'énergie divine, l'hésychaste, qui existe toujours dans le monachisme orthodoxe, fait le vide dans ses pensées et se concentre sur sa respiration, pratique commune aux formes de méditations, notamment orientales (bouddhistes par exemple). La Gloire de Dieu, par son Fils, investit alors le priant.

→ **Fils, Gloire de Dieu, monachisme.**

Heures †

Respectant l'invitation de Jésus à la prière, et pour que clercs, religieux, moines et laïcs puissent la vivre au quotidien, l'Église catholique a institué l'Office divin, c'est-à-dire les prières jalonnant les grands moments d'une journée. Ainsi sont nées les « heures », qui reprennent le rythme des jours de l'Empire romain, encore en vigueur dans le calendrier religieux juif (shabbat par exemple). La journée commence donc au coucher du soleil et s'achève le lendemain au même moment. Les heures, dont le déroulement est contenu dans un livre (le bréviaire), comportent toutes une hymne, un psaume et un passage lu de la Bible, et une prière. Elles se répartissent en trois grandes heures qui correspondent aux étapes clés du cycle du ciel : matines (nuit, autrefois au lever du jour) – appelées aussi vigiles –, laudes (aurore) et vêpres (tombée du jour). Les autres heures sont prime (lever du soleil), tierce (troisième heure du jour), sexte (sixième, aux alentours de midi), none (neuvième) et complies (coucher du soleil).

→ **Complies, laudes, matines, office, vêpres.**

Hèvrah qaddicha ✡

Pour le judaïsme, comme pour les autres religions du Livre, l'enterrement des morts est un devoir sacré, et même un *mistvah* (commandement). C'est ainsi qu'a été instituée, il y a très longtemps, la « confrérie sainte » (Hévrah Qaddicha), chargée d'accompagner les mourants et de veiller au déroulement des obsèques qui, selon la règle, doivent avoir lieu le jour le plus proche du décès (toilette du mort, rituels de préparation...). Les membres qui la composent, généralement bénévoles, s'occupent aussi de charité et d'entraide au sein de leur communauté.

Hidjab ☪

Dans le Coran, le *hidjab* (voile) est porté par les épouses du Prophète. Il constitue une séparation physique entre elles et les autres musulmans. Le *khimar* quant à lui est un tissu qui couvre la tête et cache le cou et la poitrine. Il est appliqué aux croyantes, qui doivent être chastes, « rabattre leurs voiles sur leurs poitrines » et ne montrer leurs vêtements de femme qu'à leur mari, leur famille, leurs proches... (*La Lumière*, 24, 31). Elles peuvent aussi, dans la même sourate (24, 60), s'en abstenir si elles ne peuvent plus avoir d'enfant ou se marier, tout en restant décentes ; Dieu recommande cependant d'en maintenir le port. Car la chasteté, comme la décence, tant masculine que féminine, est une exigence de Dieu, une marque de respect à son égard. La 33e sourate, *Les Factions* (11, 33-35), le souligne : croyantes et croyants sont mis sur le même pied quand il s'agit de respecter les piliers de la foi, les premières se gardant d'attiser les regards, comme le faisaient les polythéistes. Et quand on s'adresse à l'une des épouses du Prophète, il faut le faire « derrière un voile. Cela est plus pur pour vos cœurs et pour leurs cœurs » (11, 53). Enfin, pour les femmes de l'islam, se couvrir de ses voiles, c'est « le meilleur moyen de se faire connaître et de ne pas être offensées » (11, 59).

Le voile musulman, qui existait en Arabie et ailleurs avant la naissance de l'islam, a pris des formes variées selon les pays et sert parfois, par la richesse des matériaux, à afficher une position sociale. Il est porté uniquement par les femmes et les jeunes filles ayant atteint leur puberté. Nous trouvons aussi bien le *chador*, voile corporel laissant libre le visage, que le *chadri* qui recouvre tout le corps, sans oublier le simple foulard. Dans la seconde moitié du XXe siècle, le *hidjab* a pris une connotation politique et pose largement le problème de l'émancipation des femmes.

→ **Chador, chadri, Piliers (les Cinq), voile.**

Hijr, al- ☪

Al-Hijr est le nom d'une localité située au nord de Médine, sur la route de la Syrie. Nous trouvons mention des « hommes de Hijr » dans la 15e sourate (chapitre du Coran), intitulée justement *al-Hijr* (15, 80). Dieu y rappelle son pouvoir de détruire les villes des incrédules, les hommes ne pouvant s'opposer à une telle puissance. Les prophètes, jusqu'à Mahomet, n'ont recueilli que des moqueries. C'est oublier que Dieu, créateur de toute chose, distribue nature et richesse selon ses plans. N'a-t-il pas créé l'homme à partir « d'une argile » avant de lui donner vie par son Esprit, et tiré les djinns (êtres invisibles) du feu ? Comme les hommes, il existe de bons et de mauvais djinns, ceux qui font le bien et ceux qui font le mal. Qu'il s'agisse d'un homme ou d'un djinn, celui qui fait le mal est appelé *chaïtan*, « satan ». Seul Iblis (Satan, le diable), refusa de se soumettre et de se prosterner devant Lui. Maudit par Dieu, il décida de pervertir les hommes. La sourate rappelle ainsi les anges rendant visite à Abraham, et évoquant le sort terrible qui attend Sodome, ville pécheresse par excellence ; ils vont aussi rencontrer son neveu Lot, qui réside dans cette cité, pour l'enjoindre de la quitter. Dieu anéantit Sodome, de même qu'une autre cité, une certaine Al Aïka, tout aussi injuste (contraire de juste, croyant fidèle et sincère). Il faut donc clamer ce qu'ordonne Dieu et s'écarter des idolâtres (les polythéistes).

→ **Abraham, Iblis, Lot, Sodome et Gomorrhe.**

Hira ☪

Non loin de La Mecque, le Jabal al-Nour (« Montagne de la Lumière ») comporte à son sommet la caverne de Hira. C'est dans cette grotte que, selon la tradition, Mahomet reçut la première révélation du Coran. Le Prophète, qui habitait tout près, aimait s'y retirer pour méditer, parfois pendant un mois. Assez grande pour qu'un homme puisse se tenir debout, prier et dormir allongé, elle est dans la direction (*qibla*) de la Kaaba (le sanctuaire) de La Mecque.

→ **Kaaba, Mahomet, Mecque (La), révélation.**

Hochanot ✡

Les *hochanot* sont des *piyyoutim* (poèmes) récités à la fête de Soukkot (qui commémore l'Exode), tandis que les fidèles, tenant les quatre « espèces » (palme de dattier, saule, myrte, cédrat), procèdent aux circumambulations (*haqqafot*), processions consistant à tourner autour de la *bimah* (tribune ou chaire) de la synagogue. Les *hochanot* commencent par l'invocation *hochana* (« nous te [Dieu] supplions »), qui désigne aussi les branches de saule que l'on frappe ensuite sur le sol de la synagogue lors du Hochana Rabba, le septième jour de Soukkot.

→ **Bimah, circumambulation, haqqafot, piyyout, Soukkot.**

Holocauste ✡

L'holocauste était, au temps du Temple de Jérusalem, le sacrifice rituel d'Israël ; c'est pourquoi ce mot ne peut pas être appliqué à la Shoah, le génocide des juifs pendant la Seconde Guerre mondiale, la confusion étant source de malentendus. Dans la Bible, ce rituel est évoqué à de multiples reprises, et, dans le Lévitique, Dieu le transmet à Moïse. Il consiste, selon son étymologie grecque, à ce qu'un animal soit brûlé (*kautos*) en entier (*holos*). Sur le plan spirituel, la fumée représente la prière adressée au Dieu Créateur ; seule la peau revient aux prêtres, tandis que le sang est répandu au pied de l'autel des holocaustes installé dans l'enceinte du Temple. Il ne s'agit donc pas d'un repas offert aux hommes, mais à Dieu, à l'image des parties comestibles qui sont préparées comme pour un repas. Sur le plan symbolique, il s'agit d'offrir son propre corps, selon la valeur

que la Bible accorde à chaque partie du corps humain : le sang (siège de la vie), les reins (fécondité et désirs), le cœur (intelligence, mémoire), les intestins (émotions), etc.
L'holocauste était pratiqué jour après jour par le prêtre au nom du peuple : des agneaux de moins d'un an brûlaient entièrement et en permanence. Le feu ne devait jamais s'éteindre, car il symbolisait la pérennité de la prière, d'où l'appellation de « sacrifice perpétuel ». Au temps de Jésus, et jusqu'à la destruction du Temple, en 70, il n'avait plus lieu que le matin et le soir. Mais un fidèle pouvait recourir à l'holocauste pour des occasions particulières, fêtes, demandes spécifiques ou guérisons par exemple. Il offrait, en fonction de ses finances, soit de jeunes quadrupèdes mâles parfaitement constitués (taureaux, agneaux, béliers, chevreaux) s'il était riche, soit des volatiles (pigeons, colombes, tourterelles) s'il ne l'était pas. Ainsi, à l'époque de Jésus, la Pâque attirait plus de 100 000 fidèles à Jérusalem et nécessitait 18 000 agneaux.

→ **Agneau, Pâques, Pessah, sang, Temple.**

Homélie †

Dans l'Église catholique, au cours de la messe, le prêtre lit aux fidèles des textes de l'Écriture (Bible et Nouveau Testament), puis en fait le commentaire. C'est l'homélie (le sermon d'autrefois, abandonné après le concile Vatican II, 1962-1965), c'est-à-dire un « entretien familier » (*homelia* en grec). Par son caractère instructif, elle permet d'éclairer le monde à partir des écrits saints et de l'Évangile. Mais la langue commune s'est emparée de ce mot pour l'appliquer, par extension, à une leçon de morale particulièrement ennuyeuse.

→ **Évangiles, messe.**

Homme ☪

La 76e sourate (chapitre du Coran) est intitulée *L'Homme* (*al-Insan*) : celui-ci a été créé par Dieu, à partir d'une semence, pour être mis à l'épreuve. Dieu lui a procuré les facultés de « voir et d'entendre », ce qui correspond à la perfection si l'on compare ces facultés à celles des autres animaux. En tant qu'être voulu par Dieu, l'homme ne peut s'attribuer d'acte créateur. Il est trop inconstant, empressé. C'est pourquoi Dieu, qui voit et sait tout, lui enjoint de le louer, de le prier lorsque le soleil va apparaître et quand il se couche. La véritable direction, celle de la foi, aura pour récompense le jardin (paradis) où coulent des fleuves comme le Salsabil ; les heureux élus s'y régaleront d'une boisson où percera le goût du gingembre. Aux autres, incrédules (non-croyants) et hérétiques, seront réservés les tourments de l'enfer. De cette place de l'homme, inscrit, par le Coran, dans la volonté de Dieu, est née la conception soufi (mystique) de « l'homme parfait » (*al-Insan al-Kamil*) : comme Adam, le premier homme qui fut créé à l'image de Dieu, l'homme a la capacité, conférée par Dieu, d'atteindre la perfection, laquelle trouve son point d'orgue dans la révélation, c'est-à-dire la manifestation directe de Dieu (Mahomet en est l'exemple à suivre). Nous trouvons un prolongement de la conception de la créature humaine dans *Les Hommes* (*al-Nas*), la 114e sourate, c'est-à-dire la dernière. Dieu y est le protecteur des hommes, le seul capable de les protéger contre la tentation, œuvre du mal, celui-ci pouvant venir des djinns (êtres invisibles), et des hommes eux-mêmes.

→ **Enfer, Mahomet, paradis, soufisme.**

Hosanna †

Le mot « hosanna », qui a été conservé dans le judaïsme, est surtout connu par la liturgie chrétienne qui le reprit, sans doute dès le Ier siècle de notre ère. En effet, à Soukkot (fête juive des Tentes, célébrant le séjour des Hébreux dans le désert), le prêtre du Temple de Jérusalem demandait à Dieu d'accorder le salut au peuple d'Israël, c'est-à-dire *hoshi'ah na'* en hébreu (« donne le salut »), d'où vient la forme latine *hosanna*.
Alors qu'il va entrer dans Jérusalem pour y vivre ses derniers jours (Semaine sainte), Jésus est acclamé par des disciples qui crient « Hosanna ! » en le bénissant et en brandissant des branches (ou rameaux) de palmiers. Dans le Nouveau Testament, cette acclamation est mentionnée par les évangélistes Matthieu (21, 9), Marc (11,9) et Jean (12, 13). Présente dans le vocabulaire liturgique, elle est aussi devenue une hymne chantée à l'église le jour des Rameaux, qui, dans le calendrier chrétien, célèbre cet événement central.

→ **Rameaux, salut, Semaine sainte, Soukkot.**

Hostie ✝

Les Romains désignaient par le latin *hostia* une « victime offerte », c'est-à-dire un animal sacrifié en l'honneur des dieux. Dès le IVe siècle, les chrétiens reprirent ce terme pour l'appliquer au pain de l'eucharistie, symbole du corps de Jésus qui s'offrit en sacrifice pour le salut des hommes. Le mot « hostie » apparut en français vers le XIIIe siècle.
L'hostie se présente comme un petit disque circulaire, fait, depuis l'origine, de pain azyme (sans levain) ; cependant, depuis le concile Vatican II (1962-1965), l'Église catholique peut aussi recourir au pain levé. Elle est consacrée à la messe, afin de permettre aux fidèles de communier.

→ **Azyme, communion, consécration, eucharistie, salut.**

Houd ☪

Houd est le nom d'un prophète qui fut envoyé aux Arabes avant la naissance de l'islam, donc avant la révélation du Coran à Mahomet (610-632). Ainsi, dans la 11e sourate (chapitre), intitulée *Houd* (11, 50-60), celui-ci est envoyé vers ses frères de Ad (ou Adéens) pour les exhorter à adorer Dieu, le seul dieu qui, en retour, les comblera de son pouvoir créateur. Mais les Adéens refusent sa prophétie, et préfèrent continuer d'adorer des idoles, comme leurs ancêtres. Dieu les effacera de la surface de la Terre. Houd et les justes sont sauvés, les Adéens sont maudits jusqu'au jour de la Résurrection. La sourate rapporte ensuite la situation similaire opposant le prophète Çalih et les Thamoud.

→ **Ad, Çalih, fawatih, prophète, Thamoud.**

Houjjat ☪

Le premier à recevoir le titre de *houjjat al-Islam* (« preuve de l'islam ») dans le chiisme iranien est Ghazali (XIIe siècle). Il s'applique alors à un *moutjahid* (autorité en droit religieux) ayant autour de lui de nombreux disciples. Il débouchera sur la création du rang suprême, celui d'ayatollah. Il reste cependant utilisé pour qualifier un imam dont on reconnaît le prestige.

→ **Ayatollah, chiisme, imam, moujtahid.**

Houris ☪

La Vache, 2e sourate (chapitre) du Coran, annonce que les musulmans sincères, qui « croient et qui font le bien [...] posséderont des jardins où coulent les ruisseaux. [...] Ils trouveront là des épouses pures, et là, ils demeureront immortels » (2, 25). Ces femmes, dont les « grands yeux » ne fixent que leurs époux, sont les houris des jardins merveilleux d'Éden : « Celles qui ont de grands yeux et dont les regards sont chastes se tiendront auprès d'eux, semblables au blanc caché de l'œuf » (27, 48-49). La 55e sourate, *Le Miséricordieux*, évoque des vierges « que ni homme ni djinn n'a jamais touchées avant eux », des beautés douces « semblables au rubis et au corail », qui restent « sous leurs tentes ». *Celle qui est inéluctable* (56) précise que ces femmes sont promises aux croyants accédant au paradis, en « récompense de leurs œuvres » : « C'est nous, en vérité, qui avons créé les houris d'une façon parfaite. Nous les avons faites vierges, aimantes et d'égale jeunesse pour les gens de la droite », ces derniers représentant les justes qui iront au paradis, par opposition aux « gens de gauche » (35-38).

→ **Éden, juste, paradis.**

Huda ☪

Le mot *al-huda*, présent des dizaines de fois dans le Coran, est « la direction », le chemin juste et véritable. C'est-à-dire le Coran, qui indique aux hommes les bons comportements et tout ce qui concerne la foi.

Huile sainte †

La Bible mentionne à de nombreuses reprises le rituel de l'onction (application d'huile), que l'on pratiquait pour consacrer à Dieu les prêtres, les rois, les animaux sacrifiés ou encore les autels. Le christianisme a repris ce symbole fort dans ses sacrements, sans doute avant le IVe siècle. Un jour de la Semaine sainte, l'évêque réunit les prêtres de son diocèse pour célébrer la messe chrismale (du grec *khrisma*, « huile »), au cours de laquelle les huiles sont consacrées. Nous trouvons ainsi trois huiles saintes : l'huile de l'exorcisme lors du baptême, l'huile pour l'onction des malades, et le saint chrême qui, en raison de son caractère sacré, est utilisé pour le baptême, la confirmation et le sacrement de l'ordre.

→ **Baptême, chrême, confirmation, consécration, onction, sacrement.**

Hunaïn ☪

L'Immunité, 9e sourate (chapitre) du Coran, évoque (9, 25-26) la protection de Dieu sur les musulmans qui, peu après la prise de La Mecque (630), livrèrent la bataille de Hunaïn, vallée située à l'est de celle-ci. D'abord remplis d'orgueil par leur supériorité numérique, ils sont pris de panique et battent en retraite en voyant leur ennemi païen se précipiter sur eux dans un étroit défilé. C'est alors qu'Allah fait « descendre sa Sakina [« sérénité », présence] » et des armées invisibles : Mahomet exhorte ses troupes, qui remportent la victoire. Celle-ci acheva de convaincre les Arabes du désert d'embrasser l'islam.

→ **Islam, Mecque (La), sakina.**

Hussein ☪

Hussein (626-680), ou Husayn, est le deuxième fils de Fatima et d'Ali, et par conséquent petit-fils de Mahomet. Après la mort d'Ali, en 661, le rival de celui-ci, Moawiya, fondateur de la dynastie omeyyade, se proclame calife. Quand Moawiya meurt à son tour, en 680, et que son fils Yazid lui succède, Hussein refuse l'autorité du nouveau souverain et dénonce son usurpation. Il est déjà le chef de file des Alides (partisans d'Ali) depuis la disparition de son frère aîné Hassan (670), et revendique la dignité suprême de calife en vertu de la légitimité que lui autorise son ascendance. À La Mecque, il croit aux informations lui assurant le soutien des habitants de Koufa (Irak), où il se rend malgré les conseils avisés d'amis (dont beaucoup étaient parmi les grands compagnons du Prophète). À Kerbala (Irak), non loin de l'Euphrate, il est encerclé pendant des jours par des milliers de soldats omeyyades et, délaissé par les gens de Koufa, meurt au combat le 10 mouharram 61 (10 octobre 680). Sa suite, sa famille (excepté deux de ses fils, emportés en captivité et qui furent élevés par Yazid) et ses partisans sont tués.

Quand, en Perse (Iran), la dynastie des Séfévides (1501-1732) entame son règne en instaurant le chiisme duodécimain (qui vénère douze imams) comme religion d'État, le culte d'Hussein, qui existait dès les Bouyides (maîtres de l'Irak et de la Perse, 932-1062), est institutionnalisé et commence à connaître un essor formidable, tandis que le pays maintient une cohésion religieuse, culturelle et territoriale qui a perduré jusqu'à nos jours. De fait, pour les chiites, Hussein, troisième imam après Ali et Hassan, et grand martyr, n'aurait jamais dû être abandonné – les sunnites (partisans de la *Sunna*) voient seulement dans cette disparition tragique la mort d'un descendant direct du Prophète. Ils commémorent avec ferveur le martyre d'Hussein avant et pendant la fête d'Achoura, le 10 mouharram, période marquée par les représentations de sa Passion, les *taziya*, apparues au XVIIIe siècle et magnifiées sous la dynastie iranienne des Qadjar (1794-1925). On peut y voir processions, reconstitutions de la bataille, pénitences, vengeances contre les coupables... De son côté, Kerbala est devenue un lieu important de pèlerinage.

→ **Achoura, Alides, Fatima, Hassan, imam, Kerbala.**

Hymne ✡ †

Chacun connaît l'hymne, mot masculin venant du grec *humnos* et qui évoque la notion de chant. De fait, il s'agissait, dans l'Antiquité grecque, de textes poétiques vantant les dieux ou les héros, et déclamés en musique. Il se généralisa ensuite pour s'appliquer à la louange, teintée de lyrisme, d'une personne ou de la nature, par exemple, et aussi d'un pays (hymne national).

Dans la tradition juive, puis chrétienne, ce mot devient féminin : il s'agit certes d'un chant, mais surtout d'une prière à la gloire de Dieu, sans demande particulière, juste pour célébrer sa puissance, sa gloire, son amour, sa miséricorde. La Bible, au travers des psaumes par exemple, abonde en hymnes, dont nous trouvons encore l'empreinte dans le judaïsme. Mais l'Église, pour différencier ces hymnes bibliques de leurs homologues chrétiennes, leur donna le nom de « cantiques » au XIIe siècle. Présentes dans la liturgie chrétienne, notamment pendant l'office divin catholique (les heures ou prières de la journée), les hymnes puisent dans le Nouveau Testament (épîtres de saint Paul par exemple), ainsi que dans un fonds réuni par des auteurs des premiers siècles et des musiciens de tout temps.

→ **Cantique, choral, épîtres, heures, office, psaumes.**

Hyperdulie †

Marie, mère de Jésus, est aussi la mère de Dieu depuis le concile d'Éphèse (431). Cette proclamation illustre le culte, très précoce, dont elle fit l'objet et qui n'a cessé de s'amplifier dans les siècles suivants. C'est pourquoi sa vénération (et non adoration, ou latrie, réservée à Dieu) est supérieure à celle de tous les autres saints. Ceux-ci faisant l'objet d'un culte appelé dulie (du grec *doulos*, qui signifie « serviteur »), celui de Marie est dit hyperdulie, c'est-à-dire « au-dessus » de la dulie.

→ **Marie, saint.**

Hypocrites, Les ☪

Dans la 63e sourate (chapitre) du Coran, intitulée *Les Hypocrites* (*al-Munafiqun*), ces derniers désignent des habitants de Médine. Tout en se disant proches de Mahomet et donc musulmans, ils s'avérèrent des incrédules, donc des ennemis car rangés du côté des païens. Dans d'autres passages du Coran, leurs complots et trahisons sont évoqués. Sur le plan historique, à la bataille d'Uhud (625), leur chef rallia le camp des Quraïch, la propre tribu de Mahomet contre lequel elle combattait, pour ne citer que cet exemple. Cette trahison contribua à la défaite des musulmans, qui devaient ensuite prendre leur revanche, notamment en s'emparant de La Mecque (630).

→ **Hégire, Mahomet, Mecque (La), Médine, Quraïch (Les, ou Qoraychites).**

Hypostase †

Aux conciles de Nicée (325) et de Constantinople (381), l'Église a défini son Credo (fondements de sa foi) dont elle se servit pour lutter contre les hérésies. Parmi celles-ci, le monophysisme (du grec *monos*, « unique », et *phusis*, « nature ») ne voyait dans Jésus qu'une nature divine. Ce courant fut actif jusqu'au VIIe siècle, évoluant ensuite vers des Églises aux propos beaucoup plus nuancés, comme celle des jacobites.

Pour affirmer davantage encore ce dogme et enrayer la pensée monophysite, le concile de Chalcédoine (451) proclama que Jésus ne formait qu'une seule et même personne mais possédait deux natures, l'une humaine, l'autre divine. Cette condition est qualifiée du terme théologique d'« hypostase », qui signifie, d'après sa racine grecque : ce qui est en dessous, intrinsèque, ce qui est dans l'essence même de l'être. Jésus partage ainsi sa nature divine avec celle du Père et de l'Esprit saint, les deux autres personnes de la Trinité.

→ **Credo, dogme, Esprit saint, jacobites, Père de l'Église, Trinité.**

I

Iblis ✡

Iblis est le nom propre d'un djinn (être invisible) ayant choisi le mal, donc d'un satan (*chaïtan*). Il est le démon principal de l'islam, le diable par excellence, appelé aussi Satan le lapidé (*ach-chaïtan al-marjdoun*) – sa lapidation symbolique est d'ailleurs pratiquée pendant le *Haddj*, le pèlerinage à La Mecque. Le Coran rapporte (sourate *La Caverne*, 18, 50) qu'Iblis refusa de se prosterner devant Adam, le premier homme. Il rappelle aussi que Dieu l'a créé à partir du feu (*al-Araf*, 7, 12 ; *Çad*, 38, 76), alors qu'il a créé Adam à partir d'une argile. Parce qu'il s'enorgueillit et ne veut pas s'incliner devant la majesté de Dieu, il est au nombre des incrédules (*La Vache*, 2, 34). Dans la 15e sourate, *al-Hijr* (15, 31-42), Dieu le maudit jusqu'au « jour du Jugement », et le démon promet de posséder les hommes. Mais Dieu lui rappelle qu'il n'aura aucun pouvoir sur les croyants, simplement sur ceux qu'il aura égarés.

→ **Adam, démon, diable, djinns, Satan.**

Icône †

L'icône (du grec *eikona*, « image », « ressemblance ») désigne une peinture religieuse réalisée sur tout type de support, le bois étant plus spécialement retenu aujourd'hui. Elle se limite à la représentation de Jésus, de la Vierge Marie sa mère, et des saints. Nous en trouvons l'origine aux premiers temps du christianisme, mais son art fut développé par le monde monastique. L'icône est spécifique du monde orthodoxe.

Au début du VIIIe siècle, l'Empire byzantin doit régler la querelle dite « des Images », qui agite tout ce siècle : elle oppose les artistes d'icônes et ceux qui les soutiennent aux iconoclastes (« briseurs d'images »). Ces derniers réfutent cet art et jugent blasphématoire et idolâtrique toute représentation visible de Jésus, dont la divinité se trouve ainsi mise à mal. Et ils n'hésitent pas à persécuter les partisans de l'icône. En 787, le concile de Nicée les condamne comme hérétiques et fixe les règles de l'art de l'icône. La querelle, après un sursaut, prend fin en 843. Cependant, après 1054, date du schisme (séparation) entre Église d'Orient (orthodoxes) et Église d'Occident (catholiques), l'art évolue très différemment au sein de ces deux pôles chrétiens. Si l'art byzantin, très actif pendant plusieurs siècles, produit toujours des icônes, l'art occidental a pris des visages différents, façonnés par les divers courants artistiques jalonnant les siècles (roman, gothique, baroque...).

→ **Baroque, gothique, hérésie, iconostase, orthodoxe, roman.**

Iconostase †

Dans les églises d'Orient (orthodoxes et catholiques orientaux), la nef est séparée du sanctuaire par une cloison, souvent superbe et magnifiquement ouvragée, percée de trois portes et décorée d'icônes représentant des thèmes majeurs. C'est l'iconostase, du grec *eikonostasion*, « poser une icône ». À l'origine, ce mot désignait, et désigne toujours, une icône posée sur un support devant le chœur. Au tournant du XVe siècle, en Russie, il s'étendit à cette cloison, héritière d'une forme plus ancienne de clôture de pierre ou de bois, dont elle reprit le principe des trois portes : celle du centre (royale ou sainte) est réservée au prêtre, celles qui l'encadrent aux officiants de rang inférieur (celle du diacre est à droite). L'iconostase, d'une haute valeur spirituelle, gagna ensuite les mondes grec et slave.

→ **Diacre, Église, icône, orthodoxe, prêtre.**

Idole ✡ † ☪

L'idole est une « image » (*idolum* en latin) sacralisée. Il s'agit de sculptures ou de peintures de divinités du monde antique, souvent représentées sous forme animale, et, au sens large, de personnes et d'objets adorés à l'excès (ou idolâtrie). De fait, pour les juifs, les chrétiens et les musulmans, Dieu étant unique et saint, il commande de n'être représenté par aucune image. Les Livres sacrés et les traditions abondent en semonces contre toute forme d'idolâtrie, démonstrations du culte polythéiste. Le Veau d'or, que construisent les Hébreux dans le désert, en est l'un des exemples les plus célèbres. Les prophètes d'Israël, Jésus lui-même, et le Prophète

Mahomet au travers du Coran préviennent les suppôts d'idoles des risques qu'ils encourent, soit le châtiment de Dieu (destruction et enfer, par exemple). C'est pourquoi Dieu ne doit pas être représenté dans les arts juif et musulman. L'art chrétien n'a pas toujours respecté cet interdit.

→ **Commandement, Décalogue, Veau d'or.**

Idris ☪

Idris pourrait être le nom donné, dans le Coran, à Hénoch (ou Énoch), le père de Mathusalem. « Mentionne Idris dans le Livre ; ce fut un juste et un prophète ; nous l'avons élevé à une place sublime », dit la sourate 19 (56), *Marie*. Idris est cité une seconde fois dans la sourate 21 (85-86), *Les Prophètes*, qui le fait entrer « au nombre des justes ».

→ **Hénoch, juste, Livre, prophète.**

Ihram ☪

Ihram est, dans le sens général, la « consécration », c'est-à-dire l'état par lequel on peut se présenter devant Dieu. Il consiste à se purifier par des ablutions, et à faire part de l'intention (*niyah*) qui le motive. Cela peut être par exemple la prière quotidienne (*salat*), ou le *Hadjj*, le grand pèlerinage à La Mecque, où ce mot désigne aussi le vêtement blanc (couleur de pureté) porté par le pèlerin. Ce dernier peut alors pénétrer dans les lieux saints, où il devra respecter le *haram* (interdits). Il porte ainsi une ou deux larges étoffes blanches, sans coutures (*izar* pour le linge inférieur du corps, *rida* pour le linge recouvrant l'épaule gauche, la droite étant dégagée) ; la femme a le visage et les mains découverts.

→ **Ablution, Hadjj, haram, salat.**

Ihsan ☪

La vie de tout musulman est guidée par sa foi, la pratique de celle-ci, mais aussi par une conduite personnelle conforme à ce que Dieu prescrit. C'est l'*ihsan*, que l'on peut traduire par « vertu », ou encore par « comportement correct ». La Tradition du Prophète Mahomet (*hadith*) contient des réflexions sur cette recherche de perfection dans tous les actes, toujours animée de la présence de Dieu.

→ **Foi, hadith, vertu.**

Ijma ☪

En islam, l'*ijma* est le « consensus », plus précisément l'avis unanime d'érudits en matière de droit (*fiqh*). Cette disposition repose sur un *hadith* (paroles du Prophète Mahomet qui ne sont pas dans le Coran) : la communauté (*oumma*) des musulmans ne peut pas être d'accord sur une erreur. Elle visa, dans le passé, à établir une barrière entre ce qui était bien, c'est-à-dire conforme à Dieu, et ce qui était mal (erreurs d'interprétation ou abus de toutes sortes dus aux cultures locales).

→ **Fiqh, hadith, oumma.**

Ijtihad ☪

Présent dès la naissance de l'islam, l'*ijtihad* est un « effort » personnel mis au service de la communauté (*oumma*) qui, de son côté, doit le garantir. Il s'agissait de statuer sur une situation ou un cas qui ne sont pas traités dans le Coran et la *Sunna* (conduite à l'exemple de Prophète), et en conformité avec ceux-ci. Celui qui en avait l'autorité était le *moujtahid* (« savant »), fondateur d'une des écoles juridiques sunnites (*madhahib*). Sous l'effet d'une surproduction d'avis théologiques et canoniques, il fut décidé à un moment de l'Histoire musulmane de « fermer la porte à l'*ijtihad* », selon la formule qui fit fortune. Cependant, les savants appartenant aux écoles classiques ont toujours continué l'*ijtihad*, mais dans le cadre de leurs écoles respectives. Aujourd'hui, *l'ijtihad*, dans le monde musulman, est en train de chercher des voies nouvelles pour répondre aux exigences de la modernité.

→ **Madhahib, moujtahid, mufti, oumma, qadi, Sunna.**

Ikhlas ☪

L'*ikhlas* est la « sincérité » en matière de foi, la « dévotion pure », qui permet de s'abandonner totalement à Dieu. Elle anime ceux qui répondent au *djihad*, effort sur soi-même et envers Dieu, traduit abusivement par « guerre sainte ». Elle est aussi inscrite dans toutes les grandes figures de l'islam, leurs différents rôles n'ayant été possibles qu'avec la présence de Dieu.

→ **Shahada, djihad.**

Ilm ☪

Ilm est, en arabe, la science, la connaissance. Dans le Coran, où elle est un thème récurrent, elle n'a de valeur que si elle est révélée par Dieu, qui le rappelle à de nombreuses reprises.

Imam ☪

L'imam est « celui qui marche devant ».

Dans le sunnisme (courant des partisans de la *Sunna*, Tradition du Prophète), c'est la personne qui dirige la prière communautaire, notamment celle du vendredi. Selon son importance, une mosquée peut avoir un ou plusieurs imams. Cette charge, considérée comme un honneur, demande une compétence en matière religieuse et rituelle, mais il arrive qu'elle soit assurée par de simples fidèles. Imam fut aussi le titre donné aux premiers califes (VIIe siècle), successeurs directs de Mahomet et chefs de la communauté musulmane (*oumma*), ainsi qu'à de grands théologiens et juristes du passé.

Il en va tout autrement pour le chiisme, qui se démarque ainsi du sunnisme. Les chiites considèrent l'imam, leur chef, comme une fonction bien plus éminente. Descendant du Prophète, seul à son époque, il joue le rôle d'intermédiaire entre Dieu et les hommes, et son pouvoir est très étendu, allant jusqu'à des connaissances surnaturelles. Incontestable en matière religieuse, considéré comme saint, il possède une autorité presque équivalente au Prophète, ce que n'acceptent pas les sunnites, pour qui prédominent le Coran (révélé par Dieu) ou encore la *Sunna* (la voie à suivre, comme le fit Mahomet). Le courant duodécimain (« douzième »), majoritaire dans le chiisme, et en vigueur en Iran par exemple, possède ainsi douze imams historiques, descendants du premier d'entre eux, Ali (mort en 661), gendre et cousin de Mahomet. La succession se poursuivit jusqu'au IXe siècle : le douzième, Mohammed, qui serait né en 869, fut occulté aux yeux des hommes alors qu'il avait quatre ans, d'où son nom d'« imam caché ». De fait, dissimulé à l'humanité, il exerce son pouvoir en secret et silencieusement, transmettant sa parole aux imams « visibles ». Il doit revenir au jour du Jugement dernier, à la fin des temps, sous la forme du Mahdi, c'est-à-dire « l'Attendu ».

→ **Ali, calife et califat, chiisme, Mahdi, sunnisme.**

Immaculée Conception †

Contrairement à ce que l'on croit souvent, l'Immaculée Conception n'est pas Marie, vierge et enfantant Jésus, mais Marie exempte de péché (sans tache, immaculée) dès avant sa naissance. Dieu l'ayant choisie pour porter son Fils, comme le proclame l'Annonciation, elle se devait d'être pure. Cette croyance, très ancienne puisqu'on en trouve des traces à partir du Ve siècle, devint un dogme de l'Église proclamé *ex cathedra* par le pape Pie IX en 1854.

→ **Annonciation, dogme, Fils, Marie, péché.**

Immunité, L' ☪

L'Immunité (*al-Tawba*), 9e sourate (chapitre) du Coran, est celle que Dieu accorde aux polythéistes qui se sont repentis ou qui ont conclu un pacte avec des musulmans, lequel doit être respecté par les deux parties. Les autres seront combattus. Dieu, le Miséricordieux par excellence, accorde son pardon aux idolâtres qui respectent ses prières et pratiquent l'aumône – sacrée en islam. Ils deviennent alors des frères des croyants. Mais s'ils trahissent leur engagement, ils doivent être aussi combattus, avec l'aide de Dieu et de sa *sakina* (présence) – la sourate rappelle la bataille de Hunaïn qui opposa les troupes de Mahomet aux polythéistes de La Mecque en 630. L'entrée de la mosquée est interdite aux incrédules, avec lesquels il ne faut pas se lier. Quant aux juifs et aux chrétiens, ils se sont trompés en divinisant des hommes, tel Jésus ; cependant, ils croient aussi au Dieu unique, bien que certains moines chrétiens soient plus portés sur l'argent que sur « le chemin de Dieu ». La sourate évoque ensuite le calendrier musulman, de douze mois, dont quatre sont sacrés (comme ramadan), puis le devoir de tout musulman : se battre pour sa foi. En revanche, toute paresse, à la guerre comme dans la pratique religieuse et dans la cohésion de la communauté, est fortement condamnée – la fraternité entre croyants est une notion capitale en islam. Et toute personne qui attaque Dieu et son Prophète Mahomet, tous les hypocrites et les incrédules (dont certains bédouins et des habitants de Médine) doivent s'attendre à un châtiment exemplaire : le feu éternel de la géhenne (l'enfer). Les vrais musulmans, eux, iront goûter les délices du paradis.

→ **Djihad, géhenne, paradis, sakina.**

Imprimatur †

« Qu'il soit imprimé » : c'est par cette formule, *imprimatur* en latin, que l'Église catholique, par l'intermédiaire d'un évêque ou d'un représentant de celui-ci, donne son aval pour la publication d'un livre qui, après étude, ne s'est pas montré contraire à son message. Cette mention, qui figure en général au début de l'ouvrage, est capitale lorsque l'auteur est un religieux (qui doit obtenir l'autorisation de ses supérieurs), et si le sujet traité est important pour le dogme et la morale. Dans le judaïsme, l'équivalent est la *haskamah*.

→ **Dogme, Église, haskamah, théologie.**

Imran ☪

La Famille d'Imran, 3e sourate (chapitre) du Coran, est composée de deux cents versets d'une impressionnante richesse. D'emblée, elle précise que le Coran est descendu sur le Prophète Mahomet et les hommes afin de parachever la « direction » indiquée par la Torah juive, transmise à Moïse, et l'Évangile chrétien (Jésus), les deux Livres déjà révélés. Ainsi naîtra une communauté soudée autour des véritables desseins de Dieu, ferme dans ses principes et leur application (prière, charité, aumône, fraternité...). La sourate rappelle le châtiment réservé aux incrédules (l'enfer), la protection de Dieu sur les croyants (promis au paradis), l'omnipotence et l'omniscience de Dieu, le Créateur, le sage. Nous y trouvons aussi une généalogie ininterrompue, comprenant Adam, le premier homme créé par Dieu, Noé le héros du Déluge, la famille d'Abraham, le père de tous les croyants (dont juifs et chrétiens, les Gens du Livre, *ahl al-Kitab*), mais aussi le premier musulman (soumis à Dieu), et enfin la famille d'Imran. Ce nom est la prononciation arabe d'Amran (Amram), que la Bible (et d'autres textes juifs qui n'y figurent pas) présente comme le père de Moïse, d'Aaron et de leur sœur Myriam. Puis, pour montrer la continuité entre judaïsme et christianisme, Marie, mère de Jésus, est dite de la famille d'Imran.

→ **Ahl al-Kitab, fawatih, Livre, musulman, Sagesse de Dieu, Torah.**

Incarnation †

Pour la foi chrétienne, l'incarnation est la manifestation de Dieu qui, pour s'exprimer, s'est fait homme par l'Esprit en la personne de son Fils, Jésus-Christ. Celui-ci est la deuxième personne de la Trinité. Jésus fut donc homme et Dieu. Jean le proclame dès le début, célèbre, de son évangile (Jn 1, 1-18) : « Au commencement était le Verbe et le Verbe était avec Dieu et le Verbe était Dieu. [...] Le Verbe était la lumière véritable, qui éclaire tout homme ; il venait dans le monde. [...] Et le Verbe s'est fait chair et il a habité parmi nous, et nous avons contemplé sa gloire, gloire qu'il tient de son Père comme Fils unique, plein de grâce et de vérité. » Ce point fondamental de la foi fut mis à mal par des hérésies, comme l'arianisme et le docétisme, amenant les Églises à définir le dogme de la Trinité aux conciles de Nicée (325) et de Constantinople (381).

→ **Dogme, Esprit saint, Fils, hérésie, Trinité, Verbe.**

Inchallah ☪

Dans le Coran, la formule arabe « Si Dieu le veut » (francisée en inchallah) figure d'abord dans la grande et superbe sourate 18, *La Caverne*, après l'évocation de la légende des Sept Dormants. « Ne dis jamais, à propos d'une chose : "Je la ferai sûrement demain", sans ajouter : "Si Dieu le veut !" ». Parmi d'autres formules du Coran évoquant aussi le pouvoir de Dieu sur toute chose et tout être qui ne peut décider sans se soumettre à Lui, elle est sans doute la plus connue. Elle est mentionnée dans d'autres sourates, notamment à propos des grands personnages d'Israël – ce qui en souligne l'importance –, tels Joseph (12, 99) et Moïse (18, 69 et 28, 27), ou encore Abraham lorsqu'il est contraint au sacrifice de son fils Jacob (37, 102). Ce « si Dieu le veut » apparaît aussi à plusieurs reprises dans le Nouveau Testament.

→ **Caverne (La), Jacob, Joseph, Moïse, Sept Dormants, Testament.**

Index †

L'index (« indicateur ») est le doigt qui montre une direction, ou la partie d'un livre renvoyant aux mots ou thèmes cités. Mais le mot latin *index* signifie aussi « liste ». Ainsi, le « catalogue des livres interdits » (*Index librorum prohibitorum*) recensait les ouvrages qui, aux yeux de l'Église catholique, bafouaient la morale et la foi, raison pour laquelle on en défendait l'achat et la lecture aux fidèles. Les hérésies, dont l'arianisme (qui ne croyait pas au caractère divin du Christ), firent bien entendu l'objet d'interdictions, mais le premier *Index* institué paraît à Rome en 1559, et a pour but de réagir contre la propagation de la Réforme protestante. Il est suivi, après le concile de Trente, achevé en 1563, par la création de la Congrégation de l'Index. Celle-ci est supprimée en 1917, mais l'*Index* est maintenu (sa dernière parution a eu lieu en 1948). Enfin, le concile Vatican II (1962-1965), écoutant les critiques venues du sein même de l'Église, reconnaissant l'injustice du catalogue et conscient de l'urgence de s'inscrire dans les courants de pensée et de recherches modernes, proclame la liberté de penser et de croire : il est à l'initiative de la suppression en 1966 de l'*Index* par le pape Paul VI. En quelque quatre siècles, plusieurs milliers d'ouvrages ont ainsi été écartés par ce principe de censure, que de nombreux catholiques ont assimilé aux pratiques des régimes totalitaires.

→ **Aggiornamento, Contre-Réforme, Église, hérésie, Réforme.**

Indulgence †

L'indulgence est la remise des péchés, plénière (totale) ou partielle. Tout d'abord, elle correspondait à la suppression des pénitences publiques qui suivaient le pardon des péchés : jeûnes, mortifications, etc. Puis, avec le temps, à cette indulgence temporelle vint s'ajouter une indulgence spirituelle, conformément au dogme de la communion des saints, les vivants communiant avec les saints qui participent eux-mêmes aux mérites du Christ mort pour le salut des hommes. Souhaitant se « racheter » et œuvrer au bien de tous, durant sa vie et même après sa mort pour mieux affronter le purgatoire, le pécheur pardonné en vint à acheter ces indulgences.

En 1517, l'Allemand Martin Luther (1483-1546), prêtre et moine, dénonce un certain nombre d'abus qui rongent une Église catholique peinant à engager des réformes qui se révéleraient pourtant salutaires. Il met l'accent sur la corruption et le népotisme (faveurs accordées par les papes à leurs familles) qui règnent au Vatican, et sur le trafic des indulgences qui, sous le pape Léon X (1513-1521), permet notamment de financer la construction de la basilique Saint-Pierre de Rome. « Les indulgences sont vraiment peu de chose en comparaison de la grâce de Dieu et de l'amour de la croix », écrit-il. La Réforme est lancée, mais l'Église n'entamera sa mutation qu'à partir de 1545, au concile de Trente, ou Contre-Réforme.

Dans le sillage du concile Vatican II (1962-1965), le pape Paul VI a réformé les indulgences, qui, plénières (accordées notamment lors des jubilés), partielles ou ponctuelles, reposent avant tout sur la volonté de convertir son cœur à l'amour de Dieu. Tous les fidèles étant liés par la communion des saints, la conversion des uns peut aider les autres.

→ **Contre-Réforme, Église, Réforme, Vatican.**

Indult †

Le droit de l'Église catholique prévoit un certain nombre de dérogations accordées par le Saint-Siège, comme l'ordination spéciale de prêtres dans des conditions particulières, ou l'autorisation pour des religieux de quitter leur communauté. Ce sont les indults (du latin *indultum*, « permission ») apostoliques. Mais d'autres autorités ecclésiastiques que le Saint-Siège peuvent aussi accorder des indults.

→ **Ordination, prêtre, religieux, Saint-Siège.**

Infaillibilité †

L'infaillibilité (« échapper à l'erreur ») concerne d'abord l'Église qui, fondée par Jésus, a reçu de lui le pouvoir d'enseigner sa parole. « Tout pouvoir m'a été donné au ciel et sur la terre. Allez donc, de toutes les nations faites des disciples, les baptisant au nom du Père et du Fils et du Saint-Esprit, et leur apprenant à observer tout ce que je vous ai prescrit. Et voici que je suis avec vous pour toujours jusqu'à la fin du monde », conclut l'évangile de Matthieu (28, 18-20). L'Église a ainsi la capacité de prendre des décisions de doctrine (foi et morale). Mais si l'ensemble des Églises chrétiennes s'accordent sur le fait que l'Esprit saint transmis à l'Église garantit l'infaillibilité de celle-ci, elles sont en désaccord concernant l'infaillibilité pontificale, élaborée au fil de l'Histoire, qui considère que le pape, en s'exprimant *ex cathedra*, ne peut pas se tromper.

Le 18 juillet 1870, au concile Vatican I, Pie IX, pape très populaire qui a rassemblé derrière lui une majorité de catholiques, voit son autorité renforcée avec la proclamation du dogme de l'infaillibilité pontificale, entre autres grâce à l'action des ultramontains (qui plaçaient l'autorité du pape au-dessus de celle des Églises nationales) – la constitution *Pastor aeternus* (« pasteur éternel ») l'a emporté par 553 voix contre 2. Cette proclamation provoque aussitôt des réactions de la part de religieux, notamment de libéraux comme Lacordaire, et de fidèles, tous craignant une centralisation excessive du pouvoir. Elle conduit même à des scissions avec Rome, par exemple celles qui aboutissent à la réunion en 1889 des Vieux Catholiques, ensemble d'Églises séparées, depuis le XVIIIe siècle pour les plus anciennes, et présentes encore en Allemagne, en Hollande ou en Pologne. L'infaillibilité reste un sujet délicat et controversé au sein des catholiques, même si le seul dogme « infaillible » n'a été prononcé qu'en 1950 (Assomption de la Vierge). Elle ne peut porter que sur les points de doctrine concernant la foi et la morale. L'adhésion des fidèles s'impose parce que le pape, dans une telle déclaration, s'exprime comme le docteur de l'Église universelle et dans des conditions définies. Mais la discussion demeure concernant la détermination de l'autorité respective du pape et du concile.

Les orthodoxes rejettent l'infaillibilité pontificale, comme ils ne reconnaissent pas les conciles qui ont suivi le schisme avec Rome (1054) et les dogmes qui en découlent. Martin Luther (1483-1546), initiateur de la Réforme protestante, rejeta l'infaillibilité, les Écrits saints représentant selon lui la seule autorité.

→ **Concile, dogme, ex cathedra, orthodoxe, pape, Réforme, ultramontanisme.**

Inquisition †

Dès le IIe siècle apr. J.-C., l'Église chrétienne est confrontée à des courants de pensée mettant en cause les dogmes (vérités de la foi) et appelés hérésies (« choix particulier » en grec). Ces luttes furent certes religieuses, mais entraînèrent aussi des guerres, comme celles qu'entreprirent les rois européens ayant épousé l'arianisme (courant qui ne reconnaît pas le caractère divin du Christ). Sur le plan individuel, les évêques catholiques furent requis pour mener des enquêtes destinées à débusquer toute tentative hérétique et autres atteintes à l'Église.

Ce combat atteint son paroxysme avec le pape Innocent III (1198-1216). Celui-ci craint que les hérésies – comme le catharisme, qui remporte un certain succès – ne menacent l'ordre religieux, duquel dépend l'équilibre des sociétés, tant le pouvoir politique, et donc la communauté civile, est lié à l'Église. Les enquêtes ecclésiastiques sont transformées en tribunaux d'exception, avec la création, par le pape, de l'Inquisition (du latin *inquisito*, « enquête »). Cette institution reçoit bientôt le renfort des dominicains et des franciscains, ordres religieux créés au début du XIIIe siècle. Tout suspect peut désormais être soumis à la « question ». Cet interrogatoire, autorisé par Innocent IV en 1252, est le plus souvent une véritable torture, augmentant la désapprobation populaire, déjà sensible. Suspectés de sorcellerie, d'adoration de Satan ou coupables d'un simple point de vue différent, les condamnés connaissent la prison, le fouet et la confiscation de leurs biens, cette dernière permettant à certains inquisiteurs de s'enrichir. La peine peut aller jusqu'au bûcher, qu'allume le bras séculier, c'est-à-dire civil. Les abus concernent aussi les juifs : certains, accusés de crimes invraisemblables, sont torturés avant de finir brûlés vifs. Au XIVe siècle, l'Inquisition, devant la colère que suscitent ses excès, ralentit ses activités. Excepté en Espagne où, en 1478, les Rois Catholiques confient au bourreau Tomas de Torquemada les rênes d'une Inquisition indépendante de Rome, le Saint-Office. Il en résulte l'expulsion des juifs en 1492, en même temps que ceux du Portugal, alors sous domination espagnole. Les maures suivront en 1569. En 1542, le pape Paul III se résout à réformer l'Inquisition, qui devient la congrégation du Saint-Office, dit aussi de la Suprême-Inquisition : cette instance servira désormais à lutter contre les protestants vivant en terre catholique européenne. L'inquisition ne disparaît qu'au XVIIIe siècle en France, et l'Espagne la supprime en 1834.

→ **Cathares, dogme, hérésie, marranes, Maures, Shoah.**

INRI †

Afin de prévenir les populations et de susciter la crainte, la crucifixion romaine prévoyait de placer au sommet de la croix, juste au-dessus de la tête du condamné, un écriteau portant le motif de la condamnation. Dans le cas de Jésus, ce *titulus* (« inscription » en latin) est rédigé en trois langues, pour que l'avertissement soit compris de tous ceux qui résident à Jérusalem. Il s'agit de l'araméen, langue de Palestine, du latin des soldats romains, et du grec, très en usage dans cette région, notamment grâce au commerce. La tradition a retenu les initiales INRI de la phrase latine : « Iesu Nazarenius Rex Iudeorum », « Jésus le Nazaréen, roi des juifs ».

→ **Crucifixion, Jésus, juif, Palestine.**

Interdiction, L' ☪

Dans *L'Interdiction* (*al-Tahrîm*), 66e sourate (chapitre) du Coran, Mahomet confie un secret à une de ses épouses, qu'elle divulgue à une amie. Dieu, pour montrer qu'il voit et sait tout, l'avertit. Les deux femmes doivent donc s'amender de cette erreur, se repentir, en retournant vers Dieu. Car il est interdit de se liguer contre le Prophète, dont le maître reste Dieu, et qui est soutenu par les anges (au premier chef Gabriel) et les justes (croyants sincères). Sinon, elles risquent d'être répudiées et remplacées par des croyantes, déjà mariées ou vierges. Que chacun se souvienne par exemple de la femme de Lot, le neveu d'Abraham, qui désobéit en quittant Sodome ravagée par le soufre : elle fut changée en statue de sel. En revanche, Marie, mère de Jésus, investie de l'Esprit de Dieu, « était au nombre de ceux qui craignent Dieu ».

→ **Esprit saint, fawatih, juste, Lot, Marie, Sodome et Gomorrhe.**

Intertestamentaire †

Ce mot, d'origine protestante, s'applique aux textes qui, bien que bénéficiant pour certains d'une audience importante en leur temps, n'ont pas été retenus par le canon juif. Rédigés pendant les deux siècles précédant l'ère chrétienne, donc entre la Bible et le Nouveau Testament, ils contiennent notamment des récits apocalyptiques et les manuscrits de la communauté essénienne de Qumrân. Les écrits intertestamentaires sont plutôt appelés pseudépigraphes ou apocryphes de l'Ancien Testament par les catholiques. Les protestants appellent aussi apocryphes les livres de la Bible qui ne figurent pas dans la version hébraïque, mais seulement dans la traduction grecque des Septante.

→ **Apocryphe, canon, esséniens, pseudépigraphe, Qumrân, Septante.**

Isaac ✡ † ☪

Isaac est le fils d'Abraham et le père de Jacob. Tous trois sont les grands ancêtres (patriarches) d'Israël, dont le cycle est raconté dans la Genèse, le premier livre de la Bible. La figure d'Isaac a été reprise aussi par le christianisme et par l'islam.

Isaac est le fils d'Abraham et de son épouse Sarah, longtemps stérile, mais que Dieu a rendue féconde afin de réaliser la promesse faite à Abraham : une descendance et la terre sur laquelle ils sont installés (Canaan). Mais auparavant, Abraham a conçu un autre fils, Ismaël, avec Agar, la servante de sa femme. Craignant que les deux enfants ne soient contraints de partager cette Terre promise, Sarah le convainc de chasser Agar et son fils. Il s'y résout malgré lui, et Ismaël, protégé par Dieu, donnera naissance au peuple arabe. Isaac grandit et, après la mort de Sarah, est poussé par son père à épouser une parente afin de garantir la lignée. Il se rend donc en Mésopotamie, à Harân (d'où est venu Abraham), et rencontre Rébecca dont il tombe aussitôt amoureux. Après la mort d'Abraham, le couple, rentré en Canaan, conçoit des jumeaux, Jacob et Ésaü, qui se disputent déjà dans le ventre maternel. C'est finalement Jacob qui obtiendra la bénédiction de son père, et qui recevra le nom d'Israël. Isaac meurt à cent quatre-vingt-quatre ans et est enterré à Hébron.

Le Nouveau Testament évoque à plusieurs reprises Dieu comme étant celui d'Abraham, d'Isaac et de Jacob. Les évangélistes Matthieu et Luc citent Isaac comme aïeul de Jésus. Et pour saint Paul, dans son épître aux Galates, Isaac reste le fils de la promesse (4, 23).

Pour le Coran, livre sacré de l'islam, Isaac (Ishaq) est certes le frère cadet d'Ismaël, mais aussi celui par lequel se prolonge la succession d'Abraham. Dans la 2e sourate (*La Vache*, 2, 133), il y est qualifié de prophète et de juste (croyant exemplaire). Comme Abraham, Ismaël, Jacob et leurs successeurs, il n'était ni juif ni chrétien, mais soumis à Dieu (sens du mot « musulman »).

→ **Abraham, Canaan, Genèse, Ismaël.**

Isaïe ✡ †

Les écrits d'Isaïe forment le premier livre du recueil des Prophètes, et le plus long de la Bible (soixante-six chapitres).

Isaïe, qui s'inscrit dans la lignée d'Amos et d'Osée, intervient dans le royaume de Juda, directement auprès de trois rois, Yotam (740-736 av. J.-C.), Achaz (736-716) et Ézéchias (716-687), ce qui lui confère aussi une dimension politique. De 740 à 700 environ, il va s'attacher à ramener ce royaume de pécheurs dans le chemin de la conversion et de l'Alliance, afin de lui éviter d'être englouti. Il reçoit sa vocation de prophète lors d'une scène intense et d'une profonde spiritualité (chapitre 6). Le Dieu, trois fois

saint, lui apparaît dans le Temple, dans toute sa Gloire (majesté) et sur un trône qui en souligne la majesté suprême. La bouche purifiée pour transmettre la Parole de Dieu, ses fautes pardonnées (tout homme est forcément fautif devant Dieu), il poursuit une mission ardue, dénonçant le mensonge et l'iniquité sociale, appelant à rejoindre Dieu qui aime son peuple comme un vigneron aime sa vigne. À Achaz, roi particulièrement impie puisqu'il sacrifie son fils pour se concilier les faveurs des idoles étrangères, il prédit la naissance du Messie. Mais l'Histoire lui donne raison : la Samarie, le royaume frère du Nord, est écrasée en 722 par les troupes assyriennes, et Juda, gouvernée par Ézéchias, qui s'attaque aux sanctuaires païens, ne doit son salut qu'à la protection de Dieu sur Jérusalem, ville sacrée que le prophète promet à un avenir sans pareil. Isaïe, mort à une date inconnue, sera relayé par des prophètes qui, comme lui, ne cesseront d'avertir le peuple : Dieu, maître de l'univers, présent dans le Temple, ne peut donner sa confiance et sa protection que si l'on respecte ses règles et que l'on établit la justice.
Après les chapitres (1-39), nous trouvons, d'après l'exégèse moderne, le livre de la Consolation (40-55), daté de la fin du VIe siècle av. J.-C., encore appelé Deutéro-Isaïe (« deuxième » Isaïe). L'auteur (anonyme) fait partie de ces Israélites qui, dès 538, prennent le chemin du retour à Jérusalem, l'empereur perse Cyrus ayant mis fin à l'exil de Babylone. Malgré les difficultés, il ne cesse d'encourager, de combattre les pessimistes et les sceptiques qui ont tout abandonné pour rejoindre Dieu en Terre promise. Pour le Deutéro-Isaïe, cette période marque le commencement de la renaissance d'Israël, et Jérusalem lui inspire des oracles splendides. Les Chants du Serviteur (42, 49, 50, 52-53), qui constituent l'un des sommets de la Bible, sont également anonymes, comme le Deutéro-Isaïe, mais certains chercheurs en attribuent la paternité au même auteur. Ce dernier, en raison des difficultés de la réinstallation à Jérusalem, est ensuite victime d'une persécution, puis exécuté à l'issue d'un procès. Par ses oracles, il montre qu'il s'est sacrifié volontairement pour le salut de son peuple.
Enfin, les chapitres 56 à 66 du livre d'Isaïe, plus récents (IVe siècle), forment le Trito-Isaïe (« troisième » Isaïe) ; ils sont voués à la glorification de Jérusalem et s'achèvent sur un discours eschatologique (relatif à la fin des temps).
Les Évangiles laissent entendre que Jésus connaissait bien le livre d'Isaïe. Ainsi, à la synagogue de Nazareth, le jour du shabbat, il saisit ce livre et tombe sur le passage concernant l'oint de Dieu porteur de la « nouvelle »

aux hommes (61, 1-2) : « Aujourd'hui s'accomplit à vos oreilles ce passage de l'Écriture », dit-il (Lc 4, 16-22). Il a aussi répété plus d'une fois qu'il serait le « serviteur souffrant ». Les Chants du Serviteur sont ainsi une annonce de la Passion.

→ **Alliance, Exil, Jérusalem, Juda, prophète.**

Isha ☪

Isha est l'une des cinq prières (*salat*) quotidiennes de l'islam. Elle a lieu après la « tombée de la nuit » et constitue donc la dernière de la journée..

→ **Salat.**

Islam ☪

L'islam est, en arabe, la « soumission de plein gré à Dieu (Allah) », ou plutôt le fait de « s'en remettre à Dieu ». Il ne s'agit pas d'une dépendance servile à l'égard d'une puissance supérieure, mais de la confiance (origine du mot « foi ») totale mise en Dieu, le Créateur, le Miséricordieux. Le croyant est ainsi le *muslim* (musulman), celui qui « se confie », « se soumet ». Il forme avec ses coreligionnaires une communauté.

Né en Arabie, l'islam repose sur un Livre (écrit révélé par Dieu), le Coran, transmis à Mahomet (vers 570-632), Prophète et messager (*rassoul*) de Dieu, qui dut affronter le polythéisme pratiqué par les Arabes. Parallèlement existe la parole venant du Prophète, et contenue dans les *hadith* (ses paroles, actes et avis) et la *Sunna* (voie à suivre). Profondément humain, dans la mesure où la quête du bien agir est permanente, ainsi que celle de la pureté, obtenue notamment par les ablutions, l'islam est aussi régi par une loi sacrée, ou chariah. Concernant la pratique, il s'appuie sur « cinq piliers » : la *shahada* (profession de foi qui fait entrer dans l'islam), la *salat* (prières quotidiennes), la *zakat* (aumône), le jeûne (*saum*) de ramadan, le pèlerinage à La Mecque (*Hadjj*). Enfin, un calendrier établit les différentes fêtes majeures de l'islam, dont le Ramadan est sans doute la plus connue des Occidentaux.

Le contenu de la foi musulmane est l'unicité de Dieu, la croyance aux anges, tel Gabriel (Djibril), la révélation de Dieu au travers des Livres (Torah juive, évangiles chrétiens, Coran), la mission des prophètes, la perspective du Jugement dernier, et la prédestination (*al-qadar*), qui signifie que tout est su, prévu et voulu par Dieu.

L'islam désigne aussi l'ensemble des pays du monde où la religion musulmane s'est implantée. Les musulmans se répartissent entre deux courants principaux : le sunnisme (90 %) et le chiisme, auxquels s'ajoutent des groupes très minoritaires comme les kharidjites.

→ **Allah, chariah, Coran, hadith, musulman, Piliers (les Cinq), Sunna.**

Ismaël ✡ ☪

Ismaël (« Dieu écoute », Ismaïl en arabe) est l'ancêtre des Arabes, tandis que son frère Isaac est l'un des patriarches (grands ancêtres) d'Israël, et donc du monde juif.

L'histoire d'Ismaël est relatée dans la Genèse (16 à 21, 21), le premier livre de la Bible. Dieu a promis à Abraham une terre (Canaan) et une descendance. Mais sa femme Sara étant stérile, elle lui recommande de s'unir (il a quatre-vingt-six ans) à sa servante Agar afin d'avoir l'enfant tant désiré. Ainsi naît Ismaël. Or, Sara est rendue féconde par Dieu et accouche d'Isaac : elle convainc alors Abraham de chasser Agar et son fils pour que seul Isaac hérite de la terre promise par Dieu. La mère et l'enfant errent donc dans le désert, au sud de Canaan, avec le pain et l'eau donnés par Abraham. Bientôt, la soif les torture. Agar installe Ismaël sous un buisson, refusant de le voir mourir. Dieu, alerté par ses pleurs et ses cris, envoie un ange annoncer à la pauvre femme que son fils formera « une grande nation ». Elle voit alors un puits surgir, remplit une outre d'eau et tous deux s'abreuvent. « Dieu fut avec lui [Ismaël], il grandit et demeura au désert, et il devint un tireur d'arc. Il demeura au désert de Parân, et sa mère lui choisit une femme du pays d'Égypte », conclut la Genèse.

Le Coran, Livre sacré de l'islam, mentionne bien sûr Ismaël qui, avec Abraham, sont « les assises de la Maison [de Dieu] », énonce la 2e sourate (*La Vache*, 2, 127). Il est, comme son père et son frère Isaac, un des premiers hommes soumis à Dieu (sens du mot « musulman »). Il ne fait pas pour autant l'objet d'une préférence de la part de Dieu. Il est certes parmi les prophètes (envoyés de Dieu) et les justes (croyants exemplaires), mais Dieu les considère tous sur le même pied d'égalité. Enfin, Ismaël « ordonna à sa famille la prière et l'aumône » (*Marie*, 19, 55), deux des « piliers » de l'islam.

→ **Abraham, Agar, Genèse, Isaac, Piliers (les Cinq), prophète.**

Ismaéliens ☪

Les ismaéliens sont un des courants du chiisme. Comme tous les chiites, ils croient aux premiers imams, descendants du premier d'entre eux, Ali (mort en 661), gendre et cousin du Prophète Mahomet. Pour le chiisme, l'un de ces imams a été « caché » aux hommes, et, exerçant son pouvoir en secret, doit revenir sur Terre pour établir la justice de Dieu. Mais, à la différence des chiites duodécimains (« douzième »), pour qui cet imam est le douzième (disparu au IXe siècle), les ismaéliens sont guidés par le septième (Ismaël, VIIIe siècle), d'où leur nom de chiites septimainiens ou septimaius. Persécutés par les sunnites, longtemps extrémistes (*ghulat*), les ismaéliens sont toujours présents, mais sous une forme moins radicale. L'Agha Khan est considéré par certains d'entre eux comme leur 49e imam, car la succession ne s'est jamais interrompue.

→ **Ali, chiisme, duodécimain, imam.**

Isra ☪

Isra est le « voyage nocturne » du Prophète Mahomet. D'après des traditions, l'ange Gabriel le guide depuis la Kaaba (sanctuaire) de La Mecque jusqu'à l'esplanade de Jérusalem, où se dressait autrefois le Temple. Selon une légende, non authentifiée par la tradition musulmane, il aurait monté un cheval fabuleux (*Bouraq*) pour accéder au ciel, ascension (*miraj*) lui permettant de rencontrer la *sakina* (présence divine). Après avoir prié tous les prophètes qui l'ont précédé, il subit l'ascension aux cieux (*el mi'ra'j*), puis il rejoint la Kaaba sur sa monture. La date de cet événement est plus qu'imprécise. Certains musulmans le célèbrent parfois le 27 du mois de rajab.

La 17e sourate (chapitre) du Coran est intitulée justement *Le Voyage nocturne. al-Isra* désigne en fait la première partie du périple, de La Mecque à Jérusalem (17, 1). Le Temple est « la mosquée très éloignée ». La sourate se penche sur la nature de l'homme, « toujours pressé », jugement d'une grande modernité... Nous y trouvons aussi les thèmes majeurs de l'islam, si fréquents dans le Coran (paradis et enfer, croyance et incrédulité, justice et charité, piété, et vigilance envers les démons...). Dans le verset 15, il est précisé que Dieu ne châtie pas un peuple tant que celui-ci n'a pas reçu un prophète (messager). Les non-croyants (non-musulmans) qui n'en sont pas avertis ne sont pas concernés par le châtiment.

→ **Kaaba, miraj, sakina, Temple.**

Israël ✡ ✝ ☪

Pour le judaïsme, le christianisme et l'islam, le premier homme à croire au Dieu unique est Abraham, considéré comme le père des croyants. Il est ainsi le premier des grands ancêtres (patriarches) d'Israël, l'un des plus vieux pays du monde. Tout ce qui concerne l'antique Israël et sa religion (judaïsme) est contenu dans la Bible. La première constatation qui vient à l'esprit, devant cette histoire trois fois millénaire, est la permanence et la force inouïe du Dieu d'Israël, Yahvé, qui, émergeant parmi les autres divinités, a fini par être l'affirmation du monothéisme absolu, dont les chrétiens et musulmans sont les héritiers.

Dans le premier livre de la Bible, la Genèse, Dieu promet à Abraham une descendance et lui offre une terre (Canaan) ; ces événements, selon les historiens, se situent au début du IIe millénaire av. J.-C. Ainsi naissent les deux fils d'Abraham, Ismaël (ancêtre des Arabes), et Isaac à qui est transmise la promesse selon laquelle il sera à l'origine d'un grand peuple. Isaac conçoit Jacob, qui reçoit sa bénédiction, laquelle le fait son héritier aux yeux de Dieu. Un jour, Jacob se bat avec un ange mystérieux qui le blesse à la hanche sans pour autant le terrasser, puis lui donne le nom d'« Israël » (« fort contre Dieu »). De Jacob naissent douze fils, dont Joseph, qui s'installent en Égypte où leur descendance prospère pendant quatre cents ans, en formant douze tribus. Ce sont les Hébreux. Mais un pharaon les réduit en esclavage, et ils ne doivent leur libération qu'à l'un des leurs, Moïse, à qui Dieu a confié cette mission. Commence alors l'Exode, errance de quarante ans dans le désert, où Dieu noue une Alliance avec les Hébreux, qui deviennent le Peuple élu. En contrepartie, ils doivent obéir à la Torah (loi) qu'il a transmise à Moïse, et dont le Décalogue est le cœur. Après la mort de Moïse, les Hébreux ont pour chef l'un de ses proches, Josué (nommé par Dieu), et les douze tribus s'installent en Terre promise. Suit une période d'incertitude qui dure environ deux siècles, pendant laquelle les tribus subissent des invasions dont les débarrassent les Juges de la Bible (héros d'exploits épiques à signification religieuse). Enfin, vers 1050 av. J.-C., elles se rassemblent autour d'un pouvoir fort : la monarchie. Au premier roi, Saül, succède le plus grand qu'ait connu Israël, David (1010-970) ; à Salomon, son fils (970-931), revient de bâtir le premier Temple de Jérusalem, la capitale du royaume. Mais en 931, un schisme scinde celui-ci en deux nations, qui vont suivre des destins à la fois parallèles et liés : au nord la Samarie, où s'installent dix des douze tribus ; au sud Juda, occupé par les deux autres, dont celle de David (Juda), et avec Jérusalem pour capitale.

Qu'en est-il de la religion ? Elle est défendue par les prophètes, qui exhortent rois et Israélites à ne pas céder aux baals, dieux étrangers, et à retourner vers Dieu. De fait, la Samarie tombe en 722 sous les coups de l'Assyrie, et ses habitants sont exilés. En 587, c'est au tour de Juda d'être conquis, par Babylone cette fois, qui ravage le pays et exile elle aussi la population. L'empire de Babylone est ensuite soumis par le Perse Cyrus qui, en 538, permet à tous les exilés de retrouver leur patrie. Jérusalem et le Temple sont rebâtis, mais avec difficulté, et la voix des guides que furent les prophètes s'est tue. En 331, le Grec Alexandre le Grand s'empare du Proche-Orient. À sa mort (323), son empire est partagé entre deux branches : les Lagides d'Égypte et les Séleucides d'Antioche, ces derniers finissant par l'emporter (198). Le roi séleucide Antiochus IV Épiphane (175-163) profane le Temple, motivant la révolte juive des Maccabées qui restaure une certaine indépendance en Judée. Mais les Romains, déjà présents dans la région, chassent les juifs du pouvoir en 63. En 40, Hérode le Grand monte sur le trône. C'est durant ce Ier siècle précédant l'ère chrétienne qu'ont été rédigés les derniers textes de la Bible. Au siècle suivant, Jésus entamera son ministère.

Les juifs sont alors répartis en Palestine et dans la diaspora (« dispersion » à l'étranger). Celle-ci s'accroîtra avec la destruction par les Romains de Jérusalem et du Temple en 70 apr. J.-C. Puis, des sages vont donner naissance aux deux sources fondamentales du judaïsme : la Michnah, née de commentaires oraux de la Torah (la Loi divine), et à sa suite les deux Talmud. Le monde juif de la diaspora ne cessera d'espérer son retour (*aliya*, « monter ») vers la terre de ses ancêtres (Erets Israël). Après bien des vicissitudes et persécutions, telles les croisades chrétiennes par exemple, ce souhait se fait plus ardent avec l'émergence du sionisme, à la fin du XIXe siècle. Mais il faut attendre la Shoah (1942-1945), extermination des juifs par les nazis, pour que les consciences occidentales se réveillent. En 1948, l'ONU décrète la fondation de l'État d'Israël. Les survivants de la Shoah y affluent, mais ils y trouvent le peuple palestinien, qui revendique aussi la légitimité d'un territoire occupé depuis des siècles. Le conflit est malheureusement toujours d'actualité.

Israélites ✡

Le nom d'« Israélites » est attribué aux habitants du royaume Israël, depuis la conquête de la Terre promise par Josué (vers 1200 av. J.-C.) jusqu'au retour de l'Exil (à partir de -538). Il ne doit pas être confondu avec « Israéliens », habitants de l'actuel État d'Israël.

→ **Exil, Israël, Josué.**

Iyyar ✡

Iyyar (avril-mai) est le huitième mois du calendrier religieux juif et le deuxième mois du calendrier civil. Nom cananéen, traduit par « splendeur » dans le Talmud (prolongement de la Michnah), il apparaît dans le premier livre des Rois (6, 37), à propos du Temple de Salomon : « En la quatrième année, au mois de ziv [iyyar], les fondations du Temple furent posées. » En raison de ce sens, ce mois est celui de la « splendeur des fleurs ». Durant iyyar se déroule le Lag ba-Omer (le 18), 33e des 49 jours du Omer, période de tristesse et de recueillement à laquelle met fin Chavouot (Pentecôte). Le 5 est fêtée l'indépendance d'Israël.

→ **Chavouot, Omer, Salomon, Talmud, Temple.**

J

Jacob ✡ ✝ ☪

Le livre de la Genèse (25-34) développe largement la vie de Jacob, troisième patriarche, très souvent cité par les prophètes. Rébecca, épouse d'Isaac, accouche de deux jumeaux : « Le premier sortit : il était roux et tout entier comme un manteau de poils ; on l'appela Ésaü. Ensuite sortit son frère et sa main tenait le talon d'Ésaü ; on l'appela Jacob. Isaac avait soixante ans à leur naissance » (25, 25-26). Ce talon (*aqev* en hébreu) aurait donné le nom Ya'aqov (Jacob), ou bien celui-ci signifierait simplement « que Dieu protège », en raison du destin exceptionnel de ce patriarche. Les deux enfants se battent déjà dans le ventre de Rébecca. L'aîné, Ésaü, qui par ce statut a droit à l'héritage (la promesse de Yahvé d'un grand pays), « devint un habile chasseur, courant la steppe ; Jacob était un homme tranquille, demeurant sous les tentes [agriculteur au sud de Canaan]. Isaac préférait Ésaü car le gibier était à son goût, mais Rébecca préférait Jacob [de même que Dieu]. » Mais Jacob, profitant de la mauvaise vue de son père, vole à Ésaü ce droit d'aînesse, contre un plat de lentilles, selon une version, grâce à un subterfuge de Rébecca, d'après une autre. Au final, Isaac le bénit. Ésaü cherche alors à se venger, forçant Jacob à s'enfuir à Harân, en Mésopotamie. Une nuit, celui-ci voit Dieu en rêve, qui l'assure de sa protection et lui dit : « La terre sur laquelle tu es couché [Canaan], je la donne à toi et à ta descendance. » Pour célébrer ce songe, Jacob érige une stèle et donne au lieu le nom de Béthel (« maison de Dieu ») – futur grand sanctuaire d'Israël. Arrivé chez Laban, un parent, il tombe amoureux de la fille cadette de celui-ci, Rachel, aperçue penchée sur la margelle d'un puits. Mais, respectant la coutume, il épouse d'abord l'aînée, Léa, puis la cadette, toutes deux lui offrant aussi de s'unir à leur servante. Ainsi, Léa lui donne six fils (Ruben, Siméon, Lévi, Juda, Issachar et Zabulon) et une fille (Dina), et sa servante Zilpa deux fils (Gad et Asher).

Rachel, un temps rendue stérile par Dieu, conçoit Joseph, et sa servante Bilha deux fils (Dan et Nephtali). Jacob, désormais riche éleveur, décide de rentrer en Canaan et de mettre un terme à la querelle qui l'oppose à son frère Ésaü. En chemin, il s'écarte de sa famille et de ses troupeaux, et s'arrête pour la nuit. Soudain « quelqu'un [Dieu] lutta avec lui jusqu'au lever de l'aurore », le blessant à la hanche sans pour autant le maîtriser. Jacob est alors appelé d'un autre nom : Israël (qui se résume par « fort contre Dieu »). Il retrouve les siens, puis se sépare d'Ésaü après avoir partagé les terres avec lui. Une dernière épreuve l'attend : Rachel, l'épouse qu'il aime, meurt à Éphrata (Bethléem) en donnant naissance à Benjamin. Après l'aventure de Joseph en Égypte, Jacob le rejoint dans ce pays, et, au crépuscule de sa vie, bénit ses douze fils, d'où naîtront les douze tribus d'Israël. Il se fait enterrer « près de mes pères, dans la grotte qui est dans le champ d'Éphrôn le Hittite, dans la grotte du champ de Makpéla [Hébron], en face de Mambré, au pays de Canaan » (Gn 49, 29-33).

La rivalité qui opposa Ésaü et Jacob symbolise celle, ancestrale, entre Israël et son voisin, le pays d'Édom. Ce dernier royaume serait ainsi issu d'Ésaü, né « roux » (*admoni* en hébreu). Le prophète Osée (vers 750 av. J.-C.) s'en fit l'écho, ce qui suppose que cette tradition était très ancienne : « Dès le sein maternel il supplanta son frère, dans sa vigueur il fut fort contre Dieu » (12, 4).

La figure prestigieuse de Jacob est bien entendu reprise par les évangiles du Nouveau Testament. Jean (4, 1-42) situe la rencontre de Jésus et d'une Samaritaine « à Sychar, près de la terre que Jacob avait donnée à son fils Joseph. Là se trouvait le puits de Jacob. » Matthieu place Jacob parmi les ancêtres de Jésus (1, 2), qui déclare, en saluant la foi exemplaire d'un centurion romain : « Beaucoup viendront du levant et du couchant prendre place au festin avec Abraham, Isaac et Jacob dans le Royaume des Cieux » (8, 5-13). À propos de la résurrection des morts, Marc (12, 18-27) rapporte, comme Matthieu et Luc, ces propos de Jésus : « Quant au fait que les morts ressuscitent, n'avez-vous pas lu dans le Livre de Moïse, au passage du Buisson, comment Dieu lui a dit : Je suis le Dieu d'Abraham, le Dieu d'Isaac et le Dieu de Jacob ? Il n'est pas un Dieu de morts, mais de vivants. Vous êtes grandement dans l'erreur ! » Enfin, chez Luc, qui situe aussi Jacob dans la généalogie de Jésus, l'ange Gabriel, au cours de l'Annonciation à Marie, a ces paroles : « Il [Jésus] régnera sur la maison de Jacob pour les siècles et son règne n'aura pas de fin. »

Dans le Coran, Jacob (Yacoub, appelé aussi Israël) était, comme les autres patriarches, un prophète et un juste de la vraie « Religion », le judaïsme et le christianisme n'ayant fait que s'attribuer sa figure prestigieuse. Il le dit à ses fils quand il est proche de la mort : « Qu'allez-vous adorer après moi ? Ils dirent : Nous adorons ton Dieu, le Dieu de tes pères : Abraham, Ismaël et Isaac – Dieu unique ! – et nous nous soumettons à lui » (*La Vache*, 2, 132). Dieu n'accorde pas de préférence à tel ou tel prophète. Jacob, comme Jésus et d'autres, fut « inspiré » par Dieu (*Les Femmes*, 4, 163) et dirigé par lui. La sourate 12, consacrée à son fils Joseph, l'évoque évidemment à de nombreuses reprises. Enfin, concernant Jésus, la sourate 19 (*Marie*) rapporte, à propos de Jean le Baptiste : « Il [Zacharie] héritera de moi ; il héritera de la famille de Jacob » (6).

→ Abraham, Genèse, Isaac, Ismaël, Israël, Jésus, Joseph, Moïse, Rachel, Rébecca.

Jacobites †

Les jacobites forment, en Syrie, une Église monophysite (qui prône une seule nature (*physis*) chez le Christ) et indépendante dont le patriarche siège à Damas – il existe aussi une obédience jacobite en Inde. Ce nom, peu apprécié des adeptes eux-mêmes, vient de Jacques Baradée (vers 500-578) qui, réagissant contre les décisions du concile de Chalcédoine condamnant le monophysisme, fonda ses propres instances, dont est aussi issue l'Église copte (d'Égypte et d'Éthiopie).

→ Coptes, jacquet, orthodoxe.

Jacques, épître de †

L'Épître de Jacques est la première des épîtres catholiques du Nouveau Testament. Les chercheurs pensent qu'elle était adressée aux juifs convertis, « aux douze tribus de la Dispersion » de l'Empire romain, comme le dit d'emblée l'auteur, et particulièrement à l'Église de Jérusalem. Celui-ci appelle à l'utilisation spirituelle de l'épreuve, à la mise en pratique de la Parole de Dieu, au respect des pauvres, à la charité, indissociable de la foi, qui se manifeste en actes (les œuvres), à la tempérance et à la sagesse, à la paix et à la patience. Autant de qualités menant à la condition de « bienheureux » (reprise du discours sur la Montagne de Jésus), dans l'attente de « l'Avènement du Seigneur » et du Jugement dernier. « Celui qui ramène un pécheur de son égarement sauvera son âme de la mort et couvrira une multitude de péchés », conclut-il.

On attribue en général cette épître à Jacques le Mineur (Jacques le Majeur étant le frère de Jean), l'une des « colonnes » de l'Église selon saint Paul (Galates 2, 9). Ce « frère de Jésus » remplace Pierre à la tête de la communauté de Jérusalem, et participe activement au concile de Jérusalem. Puis, pour l'historien juif Flavius Josèphe, il aurait subi le martyre en 62, par lapidation. On s'interroge encore pour savoir si Jésus avait effectivement des frères et des sœurs, liens de parenté évoqués plusieurs fois dans le Nouveau Testament. Les protestants adhèrent à cette thèse, tandis que catholiques et orthodoxes la réfutent, s'appuyant entre autres sur l'impossibilité pour l'araméen (langue de Jésus et de l'évangile de Marc) de distinguer entre frères, amis ou cousins, relations toutes rendues par le même mot *ach*.

Il existe aussi des ouvrages gnostiques portant le nom de Jacques, « frère du Seigneur » (une apocalypse et un « livre secret »). Le livre apocryphe (non retenu dans le Nouveau Testament) *Protévangile de Jacques* (datant sans doute du IIe siècle) – où l'auteur se dit le « frère » de Jésus – rapporte, quant à lui, la vie de Marie et l'enfance de Jésus. Il a beaucoup contribué à la naissance du culte de Marie.

→ **Épîtres, Jacques le Majeur, Jude (épître de), Montagne (discours sur la).**

Jacques le Majeur †

Jacques le Majeur, appelé ainsi pour le distinguer de Jacques le Mineur, devenu apôtre après lui, est « fils de Zébédée », avec son frère Jean, l'apôtre et l'évangéliste. De fait, tous deux sont appelés par Jésus juste après Pierre et André, et forment avec ces derniers le groupe des quatre premiers disciples, les plus proches du maître et les quatre premiers cités dans les évangiles. Jacques est ainsi présent à ces moments clés du ministère de Jésus : résurrection de la fille de Jaïre, Transfiguration, jardin des Oliviers. À Jésus, selon Marc (10, 35-40), les deux frères demandent s'ils pourront « siéger, l'un à [sa] droite et l'autre à [sa] gauche, dans [sa] gloire. Jésus leur dit : "Vous ne savez pas ce que vous demandez. Pouvez-vous boire la coupe que je vais boire et être baptisés du baptême dont je vais être baptisé ?" Ils lui dirent : "Nous le pouvons." Jésus leur dit : "La coupe que je vais boire, vous la boirez, et le baptême dont je vais être baptisé, vous en

serez baptisés ; quant à siéger à ma droite ou à ma gauche, il ne m'appartient pas de l'accorder, mais c'est pour ceux à qui cela a été destiné." » La tradition rapporte que la plupart des apôtres subiront le martyre.
Dans les Actes des Apôtres, en effet, Jacques périt en 44, « par le glaive » et sur ordre d'Hérode Antipas. D'après une tradition qui ne remonte qu'au VIIIe siècle, il aurait auparavant évangélisé l'Espagne, puis serait revenu en Palestine où, une fois mort, ses disciples auraient enlevé son corps, le transportant jusqu'en Galice ; à partir du Xe siècle, sa tombe (présumée), découverte au siècle précédent, est l'objet de l'important pèlerinage de Saint-Jacques-de-Compostelle. Chaque année, des dizaines de milliers de pèlerins (ou « jacquets ») se rendent sur ces lieux, en empruntant les nombreux *caminos* (« chemins ») qui partent des divers pays d'Europe.

→ **Apôtre, disciple, Hérode, pèlerin, transfiguration.**

Jacquet †

Ce nom est donné aux pèlerins qui, depuis le Xe siècle, sillonnent la France pour se rendre à Saint-Jacques-de-Compostelle, aux confins de la Galice (Espagne), et se recueillir sur la tombe (supposée) de Jacques le Majeur, apôtre de Jésus et frère de saint Jean. Ils ne doivent pas être confondus avec les coquillards (ou coquillarts), célèbres et redoutables bandits de la France du XVe siècle, qui reprirent aussi le thème de la coquille Saint-Jacques – le grand poète François Villon en fit peut-être partie. Le nom de ce mollusque vient de la légende selon laquelle saint Jacques aurait sauvé, à Compostelle, un jeune homme en train de se noyer en le couvrant de coquilles pour qu'il puisse remonter à la surface. La coquille, emblème de Jacques et symbole de dévotion, orna ainsi à partir du XIIe siècle les attributs vestimentaires caractéristiques des jacquets : le chapeau à large revers (*galerus*), la besace, le bourdon (bâton robuste), la pèlerine. Les pèlerins d'aujourd'hui reprennent encore parfois certains de ces signes distinctifs.

→ **Jacques le Majeur, pèlerin.**

Jafarites ☪

Les jafarites sont les tenants de la Jafariya, l'école juridique du chiisme (une des deux familles de l'islam ; l'autre famille, le sunnisme, très majoritaire, se réfère à ses propres écoles, au nombre de quatre). Elle porte le nom de son fondateur, Jaafar as-Sadiq (699-765), considéré comme le sixième des douze grands imams (VIIe-IXe siècles) reconnus par les duodécimains (« douzième »), qui forment le courant principal du chiisme, ou des sept premiers vénérés par les ismaéliens, ou septimainiens (« septième »). Les imams sont les descendants et successeurs d'Ali, le gendre et cousin du Prophète, dont les chiites en général se réclament les partisans. On doit à Jaafar d'avoir posé les jalons législatifs de l'islam, non seulement pour le chiisme, mais aussi pour le sunnisme, en étant le maître des fondateurs de deux des écoles juridiques, le malékisme (de Malik ibn Anas) et l'hanaféisme (d'Abou Hanifa).

→ **Chiisme, duodécimain, hanaféisme, imam, ismaéliens, malékisme, sunnisme.**

Janissaire ☪

Les janissaires formèrent la « nouvelle troupe » (*Yani Cheri*), fantassins d'élite de l'Empire ottoman où s'illustrait la cavalerie. Ils ont laissé dans les mémoires le souvenir de guerriers redoutables, cruels et impitoyables. La création de ce corps, motivée par la guerre contre les Byzantins, remonte au sultan Murat Ier (1362-1389) et consista à enrôler des prisonniers de guerre puis des enfants chrétiens des Balkans (levées appelées *devchirmé*), qui étaient islamisés et formés. Les principes à l'origine de la fondation de cette troupe redoutée, comme le célibat délaissé au profit d'une vraie caste héréditaire, finissent par s'effriter en même temps que sa valeur militaire. Au XVIIe siècle, des réformes dans le recrutement, notamment celui de musulmans, et l'abandon du *devchirmé* entraînent le recul des janissaires, mais, grâce à leur proximité avec les milieux très religieux, leur influence persiste jusqu'au XVIIIe siècle, certains d'entre eux occupant des postes élevés, au point qu'ils peuvent décider du sort, voire de la vie, des sultans. Durant ces deux siècles, ils mènent plusieurs rébellions pour signifier leur refus de tout changement. En 1826, une ultime révolte aboutit à leur massacre, ordonné par le sultan Mahmoud II (1808-1839), qui crée une armée répondant aux critères de son temps.

→ **Ottomans, sultan.**

Jansénisme †

Le concile de Trente (1545-1563), ou Contre-Réforme, a évité d'aborder un certain nombre de points délicats et sujets de discorde avec la Réforme protestante, dont celui de la grâce, déjà évoqué par saint Augustin (354-430). Mais en Hollande, l'évêque Jansénius (1585-1638) affirme que l'homme, marqué du péché originel dès sa naissance, est prédestiné par Dieu, qui accorderait sa miséricorde aux uns et punirait les autres. Après sa mort, son ouvrage *Augustinus* (1640) provoque un tollé. En France, l'abbaye cistercienne de Port-Royal-des-Champs (dans l'actuel département des Yvelines), qui possède une antenne à Paris, devient le foyer majeur des théories très strictes de Jansénius, et bénéficie du soutien de grands personnages, comme Robert Arnauld d'Andilly, frère aîné de mère Angélique, supérieure de l'abbaye, l'abbé de Saint-Cyran, confesseur de celle-ci depuis 1633 et ami de Jansénius, et surtout Blaise Pascal. L'indépendance à l'égard du pouvoir royal et ecclésiastique de ces « jansénistes » conduit Louis XIV à imposer en 1657 une condamnation des thèses attribuées à Jansénius, que les sœurs de l'abbaye de Port-Royal à Paris refusent en majorité de signer (1664). Ces dernières rejoignent alors la maison mère, ou bien restent à Paris et sont placées sous l'autorité des visitandines. Après une série de répressions, les religieuses sont dispersées en 1709 ; Port-Royal-des-Champs est détruite deux ans plus tard. Le jansénisme ne survivra pas à la Révolution, mais aura marqué de son empreinte les tendances rigoristes du catholicisme français.

→ **Abbaye, cisterciens, Contre-Réforme, grâce, Réforme.**

Jean †

Jean est, avec Jacques le Majeur, l'un des fils de Zébédée, pêcheur plutôt aisé de Bethsaïde, sur le lac de Tibériade. D'après l'évangéliste Marc, Jésus, lorsqu'il institue le groupe des douze apôtres, leur donne « le nom de Boanergès, c'est-à-dire fils du tonnerre » (3, 17). Dans l'évangile qui porte son nom, Jean se présente comme « le disciple que Jésus aimait », sous-entendant ainsi des liens étroits. Jean est en effet l'un des quatre apôtres les plus proches de Jésus, avec Jacques, Pierre et son frère André, appelés juste avant eux. D'abord disciples de Jean le Baptiste, ces jeunes pêcheurs suivent Jésus qui, depuis la rive du lac, les a appelés à devenir « pêcheurs d'hommes ». À en juger par sa présence fréquente dans les récits évangéliques, souvent associé à Pierre, il a certainement joué un rôle important durant le ministère de Jésus. Nous le trouvons présent lors de miracles, de la Transfiguration, au jardin des Oliviers, après la Résurrection, autant de moments essentiels. Selon l'évangile qui porte son nom, Jésus lui désigne le traître Judas lors de la Cène (13, 26) ; Jean est également présent à la crucifixion, où Jésus lui confie sa mère Marie (14, 31-37) ; avec Pierre, il est le premier à constater que Jésus n'est plus dans son tombeau (20, 1-10) ; mais il est le seul à montrer que Marie de Magdala, une femme, est le premier témoin de la Résurrection (20, 11-18). Enfin, Matthieu rapporte que Salomé, mère de Jean et fidèle disciple de Jésus, était aussi présente au Golgotha (lieu de la crucifixion) ; ce que confirme Marc, qui la compte parmi les femmes venues embaumer le corps de Jésus avec des aromates, le surlendemain de la crucifixion. Contrairement à la plupart des autres apôtres, Jean ne serait pas mort martyr. Il serait parti en Asie Mineure, pour Éphèse (en Turquie), puis aurait été exilé à Patmos (Grèce), avant de revenir à Éphèse, où il aurait fini ses jours sous le règne de Trajan (98-117), empereur de Rome.

Les ouvrages attribués à Jean continuent d'alimenter les débats, certains chercheurs essayant toujours de lui en retirer la paternité, d'autres tentant de la confirmer. Quoi qu'il en soit, l'évangile de Jean est un texte d'une beauté envoûtante, secrète, et d'une grande spiritualité, à l'image de ses premiers mots, célèbres : « Au commencement était le Verbe et le Verbe était avec Dieu et le Verbe était Dieu. » Il se distingue des trois synoptiques (les évangiles de Matthieu, de Marc et de Luc) par son contenu plus théologique. Il raconte le premier miracle à Cana, l'essentiel de l'action de Jésus, fait le récit d'autres miracles se situant en Judée et à Jérusalem ; puis le dernier repas, avant lequel Jésus lave les pieds de ses disciples, par humilité, et au cours duquel il leur fait ses adieux. L'ensemble s'achève sur ces mots, qui donnent à réfléchir : « Il y a encore bien d'autres choses qu'a faites Jésus. Si on les mettait par écrit une à une, je pense que le monde lui-même ne suffirait pas à contenir les livres qu'on en écrirait. »

Jean s'est également vu attribuer trois des épîtres catholiques, et l'Apocalypse, dernier livre du Nouveau Testament. La première de ces épîtres prend l'allure d'un programme à suivre afin d'être « en communion » avec Dieu : Dieu est la Lumière dans laquelle il faut marcher, le Père dont il faut être l'enfant, tout en surveillant les « antichrist », pratiquant la charité et recherchant les profondeurs de la foi. Les deux autres épîtres, très courtes, se présentent comme de vraies lettres adressées par un « ancien », chef d'une communauté.

Enfin, parmi les écrits apocryphes (non reconnus par le canon de l'Église), figurent les Actes de Jean (du IIe siècle), très bel ensemble relatant le travail et la mort de l'apôtre en Asie Mineure.

→ **Cène, crucifixion, épîtres, évangiles, miracle, transfiguration, Verbe.**

Jean le Baptiste †☪

La naissance miraculeuse de Jean, cousin et précurseur de Jésus, est annoncée par l'évangéliste Luc dans l'évangile de l'Enfance (1, 6-25) : Zacharie, prêtre du Temple, et son épouse Élisabeth, tous deux âgés, n'ont pas d'enfant car celle-ci est stérile – une malédiction dans la Bible, où la stérilité touche uniquement les femmes ! Un jour, il est désigné pour une tâche émérite et unique dans la vie d'un prêtre : brûler l'encens à l'entrée du Saint des Saints du Temple. Soudain, l'ange Gabriel lui apparaît et lui annonce la naissance d'un fils : « Tu l'appelleras du nom de Jean ». Un fils qui « sera grand devant le Seigneur ; il ne boira ni vin ni boisson forte ; il sera rempli d'Esprit saint dès le sein de sa mère » ; « Il marchera devant lui avec l'esprit et la puissance d'Élie, pour ramener le cœur des pères vers les enfants et les rebelles à la prudence des justes, préparant au Seigneur un peuple bien disposé. » Jean doit préparer la venue du Messie, en l'occurrence Jésus. Jean vient au monde et Luc résume ainsi ses premières années : « L'enfant grandissait et son esprit se fortifiait. Et il demeurait dans les déserts jusqu'au jour de sa manifestation à Israël » (1, 80). Jésus naît six mois après Jean.

Jean le Baptiste vit en ascète dans le désert. Il baptise alors dans le Jourdain, appelant à la pénitence. Ce rite marque la conversion des cœurs, dans la perspective de l'arrivée imminente du Messie et du Jugement qui concernera vivants et morts. Jean est un *nazir*, un « voué à Dieu », pendant une période (voire définitivement) durant laquelle, selon la Bible, celui-ci devait se garder de rentrer en contact avec tout ce qui était impur, dont les aliments, et éviter de boire des préparations fermentées, et bien sûr du vin. On trouve d'autres grands *nazirs* bibliques, comme Samson. Pour Marc, il est « vêtu d'une peau de chameau [maintenue à la taille par une ceinture de cuir] et mangeait des sauterelles et du miel sauvage » (1, 6). Cette description correspond aux tenues des prophètes d'Israël, et plus particulièrement à celle d'Élie (IXe siècle av. J.-C.), précisée dans le premier livre des Rois (1, 8). Élie ayant été enlevé au ciel par un char et des chevaux de feu, qui l'emmenèrent rejoindre Dieu, selon le second livre des Rois (2, 11), le judaïsme espérait en son retour, qui devait intervenir au jour du Jugement. « Voici que je vais vous envoyer Élie le prophète, avant que n'arrive le Jour de Yahvé, grand et redoutable », a par exemple écrit le prophète Malachie (3, 23), vers 500 av. J.-C. Jean le Baptiste fut ainsi considéré par les contemporains de Jésus comme le nouvel Élie.

La proximité géographique des esséniens de Qumrân, qui utilisaient aussi l'eau pour une sorte de baptême, ont fait penser que Jean aurait pu faire partie de cette secte, théorie à l'origine d'une polémique toujours vivace, car elle suppose aussi que Jésus aurait pu être essénien. On s'accorde en revanche à reconnaître que Jésus fut d'abord un disciple de Jean, qui a annoncé sa venue : « Pour moi, je vous baptise avec de l'eau, mais vient le plus fort que moi, et je ne suis pas digne de délier la courroie de ses sandales ; lui vous baptisera [aussi et surtout] dans l'Esprit saint et le feu », rapporte Luc (3, 16-17). C'est parmi les disciples de Jean le Baptiste que Jésus recrute ses quatre premiers fidèles : Jean et Jacques, Pierre et André. Puis le Baptiste est arrêté par Hérode Antipas, et Jésus entame son propre ministère. Marc (6, 17-29) et Matthieu (14, 3-12), relayés plus tard par l'historien juif Flavius Josèphe dans ses *Antiquités juives*, relatent la suite de cette arrestation. Antipas a épousé Hérodiade, la femme de son frère Philippe, une étrangère (Nabatéenne). Jean, déjà remarqué pour son attitude entière, dénonce cette union et le clame. Il est enfermé, sans doute dans la forteresse de Machéronte (non loin de la mer Morte), puis décapité en 29 ou 30. Conformément à sa promesse, Antipas donne ensuite sa tête à la fille d'Hérodiade, sur un plateau – Richard Strauss a tiré de cet épisode l'opéra *Salomé*. Jésus, mis au courant, en est affecté, d'autant que, depuis sa prison, Jean lui a fait savoir qu'il commençait à douter de sa mission de Messie. Car l'influence de Jean reste grande, et semble avoir continué après la crucifixion de Jésus, quelques mois plus tard. Dans les Actes des Apôtres (19, 1-7), Paul s'entretiendra avec quelques-uns de ses disciples à Éphèse (Turquie), vers l'an 50.

Les musulmans rangent Jean (Yahya) parmi les prophètes. Dans le Coran, Zacharie (Zakariya), son père, adresse à Dieu une prière exemplaire, comme le stipule la sourate *Les Prophètes* (21, 89-90). La sourate 19, *Marie* (2-15), rapporte cette invocation, le silence de trois jours dont est frappé Zacharie (comme dans Luc, qui prolonge ce temps), et la naissance de Jean, qui reçoit Sagesse, tendresse et pureté. Éléments repris dans la sourate 3 (35-41), *La Famille d'Imran*, où Marie, fille d'Imran, est confiée à

Zacharie, récit conforme aux livres apocryphes sur Marie ; Jean « déclarera véridique un Verbe émanant de Dieu ». Jean et Zacharie font partie des justes, avec Élie et Jésus, dit la sourate *Les Troupeaux* (6, 85).

→ **Ascèse, baptême, Enfance (évangiles de l'), esséniens, Hérode, Imran, Sagesse de Dieu, Saint des Saints, Verbe.**

Jéhovah ✡ ✝ ☪

Le nom « Jéhovah » est une pure invention linguistique (un barbarisme). En effet, à partir du IIIe siècle av. J.-C. environ, pour éviter d'avoir à prononcer le très sacré « Yahvé », nom de Dieu issu du tétragramme YHWH, il fut décidé de le remplacer par Adonaï (« mon Seigneur »), et aussi par Élohim (« Dieu »). Les copistes ultérieurs, pour signifier qu'il fallait désormais lire « Adonaï », notèrent les voyelles de ce nom sous le YHWH, soit, en hébreu, E (pour le A), O et A, qui furent interprétées comme « jé-ho-vah ». De cette erreur de lecture est donc né le mot « Jéhovah », repris par un mouvement souvent jugé sectaire, les « témoins de Jéhovah », apparu dès 1831 aux États-Unis. Ces derniers représentent un courant des adventistes millénaristes ; ils rejettent la Trinité, Noël, interdisent les transfusions et la consommation de sang (résidence de l'âme), prônent la Création telle qu'elle est racontée dans la Genèse...

→ **Adonaï, Élohim, millénarisme, sang, Trinité YHWH.**

Jérémie ✡

Jérémie (en hébreu Yirmeyahou), seul prophète, avec Osée, sur lequel nous possédons des informations très biographiques, a laissé un livre d'une puissance extraordinaire. Sa sensibilité extrême, sa foi, qui lui procure une force morale hors du commun, sa mission, de laquelle il ne déviera jamais pendant les trente années précédant l'Exil, tout cela en fait l'un des personnages les plus fascinants et attachants de la Bible. Originaire d'Anatot, au nord-est de Jérusalem, il est appelé à devenir prophète vers 627 av. J.-C., au temps de Josias (640-609), roi de Juda. Il écrit : « Avant même de te former au ventre maternel, je [Dieu] t'ai connu » (1, 5) – au sens religieux du mot « connaissance ». Jérémie n'aura de cesse d'intervenir auprès des souverains, et son destin va se fondre dans celui d'Israël...

À Joiaqim (609-598), successeur de Josias, mis en place par les Égyptiens qui contrôlent Juda, il reproche sa politique étrangère, l'iniquité de son pouvoir, et sa faiblesse devant les idoles tandis qu'il va hypocritement célébrer Yahvé. Il brise devant lui une cruche, afin de montrer le châtiment que Dieu réserve à son peuple infidèle : « Je vais briser ce peuple et cette ville comme on brise le vase du potier, qui ne peut plus être réparé » (19, 11). Jérusalem et les Judéens risquant la ruine, le prophète est vivement condamné, échappe de peu à une tentative de meurtre, puis est mis au carcan, mais poursuit cependant ses oracles défavorables au monarque et à son royaume. Excédé, Joiaqim fait brûler les rouleaux contenant ces oracles : mais ceux-ci ont été consignés par Baruch, secrétaire de Jérémie, qui les reconstitue aussitôt, sous la dictée de Jérémie, qui parvient à s'enfuir avant d'être arrêté. Mais en 597, sous le roi Joiakîn (598-597), Babylone ravage Juda, le Temple, et exile la haute société judéenne. Jérémie, resté dans son pays, annonce alors que l'avenir d'Israël est désormais représenté par ces exilés – dont fait partie Ézéchiel –, qui devront s'établir à Babylone et consolider leur foi malgré l'épreuve. Car, soixante-dix ans plus tard, ils retrouveront le sol d'Israël, par la volonté de Dieu. Mais cette épreuve est aussi la sienne. Il est seul, célibataire, souffre, n'a pas d'enfant... Est-il à la hauteur de sa mission ? se demande Jérémie qui, envahi par le doute, cède devant le pouvoir de conviction de Dieu, et s'engage à poursuivre. Il continue de renforcer le cœur d'Israël parmi les exilés, et d'appeler à la soumission à Babylone, qu'il symbolise par un joug à bestiaux, s'attirant un surcroît de haine, des injures, des brimades, le mépris... Mais il est trop tard. Lorsque Juda se rebelle sous Sédécias (597-587), et tombe en 587, la plupart des Judéens partent pour Babylone. Le roi et ses fils sont égorgés, tandis que Jérémie est conduit par des Judéens en Égypte. Il a pourtant fustigé toute alliance avec cette nation, que les prophètes ont toujours présentée comme l'archétype de l'idolâtrie. Il meurt à une date inconnue, loin de Babylone et du renouveau d'Israël qu'il a tant magnifié. Il a aussi, dans le splendide livre de la Consolation (chapitres 30 et 31), introduit une notion nouvelle de la responsabilité, que reprendra bientôt Ézéchiel : « En ce jour-là on ne dira plus : "Les pères ont mangé des raisins verts, et les dents des fils sont agacées." Mais chacun mourra pour sa propre faute. Tout homme qui aura mangé ces raisins verts, ses propres dents seront agacées » (31, 29-30). Le peuple s'est rendu coupable collectivement et individuellement. Le péché ne portera plus seulement sur les descendants des coupables, mais sur celui qui en est l'auteur.

→ **Babylone, Baruch, connaissance, Exil, Juda, Lamentations.**

Jéricho ✡ †

Cette ville, située à une dizaine de kilomètres au nord-ouest de la mer Morte, s'étend tout près de l'actuelle Er-Rihâ. Elle fait l'objet d'un récit célèbre dans le livre de Josué (chapitre 6).

Jéricho se trouve sur la route des Hébreux conduits par Josué lors de la conquête de Canaan, la Terre promise. Sur le plan historique, Jéricho existait depuis quelque six mille ans, ce qui en fait l'une des plus anciennes villes du monde. Mais l'archéologie a montré que, au temps de l'arrivée des Hébreux (vers le XIIIe siècle av. J.-C.), elle était déserte depuis des siècles. Sa prise, et surtout la manière dont elle tombe, possède donc une portée religieuse. Dans la mesure où le Peuple élu respecte son Dieu, il lui est possible de vaincre.

Deux espions vont étudier les défenses de Jéricho et trouvent refuge chez une prostituée, Rahab, qui a eu vent des exploits de ce peuple redoutable, protégé par son Dieu, qui lui a permis de traverser à sec la mer Rouge et de s'emparer de la région située de l'autre côté du Jourdain. Contre son silence, ils promettent de l'épargner lorsque la ville tombera, puis viennent faire leur rapport à Josué. Après avoir traversé le Jourdain, les Hébreux ne se lancent pas à l'assaut. Pendant sept jours, sept prêtres, qui marchent devant l'arche d'Alliance contenant les tables de la Loi transmises par Dieu à Moïse, font le tour de la ville en sonnant de la trompe. Au septième jour, ils font de même et le peuple pousse un formidable cri de guerre. Le rempart s'écroule. Toute la population est massacrée, excepté Rahab, qui rejoint Israël. Jéricho est maudite à jamais.

À l'époque de Jésus, Jéricho a été reconstruite, tout près de l'ancien site, par le sanguinaire Hérode le Grand qui en a fait sa résidence d'hiver. Il s'agit d'une ville riche. Jésus s'y rend sans doute à plusieurs reprises, et les évangiles synoptiques (Matthieu, Marc et Luc) y situent des miracles, la guérison d'un aveugle (Lc 18, 35-43 et Mc 10, 46-52) ou de deux aveugles (Mt 20, 29-34). À Jéricho, Jésus rencontre aussi Zachée, un publicain (collecteur d'impôts, jugé impur et détesté), et l'accueille dans le

Royaume (Lc 19, 1-10). Enfin, c'est sur la route de Jérusalem à Jéricho que Jésus situe l'action de la célèbre parabole du bon Samaritain (Lc 10, 29-37).

→ **Hérode, Josué, Jourdain, Peuple élu, publicain, Samaritains.**

Jérusalem ✡ ✝ ☪

Jérusalem est le grand trait d'union entre les trois religions du Livre, qui chacune en exalte la sainteté ; mais elle est aussi, et pour cette raison, une source de conflits depuis des siècles.

Cette ville juchée à 700-800 m d'altitude, apparue sans doute dès le IIIe millénaire av. J.-C., fut fortifiée par les Jébuséens, avant que, selon la Bible, David ne la leur ravisse vers l'an 1000. Il en fit la capitale de son royaume, y amena l'arche d'Alliance, et la légua à son fils Salomon qui la développa et y fit bâtir la maison de Yahvé : le Temple. En 931, Israël se scinde en deux territoires, et Jérusalem n'est plus que la capitale du petit royaume du Sud, Juda. Rescapée de l'invasion assyrienne qui balaie la Samarie (royaume du Nord), elle est enlevée et ravagée par Babylone en 587 ; le Temple est détruit et la population connaît l'exil. En 538, le Perse Cyrus permet à celle-ci de retrouver sa terre : les difficultés président à la reconstruction du Temple, consacré en 515, et de Jérusalem, devenue la capitale de la province perse de Judée. Le judaïsme, loin de s'éteindre, rayonne depuis la ville et son sanctuaire, où affluent les pèlerins venus de la diaspora pour les fêtes annuelles. Jérusalem est ensuite la capitale de la famille juive des Maccabées (IIe-Ier siècles), avant que les Romains ne s'emparent de la Palestine (63). Au début du Ier siècle de notre ère, à l'époque de Jésus, elle est celle de la province de Judée et se trouve placée sous l'autorité d'un préfet romain. Hérode le Grand (40-4 av. J.-C.), « roi des juifs », y a mené de grands travaux et restauré le Temple. La cité, entourée d'une muraille percée de portes, abrite environ cent mille habitants, et s'est dotée de superbes bâtiments, dont le palais d'Hérode, de villas élégantes édifiées par les grands prêtres et d'un Temple considérablement agrandi par Hérode. Les Romains surveillent les milliers de pèlerins depuis la forteresse d'Antonia dominant le Temple. Mais lors de la révolte juive, Jérusalem et ce second Temple sont détruits par les armées de Titus. Quand, en 130, l'empereur Hadrien décide d'établir une ville romaine sur le mont du Temple, les juifs se révoltent à nouveau, sous la conduite de Bar Kokhba. Cinq ans plus tard, la ville est encore détruite, puis rebâtie sous le nom d'Aelia Capitolia ; elle est alors interdite aux juifs. Elle ne retrouve son nom que sous l'empereur Constantin, qui met fin aux persécutions contre les chrétiens en 313. Désormais intégrée à l'Empire byzantin, elle est ouverte aux juifs, mais aussi aux pèlerins chrétiens qui cherchent à s'imposer. En 638, le calife Omar conquiert Jérusalem, inaugurant la présence arabe sous les dynasties des Omeyyades (660-750), Abbassides (750-969) et Fatimides (969-1071). Quand, en 1071, les Seldjoukides turcs prennent la ville, ils persécutent juifs et chrétiens, motivant les croisades (1096-1270). Prise en 1099, Jérusalem reste chrétienne jusqu'en 1187, année où Saladin, fondateur des Ayyoubides, bat les armées chrétiennes près du lac de Tibériade. Tombée sous la tutelle des mamelouks d'Égypte (1250-1516), puis de l'Empire ottoman (1517-1917), Jérusalem est ensuite soumise à la protection britannique sur la Palestine. Ce mandat ne prend fin qu'en 1948, avec la création de l'État d'Israël. Jérusalem, partagée avec le royaume hachémite de Jordanie (partie est ou Vieille Ville), où se trouve le mont des Oliviers, est pourtant considérée comme la capitale d'Israël, en vertu d'un décret du Parlement (Knesset) de 1949 et 1980. Elle est réunifiée par les Israéliens en 1967, lors de la guerre des Six Jours, mais beaucoup de pays ne reconnaissent toujours pas cette annexion. La situation de Jérusalem, où siège la Knesset et où résident juifs, musulmans et chrétiens, est toujours un sujet épineux de négociations entre Israël et l'Autorité palestinienne, sous le regard concerné des Églises chrétiennes.

La Bible chante abondamment Jérusalem, appelée aussi Sion. Les Psaumes, les prophètes, dont Ézéchiel (40-48), et d'autres ouvrages en clament la grandeur et la dimension religieuse, allant parfois jusqu'à en idéaliser la configuration. Citons *Les Lamentations*, attribuées au prophète Jérémie, évocation aussi magnifique que poignante de la Ville sainte martyrisée après la ruine de 587, et le Trito-Isaïe, recueil contenu dans le livre d'Isaïe, splendide appel à une Jérusalem glorifiée où convergeront tous les pays et les juifs de la diaspora avant que n'adviennent les derniers temps. Pour les juifs, Jérusalem (Yerouchalayim) reste la Ville sainte du judaïsme, la ville de David et de ses descendants (dont le Messie), la terre du premier et du second Temple – dont il ne subsiste que le mur ouest, dit des Lamentations. Elle est aussi célébrée par la Michnah et le Talmud (écrits fondamentaux du judaïsme). Chaque juif se doit d'y « monter » (*aliya*) à l'occasion des fêtes de pèlerinage, et les prières doivent être dites en se tournant vers elle, quel que soit le lieu où l'on se trouve. La réunification de 1967 est célébrée par une fête annuelle, le 28 iyyar.

Les évangiles rapportent que, au cours de son ministère, Jésus se rend plusieurs fois à Jérusalem, pour les fêtes annuelles – enfant, il a été présenté au Temple, comme le veut la coutume. Ils retentissent aussi de ses appels : « Jérusalem, Jérusalem, toi qui tues les prophètes et lapides ceux qui te sont envoyés » (Mt 23, 27 et Lc 13, 34). La dernière visite de Jésus s'achèvera par sa crucifixion. Après avoir séjourné à Béthanie, auprès de Lazare qu'il a ressuscité et de ses sœurs, il y fait une entrée « messianique », monté sur un âne, tandis qu'une foule jonche son parcours de rameaux en proclamant : « Béni soit celui qui vient au nom du Seigneur ! » (Mc 11, 1-11 et Lc 19, 28-38). Il a déjà annoncé qu'il achèverait ici sa vie terrestre : « Il ne convient pas qu'un prophète périsse hors de Jérusalem » (Lc 13, 33). Mais un jour y régnera « l'abomination de la désolation » (Mt 24, 15 et Mc 13, 14), référence au prophète Daniel évoquant la fin des temps. Chez Luc (19, 41-44), en effet, Jésus se lamente sur Jérusalem : « Ils [tes ennemis] t'écraseront sur le sol, toi et tes enfants au milieu de toi, et ils ne laisseront pas en toi pierre sur pierre, parce que tu n'as pas reconnu le temps où tu fus visitée ! » Car elle est promise à la destruction (21, 5-36). Pour les chrétiens, Jérusalem est la ville de la Passion et de la Résurrection ; c'est à Jérusalem que naquit l'Église, après la Pentecôte, et que se réunit le premier concile. Les chrétiens y sont toujours présents par les églises, surtout la basilique du Saint-Sépulcre : inaugurée par Constantin en 313, remaniée plusieurs fois jusqu'au XIXe siècle, elle marque l'emplacement du calvaire (Golgotha) et du tombeau de Joseph d'Arimathie, où fut inhumé le Christ. En principe, depuis l'origine de cette construction, toutes les églises sont orientées vers Jérusalem.

Selon certains auteurs, Mahomet demanda d'abord que les prières soient dirigées (*qibla*) vers Jérusalem, puis, à partir de 624, après la rupture avec les juifs de Médine, vers la Kaaba de La Mecque. Mais d'après la biographie du Prophète et la sourate 2 du Coran, *La Vache*, il a toujours souhaité que ce soit La Mecque : « Tourne donc ta face dans la direction de la Mosquée sacrée » (2, 144). Pour le Coran, Jérusalem (al-Qouds, « la Sainte ») est la troisième ville sainte de l'islam, après La Mecque et Médine. Elle fut le siège du Temple de Salomon et reste liée aux prophètes juifs célébrés par l'islam. Mais, surtout, elle est le cadre du *Voyage*

nocturne (_isra_) de Mahomet, titre de la sourate 17, et de sa montée au ciel (_miraj_). Cette ascension se déroula depuis le parvis du Temple, alors détruit. Sur cette « esplanade des mosquées », la mosquée al-Aqsa (« La Lointaine »), véritable trésor architectural, est une référence au Temple de Salomon. Sa construction, commencée vers 660 par Moawiya, rival du calife Ali et fondateur de la dynastie des Omeyyades, s'est poursuivie jusqu'au XIe siècle. Elle fait face au Dôme du Rocher (691), d'où Mahomet réalisa le _miraj_.

→ **Bar Kokhba, Christ, croisades, crucifixion, Dôme du Rocher, Golgotha, Israël, Kaaba, Lamentations, mosquée, Oliviers (jardin des), pèlerin, résurrection, Temple.**

Jessé ✡ ✝

Jessé est présenté dans la Bible comme étant originaire de Bethléem et père de plusieurs enfants. L'un d'eux lui assure une gloire éternelle. C'est David, le plus grand roi du judaïsme, qui régna sur Israël au tout début du Ier millénaire av. J.-C. Il est ainsi présenté comme le « fils de Jessé » dans certains livres, dont les Psaumes, ainsi que dans le Nouveau Testament (écrit sacré du christianisme), où les évangiles en font un aïeul de Jésus.
En effet, dans l'antique Israël, le prophète Isaïe (VIIIe siècle av. J.-C.) annonça la naissance du Messie (sauveur d'Israël), qui surgirait du tronc de Jessé à partir d'un rameau. Jésus étant considéré par les premiers chrétiens comme un Messie (*Christos* en grec), dans le sens de sauveur des hommes, il est logique de rencontrer une telle généalogie. Celle-ci fut représentée dès le XIe siècle par un « arbre de Jessé », où, au milieu des ancêtres du Christ, figurent sa mère Marie (le rameau), lui-même (fleur) et Jessé (souche). L'art n'a cessé de s'emparer de ce thème majeur du christianisme.

→ **Christ, David, Jésus, Marie, Messie.**

Jésuites ✝

En 1528, l'Université de Paris, haut lieu de l'enseignement en Europe, accueille un Basque espagnol, Ignace de Loyola (1491-1556), venu perfectionner son savoir. Il y rencontre (saint) François-Xavier (1506-1552) et Pierre Favre qui, avec d'autres amis, l'accompagnent le 15 août 1534 dans une chapelle de Montmartre marquant, suppose-t-on, le lieu du martyre de saint Denis, premier évêque de Paris (vers 250). Ils jurent alors fidélité au pape, et fondent la Compagnie de Jésus, dont les membres sont les jésuites. Loyola, personnage profondément spirituel et très soucieux d'enseignement, mène avec ses compagnons des missions en Europe et jusqu'en Asie (où mourra François-Xavier), afin de fonder des communautés. À partir de 1548, les jésuites, recrutés parmi les esprits cultivés, créent aussi des écoles qui concourent à répandre une culture et un enseignement de qualité. Tout en étant présents auprès des pouvoirs royaux, ils s'occupent des plus pauvres et des déshérités. Ils laissent aussi de magnifiques témoignages architecturaux, comme l'église du Gesù à Rome (1568), ou Saint-Paul-Saint-Louis à Paris (XVIIe siècle). Très engagés dans la Contre-Réforme (1545-1563), opposés aux jansénistes du XVIIe siècle, ils sont également favorables à l'épanouissement des cultures autochtones pratiquées dans les régions évangélisées. Tout cela, et d'autres raisons, leur attirent des inimitiés violentes : la Compagnie est dissoute au Portugal (1759), en France (1763), puis interdite (1773) par le pape Clément XIV, qui a dû céder aux pressions des Bourbons. En 1814, la Compagnie est rétablie par Pie VII. Elle a laissé de grands esprits dans la plupart des domaines, dont l'humaniste et scientifique Pierre Teilhard de Chardin (1881-1955). Les jésuites sont aujourd'hui présents dans presque tous les pays.

→ **Contre-Réforme, jansénisme, pape, spirituel.**

Jésus ✡ ✝ ☪

Depuis les travaux d'auteurs comme les Allemands David Friedrich Strauss (1808-1874) et Rudolf Bultmann (1884-1976), ou le Français Ernest Renan (1823-1892), le portrait de Jésus n'est plus le seul fait des quatre évangiles du Nouveau Testament, de la théologie, du dogme et de la foi. Les recherches historiques, l'archéologie et l'étude des textes ont permis aussi, non de constituer une biographie de Jésus, tâche presque impossible, mais de mieux connaître l'homme et de dresser les grandes étapes de son ministère, le tout s'inscrivant dans une époque précise. Cependant, les mentions qu'en font les historiens romains s'avérant rares et floues, et celle de l'historien juif Flavius Josèphe étant sujette à caution, les sources se résument aux évangiles. En revanche, la découverte et l'analyse des évangiles apocryphes (non retenus par le canon de l'Église) et des rouleaux de Qumrân (les « manuscrits de la mer Morte »)

ont permis d'apporter quelques éléments supplémentaires à la connaissance de la religion juive de l'époque. Il convient de souligner d'emblée que, par exemple, la conception virginale et la Résurrection sont du ressort de la foi chrétienne, non de l'Histoire. Il en va de même pour l'origine divine dont se réclame Jésus et qu'affirment les évangiles.

Le nom de Jésus est une transcription du grec *Iesous*, de l'hébreu *Yeshouah* (« Dieu sauve »). De son enfance, évoquée dans les évangiles du même nom, nous savons juste que Jésus naît à Bethléem, en Judée, région de Palestine vivant sous domination romaine (règne de l'empereur Auguste) depuis l'an 63 avant l'ère chrétienne, et gouvernée alors par Hérode le Grand. Jésus naît en fait six ans environ avant la date officielle, qui sera fixée au VIe siècle. La langue parlée par ses parents, Joseph (descendant du roi David) et Marie, est l'araméen, qui côtoie le latin et un peu le grec. Quand il commence sa prédication, à 32 ou 34 ans, la Palestine est partagée en provinces, la Judée et la Samarie étant dirigées par le préfet romain Ponce Pilate. Nazareth, où il a passé ses premières années, est en Galilée, province gouvernée par Hérode Antipas. L'ancien Israël n'existe donc plus, et les juifs, forts d'une histoire nationale plus que millénaire traversée tantôt par la gloire, tantôt par le déclin, tantôt par l'exil, sont dans l'attente d'un libérateur, le Messie.

Jésus est un juif fréquentant la synagogue, formé à une foi très ancienne et à ses écrits sacrés, qu'il connaît bien, dont la Torah (la Loi divine). Le judaïsme est alors partagé en courants : sadducéens, pharisiens, esséniens. Jésus prend conscience que la religion prônée par le clergé de Jérusalem, aux règles de purification très contraignantes, exclut bon nombre de juifs, dont les plus humbles, et les éloigne ainsi de l'Alliance conclue il y a bien longtemps par l'intermédiaire de Moïse. Et les prophètes d'Israël ne sont plus là pour redonner vie à la Parole du Dieu unique. Il décide alors de raviver l'Alliance (Testament). Son message, fait d'amour et de paix, adressé aux juifs et aux non-juifs, son enseignement de la résurrection des morts (partagée avec les pharisiens), sa conception de la Torah et du shabbat, jour sacré, vont lui attirer de nombreux adeptes, mais aussi des ennemis.

En l'an 28, date la plus vraisemblable, Jésus reçoit le baptême de Jean le Baptiste, au bord du Jourdain, fleuve mythique. Quand le Baptiste est mis en prison par Hérode Antipas, Jésus commence son propre ministère, et ses premiers disciples le rejoignent : Simon (que Jésus appelle Pierre) et André, Jean et Jacques (le Majeur). Pendant deux ans et demi, il va sillonner la Palestine, surtout la Galilée. Après avoir surmonté les tentations du démon dans le désert, il change de l'eau en vin à Cana, signant le premier des miracles qui vont concourir à sa popularité. À Capharnaüm, où il s'est installé, il étonne les scribes de la synagogue par son assurance en matière d'Écritures. Dans cette ville, dans les villages et les campagnes, les auditeurs sont gagnés par sa grande autorité qui en fait un maître (*rabbi*) : elle ne vient pas des prêtres du temple, comme celle des scribes, mais de lui-même. De plus, il n'hésite pas à procéder à des guérisons en plein shabbat, alors qu'il est interdit de travailler ; il se fait comprendre en utilisant des paraboles ; son message, tout en étant dans la lignée des prophètes et du Baptiste, qui prônaient la confiance en Dieu et non dans la politique, s'écarte des rites de pureté et se concentre sur l'accession de tous au Royaume imminent de Dieu, même les plus humbles, écartés par la religion officielle – païens, malades, impurs comme les prostituées ou les publicains (récolteurs d'impôts). Il s'en explique au cours du discours sur la Montagne, où il prononce ses Béatitudes. Les disciples, dont des femmes, se sont multipliés, séduits par la perspective du salut général. Aussi, à Jérusalem, le clergé du Temple, inquiet de son audience, sape son action et réussit à éclaircir les rangs des disciples. Après quelques mois, Jésus n'est plus entouré que par quelques partisans, dont les plus proches forment le groupe des Douze, les apôtres. La décapitation du Baptiste ajoute à son isolement et à son doute, mais il en profite aussi pour peaufiner son enseignement auprès des plus fidèles apôtres, qui assistent à sa Transfiguration (apparition sur le mont Thabor de Jésus en compagnie de Moïse et d'Élie). Il sait également que, pour transformer sa mission en succès, il doit se rendre à Jérusalem, se confronter aux instances religieuses du Temple, et au Sanhédrin, le conseil juif dirigé par le grand prêtre. Peu avant la Pâque de l'an 30, il fait une entrée triomphale dans la Ville sainte (Rameaux), certain d'arriver au terme de sa vie terrestre, car il vient de ressusciter Lazare. Ce miracle a décidé le grand prêtre Caïphe à le supprimer, décision qui se précipite quand il chasse les vendeurs du Temple. Tout doit avoir lieu avant la Pâque qui, cette année-là, tombe en même temps que le shabbat (du vendredi soir au samedi soir). Pour les évangiles, Judas (Iscariote), l'un des Douze, trahit Jésus, qui entame alors sa Passion : la Cène, son dernier repas, ses doutes au jardin des Oliviers le jeudi soir, les reniements de Pierre, le jugement, le fouet et la crucifixion le vendredi matin, sa mise au tombeau en fin d'après-midi... Puis a lieu la Résurrection, dont le premier témoin est une femme, Marie de Magdala, le dimanche matin. Les disciples, un temps dispersés, comme ceux d'Emmaüs, se regroupent autour de Pierre. À la Pentecôte, l'Esprit saint descend sur les apôtres, et l'Église se propage bientôt en Palestine, puis dans les possessions romaines. À Antioche, les fidèles du Christ sont appelés chrétiens, comme le rapportent les Actes des Apôtres (Ac 11, 26). L'Église, dont Jean et Pierre sont les grands acteurs, connaît très vite ses premiers martyrs. Paul, ancien persécuteur de chrétiens converti à la nouvelle foi, apporte dynamisme et fondements théologiques. La suite relève de l'Histoire construite par les hommes.

Pour le Coran, Jésus (Issa) est né de Marie (*Marie*, 19, 16-35), vierge gagnée par l'Esprit de Dieu (*Les Prophètes*, 21, 91), la fille d'Imran (*L'Interdiction*, 66, 12) à laquelle les anges ont annoncé sa naissance, celle du Messie (titre qui revêt dans le Coran diverses symboliques). Il sera un Signe pour les hommes (*Les Croyants*, 23, 50). Jésus, appelé aussi « fils de Marie » (*ibn Maryam*), ou « Verbe de Dieu » ou encore « esprit de Dieu », est présenté comme un véritable prophète (*nabî*), à l'égal d'Abraham, Moïse et Mahomet (*La Vache*, 2, 253), un être choisi par Dieu au même titre qu'Adam (3, 33), un juste (*Les Troupeaux*, 6, 85). Dieu le rend capable de miracles (3, 49), lui procurant son souffle (Esprit) et son pouvoir créateur. Il fait partie de ceux qui siégeront auprès de Dieu et reviendront au jour du Jugement dernier (3, 55). Il est « l'annonce de l'Heure » (*L'Ornement*, 43, 51), qui s'en prendra aux « incrédules » (*La Royauté*, 67, 27), notamment aux Gens du Livre, juifs et chrétiens, qui ont trahi son message (*Les Femmes*, 4, 159 et 171-172 ; 5, 77-78). En effet, contrairement à ce qu'affirmeront les dogmes chrétiens, Dieu étant « Unique, Impénétrable » (*Le Culte pur*, 112), il n'existe pas de Trinité, on ne peut donc dire « Trois » (4, 171) ; on ne peut pas dire non plus « Le Messie est fils de Dieu » (*L'Immunité*, 9, 30-31), car Dieu peut « anéantir le Messie » (5, 17) qui n'est qu'un prophète (5, 75) ; « Dieu interdit le Paradis à quiconque attribue des associés à Dieu » (5, 72). Jésus ne fut pas le fils de Dieu : « Je ne suis qu'un mortel semblable à vous, il m'est seulement révélé que votre Dieu est un Dieu unique. Allez droit vers lui et demandez-lui pardon » (*Les Versets clairement exposés*, 41, 6). Jésus est aussi, point fondamental, le messager de l'Évangile, l'un des trois Livres révélés par Dieu, après Moïse et la Torah juive, avant Mahomet et le Coran (2, 87 ; 5, 45 ; *Le Fer*, 57, 27). De fait, il recevra de Dieu le « Livre, la Sagesse, la Torah et l'Évangile » (3, 45-47). Dans le Coran, enfin, Jésus ne serait pas mort sur la croix, n'aurait pas été tué par les juifs, mais aurait été enlevé par Dieu (4, 157-159 ; 5, 110). Pour la tradition, Jésus revivra parmi les hommes, aura une descendance, et sera enterré à Médine, auprès de Mahomet et des deux premiers califes (les « bien guidés »). Jésus est donc le messager (*rassoul*) de Dieu, l'un de ses plus prestigieux envoyés. Mais parmi ces derniers, on ne peut accorder de prééminence : « Nous n'avons de préférence pour aucun d'entre eux ; nous sommes soumis [islam] à Dieu » (2, 136).

→ Annonciation, Cène, Jean le Baptiste, Judée, Messie, nativité, Pâques, parabole, Passion, résurrection, Temple, transfiguration, Trinité, Verbe.

Jeûne ✡ † ☪

Le jeûne est la privation totale ou partielle de nourriture, accompagnée ou non d'autres abstinences, notamment sexuelles. Il existe depuis l'Antiquité, où des ascètes s'y livraient pour se purifier, au sens physique et spirituel. Dans le judaïsme, le christianisme et l'islam, il est bien sûr lié au Dieu unique. Le croyant, en jeûnant, fait pénitence devant Dieu afin d'obtenir le pardon de ses fautes, mais aussi pour signifier son adhésion totale à tel ou tel pan fondamental de la foi.

Dans le calendrier juif, le jeûne (*taanit* en hébreu) est surtout représenté par le Yom Kippour, jour des Expiations, et Pourim (les Sorts), mais il existe d'autres jeûnes liés aux grandes tragédies qui jalonnent l'histoire du judaïsme et de sa terre, Israël, comme la destruction du Temple de Jérusalem en 587 av. J.-C. Le christianisme pratique le jeûne (exceptionnel chez les protestants) depuis l'origine, à l'image de Jésus qui jeûna quarante jours dans le désert pour échapper aux tentations du diable. Le calendrier catholique n'a conservé que deux jours de jeûne effectif : le mercredi des Cendres, qui ouvre les quarante jours maigres du Carême, rappelle que l'homme n'est que poussière devant Dieu et son Fils Jésus ; le Vendredi saint commémore le sacrifice de Jésus, crucifié ce jour-là. Enfin, en islam, le jeûne, ou privation (*saum*), qui se déroule au mois de ramadan (où le Coran fut révélé à Mahomet), est inscrit totalement dans l'appartenance à la communauté musulmane, puisqu'il est l'un des « cinq piliers » de cette religion.

→ Cendres (mercredi des), Pourim, ramadan, Vendredi (saint), Yom Kippour.

Jézabel ✡

La reine Jézabel est la fille d'Ittobaal, roi de Sidon et de Tyr, en Phénicie. Dans la Bible, les livres des Rois la décrivent comme une femme particulièrement impie, à laquelle s'affronte le prophète Élie. Elle épouse Achab, roi de Samarie (874-853 av. J.-C.), également très impie puisqu'il voue un culte à Baal, dieu païen ennemi de Yahvé, le Dieu unique d'Israël. De leur union naîtront deux fils et une fille, Athalie, tout aussi mauvaise. Jézabel accueille à sa table des prêtres de Baal, qu'Élie tue, purifiant ainsi Israël. Elle décide alors de faire assassiner le prophète, mais celui-ci lui échappe. La reine s'illustre ensuite, avec son mari, en convoitant la vigne d'un nommé Nabot afin d'agrandir le palais royal : devant le refus opposé par le propriétaire, elle le fait accuser faussement d'outrage royal, et Nabot est lapidé. Achab accapare la vigne, mais essuie la colère d'Élie, revenu en Samarie : « Ainsi parle Yahvé : Tu as assassiné, et de plus tu usurpes ! C'est pourquoi, ainsi parle Yahvé : "À l'endroit même où les chiens ont lapé le sang de Nabot, les chiens laperont ton sang." [...] Voici que je vais faire venir sur toi le malheur : je balayerai ta race, j'exterminerai les mâles de la famille d'Achab, liés ou libres en Israël. [...] Contre Jézabel aussi Yahvé a prononcé une parole : "Les chiens dévoreront Jézabel dans le champ [fertile] de Yizréel". » (1 Rs 21, 17-24). La malédiction est en marche. Après la mort d'Achab lors de la guerre contre les Araméens (Damas), Ochozias monte sur le trône pour deux ans (853-852) seulement, car il est terrassé par une paralysie fatale. Il laisse place à son frère Joram (852-841), moins impie, qui se confronte au successeur d'Élie, le prophète Élisée. Joram, blessé au combat contre les Araméens, va se soigner dans sa propriété, laquelle se trouve dans la ville de Yizréel : là, il tombe, le cœur transpercé par la flèche d'un de ses officiers, Jéhu. Celui-ci fait jeter le cadavre dans la vigne de Nabot, puis va trouver Jézabel : « Deux ou trois eunuques se penchèrent vers lui. Il dit : "Jetez-la en bas." Ils la jetèrent en bas, son sang éclaboussa le mur et les chevaux, et Jéhu lui passa sur le corps. [Plus tard] on alla pour l'ensevelir, mais on ne trouva d'elle que le crâne, les pieds et les mains. On revint en informer Jéhu, qui dit : "C'est la parole de Yahvé, qu'il a prononcée par le ministère de son serviteur Élie." » (2 Rs 9, 30-37). Jéhu prend le pouvoir et inaugure une dynastie qui disparaîtra à son tour.

→ **Araméens, Athalie, Baal, Élie, Élisée.**

Job ✡ ✝ ☪

Le nom de Job désigne un personnage devenu emblématique de la misère (« pauvre comme Job »), source d'inspiration de nombreux artistes. Mais c'est oublier que son origine se trouve dans un livre de la Bible, un pur chef-d'œuvre de poésie, daté du milieu du Vᵉ siècle avant notre ère. Cet ouvrage poignant émeut par sa dimension humaine et par les réflexions qu'il suscite. Il se présente sous forme de dialogues encadrés par un récit en prose.

Job est un homme riche, un propriétaire installé quelque part en Orient. Son couple et ses enfants le comblent de bonheur. Il est présenté comme un croyant d'une sincérité exemplaire, un juste, et sa religion importe peu car ce qu'il va traverser est universel. Mais Dieu (qui n'est pas appelé Yahvé mais de noms archaïques) parle de son cas à Satan, maître du mensonge, qui le persuade de mettre la foi de Job à l'épreuve. Ce dernier alors perd tout : fortune, enfant, santé, équilibre mental. Touché par une lèpre, Job reste pourtant un juste, estimant que ces malheurs, comme les bonheurs, viennent de Dieu. Quatre amis tiennent alors à lui montrer qu'il a forcément commis une faute. Amer, il refuse cette idée, et la discussion s'envenime : si le bonheur touche des méchants, pourquoi en est-il privé ? Job s'adresse à Dieu, qui lui répond. Suit un véritable face-à-face, à l'issue duquel Dieu, reconnaissant la droiture et la fidélité totale de Job, même dans les pires moments, le comble de bienfaits. Job meurt heureux et aimé d'une grande famille.

Ce livre est donc une réflexion sur le destin de l'homme, sur l'existence et les succès (provisoires) du mal, sur l'innocence injustement punie, sur la condition du juste souffrant, et sur la part de Dieu dans ces malheurs. Mais il ne donne pas de clé, d'explication. Peu importe les mots : chacun doit trouver Dieu par la foi, la confiance et, parfois, la rébellion.

Il est aussi une annonce de la notion de l'Au-delà, développée dans le Nouveau Testament, lequel y prévoit la possibilité de rétributions plus grandioses que celles, matérielles, obtenues par Job de son vivant. Le Coran évoque aussi les souffrances de Job (Ayycub), prophète (4, 163), descendant de Noé qui fut récompensé (6, 84), la miséricorde d'Allah (21, 83-84) bénéficiant à cet « excellent serviteur ! Il était plein de repentir ! » (38, 41-44).

→ Foi, juste, Satan, Yahvé.

Joël ✡ †

Joël n'a laissé aucune indication biographique dans le livre (très court) de la Bible qui porte son nom, rédigé sans doute dans la première moitié du IVe siècle av. J.-C. (époque perse), comme semblent l'indiquer ses oracles, concernant exclusivement la Judée, et ses évocations du Temple reconstruit. Ce prophète – dont le nom est la traduction grecque de l'hébreu Yoel, « Yahvé est Dieu » – est l'un des grands représentants du style apocalyptique, surtout dans la seconde partie de l'ouvrage. Le « jour de Yahvé », annoncé déjà par Amos, est symbolisé par une invasion de sauterelles destructrices pareilles à une armée terrifiante. « Devant lui la terre frémit, les cieux tremblent ! le soleil et la lune s'assombrissent, les étoiles perdent leur éclat ! [...] car il est grand le jour de Yahvé, très redoutable – et qui peut l'affronter ? » (2, 10-11). Joël fait alors un « appel à la pénitence » valable pour tous ; alors, Dieu pardonnera, prodiguera son Esprit. Puis viendra le Jugement des peuples, juifs et non juifs, même les persécuteurs d'Israël, tous rassemblés non loin de Jérusalem, plus précisément dans la vallée de Josaphat (« Dieu juge »), que les judéo-chrétiens situeront comme le lieu du Jugement. De fait, les Actes des Apôtres du Nouveau Testament, alors que les apôtres viennent de recevoir l'Esprit saint au jour de la Pentecôte, font référence à Joël par la bouche de Pierre qui reprend les propos du prophète : « Je répandrai de mon Esprit sur toute chair. Alors vos fils et vos filles prophétiseront, vos jeunes gens auront des visions et vos vieillards des songes » (Ac 2, 17).

→ **Actes des Apôtres, Apocalypse, Jugement dernier, Temple.**

Jonas ✡ † ☪

Le livre de Jonas (Yonah en hébreu) est lu au cours de Yom Kippour, la fête juive du Pardon et du repentir. Inclus dans les Prophètes de la Bible, il est contemporain de celui de Ruth (sans doute IVe siècle av. J.-C.), et répond au même objectif : la nécessité d'ouvrir le judaïsme aux païens. Une ouverture souhaitable, voire salutaire. Dieu, en tant que créateur et maître du monde dans son entier, peut accorder sa miséricorde aux juifs et à Israël, mais aussi aux autres nations.

Cet ouvrage très court est un véritable conte, non dénué d'humour, où les repères historiques importent peu. À Ninive, capitale de la cruelle Assyrie qui ravagea la Samarie (722), les habitants (Ninivites) font preuve

d'une méchanceté qui mériterait le châtiment divin. Mais Dieu contient sa colère et ordonne à Jonas de les convaincre de s'amender. Celui-ci, peu enclin à être ainsi son prophète, part du port de Joppé, prend un navire et vogue à l'opposé, vers l'Espagne ! En mer, une violente tempête terrifie l'équipage, qui précipite Jonas à l'eau, celui-ci ayant avoué les raisons de sa fuite. Ainsi, Dieu s'apaisera peut-être et calmera les éléments. Intervient alors un gros poisson (il n'est pas question de la célèbre « baleine ») qui avale Jonas et le rejette trois jours plus tard à Joppé. Résigné, le prophète remplit sa mission, dont le résultat est stupéfiant : les cent vingt mille Ninivites se repentissent et se convertissent, échappant ainsi à la mort. Jonas se repose ensuite à l'ombre d'un petit arbre (ricin), que Dieu fait mourir, car Jonas doit avant toute chose, selon la parole que Dieu lui transmet, s'occuper du salut des hommes...

Dans le Nouveau Testament, l'évangile de Matthieu rapporte « le signe de Jonas » (12, 38-42) – présent aussi chez Luc (11, 29-32) –, préfiguration de la mort puis de la résurrection de Jésus. Celui-ci déclare en effet : « De même que Jonas fut dans le ventre du monstre marin durant trois jours et trois nuits, de même le Fils de l'Homme sera dans le sein de la terre durant trois jours et trois nuits. » Pour les premiers chrétiens, dès le IIIe siècle de notre ère, le séjour de Jonas dans le ventre du gros poisson était l'annonce, dans la Bible, de la résurrection de Jésus après son séjour au tombeau.

La sourate 10 du Coran est consacrée à Jonas (Yunus, ou encore Dhou-n-Noun, « homme au poisson »). « Le Coran n'a pas été inventé par un autre que Dieu mais il est la confirmation de ce qui existait avant lui », prévient-elle (37). Elle aborde aussi l'omnipotence d'Allah, son pouvoir créateur et rédempteur. Tout croyant doit s'en remettre totalement à lui. « Conforme-toi à ce qui t'est révélé. Sois patient, jusqu'à ce que Dieu juge. Il est le meilleur des juges ! » conclut le dernier verset (109).

→ Assyrie, conversion, païen, prophète, Ruth (livre de), salut.

Joseph †

Joseph, l'époux de Marie, est mentionné seulement dans les évangiles de l'Enfance (Matthieu et Luc). Après l'Annonciation (qui apprend à Marie qu'elle va donner naissance à Jésus), et sachant que sa fiancée est enceinte (les rapports sexuels étant inconcevables avant le mariage), il décide de la répudier, mais un ange le persuade d'y renoncer. Joseph épouse Marie et accepte d'élever ce fils qui amènera le Salut d'Israël. Matthieu fait descendre Joseph de David, car le Messie, ou Christ en grec (en l'occurrence Jésus), se devait d'être de la lignée de ce roi prestigieux d'Israël. De plus, il est dit originaire de Bethléem, la ville de David, où se déroule la Nativité de Jésus. Pour la tradition, Jésus est ainsi descendant de David par son adoption, et conçu par l'Esprit saint, confirmation de sa nature divine. Joseph, qui exerçait peut-être le métier de charpentier, mais qui était en tout cas un artisan travaillant sur l'un des nombreux chantiers de l'époque, est quant à lui présenté comme un juste. Le calendrier des fêtes chrétiennes l'inclut dès le IXe siècle, mais son culte, apparu en Orient au Ve siècle, prit de l'ampleur au XVe siècle, au XVIIe siècle, marqué d'un grand retour à la spiritualité, et au XIXe siècle. Cette dévotion ne provient pas des évangiles, mais d'écrits apocryphes (non retenus par le canon de l'Église) qui détaillent davantage sa vie, en particulier le *Protévangile de Jacques* et l'Évangile de l'Enfance du Pseudo-Matthieu. Aujourd'hui, il est fêté le 19 mars (il est le patron de l'Église universelle depuis 1870) et le 1er mai, jour de la Saint-Joseph Artisan (et de la fête du Travail) instituée par Pie XII (1956). Il est aussi le patron du Canada, ou encore des ouvriers.

→ **Annonciation, Bethléem, David, Esprit saint, Jésus, Marie, nativité.**

Joseph d'Arimathie ✡ †

Les évangiles du Nouveau Testament rapportent que, de la cité côtière d'Arimathie, (actuelle Rentis), est originaire un homme appelé Joseph, membre du Sanhédrin, le grand conseil juif au temps des Romains. Joseph est décrit par Jean comme un « disciple de Jésus, mais en secret par peur des juifs [les dignitaires du Sanhédrin] » (19, 38). Car il « n'avait pas donné son assentiment au dessein ni à l'acte des autres », précise Luc (23, 51).
À Jerusalem, Jésus vient d'être crucifié. En vertu de la Torah (la Loi divine), aucun cadavre ne peut demeurer sur la croix en ce vendredi après-midi, le shabbat et la Pâque, qui coïncident ce jour-là, devant débuter au coucher du soleil. Joseph d'Arimathie, décidé à récupérer le corps de Jésus, se rend pour cela auprès du préfet romain Ponce Pilate – personne dans le cercle familial de Jésus ne fait cette requête, pas même ses frères (ou cousins), ce qui semble étrange. Pour Marc, « Pilate s'étonna qu'il fût déjà mort et, ayant fait appeler le centurion, il lui demanda s'il était mort depuis longtemps » (15, 44). Après confirmation de la nouvelle, il accepte. Joseph

possède un tombeau creusé dans le rocher, comme il était de coutume chez les gens aisés. Le lieu est proche du Golgotha (le lieu du supplice) et se trouve à l'intérieur d'un jardin. Jésus, descendu de la croix, est enveloppé dans un linceul (*sindon*) de lin garni d'aromates (myrrhe, aloès...) : son visage est recouvert d'un linge (*sudarium*) destiné à absorber la transpiration du défunt – pour Jean, des bandelettes (*othonia*) enserrent son corps, mais elles correspondent plus à des rites égyptiens que juifs. Joseph, peut-être accompagné d'un autre disciple, Nicomède (selon Jean), le dépose ensuite dans la sépulture, sans doute sur une banquette de pierre. Une roue de pierre est roulée pour en fermer l'accès. À l'extérieur se tiennent des femmes, qui observent « où on l'avait mis », prêtes à revenir après le shabbat pour apporter d'autres aromates et du parfum. Parmi elles se trouve Marie de Magdala qui, le dimanche matin, est le premier témoin de la Résurrection. Les apôtres Pierre et Jean ne découvrent bientôt plus que les *othonia* (ou plutôt le linceul) et le *sudarium* gisant à terre. Le tombeau est vide.

→ **Crucifixion, Jésus, Golgotha, Ponce Pilate, résurrection.**

Joseph, le patriarche ✡ ✝ ☪

Le nom de Joseph (Yoseph en hébreu, « Dieu ajoute ») concerne seize personnages de la Bible, mais deux d'entre eux ont un rôle essentiel : le patriarche, et l'époux de Marie, mère de Jésus.

Dans la Bible, l'épopée de Joseph marque la fin du livre de la Genèse (37-50) et aussi l'histoire des patriarches. Jacob, son père, lui voue une grande affection car il est le fils de Rachel, l'épouse qu'il aimait le plus. Ses frères, dévorés par la jalousie, le livrent à des marchands itinérants pour vingt sicles (monnaie) d'argent, et déclarent à Jacob qu'il a été déchiqueté par une bête sauvage. Mais Joseph est respectueux de la Torah (la Loi divine), et donc protégé par Yahvé. Devenu esclave en Égypte, il refuse de commettre un adultère en repoussant les avances de la femme de son maître, laquelle, vexée, parvient à le faire jeter en prison pour tentative de viol. Un jour, il réussit à pénétrer les songes de deux prisonniers ayant fait partie de l'entourage du pharaon, et les avertit de ce qui les attend. Par la suite, le premier, échanson, retrouve son rang, et le second, panetier, est pendu. Deux années passent et le pharaon, averti de ces prémonitions par l'échanson, convoque Joseph pour qu'il interprète aussi ses rêves. Il apprend alors que l'Égypte va connaître sept ans de

bonnes récoltes (symbolisées par sept vaches grasses), puis sept années de disette (vaches maigres). Joseph conseille de constituer des réserves durant la période d'abondance. Ravi, le pharaon le fait vizir (Premier ministre) et le met au travail. Quand la famine s'abat autour de l'Égypte, des étrangers viennent en masse pour acheter du grain. Parmi eux, dix des onze frères de Joseph, envoyés par leur père, auprès duquel est resté le plus jeune, Benjamin. Après une série de chassés-croisés, les frères tombent dans les bras de Joseph et s'implantent en Égypte, avec Jacob. Chacun de ces douze hommes porte le nom d'une tribu fondatrice d'Israël. Leur descendance vit dans la prospérité et se multiplie pendant quatre siècles, jusqu'à ce qu'un pharaon, qui « n'avait pas connu Joseph », fasse de ces Hébreux des esclaves. À travers ce récit magnifique et structuré, mais aux repères historiques plus que flous, il s'agit de montrer que le respect de la Loi et la sagesse née de la foi sont les conditions pour surmonter les problèmes et les tentations, en Israël comme ailleurs. Joseph s'affirme aussi comme « l'ancêtre » d'Israël. Par exemple, le prophète Amos (VIIIe siècle av. J.-C.) prévient qu'un « reste de Joseph » survivra de l'Exil. Il existe également des textes apocryphes juifs sur ce personnage. La figure de Joseph est reconnue aussi par les Actes des Apôtres du Nouveau Testament, dans la bouche du diacre Étienne, le premier martyr chrétien (7, 9-16). De son côté, le Coran consacre la splendide sourate 12 à Joseph (*Yusuf*) et à son destin exemplaire.

→ Hébreux, Israël, Jacob, patriarche, sagesse (courant et littérature de).

Josèphe, Flavius ✡

Formé aux Écritures saintes, issu d'un milieu de prêtres et passé maître en spiritualité, Flavius Josèphe (37-vers 100 apr. J.-C.), fils de Mathias, naît à Jérusalem. D'abord acteur de la révolte juive de 66, au cours de laquelle il échappe à la mort dans la forteresse de Josapata, assiégée par les Romains, il se rallie ensuite à ces derniers et assiste, en tant qu'interprète de Titus, à la destruction de Jérusalem et du Temple en 70. Il consacre le reste de sa vie à l'écriture d'ouvrages historiques. *La Guerre juive* relate l'histoire juive, depuis la dynastie hasmonéenne (Maccabées) jusqu'à la chute de Jérusalem en 70 ; la dernière partie de cette somme est sujette à caution, en raison du rôle que Josèphe a lui-même tenu, dans la rébellion puis auprès des Romains. Véritable plaidoyer en faveur de son peuple, *Les Antiquités juives* (histoire du peuple juif, de la création du monde à 66 apr.

J.-C.) apportent de précieuses informations, notamment dans le chapitre 18, où Josèphe consacre à Jésus un passage appelé *Testimonium Flavianum*. Mais de l'avis des chercheurs, ce texte, important puisqu'il est le seul témoignage (non chrétien) de cette époque, aurait été ajouté ultérieurement, entièrement ou en partie. Controversé déjà de son vivant, en raison de ses choix politiques, Flavius Josèphe a cependant apporté des éclairages sur l'histoire juive et romaine, que corroborent d'autres sources écrites et l'archéologie.

→ **Jérusalem, Jésus, Maccabées (livres des), Temple, zélotes.**

Josué ✡

Le livre de Josué (en hébreu *Yehochoua*, « Dieu sauve ») n'est pas une reconstitution historique de la conquête de Canaan par les Hébreux (vers 1200 av. J.-C.), mais un ouvrage à forte connotation religieuse incluant des circonstances de cette conquête. Il fut d'ailleurs terminé vers le début du Ve siècle av. J.-C., c'est-à-dire après le retour de l'Exil, afin d'insister sur la fidélité en Dieu et en l'Alliance, condition de toute victoire. En même temps, la loi de l'anathème, évoquée dans ces pages magnifiques, a aussi une portée symbolique : purifier la terre des idoles étrangères au fort pouvoir de contamination. La prise de possession de Canaan fut en fait longue et ardue, comme le laisse entendre le livre des Juges, Israël n'étant un pays vraiment stable que deux siècles plus tard, sous le roi David.

Josué, présenté comme le principal adjoint de Moïse, a été choisi par celui-ci pour continuer sa tâche après sa mort : conduire les Hébreux en Terre promise, périple qui fut marqué par l'omniprésence du Dieu protecteur. Les Hébreux franchissent le Jourdain et mettent le siège devant Jéricho (exploit anachronique, car cette ville était déserte depuis des siècles), dont les murailles s'écroulent sous l'effet des trompettes et des cris. Devant Aï (en ruines à l'époque), un soldat hébreu s'est emparé d'une partie du butin réservé à Dieu, comme le prévoit l'anathème : la cité, pourtant facile à prendre, humilie alors les Hébreux. Elle ne cède que lorsque le coupable est tué par lapidation. Après une succession de victoires, Canaan appartient aux Hébreux, que Josué met en garde à Sichem, antique sanctuaire : toute trahison de la Loi (Torah) et de l'Alliance méritera l'exil ! Il meurt à cent dix ans.

Dans le Nouveau Testament, Jésus, transcription du grec *Iesous* qui possède le même sens que l'hébreu *Yehochoua*, est présenté comme celui qui « sauvera son peuple de ses péchés » (Mt 1, 21), parcourant la Palestine pour amener le salut, le Royaume de Dieu étant la Terre promise du nouvel Israël.

→ **Alliance, Canaan, Hébreux, Jéricho, Palestine, Royaume.**

Jourdain ✡ ✝ ☪

Long de 360 kilomètres, le Jourdain est le « descendeur » (*Yarden* en hébreu), que les Arabes appellent Ech-Cheria (« abreuvoir ») : il naît au Liban, au mont Hermon, reçoit d'autres sources, et pénètre dans le lac de Tibériade, à 210 mètres au-dessous du niveau de la mer, pour suivre la plus profonde dépression du monde ; il est ensuite renforcé par le généreux Yarmouk, suit un itinéraire très sinueux et se jette dans la mer Morte (- 392 mètres).

Le Jourdain est le grand fleuve de la Bible et du Nouveau Testament. Il ne tient pas cette renommée de son potentiel commercial, car il n'est quasiment pas navigable. En fait, depuis la guerre des Six Jours (1967), il constitue la frontière actuelle avec la Jordanie, et séparait la Syrie d'Israël jusqu'à l'annexion du plateau du Golan par celle-ci (1981). Aux temps bibliques, et à l'époque de Jésus, ce fleuve se franchissait à gué, surtout au nord et moins souvent au sud, permettant ainsi aux envahisseurs de pénétrer en Israël, puis à l'époque romaine aux voyageurs de gagner les provinces de Palestine dont il marquait la limite orientale. Face à l'épineuse question de l'eau au Proche-Orient, le Jourdain est devenu un enjeu économique entre Israël, qui en tire une grande part de ses besoins, et les pays voisins.

Le Jourdain, grand pourvoyeur d'eau, est donc avant tout un fleuve au puissant symbole. Dans le Pentateuque (Torah), la merveilleuse Terre promise est ce pays qui s'étend « au-delà du Jourdain ». De fait, dans le livre qui porte son nom, Josué, après les quarante ans de l'Exode, le franchit, accompagné de son peuple et des prêtres portant l'arche d'Alliance, pour pénétrer en Canaan (3, 1-18) : la conquête de la Terre promise peut commencer. C'est à proximité du Jourdain que le prophète Élie (IXe siècle av. J.-C.) monte au ciel, et que son disciple et successeur Élisée guérit un lépreux qui va s'y baigner. Il n'est donc pas étonnant que Jean le Baptiste

choisisse le Jourdain pour y baptiser ses disciples et Jésus lui-même. Le fleuve devient alors le passage vers le royaume de Dieu, et Jean annonce la venue de Jésus (Lc 3, 16-17) qui « baptisera [aussi] dans l'Esprit et le feu ».

→ **Baptême, Canaan, eau, Exode, Jean le Baptiste, Jésus, Tibériade.**

Jubilé ✡ †

Dans le judaïsme, l'année jubilaire avait lieu tous les cinquante ans, et non tous les sept ans (année sabbatique). Le chiffre sept est très symbolique et fréquent dans la Bible : les sept branches du chandelier rituel (*menorah*), la Création en sept jours... expriment un pouvoir réel, l'harmonie, la perfection, la plénitude. L'année jubilaire achevait une période de sept fois sept ans, soit quarante-neuf ans. Elle était annoncée par la sonnerie d'un « cor » (*yobel* en hébreu, d'où vient le latin *jubilaeus*, et le français « jubilé »). Le Lévitique (chapitre 25) précise : « Le septième mois, le dixième jour du mois tu feras retentir l'appel de la trompe ; le jour des Expiations [Yom Kippour] vous sonnerez de la trompe [*chofar*] dans tout le pays. Vous déclarerez sainte cette cinquantième année et proclamerez l'affranchissement de tous les habitants du pays. Ce sera pour vous un jubilé : chacun de vous rentrera dans son patrimoine, chacun de vous retournera dans son clan. [...] vous ne sèmerez pas, vous ne moissonnerez pas les épis qui n'auront pas été mis en gerbe, vous ne vendangerez pas les ceps qui auront poussé librement. » Étaient de rigueur l'honnêteté en affaires, la solidarité entre juifs, la rémission des fautes et des dettes, la terre en jachère, et les transactions étaient soumises à des règles précises. Le jubilé fut abandonné, les juifs, dont la majorité constitue la diaspora, n'étant pas assez nombreux en Israël.

L'Église a repris le principe de l'année jubilaire dès 1300, sous le pape Boniface VIII, qui institua l'année sainte. À l'origine elle devait avoir lieu la première année de chaque siècle ; ensuite le délai passa à cinquante ans, puis, sous le pape Paul II, en 1470, à vingt-cinq ans. Elle garde sa fonction essentielle : stimuler la foi des fidèles. Les pèlerins se rendant à Rome à cette occasion se voient accorder l'indulgence plénière, c'est-à-dire le pardon de tous les péchés ; cette indulgence s'étend au monde entier depuis 1500. Le pape peut également décider des jubilés extraordinaires, en raison d'événements capitaux, comme le fit Jean-Paul II en 1983, pour le

1950e anniversaire de la Passion de Jésus. Le dernier jubilé « ordinaire », ou année sainte, a eu lieu en 2000. Enfin, le mot « jubilé » s'est étendu à des célébrations nationales ou locales, religieuses ou civiles.

→ **Chofar, indulgence, Passion, sabbatique (année), Yom Kippour.**

Juda ✡

Dans le livre de la Genèse, Juda (transcription grecque de l'hébreu *Yehoudah*, « Dieu soit loué ») est l'un des douze fils du patriarche Jacob. Sentant sa fin proche, celui-ci convoque ses douze garçons et les bénit, leur accordant à chacun un destin particulier. À Juda il déclare : « Juda est un jeune lion ; de la proie, mon fils, tu es remonté ; il s'est accroupi, s'est couché comme un lion, comme une lionne : qui le ferait lever ? Le sceptre ne s'éloignera pas de Juda, ni le bâton de chef d'entre ses pieds, jusqu'à ce que le tribut lui soit apporté et que les peuples lui obéissent » (49, 9-11). Chaque fils de Jacob donnera naissance à l'une des tribus fondatrices d'Israël, et le lion restera le symbole de Juda et de ses descendants, dont le roi David (1010-970 av. J.-C.) et les successeurs de sa lignée – Salomon en orna son palais et son trône, et ce fauve figurait sur les synagogues. L'origine de la tribu de Juda fait l'objet d'un magnifique récit de la Genèse (38) : Juda a eu trois fils de sa femme Shua : Er, Onân et Shéla. L'aîné, Er, meurt sans avoir eu d'enfant avec son épouse Tamar. En vertu de la loi du lévirat – inscrite dans la Torah ou Loi (Dt 25, 5), Juda commande à Onân : « Va vers la femme de ton frère, remplis avec elle ton devoir de beau-frère et assure une postérité à ton frère. » Mais Onân ne veut pas assurer cette postérité : à chaque rapport avec Tamar, il laisse tomber sa semence, et Dieu le fait mourir. Pour finir, Tamar, utilisant la ruse, parvient à avoir deux jumeaux de Juda, Péreç et Zérah, ancêtres des deux clans de la tribu.

Quand, en 931 av. J.-C., Israël se scinde en deux royaumes, dix des tribus se concentrent au nord (Samarie), et les deux autres au sud, celles de Juda et de Benjamin. Ce royaume du Sud sera ainsi appelé Juda. Si ce territoire, où s'étendent désert et montagnes, est moins riche et moins puissant que son pays frère du Nord, il a en revanche pour capitale Jérusalem, la Ville sainte, où se dresse le Temple. De plus, et au contraire de la Samarie, il est gouverné sans interruption par dix-neuf rois de la dynastie de David, premier roi, grâce à la protection de Dieu. Les livres des Rois, qui racontent l'histoire de la monarchie des deux royaumes, considèrent globalement d'un œil moins réprobateur les rois de Juda que les rois de Samarie. De ces souverains émergent les figures d'Ézéchias (716-687) et Josias (640-609), loués, avec circonspection, pour leurs réformes. Lorsque la Samarie tombe sous les coups de l'Assyrie, le royaume de Juda, qui n'a pas une grande importance économique et stratégique, n'est pas inquiété, jusqu'à sa conquête par Babylone (597-587) et l'exil de ses habitants. À partir du retour de l'Exil, en 538, grâce aux Perses, Juda, bien qu'amputé d'une partie de ses territoires, devient une province perse, la Judée, qui représente désormais la survivance du judaïsme.

→ **Assyrie, Exil, Jacob, Jérusalem, Judée, Salomon, Samarie.**

Judaïsme ✡

Le judaïsme désigne à la fois une religion spécifique (monothéisme des descendants d'Abraham par les Hébreux) et l'appartenance à une culture et une communauté. Celle-ci, présente en Israël, la terre des ancêtres, et dans la diaspora, est constituée à son tour de familles soudées autour d'un même respect pour les livres sacrés. Pour être juif, il faut nécessairement être né de mère juive ou être converti, la circoncision étant pour les garçons le signe de cette appartenance. Le judaïsme se compose de familles qui se distinguent entre elles par des différences culturelles, liturgiques, linguistiques et de mode de vie. Ces différences sont la conséquence d'origines géographiques distinctes (les ashkénazes, originaires d'Europe centrale et orientale, majoritaires, et les séfarades, du bassin méditerranéen) ou d'une conception particulière des textes sacrés. Ainsi, le judaïsme réformé (né au XVIIIe siècle, celui des Lumières) adapte ces textes avec souplesse aux évolutions de la modernité. Le judaïsme orthodoxe, apparu en 1795 en réaction au précédent, se réclame uniquement de la stricte observance de la tradition : le qualificatif de « traditionaliste » serait donc plus adapté. Inséré entre ces deux pôles, le judaïsme conservateur, né au XIXe siècle, reste également attaché aux traditions, tout en s'inscrivant avec circonspection et discernement dans la modernité.

Le judaïsme a pu persister sur sa terre d'origine, Erets Israël, depuis l'instauration de la royauté au XIe siècle av. J.-C. jusqu'au Ier siècle apr. J.-C., grâce notamment à l'action des prophètes, et souvent au prix de souffrances, comme l'Exil, la destruction du premier Temple (- 587) et celle du second (70). Après la disparition de ce dernier, l'Histoire, qui accentua la dispersion des juifs dans le monde, fut une longue succession de persécutions et de mesures discriminatoires largement évoquées par les chercheurs.

Malgré le début d'une reconnaissance des droits des juifs au XVIIIe siècle, l'antijudaïsme est encore vivace au début du XXe, et aboutit à l'horreur de la Shoah. Depuis, l'État d'Israël, fondé en 1948, accueille à nouveau les « enfants de la promesse », celle faite par Dieu au patriarche Abraham, et le regard porté sur les juifs a largement changé. De même, les juifs, soudés par une même reconnaissance, renforcent leur cohésion de par leur attachement profond à Israël, où certains d'entre eux ont choisi de s'installer (c'est l'*aliya*, la « montée »).

→ **Abraham, antisémitisme, diaspora, Exil, Hébreux, Israël, prosélyte, Sion.**

Judas et Judas Iscariote ✡ †

Dans la Bible, le nom de Judas est utilisé pour désigner les personnages autres que le grand Juda, fils du patriarche Jacob. On trouve ainsi Judas, de la famille des Maccabées (167-63 av. J.-C.), qui prit la tête de la révolte après la mort de son père. Le Nouveau Testament, de son côté, cite un autre Judas parmi les disciples de Jésus, mais accorde une place particulière au trésorier du groupe des Douze. Cet apôtre est Judas, dit Iscariote, qui pourrait signifier « homme de Kyriat ou Carioth », village d'origine de Judas et de son père Simon, situé au sud de la Judée. Il est présenté par les évangiles comme celui qui trahit Jésus, en le livrant à la police du Temple contre trente sicles d'argent, soit le tarif pour un esclave (Mt 26, 14-15). Le clergé de Jérusalem a en effet décidé d'éliminer Jésus qui, non content de prôner une nouvelle Alliance, et même de ressusciter Lazare, s'en est pris au Temple dont il a chassé les marchands. Mais il faut l'arrêter discrètement, et avant la Pâque. Le jeudi soir, veille de ce jour sacré, a lieu la Cène où Jésus, qui a déjà parlé de trahison aux apôtres, s'adresse au félon sans le désigner. Jean rapporte l'épisode : « [Jésus dit] "En vérité, en vérité, je vous le dis [Amen], l'un de vous me livrera." [...] Celui-ci [Jean], se penchant alors vers la poitrine de Jésus, lui dit : "Seigneur, qui est-ce ?" Jésus répond : "C'est celui à qui je donnerai la bouchée que je vais tremper." Trempant alors la bouchée, il la prend et la donne à Judas, fils de Simon Iscariote. Après la bouchée, alors Satan entra en lui. Jésus lui dit donc : "Ce que tu fais, fais-le vite." [...] Aussitôt la bouchée prise, il sortit ; il faisait nuit » (13, 21-30). Judas court au Temple, puis se rend avec les gardes au jardin des Oliviers. Il embrasse Jésus, qui est aussitôt emporté. Judas restituera les sicles puis se pendra (Mt 27, 5).

Pour expliquer cette trahison, une thèse avance que Judas aurait fait partie des zélotes, juifs extrémistes et violents, et que, reprochant à Jésus son attitude trop pacifique, il l'aurait livré. Elle s'appuie pour cela sur l'étymologie du mot « Iscariote », qui pourrait venir du latin *sicarii*, c'est-à-dire les sicaires, nom que l'historien Flavius Josèphe emploie pour qualifier les zélotes – ces derniers tuaient les Romains à l'aide d'un poignard recourbé, le *sica*. Quelle que soit l'explication, la trahison de Judas reste un mystère – elle a alimenté aussi l'accusation de déicide portée contre les juifs, et, surtout, celle qui en faisait des hommes vénaux. Judas, fidèle apôtre, se serait retourné contre Jésus presque du jour au lendemain. Était-il attiré par l'argent ? Nous savons que les évangiles ont emprunté des éléments à la Bible, et les trente sicles d'argent sont une référence directe au prophète Zacharie (520-518 av. J.-C.), qui a parlé de cette somme destinée à acheter la vie du Juste, le fidèle par excellence de Dieu. Ou bien aurait-il été possédé par Satan, comme l'avancent Jean et Luc d'un point de vue théologique ? Aucune théorie ne s'impose vraiment, mais la figure de Judas a servi d'exemple à la prédication chrétienne : celui du disciple qui ne regrette pas sa faute et n'obtient aucun pardon.

→ **Apôtre, Cène, Jésus, Pâques, Pessah, zélotes.**

Jude, épître de †

Dans le Nouveau Testament, l'épître de Jude, écrite sans doute dans les années 70-80, est la septième et dernière des épîtres catholiques. Très courte (un chapitre), elle est attribuée en général à Jude, « frère de Jacques », l'auteur de l'épître homonyme et « frère de Jésus ». On y trouve la citation d'un des plus grands textes apocryphes (non reconnus par l'Église), le livre d'Hénoch.

« À vous miséricorde et paix et charité en abondance », prévient l'auteur, qui avertit son correspondant contre les impies, qui « travestissent en débauche la grâce de notre Dieu et renient notre seul Maître et Seigneur Jésus Christ ». Au jour du Jugement dernier, les « incrédules », les pervers et les blasphémateurs seront punis sous l'œil des anges, comme le furent Sodome et Gomorrhe. Les références à la Bible sont explicites : on y retrouve Caïn, ou encore Balaam, le prophète qui aide à la conquête de

Canaan (livre des Nombres). Seules la foi, la miséricorde et la charité reçues du Seigneur sont les gages d'une vie éternelle. Seul Dieu peut « vous garder de la chute et vous présenter devant sa gloire ».

→ **Épîtres, foi, Gloire de Dieu, Jugement dernier, Testament.**

Judée ✡ †

En 538 av. J.-C., l'empereur perse Cyrus, qui a conquis Babylone, autorise les Israélites à retourner dans leur pays, plus précisément autour de Jérusalem, dans un territoire correspondant à peu près à l'ancien royaume de Juda : c'est la Judée (*Yehoud*, « pays de Juda »), d'où vient le mot « juif ». D'emblée, la reconstruction du Temple et de la ville se heurte à une opposition, notamment des Samaritains, qui vivent au nord de la Judée, dans une province de l'Empire perse incluse dans une satrapie (division administrative), la Transeuphratène. Puis la Judée se rend sans se battre à Alexandre le Grand (332 av. J.-C.), qui fond sur l'Égypte. Lors du partage de l'empire de ce dernier entre ses officiers, elle tombe dans l'escarcelle de la dynastie des Lagides (Égypte), puis revient aux Séleucides (Syrie) en 200. À partir de 167, la famille juive des Maccabées conduit une révolte qui aboutit à l'indépendance. Celle-ci ne cesse qu'en 63, avec la prise de Jérusalem par les Romains, qui intègrent la Judée dans leur empire. Hérode le Grand, en faveur auprès de Rome et habile politique, obtient de devenir le « roi des juifs » et règne (37-4) sur l'ensemble de la Palestine (dont la Judée). C'est sous son règne que naît Jésus, entre 4 et 6 avant notre ère.
Après la mort d'Hérode, la Judée est gouvernée par un de ses fils, Archélaos. Après l'éviction de celui-ci en 6 de notre ère, elle devient province romaine sous l'autorité d'un préfet romain. Ponce Pilate assume ces fonctions de 26 à 36, c'est-à-dire à l'époque du ministère de Jésus. La Judée, agitée par des révoltes juives, est matée par les Romains qui saccagent Jérusalem et détruisent le Temple (70). Elle tombe ensuite sous la coupe de l'Empire byzantin, des Arabes, des chrétiens durant les croisades, des Ottomans, et enfin des Britanniques. En 1948, après la fondation de l'État d'Israël, elle est annexée à la Jordanie, royaume hachémite, et occupée par l'armée israélienne après la guerre des Six Jours (1967). Elle reste un enjeu de taille dans les négociations entre Palestiniens et Israël.

→ **Hérode, Israël, Jérusalem, Juda, Romains, Samaritains.**

Judéo-chrétien ✡✝

Les historiens utilisent le mot de judéo-chrétien pour désigner la communauté chrétienne de Palestine, d'origine juive, parlant araméen, et continuant à pratiquer la Loi (Torah) juive tout en reconnaissant Jésus comme Messie Fils de Dieu. Le concile dit « de Jérusalem » (Actes des Apôtres, chapitre 15), vers 48, essaya de trouver un accord entre ces judéo-chrétiens et les chrétiens, qui, même d'origine juive, étaient de culture grecque et ne pratiquaient pas (ou plus) la Loi juive. Cet accord permit l'essor des missions de Paul auprès des païens. Mais les judéo-chrétiens restés en Palestine continuèrent à y respecter la Loi. Ils n'étaient pas vraiment séparés de leurs coreligionnaires, jusqu'à la destruction du Temple (en 70) et l'instauration du judaïsme rabbinique défini à Jabneh (Jamnia). Alors, en raison de leurs opinions, et peut-être pour s'être désolidarisés des révoltés de 66, ils furent marginalisés puis écartés officiellement des synagogues. Ils n'en continuèrent pas moins de vivre en Palestine, malgré leurs différences avec l'Église majoritaire qui, désormais, parlait grec et se composait presque totalement de chrétiens d'origine païenne. Ils ont cependant laissé des ouvrages qui ont été recueillis parmi les apocryphes (non reconnus par le canon, ou règle). Les judéo-chrétiens ont influencé les Églises de Syrie et de Mésopotamie, dont la langue demeurait l'araméen. Ils ont disparu vers le IVe siècle.

→ **Araméens, concile, Palestine, synagogue.**

Judith ✡

Le livre de Judith (« la Juive » en hébreu), intégré dans la traduction de la Septante (version grecque de la Bible) puis de la Bible chrétienne, ne fait pas partie de la Bible hébraïque. Il fut écrit à la même époque que celui d'Esther, c'est-à-dire aux IIe-Ier siècles av. J.-C. Le message est clair : le respect total de la Torah (la Loi divine) et la fidélité en Dieu sont les conditions de la victoire d'Israël contre ses ennemis et les dangers qui la menacent. Car la brutalité et les armées les plus redoutables ne peuvent pas combattre la Loi, les prières et le jeûne. La foi de Judith, une femme, en est l'illustration.

Le général assyrien Holopherne est chargé de soumettre les pays indisciplinés de l'ouest de l'empire. En Judée, il tombe sur le peuple pieux d'Israël, qui trouve sa force en Dieu, et sur la forteresse imprenable de

Béthulie qui défend la route vers Jérusalem. Il met le siège et s'empare des points d'eau pour assoiffer les juifs, mais Béthulie résiste, certaine que Dieu donnera un signe. C'est alors que Judith, une veuve très riche et d'une grande beauté, remarquable par sa piété, se faufile une nuit jusqu'au camp assyrien, avec sa servante. Elle charme Holopherne et prétend lui indiquer le chemin permettant de s'emparer de la forteresse, car, affirme-t-elle, les assiégés sont prêts à violer la Torah et se priveront ainsi de la protection de Dieu. Puis, après un plantureux banquet au cours duquel il s'enivre, Holopherne reste seul avec Judith qui, profitant de son état, le décapite. Elle cache la tête dans son panier, et, toujours avec sa servante, passe sans difficulté les sentinelles, rendues confiantes par ses allées et venues. Les habitants de Béthulie exultent : l'ennemi s'enfuit, laissant son camp livré au pillage. Jérusalem célèbre cette victoire. Judith, restée veuve, disparaît à cent cinq ans, entourée de la vénération générale.

→ **Assyrie, foi, Jérusalem, Septante.**

Jugement dernier ✡ ✝ ☪

Le Jugement dernier est du domaine de l'eschatologie, croyance relative à la fin des temps, la date de celle-ci n'étant pas précisée. La notion de jugement divin, présente dans de nombreuses religions, a pris une tournure particulière et progressive dans le judaïsme, puis s'est prolongée dans le christianisme et l'islam. Elle n'est pas liée au dieu supérieur d'un panthéon plus ou moins riche, mais au Dieu unique d'Israël, le Seigneur et le juge par excellence de tout ce qui vit et compose l'univers. Le premier à en amorcer l'énoncé est Amos (début VIIIe siècle av. J.-C.), prophète de la Bible, sous la forme du « jour de Yahvé » (5, 18-20), qui « sera ténèbres, et non lumières » pour les vivants impies. L'avertissement, relayé au cours des deux siècles suivants par les prophètes Isaïe, Sophonie, Ézéchiel ou encore Abdias et Malachie (vers 520), trouve son point d'orgue dans le livre de Joël (V^e-IVe siècles). Il s'intensifie dans celui de Daniel (en 164), ouvrage où percent les prémices de l'apocalypse, et qui, en même temps qu'apparaît dans le judaïsme la notion de résurrection, étend le Jugement dernier non plus seulement aux vivants, mais à tous les défunts. Dans le judaïsme, la Michnah, tradition orale de la Torah (Loi juive de la Bible), précise aujourd'hui que ce jugement intervient quatre fois par an, surtout à Rosh ha-Shanah (Nouvel An) et au Yom Kippour (Grand Pardon).

Le Nouveau Testament, au travers de Jésus et de son précurseur Jean le Baptiste, précise les termes du Jugement dernier : à la fin des temps, Jésus le Messie (sauveur) reviendra (parousie). Selon les évangiles synoptiques (ceux de Matthieu, Marc et Luc), il a annoncé que Dieu surprendra bientôt les hommes, récompensera les bons en leur accordant l'éternité à ses côtés, dans son Royaume, et punira les méchants qui seront voués aux flammes perpétuelles. Jésus, le Fils de l'homme, siégera alors près de lui, auréolé de sa gloire. Le christianisme est encore imprégné de ce jour fulgurant.

En islam, le Jugement dernier est une constante du Coran, où il est évoqué quelque cent fois. D'emblée, dès la sourate 1 (chapitre), *al-Fatiha* (1, 4), Dieu en est dit le roi. Le musulman, par définition soumis à Allah (mais non esclave), doit craindre la sentence dans l'attente de la résurrection : « Le jour où Dieu vous appellera, vous lui répondrez en le louant et vous penserez n'être resté que peu de temps dans vos tombes », stipule *Le Voyage nocturne* (17, 52). Dans *La Duperie réciproque* (64, 9-10), on lit : « Le jour où il vous rassemblera [le *hashr*] pour le jour de la Réunion, sera le Jour de la duperie réciproque. » Dieu récompensera les croyants sincères et leurs « œuvres bonnes » [les *hasanat*] en leur offrant les « jardins où coulent les ruisseaux » (paradis), pour y connaître la félicité éternelle. Les autres, incrédules et hypocrites qui n'ont pas cru à ses signes, seront les « hôtes du feu », dans la géhenne (enfer) éternelle. « Ils y demeureront immortels : quelle détestable fin ! » *Celle qui est inéluctable*, c'est-à-dire l'heure (*as-saah*) du Jugement, fait penser à l'avertissement de Jésus, qui répartira les bons à sa droite et les autres à sa gauche (Mt 25, 33). À droite, les compagnons élus trouveront le jardin des délices et la compagnie des belles houris (femmes merveilleuses). À gauche, les autres, les « négateurs égarés », « seront exposés à un souffle brûlant », à un séjour dans l'eau bouillante. « Ceci est la Vérité absolue », conclut cette superbe 56e sourate.

→ Amos, Apocalypse, Daniel, eschatologie, Fils, géhenne, Joël.

Juges, livre des ✡

Le livre des Juges, achevé au Ve siècle av. J.-C., se situe entre Josué et l'instauration du premier roi, Saül, soit de 1200 à 1040 environ. Il s'agit d'une période agitée, la conquête de Canaan par Josué n'ayant pas permis de soumettre tous les Cananéens. Les Juges comprennent onze hommes et une femme, le chiffre douze, symbolique, rappelant celui des douze tribus à l'origine d'Israël, issues des douze fils du patriarche Jacob. Car ces héros sont les représentants d'Israël dans son entier. Ils sont auteurs d'exploits magnifiques, provenant de contes épiques et populaires, dans lesquels il faut moins rechercher une vérité historique qu'une signification religieuse. Leurs aventures s'étalent sur quatre siècles. Il ne s'agit pas de magistrats au sens législatif, mais de sauveurs, de « chefs » – l'hébreu *chofet*, traduit par « juge », vient de *chafat*, qui signifie « juger » et aussi « régner ». Chaque aventure suit le même plan : les Israélites trahissent l'Alliance, Dieu les punit par le bras d'un oppresseur ; ils se repentent et, grâce à Dieu, sont délivrés par un Juge. Les plus fameux Juges sont Gédéon et ses fils, la courageuse Débora, Jephté, le célèbre Samson ; le dernier est Samuel, mais il fait l'objet de livres portant son nom – la tradition rabbinique lui attribue d'ailleurs aussi le livre des Juges.

→ **Débora, Jacob, Josué, Samson, Samuel (prophète et livre de), Saül.**

Juif ✡

Ce mot provient du latin *judaeus*, « habitants de Judée » ou Judéens. Il est appliqué aux Israélites revenus de l'Exil à partir de 538 av. J.-C. et venus s'installer en Judée, alors province perse.

→ **Exil, Israélites, Judée.**

Juif errant ✡

Le mythe du Juif errant, apparu au XIIIe siècle puis diffusé par écrit à partir du XVIIe siècle, contribua à alimenter les arguments des antijuifs (dits antisémites) et servit de prétexte à l'expulsion des juifs de pays occidentaux. Le personnage, nommé Ahasvérus, affiche une tristesse permanente et désolante. D'abord décrit comme un ancien employé de Ponce Pilate, il finit par s'imposer en cordonnier juif qui, sur le chemin vers le Golgotha, avait empêché Jésus de faire une pause. C'est pourquoi il fut condamné à l'errance jusqu'au retour du Christ (parousie) sur Terre, changeant de corps tous les cent ans. L'époque romantique le rapprocha de Caïn, condamné lui aussi à errer pour avoir tué son frère Abel, et s'en servit comme symbole de la rédemption dans plusieurs œuvres littéraires. Enfin, des témoins ont affirmé l'avoir rencontré. Le Juif errant reste un mythe dont le rayonnement s'est considérablement amoindri. Il rappelle plutôt que les juifs furent longtemps et faussement accusés de déicide.

→ **Antisémitisme, Caïn, déicide.**

Juste ✡✝☪

Dieu, unique et tout-puissant, est le détenteur de la justice et le seul capable de rendre l'homme juste et droit, c'est-à-dire équitable et animé de l'amour pour Dieu et pour autrui. C'est pourquoi personne ne peut atteindre ni la justice ni la sagesse divines, même s'il fait preuve d'une charité inégalée. Dieu, seul véritable juste, apporte ainsi le salut.

La Bible et le Nouveau Testament se font l'écho de cette justice omniprésente – il exista aussi un livre du Juste (disparu) qui servit de matière, avec d'autres, aux livres de Samuel et de Josué. On y explique pourquoi il existe des innocents qui souffrent (comme le serviteur du prophète Isaïe), et des coupables qui échappent à toute sanction, voire s'enrichissent. Si les Psaumes exaltent la justice, Job, affligé de malheurs malgré sa foi exemplaire, en fait l'amer constat, lui le juste (*tsaddiq* en hébreu) est puni par Dieu pour des fautes qu'il n'a pas commises. Il en fait reproche à Dieu, qui lui rappelle l'imperfection humaine. Mais Dieu peut aussi se montrer juste (miséricordieux), dans la mesure où l'homme ne peut obéir sans faiblir aux lois qu'il a édictées. Ainsi restaure-t-il Job dans une condition plus favorable que la précédente. Il se montre patient envers les Hébreux grâce aux plaidoyer de Moïse (lors du sacrilège du Veau d'or par exemple), et envers Israël malgré ses manquements à l'Alliance, comparés à ceux d'une épouse infidèle par le prophète Osée. Mais il est également un juge rendant la justice : quand il fait s'abattre le Déluge, il n'épargne que Noé, le seul juste sur Terre, et son arche abritant sa famille et des animaux. Il punit Israël et ses rois qui n'ont pas écouté les prophètes transmettant sa Parole. Il détruit les grands empires, Assyrie et Babylone, après s'en être servi pour punir son peuple. Quand Abraham, dans la Genèse, lui demande d'épargner Sodome et Gomorrhe, il reconnaît qu'il ne peut châtier des justes et des pécheurs en même temps : même s'il n'y a qu'un juste, il le sauvera. Cet unique juste est Lot, le neveu d'Abraham, qui s'échappe de Sodome. Dieu applique alors sa sentence. Plus tard, il reconnaît comme juste l'empereur perse Cyrus, qui permet aux Israélites de retrouver leur pays, en 538 av. J.-C., après l'Exil de Babylone. En

effet, dans le judaïsme, le juste est aussi celui qui œuvre pour le salut des juifs, car la Bible a été rattrapée par l'Histoire : les persécutions contre les juifs et la Shoah ont posé beaucoup de questions quant au pouvoir de la justice de Dieu. Pour la Shoah, une réponse avance que Dieu aurait utilisé le nazisme et Hitler pour jeter à la face du monde la fin d'une ère barbare, les juifs étant sacrifiés pour le règne de la justice et de la paix. En 1953, Israël a déclaré Justes parmi les nations les non-juifs qui prirent le risque de sauver des juifs pendant cette épreuve (ils sont aujourd'hui presque 18 000). À Jérusalem, une allée dite des Justes, menant au mémorial de la Shoah, est plantée d'arbres célébrant leur mémoire. Enfin, le Talmud de Babylone évoque les *lamed-vav tsaddiqim*, les « trente-six justes » (*lamed vavnik* en yiddish) présents à chaque génération. Ils bénéficient tous les jours de la *shekina* (présence de Dieu), ne se connaissent pas, et vivent discrètement. Leur action bénéfique sur le monde se fait dans le secret, grâce à leurs mérites. De nombreuses traditions concernant les justes émaillent la kabbale (mystique juive) et animent le hassidisme, mouvement traditionaliste dont le fondateur, Baal Chem Tov (XVIIIe siècle), aurait connu ceux de son temps. Parmi les *tsaddiqim* pourrait se trouver le Messie.

Le christianisme considère que Dieu, par sa grâce et l'Esprit saint, peut faire d'un homme ordinaire, voire d'un pécheur, un juste participant à sa sainteté – c'est la justification, qui peut conduire à l'état de saint. Le fidèle ne devient pas juste seulement par une obéissance aux lois, mais par sa foi en Jésus-Christ, le Sauveur de l'humanité, en partageant sa vie, sa mort et sa résurrection. Tous ses actes et mérites sont néanmoins étroitement liés à la foi. Selon Paul (épître aux Romains), les règles n'ont pas d'ascendant sur la foi, comme le montre Abraham, un juste qui, à son époque, ne connaissait pas la Loi (Torah). S'appuyant aussi sur Paul, Martin Luther (1483-1546), promoteur de la Réforme protestante, avança que seule la foi pouvait « justifier » (rendre juste). L'Église catholique, depuis le concile Vatican II (1962-1965), a mené des réformes sur son fonctionnement, afin de dénoncer avec plus de force les injustices sévissant dans le monde. Car la justice fait partie des vertus cardinales.

La justice est également une vertu clé de l'islam, où la religion guide la conduite des affaires humaines. « Mon Seigneur a ordonné la justice » et « C'est lui qui choisit les saints », rappelle le Coran (*al-Araf*, 7, 29 et 196), qui insiste aussi sur les punitions en cas d'injustice. Concernant les pauvres, les repentis, les non-musulmans pacifiques (*L'Épreuve*, 60, 8), les parents, les voyageurs, il déclare : « Soyez équitables ! Dieu aime ceux qui sont équitables ! » (*Les Appartements privés*, 49, 9). Le juste est celui qui, sincèrement, « croit en Dieu [...] s'acquitte de la prière [...] fait l'aumône [...] », se révèle patient en toute circonstance, tient ses promesses (*La Vache*, 2, 177). Jésus reconnaît en Dieu « le Puissant, le Juste » ; et Dieu dit : « Voilà le Jour où la sincérité des justes leur [les hommes] sera profitable : ils demeureront, à tout jamais immortels, au milieu de jardins où coulent les ruisseaux » (*La Table servie*, 5, 116-119). En effet, les croyants fidèles et sincères (*hanif*), « qui repoussent le mal pour le bien », sont « ceux qui posséderont la demeure finale, les jardins d'Éden. Ils y entreront avec ceux qui ont été justes, ainsi que leurs pères, leurs épouses et leurs enfants. Les anges entreront auprès d'eux, par toutes les portes » (*Le Tonnerre*, 13, 19-24). Abraham (qualifié aussi de *hanif*), Jacob, Jésus et d'autres encore comptent parmi les justes du Coran. Dieu, le Puissant et le Juste, est celui qui sait tout, « le Témoin de toute chose » (*La Discussion*, 58, 6). Il reste le Juge suprême, le détenteur de toute science, c'est-à-dire *al-Hakim* (le Sage) – *hakim* désigne aussi les bienfaits qu'il prodigue aux hommes, ici-bas ou dans l'autre monde. Il ne peut se montrer « injuste envers ses serviteurs » (*Le Butin*, 8, 51), ceux qui se confient à lui. « Dieu est celui qui revient sans cesse vers le pécheur repentant » (*La Lumière*, 24, 10). Il peut pardonner, autre manière de se montrer juste : Dieu est alors le Miséricordieux.

→ Aumône, charité, Lot, Messie, Noé, Réforme, Sagesse de Dieu, Shoah, Sodome et Gomorrhe, vertu.

K

K

Kaaba ☪

La Kaaba est littéralement un « cube » de pierre, mais surtout la « Maison de Dieu » (Baït Allah). Mesurant 15 m de hauteur sur environ 12 m de côté, et pourvue de portes, elle se dresse au centre de la Grande Mosquée de La Mecque, la première des villes saintes de l'islam, en Arabie Saoudite. C'est dans sa direction (*qibla*) que sont adressées les prières de tous les musulmans du monde. Elle est aussi l'élément central du grand pèlerinage annuel de La Mecque (*Hadjj*), et particulièrement la « Pierre noire », au caractère hautement sacré, que les pèlerins embrassent avec ferveur. La Kaaba est drapée dans une étoffe noire (*kiswa*), changée après chaque *Hadjj*, où des calligraphies du Coran sont brodées au fil d'or. Elle fait l'objet, ainsi que ses environs, du *haram* (interdit), les non-musulmans n'ayant pas le droit de pénétrer dans cette zone sainte.
La tradition musulmane avance que la Kaaba aurait été édifiée successivement par Adam, le premier homme créé par Dieu, et son fils Seth, suivis d'Abraham (le premier musulman) et son fils Ismaël (ancêtre des Arabes), et enfin par des descendants de Noé (le héros du Déluge). Sur le plan historique, elle existait avant la naissance de l'islam (VIIe siècle). La Mecque, ville commerçante sur la route des caravanes, comportait déjà un sanctuaire de forme cubique, d'où le nom de Kaaba qui lui fut donné. Les Quraïch, tribu principale de La Mecque, le consacraient à des divinités païennes vénérées par les pèlerins. Dans le Coran, la sourate (chapitre) *L'Étoile* (53, 19) mentionne les divinités al-Lat (fécondité), al-Manat (bonheur) et al-Uzza (divinité des Quraïch) ; il existait aussi Hubal, dieu de la Lune, venu de Syrie. Mahomet (vers 570-632), Quraïch lui-même et fondateur de l'islam, s'opposa rudement à ces cultes polythéistes, et le Coran, que Dieu lui révéla, retentit de nombreuses menaces contre l'adoration de telles idoles. La sourate *La Table servie* (5, 97) précise que la Kaaba fut ins-

tituée par Dieu, et lorsque La Mecque fut prise par les musulmans (630), elles furent toutes renversées. Les successeurs (califes) de Mahomet à la tête de l'islam, Omar (634-644) et Othman (644-656), aménagèrent le vaste périmètre dégagé autour de la Kaaba, afin de permettre aux pèlerins d'en faire le tour (circumambulations) pendant le *Hadjj*. Éprouvée par le temps et les accidents, dont un incendie qui la ravagea (684), la Kaaba fut rebâtie et a très peu changé de visage depuis la fin du VIIIe siècle.

→ **Circumambulation, Hadjj, haram, Mecque (La), Pierre noire, qibla.**

Kabbale ✡

Le mot « kabbale » désigne aujourd'hui l'ensemble de la mystique juive insistant sur la valeur symbolique de l'alphabet sacré. Mais, avant le XIIIe siècle apr. J.-C., il s'appliquait aux traditions du judaïsme, notamment aux écrits prophétiques et hagiographiques. En outre, la mystique est très ancienne puisque ses premières traces remontent à l'époque du Second Temple de Jérusalem ; le livre du prophète Ézéchiel, par exemple, est à la source du Char divin repris dans les Hékhaloth (ensemble d'ouvrages mystiques des IIIe-VIIe siècles apr. J.-C.). Il existe aussi des formes de mysticisme pendant les périodes de la Michnah (premiers écrits tirés de la loi orale, IIe-IIIe siècles), avec le Trône de Dieu qui siège dans toute sa Gloire, et du Talmud (prolongement de la Michnah, version écrite de la loi orale, IIe-Ve siècles), où fut composé le Sefer Yétsira (« livre de la Création », IIIe-VIe siècles). La mystique apparut aussi à la naissance du hassidisme (courant traditionaliste, XIIe siècle), marqué par le Sefer Hassidim.

Au début du XIIIe siècle donc, en Catalogne (Gérone) et dans le midi de la France, émerge un courant de « tradition » (*qabbalah* en hébreu) au sein de la mystique juive. C'est ainsi que commence à circuler un écrit fondamental, le Sefer ha-Bahir (« livre de la Clarté »), dans lequel est exposée la théorie des *sefirot* (les dix nombres ou degrés du monde divin), principe essentiel de cette kabbale. Puis, à la fin du XIIIe siècle, apparaît un autre ouvrage capital, le Sefer ha-Zohar (« livre de la Splendeur »). En 1492, l'expulsion des juifs d'Espagne, grand centre de la kabbale, met un terme à celle-ci. Cependant, elle devait perdurer au travers de courants comme l'école d'Isaac Luria, en Palestine (1534-1572), qui trouva des prolongements au XVIIe siècle, puis dans le « second » hassidisme, apparu vers 1750, initié par Israël ben Éliezer (1700-1760) ou Baal Chem Tov, et toujours très vivant aujourd'hui.

Comprendre les ressorts de la Création, approcher le Dieu vivant et créateur par la prière et la connaissance, ressentir sa présence (*shekina*), réfléchir aux outils permettant de relier l'homme à Dieu, comme les *sefirot* et les lettres de l'alphabet hébreu, et bien d'autres principes... tout cela doit permettre d'approcher au plus près le monde divin, voire d'y pénétrer, et ainsi de saisir la vérité et la pureté de la foi. Sur le plan pratique, la kabbale fit l'objet d'applications magiques au travers de l'emploi d'amulettes, de l'utilisation de nombres et de lettres, de la création de golems et de la lutte contre le *dibbouq* (démon).

→ **Amulette, Bahir (Sefer ha-), golem, hassidisme, mystique, Zohar.**

Kafir ☪

Le *kafir* est, en arabe, l'incrédule, l'athée, celui qui ne croit pas en Dieu. C'est le polythéiste qui ne reconnaît pas la prophétie de Mahomet. Étymologiquement, le verbe *kafara* signifie voiler, cacher. Dans le Coran, qu'il révéla à Mahomet (vers 570-632), Dieu est l'ennemi des incrédules (*kafiroun*), contre lesquels sa colère est grande. L'incrédulité, au sens religieux transmis par le Coran, est un péché très grave. Elle concerne les personnes qui, n'ayant pas la foi, au mieux affichent de l'indifférence, au pire se moquent volontairement et consciemment des signes, de la science, de la sagesse ou encore des envoyés (prophètes) de Dieu – c'est le *koufr*, « incroyance », négation de Dieu. Elle touche aussi les infidèles (ou mécréants), les non-musulmans qui, par conséquent, n'ont pas la véritable foi, l'islam, ou ceux qui se sont trompés de religion. Mais la pire des fautes est l'apostasie (*ridda*), c'est-à-dire le reniement de la foi musulmane. Dans tous les cas, ces impies méritent le feu éternel de la géhenne (enfer). « À vous [les incrédules] votre religion, à moi ma Religion », clame Dieu dans la 109e sourate (chapitre du Coran), intitulée *Les Incrédules* (six versets).

→ **Apostasie, athéisme, foi, géhenne, péché.**

Kalam ☪

Le *kalam* (« parole » en arabe) correspond à l'apologétique (défense d'une religion) ; la théologie (disciplines relatives à Dieu) se dit d'ailleurs dans cette langue *ilm al-kalam*, « science de la parole ». Très active dans les tout premiers siècles de l'islam (né au VIIe siècle), elle a pour but d'apporter la contradiction aux incrédules, aux autres croyants (juifs et chrétiens), voire même à un courant déviant de l'islam, en démontrant l'authenticité du message et des actions de Mahomet et en apportant la preuve que le Coran a bien été révélé par Dieu. Notons qu'il ne faut pas confondre le *kalam* et *al-Qalam*, titre de la 68e sourate du Coran, *Le Calame* (« plume »).

→ **Mutazilisme, Qalam (al-), théologie.**

Kasaba ☪

Les musulmans étant sans cesse à la recherche de la perfection dans tous leurs comportements, ainsi que le prescrit Dieu, ils accumulent de leur vivant les bienfaits qui leur permettront d'accéder au paradis. Il faut « acquérir » (*kasaba* en arabe) ces bienfaits par ses actions – le mal, qui peut s'accumuler aussi, a des effets contraires et peut conduire en enfer. Tout est comptabilisé et noté par Dieu, qui en tiendra compte pour récompenser, châtier ou pardonner dans la vie future.

→ **Enfer, paradis.**

Kavvanah ✡

Toute prière, pour être efficace et reçue par Dieu, exige une concentration que le judaïsme appelle la *kavvanah* (« voie », « direction »). Dieu, en effet, demande la mobilisation totale du cœur, de l'âme et de l'être tout entier, ce qui rend inefficace une prière si on la récite machinalement – pour le Chema par exemple, les juifs se concentrent en fermant les yeux pour le premier verset. Ce principe a été étudié par la mystique juive (kabbale) afin de savoir, au travers de la prière et de ses mots, comment pénétrer, voire changer, le monde divin. Certains juifs appliquent aussi la *kavvanah* à l'ensemble des commandements (*mitsvot*) du judaïsme, qui exigeraient donc une même concentration.

→ **Chema, kabbale, mitsvot, mystique, prière.**

Kelal ✡

Le monde juif est désigné par le terme *Kelal* (« communauté entière ») Israël afin de montrer que tous les juifs, quelle que soit leur appartenance, leurs fautes et leur piété, font partie d'une même famille, celle du Peuple élu.

→ **Israël, juif, Peuple élu.**

Kénose †

« Lui ([Jésus Christ], de condition divine, ne retient pas jalousement le rang qui l'égalait à Dieu. Mais il s'anéantit [*ekenosen* en grec] lui-même, prenant condition d'esclave, et devenant semblable aux hommes. S'étant comporté comme un homme, il s'humilia plus encore, obéissant jusqu'à la mort, et à la mort sur une croix ! » écrit saint Paul dans son épître aux Philippiens (2, 6-8). Cet état d'abaissement (ou kénose, du grec *kenos*, « dépouillement », « vide ») fut, selon la théologie, indispensable à Jésus pour s'incarner en un homme tout en exprimant la puissance venant de Dieu son Père.

→ **Faqr, incarnation, Jésus, Philippiens, théologie.**

Kerbala ☪

Située en Irak, à 100 km au sud-ouest de Bagdad, non loin de l'Euphrate, Kerbala (ou Kerbela) est une ville sacrée du chiisme, deuxième famille de l'islam après le sunnisme, ce dernier largement majoritaire (90 %). Les chiites se réclament d'Ali – le gendre et cousin du Prophète Mahomet dont il fut l'un des successeurs (calife) et qui mourut assassiné en 661 – et de ses descendants, les imams historiques (jusqu'au IXe siècle).

Kerbala se trouve sur la route des pèlerins se rendant à La Mecque et Nadjaf (Irak), où est inhumé Ali. Elle est vénérée car c'est en ce lieu que Hussein (626-680), fils d'Ali et de Fatima, trouva la mort. Après la disparition de son père, il refusa l'autorité du calife en tant que chef des alides (partisans d'Ali). Il mourut lors d'un combat à Kerbala, le 10 mouharram 61 (10 octobre 680), et fut enterré sur place. C'est ainsi que sa tombe (Qabr al-Hussein) devint un lieu de pèlerinage dès les années 680. Elle est aujourd'hui située dans une immense cour, dont les murs sont couverts par la transcription en lettres blanches sur fond bleu de la totalité du Coran. Impressionnant sous sa coupole, le cercueil, nappé d'argent, est éclairé par des lampes.

Avant et pendant le 10 mouharram (qui marque la fête d'Achoura, jour des bienfaits à venir), les chiites fêtent le martyre d'Hussein. Sa Passion est relatée dans les *taziya*, une forme de théâtre, art quasiment absent en islam.

→ **Achoura, Ali, chiisme, imam, sunnisme.**

Kérygme †

Le kérygme est la « proclamation » (*kerygma* en grec) directe et en public de la foi, pratiquée au Iᵉʳ siècle par les premières communautés chrétiennes à l'intention des non-chrétiens. Il s'agit de la proclamation que Jésus est le Christ (sauveur), mort sur la croix pour le salut des hommes, et ressuscité, chacun en étant témoin. Le kérygme fut suivi du Credo, énoncé officiel de la foi, institué par l'Église au IVᵉ siècle. Mais il reste fondamentalement d'actualité.

→ Credo, foi.

Kéter ✡

Dans la tradition du judaïsme, les anges tressaient une « couronne » (*kéter*) au Dieu créateur. Le mot *kéter* a été aussi employé dans un sens plus large, par exemple pour désigner l'étude de la Torah (Loi), qui représente le « couronnement » de la foi. Autre exemple, le Sefer Torah, qui abrite une copie sur parchemin de la Torah conservée dans l'arche de la synagogue : il est pourvu de deux cylindres auxquels est fixé le parchemin ; ceux-ci sont parfois coiffés d'une couronne ornementale, appelée précisément *kéter*. Ce nom est aussi donné à la *sefirah* (singulier de *sefirot*, les dix nombres ou degrés du monde divin) la plus importante.

→ Pentateuque, Sefer Torah, sefirot, synagogue.

Ketouvim ✡

Ketouvim (« écrits ») est le titre de la troisième partie de la Bible hébraïque, après la Torah et les Prophètes (Neviim). Ce mot est en effet révélateur de cet ensemble, appelé aussi Hagiographes (« écrits saints »). Il comprend des textes aussi fondamentaux que différents par leur style et leur contenu : les Psaumes, le livre de Job, les Proverbes, les Cinq Rouleaux (Ruth, Cantique des cantiques, Qohélet ou Ecclésiaste, Lamentations ou *Ékhah*, Esther), le livre de Daniel (essentiel dans l'élaboration littéraire de l'Apocalypse), Esdras et Néhémie (relatifs au retour des juifs de l'Exil après 538 av. J.-C.), et les Chroniques (historique), qui closent la Bible.

→ Hagiographe, Neviim, prophète, Torah.

Khadidja ☪

Khadidja fut la première (et unique de son vivant) femme de Mahomet (vers 570-632). Riche marchande de La Mecque, et veuve, elle l'engagea d'abord à son service, peut-être pour convoyer ses caravanes. Obtenant sa confiance, puis son amour, Mahomet accepta sa proposition de l'épouser, malgré la différence d'âge (quarante ans pour elle, vingt-cinq pour lui). Khadidja lui donna plusieurs enfants, dont Fatima, qui épousa Ali, cousin de Mahomet. Elle mourut en 619.

→ **Ali, Fatima, Mahomet, Mecque (La).**

Kharidjites ☪

Les kharidjites forment un courant ultraminoritaire de l'islam, mais leur rôle historique est très important et plonge dans les premiers temps de l'islam. Ils sont aujourd'hui disséminés au sein du monde musulman, surtout au Maghreb et au sultanat d'Oman (courant ibadite).

En 632, quand Mahomet meurt, la communauté des musulmans est placée sous l'autorité de ses successeurs (califes). Parmi ces derniers figure le quatrième calife, Ali, gendre et cousin de Mahomet. Durant son califat (656-661), Ali s'oppose à un rival, Moawiya, notamment à la bataille de Siffin. Celle-ci n'est pas conclue par les armes, mais par un arbitrage religieux, ce que refusent certains partisans d'Ali, qui le quittent : ce sont les « sortants » (kharidjites, de *kharidja*, « sortir »). Pourtant Ali leur permet de rester dans la communauté et de s'exprimer librement. Mais les kharidjites excommunient ceux qui soutiennent et valident l'autorité d'Ali. Car, en acceptant cet arbitrage, religieux mais humain, ce dernier s'est placé en rupture avec la volonté de Dieu, seul à pouvoir décider. Ils sont vaincus par Ali à la bataille de Nahrawan (658), qui laisse peu de survivants. Cependant, dénonçant une forme d'aristocratie née du califat, ils ne cesseront ensuite de prôner l'égalité sociale et religieuse, et de se révolter ou de soutenir des rébellions contre les oppresseurs. Continuant d'excommunier tout opposant, ils n'hésitent pas à prendre les armes. Mais leur virulence s'atténue au fil des siècles.

Les kharidjites fustigent l'incroyance (*koufr*) et tout incrédule (*kafir*). Ils réservent à tous les non-kharidjites les feux éternels de la géhenne (enfer) et prônent la violence pour renverser les régimes sunnites et chiites qu'ils considèrent impies. Ce rejet explique les assassinats qui jalonnèrent leur histoire.

→ **Ali, calife et califat, excommunication, kafir, mutazilisme.**

Khirqah ☪

Le manteau est un attribut vestimentaire très symbolique en islam, à l'image de la bourda que portait Mahomet (vers 570-632). Les soufis (mystiques), comme les derviches, portent ainsi la *khirqah* (« guenille »), fait de laine grossière et rapiécé, afin de symboliser leur attachement à la pauvreté et le renoncement au monde. Revêtir la *khirqah* marque l'appartenance à un rang élevé de la confrérie.

→ **Bourda, derviche, soufisme.**

Kibboutz ✡

Le kibboutz, particulier à l'État d'Israël où il reste très minoritaire (environ 5 % de la population), est un « village communautaire », dont la création remonte à 1911. Un membre du kibboutz est appelé *haver* (« compagnon »).

→ **Israël.**

Kippa ✡

Le couvre-chef est un moyen immédiat de distinguer un juif d'un gentil (non-juif). Le plus courant est le port de la *kippa* (« calotte » en hébreu, appelée *yarmulke* ou *kappelé* en yiddish). Les hassidiques (mystiques juifs) portent le *shtreimel* (ou *spodik*), un chapeau noir à larges bords.
« Sur la tête il lui mit le turban, et sur le devant du turban la fleur d'or ; c'est le signe de sainte consécration tel que Yahvé le prescrivit à Moïse. [...] Moïse fit alors approcher les fils d'Aaron, qu'il revêtit de tuniques, auxquels il passa des ceintures et fixa des calottes, comme Yahvé l'avait ordonné à Moïse. » C'est ainsi que le Lévitique (8, 9 et 13) évoque une coiffe ornant la tête du grand prêtre (Aaron) et des prêtres. La Bible mentionne en effet à plusieurs reprises l'existence de tels couvre-chefs. Dans le Temple de Jérusalem, le haut clergé avait recours à cette pratique,

commune dans d'autres civilisations proche-orientales, qui montre que la présence divine (*shekina*) est en permanence au-dessus de l'homme. Ce couvrement de la tête, signe de piété masculine, qui s'imposa peu à peu avec l'usage, fit l'objet de vifs débats. Il est prévu que ces attributs ne quittent pas la tête durant la prière, l'office à la synagogue, le shabbat et les bénédictions des repas. Pour la femme, la pudeur recommande de couvrir ses cheveux (symbole de l'intimité dans de nombreuses croyances) quand elle est mariée : il peut s'agir d'un simple fichu, d'un foulard, d'un chapeau, voire (très minoritaire) d'une perruque dans les communautés orthodoxes du judaïsme. Mais l'immense majorité des femmes juives découvre aujourd'hui leur chevelure.

→ **Gentil, hassidisme, shekina, synagogue, yiddish.**

Kislev ✡

Kislev (novembre-décembre) est le troisième mois du calendrier religieux juif et le neuvième mois du calendrier civil. Dans la Bible, il est lié au retour de l'Exil de Babylone, amorcé en 538 av. J.-C. Ainsi, dans le livre du prophète Zacharie (7, 1), un jeûne est fixé (vers 518-520) pour commémorer la prise de Jérusalem par Babylone en 587. Dans le livre de Néhémie (1, 1), celui-ci apprend, au mois de kislev, vers 445, dans quel état difficile se trouvent Jérusalem et la Judée. Hanoukkah, la fête des Lumières, qui commémore les Maccabées, débute le 25.

→ **Babylone, Exil, Hanoukah, Maccabées (livres des).**

Kol Nidré ✡

À l'office du soir (Maariv) de Yom Kippour, la fête des Expiations, le *hazzan* (chantre) de la synagogue entonne un chant très ancien, d'une beauté envoûtante : le *Kol Nidré* (« tous les vœux »). Celui-ci annule (devant Dieu) les vœux, promesses et autres décisions religieuses prises sans sincérité, voire sous la contrainte, depuis le dernier Yom Kippour. La nuit qui suit, placée sous le signe du *Kol Nidré*, prépare à la reconnaissance des péchés, personnels et collectifs, énoncés lors du Kippour.

→ **Expiation, Maariv, Yom Kippour.**

Kyrie †

En grec, *Kyrie eleison* signifie « Seigneur prends pitié ». Nous retrouvons cette formule dans les psaumes (prières) de la Bible, et l'Église catholique (de langue latine) l'emprunta sans doute dès le IVe ou Ve siècle au monde orthodoxe (de langue grecque). Cette prière est la seule de langue grecque parmi celles récitées au cours de la messe. Elle fait partie de l'accueil, partie inaugurale de la messe, car elle prépare à la pénitence.

→ **Messe, psaumes, Seigneur.**

L

L

Laïc ✡ ✝ ☪

Le mot « laïc » vient du grec *laos*, qui signifie « peuple ». Il s'applique à toute personne, croyante ou non, ne faisant pas partie d'un clergé, c'est-à-dire de ceux qui se sont engagés au service d'une religion. De même, la plupart des pays sont laïcs : les règles et le gouvernement n'obéissent pas à des lois religieuses.

Dans le monde juif, les communautés, réparties dans la diaspora, sont soumises aux régimes de leur nation d'appartenance. En Israël, démocratie parlementaire, les partis laïcs s'opposent aux partis très religieux, qui souhaiteraient que le judaïsme prenne une place prépondérante dans le fonctionnement politique.

Le christianisme, implanté dans le monde entier, a imprégné les cultures, mais ne préside plus aux destinées des nations. Cependant, les laïcs ont un rôle majeur, au travers du catéchisme (formation) par exemple, de l'entretien des lieux de culte, ou encore de l'assistance qu'ils donnent aux officiants (prêtre, pasteur, pope...). Nous les retrouvons aussi au sein d'organismes humanitaires tel le Secours catholique.

En islam, la notion de clergé n'existant pas, la laïcité n'a pas lieu d'être, excepté dans quelques pays (Irak et Turquie par exemple). De fait, Dieu, qui s'est exprimé dans le Coran, le Livre sacré, crée et commande tout, et l'homme ne peut se substituer à lui. Aussi les lois venant du Coran et des traditions (*hadith* et *Sunna*) sont-elles le socle de tout pays musulman, l'État et l'islam ne faisant qu'un. Cette réalité n'empêche aucunement la modernité, bien au contraire.

→ Clerc.

Lamentations ✡

Tout voyageur se rendant à Jérusalem est frappé par le spectacle qui se déroule devant le mur occidental (*kotel maarabi*) de l'ancien Temple. Ces pierres sont hautement saintes, car, pour le Midrash (commentaire de la Bible par les rabbins), elles sont le siège de la présence de Dieu (*shekina*), et l'ensemble ne peut être détruit – il semble que ce site ne soit un lieu saint que depuis le XVIe siècle. Cet unique vestige intact du Temple (détruit par les Romains en 70 apr. J.-C.) est, selon la tradition, situé tout près de l'endroit où se dressait le *debir*, le Saint des Saints où résidait Dieu. C'est devant ces pierres aux proportions parfois impressionnantes que les juifs, répartis par sexe sur une vaste place, viennent prier, se recueillir, suivre les offices, évoquer la disparition du Temple et l'Exil – ce qui explique son surnom chrétien de « mur des Lamentations ».

Le titre de *Lamentations* est justement appliqué à un splendide texte attribué à Jérémie. Mais les chercheurs ont découvert qu'il n'était pas de la main de ce prophète, bien que celui-ci ait été plongé dans le drame évoqué. Il s'agit en effet de cinq chants, dont le troisième est proche du style de Jérémie, composés avant et après la chute de Jérusalem et l'exil des Israélites en 587 av. J.-C. Quatre sont composés de vers commençant par une lettre de l'alphabet hébraïque, principe littéraire de la Bible que nous retrouvons dans les livres de la Sagesse. Le cinquième, quant à lui, compte vingt-deux vers (nombre des lettres de l'alphabet). Le titre de *Lamentations* est la traduction de *qinot*, « élégies » en hébreu, sous-entendu « funèbres », tant le deuil de l'auteur est profond. La Ville sainte est en ruines, le peuple exilé, le Temple abattu, l'Alliance avec Dieu compromise, voire brisée… Classées parmi les livres prophétiques dans la Bible chrétienne, juste après le livre de Jérémie, les *Lamentations* figurent parmi les Ketouvim, l'un des Cinq Rouleaux de la Bible hébraïque, sous le titre Ekhah, correspondant à leur premier mot (« Comme »). On le récite à la fête du neuvième jour du mois d'av.

→ **Cinq Rouleaux, av (neuvième jour de), Exil, Midrash, shekina, Temple.**

Laudes †

Les laudes sont la prière du matin dans les « heures » de l'office catholique. Elles marquent le lever du soleil et, avec les vêpres qui ont lieu le soir, forment l'un des deux rendez-vous quotidiens les plus importants, liés ainsi au rythme du ciel. Elles sont aussi une « louange » (*laus* en latin, pluriel *laudes*, d'où leur nom) au Christ ressuscité (comme la lumière de l'aube) après être mort le soir (lumière déclinante du crépuscule).

→ **Complies, grâce, heures, office, vêpres.**

Lavabo †

Durant la messe, le prêtre prononce, pendant l'offertoire, juste avant la célébration de l'eucharistie : « Lave-moi tout entier de mon mal et de ma faute purifie-moi », phrase extraite du psaume 50 (4). Avant le concile Vatican II (1962-1965), qui fit entrer les langues nationales, comme le français, dans la liturgie, il prononçait en latin ces mots, tirés du psaume 25 (6) : « *Lavabo inter innocentes manus meas* », c'est-à-dire « Je lave mes mains en l'innocence ». Ce lavement des mains, ou *lavabo*, est donc destiné à symboliser la purification du cœur avant le sacrement de l'eucharistie. Par extension, « lavabo » en est venu à désigner le récipient dans lequel on se lave les mains.

→ **Concile, eucharistie, psaumes, sacrement.**

Lazare †

Alors que la Passion approche, Jésus se rend à Jérusalem et au Temple. Dans la soirée, il va se reposer à Béthanie, bourgade située de l'autre côté du mont des Oliviers et, plus précisément, rapporte l'évangéliste Jean (11, 1-44), chez des disciples très proches (il parle de véritable amour), Lazare et ses deux sœurs, Marthe et sa cadette Marie. Pour l'évangéliste Luc, ces deux jeunes femmes ont des personnalités très différentes : si la première est très active et carrée, n'hésitant pas à interpeller Jésus pour que sa sœur l'aide au ménage (10, 40), la seconde est douce, mesurée, très attentive au message de Jésus. Celui-ci balaye d'un propos cet attachement au concret, et loue plutôt Marie qui « a choisi la meilleure part », le Royaume de Dieu. Un peu plus tard, Jésus manque d'être lapidé au Temple, et s'en va au-delà du Jourdain. Un message l'avertit alors que Lazare est souffrant. Mais il ne part que deux jours après, et, à Béthanie, il apprend que son ami est décédé et mis au tombeau depuis quatre jours. Marthe lui reproche ce retard, et Jésus répond : « Ton frère ressuscitera. » Mais ce retour ne se fera pas à la fin des temps (Jugement dernier) : « Je suis la Résurrection », dit-il. Marthe, comprenant qu'il peut vaincre la mort et donner la vie, déclare : « Tu es le Christ, le Fils de Dieu. » Jésus, très ému en voyant Marie en pleurs à ses pieds, ne peut s'empêcher de penser aussi à ses propres souffrances, qui approchent. Ensuite a lieu la résurrection de Lazare : la pierre ronde qui garde l'entrée du tombeau se met à rouler de côté. Sur ordre de Jésus, Lazare sort, « les pieds et les mains attachés, le visage enveloppé d'un suaire ». Ce miracle, première véritable résurrection selon Jean, vient aux oreilles des autorités juives de Jérusalem, qui se décident à éliminer Jésus, avant la Pâque très proche...

Selon une tradition occidentale, Lazare et ses sœurs, ainsi que d'autres personnes, dont Sarah, la patronne des gens du voyage, chassés de Jérusalem, auraient débarqué aux Saintes-Maries-de-la-Mer, en Camargue. Puis Lazare aurait été le premier évêque de Marseille (ce qui est historiquement impossible).

→ **Christ, disciple, miracle, résurrection, Royaume.**

Lazariste †

Nom donné aux Prêtres de la Mission, congrégation fondée en 1625, à Paris, par saint Vincent de Paul. Ces prêtres, formés au sein d'un séminaire, étaient ensuite chargés d'assurer des missions, c'est-à-dire l'évangélisation des pays encore non catholiques, ou, au sein de pays catholiques, de conforter la foi des populations, et tout cela dans un souci permanent de charité, le grand combat de saint Vincent de Paul. Les lazaristes existent toujours et rayonnent dans le monde entier.

L'origine du mot « lazariste » se trouve dans le Nouveau Testament, où Jésus, peu avant sa Passion, voit son ami Lazare sortir du tombeau, les mains et les pieds couverts de bandelettes de tissu, un suaire enveloppant son visage. À la faveur de la tradition, Lazare devint le saint des lépreux, dont les parties corporelles atteintes par la maladie étaient bandées, et que l'on isolait autrefois dans des « ladreries », déformation du mot « Lazare ». Déjà présente en Europe, la lèpre se répand à Paris au XIe siècle, apportée par les croisés de leurs périples au Proche-Orient. Il faut alors installer des ladreries. L'une d'elles, le prieuré Saint-Lazare (X^e^ arrondissement), voit le jour au XIIe siècle ; mais, en partie détruit lors de la guerre de Cent Ans, et la lèpre ayant reculé, il est confié en 1632 à saint Vincent de Paul pour y installer sa congrégation. Transformé en prison à la Révolution (1791), il est démoli en 1935.

→ **Lazare, séminaire.**

Léa ✡

Dans la Genèse, Léa est la fille de Laban, qui, résidant en Mésopotamie, accueille son parent Jacob. Celui-ci, devenu amoureux de la sœur de Léa, Rachel, sert Laban pendant sept ans afin de l'épouser. Mais, la nuit des noces, c'est Léa qui, profitant de l'obscurité, se glisse dans sa tente. Au matin, il comprend qu'il a été joué et s'incline : en tant qu'aînée, et en vertu de la tradition, Léa a le droit d'être mariée la première. Jacob doit donc travailler encore sept ans pour obtenir Rachel, qu'il épouse une semaine après Léa. Dieu, dans sa miséricorde, rend fertile Léa, la moins aimée, et stérile Rachel, l'adorée de Jacob. Léa donne ainsi naissance à six fils (Ruben, Siméon, Lévi, Juda, Issachar, Zabulon) et une fille (Dina). Rachel, de son côté, incapable d'enfanter, propose à Jacob de s'unir à sa servante Bihla, comme jadis Abraham s'unit à Agar : ainsi naissent deux garçons (Dan et Nephtali). Léa enjoint Jacob à faire de même avec sa servante Zilpa, qui enfante Gad et Asher. Dieu décide alors de rendre Rachel féconde : Joseph voit le jour. Lorsqu'il retourne en Canaan, la Terre promise, Jacob emmène ses deux épouses et ses enfants. Rachel meurt en donnant naissance à Benjamin.

Léa et Rachel, comme Rébecca leur belle-mère, femme d'Isaac, et Sarah, femme d'Abraham, sont considérées comme les mères d'Israël, les matriarches. De leurs fils descendront les douze tribus fondatrices d'Israël. À sa mort, Léa est enterrée à Hébron.

→ **Hébron, Isaac, Jacob, Joseph, Rachel, Rébecca, Sarah.**

Lectionnaire †

Le lectionnaire est, dans l'Église catholique, le livre contenant les extraits de « lecture » (*lectio* en latin), c'est-à-dire les passages de la Bible lus à la messe et lors des sacrements.

→ **Messe, sacrement.**

Légat †

Le légat, titre emprunté à l'administration de la Rome antique, est le représentant, l'« envoyé » du pape dans un pays étranger – il était autrefois l'administrateur d'un État appartenant au Vatican. Au contraire du nonce, sa mission est temporaire, mais reste importante, surtout lorsqu'il est *a latere*, c'est-à-dire choisi « à côté » (dans l'entourage proche) du pape.

→ **Nonce et nonciature, pape, Vatican.**

Légende †

Les matines étaient l'occasion de lire le passage d'une vie de saint, extrait ayant valeur d'exemple. Cette habitude, très ancienne, prit logiquement le nom de légende (du latin *legenda*, « ce qui doit être lu »). Pour cela, on puisait dans de nombreux récits qui, élaborés au fil du temps, avaient été constitués non pour établir des biographies au sens pur du terme, mais des « vies » célébrant la sainteté des sujets, la plupart martyrs. Nous trouvons donc des miracles, des tortures n'infligeant aucune souffrance, des apparitions de Jésus dans le corps d'animaux ou d'êtres humains... Tous ces éléments narratifs, qui peuvent étonner aujourd'hui, naquirent d'une tradition surtout orale qui, au Moyen Âge, restait le principal véhicule de la connaissance, l'imprimerie n'apparaissant en Europe qu'au XVe siècle. Ces récits furent le ferment de grandes ferveurs populaires : des saints tels que Christophe bénéficièrent d'un culte considérable, alors que leur existence reste plus qu'hypothétique. Les légendes des matines puisèrent dans le martyrologe du IVe siècle, mais le recueil le plus célèbre et le plus époustouflant est *La Légende dorée* (XIIIe siècle), de Jacques de Voragine. De nos jours, le choix des légendes est bien entendu beaucoup plus conforme à un souci d'authenticité.

→ **Martyr, matines, miracle, saint.**

Léviathan ✡

Dans la mythologie phénicienne, Baal et Yam, dieu de la Mer et fils de El, se livrent une lutte terrible dont Baal sort vainqueur. Ainsi, un texte du XIVe siècle av. J.-C., découvert à Ougarit (actuelle Râs-Shamra en Syrie), évoque un « serpent fuyard ». Ce thème a sans doute été repris par le prophète Isaïe qui, dans la Bible, écrit à propos du jour du Jugement : « Yahvé châtiera avec son épée dure, grande et forte, Léviathan, le serpent fuyard, Léviathan, le serpent tortueux, il tuera le dragon qui habite la mer » (27, 1). Nous retrouvons Léviathan (*liwyatan* en hébreu) dans les Psaumes ; le passage où l'on lit : « Toi [Dieu] qui fendis la mer par ta puissance, qui brisas les têtes des montres sur les eaux ; toi qui fracassas les têtes de Léviathan [les empires ennemis d'Israël] » (74, 14) se réfère à l'épisode de la mer Rouge dont Moïse fend les eaux pour laisser passer les Hébreux. Le Léviathan est aussi cité par Job, un juste durement éprouvé par Dieu et qui maudit le jour de sa naissance : « Que la maudissent [sa naissance] ceux qui maudissent les jours et sont prêts à réveiller Léviathan ! » (3, 8). Dans le face-à-face avec Dieu (exceptionnel dans la Bible) qui s'ensuit, Dieu a ces mots, qui font penser au crocodile du Nil : « Et Léviathan, le pêches-tu à l'hameçon, avec une corde comprimes-tu sa langue ? Fais-tu passer un jonc dans ses naseaux, avec un croc perces-tu sa mâchoire ? Est-ce lui qui te suppliera longuement, te parlera d'un ton timide ? S'engagera-t-il par contrat envers toi, pour devenir ton serviteur à vie ? T'amusera-t-il comme un passereau, l'attacheras-tu pour la joie de tes filles ? Sera-t-il mis en vente par des associés, puis débité entre marchands ? Cribleras-tu sa peau de dards, le harponneras-tu à la tête comme un poisson ? Pose seulement la main sur lui au souvenir de la lutte, tu ne recommenceras plus ! » (40, 25-32). Dieu rappelle ainsi son pouvoir de Créateur contre lequel nul ne peut lutter, pas même le pire des monstres. Car, précise le psaume 104 : « Voici la grande mer aux vastes bras, et là le remuement sans nombre des animaux petits et grands, là des navires se promènent et Léviathan que tu formas pour t'en rire. »

La tradition biblique et la littérature hébraïque se sont emparées de Léviathan, personnification du désordre et du mal, comme la Bête de l'Apocalypse – il figure sous le nom de Dragon dans la Septante, traduction grecque de la Bible. Pourvu de sept têtes, il a des yeux qui éclairent les profondeurs, une haleine qui fait bouillir la mer, et dégage une odeur épouvantable qui couvre les parfums du jardin d'Éden, empêchant toute vie. D'après des légendes, il sera tué par l'ange Gabriel, ou bien il s'entre-déchirera avec Béhémoth (autre monstre) dans un combat mortel. Mais, réveillé, il replongera le monde dans le chaos, le tohu-bohu d'avant la Création. D'après les écrits apocalyptiques juifs comme le livre d'Hénoch, Léviathan et Béhémoth, nés le cinquième jour de la Création, seront servis aux justes lors du repas messianique (au retour du Messie).

→ **Apocalypse, Béhémoth, Bête, El, Septante, tohu-bohu.**

Lévirat ✡

Dans le livre de la Bible qui porte son nom, Ruth épouse Booz (ou Boaz) qui, de toute façon, avait un droit sur elle en tant que proche parent de son mari défunt. Nous trouvons une situation proche dans le livre de la Genèse : Ônan doit se marier avec la femme de son frère Er, décédé, afin d'assurer une descendance – mais il préfère répandre sa semence sur le sol, et Dieu le fait mourir. Ce droit est celui du lévirat (du latin *levir*, « beau-frère »). Il repose sur un passage du Deutéronome (25, 5-10) : « La femme du défunt ne se mariera pas au-dehors avec un homme d'une famille étrangère. Son *lévir* viendra à elle [...] en la prenant pour épouse et le premier-né qu'elle enfantera relèvera le nom de son frère défunt ; ainsi son nom ne sera pas effacé d'Israël. » Et, pour celui qui refuse : « Celle à qui il doit le lévirat s'approchera de lui en présence des anciens, lui ôtera sa sandale du pied [rite appelé *halitsa*, de l'hébreu *halats*, « déchausser »], crachera à ses pieds et prononcera ces paroles : "Ainsi fait-on à l'homme qui ne relève pas la maison de son frère", et sa maison sera ainsi appelée en Israël : "Maison du déchaussé". » Les termes du lévirat furent détaillés dans le traité Yevamot du Talmud (prolongement de la loi orale), et intégrés dans le Nachim, troisième ordre de la Michnah (version écrite de la loi orale). Aujourd'hui, le judaïsme réformé et le judaïsme conservateur ont abandonné le lévirat. Quant à la *halitsa*, qui permet à la femme de se libérer de son obligation parentale et de pouvoir se remarier, elle est assimilée à un divorce par les orthodoxes. Cependant, pour les juifs, tout beau-frère doit assistance à une belle-sœur devenue veuve.

→ **Deutéronome, Michnah, Nachim, orthodoxe, Talmud.**

Lévites ✡

Selon la Bible, les lévites descendent de la tribu de Lévi, née de l'un des fils du patriarche Jacob (le troisième), comme Moïse et son frère Aaron, le premier grand prêtre. Ainsi, dans le Pentateuque (les cinq premiers livres de la Bible, ou Torah), les lévites sont chargés de transporter l'arche d'Alliance durant l'Exode. Mais à l'époque du Temple, ils n'appartiennent pas au clergé, et, contrairement aux prêtres qu'ils assistent, ils ne procèdent pas à des sacrifices. En revanche, ils touchent aussi une dîme (impôt dû par les juifs au Temple), la Mâaser Richon. Ils remplissent diverses fonctions, comme l'entretien, la préparation des animaux prévus pour le sacrifice, la musique (un privilège), le gardiennage – on en compte 6 900 à l'époque de Jésus, répartis en classes. Car la fonction de prêtre (*kohanim*) était réservée aux descendants directs d'Aaron. À la synagogue, le lévite assiste toujours le prêtre (*cohen*) ; il récite la Torah après lui.

→ **Jacob, Lévitique (livre du), Pentateuque, Temple.**

Lévitique, livre du ✡

Le Lévitique, troisième livre de la Torah (ou Pentateuque, qui comprend les cinq premiers livres de la Bible), est précisément le texte des « prêtres » (*levitikos* en grec), et son contenu fut valorisé par la tradition rabbinique. Il fait référence au lévite, le prêtre qui, à l'époque où ce livre fut achevé, c'est-à-dire après le retour de l'Exil et la consécration du Temple (515 av. J.-C.), détenait le sacerdoce.

Le Lévitique se présente comme une suite de lois (censées avoir été pratiquées par les Hébreux durant l'Exode). Ces règles portent d'abord sur l'investiture des prêtres (partie I) et la manière dont ils doivent conduire le rituel des sacrifices (partie II), dont l'holocauste. Le Lévitique poursuit (partie III) par les « règles relatives au pur et à l'impur » : animaux, femme ayant accouché, maladie comme la lèpre (une malédiction de Dieu selon la Bible), « impuretés sexuelles », et expiation par l'intermédiaire du célèbre « bouc émissaire ». Enfin, chacun doit pouvoir tendre à la sainteté, statut nécessaire pour approcher la pureté de Dieu. Le Code de sainteté (17-19), inséré au début de la Loi de sainteté (partie IV), contient ainsi des dispositions fondamentales, dont le célèbre « Tu aimeras ton prochain comme toi-même », c'est-à-dire aussi bien les juifs que les non-juifs. Cette dernière partie évoque également la codification des grandes fêtes, shabbat, Pâque (Pessah), Semaines (Chavouot), Tentes (Soukkot), Expiations (Yom Kippour), année sabbatique ou celle du jubilé...

→ **Bouc émissaire, holocauste, jubilé, lévites, Pessah, shabbat.**

Lilith ✡

Lilith, empruntée à la mythologie d'Assyrie et de Babylone, est, selon une tradition rabbinique, la première femme d'Adam, le premier homme créé par Dieu. Révoltée, elle est ensuite poursuivie par trois anges qui ne réussissent pas à la ramener à son époux. Nous la retrouvons dans le livre du prophète Isaïe (34, 14), où elle hante les ruines et les lieux désolés, en compagnie d'autres démons : « Les chats sauvages rencontreront les hyènes, le satyre appellera le satyre, là encore se tapira Lilith, elle trouvera le repos. » Suscitant désir et débauche, Lilith, voleuse d'enfants qu'elle dévore parfois, craint les amulettes. Le Talmud (prolongement de la Michnah, transcription écrite de la Loi orale) la décrit avec une longue chevelure, tandis que le *Zohar*, ouvrage de la kabbale (mystique juive), en fait la femme de Samaël et la mère des démons.

→ **Amulette, Babylone, démon, Isaïe, kabbale, Zohar.**

Litanie †

En langage chrétien, la litanie est une « prière » (*litaneia* en grec) particulière intervenant à diverses occasions, comme lors de l'ordination d'un prêtre. Chantée ou récitée, elle est adressée à Dieu, à la Vierge Marie ou aux saints, sous forme de dialogues entre un soliste et les fidèles. Le langage courant a repris le mot « litanie » pour l'appliquer à un discours interminable et lassant.

→ **Ordination.**

Liturgie ✡ † ☪

La liturgie est, d'après son origine latine, un « service public ». En religion, ce service est celui du culte, c'est-à-dire l'ensemble des cérémonies rendant hommage à une divinité. Juifs, chrétiens et musulmans possèdent ainsi leurs propres liturgies. Mais celles-ci diffèrent au sein d'une même religion en fonction des courants qui la composent ainsi que des coutumes locales et des langues (hébreu, arabe, latin, langues nationales ou anciennes...). Ainsi, ashkénazes et séfarades, les deux grandes familles du judaïsme, ne célèbrent pas toujours les fêtes de manière identique. Chez les chrétiens, catholiques, orthodoxes et protestants ont chacun leur liturgie et leur façon de célébrer l'eucharistie (messe) ; de très anciennes Églises, comme celle d'Éthiopie, pratiquent encore des rituels plus que millénaires. En islam, la prière quotidienne (*salat*) connaît également quelques variantes subtiles en fonction des communautés.

→ **Eucharistie, messe, office.**

Livre ✡ ✝ ☪

Avant d'utiliser la moelle de papyrus transformée en lamelles, puis le parchemin d'origine animale, et enfin le papier, le support de l'écriture était le *liber*, tissu se trouvant sous l'écorce du tronc des arbres. C'est de ce mot latin que vient celui de « livre ».

Le Livre devient un nom propre quand il se rapporte aux écrits saints (*ta biblia* en grec, d'où vient « bible »), c'est-à-dire inspirés directement par Dieu. Il en va ainsi de la Bible juive, surtout la Torah (Loi que Dieu transmit à Moïse), du Nouveau Testament chrétien, particulièrement les évangiles, qui rapportent la mission et le ministère de Jésus, enfin du Coran de l'islam, révélé par Dieu à Mahomet. C'est pourquoi ces trois religions sont appelées « religions du Livre ».

→ Ahl al-Kitab, Bible, Coran, évangiles, Testament, Tanakh.

Lot ✡ ✝ ☪

Les différents épisodes jalonnant l'histoire de Lot ont beaucoup inspiré les artistes, peintres et sculpteurs en particulier. Ces aventures sont racontées dans la Genèse, le premier ouvrage de la Bible, livre sacré des juifs. Lot est le fils d'Harân, frère d'Abraham, le premier ancêtre des juifs et le premier croyant en Dieu. Quittant la Mésopotamie, Lot suit Abraham jusqu'en Canaan, la Terre promise par Dieu. Ils s'y installent ensemble et vivent confortablement de l'élevage. Un jour, après que leurs bergers se sont disputés pour une histoire de place, ils décident de se séparer pour éviter toute discorde entre eux. Lot s'établit dans la vallée verdoyante du Jourdain, à Sodome. Mais dans cette cité, les habitants se livrent à la débauche sexuelle. Dieu, ne pouvant approuver une telle attitude, décide donc de l'anéantir, ainsi que Gomorrhe sa voisine, tout aussi pécheresse. Abraham intervient alors auprès de Dieu : il existe peut-être des justes (croyants exemplaires), voire un seul, à Sodome, qui doit donc échapper au châtiment. De fait, le seul juste est Lot, qui est averti du désastre imminent par des anges qu'il accueille chez lui – affichant ainsi le sens de l'hospitalité, si important pour tout croyant. Avertis de leur présence, les habitants mâles, du plus âgé au plus jeune, réclament qu'ils leur soient livrés afin d'assouvir leurs penchants. Lot refuse. Afin d'éviter la malédiction divine qui va s'abattre sur la ville, il s'échappe de nuit, accompagné de sa femme, de ses deux filles et des anges. Au moment de partir, ceux-ci leur recommandent de ne pas regarder en arrière : ce geste signifierait le regret de la richesse matérielle, alors que la véritable richesse est dans la foi. Au matin, un déluge de feu et de soufre anéantit Sodome et Gomorrhe. Ignorant la consigne, l'épouse de Lot, nostalgique de leur confort passé, tourne la tête : elle se change aussitôt en statue de sel, et forme ainsi l'une des concrétions qui caractérisent la mer Morte, ou « mer de sel ».

Lot et ses filles gagnent la montagne. Puis, ressentant une pulsion sexuelle et le besoin d'avoir une descendance, elles décident d'abuser de leur père. La nuit, elles l'enivrent avec du vin et, tandis qu'il est inconscient, elles s'accouplent à lui. Bientôt enceintes, elles vont donner naissance à deux peuples qui, pour la Bible, seront forcément détestables puisque issus d'une union incestueuse. En effet, ce sont Ammon et Moab. Quand, des siècles plus tard (fin du IIe millénaire av. J.-C.), Israël commencera à exister, ces peuples voisins, séparés de lui par la mer Morte (séparation également symbolique), seront parmi ses pires ennemis.

Issu donc de l'histoire du judaïsme, Lot a été repris, avec toute sa symbolique, par le Nouveau Testament (écrits saints du christianisme). Le Coran (livre sacré de l'islam), dans lequel il est appelé Loût, le considère comme un prophète. Mais il n'est pas fait allusion à une quelconque relation incestueuse avec ses filles, laquelle est bien sûr condamnable puisque, selon le Coran, les prophètes sont préservés par Dieu de ce genre de faute.

→ Abraham, Canaan, Genèse, Jourdain, Sodome et Gomorrhe.

Loubavitch ✡

En Russie, au XVIIIe siècle, Chnéour Zalman de Lyadi (1745-1813) fonde une branche au sein du hassidisme (courant mystique du judaïsme), le Habad. Depuis, ce mouvement a pris le nom de Loubavitch, village biélorusse où s'installa le fils et successeur de Chnéour Zalman, Dov Baer (1773-1827). Le terme Habad est l'acronyme (mot formé de syllabes d'autres mots) de *hokhman* (« sagesse »), *bina* (« discernement ») et *daat* (« connaissance »). Dans la kabbale, il s'agit de trois *sefirot* majeurs (les dix nombres ou degrés du monde divin), qui permettent de dépasser la simple émotion religieuse pour atteindre la plénitude, car ces *sefirot* permettent de puiser dans l'homme la part que Dieu a mise de lui-même lorsqu'il le créa à son image. Depuis le XIXe siècle, le Habad s'est à son tour réparti en familles, celle descendant de Dov Baer restant la plus importante.

→ **Hassidisme, kabbale, sefirot.**

Lumière ✡ ✝ ☪

Dans les trois religions du Livre, la lumière, comme pour de nombreuses croyances, est une source de vie d'origine divine. Par exemple, les offices juifs, chrétiens et musulmans sont fixés en fonction des différents moments de la journée, de l'apparition du soleil, où Dieu est loué pour lui avoir donné naissance, à son coucher, où l'on prie pour que la suivante soit propice. Le judaïsme possède ainsi la *menorah*, chandelier à sept branches, objet rituel très important, ainsi que le chandelier d'Hanoukkah (la fête des Lumières) à huit ou neuf branches, lesquelles symbolisent la foi qui ne s'éteint jamais. Dans le Nouveau Testament, livre sacré du christianisme, Jésus est qualifié de « lumière du monde », pour signifier sa nature divine. De fait, dans les églises, sa lumière et sa présence sont symbolisées par les cierges. Enfin, dans le Coran, livre sacré de l'islam, plusieurs sourates (chapitres) évoquent la lumière présente (Soleil, Aube, Clarté du Jour…). La plus connue est la 24e sourate, intitulée justement *La Lumière* (*An-Nûr*) : « Dieu est la lumière des cieux et de la Terre » (35), il éclaire le monde en général, les croyants (musulmans) en particulier, car il « guide, vers sa lumière, qui il veut ». Il est ainsi présent dans les mosquées, où les prières l'invoquent à « l'aube et au crépuscule » (36). Dans *La Table servie* (5, 44-46), la Torah (Loi juive de la Bible) et l'Évangile de Jésus (Nouveau Testament) sont considérés comme des lumières et des « directions », car ils furent révélés par Dieu lui-même.

→ **Cierge, Hanoukah, heures, menorah, office.**

Lune, la ☪

Le calendrier religieux musulman (comme, en partie, le calendrier juif) est lunaire. Le Coran, livre sacré des musulmans, lui consacre même son 54e chapitre (sourate), intitulé *La Lune* (*al-Qamar* en arabe). Celle-ci se fendra quand tombera le « décret immuable » de Dieu, le Jugement de tous les hommes à la fin des temps. Les incrédules constateront leur erreur, et les musulmans goûteront les délicieux jardins (paradis).

→ **Croissant.**

Luqman ☪

Luqman est un personnage auquel Dieu procure sa sagesse. Son nom a donné le titre de la 31e sourate (chapitre) du Coran (31, 12). En retour de ce don, Luqman enseigne à son fils le monothéisme, tout en le mettant en garde contre le danger du polythéisme. Mais cet enseignement s'adresse en réalité à tous les hommes, qui doivent choisir : être musulmans ou non-croyants. La soumission, ou plutôt le choix de s'en remettre à Dieu (sens du mot « musulman ») ne peut que s'imposer, car Dieu est le maître du jour et de la nuit, de la lune et du soleil ; il est la lumière.

→ **Fawatih, lumière, Sagesse de Dieu.**

Luthéranisme †

Ce mot est tiré du nom de Martin Luther (1483-1546), l'initiateur de la Réforme protestante. En 1517, ce moine catholique présente une série de questions adressées à l'Église catholique, dont notamment le point central de sa réflexion : les indulgences (rachat en argent des péchés) et la fonction ecclésiastique ne peuvent pas à elles seules apporter le salut, seule la foi en est la garante. Ces thèses, novatrices, remportent aussitôt du succès en Allemagne, son pays, puis en Europe, mais Luther est exclu de l'Église catholique. En 1530, la *Confession d'Augsbourg*, rédigée par Melanchthon, un proche de Luther, condense l'essentiel du message protestant, où la primauté est donnée aux écrits saints. Ce texte est considéré comme la profession de foi protestante, dont s'inspireront les autres familles de la Réforme (calvinistes, anglicans, méthodistes...). Il est aussi, et surtout, la charte du luthéranisme.

Les luthériens ne reconnaissent que deux des sept sacrements catholiques : baptême et eucharistie. En effet, même si certaines Églises luthériennes ont conservé la fonction d'évêque, l'ordination est absente, car le seul chef de l'Église est Jésus-Christ, et sa parole, contenue dans l'Écriture, la seule autorité. Les officiants (pasteurs) n'ont donc pas de raison de recevoir l'Esprit saint ; ils sont de simples intermédiaires du Christ et ne font qu'être les continuateurs des apôtres, les disciples les plus proches de Jésus.

Les Églises luthériennes, présentes surtout en Europe et en Amérique du Nord, se rencontrent pour la plupart au sein de la Fédération luthérienne mondiale, organe de dialogue et non directorial.

→ **Augsbourg (confession d'), baptême, eucharistie, évêque, indulgence, Réforme, sacrement.**

M

ض

M

Maamadot ✡

Les *maamadot* sont des prières non obligatoires, instaurées dès l'époque de la Michnah (version écrite de la loi orale), et en souvenir des habitants de Judée qui, devant assurer un service (*maamad*) au Temple de Jérusalem lors des fêtes, et ne pouvant s'y rendre en raison d'un *numerus clausus*, observaient un jeûne afin que les sacrifices faits au sanctuaire soient bénéfiques.

→ **Jeûne, Michnah, Temple.**

Maaravot ✡

Les *maaravot* sont des *piyyoutim* (poèmes) récités, dans le rite ashkénaze, avant les bénédictions qui précèdent et suivent le Chema, à l'office du soir (Maariv), la veille de fêtes et de shabbats spéciaux.

→ **Bénédiction, Chema, Maariv, piyyout, shabbat.**

Maariv ✡

Maariv, office du soir (*érev* en hébreu, d'où *arvit* ou *maariv*) dans la pratique juive, est célébré en principe au crépuscule. Ensuite, Dieu protège les fidèles durant la nuit. Selon la tradition, le patriarche Jacob en serait l'initiateur, comme le souligne la Genèse (28, 11) : « Il arriva d'aventure en un certain lieu et il y passa la nuit, car le soleil s'était couché. Il prit une des pierres du lieu, la mit sous sa tête et dormit en ce lieu. » À Maariv, on récite en semaine le Barekhou, le Chema, l'Amidah, l'Alénou, le Qaddich (prières) et des bénédictions. Pour le shabbat et les fêtes sont ajoutées d'autres textes, comme les *maaravot*, des poèmes.

→ **Bénédiction, prière.**

Maccabées, livres des ✡

Les deux livres des Maccabées furent écrits en hébreu sans doute au début du Ier siècle av. J.-C., mais ont été transmis en grec et n'ont pas été retenus par la Bible hébraïque, qui les considéra comme apocryphes – les Maccabées sont cependant évoqués à la fête d'Hanoukah. Le nom de Maccabées est celui d'une famille juive qui se révolta contre les Séleucides, dynastie issue de l'empire d'Alexandre le Grand et maître de la Palestine depuis l'an 200.

Le premier livre commence par le début du règne du roi Antiochus IV Épiphane (175-163), qui commet deux erreurs lourdes de conséquences. D'abord, il met à la tête du Temple de Jérusalem un grand prêtre qui ne fait pas partie de la lignée sacerdotale détentrice de ce poste qui le transmet de père en fils ; des combats fratricides s'ensuivent, opposant les tenants de la culture juive et les partisans de l'influence grecque. Ensuite, pour remplir ses caisses, il procède au pillage du Temple, et en fait un sanctuaire de Zeus en 167. Devant une telle profanation, un prêtre, Matthatias, dirige la révolte, mais disparaît presque aussitôt. Son fils Judas, dit Maccabée (mot venant peut-être de l'hébreu *maqqabah*, « marteau »), reprend le flambeau et s'empare du Temple. Ses frères Jonathan (160-143) et Simon (143-134) achèvent de reprendre non seulement la Judée, mais aussi la Palestine. Pour la première fois depuis 587, les juifs bénéficient d'une indépendance politique. Jean Hyrcan (134-104), fils de Simon (mort assassiné), est le fondateur de la dynastie des Hasmonéens, du nom d'Hasmoné, un ancêtre : il s'agit d'une véritable théocratie, où le roi est aussi le grand prêtre. Les Maccabées règnent jusqu'en 63, date de l'arrivée des Romains, qui installent Hérode le Grand sur le trône de Judée en 37.

Le second livre se consacre aux racines de la révolte et aux années 180 à 161 ; il a une visée plus religieuse qu'historique, insistant sur la notion de martyr, à l'image du prêtre Éléazar préférant mourir sous la roue que trahir sa foi. Les Maccabées appartiennent ainsi à la littérature de « persécution », au côté des livres de Daniel, Esther, Judith et Tobie.

→ Apocryphe, Hanoukah, Judée, Palestine, Temple.

Madhahib ☪

Ce mot désigne les courants et tendances juridiques qui, aux VIIIe et IXe siècles, interprétèrent la chariah (loi religieuse de l'islam) à partir du Coran (livre saint révélé à Mahomet par Dieu) et des traditions (*hadith*, paroles, actes et commentaires de Mahomet). Il vient du mot arabe *madhab*, qui signifie « direction », « orientation », « tendance ». En effet, dans la religion musulmane, le droit repose sur une interprétation des textes, qui dirige les comportements individuels et collectifs, en cherchant toujours l'intention de l'écrit sacré.

Dans le sunnisme, famille largement majoritaire de l'islam, ces écoles sont le chaféisme, l'hanaféisme, le malékisme et l'hanbalisme, chacune d'elles exerçant son autorité sur telle ou telle région de l'islam (les chaféites sont majoritaires en Indonésie, par exemple). Fondées par des *moujtahiddin* (savants), elles ont fourni le cœur juridique de la chariah.

Dans le chiisme, deuxième famille de l'islam, les duodécimains (présents surtout en Iran), courant principal, ont l'école jafarite. Aujourd'hui, ces courants sont traversés chacun par une multitude de sous-courants. L'appartenance à un seul d'entre eux devient de moins en moins pensable sous la pression des voix qui s'élèvent pour prôner un renouveau dans l'*ijtihad* (réflexions sur des points qui ne sont pas dans le Coran et la *Sunna*, la voie tracée par le Prophète).

→ **Chaféisme, duodécimain, hanaféisme, hanbalisme, jafarites, malékisme, sunnisme.**

Madrasa ☪

La madrasa est un « lieu d'étude » en arabe – on dit *medersa* au Maghreb (Afrique du Nord). Spécifique au monde sunnite, famille majoritaire de l'islam, et développée à partir du Xe et surtout du XIe siècle la madrasa était un centre d'études juridiques et théologiques, complétant ainsi la formation assurée par les mosquées, auxquelles elle était souvent accolée. La madrasa était installée dans des édifices parfois splendides, dont il reste des vestiges (Le Caire, Fès...).

→ **Mosquée.**

Maftir ✡

Au cours du shabbat et des fêtes, et pour les jours ordinaires, la dernière personne à monter (*aliya*) à la *bimah* (l'estrade) pour lire le passage du Sefer Torah prévu à cette occasion, est précisément « celui qui finit » (*maftir* en hébreu).

→ **Aliya, shabbat, Sefer Torah.**

Mages, rois †

Chacun connaît la célèbre fête de l'Épiphanie (janvier), où l'on rend mémoire aux rois mages qui, guidés par une étoile, rendirent visite à Jésus nouveau-né. Mais il est nécessaire de rappeler que ces personnages sont avant tout nés de la tradition populaire.

Dans le Nouveau Testament (écrits sacrés du christianisme), l'évangile de Matthieu cite simplement des mages (sans préciser de nombre) venus d'Orient, c'est-à-dire tout territoire en dehors de la Palestine. Symbolisant donc le monde païen, ils viennent saluer Jésus – dans le judaïsme ancien, le mot « mage » ne désignait pas des sorciers et autres prestidigitateurs, mais de grands esprits non-juifs, comme des prêtres ou des savants. Ils suivent en effet une étoile, astre qui, pour de nombreuses civilisations de l'Antiquité, présageait la naissance d'illustres personnages. Parvenus devant Jésus, ils lui offrent les trois produits les plus précieux de l'époque : or, encens et myrrhe (résines parfumées). Le récit de Matthieu les concernant s'arrête là.

En réalité, ce sont les écrits apocryphes (non retenus dans le Nouveau Testament) et la ferveur populaire qui fournirent la matière des légendes entourant ces visiteurs. Ils furent d'abord au nombre de trois, puis devinrent rois. On leur attribua des couleurs de peau et des prénoms, afin d'insister sur le symbole d'une reconnaissance universelle de Jésus, le sauveur des hommes : ce sont Gaspard, jeune et blanc (Europe), Balthazar, mûr et noir (Afrique), Melchior, âgé et asiatique.

→ **Nativité, païen, Palestine.**

Maghreb ☪

Le mot arabe *maghrib*, francisé en maghreb, signifie « le couchant ». C'est ainsi le nom de la prière (*salat*) quotidienne du soir. Il désigne aussi l'Afrique du Nord, considérée comme le couchant, tandis que le Levant (*Machrek*) correspond à peu près au Proche-Orient (Jordanie, Liban...). Le Maghreb est compris entre la Méditerranée au nord, le désert de Libye à l'est, le Sahara au sud et l'Atlantique à l'ouest. Les pays centraux en sont l'Algérie, le Maroc et la Tunisie, auxquels s'ajoutent la Libye et la Mauritanie.

→ **Berbères, Maures, salat.**

Magistère †

Le magistère (du latin *magisterium*, « fonction de maître ») est une fonction éminente de l'Église catholique. Celle-ci, partant du principe que Jésus confia à ses plus fidèles disciples (appelés apôtres) le soin d'enseigner son message, considéra que les évêques, en tant que successeurs des apôtres, continueraient de remplir cette mission, en particulier le premier d'entre eux, le pape.

Il existe ainsi un magistère ordinaire : le pape, les organismes de son gouvernement (au Vatican) et les conciles (réunions de tous les évêques du monde) transmettent réflexions et décisions à tous les catholiques du monde ; à l'échelle d'un diocèse (découpage administratif religieux d'un pays), les évêques (qui en sont responsables) se chargent de la formation et de l'information des fidèles, avec l'aide des paroisses (qui ont un prêtre à leur tête).

La seconde catégorie de magistère est dite extraordinaire en raison de son caractère exceptionnel : le pape, en liaison avec toute l'Église, prend une décision capitale en matière de dogme (fondement de la foi). Le seul (et dernier) magistère du XXe siècle a défini le dogme de l'Assomption de la Vierge (1950). Le concile est la fonction la plus importante dans l'œuvre du magistère.

Le mot « magistère », toujours dans le sens d'enseignement, désigne aussi un diplôme universitaire.

→ **Concile, dogme, ex cathedra, pape.**

Magnificat †

Le *Magnificat* est tiré de la phrase en latin « *Magnificat anima mea, Dominum* », « Mon âme exalte le Seigneur ». C'est par ces mots que Marie, mère de Jésus, chante sa joie d'avoir été comblée de grâce par Dieu qui l'a choisie pour porter son fils. Cette marque de dévotion est intégrée à l'Annonciation, rapportée dans le Nouveau Testament (écrits sacrés du christianisme), et plus précisément dans l'évangile de Luc (1, 26-38). Elle est aussi, dans cet ouvrage, le début d'un cantique (chant religieux). Celui-ci est intégré aux vêpres (soir), l'un des offices catholiques de la journée (les heures), mais aussi à d'autres célébrations.

→ **Annonciation, cantique, heures, Marie, vêpres.**

Mahdi ☪

En arabe, *mahdi* est celui qui est « bien dirigé », sous-entendu par Dieu. Le Mahdi doit venir à la fin des temps, au jour du Jugement dernier, pour instaurer la justice, la paix et l'amour, voulus par Dieu. Il a pour mission de restaurer la foi de l'islam, dont il est le garant et le dépositaire par Dieu, dans toute sa plénitude et sa vérité, purifiant ainsi tous les croyants des mauvaises influences (humaines) accumulées depuis la fondation de l'islam (VIIe siècle). Son intervention s'oppose à celle, démoniaque, de Dajjal, « l'Imposteur », toujours prêt à perdre les hommes. Le Mahdi apparaîtra en même temps que le Messie (Jésus), d'où son nom d'*el-Mahdi, el-muntadhar*, « Mahdi l'attendu ».

Cette croyance, très sensible par exemple dans le Maghreb, a émergé dès les premiers temps de l'islam. Elle n'est pourtant pas attestée par le canon (règle) musulman – le Coran, livre sacré de l'islam, n'en fait pas mention. Elle s'est pourtant développée au sein des deux familles de l'islam, les sunnites et les chiites, et de nombreux personnages historiques ont affirmé de leur vivant être le Mahdi. Le chiisme, courant principal des duodécimains (présent surtout en Iran), associe le Mahdi à l'« imam caché », le douzième imam, disparu au IXe siècle.

→ **Antéchrist, Christ, duodécimain, imam, Messie, millénarisme.**

Mahomet ☪

Mahomet est la francisation de l'arabe Muhammad (« le Louangé » en arabe). Il ne fut ni un être divinisé ni un personnage légendaire, mais un être humain bien vivant qui reçut de Dieu la révélation de son ultime volonté. En cela, il fut le messager (*rassoul*), l'envoyé de Dieu qui, par lui, paracheva l'alliance qu'il avait conclue avec les hommes par l'intermédiaire des prophètes. Les plus importants de ces hommes sont Abraham, Moïse, qui reçut la Torah (la Loi divine chez les juifs), et Jésus, qui transmit l'Évangile de Dieu, fondement du christianisme. Mahomet, appelé aussi « le Prophète », scelle ainsi définitivement la religion au Dieu unique par l'islam, dont il est le fondateur. Les grandes étapes de sa vie, essentiellement la seconde partie (610-632) qui débute par la révélation du Coran, peuvent être reconstituées à partir de ce livre sacré, des traditions relatives à ses propos et actions (*hadith* et *Sunna*), ainsi que du Sira (biographie datant du VIIIe siècle).

Né vers 570 à La Mecque (Arabie), Mahomet, fils d'Abdallah, appartient au clan hachémite de la tribu des Quraïch, prédominante dans cette ville commerçante. Vers six ans, après la mort de son père puis de sa mère, il est élevé d'abord par son grand-père, ensuite par son oncle Abou Taleb. À vingt-cinq ans, il épouse une riche veuve, Khadidja, qui lui donne plusieurs enfants, dont sa fille Fatima, qui épousera Ali, cousin de son père. Le Coran contient des passages de la Bible juive et du Nouveau Testament chrétien (surtout les évangiles), et on ne connaît à Mahomet aucun contact avec les juifs et les chrétiens vivant alors en Arabie. Il ne sait (sans doute) ni lire ni écrire. La Mecque est d'ailleurs une ville dont l'écrasante majorité des habitants, sinon la quasi totalité, est idolâtre et Mahomet ne serait sorti de La Mecque pour voyager que deux fois. Il quitte souvent la cité pour aller se recueillir et se reposer dans une grotte (Hira). C'est là qu'un jour de 610 (mois de ramadan), l'ange Gabriel (Djibril) lui apparaît et commence à lui dicter le Coran en langue arabe. La première personne à se convertir, dit-on, est son épouse Khadidja, qui meurt en 619.

Mahomet commence par condamner les idoles que les pèlerins viennent vénérer à la Kaaba, sanctuaire de La Mecque. En 622, sa position lui attire trop d'inimitiés, et il est contraint de fuir à Yathrib (Médine), au nord, avec quelques-uns de ses compagnons, dont Arqam. C'est l'Hégire, qui marque la naissance effective de l'islam. Car si la prédication de Mahomet a été jusque-là essentiellement religieuse, à Yathrib, où la révélation se poursuit, elle prend les accents de la conquête, du *djihad*. Il crée un État en rassemblant d'autres musulmans, religion et politique étant étroitement liées dans l'islam. En 624, ses troupes remportent la bataille de Badr, puis une victoire importante au Fossé (627), qui permet aux musulmans de faire un premier pèlerinage à La Mecque vidée de ses habitants. À partir de 631, La Mecque se soumet définitivement, les idoles sont détruites, les Mecquois se convertissent, la Kaaba est interdite aux non-musulmans en tant que résidence définitive et Mahomet y conduit un ultime pèlerinage, dit de « l'Adieu », dont il fixe le déroulement (c'est le *Hadjj*). Nous sommes en 632 : malade, il rentre à Médine où il meurt. Un successeur (calife) est nommé en la personne d'Abou Bakr, le père de son épouse Aïcha. En 652, sous le troisième calife, Othman, le Coran adopte sa version définitive. Il sera le support à partir duquel sera codifiée la langue arabe, ce qui lui donne une importance supplémentaire.

Pour l'islam, quiconque offense Mahomet, l'élu de Dieu, blasphème le Coran et Dieu. Le Prophète, appelé de dizaines de noms plus prestigieux les uns que les autres, comme al-Nour (« le Lumineux »), est l'objet d'une vénération et d'un respect permanents, entre autres à Médine, deuxième ville sainte après La Mecque, et avant Jérusalem, où Mahomet se rendit lors de son Voyage nocturne (*isra*).

→ **Coran, Hégire, Mecque (La), Médine, Quraïch (Les, ou Qoraychites).**

Mahzor ✡

Comme toute religion, le judaïsme possède un calendrier de fêtes qui suit un « cycle » annuel (*mahzor* en hébreu). L'origine du Mahzor remonte au Moyen Âge, et apparut d'abord chez les ashkénazes (juifs d'Europe centrale et orientale) : il se présentait sous la forme de manuscrits richement enluminés, recensant toutes les prières et textes du cycle des fêtes, et dans lesquels étaient notamment reproduits des *piyyoutim* (poèmes). Puis, en Italie, au XVe siècle, le Mahzor se vit adjoindre les prières des offices quotidiens, tandis que, devenu plus petit et moins luxueux, plus pratique d'utilisation, il commença à se généraliser. Le Mahzor varie en fonction des traditions communautaires : ashkénazes, séfarades (juifs du bassin méditerranéen) ou encore hassidim (courant mystique).

→ **Ashkénazes, hassidisme, piyyout, séfarades.**

Malachie ✡

Malachie (en hébreu *Malakhi*, « mon messager », sous-entendu de Dieu) est le dernier prophète de la Bible. Il intervient après la consécration du second Temple (515 av. J.-C.) et, sans doute, quelques années avant les missions de Néhémie et Esdras (445-398). Ce livre insiste sur la liturgie, le culte, le sacerdoce et les règles du judaïsme comme celles du mariage. Mais il se distingue par deux aspects importants. Il est en effet le premier à mentionner le rôle eschatologique (fin des temps) du prophète Élie (IXe siècle), messager devançant le « jour de Yahvé » proclamé par les prophètes depuis Amos : « Il ramènera le cœur des pères vers leurs fils et le cœur des fils vers leurs pères, de peur que je ne vienne frapper le pays d'anathème », conclut l'ouvrage (3, 24). Cette annonce sera reprise par le Nouveau Testament, où Jean le Baptiste et Jésus sont parfois vus chacun comme le nouvel Élie. Enfin, le livre de Malachie marque la fin des prophètes d'Israël. La Haggadah (ensemble littéraire élaboré par les rabbins) lui associe Aggée et Zacharie comme derniers prophètes.

→ **Aggée, Élie, eschatologie, liturgie.**

Malékisme ☪

Fondé par Malik ibn Anas (vers 710-795), qui fut formé par un compagnon de Mahomet, le malékisme, l'une des quatre écoles juridiques (*madhahib*) sunnites de l'islam, tient compte de la Tradition (*hadith*), mais a introduit la notion d'opinion personnelle et de coutumes (issues de Médine) dans l'élaboration du droit. Malik ibn Anas, qui passa sans doute toute sa vie à Médine, a laissé le plus ancien code juridique de l'islam, *Al-Mouwatta*.

→ **Hanaféisme, hanbalisme, madhahib, sunnisme.**

Mammon ✡ ✝

Mammon est un mot d'origine araméenne synonyme d'argent, de bien matériel, avec un sous-entendu péjoratif. La Bible ne le mentionne qu'une fois, dans un passage du Siracide (ou Ecclésiastique) consacré aux richesses : « Bienheureux le riche qui se garde sans tache et qui ne court pas après l'or [traduction grecque de Mammon] » (31, 8). Il était aussi en usage auprès de la communauté des esséniens de Qumrân, et figure, plus tard, dans de nombreux écrits rabbiniques, targoums, Talmud de Babylone et de Palestine.

Le Nouveau Testament le reprend par le nom propre « Argent ». On peut lire, sous la plume de l'évangéliste Luc (chapitre 16) : « Le malhonnête Argent » (9 et 11). Il figure aussi dans la formule célèbre (13) que clame Jésus lors de son discours sur la Montagne, rapporté par Matthieu, et où Mammon devient presque une divinité : « Vous ne pouvez servir Dieu et l'Argent » (6, 24).

→ **Esséniens, Montagne (discours sur la), Qumrân, Siracide ou Ecclésiastique, targoum.**

Mandorle †

Le mot « mandorle » vient de l'italien *mandorla*, qui signifie « amande » (*amygdalus* en latin). Ce fruit est chargé d'une riche symbolique : dans la Bible, l'amandier, par ses fruits purs entourés d'une coque résistante, est comparé à la parole de Dieu, qui résiste au mensonge et aux péchés. L'amande est un fruit précoce puisqu'elle apparaît à la fin de l'hiver (février ou mars), et son enveloppe solide la protège du froid et du givre. Reprenant ce phénomène naturel, l'art chrétien représenta sur ses églises des saints et des êtres célestes ou divins à l'intérieur de formes ovales, comme celles des mandorles : on y trouve Jésus, dont la nature humaine (coque) cachait sa nature divine, ainsi que sa mère la Vierge Marie.

Manne ✡

Quand les Hébreux commencent l'Exode, sous la conduite de Moïse, ils se mettent à regretter l'Égypte, car le désert ne peut leur fournir assez à manger et à boire. Dieu leur envoie alors chaque jour une nourriture providentielle, la manne, qui les accompagne jusqu'à l'arrivée en Canaan, la Terre promise, soit pendant quarante ans.

La manne tombe la nuit en même temps que la rosée, et se présente sous la forme de grains blancs, une sorte de résine. En la découvrant pour la première fois, les Hébreux s'exclament : « Qu'est-ce que c'est ? », *man hû* en hébreu, d'où vient « manne ». Des chercheurs ont avancé qu'elle aurait pu provenir du *Tamarix mannifera*, un arbre dont la résine, pilée et transformée en galettes, est encore consommée par les bédouins du Sinaï, qui était bien plus boisé à l'époque de Moïse.

→ **Bédouins, Canaan, Exode, Moïse, Sinaï.**

Marabout ☪

Le mot « marabout » s'applique à un personnage saint, à son descendant et, par extension, à toute réalité matérielle qui le concerne. Il est issu de l'arabe *murabit*, qui désignait autrefois le membre d'une confrérie installée dans un *ribat*, édifice communautaire fortifié. Le mausolée (*zaouïa*) qui abrite la dépouille du marabout est un lieu de dévotion, où l'on vient obtenir sa grâce (*baraka*). Cette forme de culte est plus particulière au Maghreb (Afrique du Nord).

→ **Ribat, saint, zaouïa.**

Marie † ☪

Marie (Myriam en hébreu) était un prénom fréquent en Palestine à l'époque de Jésus. Le Nouveau Testament en cite plusieurs, dont Marie de Magdala et Marie de Béthanie, la sœur de Lazare. La plus célèbre, et la plus éminente, est la mère de Jésus. Pourtant, hormis lors de l'Annonciation et de la Nativité, elle est très peu présente : seulement au miracle des noces de Cana, à la fin de la Passion, au pied de la croix et au début des Actes des Apôtres. La popularité dont elle fait l'objet, particulièrement depuis le Moyen Âge, est en grande partie due aux textes apocryphes (non reconnus par l'Église), surtout le *Protévangile de Jacques* (sans doute du IIe siècle), où l'on découvre sa naissance, son enfance et le nom de ses parents (Joachim et Anne). Mais chez les catholiques et les orthodoxes, et dans une moindre mesure chez les protestants, le culte qui lui est rendu vient avant tout des évangiles. Quand l'ange Gabriel lui annonce la naissance de Jésus, il la dit « comblée de grâce » ; Marie répond par une foi profonde et exemplaire.

Son enfant étant défini par l'Église « Fils de Dieu », Marie fut proclamée « Mère de Dieu » (*Theotokos* en grec) au concile d'Éphèse, en 431. Alors qu'il souffre sur la croix, Jésus la confie à Jean, qui rapporte : « Voici ton fils [...] voici ta mère » (Jn 19, 25-27). Marie est ainsi devenue la mère des chrétiens, statut confirmé au concile Vatican II (1962-1965), qui en a fait la « Mère de l'Église ». Marie, appelée Notre Dame ou encore *Panagia* (« toute sainte »), bénéficie d'un dogme catholique célèbre : l'Immaculée Conception. Tout ceci explique qu'elle soit très présente dans le calendrier chrétien. Par exemple, l'Assomption (fêtée le 15 août) célèbre son élévation au ciel après sa mort, pour rejoindre directement son fils, sans l'épreuve du tombeau. Enfin, l'Église reconnaît plusieurs apparitions de Marie : Cambridge (Angleterre), à Simon Stock (1251), Lourdes, à Bernadette Soubirous (1858), et Fatima du Portugal, à trois enfants (1917)...

Dans l'islam, la magnifique 19e sourate (chapitre) du Coran, composée de quatre-vingt-dix-huit versets, est consacrée à Marie (Maryam), considérée par les musulmans comme une sainte majeure, et par certains théologiens comme une prophétesse. Une autre splendide sourate (3) la concerne également, puisqu'elle porte le titre de *Famille d'Imran*, nom arabe de son père – on y retrouve Jean le Baptiste et son père Zacharie. Les chercheurs pensent que les détails rapportés dans le Coran proviennent en grande partie des écrits apocryphes chrétiens mentionnés plus haut. Marie est aussi présentée parfois comme la sœur d'Aaron, formule symbolique qui l'apparente à Moïse et à son frère, dont la sœur était Myriam (dans le sens qu'elle lui ressemble par la douceur de son caractère). Mais elle reste la mère de Jésus, et non la Mère de Dieu, l'islam ne croyant pas à la divinité de Jésus.

→ **Apocryphe, Annonciation, assomption, Immaculée Conception, nativité.**

Marie de Magdala †

Magdala est une ville établie sur la rive ouest du lac de Tibériade, en Galilée. C'est de là que vient Marie de Magdala, ou Marie la Magdaléenne (Lc 8, 2), la femme la plus citée des évangiles et l'une des disciples de Jésus. Celui-ci commence par la délivrer de sept démons (Lc 8, 2 et Mc 16, 9), sous-entendu d'une maladie grave. Elle va le suivre durant son ministère et sa Passion. Pourtant, selon Matthieu (27, 55-56), elle ne s'approche pas de la croix, au contraire de Jean qui la décrit au pied de celle-ci, avec Marie la mère de Jésus.

Marie de Magdala est ensuite l'élément clé de la Résurrection. Elle voit Jésus placé au tombeau le vendredi soir, et y revient le dimanche matin pour l'embaumer, en compagnie d'autres femmes. Mais elles découvrent le tombeau vide. Les apôtres Pierre et Jean (Jn 20, 1-18) viennent le constater et repartent chez eux. Marie, seule et éplorée d'avoir perdu le corps de son maître, aperçoit un homme, qu'elle prend pour le jardinier des lieux, et qui lui demande pour quelle raison elle sanglote. « Seigneur, si c'est toi qui l'as emporté, dis-moi où tu l'as mis. » L'inconnu dit simplement « Marie », et celle-ci reconnaît aussitôt Jésus ressuscité. Elle se jette à ses pieds et l'appelle *rabbouni*, diminutif de *rabbi* (maître), qui sous-entend des rapports affectueux. Jésus lui montre son attachement et sa confiance : « Ne me touche pas [*Noli me tangere*, grand thème de l'art sacré], car je ne suis pas encore monté vers le Père. Mais va trouver mes frères et dis-leur : je monte vers mon Père et votre Père, vers mon Dieu et votre Dieu. » Marie annonce l'événement aux disciples. Le premier témoin de la Résurrection est donc une femme.

→ **Dimanche, Jésus, Passion, résurrection, Tibériade, vendredi (saint).**

Marie-Madeleine †

Cette sainte, patronne des femmes, des filles repenties, des parfumeurs ou encore des gantiers, est un magnifique produit de la tradition, qui explique ces patronages différents. Elle associe en fait trois femmes présentes dans les évangiles : d'abord Marie de Magdala, disciple de Jésus ; ensuite une prostituée qui verse du parfum sur les pieds de Jésus avant de les essuyer avec ses cheveux (récit rapporté par Luc, 7, 36-50) ; enfin Marie de Béthanie (sœur de Lazare), qui fait de même. Elle a cependant bénéficié très tôt d'un culte populaire, notamment à Vézelay, dès le XIe siècle, où une basilique lui est consacrée. Ainsi, elle aurait débarqué en Provence, aux Saintes-Maries-de-la-Mer, avec Lazare et les femmes venues embaumer le corps de Jésus dans son tombeau ; elle est aussi célébrée à la Sainte-Baume, montagne provençale où elle aurait vécu dans une grotte (« baume » vient de « balme », la grotte, et non du latin *balamum*, « baume » ou « onguent »).

→ **Basilique, Jésus, Lazare, patron, saint.**

Maronite †

Le mot « maronite » se rattache au moine syrien Maron, mort au Ve siècle. Ses fidèles bâtirent un monastère en Syrie, dédié à sa mémoire, et affichèrent leur ralliement à l'Église catholique de Rome, alors que cette région du monde était en proie à des divisions religieuses. Aujourd'hui, les maronites, présents essentiellement au Liban, forment une Église catholique et uniate, c'est-à-dire de rite oriental mais rattachée à Rome. Leur liturgie est en effet en arabe et parfois en syriaque, langue ancienne du Proche-Orient.

→ **Catholique, liturgie.**

Maror ✡

Maror, pluriel *merorim*, sont les « herbes amères » que mangent les Hébreux durant le repas de Pâque, avant de se mettre en route pour la Terre promise (Canaan). Dans la Bible, le livre de l'Exode (12, 8) dit en effet : « Cette nuit-là, on mangera la chair rôtie au feu ; on la mangera avec des azymes et des herbes amères. » Un rite qui devra se perpétuer de génération en génération, et qui est observé au cours du Séder (déroulement) de Pessah (Pâque), en souvenir de la dure condition d'esclave en Égypte. Parmi les herbes utilisées, citons la laitue, le céleri, la chicorée, le raifort ou encore le chèvrefeuille et le persil. En général, on les mange d'abord mélangées à d'autres aliments et ensuite telles quelles, pour s'imprégner de l'amertume de la servitude d'autrefois.

→ **Azyme, Exode, Pessah, Séder.**

Marranes ✡

Marrane (*marrano* en espagnol, *marrão* en portugais) signifie « porc » ! Ce nom péjoratif fut donné aux juifs d'Espagne et du Portugal qui, dès la fin du XIVe siècle, furent contraints d'embrasser massivement le catholicisme. Cependant, même baptisés, certains d'entre eux continuèrent de pratiquer en secret leur religion, d'où leur autre appellation de crypto-juifs (« juifs cachés »). Pour ne pas renier la religion juive et pour échapper aux griffes de l'Inquisition espagnole, créée en 1481 (1536 au Portugal), ces *conversos* furent expulsés aux XVe-XVIIIe siècles, trouvant refuge sur d'autres continents. Les juifs baptisés, restés dans la péninsule Ibérique, ne furent pas pour autant considérés comme des citoyens à part entière, et se virent privés de certains droits. Les inquisiteurs n'hésitaient pas à recourir à la torture pour faire avouer les personnes suspectes de « judaïser » (pratiquer) ou de faire des prosélytes (convertis). Les « coupables » perdaient ainsi leurs biens, quand ce n'était pas la vie en finissant sur le bûcher. Pourtant, nombreux furent ceux qui, secrètement, conservaient leur foi juive. Quant à l'éparpillement des marranes, notamment en terres musulmanes et protestantes (Hollande par exemple), il contribua à l'établissement de nouvelles communautés de la diaspora (ensemble des populations juives réparties dans le monde).

→ **Diaspora, Inquisition, juif, prosélyte.**

Martyr ✡✝☪

Le martyr est, étymologiquement, un « témoin » (*martur* en grec). Il a donné sa vie pour défendre sa foi quand elle était attaquée ou persécutée, refusant toujours de se convertir. Chacune des religions du Livre déplore ainsi des martyrs, lesquels furent essentiellement les victimes de machinations humaines et politiques.

Le judaïsme, particulièrement persécuté pendant des siècles, a connu les pires moments de son histoire avec la Shoah, orchestrée par les nazis durant la Seconde Guerre mondiale. Cette période dramatique est à l'origine du « devoir de mémoire » inscrit dans la conscience mondiale. Le calendrier juif comporte plusieurs rendez-vous associés aux heures noires, comme Pourim (fête des Sorts) ; les ashkénazes, l'une des deux grandes branches du judaïsme, adressent une prière spéciale aux martyrs morts pour « la sanctification du nom » de Dieu (*qiddouch ha-chem*) : c'est le *av ha-rahamim* (« Père miséricordieux »). Le christianisme, quant à lui, fut persécuté par les Romains jusqu'en 313, année où l'empereur Constantin publia un édit y mettant fin et officialisant cette religion. Les premiers saints chrétiens furent des martyrs, recensés dans un martyrologe. L'islam compte aussi ses martyrs (*shahid* en arabe), qui, en vertu du principe du *djihad* (« effort »), accéderont au paradis. Le plus emblématique est Hussein, petit-fils de Mahomet, mort à la bataille de Kerbala (680), en Irak.

→ Marranes, saint, Shoah.

Massacre des Innocents ✝

Le massacre des Innocents est un événement concernant Jésus, et rapporté par le Nouveau Testament, plus précisément l'évangile de Matthieu (2, 1-23). Hérode le Grand, roi des juifs et de la Palestine (40-4 av. J.-C.), reçoit à Jérusalem des mages (étrangers) qui lui demandent : « Où est le roi des juifs [Jésus] qui vient de naître ? [...] nous sommes venus lui rendre hommage. » Certain qu'un tel roi pourrait lui porter ombrage, il apprend qu'une naissance a eu lieu à Bethléem, à neuf kilomètres de là, village où les prophètes d'Israël ont situé la naissance du sauveur des juifs, le Messie (Christ en grec). Il convoque les mages et leur donne la mission de revenir avec le maximum d'informations concernant l'enfant. Mais ils ne reviennent pas. Furieux, Hérode décrète l'assassinat de tous les enfants de moins de deux ans, à Bethléem et ses environs. Joseph, averti par un ange, emmène Marie et Jésus se réfugier en Égypte. À la mort d'Hérode, ils vont s'installer à Nazareth, en Galilée.

→ **Bethléem, Hérode, mages (rois).**

Massorah ✡

Du VIIe au Xe siècle, en Babylonie et en Palestine, œuvrèrent les « maîtres de la Massore » (*baale ah-massoret*), francisation de Massorah (« tradition », « transmission »), grands esprits qui contribuèrent à l'évolution de la langue hébraïque. Ces *massoret* mirent au point les règles de lecture et de chant de l'hébreu et de l'araméen composant le texte authentique (le plus ancien) de la Bible, qui fut ainsi préservé. Ensuite qualifié de « massorétique », ce texte, auparavant d'un seul tenant, vit ses mots et ses phrases séparés par des espaces. Il fut lui-même divisé en sections, pourvu de versets, et, pour vocaliser les mots, de signes sur les lettres, uniquement des consonnes, principe des langues sémitiques, afin de figurer voyelles et accents. En marge, les *massoret* indiquèrent le mot (*ketiv*) dont la forme ne correspond pas à la façon de le prononcer (correction appelée *querê*, « à lire »), ce qui permit de distinguer les mots différents mais s'écrivant de la même manière. Avec le temps, c'est la Massorah de Palestine (dans laquelle les signes sont indiqués sous les mots), plus précisément de Tibériade, qui s'imposa, celle d'Aaron ben Asher (milieu Xe siècle), membre d'une famille éminente de *massoret*. Elle est reproduite sur les Bibles hébraïques.

→ **Bible, Sefer Torah, Tibériade, Torah, Vulgate.**

Mathusalem ✡

Dans le langage courant, le nom de Mathusalem est utilisé pour désigner une personne très âgée. Son origine est à puiser dans la Genèse : Mathusalem, descendant d'Adam et grand-père de Noé, est l'homme ayant vécu le plus longtemps, soit neuf cent soixante-neuf ans (5, 25-27). Cette durée est bien entendu improbable, mais les récits bibliques – comme d'autres textes antiques – attribuèrent de tels âges à des personnages (patriarches) dont ils voulaient vanter les mérites. Cette longévité va aussi de pair avec un monde où le péché est encore peu présent. Après le Déluge, elle se réduira inévitablement avec le temps et la multiplication des fautes commises par les hommes, comme par exemple l'épisode de la tour de Babel… Mathusalem est aussi le fils d'Hénoch.

→ **Adam, Hénoch, Noé, patriarche.**

Matines †

Les matines font partie des trois grandes « heures » de l'office divin chrétien. Autrefois récitées au lever du jour, elles interviennent aujourd'hui dans la nuit et sont essentiellement pratiquées en milieu monastique. Appelées aussi « vigiles » (du latin *vigilia*, les divisions de la nuit chez les Romains), elles comportent la lecture d'une « légende », extrait de la vie d'un saint, un commentaire des Pères de l'Église et la récitation de plusieurs psaumes.

→ **Heures, office, Père de l'Église, psaumes.**

Matsah ✡

C'est le « pain azyme » (*matsah* en hébreu) que les Hébreux, au moment de partir pour l'Exode, emportèrent avec eux car ils étaient si pressés qu'ils n'eurent pas le temps de faire lever la pâte. C'est ainsi que, pour Pessah (Pâque), fête célébrant entre autres la libération d'Égypte, le livre de l'Exode (12, 15-20), plus tard relayé par la Halakhah, fixe les règles entourant la consommation de la *matsah* : « Pendant sept jours, vous mangerez des azymes. Dès le premier jour, vous ferez disparaître le levain de vos maisons car quiconque, du premier au septième jour, mangera du pain levé [*hamets*], celui-là sera retranché d'Israël. […] Vous observerez la fête des Azymes, car c'est en ce jour-là que j'ai fait sortir vos armées du pays d'Égypte. Vous observerez ce jour-là dans vos générations, c'est un décret perpétuel. » La *matsah* est faite à partir des céréales autorisées (avoine, blé, épeautre, froment, orge, seigle). Elle représente ainsi la liberté mais aussi l'ancienne servitude, comme le rappelle le Deutéronome (16, 3) : « Tu ne mangeras pas, avec la victime, de pain fermenté ; pendant sept jours tu mangeras avec elle des azymes – un pain de misère – car c'est en toute hâte que tu es sorti du pays d'Égypte : ainsi tu te souviendras, tous les jours de ta vie, du jour où tu sortis du pays d'Égypte. »

→ **Azyme, Deutéronome, Exode, Halakhah, pain, Pessah.**

Maures

Les maures étaient désignés ainsi par les Romains parce qu'ils avaient « la peau sombre » (*mauros* en grec), le latin *maurus* signifiant « africain ». Ces *mauri* (*maurus* au singulier), que Rome conquit au Ier siècle apr. J.-C., étaient installés à l'ouest du Maghreb (Maroc et Algérie par exemple) ; la Mauritanie, concernée en partie par cette implantation, en tire son nom. Le terme de *mauri* s'appliqua ensuite à l'ensemble des populations du Maghreb, les Berbères, qui l'adoptèrent. Islamisés par les Arabes dès le VIIe siècle, ils suivirent ces derniers en Espagne, dont la conquête commença en 711. Les Européens appelèrent ainsi Maures (*Moros* en espagnol) les Arabes et les Berbères, sans distinction. En 1492, quand la présence musulmane s'acheva définitivement, des Arabes restèrent en Espagne, épousant la foi catholique, la plupart en apparence : ce sont les *moriscos* (diminutif de *Moros*), ou morisques, ou encore maurisques, qui furent expulsés définitivement en 1610. L'art maure (ou mauresque) a laissé des témoignages en terre espagnole.

En Europe, le terme « maure » finit par désigner le musulman en général, et l'on trouve encore des traces de cette interprétation. Ainsi, les musulmans des Philippines sont les Moros.

→ **Arabie, Bédouins, Berbères.**

Mecque, La

Située dans l'actuelle Arabie Saoudite, La Mecque (Makka en arabe) est la première ville sainte de l'islam. Tout musulman se doit d'y faire le grand pèlerinage (*Hadjj*), l'un des Cinq Piliers de cette religion. Mais La Mecque est aussi et surtout la ville natale de Mahomet (vers 570-632), le Prophète, qui reçut là le début de la révélation (donnée par Dieu) du Coran, livre sacré des musulmans où La Mecque est très présente – par exemple dans la 90e sourate (chapitre), intitulée *La Cité* (vingt versets). Enfin, la prière musulmane est toujours dirigée vers La Mecque (*qibla*), d'où qu'elle vienne.

Quand Mahomet voit le jour, La Mecque est une cité marchande sur la route des caravanes qui, partant du sud de l'Arabie (Yémen, Éthiopie), sert au convoi des marchandises parfois précieuses, comme l'encens, vers les régions du nord (Palestine, Syrie, Byzance...). Sa tribu, celle des Quraïch, y occupe une place prédominante et s'est enrichie grâce à ce commerce. La religion alors en vigueur est un polythéisme qui attire des pèlerins venant, non loin d'une source sacrée (Zemzem), vénérer leurs idoles dans un lieu également sacré, la Kaaba, dont ils font le tour (circumambulation) – autant de rites que nous retrouvons dans le *Hadjj*. En 610, Mahomet reçoit le début de sa révélation dans une caverne (Hira) proche de la ville. Mais il se heurte bientôt à l'hostilité des habitants, notamment les Quraïch, et doit fuir au nord, à Médine, en 622 : c'est l'Hégire, qui marque la naissance de l'islam. Commence alors la conquête qui fragilise le commerce mecquois. La ville finit par tomber aux mains des musulmans en 630, et ses idoles sont détruites. Mahomet fixe ensuite les règles du *Hadjj*, qui se déroulera à La Mecque. Éclipsée au profit de Médine comme capitale de l'islam, puis de Damas sous la dynastie des Omeyyades (660-750) et de Bagdad sous celle des Abbassides (750-1258), La Mecque retrouve un rôle de premier plan avec les chérifs (966-1924), descendants de Mahomet. En 1924, elle est intégrée au royaume d'Arabie Saoudite, où règnent toujours les Wahhabites. Elle reste cependant un pôle essentiellement religieux, sans importance politique majeure.

→ **Hadjj, Hégire, Hira, Kaaba, Mahomet, miraj, qibla.**

Médine ☪

Médine est la deuxième ville sainte de l'islam, après La Mecque. Outre son rôle éminent dans la naissance de l'islam, elle est un lieu de recueillement et de pèlerinage. Les musulmans ayant effectué le *Hadjj* (grand pèlerinage à La Mecque) poursuivent souvent celui-ci en venant se recueillir à Médine, où sont enterrés Mahomet lui-même et sa fille Fatima, le premier (Abou Bakr), le deuxième (Omar) et le troisième (Othman) califes (ses successeurs), ainsi que d'autres figures éminentes de l'islam.

Vers l'an 570, Mahomet voit le jour à La Mecque (Makka en arabe), ville marchande située dans la région du Hedjaz, qui abrite une autre ville commerçante : Yathrib. En 610, il reçoit à La Mecque le début de la révélation du Coran, et Dieu fait de lui son messager, son Prophète. Dès lors, il prêche à ses compatriotes les fondements de la nouvelle religion monothéiste née de cet événement capital. Mais, devant l'opposition des Mecquois, il doit fuir (Hégire) et gagne Yathrib. Cette ville devient désormais Madinat an-Nabi, « la cité du Prophète », d'où vient le nom « Médine ». Le séjour de Mahomet dans cette ville marque la naissance de l'islam et de son premier État, car c'est depuis Médine « la lumineuse » (al-Mounawara) qu'il mène le début de la conquête : La Mecque est prise en 630. C'est aussi à Médine qu'il continue de recevoir la révélation du Coran, et qu'il choisit d'établir le cœur de l'islam. Mais Ali, son gendre et cousin devenu le quatrième calife (656), doit lutter contre des rivaux et se voit contraint de fuir Médine et de s'installer à Koufa (Irak), où il est assassiné (661). Médine, délaissée, l'est encore davantage quand Damas devient la capitale du califat, sous la dynastie des Omeyyades (660-750). À la suite d'une révolte, ces derniers la détruisent en 683 : pour Médine commence une période de décadence. Intégrée comme le reste de l'Arabie dans les empires musulmans successifs, elle fait aujourd'hui partie, à l'instar de La Mecque, du royaume wahhabite d'Arabie Saoudite, fondé en 1924.

→ **Calife et califat, Fatima, Hedjaz, Hégire, Mecque (La).**

Megillot ✡

Les Megillot (Megillah au singulier) sont les « Cinq Rouleaux » de la Bible, lus à des occasions particulières du calendrier juif : Cantique des cantiques, Ruth, Lamentations de Jérémie, Qohélet, Esther. Si tous étaient autrefois effectivement copiés à la main sur des rouleaux de parchemin, ce mode de reproduction ne concerne plus aujourd'hui que le livre d'Esther (lu à Pourim), qui par conséquent est devenu le seul Megillah – sa récitation est abordée dans le traité Megillah de l'ordre Moed de la Michnah (version écrite de la loi orale).

→ **Bible, Cinq Rouleaux, Michnah, Moed.**

Melkite †

Le mot « melkite » vient du syriaque (langue ancienne de Syrie) *malka* (« roi »). En effet, à partir du Ve siècle, les chrétiens de Syrie et d'Égypte, puis tous ceux du Moyen-Orient étaient surnommés « royalistes ». D'abord en raison de leur dépendance affichée à l'empereur de Constantinople (ancienne Byzance et actuelle Istanbul), lui-même à la fois souverain et chef de la Chrétienté. Ensuite parce qu'ils reconnaissaient les deux natures de Jésus, humaine et divine, la doctrine officielle de l'Empire.

Il est donc logique que les melkites aient adopté le rite byzantin (en grec), et suivi le monde orthodoxe, dont le cœur était Constantinople, quand il y eut séparation avec l'Église catholique de Rome (1054). Cependant, au fil des siècles, les melkites ont fini par se rapprocher de Rome, certains choisissant de devenir catholiques, puis, en 1724, de rallier le camp de l'uniatisme (rites orientaux et rattachement à Rome). Les autres restèrent orthodoxes. Les melkites catholiques sont présents en Égypte, au Proche-Orient (Liban, Syrie, Jordanie...), en Amérique, en Europe. Leur liturgie est en arabe.

→ **Liturgie.**

Menorah ✡

La *menorah* (« candélabre »), chandelier comportant le plus souvent sept branches, est indissociable des représentations de l'art juif et des synagogues. Elle était en fonction dans le Temple de Jérusalem où, symbole de la Sagesse de Dieu, elle diffusait en permanence une lumière représentant la Torah (la Loi divine) donnée par Dieu. Pour la Bible, la *menorah* fut ordonnée par Dieu à Moïse afin d'éclairer le Tabernacle, la tente où il demeurait durant l'Exode. Dans la Bible, le livre de l'Exode précise justement : « Tu feras un candélabre d'or pur [...] Six branches s'en détacheront sur les côtés. [...] La première branche portera trois calices en forme de fleur d'amandier, avec bouton et fleur [...] Le candélabre lui-même portera quatre calices en forme de fleur d'amandier, avec bouton et fleur [...] Les boutons et les branches feront corps avec le candélabre et le tout sera fait d'un bloc d'or pur repoussé. Puis tu feras ses sept lampes. On montera les lampes de telle sorte qu'elles éclairent en avant de lui. Ses mouchettes et ses cendriers seront d'or pur » (25, 31-40).
La *menorah* fut enlevée par les Romains lors de la destruction du Temple en 70 apr. J.-C., et exhibée en triomphe à Rome. Dans cette ville, l'arc de Titus représente cet objet sacré, que l'État d'Israël a reproduit pour en faire son emblème. Dans les synagogues, une « lumière perpétuelle » (*ner tamid*) rappelle la *menorah* du Temple.

→ **Exode, Hanoukah, synagogue, tabernacle, Temple.**

Messe †

La messe est la célébration de l'eucharistie instituée par Jésus, c'est-à-dire le partage du pain et du vin, qui symbolisent son corps souffrant sur la croix et son sang versé pour le salut des hommes. Pour être précis, elle fait partager le repas du Seigneur, selon la formule que saint Paul emploie dans sa première épître aux Corinthiens (11, 17-34), l'un des ouvrages du Nouveau Testament (écrits saints du christianisme, avec la Bible). Les fidèles peuvent participer à la fois au sacrifice, à la mort puis à la résurrection de Jésus, qui est ainsi présent en chacun d'eux.

Les premiers chrétiens avaient déjà coutume de célébrer l'eucharistie au cours de repas fraternels (les agapes). Puis, au IVe siècle, apparut la phrase latine *Ita missa est* (« Allez, l'action est accomplie »), prononcée à la fin des offices, et d'où vient le mot « messe ». De nos jours, pour les catholiques, les orthodoxes, les anglicans et les Églises anciennes d'Orient, seul le sacrement de l'ordination (don de l'Esprit saint) permet à quelqu'un (prêtre, pope...) de célébrer la messe – la concélébration est la célébration de la messe par plusieurs prêtres. Pour les protestants, l'officiant n'étant qu'un simple intermédiaire, l'ordination ne peut être un sacrement.

La messe catholique a connu ses derniers changements au concile Vatican II (1962-1965). Elle varie selon les fêtes et les occasions, mais son déroulement s'organise selon quatre étapes suivies de la bénédiction finale. L'accueil prépare le fidèle à recevoir la Parole de Dieu en reconnaissant sa condition de pécheur : il débute par un chant et se poursuit par la prière du *Kyrie* (« prends pitié »), parfois du *Confiteor* (« je confesse ») ou du *Gloria* (gloire à Dieu), et se termine par une prière. Puis vient la Parole de Dieu, qui commence par la lecture d'extraits de la Bible et du Nouveau Testament, que l'officiant commente (homélie) ; elle est suivie d'un chant, d'un psaume, le *Alleluia*, et d'une prière d'intercession aux intentions des fidèles. Ensuite a lieu l'eucharistie : le pain et le vin sont offerts (offertoire) et consacrés : le célébrant élève l'hostie puis le calice, invoque l'Esprit saint (épiclèse) et intercède auprès de Dieu en faveur des vivants et des morts, il rend grâce à la Trinité (« au nom du Père, du Fils et du Saint-Esprit »). Elle est suivie par la communion, au cours de laquelle les participants communient au Christ par le pain et le vin consacrés. Enfin, la messe se termine par une bénédiction et une formule : « Allez dans la paix du Christ. »

→ **Autel, communion, eucharistie, lavabo.**

Messie

Dans le langage courant, le messie est une personne attendue avec impatience, car elle apportera la solution à une question jusque-là sans réponse. Par exemple, un homme politique est attendu comme le messie en cas de crise grave. Cette conception très humaine est pourtant conforme au sens original de ce mot.

Dans la Bible, livre saint du judaïsme, il est rapporté que les rois et les prêtres, fonctions attribuées par Dieu, recevaient onction royale et onction sacerdotale. En effet, pour marquer le caractère sacré de leur mission, ils avaient le front oint d'une huile sainte – de même que les prophètes, envoyés de Dieu. De fait, David (vers 1010-970 av. J.-C.), considéré comme le plus grand roi d'Israël, fut choisi selon le cœur de Dieu et oint. Mais après son règne et celui de son fils Salomon (970-931), Israël se divisa en deux royaumes, tantôt amis, tantôt ennemis : Juda, où régna la dynastie de David, et Samarie. Lorsque, en 736, ce dernier, allié à Damas (Syrie), menace Juda, le roi Achaz, successeur de David, écoute un oracle du prophète Isaïe (7, 10-16) : la lignée de David ne s'éteindra pas, car « la jeune femme » accouchera de l'Emmanuel (« Dieu avec nous » en hébreu) qui prolongera l'Alliance avec Dieu. Achaz n'est pas concerné, puisque son fils s'appelle Ézéchias, mais cette annonce, relayée par d'autres prophètes, va se répandre et sonner comme une espérance, surtout aux moments les plus difficiles de l'histoire juive. Ainsi se dessine la figure d'un sauveur d'Israël, un « oint » de Dieu qui, à la fin des temps, fera régner la paix et le bonheur dans le monde à venir (*olam haba*) ; les hommes, croyant tous au Dieu unique, habiteront un monde parfait et conforme aux désirs divins, dont Israël sera le pôle lumineux. Le mot hébreu *mashiah*, qui signifie « oint », a donné ainsi le mot « messie ». Cet espoir va en effet de pair avec l'apparition dans le judaïsme, à l'époque du second Temple de Jérusalem (515 av. J.-C. à 70 apr. J.-C.), des notions de Jugement dernier, de résurrection, de paradis et d'enfer. Par exemple, le livre de Daniel (IIe siècle av. J.-C.), précurseur du style apocalyptique, fait référence au messie sous les traits du Fils de l'homme. Présent dans les livres apocryphes et les pseudépigraphes juifs (non retenus dans la Bible), ce personnage sera repris ultérieurement par la mystique juive, la kabbale (XIIe-XIIIe siècles), surtout dans le *Zohar*, le livre des Merveilles. La croyance messianique permit d'ailleurs au monde juif de résister aux persécutions en soutenant l'espoir. Le sionisme (retour des juifs de la diaspora dans un État d'Israël), formulé dans la seconde moitié du XIXe siècle, a coïncidé ainsi avec une forme « terrestre » de messianisme, c'est-à-dire la concrétisation par les juifs eux-mêmes de l'espérance née deux mille ans plus tôt.

Le christianisme a puisé du mot Messie jusqu'à l'étymologie de son nom. Les évangiles du Nouveau Testament (écrits saints du christianisme) donnent les clés de cette origine. À l'époque de Jésus, l'espérance messianique est très sensible, la Palestine étant occupée par les Romains. Mais si certains choisissent la violence pour se libérer, comme les zélotes, Jésus montre une autre voie : celle de la paix et de l'amour de l'autre. C'est pourquoi il apprécie peu d'être appelé « messie », titre au sens guerrier et politique, et préfère celui de Fils de l'homme – emprunté à Daniel –, qui s'applique à un être venu directement de Dieu. De plus, la notion de « messie » implique celle de royaume terrestre, alors que, déclare Jésus au cours de son procès, son « royaume n'est pas de ce monde » (Jn 18, 36). Pourtant, le Nouveau Testament, composé dans la seconde moitié du Ier siècle, c'est-à-dire au cours des décennies qui suivirent la crucifixion, va concourir à structurer cette image du Messie (*Christos* en grec), qui sera reprise par la tradition. D'abord, les évangiles le relient à David par Joseph, son père adoptif, et situent sa naissance à Bethléem, comme David. Il est utile de rappeler que les évangiles reprirent la traduction grecque de la Bible (Septante, IIIe-IIe siècle av. J.-C.), qui avait fait de « la jeune fille » citée par le prophète Isaïe une vierge : Jésus est donc né d'une vierge (Marie). Ensuite, saint Paul et l'Église vont privilégier le titre de « Christ » en s'appuyant sur une phrase prononcée par Jésus, toujours lors de son procès : à la question d'un contradicteur qui lui demande s'il est le Messie, ce qui implique une nature humaine alors qu'il est Fils de Dieu, il répond par « Tu le dis », sous-entendu « C'est toi qui le dis ». En outre, les Actes des Apôtres, qui racontent les débuts de l'Église, parlent d'une communauté de « chrétiens » : le christianisme est né. L'islam a repris la croyance au Messie : c'est Jésus dont le deuxième nom, dans le Coran, est *al-Masîh*, le Messie, cité onze fois. Selon les *hadith* (paroles, actes et commentaires du Prophète), avant la fin des temps, il tuera le Dajjal, le faux Messie, c'est-à-dire l'Antéchrist (Christ est la traduction grecque de Messie). Puis il apparaîtra, accompagné du Mahdi, « l'attendu ».

→ Antéchrist, onction, Mahdi, parousie, Procès de Jésus.

Méthodisme †

Aujourd'hui devenu très important et très présent dans le monde, le méthodisme est issu de l'anglicanisme, famille protestante particulière à l'Angleterre. La fondation en revient aux frères Wesley, en 1729 : ils sont si appliqués dans leur étude des écrits saints et leurs activités de croyants qu'ils sont surnommés alors ironiquement « méthodistes ». Il sont rejoints en 1739 par George Whitefield.

Fervents prédicateurs, notamment en direction des plus modestes, les méthodistes sont aujourd'hui regroupés dans leur grande majorité au sein d'une fédération mondiale. Soutenant la divinité de Jésus et la Trinité, ils ne pratiquent que deux sacrements : le baptême et l'eucharistie. L'Écriture sainte occupe chez eux une place de premier plan.

→ **Anglicanisme.**

Métropolitain †

Le mot « métropolitain » renvoie à celui de métropole, qui désignait, dans l'Empire romain, la « mère ville » (*meter* et *polis* en latin), c'est-à-dire la ville principale d'une province. L'Église chrétienne, qui calqua largement son organisation territoriale sur celle des Romains (la division en diocèses, par exemple), donna le titre de métropolitain à un évêque responsable de plusieurs évêchés. Ce titre, apparu en Orient, correspond aujourd'hui à celui d'archevêque catholique. Mais la dénomination de métropolitain (ou métropolite) a été conservée dans la plupart des Églises orientales.

→ **Archevêque, diocèse, évêque.**

Mezouzah ✡

Le *mezouzah* (« montant de porte » en hébreu, pluriel *mezouzot*) reprend le principe énoncé par le Deutéronome de la Bible, le cinquième livre de la Torah : « Tu aimeras Yahvé ton Dieu de tout ton cœur, de toute ton âme et de tout ton pouvoir. Que ces paroles que je te dicte aujourd'hui restent dans ton cœur ! Tu les répéteras à tes fils, tu les leur diras aussi bien assis dans ta maison que marchant sur la route, couché aussi bien que debout ; tu les attacheras à ta main comme un signe, sur ton front comme un bandeau [les *teffilin*] ; tu les écriras sur les poteaux de ta maison et sur tes portes » (6, 5-9). Ce passage, intégré dans la prière du Chema, est recopié et le document placé dans un petit étui, le *mezouzah*, fixé sur le montant droit d'une porte et que chaque juif embrasse en entrant ou en sortant d'une maison. Cet objet sacré, gage de longévité, éloigne aussi le péché et rappelle à chaque juif la présence de Dieu. Il remonterait à la lointaine époque de la Grande Assemblée (ou Grande Synagogue), qui se situe entre celle des derniers prophètes et le IIe siècle précédant l'ère chrétienne. Les *mezouzot* abîmés ne peuvent être détruits, sous peine d'effacer le nom de Dieu qui y est inscrit. Ils sont conservés dans une *genizah*.

→ **Chema, genizah, Grande Assemblée, teffilin, Torah.**

Michée ✡

Le nom de Michée (de l'hébreu Mika, Mikayah en abrégé, « Qui est comme Dieu ») désigne un prophète du VIIIe siècle av. J.-C., contemporain d'Isaïe et dont il soutient l'action. Il proclame ses oracles sous les règnes de trois rois de Juda : Yotam (740-736), Achaz (736-716) et Ézéchias (716-687). Il pourrait aussi être contemporain d'Amos et Osée. Dans le livre de la Bible portant son nom, il est un Judéen originaire de Moréshèt, à l'ouest d'Hébron. Comme Isaïe, il fustige les privilégiés du royaume de Juda, responsables d'injustices qui méritent la colère de Dieu : « Voici que je projette contre cette engeance un malheur tel que vous n'en pourrez pas retirer votre cœur » (2, 3). Jérusalem devra payer le prix fort : « Sion deviendra une terre de labour, Jérusalem un monceau de décombres, et la hauteur du Temple une hauteur brisée » (3, 12). Michée annonce aussi la ruine prochaine de Samarie – qui aura lieu en 722 : « Je ferai rouler ses pierres à la vallée, je mettrai à nu ses fondations. Toutes ses statues seront brisées, tous ses salaires [des prostituées sacrées] dévorés par le feu, toutes ses idoles, je les livrerai à la solitude, car elles ont été amassées avec le salaire des prostituées et elles redeviendront salaires de prostituées » (1, 6-7). Ézéchias, sur ses conseils et ceux d'Isaïe, entreprend une réforme qui accorde à Juda une sorte de « sursis » divin. Car Michée rappelle ces trois pans essentiels de la foi réclamés par Dieu : « accomplir la justice, aimer la bonté, [...] marcher avec ton Dieu » (6, 8).

→ **Isaïe, Juda, Samarie, Temple, vigne.**

Michel ✡✝☪

Michel (« qui est comme Dieu »), Mikaël en hébreu, est un ange cité dans la Bible. Il apparaît précisément dans le livre de Daniel, où il affronte des forces obscures ; il doit revenir à la fin des temps pour le Jugement dernier, où les bons seront récompensés par la vie éternelle auprès de Dieu, et les méchants châtiés par « l'horreur éternelle » (12, 1). Le christianisme, au travers du Nouveau Testament, a repris la figure de Michel, l'un des archanges, comme Gabriel et Raphaël – ces anges occupent le haut de la hiérarchie céleste car ils se tiennent auprès de Dieu. C'est dans L'Apocalypse, dont le livre de Daniel est un précurseur, que cette créature céleste, apparaissant aux hommes, remplit un rôle époustouflant : au jour de l'Apocalypse (révélation de la puissance de Dieu), il combat le Dragon (diable) et ses anges, qui sont bannis du ciel.

Pour la tradition juive, Michel est le prince d'Israël, celui qui se tient avec les Hébreux durant l'Exode ; c'est le chef des « armées de Yahvé », apparaissant à Jéricho auprès de Josué pendant la conquête de Canaan (futur Israël). Mais il reste supérieur à Gabriel et Raphaël, car il se déplace d'un bout de la Terre à l'autre d'un simple battement d'ailes. Il est aussi l'ange qui accompagne les morts : dans la tradition chrétienne, il pèse l'âme des défunts, ce qui leur évite de rejoindre les enfers quand le bien qu'ils ont fait l'emporte sur le mal. Dès les premiers siècles du christianisme, des églises lui furent dédiées. Saint Michel est aussi la voix essentielle chargée de convaincre Jeanne d'Arc (vers 1412-1431) de libérer la France, livrée aux mains des Anglais. Enfin, le Coran, livre sacré de l'islam, où les anges sont importants, considère qu'être l'ennemi de Gabriel et de Mikaël revient à être celui de Dieu. Car, si Mikaël n'y est cité qu'une fois (sourate *La Vache*, 2, 98), Gabriel est l'ange qui dicta le Coran à Mahomet, c'est-à-dire les paroles mêmes d'Allah (Dieu).

→ Ange, Apocalypse, archange, Gabriel, Jugement dernier.

Michnah ✡

C'est le nom donné aux premiers écrits du judaïsme tirés de la Loi divine, ou Torah.

Dans l'Antiquité, la mémoire fonctionnait avant tout avec des informations transmises oralement. L'écriture était réservée à une élite, comme les scribes, et les supports d'écriture difficiles à généraliser. Mais il existait des méthodes de mémorisation sophistiquées, qu'utilisaient même de grands esprits sachant pourtant lire et écrire. Par exemple, Cicéron (Ier siècle av. J.-C.) recourait à la méthode des *loci* (« lieux »), répandue jusqu'à l'apparition de l'imprimerie en Occident (XVe siècle). Il s'agissait, pour se souvenir, d'associer une idée ou un thème aux parties d'un lieu, temple, maison ou autres.

Le judaïsme ancien abonde ainsi en traditions orales, dont on trouve les traces dans la Bible. Parallèlement à l'élaboration de cette dernière se développa un courant de réflexions et de commentaires axé sur sa première partie, le cœur de la foi, la Torah, la Loi écrite (*mikra*). Amorcé environ trois siècles avant Jésus, il finit par devenir une véritable Loi orale, dont on se transmettait le contenu de génération en génération, à force de le « répéter » (*chanah* en hébreu), conformément aux méthodes de mémorisation de cette époque. Ainsi naquit la Michnah, ensemble de *halakhot* (jurisprudences) réuni par les *tannaïm* (sages), comme le grand Rabbi Akiba (vers 50-135), qui composa l'Avinou (prière). Le *tanna* Yehoudah (Judas) ha-Nassi (vers 135-220), fils de Siméon ben Gamaliel II, mit en forme cet ensemble à la fin de sa vie, son entourage poursuivant son œuvre après sa mort. La Michnah se compose de soixante-trois traités (*massékhtot*) répartis sur six ordres (*sedarim*) : Zeraïm, Moed, Nachim, Neziqin, Qodachim, Tohorot. *Massékhet* singulier de *massékhtot*, signifie en hébreu « réseau » ou « tissu ». Les conclusions des *tannaïm* absentes de la Michnah furent appelées *baraïtot* (« mesures extérieures »), et certaines ont été réunies dans la Tossefta (« ajout ») – elles ont en général moins de légitimité que le contenu strict de la Michnah. Ouvrage fondamental du judaïsme, la Michnah servit ensuite de fondement aux Talmud (prolongement de la Michnah), travail accompli par les *amoraïm* (sages).

→ **Michneh Torah, scribe, Talmud, Tossefta.**

Michneh Torah ✡

Ouvrage du judaïsme dont le titre signifie « répétition de la Michnah », et qui constitue une « remise à jour » de cette dernière.

En 1135, ou peut-être 1138, naît à Cordoue, en Espagne, l'un des plus grands esprits du judaïsme : Rabbi Moïse ben Maïmon (dont l'acronyme le fit connaître sous le nom de RaMbaM), ou Moïse Maïmonide, dont l'œuvre, considérable tant par son importance que par son contenu, influença les penseurs juifs jusqu'à aujourd'hui, mais aussi certains chrétiens. Sa famille est chassée d'Espagne par l'arrivée au pouvoir des Almohades, dynastie musulmane qui s'empare de Cordoue. Maïmonide, formé à la Bible et au Talmud (prolongement de la Michnah) par son père (fêté encore lors de la Mimouna), réside au Maroc, en Palestine puis (1165) en Égypte, à Fostat (Le Caire), où il écrit ses œuvres majeures. Médecin à la cour du grand Saladin, penseur, philosophe, astronome, législateur, il maîtrise l'hébreu et l'arabe. C'est dans cette dernière langue, d'ailleurs, qu'il rédige un de ses deux travaux primordiaux, le *Guide des égarés*, somme philosophique composée vers 1190 (*Dalalat al-Haraïn* en arabe, *Moreh Nevoukim* en hébreu). Maïmonide réfléchit à des thèmes religieux, comme celui de la Création, sur le sens qu'il faut donner aux malheurs de Job, ou encore sur le bien et le mal, mais aussi sur la place que la Loi juive doit prendre dans la dimension humaine du monde. Le strict respect de ses ordonnances n'empêche pas de penser, d'innover, de décider, voire d'être scientifique ou politique, la foi en Dieu se nourrissant de la réflexion et de la recherche, et vice versa. L'autre grande somme de Maïmonide est le Michneh Torah, écrit en hébreu et achevé vers 1180. Il s'agit d'une actualisation lumineuse de la Michnah, qui, compilée mille ans auparavant, était devenue d'un usage quelque peu anachronique. Le Michneh Torah est donc un nouveau code réunissant respect d'une tradition et modernité. Composé de quatorze livres, il est toujours l'un des piliers de la Halakhah, le guide de conduite du judaïsme. En 1204, Maïmonide meurt en Égypte et son corps est inhumé à Tibériade, en terre d'Israël. On lui doit d'autres textes majeurs, comme le Kitab al-Siraj (commentaire en arabe de la Michnah), le Sefer ha-Mitsvot (« livre des Commandements »), qui préfigurait le Michneh Torah, des traités de médecine, d'astronomie, de philosophie, des *responsa* et des épîtres.

→ **Almohades, Halakhah, Mimouna, Michnah, mitsvot, responsa.**

Midrash ✡

Le midrash est l'« interprétation », l'« étude » des textes de la Bible, la Torah (Loi écrite) en particulier. Au fil des siècles, la pensée rabbinique s'est ainsi attachée à décortiquer et expliquer chacun des livres bibliques, dans leur ensemble et chapitre par chapitre, verset par verset, voire chaque mot d'un verset. Ce travail d'exégèse (analyse des écrits sacrés), entamé avant l'ère chrétienne, trouve son expression à l'époque des *tannaïm* (Iᵉʳ-IIᵉ siècles), les artisans de la Michnah (premiers écrits tirés de la Loi orale), où le Midrash produit des réflexions issues de ces livres et concernant aussi bien la Haggadah (littérature) que la Halakhah (code de conduite). Puis, de l'époque des *amoraïm* (IIIe-Ve siècles), artisans du Talmud (prolongement de la Michnah), nous sont parvenus des textes fondamentaux portant sur le Lévitique, les Lamentations ou encore le Cantique des cantiques. Après une période de stagnation, le Midrash reprit de la vigueur aux XIe-XIIe siècles, puis s'attacha essentiellement à compiler des textes éparpillés et à constituer des anthologies.

→ **Amora, Haggadah, Halakhah, Michnah, Talmud, tanna et tannaïm.**

Mihrab ☪

Le mihrab est une niche aménagée dans le mur de la mosquée qui correspond à la *qibla* (direction de La Mecque) ; elle représente la caverne du monde, et est surmontée d'une arcade symbolisant le ciel. Elle accueille l'imam, directeur de la prière collective – du temps de Mahomet (vers 570-632), on utilisait une simple pierre. Le mihrab est conçu de manière à faire résonner les prières. Il est présent dans l'architecture de l'islam depuis longtemps, sans doute dès la fin du VIIe siècle. À gauche se dresse le minbar (chaire). Les exemples de mihrab les plus connus sont ceux du Dôme du Rocher (Jérusalem), bâti en 691, et de la Grande Mosquée de Cordoue (Espagne, Xe siècle).

→ **Dôme du Rocher, imam, minbar, mosquée, parabole.**

Millénarisme ✡✝☪

Le millénarisme, ou millenium, ou chiliasme, en rapport étroit avec le messianisme (la croyance en la venue du Messie, le Sauveur), est une croyance eschatologique (relative à la fin des temps) commune à de nombreuses religions et croyances, comme le bouddhisme. Il trouve cependant un écho particulier dans les trois religions du Livre – du fait même de son orthographe, où apparaît la notion de millénaire –, et surtout dans le christianisme : le Christ (*Christos*, c'est-à-dire Messie en grec) doit revenir sur Terre et y régner pendant mille ans ; les justes et les saints, surtout les martyrs, ressusciteront ; puis viendra le Jugement dernier, Dieu interviendra et restaurera le paradis terrestre.

La Bible ne contient pas d'allusion appuyée à une telle période, même si l'on trouve le passage suivant dans le psaume 90 (89), qui traite de la « fragilité de l'homme » : « Car mille ans sont à tes yeux, comme le jour

d'hier qui passe, comme une veille dans la nuit » (4). Mais nous savons que, dans le judaïsme, et parmi les judéo-chrétiens, circulaient des écrits de style apocalyptique qui permettaient entre autres de supporter les persécutions, et dont l'un des plus connus est l'Apocalypse de Jean, qui clôt le Nouveau Testament. C'est précisément dans cet ouvrage que puisa la croyance millénariste ; en effet, dans le chapitre 20 (1-15) figurent trois textes condensant ce propos : *Le règne de mille années* (« Il [l'ange] l'enchaîna [le Diable] pour mille années », et « Ils [les martyrs] régnèrent avec le Christ mille années ») ; *Le second combat eschatologique* (la victoire contre le mal) ; *Le Jugement des nations* (dont celui des morts). Très fervent jusqu'à l'arrêt des persécutions, en 313, le millénarisme fut ensuite jugé d'un œil moins bienveillant par le christianisme officiel, le concile d'Éphèse (431) condamnant l'énoncé de ce que saint Augustin a appelé une « allégorie spirituelle » (*La Cité de Dieu*, 20, 7). Il a cependant perduré dans différents courants du Moyen Âge, hérétiques ou non, mais souvent à forte connotation révolutionnaire afin de rétablir l'égalité et d'éradiquer les privilèges. Avec la Réforme protestante (XVIe siècle) apparaissent d'autres tendances, comme celle, toujours vivante, des anabaptistes. Enfin, aux XIXe-XXe siècles, les pays pauvres ou colonisés ont connu de tels mouvements, dans un esprit général de libération politique et économique, phénomène que l'on retrouve par exemple en Amérique du Sud (opposition aux grands propriétaires terriens du Brésil), où les actions violentes, motivées par l'exploitation des humbles, sont censées précipiter les événements. Parmi les courants millénaristes les plus connus, citons l'adventisme (du latin *adventus*, « venue ») américain, qui a connu plusieurs schismes (scissions) depuis sa fondation par William Miller (1782-1849) – dont la création des adventistes du « septième jour » – et qui compte plusieurs millions de membres dans le monde (la majorité hors des États-Unis). Initié par l'Allemand Thomas Müntzer (1489-1515), et émanation de la Réforme, l'anabaptisme préconise que le baptême ne doit être donné qu'aux adultes, lesquels le reçoivent une seconde fois s'ils ont été baptisés enfants – il exista aussi une tendance millénariste promue par Melchior Hofmann (1495-1543), et qui finit sa carrière dans le sang. Enfin, les témoins de Jéhovah (appelés ainsi depuis 1931), autre secte fondée par l'Américain Charles Taze Russell (1852-1916), sont une émanation du millénarisme adventiste.

De son côté, l'islam a repris ce mystère grandiose au travers du Coran (« Un seul jour, pour Dieu, est en vérité comme mille ans d'après votre manière de compter » 22, 47, allusion au psaume déjà cité), et au travers de croyances comme celle de l'imam caché (Mahdi).

→ Apocalypse, Jean, Jugement dernier, Messie, secte.

Mimouna ✡

Le grand esprit Moïse Maïmonide (XIIe siècle), auteur du Michneh Torah (actualisation de la Torah, la Loi divine) s'appelait Moïse ben Maïmon, c'est-à-dire le « fils de Maïmon ». Ce dernier, installé en Espagne, dut fuir avec sa famille au Maroc après l'arrivée au pouvoir des Almohades, peu tolérants. C'est précisément au Maghreb, mais aussi en Israël, que les séfarades (juifs du bassin méditerranéen) et les juifs orientaux fêtent toujours la Mimouna, qui, selon la tradition, célèbre la mort de Maïmon – le mot, issu de l'arabe, évoque de bons auspices. À la fin de Pessah (Pâque), on se réunit pour déguster des plats succulents, rendre visite aux morts dans les cimetières, et accueillir parents et amis autour d'agapes joyeuses. La Mimouna est en effet l'occasion de remercier Dieu pour ses bienfaits et pour la prospérité de la nature.

→ Agape, Maghreb, Michneh Torah, Pessah.

Minaret ☪

Le mot « minaret » vient de l'arabe *manara* (« phare »). C'est depuis cette tour, intégrée à une mosquée ou située à ses côtés, que le muezzin lance l'appel (*adhan*) aux cinq prières quotidiennes (*salat*). Les premiers minarets sont originaires de Syrie et datent de la toute fin du VIIe siècle. Le style, les matériaux, la forme, les dimensions et les ornements varient selon les pays, leur histoire et leurs traditions. Mais le minaret reste partout le symbole de la prière montant vers Allah, et le témoignage de la présence de l'islam.

→ Adhan, muezzin, mosquée, salat.

Minbar ☪

Le minbar, apparu dès la fin du VIIᵉ siècle en Syrie (dynastie des Omeyyades), est une chaire à laquelle on accède par des marches, et où se tient l'officiant qui s'adresse aux fidèles – par exemple, l'imam y fait son prêche (discours religieux) du vendredi. Il s'inspire de l'habitude qu'avait le Prophète de parler à ses compagnons depuis un modeste siège comportant deux ou trois marches considéré comme le premier *minbar*. Sa décoration, parfois somptueuse, ses dimensions et son aspect varient selon les pays et les dynasties qui se succédèrent. Le minbar est situé à droite du mihrab, niche d'où l'imam dirige la prière.

→ **Imam, mihrab, mosquée.**

Minhag ✡

Les spécificités culturelles des communautés juives implantées dans des pays différents, par exemple ashkénazes (juifs d'Europe centrale et orientale) et séfarades (juifs du bassin méditerranéen), ont entraîné la production de « coutumes » (*minhagim*) locales qui, à côté de la Halakhah (code de conduite ayant force de loi religieuse), possèdent un caractère juridique reconnu, et parfois supérieur à cette dernière. Les *minhagim* ont été recensées dans des ouvrages du même nom, le plus ancien connu (VIIIᵉ siècle) évoquant les différences entre juifs de Palestine et de Babylone.

→ **Ashkénazes, Babylone, Halakhah, Palestine, séfarades.**

Minhah ✡

À l'époque du Temple de Jérusalem, il était de coutume de faire une offrande chaque jour, avant la tombée de la nuit. De ce rite est né le *minhah* (« offrande végétale »), l'office de l'après-midi. Pour la tradition rabbinique, qui s'appuie sur le livre de la Genèse (24, 63), le patriarche Isaac, fils d'Abraham, en serait l'initiateur : « Isaac sortit pour se promener dans la campagne, à la tombée du soir, et, levant les yeux, il vit que des chameaux arrivaient. » Rébecca, montant l'un des animaux, fut ensuite son épouse. À Minhah sont récités dans l'ordre l'Achré, le Qaddich, l'Amidah, le Qeddoucha, l'Alénou, et d'autres prières et textes ajoutés en fonction de certains jours (passages de la Torah, lors du shabbat par exemple).

→ **Isaac, office, patriarche, shabbat, Torah.**

Minyan ✡

Dans une synagogue, mais aussi dans n'importe quel autre lieu, la prière collective n'est possible qu'avec un « nombre » (*minyan* en hébreu) minimal de dix hommes majeurs, c'est-à-dire ayant fait leur bar mitsvah (cérémonie qui marque la majorité religieuse à treize ans et un jour en général). Ce chiffre, sans lequel le *minyan* ne peut bénéficier de la *shekina* (présence divine), s'explique par diverses origines. Il pourrait par exemple s'agir des dix justes de Sodome qu'Abraham demande à Dieu de sauver. Le *minyan* est requis pour les prières essentielles (Amidah et Qeddoucha, Barekhou, Qaddich...).

→ **Abraham, shekina, Sodome et Gomorrhe.**

Miqveh ✡

La pureté, commune à de nombreuses religions, est indispensable pour se présenter devant Dieu. L'eau, élément naturel et pur par excellence, symbole de fertilité et de vie, est logiquement associée à Dieu dans le judaïsme. Ainsi, conformément au célèbre adage « un esprit sain dans un corps sain », les ablutions, qui nécessitent au préalable de se laver soigneusement, permettent de se purifier pour approcher la Sagesse de Dieu, le Créateur. Ainsi, le *miqveh* (« réunion ou étendue d'eau »), bain rituel remontant à l'époque lointaine du Temple de Jérusalem, est une véritable institution juive. Contrairement à de nombreux rites de pureté, il a survécu à la destruction de ce sanctuaire, survenue en 70 apr. J.-C. Il pourrait trouver son origine dans le passage suivant du Lévitique (11, 36) : « Sources, citernes et étendues d'eau resteront pures. » Ce texte insiste sur la purification des êtres et des objets, particulièrement si l'on devait entrer dans le Temple. Le *miqveh*, surtout en vigueur dans le judaïsme orthodoxe et conservateur, est indispensable pour un prosélyte (un candidat à la conversion), une femme ayant eu ses règles ou prête à se marier, pour les ustensiles de cuisine (métal et verre) fabriqués par un gentil (un non-juif), et pour les juifs eux-mêmes avant le shabbat et le Yom Kippour...

Le pluriel *miqvaot* est le titre du sixième traité de l'ordre Tohorot de la Michnah (premiers écrits tirés de la Loi orale), où sont indiquées les mesures à prendre pour le bain, ainsi que les dimensions et la description du bassin prévu à cet effet. L'eau doit être de mer, de rivière, de source, de neige, de glace ou de pluie, et provenir d'un bassin prévu pour la recueillir.

La quantité doit être suffisante pour permettre l'immersion totale du corps (700 litres environ). Quant aux matériaux utilisés pour le bassin, sont autorisés la pierre, la terre, le ciment. Le métal est prohibé.

→ **Ablution, eau, Lévitique (livre du), shabbat, Tohorot.**

Miracle ✡ ✝ ☪

Un miracle n'est pas un tour de magie. C'est une « chose étonnante » (*miraculum* en latin). En rendant tel ou tel homme capable de miracle, notamment des prophètes (ses envoyés), Dieu, créateur et maître du monde, montre son pouvoir, sa toute-puissance et son amour. Il envoie des signes. Pour le non-croyant, le miracle est un phénomène que témoins et bénéficiaires auraient mal interprété, et qui s'expliquerait au travers de circonstances naturelles. Mais pour le croyant, il est inscrit au cœur de la foi en tant qu'illustration de l'existence et de l'intervention de Dieu.

La Bible, livre saint du judaïsme, contient plusieurs cas de miracles : les matriarches, femmes des patriarches, ancêtres d'Israël, sont rendues fertiles par Dieu ; Moïse, chargé par Dieu de libérer son peuple, les Hébreux, utilise son bâton miraculeux, notamment pour écarter les eaux de la mer Rouge ; Élie et Élisée, prophètes du IXe siècle av. J.-C., sont connus pour leur rôle de thaumaturges (auteurs de miracles)...

Le miracle atteint une dimension particulière dans le Nouveau Testament, écrits sacrés du christianisme. Les quatre évangiles qui l'inaugurent rapportent 27 miracles de Jésus, le premier étant l'eau changée en vin lors des noces de Cana. Les nombreuses guérisons qu'il réalise par la suite rassemblent les foules autour de lui. À son époque, comme nous venons de le voir, la notion de miracle est admise par le judaïsme. La médecine, encore très rudimentaire, considère que les maladies sont l'œuvre de démons qui ont pris possession du corps de leurs victimes. Celles-ci, devenues impures, sont souvent exclues de la société, les lépreux particulièrement, dont la pathologie était considérée comme une malédiction de Dieu. Par ses guérisons, Jésus exorcise le malade en chassant l'esprit démoniaque. En restituant la vue, l'ouïe ou la locomotion, il permet aussi aux miraculés, juifs ou païens, de retrouver leur place dans la société tout en leur rendant la santé. Il fait ainsi œuvre de salut (du latin *salus*, « santé »), conformément à la mission que lui a donnée Dieu, son père. D'autres miracles sont plus particuliers. La résurrection de Lazare, par exemple, par laquelle Jésus montre son pouvoir venu de Dieu, conduira

les autorités à ordonner son arrestation et sa condamnation. Celui de la multiplication des pains préfigure l'instauration de l'eucharistie au soir de la Cène, son dernier repas. Et la marche sur les eaux du lac de Tibériade est à replacer dans le contexte de la résurrection de Jésus lui-même.

Dans le Coran, livre sacré de l'islam, le mot « signe » est utilisé à de nombreuses reprises. Mahomet, qui en a reçu la révélation, est certes un prophète, l'envoyé de Dieu, mais c'est avant tout un homme. À ceux qui réclament ces signes qui prouveraient l'authenticité de sa mission, il répond qu'un simple être humain n'est pas capable d'un tel pouvoir, lequel revient à Dieu seul, à l'endroit et au moment qu il aura choisi. L'homme n'est qu'un avertisseur, chargé de prévenir les incrédules qui, de toute façon, sont par nature rétifs à tout ce qui pourrait démontrer la puissance divine. C'est parmi eux que Dieu choisit, selon sa volonté, ceux qu'il estime capables d'embrasser la foi. Aussi, si la tradition musulmane attribue parfois des miracles à Mahomet, le véritable prodige réside dans le Coran lui-même, la récitation véritable venue de Dieu.

→ Élie, Jésus, Moïse, manne.

Miraj ☪

Le *miraj* est l'ascension au ciel du Prophète Mahomet (vers 570-632), à une date qu'il est très difficile de préciser. Il se déroule durant le Voyage nocturne (*isra*) de Mahomet. Ces deux récits sont essentiellement le produit de la tradition, le Coran, livre sacré de l'islam révélé par Dieu à Mahomet, restant discret et imprécis à ce sujet.

Une nuit, Mahomet dort près de la Kaaba, sanctuaire de La Mecque, lorsque l'ange Gabriel (Djibril) le réveille. Un cheval ailé (Bouraq) le conduit alors à Jérusalem, escorté de Gabriel. Il parvient à l'emplacement du Temple, sanctuaire du judaïsme détruit par les Romains en 70 apr. J.-C. et dont il ne reste que des ruines. Il monte sur un rocher, qui correspondrait au Saint des Saints, partie la plus sacrée du Temple, et où se trouvait la *shekina* (présence de Dieu, en hébreu). Porté par Gabriel, il monte au ciel, où il rencontre la présence divine (*sakina* en arabe) pour y recevoir la spiritualité qui fortifiera encore sa mission. Par exemple, Dieu exige de faire cinquante prières par jour, et Mahomet parvient à ce que Dieu en réduise ce nombre à cinq, grâce à l'intervention de Moïse et à son insistance. Ce sont les *salat*, qui constituent l'un des « cinq piliers » de l'islam. Puis il retourne à La Mecque.

À Jérusalem, le Dôme du Rocher, sanctuaire vénéré avec une intense piété, a été bâti en l'honneur du *miraj*.

→ Ascension, Dôme du Rocher, Gabriel, isra, Jérusalem.

Miséricorde ✡ ✝ ☪

La miséricorde n'a rien de commun avec la pitié. Toute personne qui en fait preuve ressent le malheur (*miseria* en latin) en son cœur (*cor, cordis* au pluriel). En cela, elle souffre avec l'autre, sens du mot « compassion ». Dieu étant, pour les juifs, les chrétiens et les musulmans, l'expression pure de l'amour et de la bonté, tout croyant se tourne vers lui afin de solliciter sa miséricorde, pour obtenir le pardon d'une faute ou un soutien dans une épreuve. Aussi le croyant est-il tenu, à l'exemple de Dieu, de faire de même avec ses semblables, l'aumône étant l'exemple le plus concret. Les relations ainsi instaurées sont d'ordre presque filial. Mais il ne faut pour autant pas oublier que Dieu, créateur et tout-puissant, est aussi la justice parfaite. Il sait quelle faute mérite d'être pardonnée, ou quelle aide apporter. Il sait tout, voit tout et entend tout, particulièrement les prières, comme les *tehinnot* (« supplications ») par lesquels les juifs appellent individuellement sa miséricorde, le Notre-Père chrétien ou encore les prières quotidiennes de l'islam (*salat*)
Dieu est d'ailleurs appelé le Miséricordieux dans le judaïsme (ah-Rahaman, d'après *rahamin*, la « miséricorde »), le christianisme et l'islam. Ainsi, dans le Coran, livre sacré des musulmans, la première des 114 sourates (chapitres), intitulé *al-Fatiha* et qui condense tout l'ouvrage en quelques versets, commence par : « Au nom de Dieu : le Miséricordieux [*al-raham*, celui qui fait miséricorde], le Tout-Miséricordieux [*al-rahim*]. » Ces mots (*basmallah*) servent d'ailleurs d'introduction à toutes les autres sourates (excepté la 9e) – la 55e est intitulée précisément *Le Miséricordieux.*

→ Aumône, Fatiha (al-), Notre-Père, salat, tehinot.

Missel ✝

Le missel est tout simplement le livre de messe ; c'est en effet la contraction de *missa* (messe) *liber* (livre) en latin. On y trouve les prières et les textes, ainsi que les actes liturgiques qui les accompagnent, intervenant à la messe chaque jour pendant une année. Le premier missel remonte à la fin du Ve siècle, et la dernière révision date du pape Paul VI (1970).

→ **Heures, messe, office.**

Mitre †

La mitre (du latin *mitra*, « bandeau » en grec) est la coiffe de l'évêque. Apparue au XIe siècle, elle n'a pris sa forme actuelle que deux siècles plus tard : il s'agit d'un cône fendu à son sommet, et dont les deux bords triangulaires, parallèles à la tête, sont reliés par une doublure.

→ **Évêque.**

Mitsvot ✡

Le judaïsme recense dans la Torah (la Loi divine) 613 « commandements » (*mistvot*, pluriel de *mistvah*) donnés par Dieu. Mais le *mistvah* décrit aussi tout acte – recommandé notamment par les rabbins – conforme à la religion juive, dont il exprime ainsi la dimension morale et législative (Halakhah), et que tout croyant se doit de respecter durant sa vie et en fonction des circonstances. Lors des cérémonies de la bat mitsvah et de la bar mitsvah, filles et garçons, parvenus à leur majorité religieuse, s'engagent à respecter désormais les commandements.

Depuis le IIIe siècle apr. J.-C., ces 613 *mistvot* de la Bible se répartissent en deux catégories, attribuées à Rabbi Simlaï – il exista aussi des poèmes liturgiques recensant ces *mistvot*, les *azharot* (« exhortations » de Dieu), aujourd'hui abandonnés. Le grand Moïse Maïmonide (XIIe siècle), auteur du Michneh Torah (actualisation de la Torah) et du Sefer ha-Mitsvot (« livre des Commandements »), en a donné une liste exhaustive. On trouve d'abord les 365 commandements positifs (ce qu'il faut faire), correspondant au nombre de jours de l'année solaire (prières, objets renfermant des extraits des textes sacrés comme les *tefillin* et les *mezouzot*, offrandes, bain de purification ou *miqveh*, *chehita* ou abattage rituel, circoncision, etc.). Ensuite viennent les 248 commandements négatifs (ce qui est interdit), évoquant le nombre de membres du corps humain (danger représenté par les idoles, ce qu'il ne faut pas boire ou manger, blasphèmes, règles du mariage, année sabbatique et jubilé, fêtes et leurs obligations...).

→ **Bar mitsvah, commandement, Halakhah, Torah.**

Mizrah ✡

Le *mizrah* (« Est » en hébreu) est, depuis les temps anciens, la direction de la prière juive, vers Jérusalem et le Temple. Ce point cardinal est matérialisé, dans une synagogue, par le mur qui abrite l'arche sacrée, mais peut n'être que symbolique (le cœur étant tourné vers la Ville sainte).

→ **Arche, Jérusalem, synagogue, Temple.**

Moed ✡

Deuxième ordre de la Michnah (premiers écrits de la Loi orale), composé de douze traités classés du plus gros au plus petit, Moed (« temps ») concerne presque exclusivement les fêtes du calendrier juif.

Le premier traité, Shabbat, est celui qui comporte le plus de chapitres, ce jour étant inscrit au cœur du judaïsme. Le deuxième, Érouvin, traite de l'*érouv*, aménagements entourant le shabbat. Pesahim, relatif à Pessah (Pâque), parle du Séder (déroulement), du sacrifice de l'agneau et de la *matsah* (pain azyme que l'on doit manger). Cheqalim (« demi-chéqel », la monnaie) aborde la question des troupeaux et de l'impôt dû au Temple de Jérusalem. Yoma (« jour ») est consacré au Yom Kippour (ou Grand Pardon). Soukkah, la « hutte », définit la manière de construire celle-ci et de s'y installer durant Soukkot (commémoration de l'Exode). Betsah (« œuf ») se rapporte au travail et aux comportements autorisés ou non lors des fêtes. Rosh ha-Shanah s'intéresse à la fête du même nom, le Nouvel An, et aux règles de la sonnerie du *chofar* (corne) qui l'annonce. Taanit est spécifiquement consacré au « jeûne » observé à différentes occasions. Megillah, comme l'indique son nom (« rouleau »), dit comment lire Esther, l'un des Cinq Rouleaux, à l'occasion de Pourim. Moed qatan est consacré aux règles de la septième année (dite sabbatique) et surtout aux règles de deuil. Hagigah (« sacrifice ») traite de l'obligation, pour tout juif, de se rendre à Jérusalem pour les trois fêtes de pèlerinage (Pessah, Chavouot, Soukkot), et de s'y présenter pur.

→ **Agneau, azyme, Cinq Rouleaux, Megillot, sabbatique (année), Séder.**

Mohel ✡

Le *mohel* est le « circonciseur » (en hébreu). Il doit s'agir d'un homme majeur, forcément juif, non un gentil (non-juif). Autrefois, après avoir tranché, selon des règles précises, le prépuce du nouveau-né de huit jours avec son couteau aiguisé de chaque côté de la lame, il en aspirait le sang. Mais aujourd'hui, devant les risques réels de maladies et d'infections, il utilise par exemple une pipette.

→ Circoncision, gentil.

Moïse ✡ † ☪

Moïse est le plus grand prophète (envoyé de Dieu) du judaïsme, mais le christianisme et l'islam reconnaissent aussi sa mission capitale. Il est en effet à l'origine de la religion juive, et également son législateur. Il est l'intercesseur emblématique entre Dieu et les hommes, comme Jésus, auquel les chrétiens confèrent en outre une nature divine, et Mahomet, qui n'est cependant qu'un être humain pour les musulmans. Tous trois ont en commun d'avoir reçu la révélation, c'est-à-dire la parole donnée directement par Dieu et contenue dans un livre sacré.

L'histoire de Moïse est racontée au travers de quatre des cinq livres constituant la Torah (Loi), première partie de la Bible : Exode, Lévitique, Nombres, Deutéronome. Le premier livre, la Genèse, se termine avec la fin des patriarches, ancêtres de Moïse qui se sont installés en Égypte et y ont prospéré, donnant naissance aux Hébreux. Mais quatre siècles plus tard (vers 1250 av. J.-C.), les pharaons ont oublié tout ce qu'ils doivent à ce peuple vivant sur leur terre. L'un d'eux, que l'on identifie en général à Séthi Ier, craignant sans doute que ces Hébreux ne constituent un jour une menace, décide de les réduire en esclavage. Ils sont notamment requis pour fabriquer, sous un soleil ardent, les briques de terre cuite destinées aux chantiers royaux. Pourtant, ils continuent de se multiplier, et le pharaon donne l'ordre de tuer tous les premiers-nés. L'un d'eux, Moïse, fils d'Amran, est sauvé par sa mère : il est placé dans une corbeille de papyrus et livré au Nil. Découvert par la propre fille du pharaon (sans doute la princesse Tija), il est élevé à la cour, et devient un haut fonctionnaire chargé de surveiller les chantiers. Le pharaon meurt, et son fils, que Moïse connaît depuis sa tendre enfance, accède au trône – Ramsès II selon l'hypothèse la plus courante. Au cours d'une visite sur un chantier, Moïse surprend un contremaître égyptien en train de maltraiter un Hébreu, donc un frère (il n'ignore rien de ses origines), et le tue accidentellement. Contraint de fuir, il trouve refuge au pays de Madiân (Nord-Ouest de l'Arabie), où il est recueilli par un prêtre, Jethro, dont il épouse la fille, Çippora. Devenu berger et nomade, mode de vie alors en vigueur, il fait un jour paître ses bêtes au pied du mont Sinaï, accompagné de ses deux fils, Gershom et Éliezer. Soudain, il aperçoit un buisson en proie aux flammes mais qui ne brûle pas : c'est l'épisode du Buisson ardent, où Dieu (Yahvé) lui confie la mission de libérer son peuple. Revenu en Égypte, et aidé de son frère Aaron, Moïse, rendu capable de miracles par Dieu, fait s'abattre dix « plaies » sur le pays pour obliger le pharaon à libérer les Hébreux. À la dixième, celui-ci cède, puis revient sur sa décision alors que les Hébreux sont déjà en route et s'apprêtent à franchir la mer Rouge. Les eaux refluent pour permettre à ces derniers de passer à pied sec, puis se referment sur les troupes égyptiennes lancées à leur poursuite. L'Exode de quarante ans commence : c'est d'abord l'Alliance scellée avec Dieu, qui transmet le Décalogue et la Torah (la Loi) à Moïse, puis l'épisode du Veau d'or, la construction de l'arche d'Alliance, la manne divine qui nourrit les Hébreux chaque jour... Ceux-ci parviennent enfin aux portes de Canaan, la terre promise par Dieu – le futur Israël. Aaron et Myriam sont morts, et Moïse, qui sent sa fin proche, adresse un long discours à son peuple pour lui faire ses dernières recommandations (Deutéronome). Il s'éteint à son tour, et est enterré au mont Nébo (ou Pisga pour d'autres sources), à l'est de la mer Morte et face à Jéricho. La conquête de Canaan sera menée par Josué, fidèle compagnon, qui franchit bientôt le Jourdain... Le livre du Deutéronome conclut ainsi le récit de Moïse : « Il ne s'est plus levé en Israël de prophète pareil à Moïse, lui que Yahvé connaissait face à face » (34, 10).

Moïse est en effet la colonne vertébrale du judaïsme, le transmetteur de la Torah, la Parole de Dieu. Mais il ne fut aussi qu'un homme, nécessairement impur devant Dieu ; c'est pourquoi il commit un jour une faute grave : empoignant son bâton miraculeux afin de faire jaillir de l'eau, il donna deux coups au lieu d'un sur un rocher, comme s'il doutait de la puissance divine. Dieu décréta alors qu'il n'entrerait pas en Canaan.

Dans les évangiles du Nouveau Testament, qui condensent les principes de la foi chrétienne, Moïse est bien sûr évoqué à plusieurs reprises, notamment lors de la Transfiguration (apparition sur le mont Thabor de Jésus en compagnie de Moïse et d'Élie). Mais, rapporte Jean (1-17), « la Loi fut donnée par Moïse ; la grâce et la vérité sont venues par Jésus Christ ». De fait, le christianisme naissant abandonna très tôt les rites juifs : sauver les hommes ne passait plus par le respect de la Loi juive, mais par Jésus-Christ.

Pour le Coran, livre saint de l'islam, les prophètes antérieurs à Mahomet (vers 570-632) ont préparé sa révélation, laquelle a parachevé le dessein de Dieu pour les hommes. Moïse (Moussa) y est donc loué comme le fils d'Imran (Amram pour la Bible), époux de Sephora (Çippora). Il est largement évoqué dans la 7ᵉ sourate (chapitre), intitulée *al-Araf*, ainsi qu'Aaron et dans la 29ᵉ sourate, *Le Récit*. Il est cité en tout deux cent trente-six fois.

L'existence réelle de Moïse et la véracité des circonstances historiques entourant sa mission sont régulièrement étudiées. Certes, le récit de la Bible est un mélange d'Histoire et de légendes provenant de sources anciennes et variées. Nous pouvons y débusquer des contradictions, des imprécisions. Mais il reste avant tout un chef-d'œuvre que chacun doit aborder avec respect et selon un point de vue théologique. Parmi les épisodes identifiés sur le plan historique, citons son sauvetage sur le Nil, emprunté sans doute au mythe de Sargon d'Agadé, roi de Mésopotamie au IIIᵉ millénaire av. J.-C. Concernant la fabrication des briques, nous savons que Ramsès II, pour la construction de la ville de Pi-Ramsès, dans le delta du Nil, se servit de peuples nomades. Enfin, l'éducation d'enfants étrangers à la Cour n'était pas rare, et permettait aux Égyptiens d'installer des hommes formés par eux à la tête des pays qu'ils souhaitaient contrôler. Ce point expliquerait peut-être le sens du nom Moïse (Mosheh en hébreu), objet de nombreuses hypothèses : il contient la racine égyptienne *mos*, « fils de », que l'on retrouve dans « Ramsès » (ou Ramosès, fils de Râ, dieu du Soleil). Mais le nom Moïse n'est rattaché à aucune divinité de l'Égypte antique. Il reste le messager du Dieu unique d'Israël, un illustre prophète loué par les chrétiens et les musulmans.

→ Buisson ardent, Exode, Hébreux, Joseph, Josué, Sinaï, Veau d'or.

Mollah ☪

Le mollah (de l'arabe *mawla*, « maître ») occupe le haut de la hiérarchie spirituelle chiite (deuxième famille de l'islam). Contrairement à l'ouléma, spécialiste du droit musulman dans le sunnisme (première famille), il peut prendre des décisions ayant valeur de droit – ce qui explique le rôle politique qu'il occupe parfois, notamment en Iran. Car il est un *moujtahid*, docteur en religion, intermédiaire entre Dieu et les hommes. Au-dessus du mollah se trouve l'ayatollah.

→ Ayatollah, moujtahid.

Monachisme ✡ ✝ ☪

Le monachisme est ce qui se rapporte à l'existence, l'organisation et les institutions des moines et moniales (du grec *monos*, « solitaire »). Il existe dans le bouddhisme et le taoïsme, par exemple, mais, dans le cadre des trois religions du Livre, il reste spécifiquement chrétien, plus précisément catholique et orthodoxe. En effet, le judaïsme ne prône pas un tel choix de vie, même si on peut en trouver des exemples proches dans son histoire, tels les esséniens, qui vivaient à l'époque de Jésus. De même en islam : le Coran, livre sacré des musulmans, reconnaît l'existence du monachisme (*rahbaniyya*) chrétien, mais souligne par exemple que la vie monastique n'a pas été prescrite par Dieu (sourate *Le Fer*, 57, 27). L'islam a cependant connu des formes de solitude et de recherche spirituelle fondées sur l'ascétisme et la perfection intérieure, notamment parmi les mystiques (soufis) réunis au sein d'une confrérie (*tariqa*), et a abrité un système de vie communautaire, le *ribat* (« lien »), qui rassemblait des frères guerriers.

Au IIIe siècle de notre ère, certains chrétiens décidèrent d'aller rechercher Dieu et d'approfondir leur foi dans le désert d'Égypte. Ce sont les premiers moines, partis en quête d'une perfection spirituelle fondée sur le dépouillement total. Les évangiles du Nouveau Testament, qui rassemble les écrits saints du christianisme, ne prescrit pourtant pas le choix monastique, mais ces croyants ont initié un mode de vie qui, toujours actuel, a contribué à l'économie (défrichement des terres), à la culture (manuscrits, enseignement...), aux arts (architecture, peinture...). Les excès d'un côté, l'abnégation et le courage de l'autre, font partie du bagage de l'histoire des hommes...

Les premiers moines se caractérisent par le renoncement au monde, la chasteté et l'ascèse, afin de vivre pleinement l'Évangile. Certains choisissent alors la solitude complète : ce sont les ermites (du grec *erêmitês*, « désert »). Après l'arrêt des persécutions romaines en 313, le christianisme est reconnu, favorisant ce choix de vie. Bientôt apparaît aussi une forme communautaire : saint Antoine (251-356) réunit des disciples dans la région de Thèbes (Égypte). Il inaugure l'anachorétisme (du grec *anakhôrein*, « se retirer »), qui se répand à l'est de la Méditerranée : les anachorètes suivent les conseils d'un père (*abba*, d'où vient abbé) et célèbrent ensemble l'eucharistie le dimanche. En 323, saint Pacôme (286-346) va plus loin en fondant en Égypte le cénobitisme (du grec *koinobion*,

« vie en commun »), communauté où existent déjà les principes du monachisme d'aujourd'hui (clôture, règle, travail, prière, liturgie, obéissance, fraternité). Les moines vivent ainsi dans des cellules (du latin *cellula*, « petite chambre »). Cette initiative est suivie par les femmes dès 340, mais aussi par des Occidentaux qui viennent visiter ces communautés orientales, tel saint Jérôme (345-419). De la Turquie à l'Italie, en passant par la France, où saint Martin de Tours fonde le premier monastère (Ligugé, 361), le monachisme se répand en Europe, ainsi qu'en Afrique du Nord, à Hippone (Algérie), avec saint Augustin (354-430). Les moines, qui contribuent largement à l'évangélisation des terres européennes encore païennes (Irlande par exemple), vivent selon des règles variées ; mais, en 817, il est décidé d'imposer celle de saint Benoît de Nursie (vers 480-547) à tout le monachisme. Ainsi vont naître, outre les bénédictins, différents ordres (chartreux, cisterciens et trappistes, franciscains, dominicains...) issus de cette longue évolution et qui, malgré les siècles agités et les difficultés matérielles, continuent d'évoluer dans le monde actuel.

Le monachisme est aussi vivant dans le christianisme orthodoxe (qui se sépare de l'Église catholique en 1054), où ces ordres n'existent pas. Le supérieur d'un monastère est appelé higoumène ou archimandrite (Grèce). Signalons particulièrement le Mont-Athos, en Grèce, fondé au Xe siècle, où coexistent deux modes de vie : le cénobitisme et l'idiorythmie. Dans ce dernier cas, le moine vit en dehors d'un monastère, à la manière qui convient à sa recherche de solitude : il peut être gyrophare (itinérant), ermite dans une grotte ou réuni avec d'autres frères dans une maison.

Enfin, concernant le vocabulaire, il est utile de rappeler l'épisode concernant le savant anglais Robert Hooke (1635-1703). En examinant avec un microscope des coupes de liège, il remarqua la présence d'alvéoles qui constituent l'unité élémentaire de ce végétal. Ces structures closes évoquant pour lui la vie cloîtrée du moine, il les appela cellules.

→ Abbaye, cloître, commende, hésychasme, ordre, ribat, stylite, tariqa, vocation.

Mont, Le ☪

La 52e sourate (chapitre) du Coran, écrit sacré de l'islam, porte le titre de *al-Tur* (*Le Mont*). Ce mont est le Sinaï, où Moïse reçut la Torah, la Loi régissant le judaïsme et que l'islam considère, avec l'Évangile chrétien, comme un Livre (c'est-à-dire révélé par Dieu). Mais le Coran est venu parachever le message divin, c'est pourquoi la sourate fait aussi référence à la « maison peuplée », la ville de La Mecque, où Mahomet reçut le début de sa révélation. En effet, dans la lignée du judaïsme et du christianisme, ces versets précisent le châtiment qui attend les incrédules et les impies, la géhenne, l'enfer, la « fournaise ardente ». Les croyants, les enfants de convertis et leur descendance quant à eux accéderont au paradis, où ils trouveront à manger et à boire à satiété, et où ils auront pour compagnes les houris (femmes merveilleuses).

→ **Houris, Livre, révélation, Sinaï.**

Montagne, discours sur la †

Jésus, qui est juif, connaît très bien la Torah, la Loi de sa religion transmise à Moïse sur le mont Sinaï. Aussi, quand il commence à arpenter la Galilée, il prononce un discours sur une montagne (impossible à localiser) afin de transmettre les fondements de son message. Ce discours (ou sermon) a été composé à partir de paroles (*logia*) de Jésus, de longueurs variables et dites à des moments différents, pour aboutir à un véritable « programme » ordonné et complet. Il est rapporté par l'évangéliste Matthieu (5-7), dont l'œuvre fut écrite à une époque où les convertis au christianisme se divisaient en deux tendances vis-à-vis de la Loi : certains anciens juifs voulaient la supprimer, les anciens païens l'adapter.
Le symbole est en effet très fort. Depuis la montagne (mont Sinaï), Jésus (nouveau Moïse) débute par les Béatitudes et enchaîne par la Loi : « N'allez pas croire que je sois venu abolir la Loi ou les Prophètes : je ne suis pas venu abolir, mais accomplir » (5, 17). Il entend, par « accomplir », annoncer une Loi renouvelée qui, la venue du Royaume de Dieu étant proche, a pour fondement l'amour et la volonté dont Dieu entoure l'homme. Il aborde ainsi les grands principes de l'existence : meurtre, adultère, répudiation d'une femme, parjure, vengeance, amour du prochain, aumône, prière – où il insère le Notre-Père (prière aujourd'hui essentielle des chrétiens) –, ou encore argent (le célèbre « Vous ne pouvez servir Dieu et l'Argent [Mammon] »)… « Vous donc, vous serez parfaits comme votre Père céleste est parfait », dit-il (5, 48). Il ne s'agit pas, en observant ces dispositions, d'obtenir les faveurs de ses semblables, mais d'atteindre la vraie richesse, qui vient de Dieu et non des biens matériels. L'assistance, convaincue, trouve dans ces propos une vérité que ne leur enseignaient pas les scribes confits de tradition. Jésus est donc un continuateur et un novateur.

Nous trouvons un autre discours, plus court et raconté par Luc (6, 17-49), qui se situe aussi en Galilée mais sur un plateau. Il commence également par des Béatitudes, et insiste sur le regard que l'on doit avoir avant tout sur soi-même. C'est le fameux : « Qu'as-tu à regarder la paille qui est dans l'œil de ton frère ? Et la poutre qui est dans ton œil à toi, tu ne la remarques pas ! » (6, 41). Mais, pour Jésus, il ne sert à rien de théoriser, il faut mettre tout cela en pratique, conclut-il.

→ **Béatitudes, Jésus, Royaume, sermon, Sinaï.**

Mosquée ☪

Le mot « mosquée » est dérivé de l'arabe *masdjid*, qui signifie « lieu où l'on se prosterne [devant Dieu] ». C'est donc l'endroit sacré où est rendu le culte à Allah. Les musulmans s'y réunissent non seulement pour prier, mais aussi pour évoquer des affaires courantes, discuter de questions familiales et autres sujets inhérents à toute communauté. Étant la représentation de la Kaaba de La Mecque, cœur vivant de l'islam, elle doit être orientée (si possible) vers celle-ci (*qibla*).

Sur le plan architectural, les mosquées sont de styles et de matériaux variés, tant les siècles et les pays ont connu de choix esthétiques différents. Mais elles se reconnaissent toutes (en principe) par la présence du minaret, seul ou multiple : cette tour symbolise, d'une part, le lien avec le ciel, d'autre part la présence de l'islam. C'est depuis le haut du minaret que le muezzin lance l'appel (*adhan*) à la prière (*salat*). À l'intérieur de la mosquée, une pièce est réservée aux ablutions, qui permettent de se purifier avant de se déchausser et de pénétrer dans la salle des prières, dont le sol est couvert de tapis. La pureté, tant corporelle que spirituelle, est en effet essentielle pour se présenter devant Dieu. Cette salle est pourvue d'un mihrab, niche en abside où se tient l'imam (qui dirige la prière), et en général d'un minbar, chaire d'où l'officiant parle aux fidèles. La mosquée, véritable centre de vie, comprend également des services (administratifs, sociaux, culturels, religieux...), un centre d'enseignement (la *madrasa*), et une partie réservée à l'accueil, en vertu du principe fondamental de charité et de fraternité.

Les prières quotidiennes peuvent se dérouler dans n'importe quelle mosquée, mais la grande prière du vendredi, communautaire, doit avoir lieu dans une mosquée *al-djami* (« du vendredi »), chaque ville n'en comptant qu'une seule. Les autres mosquées sont dites simplement *al-masdjid*.

→ **Imam, mihrab, minaret, minbar.**

Moucharabieh ☪

Le moucharabieh (de l'arabe *machrabiyyah*) est un treillage de bois savamment ouvragé, largement répandu dans les pays musulmans, que l'on rencontre tant dans les édifices civils que religieux. Il permet (aux femmes notamment) d'observer sans être vu. On trouve aussi des moucharabieh ornant des édifices funéraires, où ils marquent la séparation avec le défunt.

→ **Arabe.**

Moudjahid ☪

Les *moudjahidin* (pluriel de *moudjahid*) sont les « combattants du *djihad* ». Le *djihad* n'est pas littéralement la « guerre sainte », mais, originellement un effort sur soi-même et vers Dieu. Cet effort prend la forme d'un combat intérieur et personnel à chaque croyant, mais aussi d'un combat vis à vis de l'extérieur lorsqu'il s'agit de défendre l'islam.

→ **Djihad.**

Mouharram ☪

Mouharram (« le mois sacré » en arabe) est le premier mois du calendrier musulman. Le 1er jour correspond donc au Nouvel An (*Ras al-Am*), qui n'est pas marqué par des festivités particulières, comme dans les mondes juif et chrétien. Le 10 est célébré l'Achoura, jour de jeûne pour appeler les bienfaits à venir et remercier Dieu d'avoir sauvé Moïse et son peuple, car cet événement se déroula à cette date du calendrier lunaire. On y commémore aussi le martyre d'Hussein, petit-fils de Mahomet.

→ **Achoura, Hussein, jeûne.**

Moujtahid ☪

En arabe, le moujtahid est « celui qui pratique par l'effort ». Ce rang est donné à ceux qui ont atteint un degré élevé en matière de spiritualité, de droit et de connaissance religieuse, ainsi qu'une grande intelligence des textes sacrés et de la réalité du monde.

→ **Ayatollah, ijtihad, imam, madhahib.**

Mouled en-Nabi ☪

Le *mouled en-Nabi* célèbre « la naissance [*mawlid* en arabe] du Prophète [*nabi*] ». Plus simplement appelé le *mouled* (*mouloud* dans le Maghreb), cet anniversaire se déroule le 12 rabi al-awwal, troisième mois du calendrier religieux musulman. Le Prophète faisant naturellement l'objet d'une grande dévotion de la part des musulmans, cette fête est l'occasion de réjouissances extraordinaires, qui commencent plusieurs jours avant le *mouled* proprement dit, qui en marque la fin et l'apothéose. Selon les pays et les coutumes, les enfants se régalent de sucreries, les adultes veillent en priant, les processions sillonnent les rues, les mosquées s'emplissent de piété, le Coran, livre sacré, est charté...

→ **Prophète, rabi al-awwal.**

Mozarabe ☪

Le mot « mozarabe » est la déformation, en Espagne, de l'arabe *moust'arib*, qui signifie « arabisé ». Il désignait les chrétiens d'Espagne qui continuèrent de pratiquer leur religion durant toute la présence musulmane (711-1492). Ils étaient considérés par les musulmans comme des Gens du Livre (*Ahl al-Kitab*). Certains adoptèrent le mode de vie musulman et occupèrent de hauts postes au sein de l'administration.

→ **Ahl al-Kitab, dhimmi, mudéjar.**

Mudéjar ☪

Francisation du mot espagnol *mudejar*, qui vient d'une expression arabe signifiant « permis de rester », sous-entendu à certaines conditions. Les mudéjars étaient en effet les musulmans qui restèrent en Espagne après que les catholiques eurent repris le pays (1492) à l'Islam.

→ **Mozarabe.**

Muezzin ☪

Le muezzin est un mot turc venant de l'arabe *mo'adhdhin* signifiant « qui appelle à la prière ». Cet appel à la prière est l'*adhan*. Naguère encore, en terres d'Islam, le muezzin, fonction qui ne requiert aucune distinction particulière, se tenait au sommet du minaret des mosquées, ou près de celles-ci quand elles étaient de faibles dimensions. Cette tâche hautement spirituelle nécessitait un art consommé de la déclamation. Le premier muezzin fut Bilal, esclave abyssin affranchi et premier Noir musulman, qui lança l'*adhan* du sommet de la Kaaba alors que Mahomet entrait à La Mecque, en 629.

→ **Adhan, Mahomet, minaret, mosquée, prière.**

Mufti ☪

Le mufti est une autorité en matière de chariah (loi de l'islam). Cette compétence l'autorise à prendre des avis (*fatwa*) dans ce domaine.

→ **Chariah, fatwa, imam.**

Musulman ☪

Le mot « musulman » est inséparable de celui d'« islam ». Proche du mot arabe *salam* (« paix »), l'islam est la « soumission à Dieu » en vue d'atteindre la plénitude intérieure. En adhérant à l'islam (*taslim*), le croyant devient *muslim*, au pluriel *muslimin*, qui a donné le français « musulman ». Le musulman est « soumis » à Dieu, mais de son plein gré. Il ne s'agit pas d'une forme de dépendance, mais de confiance. Un musulman demande la paix en s'en remettant à Dieu, à son pouvoir créateur, à sa justice, sa miséricorde, sa puissance.

Un musulman croit en l'unicité de Dieu et marque son appartenance à l'islam en prononçant la *shahada* (profession de foi), l'un des Cinq Piliers de cette religion. Il respecte aussi les quatre autres Piliers : *salat* (prières quotidiennes), *zakat* (aumône), jeûne (*saum*) de ramadan, pèlerinage à La Mecque (*Hadjj*). Il reconnaît aussi toutes les règles et préceptes contenus dans le Coran (livre sacré transmis à Mahomet par Dieu), la Tradition de l'islam (*hadith* et *Sunna*), et la chariah (loi). Enfin, il est important de souligner qu'un musulman, durant toute sa vie, cherche la perfection dans tous ses comportements, ne fait que ce qui est convenable (*marouf*), en conformité avec Dieu, gage de son accès au paradis.

→ **Chariah, Coran, hadith, kafir, Piliers (les Cinq), Sunna.**

Mutazilisme ☪

Le mot « mutazilisme » est issu de l'arabe *mutazila*, qui signifie « se retirer », « s'écarter » et, par extension, « se séparer ». Il s'applique au premier courant du *kalam* (recherche des preuves concernant les fondements de la foi musulmane, afin notamment de démonter les arguments des contradicteurs appartenant à d'autres religions). Apparu en effet au VIIIe siècle, le mutazilisme a exercé une profonde influence sur les penseurs religieux de l'islam. Son histoire remonte au temps des premiers califes, successeurs du Prophète Mahomet (vers 570-632).

La doctrine mutazilite se résume en cinq points. Nous trouvons d'abord l'unicité (*at-tawhid*), concept construit sur la négation de tout attribut, seuls les noms de Dieu étant reconnus : par exemple, Dieu est le Puissant (nom), mais sans puissance (attribut). Deuxième point, le fait que Dieu n'a pas de pouvoir sur les mutazilites, qui sont ainsi libres de manière absolue. Tout ce qui arrive dans ce monde n'est pas voulu par Dieu. En conséquence, au jour du Jugement dernier, il jugera les hommes en fonction de la liberté et de la responsabilité totales qu'ils avaient. Troisième point, le statut intermédiaire : il concerne le musulman licencieux, permissif. Pour les mutazilites, il n'est ni *mou'mini* (croyant) ni *kafir* (incroyant), mais *façiq*, intermédiaire entre la croyance et l'incroyance. Enfin, les deux derniers points rapprochent les mutazilites des kharidjites, courant de l'islam : l'exécution inéluctable du châtiment éternel pour le *façiq*, qui a commis les péchés graves (*el-kab'a'ir*) et qui est voué à l'éternité de l'enfer ; le fait d'ordonner le bien et prohiber le mal. En cela, le mutazilite n'hésite pas à utiliser la violence et la rébellion armée contre tout pouvoir qui n'appliquer pas intégralement et d'une façon infaillible la chariah. Un gouverneur qui commet le péché grave doit être destitué, même s'il faut recourir aux armes.

→ **Chariah, kalam, kharidjites.**

Myriam ✡

Ce prénom, fréquent dans le monde juif, s'est transformé en « Marie » par l'intermédiaire du grec. Il s'applique au personnage que la Bible présente comme la sœur d'Aaron (et, curieusement, non de Moïse, leur lien familial passant ainsi par leur frère). Reprenant le livre de l'Exode, une tradition voit en Myriam celle qui « se posta à distance pour voir ce qui lui [Moïse] adviendrait » (2, 4), après avoir déposé sur le Nil la corbeille contenant l'enfant, puis qui convainc la fille de Pharaon de confier le petit à une nourrice (sa propre mère), le temps du sevrage (2, 7-8). C'est elle encore, qui, qualifiée de prophétesse, demande aux Hébreux de remercier Dieu par un chant après que ceux-ci ont, grâce à lui, franchi la mer Rouge à pied sec

(15, 20-21). Mais elle commet aussi une faute, rapportée par le livre des Nombres (12, 1) : « Myriam, ainsi qu'Aaron, parla contre Moïse à cause de la femme kushite qu'il avait prise. » Il est presque certain que cette femme est Çiporra, une Madianite, l'une des sept filles de Jethro, que Moïse épousa après s'être réfugié à Madiân (à l'est de la péninsule du Sinaï), avant l'épisode déterminant du Buisson ardent. Pour Myriam et Aaron, une telle union avec une « étrangère » est contraire à Israël. Yahvé, constatant que la légitimité de celui qu'il a choisi pour guider le peuple est remise en cause, prévient : « Toute ma maison lui est confiée. Je lui parle face à face » (12, 7-8). Il frappe Myriam d'une lèpre « blanche comme neige » (12, 10) – la lèpre était alors considérée comme la pire des maladies, un châtiment divin. La malade doit quitter le camp et ne recouvre la santé qu'au bout de sept jours, grâce aux prières de Moïse. Myriam fait ensuite partie des Hébreux qui, un an après avoir quitté l'Égypte, sont condamnés par Dieu à séjourner trente-neuf ans à l'oasis de Cadès (nord-est de la péninsule du Sinaï). Mais elle meurt en y arrivant. Comme ses frères et tous ceux de sa génération, elle n'entrera pas en Terre promise. Pour certaines traditions, Myriam doit revenir à la fin des temps.

→ **Aaron, Exode, Moïse.**

Mystère †

Dans l'Antiquité romaine, les *mysteria* étaient des cérémonies secrètes en l'honneur d'une divinité. De ce mot est issu celui de mystère, qui plonge dans le secret même de Dieu. Le mot « mystère » s'applique aussi à un genre particulier d'art théâtral né de la piété chrétienne. Ainsi, aux IXe-Xe siècles, en plein cœur du Moyen Âge, apparaissent des ébauches théâtrales des évangiles, ces quatre livres du Nouveau Testament qui rapportent le ministère et le message (Évangile) de Jésus. Le premier spectacle en tant que tel, c'est-à-dire joué et structuré par une mise en scène, semble dater de la toute fin du Xe siècle et reçoit une première codification au siècle suivant. Ces représentations prennent le nom de « mystère » en raison de leur sujet : le salut, c'est-à-dire l'accès au bonheur, à la paix, à la joie, à l'amour, tant individuel que collectif. Au XIIIe siècle, ces spectacles sortent des églises et sont désormais interprétés par des laïcs (non religieux), avant de connaître leur âge d'or aux XVe et XVIe siècles. Passion et Incarnation de Jésus, martyrs des saints et miracles sont quelques-uns des thèmes développés, parfois sur plusieurs jours, les participants communiant alors totalement avec le Christ et ses témoins (les martyrs).

→ **Incarnation, mystique, Passion, saint, salut.**

Mystique ✡ ✝ ☪

Au sens étymologique, le mysticisme est ce qui est « relatif aux mystères » (*mustkos* en grec) de la divinité. Cette quête d'une relation personnelle et intense avec le divin est commune à toutes les croyances ; les mystères d'Éleusis, en Grèce, étaient par exemple l'occasion d'atteindre une extase spirituelle, notamment à l'aide de substances hallucinogènes.

Pour les trois religions du Livre, la mystique est la recherche de Dieu qui, omniscient et omnipotent, est à la fois proche et lointain. Cet éloignement engendre ainsi des mystères dont Dieu seul possède la clef, car ils échappent à la conscience et à la raison humaines. Les mystiques juive (réunie sous le terme général de kabbale), chrétienne (dont font partie certaines recherches monastiques, comme celle du Mont-Athos, en Grèce) et musulmane (soufisme, par exemple) sont à la fois multiples et communes. La prière, le silence, la pratique des vertus et de la conduite voulues par Dieu, la purification intérieure pouvant aller jusqu'aux pénitences, l'exploration des symboles, tout cela a concouru à parsemer l'histoire des religions de personnages parfois déroutants, mais toujours animés d'une foi aussi profonde qu'exemplaire. Car le mystère reste éternellement une affaire d'initié, sens de l'origine grecque du mot mystère (*mustês*).

Le mysticisme juif, chrétien et musulman est donc loin de l'image que ce mot connote aujourd'hui : celle d'un être exalté, retranché loin des réalités.

→ **Kabbale, monachisme, mystère, soufisme.**

N

N

Nachim

Nachim, troisième ordre de la Michnah (première transcription de la loi orale), est consacré à la vie conjugale et aux rapports entre hommes et femmes (*nachim* en hébreu). Parmi ses sept traités, on trouve les dispositions relatives aux vœux en général, et plus spécialement à ceux relatifs à l'union conjugale (Nedarim), aux contrats de mariage (Ketoubbot), au caractère saint de celui-ci (Qiddouchim, présent aussi dans les deux Talmud et dans la Tossefta), au divorce (Gittin) et à l'infidélité féminine (Sotah). On trouve aussi celui relatif au *nazir* (personne qui se voue à Dieu), et celui (Yevamot) portant sur la question du lévirat, une loi très ancienne stipulant qu'une veuve sans enfant doit épouser le frère de son époux.

→ **Lévirat, nazir, Talmud, Tossefta.**

Nahl, al-

Al-Nahl, *Les Abeilles*, est le titre porté par la 16e sourate (chapitre) du Coran. Nous y apprenons que Dieu, le Créateur de tout ce qui vit et existe (homme, animaux, mer, montagne, ombre...), a commandé aux abeilles : « Établissez vos demeures dans les montagnes, dans les arbres, dans les ruches ; puis mangez de tous les fruits. » Et, plus loin : « De leurs entrailles sort une liqueur diaprée où les hommes trouvent une guérison » (16, 68-69). Dieu offrira à ceux qui iront au paradis quatre boissons sacrées et pures : eau, lait, vin (interdit sur Terre) et miel.

Dans le monde ancien, en l'absence de sucre raffiné, le miel servait en effet à de multiples usages, notamment à adoucir les mets. Cette propriété est reprise dans la Bible, dans laquelle le miel est associé à la douceur, à la vie, voire à la survivance : les Hébreux, au cours de l'Exode, sont nourris chaque jour par la manne de Dieu, au goût de miel. Et, dans le calendrier juif, durant la fête de Rosh ha-Shanah (Nouvel An), il est d'usage de tremper du pain dans du miel pour attirer les bienfaits sur l'année à venir. L'islam, au travers du Coran et des traditions, a également développé les qualités gustatives du miel, qui se trouve également paré de vertus curatives et fécondantes, et d'autres symboliques encore, variant selon les régions, notamment celles de l'amour et du désir.

→ **Manne, mystère, paradis, Rosh ha-Shanah.**

Nahum ✡

Le livre de Nahum (*Nahoum* en hébreu, de *Nehemiyah*, « Dieu console ») est un écrit original parmi ceux des prophètes de la Bible. En effet, il ne s'attaque pas aux fautes d'Israël, mais concentre son propos sur l'Assyrie, qui vient de détruire Samarie (722 av. J.-C.) et a assujetti le Proche-Orient, dont Juda. Mais il voue cet empire cruel à l'anéantissement, surtout sa capitale Ninive. De fait, cette ville sera prise en 612 par les Babyloniens, les Scythes et les Mèdes... La rédaction de ce livre est donc à situer entre ces deux dates, sans doute au cours de la seconde moitié du VIIe siècle. Le texte, aux accents poétiques magnifiques, évoque Dieu sous son nom de guerre, Sabaot.

→ **Assyrie, Babylone, Juda, Sabaot, Samarie.**

Nassi ✡

Le *nassi* (« prince » ou « chef » en hébreu), *nesiim* au pluriel, présidait le Sanhédrin, instance juive reconnue par les Romains au temps de Jésus. L'un d'eux fut un sage éminent, auteur – comme la plupart des *nesiim* – de lois (Taqqanah) fondamentales pour le judaïsme et contenues dans le Talmud (prolongement de la Michnah, version écrite de la Loi orale). C'est Hillel (vers 70 av. J.-C.-10 apr.), réputé humble, et surnommé l'Ancien (*zaken* en hébreu) pour illustrer son prestige : il présida le Sanhédrin environ vingt ans, jusqu'à sa mort. Ce poste fut ensuite attribué à ses descendants, jusqu'à sa suppression en 425. Un autre *nassi* éminent fut Yehoudah (Juda) ha-Nassi (vers 135-220), arrière-petit-fils de Gamaliel l'Ancien, cité par les Actes des Apôtres du Nouveau Testament chrétien ; on lui doit la rédaction des fondements de la Michnah (version écrite de la Loi orale). À son époque, *nassi* prit le sens de patriarche.

Ce mot se rapporte aussi aux chefs des douze tribus d'Israël lors de l'Exode et au cours des premiers temps de la conquête de Canaan par Josué : Moïse les envoie explorer la Terre promise. Il prend en outre une dimension plus royale sous la plume du prophète Ézéchiel, pour qui un *nassi* viendra diriger la Jérusalem qu'il idéalise (19, 1). Le *nassi*, figure biblique, était donc auréolé d'un immense prestige. Ce titre fut ainsi repris par Bar Kokhba, qui conduisit la révolte juive au IIe siècle apr. J.-C. : il se l'attribua dans ses lettres, et fit frapper des pièces de monnaie à son effigie et portant la mention « *nassi* d'Israël ». Au Moyen Âge, le *nassi* était le responsable d'une communauté juive, tant en Occident qu'en terres d'islam. Aujourd'hui, ce terme est dévolu au président de l'État d'Israël.

→ **Canaan, Exode, Ézéchiel, Sanhédrin, Taqqanah.**

Nathan ✡

Nathan, présent dans le second livre de Samuel et au début du premier livre des Rois, joue un grand rôle auprès du roi David (1010-970 av. J.-C.) et de son fils (et successeur) Salomon (970-931). Le Siracide (livre du courant de Sagesse présent dans la Septante, traduction grecque de la Bible, IIIe siècle av. J.-C.) le range parmi les Pères dont il fait l'éloge, aux côtés d'Hénoch, Isaïe, Élie et Élisée, les Juges ou encore Josué.
Le nom de Nathan vient sans doute de *natân-yah*, « Dieu a donné » ou « Dieu a ordonné », ce qui correspond parfaitement à l'action de ce prophète. On rencontre Nathan lors d'événements cruciaux, tant pour David que pour Israël. David lui annonce qu'il va bâtir à Jérusalem une maison (le Temple) pour abriter l'arche d'Alliance, logée jusque-là sous une tente. Nathan, transmettant les paroles de Yahvé (Dieu), lui déclare : « Je te donnerai un grand nom comme le nom des plus grands sur la Terre. [...] Yahvé t'annonce qu'il te fera une maison. Et [...] je maintiendrai après toi le lignage issu de tes entrailles et j'affermirai sa royauté. [...] Ma faveur ne lui sera pas retirée comme je l'ai retirée à Saül. [...] Ta maison et ta royauté subsisteront à jamais devant moi, ton trône sera affermi à jamais » (2 Sm 7, 1-17). En clair, Dieu bâtit une dynastie à David, c'est-à-dire le ciment d'Israël qui, même aux pires moments de son histoire, ne cessera d'espérer en l'intervention d'un libérateur, le Messie, descendant de David. Plus tard, quand David épouse la belle Bethsabée après avoir fait éliminer son mari, Urie, Nathan le prévient : « L'épée ne se détournera plus jamais de ta maison, parce que tu m'as méprisé et que tu as pris la femme d'Urie

le Hittite pour qu'elle devienne ta femme. » David reconnaît sa faute, mais la mort, au lieu de le frapper, atteint l'enfant né de son union avec Bethsabée. Il console celle-ci et, dans leur étreinte, conçoit Salomon, auquel Dieu accorde sa préférence. À la fin du règne de David, Nathan et Bethsabée – qui eut, semble-t-il, beaucoup d'influence sur le roi – conjuguent leurs efforts pour imposer Salomon comme successeur, au détriment de chacun des autres prétendants : Salomon n'est en effet que le quatrième sur les onze enfants venus au monde à Jérusalem. « Le prêtre Sadoq [en présence de Nathan] prit dans la tente la corne d'huile et oignit Salomon, on sonna du cor et tout le peuple cria : "Vive le roi Salomon !" », proclame le premier livre des Rois (1, 39). C'est Salomon qui construira le Temple.

→ **David, Salomon, Temple.**

Nativité †

La Nativité, ou naissance de Jésus à Bethléem (ou Nazareth pour certains historiens), est rapportée sans trop de détails par les évangélistes Matthieu et Luc. Elle est célébrée à Noël, fête fixée par la tradition, car il est impossible de savoir quel jour précisément est né Jésus. Pour l'année de sa naissance, nous disposons de sources historiques qui permettent de la situer à l'an 6 avant notre ère, date la plus vraisemblable. Cette erreur de six ans est due à un moine arménien, Denis le Petit (VIe siècle), qui fut chargé de calculer la première année de l'ère chrétienne.

D'une part, Jésus naît sous le règne d'Hérode le Grand, reconnu roi des juifs par les Romains et qui meurt en l'an 4. D'autre part, Luc rapporte que, à la fin d'une grossesse facile, Marie doit suivre Joseph à Bethléem (Judée), dont celui-ci est originaire et où il va se faire recenser. Ce recensement, daté de l'an 6, a été ordonné par l'empereur Auguste, et assuré par Quirinius, légat de Syrie dont dépend la Judée. Mais il y a foule ; Marie et Joseph doivent se loger dans une simple salle (la grotte est une tradition ultérieure), où Jésus est déposé dans une mangeoire (ou crèche) pour animaux. C'est alors que Luc fait intervenir les bergers, avertis par un ange, qui symbolisent les gens modestes, les « tout-petits » chers au cœur de Jésus. Matthieu, de son côté, évoque les mages, symbole des païens, repris également par la tradition.

→ **Annonciation, Bethléem, crèche, Jésus, Joseph, mages (rois), Marie, Noël.**

Nazir ✡

Les dispositions concernant le *nazir*, homme ou femme voué à Dieu pour une période, sont contenues dans le traité du même nom, qui fait partie de l'ordre Nachim de la Michnah (première transcription de la Loi orale), et que l'on retrouve dans les deux Talmud (prolongements de la Michnah) et la Tossefta (ensemble de textes non intégrés par les *tannaïm* dans la Michnah). Dans la Bible, le *nazir* (de l'hébreu *nâzar*, « séparer »), au contraire des lévites et des prêtres, n'était pas obligé d'appartenir à une tribu ou à une classe particulière. Le livre des Nombres (6, 1-21) précise les engagements du *nazir* : s'abstenir de vin, de boissons fermentées, de tout produit issu du raisin ; ne pas se couper les cheveux, ce qui le faisait reconnaître à sa longue chevelure flottant au vent ; ne pas s'approcher d'un mort, même s'il s'agit d'un parent, car le *nazir* est pur de par sa consécration à Dieu. Si, par malchance, il entrait en contact avec un cadavre, il devait se raser la tête, se purifier, offrir au Temple de Jérusalem « deux tourterelles ou deux pigeons » pour un holocauste, recevoir du prêtre un rite d'expiation et prononcer un nouveau vœu. En revanche, pour être libéré de ce vœu, il devait apporter au Temple : « Pour un holocauste, un agneau d'un an, sans défaut ; pour un sacrifice pour le péché, une agnelle d'un an, sans défaut ; pour un sacrifice de communion, un bélier sans défaut ; une corbeille de gâteaux de fleur de farine sans levain, pétris à l'huile, des galettes sans levain frottées d'huile, avec les oblations et libations conjointes. » Le *nazir* pouvait ensuite raser ses cheveux et les brûler dans le feu du sacrifice.

Le *naziréat*, qui concernait les prophètes ou les héros, était donc en général un état temporaire, et plus rarement définitif. Certains personnages, comme Samuel et Samson, sont *nazirs* avant d'être nés et pour toute leur vie. Dans le Nouveau Testament, Jean le Baptiste, le précurseur de Jésus, vit à la manière d'un *nazir*, ne buvant pas de boissons alcoolisées, vêtu d'une tunique en poils de chameau, d'un pagne en peau, se nourrissant de sauterelles et de miel sauvage.

→ **Agneau, holocauste, Jean le Baptiste, Samuel (prophète et livre de), Samson, Tossefta.**

Nécessaire, Le ☪

Al-Ma'oun est *Le Nécessaire*, titre de la 107e sourate (chapitre) du Coran. Il désigne l'absolue nécessité de se pencher sur le sort de l'autre : c'est la charité qui, pilier de la foi, sera l'un des accès au paradis quand viendra le Jugement dernier. Tout musulman hypocrite sera alors châtié, car Dieu sait tout, jusqu'à la plus intime pensée que l'on met dans sa prière.

Néhémie ✡

Le livre de Néhémie (Nehemyah en hébreu), qui se trouve dans la Bible, est contemporain de celui d'Esdras (IIIe siècle av. J.-C). Il rapporte les difficiles conditions du retour de l'Exil, après le décret du Perse Cyrus en 538. Néhémie est sans doute envoyé en Judée vers 445, sous l'empereur Artaxerxès Ier (465-424), dont il est l'« échanson » à Suse, dit-il. Parvenu à Jérusalem, il prend conscience que la reconstruction du Temple est empêchée par les habitants de Samarie, mais parvient à la mener à bien. La Ville sainte se repeuple, et Néhémie prend un certain nombre de mesures sociales, notamment en faveur des plus pauvres. Revenu à Suse, et apprenant que Jérusalem est victime de dérives religieuses, il s'y rend de nouveau pour réaffirmer la Torah (la Loi divine).

→ **Esdras, Exil, Jérusalem, Temple.**

Nestoriens ✝

En 431, l'empereur Théodose II convoque le concile d'Éphèse, sur l'initiative du patriarche de Constantinople qu'il a mis à ce poste trois ans plus tôt : Nestorius. Celui-ci, soutenu par les évêques d'Antioche (Turquie), s'oppose au patriarche d'Alexandrie, saint Cyrille, et au pape Célestin Ier sur un point de doctrine. Il postule que Jésus, tout en possédant deux natures (divine et humaine), ce qui est largement accepté, avait deux personnalités (divine et humaine) et non une, ce qui, pour Cyrille, va à l'encontre de l'incarnation de Dieu en son Fils. Marie ne peut donc pas être « Mère de Dieu » (*Theotokos*), mais juste mère du Jésus « humain ». D'ailleurs, le Verbe (de Dieu) ne peut avoir de mère. Profitant de ce que les amis de Nestorius sont en retard au concile, Cyrille fait proclamer le *Theotokos* et condamner les thèses de Nestorius comme hérét ques, tandis que celui-ci est frappé d'anathème. Nestorius, démis de ses fonctions, part pour Antioche puis pour l'Égypte, tandis que les copies de ses œuvres sont impitoyablement détruites. Il meurt en 451.

À la fin du Vᵉ siècle, l'Église de Perse (Iran) se rallie cependant à la thèse de Nestorius, opère un schisme, prend le nom d'Église d'Orient et le surnom de nestorienne. Elle va déborder ses frontières pour se porter jusqu'en Inde et en Chine (VIIᵉ siècle). En net recul dès le XIVᵉ siècle, les nestoriens se divisent au XVᵉ siècle, beaucoup d'entre eux choisissant la voie de l'union avec les catholiques de Rome, formant ainsi des Églises uniates. Depuis, des accords doctrinaux ont été signés entre le Vatican et les Églises qui n'ont pas renoué avec Rome.

L'Église d'Orient, aujourd'hui très diminuée, notamment en raison des persécutions et des guerres, vit au travers de l'Église assyrienne d'Orient (Iran, Irak, Syrie, Kurdistan...) et de l'Église syrienne de Mar Toma, sur la côte de Malabar (Inde). Conservant le rite chaldéen et la langue syriaque, elle continue à autoriser le mariage des prêtres. Les nestoriens ont été conviés aux travaux du concile Vatican II (1962-1965). Par ailleurs, ils font partie du conseil œcuménique des Églises.

→ **Anathème, concile, hérésie, incarnation, œcuménisme, Theotokos, uniate.**

Neuvaine †

La neuvaine consiste à répéter pendant neuf jours des prières ou des actes de piété, le but étant d'accéder à une grâce particulière. Elle ne doit pas être confondue avec *none*, la « neuvième » heure (prière quotidienne) de l'office divin, qui a lieu à 18 heures.

→ **Heures, office.**

Neviim ✡

Neviim (« prophètes ») est le titre donné à la deuxième partie de la Bible hébraïque. Cet ensemble comprend d'abord les prophètes dits « premiers » : ce sont les livres de Josué (conquête de Canaan), des Juges (période précédant la monarchie), de Samuel (instauration de la royauté avec David) et des Rois (histoire de la royauté jusqu'à l'Exil). Bien que leur contenu soit très historique, ils rapportent l'action de prophètes essentiels d'Israël, comme Élie et Élisée, Samuel, Nathan. Nous trouvons ensuite les prophètes dits

« postérieurs ». Ils sont répartis en deux sections, définies selon la longueur de leurs livres : les « grands prophètes » (Isaïe, Jérémie, Ézéchiel) et les « petits prophètes » (Osée, Joël, Amos, Abdias, Jonas, Michée, Nahum, Habaquq, Sophonie, Aggée, Zacharie, Malachie).

→ **Bible, prophète.**

Neziqin ✡

Neziqin (« dommages » en hébreu) est le quatrième ordre de la Michnah (version écrite de la Loi orale). Il contient dix traités, dont la majorité concerne des dispositions législatives et judiciaires. Les trois premiers comportent le mot *Babba* (« porte »). Le quatrième, Sanhédrin, se rapporte spécifiquement à cette institution juive ancienne. On y trouve aussi un traité (Avodah Zarah) relatif aux idoles, et un autre (Avot ou Abot, les « pères ») très important puisqu'il recense les sentences des sages de la Michnah. La plupart de ces traités sont repris et étoffés dans les deux versions du Talmud (prolongement de la Michnah) et dans la Tossefta (ensemble de textes non intégrés par les *tannaïm* dans la Michnah).

→ **Bab et babisme, Michnah, Sanhédrin, Talmud, Tossefta.**

Nisan ✡

Nisan (mars-avril) est le septième mois du calendrier religieux juif et le premier mois du calendrier civil. Ce mot, d'origine babylonienne, remplaça celui, cananéen, d'Abib (« épis mûrs ») – Tel-Aviv (ou Tel-Abib), où se rendit le prophète Ézéchiel (3, 15), signifie ainsi « colline des épis ». En effet, pour le livre de l'Exode, « ce mois sera pour vous en tête des autres mois, il sera pour vous le premier mois de l'année » (12, 2), et « c'est en ce mois que tu [Israël] es sorti d'Égypte » (23, 15 et 34, 18). Ceci explique l'absence de jeûnes publics et de cérémonies liées à la mort durant ce temps, consacré à la commémoration de la sortie d'Égypte. Mentionné aussi dans les livres de Néhémie (2, 1) et d'Esther (3, 7), nisan est logiquement le mois de Pessah (Pâque), situé entre le 15 et le 22, comme l'annonce le Deutéronome (16, 1) : « Observe le mois d'Abib et célèbre une Pâque pour Yahvé ton Dieu, car c'est au mois d'Abib que Yahvé ton Dieu, la nuit, t'a fait sortir d'Égypte. »

Puis commence la période d'Omer (de cinquante jours), qui s'achève à Chavouot (Pentecôte), au mois de sivan. La Shoah est commémorée aussi en nisan, en général le 27.

→ **Deutéronome, Exode, Omer, Pessah.**

Noé ✡ ✝ ☪

Noé (Noah en hébreu) intervient entre la création du monde et les patriarches d'Israël, dont le premier, Abraham, est son descendant. Il descend lui-même de Mathusalem. Dans le livre de la Genèse qui ouvre la Bible, il est présenté comme le seul juste (croyant exemplaire) sur Terre, choisi par Dieu, qui, le péché s'étant emparé du monde, a décidé de punir les hommes en faisant s'abattre le Déluge. Noé construit une arche, et y rassemble sa famille (soit huit personnes avec lui) et un couple de chaque espèce animale. Le Déluge a lieu, éliminant toute trace de vie, puis l'eau se retire : l'arche se retrouve perchée sur le mont Ararat (Turquie). Dieu fait alors jaillir l'arc-en-ciel pour sceller l'Alliance (la première) avec les hommes, qui pourront profiter de la nature car aucun autre déluge ne s'abattra jamais. Noé, à qui est attribuée la création de la vigne, meurt à neuf cent cinquante ans. Ses fils, Cham, Japhet et Sem peuplent la Terre. Pour la tradition littéraire juive, Noé reste un juste, même s'il n'a pas plaidé la cause des hommes auprès de Dieu, alors qu'Abraham a demandé à Dieu d'épargner les justes de Sodome. En outre, pendant le Déluge, il aurait nourri le géant Og, accroché à l'arche, ce qui l'empêcha de se reposer.

Dans le Nouveau Testament, écrits saints du christianisme, les évangiles de Matthieu (24, 37-39) et de Luc (26,30) rappellent le temps de Noé où les hommes mangeaient, buvaient, se mariaient sans se préoccuper de rien d'autres. Jésus demande d'être vigilant, car, dit Pierre dans sa première épître (3, 18-20), si les hommes avaient cru pendant que Noé construisait l'arche, ils auraient pu être épargnés ; il est donc nécessaire de se tourner vers Jésus, Fils de Dieu, qui s'adresse à tous et sauve par le baptême.

Le Coran, cœur de l'islam, s'inscrit dans le récit biblique et parle de Noé (Nouh en arabe) comme d'un juste, d'un prophète, seul rescapé du Déluge (*toufan*) pendant que les incrédules périssaient dans les flots. C'est pourquoi il est très respecté par les musulmans, qui voient en lui un *rassoul* (messager de Dieu). Le Coran, qui le considère à l'égal d'Abraham et de Jésus quant à sa mission prophétique, lui consacre même la

71e sourate (chapitre) : Noé est envoyé par Dieu pour avertir les hommes du châtiment qui va s'abattre. Mais au lieu de l'écouter, ils s'éloignent encore davantage de la foi. Noé a pourtant insisté, s'exprimant « à voix haute », par « proclamation », et « en secret », pour que tous implorent le pardon de Dieu, qui peut apporter tant de bienfaits en retour. Ils ont préféré croire aux idoles, aux richesses matérielles, aux promesses des illusions. Le Déluge les submerge et les précipite dans le feu de l'enfer. Le nom de Noé est évoqué quarante-deux fois dans le Coran.

→ Alliance, arche, Babel, Cham.

Noël †

Noël, fixé le 25 décembre, célèbre le jour « de naissance » (*natalis* en latin) de Jésus, la Nativité. Les évangiles du Nouveau Testament ne donnant aucune information quant à la date de cette naissance, cette fête à haute valeur religieuse est le produit de la volonté de l'Église, d'une part, et de la tradition, d'autre part.

Les premiers chrétiens fêtent la venue au monde de Jésus le 6 janvier – date actuelle de l'Épiphanie. En 313, l'empereur Constantin met un terme aux persécutions contre ces derniers, et officialise le christianisme, désormais religion de l'Empire romain, tout en recommandant le syncrétisme entre rites anciens et nouveaux. En 353 ou 354, après le concile de Nicée (325), où a été confirmée la divinité de Jésus, le pape Libère décrète que la Nativité sera désormais célébrée le 25 décembre. Les Églises orientales conservent cependant le 6 janvier. Noël remplace ainsi la fête païenne de la « naissance du soleil » – c'est le solstice d'hiver, à partir duquel les jours rallongent –, pendant laquelle, à Rome, on s'offrait des cadeaux. Ce choix permet d'illustrer, entre autres, ces paroles de Jésus, rapportées par l'évangile de Jean : « Je suis la Lumière [venue de Dieu] du monde. Qui me suit ne marchera pas dans les ténèbres, mais aura la lumière de la vie » (8, 12). Dès lors, Noël, qui se veut moins l'anniversaire de la naissance de Jésus que la célébration de la présence de Dieu sur Terre au travers de son Fils, se répand très vite dans le monde chrétien. Parallèlement, il s'enrichit de symboles venus de la tradition, qui en font toujours la plus populaire des fêtes chrétiennes.

La grotte, l'âne et le bœuf sont des produits des écrits apocryphes (non reconnus par l'Église) sur la Nativité, repris dans les crèches vivantes mises en scène lors des mystères médiévaux. L'arbre, en général un sapin (vert toute l'année), est un emprunt au Moyen Âge, où il représentait l'arbre du paradis ; on lui associe parfois l'amanite tue-mouches – champignon croissant à proximité de ces conifères –, réminiscence de rites germains. Noël a aussi emprunté aux Gaulois deux de leurs plantes sacrées : le houx, évoquant le Buisson ardent ou encore l'arbre qui cache Marie, Jésus et Joseph lors du massacre des Innocents, et le gui (immortalité). Quant au Père Noël, l'aspect que nous lui connaissons aujourd'hui est une création américaine de 1931 réalisée à des fins publicitaires ; mais son « invention » est beaucoup plus ancienne et pourrait remonter au XVIe siècle, en Europe, où, dans les milieux protestants, il remplaça saint Nicolas, dont il s'inspire. Nicolas, toujours honoré le 6 décembre, notamment en terres germanophones, anglophones, russes et scandinaves, fut évêque de Myre, en Asie Mineure, au IVe siècle ; il aurait réalisé de nombreux miracles, certains au profit des enfants, catégorie d'âge dont il devint ensuite le patron : il est souvent représenté portant sur son dos une hotte pleine de cadeaux. La fête de Noël est préparée au cours des quatre semaines de l'avent, et suivie du « temps de Noël », qui s'achève le dimanche après l'Épiphanie (6 janvier).

→ **Apocryphe, crèche, Épiphanie, lumière, nativité, païen.**

Nombres, livre des ✡

Quatrième livre du Pentateuque (Torah), les Nombres poursuivent le récit de l'Exode – celui-ci va durer quarante ans, chiffre symbolique exprimant l'attente avant un changement. Dieu ordonne à Moïse de recenser le peuple avant qu'il ne quitte le désert du Sinaï pour Canaan – seul Dieu a le droit de recensement. Mais les Hébreux se montrent capricieux, et, fatigués de ne manger que la manne divine, regrettent les mets qu'ils dégustaient en Égypte. Moïse parvient à détourner la colère de Dieu, auquel il se plaint de ses lourdes responsabilités : avec son frère Aaron, il reçoit l'aide de soixante-dix anciens (dans lesquels certains voient la préfiguration du Sanhédrin, grande instance juive). Mais, âgé, il ne peut pas conduire la conquête de Canaan. La tâche est confiée à l'un de ses proches, Josué, aux talents guerriers, qui dirige une troupe d'éclaireurs. Quarante jours plus tard, ces hommes reviennent au camp des Hébreux. Ils portent une énorme grappe de raisin sur une perche : ils ont vu un pays magnifique, aux vaches repues, aux fruits délicieux, mais il est peuplé de géants et les villes sont très fortifiées. Les Hébreux doutent, certains pensent à revenir en Égypte. Dieu punit cette génération : elle disparaîtra et n'entrera pas en Terre promise, de même que Moïse et Aaron. Seuls Josué, Caleb, qui s'est montré fidèle, et la génération suivante auront cette chance. Après avoir erré dans les déserts de Parân et de Çin, les Hébreux atteignent l'oasis de Cadès, où ils restent trente-neuf ans. Avant d'entamer la conquête de Canaan, ils s'emparent d'une partie de la Transjordanie, et rencontrent leurs trois futurs royaumes voisins (Édom, Moab et Ammon), qui seront de grands ennemis. Arrivés devant Jéricho, ils sont prêts à traverser le Jourdain. Inquiet, Balaq, roi de Moab, envoie alors un magicien, Balaam, leur amener la malédiction. Cette histoire, touchante et d'une grande poésie, met en scène un croyant en Dieu qui prévient Balaq de la victoire inévitable des Hébreux : un grand souverain (David) lui ravira son royaume ! Tout repose sur la fidélité et la foi en Yahvé. Alors qu'il contemple une dernière fois la terre de la Promesse, Moïse adresse aux Hébreux ses ultimes recommandations dans trois discours, transmis par le Deutéronome. La conquête peut commencer ; elle est rapportée dans le livre de Josué.

→ **Canaan, David, Deutéronome, Exode, Jéricho, Josué, manne, Moïse.**

Nonce et nonciature †

Le nonce apostolique est l'ambassadeur permanent du pape dans un pays étranger. Il est donc l'envoyé ou le messager (*nuntius* en latin) du Saint-Siège. Ainsi le pape nomme-t-il les évêques en tenant compte de l'avis du nonce. La nonciature est, quant à elle, la charge d'un nonce et le lieu où celui-ci l'exerce. Elle ne commença à être instituée qu'à partir du XVᵉ siècle, la représentation du pape revenant auparavant à des chargés de mission temporaires, les légats.

→ **Évêque, légat, pape, Saint-Siège, Vatican.**

Nonne †

Ce mot à connotation populaire, plus guère employé aujourd'hui, servait de synonyme au terme « religieuse » une nonnette étant une jeune religieuse. Il vient du latin *nonna* (« nourrice »), forme féminine de *nonnus*, qui signifie « père nourricier » ou « moine ».

→ **Monachisme, religieux.**

Nosah ✡

Le mot hébreu *nosah*, ou *nousah*, désigne, en matière de coutume (*minhag*) juive, les différentes « versions » des rites liturgiques apparus au fil du temps dans les différentes communautés du judaïsme (séfarades et ashkénazes, par exemple). L'État d'Israël a proposé des unifications de *nosah*.

→ **Ashkénazes, Israël, minhag, séfarades.**

Notre Dame †

Autrefois, il était d'usage de désigner les nobles par les titres de Dame ou Madame, de Monsieur ou Sieur (de Seigneur), voire de Monseigneur (princes royaux), par respect pour la primauté de ces personnes. Celui de Notre Dame fut emprunté au XIIe siècle à cette coutume pour être appliqué à la Vierge Marie, mère de Jésus. Le « notre » a une dimension collective, et le « dame » celle d'une « maîtresse » (*domina* en latin, d'où viennent « dame » et « madame »). La Vierge est ainsi présente au travers du culte de Notre Dame, toujours très important, et représenté par des églises et des cathédrales, des lieux de pèlerinage et une multitude de manifestations.

→ **Marie, pèlerin, Vierge.**

Notre-Père †

Le Notre-Père (*Pater Noster* en latin) est la prière fondamentale du christianisme, car elle évoque Jésus Fils de Dieu, mais aussi la relation paternelle qui lie Dieu aux chrétiens. En 1966, catholiques, orthodoxes et protestants, qui jusque-là récitaient des traductions différentes de la prière, ont abouti à une version « œcuménique » du Notre-Père.
Selon l'évangile de Matthieu (6, 9-13), Jésus prononce cette prière lors du discours sur la Montagne. « Notre Père qui es dans les cieux, que ton Nom soit sanctifié, que ton Règne vienne, que ta volonté soit faite sur la terre comme au ciel. Donne-nous aujourd'hui notre pain quotidien. Remets-nous nos dettes comme nous-mêmes avons remis à nos débiteurs. Et ne nous soumets pas à la tentation ; mais délivre-nous du Mauvais. » Luc donne une version plus courte (11, 1-4) et la situe dans un contexte indéterminé. Jésus s'inspira en cela du Qaddich (prière) juif, la notion de Père (Avinou) étant très ancienne dans le judaïsme.

→ **Avinou, Montagne (discours sur la), orthodoxe, Père de l'Église, protestant, Qaddich.**

Novice †

On désigne par novice (du latin *novus*, « nouveau ») les personnes décidant d'entrer dans la vie religieuse. Pour cela, elles doivent être admises à suivre une période d'essai (deux ans au maximum) se déroulant dans un noviciat, et pendant laquelle elles peuvent se désengager ou concrétiser leur choix.

→ **Monachisme, religieux, séminaire.**

Nuit, La ☪

Insérée entre *Le Soleil* et *La Clarté du jour*, *La Nuit* (*al-Layl*) est la 92ᵉ sourate (chapitre) du Coran. Cette suite, qui correspond en outre à l'ordre de la révélation du Coran à Mahomet, montre combien la nuit, de même que le soleil, qui produit jour, lumière et clarté, est une œuvre de Dieu le Créateur. Dieu est aussi la lumière dont doit s'éclairer le croyant : l'aumône sincère lui vaudra l'illumination du paradis, mais l'avare sera jeté dans les ténèbres de l'enfer où rougeoie le brasier éternel.

→ **Lumière, Soleil (Le).**

O

a	Ⲓ, ⲓ̈	i	Ⲣ	r
b			Ⲥ	s
g	Ⲗ	l	Ⲧ	t
d	Ⲙ	m	Ⲩ	w
e	Ⲛ	n	Ⲫ	f
q	Ⲝ	y	Ⲭ	ch
z	Ⲟ	u	Ⲯ	hw
h	Ⲡ	p	Ⲱ	o

O

Obédience †

L'obédience est originellement l'obéissance (*obœdientia* en latin) à une puissance supérieure. Elle s'est étendue au domaine de l'Église : obéissance à un supérieur ou permission de celui-ci ; obéissance d'une maison religieuse à la maison mère. Il concerne aussi tel ou tel courant de la franc-maçonnerie et, sur un plan plus général, toute adhésion et fidélité à une philosophie, une religion ou une théorie politique.

→ **Église, religieux.**

Oblat †

L'oblat ou l'oblate (du latin *oblatus*, « offert ») est une personne qui a donné tous ses biens à une communauté religieuse, monastère par exemple, et qui y est intégrée sans pour cela prononcer des vœux et adopter les vêtements religieux. Autrefois, un oblat pouvait être un enfant « offert » par ses parents. Le latin *oblatus* a donné aussi « oblation », synonyme d'offertoire, partie de la messe.

→ **Messe, monachisme, offertoire, vœux.**

Œcuménisme ✡ † ☪

L'œcuménisme est, au sens premier, la « terre habitée », l'« univers » (*oikouménê* en grec). Il est spécifique au christianisme qui, déchiré par des conflits internes (orthodoxes et catholiques en 1054, Réforme protestante au XVIe siècle), tente ainsi de retrouver l'unité de tous les chrétiens, telle que la voulait Jésus. Cette initiative, en raison des relations tendues entre les différentes confessions chrétiennes, n'a été possible qu'au XXe siècle. En 1910, des protestants d'Églises différentes se réunissent à

Édimbourg, en Écosse, pour entamer un dialogue visant à rassembler tous les leurs, en dépit de leurs différences de vue. En 1927, à la conférence de Lausanne, apparaît le terme « œcuménisme » qui, déjà ancien, va illustrer cette recherche d'unité. Puis est fondé le Conseil œcuménique des Églises, à Amsterdam (1948), que rejoignent aussitôt les orthodoxes. L'Église catholique, d'abord réticente, prend part au projet depuis le concile Vatican II (1962-1965). Des avancées significatives sont à noter, comme la valeur commune donnée au baptême chrétien administré au nom de la Trinité (inscrite au cœur de la foi chrétienne) et la levée des excommunications mutuelles que catholiques et orthodoxes avaient prononcées en 1054.

Au sens large, l'œcuménisme, par son caractère universel, désigne les dialogues interreligieux à l'échelon d'une ville, d'un pays ou de la planète, c'est-à-dire entre religions différentes, notamment entre juifs, chrétiens et musulmans. Ces communications fraternelles entre trois religions qui ont en commun la croyance au Dieu unique et à Abraham, le père de tous les croyants, sont le ferment d'un espoir prometteur. Sont aussi concernés le bouddhisme et l'hindouisme.

→ **Abraham, catholique, Église, orthodoxe, protestant.**

Offertoire †

Pendant la messe, après les lectures, l'offertoire sert d'introduction à la célébration de l'eucharistie. Le prêtre commence par « offrir » le pain et le vin. Pour cela, et avant de les consacrer, il dispose sur l'autel le pain (corps du Christ) et le vin (sang), geste par lequel chacun de ces symboles est « offert » (*oblatus* en latin, ce qui fait de l'offertoire un synonyme d'oblation).

→ **Eucharistie, messe, oblat.**

Office ✡ † ☪

Le mot « office » vient du latin *officium*, qui englobe plusieurs notions, comme le service rendu, le comportement, l'obéissance ou encore le devoir. Autant de dispositions qui coïncident avec celles que demande la pratique d'une religion. Au sens strict, l'Église catholique a ainsi institué l'office divin, qui correspond aux différents moments de la journée, ou heures, marqué chacun par une célébration. Au sens large, l'office peut

s'appliquer à tout rendez-vous du culte religieux, comme les trois offices des jours ordinaires du judaïsme (Chaharith, Minhah, Maariv), ainsi que, en islam, les prières quotidiennes (*salat*) et celle du vendredi.
« Office » s'est étendu à la notion de fonction exercée, au service, qu'il s'agisse de l'office d'une maison ou de l'aide apportée à quelqu'un.

→ **Chaharith, heures, Minhah, Maariv, salat.**

Oliviers, jardin des †

Le mont des Oliviers est situé près de Jérusalem : il abrite un immense cimetière juif où, d'après la tradition, commencera la résurrection des morts à la fin des temps. Mais pour le christianisme, le jardin qui, au temps de Jésus, s'étalait à ses pieds est le cadre de deux événements de la Passion : une « agonie » de Jésus et son arrestation.
Tandis que Judas est parti livrer Jésus aux autorités du Temple de Jérusalem, ce dernier quitte le Cénacle avec les onze autres apôtres. Ils vont passer cette nuit fraîche d'avril dans un lieu qu'il apprécie : le jardin des Oliviers, ou Gethsémani, *Gat Shemanin* en araméen (« pressoir d'huile »). Cette olivaie, entourée d'un muret, s'étend à l'est de la ville, en dehors des remparts et au pied du mont éponyme (818 m), parallèle au Temple. C'est là que Jésus, appréhendant les souffrances qu'il sait proches et qu'il a annoncées durant la Cène, engage une lutte, un combat (du grec *agônia*, traduit en latin par « agonie ») contre la tentation du refus de cette mort. Il demande à Pierre, Jean et Jacques de le suivre à l'écart, pour le soutenir, et de l'attendre pendant qu'il priera son Père (Dieu) pour trouver le courage d'affronter son sort. Il a peur des souffrances, des railleries et des invectives. Accablé, il tombe à genoux : « Éloigne de moi cette coupe », dit-il à Dieu (Mc 14, 36). Mais il est seul et abandonné, ses trois disciples se sont endormis, oubliant momentanément leur chagrin. Jésus retourne prier, « sa sueur [devient] comme de grosses gouttes de sang » (Lc 22, 44), et il puise enfin la force d'assumer la volonté divine. « Voici que celui qui me livre est tout proche » (Mc 14, 42), lance-t-il en réveillant ses compagnons. Judas l'embrasse. C'est le signal. On entend des bruits de pas. Les gardes du Temple, portant des torches qui déchirent l'obscurité, se précipitent sur lui. Pierre, prenant son épée, tranche l'oreille droite de l'un d'eux, Malchus. Jésus le prévient : « Tous ceux qui prennent le glaive périront par le glaive » (Mt 26, 52-53). Il est emmené vers son supplice.

→ **Crucifixion, Figuier (Le), Passion, Pierre.**

Omar ☪

Omar, deuxième calife (634-644), c'est-à-dire successeur du Prophète Mahomet (vers 570-632), institua l'Hégire (fuite du Prophète à Médine, en 622) comme début de l'ère musulmane. C'est lui qui prend pour la première fois le titre de commandeur des croyants (*Amir al-Muminin*) pour illustrer le rôle militaire et conquérant du calife. En effet, il entame le début des conquêtes de l'islam, qui atteindront leur plus grande extension sous la dynastie des Omeyyades (660-750), en prenant Jérusalem et la Palestine, l'Égypte, l'Irak, la Syrie... Omar est aussi célébré pour être devenu l'un des plus proches compagnons du Prophète – qu'il rejoignit peu avant l'Hégire –, après avoir été son ennemi. Ce statut, ainsi que son mérite moral et religieux, lui vaut de faire partie des quatre califes dits « bien guidés » (*Rachidoun*), avec Abou Bakr son prédécesseur, Othman et Ali ses successeurs, qui furent choisis pour ces mêmes qualités, au contraire des califes suivants.

→ **Abou Bakr, Ali, émir, Mahomet, Othman.**

Omer ✡

Dans l'ancien Israël, il était d'usage d'offrir une « gerbe » (*omer*) d'orge à Pessah (Pâque), afin de remercier Dieu pour avoir favorisé la nature et les récoltes, exemple de l'origine agraire des grandes fêtes juives. « Quand vous serez entrés dans le pays que je vous donne et quand vous y ferez la moisson, vous apporterez au prêtre la première gerbe de votre moisson », rapporte en effet le Lévitique (23, 10). Le Omer désigne, depuis très longtemps, la période de cinquante jours qui sépare Pessah de Chavouot (fête des Semaines ou Pentecôte), de nisan à sivan (mois du calendrier juif). Car ces deux fêtes sont indissociables pour l'identité juive : si Pessah célèbre la libération des Hébreux de l'esclavage d'Égypte, Chavouot consacre le don de la Torah (la Loi divine), cœur du judaïsme. Le Omer s'affirme par conséquent comme une passerelle reliant ces deux dates essentielles, les juifs respectant un certain nombre de consignes, comme celle de ne pas se couper les cheveux se marier ou faire la fête. Cette période est marquée aussi par la tristesse, dont la cause, selon une source, serait la mort des disciples de Rabbi Akiba (à qui est attribué l'Avinou, la prière), victimes d'une épidémie, sans doute durant la révolte juive de Bar Kokhba (132-135) contre les Romains. Le « 33e jour du Omer »

(*Lag ba-Omer*), le 18 du mois de iyyar, qui correspondrait à la fin de cette épidémie, ou à une victoire de Bar Kokhba, échappe à la morosité et à ces interdictions.

→ **Chavouot, iyyar, nisan, Pentecôte, Pessah, sivan.**

Omeyyades ☪

Les Omeyyades constituent la première dynastie de l'islam, puisqu'elle régna, depuis Damas (Syrie), de 660 à 756. Après la mort du Prophète Mahomet (632), les musulmans désignent son successeur, ou calife : les trois premiers sont Abou Bakr (632-634), Omar (634-644) et Othman (644-656), qui est assassiné. Succédant à ce dernier, Ali, gendre et cousin de Mahomet, se voit reprocher de n'avoir pas livré les meurtriers, comme le prévoit la loi (chariah), entre les mains du gouverneur de Syrie, Moawiya, membre de la tribu du Prophète (les Quraïch) et proche d'Othman. Entre ces deux hommes s'engage une rivalité qui, après la mort d'Ali (661), permet à Moawiya d'accéder au califat. Bien qu'Arabe, il délaisse l'Arabie, terre d'origine de l'islam, pour la Syrie : il y fonde une dynastie portant le nom de son arrière-grand-père Omeyya, et, pour la première fois en islam, donne au califat un caractère héréditaire.

Les Omeyyades occupent une place déterminante à plusieurs titres. C'est sous leur règne que l'islam arabe atteint sa grande expansion : Afrique du Nord, Espagne (en 732, ils sont arrêtés en France par Charles Martel, à Poitiers), Afghanistan, Asie centrale (dont Samarkand), avec des incursions jusqu'aux frontières de Byzance et en Inde... Ils créent la monnaie musulmane, le dirham (du grec *drachmé*, unité de poids de 3,24 g), encore utilisé par le Maroc et les Émirats arabes unis. La richesse qui découle de ces possessions est immense et va de pair avec un essor artistique. Mais la maîtrise de cet empire, véritablement arabe, est difficile. Les Berbères musulmans d'Afrique du Nord, les opposants arabes au sein même de l'islam, comme les partisans d'Ali, ou encore les révoltes musulmanes pour des raisons religieuses fragilisent le pouvoir. La famille Omeyyade est massacrée par les tenants d'une nouvelle dynastie, les Abbassides (750-1258), qui règnera depuis Bagdad. L'unique survivant, Abd al-Rahmane, parvient à quitter Damas et rejoint l'Espagne, où il installe à Cordoue (Andalousie) sa propre dynastie Omeyyade (756-1033).

→ **Abbassides, Ali, Hassan, Hussein.**

Omra

Le Omra est le « petit pèlerinage » de La Mecque, la première ville sainte de l'islam, celle du Prophète Mahomet (vers 570-632), et qui abrite la Kaaba, le sanctuaire d'Allah (Dieu). Plus modeste et simplifié par rapport au *Hadjj*, le grand pèlerinage qui se déroule à date fixe (mois de *dhou al-hijjah*), il peut être fait à n'importe quel moment de l'année. Mais il faut cependant, comme pour le *Hadjj*, se purifier par des ablutions, et parvenir à l'*ihram*, état de consécration à Dieu, représenté par des vêtements blancs. Le pèlerin commence par sept circumambulations (*tawaf*) de la Kaaba. Puis, après s'être abreuvé à la source de Zemzem, il parcourt sept fois la distance séparant les collines proches de Safa et de Marwah.

→ **Hadjj.**

Onction

L'onction est l'action d'oindre, c'est-à-dire de « frotter » ou de « parfumer » (*ungure* en latin) une personne. Cette pratique est en usage dans de nombreux domaines de l'existence, et correspond aussi à un besoin qui remonte à la nuit des temps. Ainsi, dans la première moitié du Ier millénaire av. J.-C., à l'époque du Premier Temple de l'ancien Israël, il était d'usage d'oindre les prophètes et les prêtres, et les rois au moment de leur sacre, en leur appliquant de l'huile parfumée sur la tête, afin de signifier qu'ils étaient consacrés, l'huile symbolisant l'Esprit de Dieu descendant en l'homme. Ce rite fut aussi appliqué au oint le plus emblématique, le Messie, mot qui vient de l'hébreu *mashiah*, « oint ».

Si le judaïsme abandonna ensuite l'onction, l'Église catholique en a repris l'usage : baptême, onction des malades (et extrême-onction), confirmation et sacrement de l'ordre sont des sacrements administrés avec des huiles saintes. L'huile pénètre dans le corps, symbolisant Dieu entrant en l'homme, tandis que le parfum évoque une puissance invisible comme l'Esprit saint.

→ **Huile sainte, chrême, sacrement.**

Oraison †

L'oraison (du latin *oratio*, « parole » ou « prière ») est une invocation de Dieu, intérieure et silencieuse, ce qui rend cette forme de prière particulière – elle est pratiquée surtout dans les monastères. L'orant (celui qui pratique cette forme de prière, mais le terme s'applique aussi même s'il s'agit d'une autre prière) se concentre sur son cœur et sa foi afin d'accueillir la présence de Dieu et son Esprit. L'oraison n'est pas réservée à des initiés. Des laïcs, des religieux cloîtrés (les carmels par exemple, ordre contemplatif) ou non cloîtrés, toute personne peut ainsi plonger au plus profond de sa foi. Cette prière n'a bien entendu rien à voir avec l'oraison funèbre qui, depuis l'Antiquité, consiste en un discours faisant l'éloge d'un mort.

→ **Carmes et carmélites.**

Oratoire †

L'oratoire (du latin *oratorium*, de *orare*, « prier ») est un lieu de prière, de dimensions modestes, en général une petite chapelle, où il est possible de célébrer la messe. Il peut être privé, public ou installé au sein d'une communauté religieuse. L'Oratoire est aussi le nom d'une congrégation de prêtres fondée en Italie par Philippe Néri (1564), puis en France par Pierre de Bérulle (1611). Les oratoriens, qui existent toujours, se composent de membres ayant reçu une formation poussée et qui, tout en menant une vie communautaire centrée sur la prière, sont dévolus à des tâches séculières (à l'extérieur de la communauté), notamment l'enseignement auprès des jeunes.

→ **Chapelle, messe.**

Oratorio †

L'oratorio est une composition musicale dont les sujets, sacrés, peuvent se prêter à une mise en scène, comme pour un opéra. Il trouve son origine dès le Xe siècle, en Europe, où l'on avait l'habitude de chanter et de mimer des thèmes chrétiens aussi célèbres que la Nativité ou la Passion de Jésus. Après une période de repli à la fin du Moyen Âge, cette forme d'expression connut un grand succès grâce à la congrégation de l'Oratoire (d'où son nom d'oratorio), fondée à Rome en 1564. Le maître incontesté de l'oratorio reste Jean-Sébastien Bach (1685-1750), avec les deux *Passions* qui nous sont parvenues sur les sept qu'il composa – son oratorio de Noël et celui de Pâques ne sont pas des oratorios mais des suites de cantates. Son contemporain Haendel (1685-1759) a laissé un *Messie* passé à la postérité, contribuant aussi au succès d'un genre musical qui a perduré jusqu'à notre époque.

→ **Cantate, oratoire.**

Ordination ✡✝

L'*ordinatio* était, au temps des Romains, un arrangement ou un gouvernement. Ce mot latin a été repris par le vocabulaire religieux pour illustrer la transmission d'une charge spirituelle : l'ordination, que l'on retrouve dans le judaïsme et le christianisme

Ainsi, dans la Bible, Moïse ordonna Josué comme son successeur, en lui imposant les mains pour lui transmettre son autorité spirituelle (Esprit) venue de Dieu. Josué entama ensuite la conquête de Canaan, la Terre promise d'où naîtra Israël. L'ordination (*semikhah* en hébreu) fut ainsi instituée dans l'ancien Israël, et uniquement sur cette terre, pour ceux qui entraient au Sanhédrin, la grande institution juive apparue dès le IVe siècle av. J.-C. Après la disparition du Sanhédrin, en 425 apr. J.-C., la *semikhah* resta en usage, mais dans les communautés de la diaspora (ensemble des juifs dispersés dans le monde) qui avaient besoin d'autorités religieuses et législatives : ce sont les rabbins, qui ne recevaient plus l'imposition des mains mais un « permis d'enseigner » (*hatarat horaa*) qui continua d'être appelé *semikhah*. La tradition s'est perpétuée jusqu'à nos jours.

Dans le christianisme, l'ordination est dans la droite ligne de Jésus. En instituant l'eucharistie au soir de la Cène, son dernier repas, il déclara à ses apôtres, ses plus fidèles disciples : « Faites cela en mémoire de moi. » Jésus institua donc l'ordination, transmise sans interruption de siècle en siècle. L'évêque, successeur des apôtres, a ainsi la charge d'administrer l'eucharistie, qui permet au fidèle de rencontrer le Christ au travers de son corps (pain) et de son sang (vin). Mais il a aussi celles d'enseigner et de gouverner un diocèse, division administrative de l'Église. Pour exercer cette fonction, il reçoit l'ordination épiscopale (appelée sacre autrefois) : au cours d'une messe, trois évêques (un principal, deux assistants) lui transmettent le don de l'Esprit saint en imposant leurs mains sur sa tête ; puis il reçoit les signes distinctifs de l'épiscopat, anneau, mitre et crosse.

Les prêtres ont également reçu une ordination dite presbytérale (du latin *presbyterium*, d'où vient le mot « prêtre »), l'imposition des mains étant pratiquée par un évêque et par les autres prêtres présents. Enfin, l'ordination du diaconat (diacre) est donnée seulement par un évêque. Seuls les catholiques, les orthodoxes et, dans une moindre mesure, les anglicans reconnaissent la valeur sacramentelle de l'ordination. Partant du principe, commun à toutes les Églises chrétiennes, que le baptisé représente le premier sacerdoce, les protestants la réfutent, mais les positions sont variées au sein de leur propre famille. Toutefois, les pasteurs, qui sont des baptisés comme les autres, sont en général ordonnés par imposition des mains, mais le geste signifie simplement l'accès à leur fonction.

→ **Évêque, ordre, pasteur, rabbin.**

Ordre †

L'ordre est, de par son origine latine (*ordo*), synonyme de clarté, de classement selon des critères précis (thèmes, alphabet, dates...). Il en va de même dans l'Église, où un *ordo*, publication annuelle, remplit deux fonctions : un calendrier liturgique dans lequel sont consignées les manières de célébrer la messe et les offices quotidiens (heures) pour chaque jour de l'année ; la liste des clercs, voire des laïcs, et leurs fonctions au sein d'un diocèse (division administrative).

L'ordre correspond aussi à un rang, à l'image des centurions romains de l'Antiquité. Mais dans l'Église, c'est un choix délibéré, conscient, voulu, la priorité étant donnée à Dieu et à autrui. Il s'agit d'abord de l'ordination, ou sacrement de l'ordre, qui comprend l'épiscopat (évêque), la prêtrise (prêtre) et le diaconat (diacre). C'est ensuite l'ordre religieux, qui s'applique aux fondations monastiques les plus anciennes : bénédictins, cisterciens, franciscains, dominicains, carmes. Les formes plus récentes de vie monastique ou religieuse sont appelées compagnies (comme les jésuites, 1534) ou congrégations (par exemple lazaristes, 1625).

→ **Congrégation, heures, ordination.**

Ornement, L' ☪

L'Ornement (*al-Zukhruf*), 43e sourate (chapitre) du Coran, commence par rappeler tous les bienfaits venant de Dieu le Créateur : animaux, eau chargée de limons qui fertilisent le sol... Mais les hommes, ingrats, oublient d'où proviennent ces richesses de la Terre comme ils refusent celles qui jaillissent du ciel où Dieu réside. Ils théorisent, supputent, attribuent des sexes aux anges sans avoir été « témoins de leur création » par Dieu. Refusant les prophètes (envoyés) précédant Mahomet, tel Moïse, ils les ont traités de magiciens. Ils ont préféré suivre les mêmes croyances que leurs aînés, se rendant aveugles et sourds, s'écartant de la véritable voie : pour les châtier, Dieu, le Tout-Puissant, a anéanti leurs cités, ou les a livré au démon. Mahomet doit les avertir : gare à celui qui rejoint Allah par peur ou par convenance puis renie son engagement dès que la réalité ou la richesse le rassure. Il ne faut pas non plus adorer un homme divinisé, comme Jésus, qui n'était que le serviteur de Dieu, lequel est le seul que l'on puisse adorer : « Voilà un chemin droit ! » Les factieux et autres pervers iront dans la géhenne (enfer) où, en proie aux supplices éternels, ils imploreront le gardien, Malik : « Que ton Seigneur nous achève ! » Mais l'éternité les attend dans cet enfer, car la plupart des hommes « détestent » la vérité qu'apporte Dieu.

→ **Fawatih, géhenne.**

Orthodoxe †

L'orthodoxie est, dans son sens premier, ce qui est conforme à la doctrine, c'est-à-dire au contenu d'une foi religieuse – c'est une « juste opinion », en grec *orthos* et *doxa*. Le mot hétérodoxe englobe par conséquent tout ce qui est en dehors de l'orthodoxie. On parle ainsi de judaïsme orthodoxe, sans que ce mot ait une quelconque connotation péjorative, laquelle s'applique plutôt à des idéaux politiques.

L'orthodoxie prend un relief particulier au sein du christianisme puisqu'elle désigne l'une de ses trois grandes familles, les deux autres étant les catholiques et les protestants. Elle couvre surtout la Russie, la Grèce, la Serbie, la Bulgarie, la Roumanie et, dans une moindre mesure, l'Égypte et le Proche-Orient. Son origine remonte quasiment aux premiers siècles du christianisme. À sa fondation, dans la seconde moitié du Ier siècle, l'Église chrétienne se répand dans l'Empire romain, maître du monde, c'est-à-dire dans le bassin méditerranéen. Pour s'organiser, elle donne aux cinq grandes communautés le titre de patriarcats, dirigés chacun par un patriarche : Rome, Constantinople (Istanbul, capitale de la Turquie), Antioche (Turquie), Alexandrie (Égypte), Jérusalem. Au fil du temps et des décisions prises par les conciles, apparaissent des divergences entre le patriarche de Rome (pape) et celui de Constantinople. Les désaccords relèvent de trois domaines : le pouvoir que le pape veut exercer sur tout le monde chrétien en vertu de la dimension universelle (*catholicos*) de Rome ; les questions de dogme (vérités en matière de foi), par exemple le *Filioque*, c'est-à-dire la place du Fils au sein de la Trinité ; les différences en matière de liturgie et de législation (ordination de prêtres mariés par exemple). Le climat s'envenime et aboutit, en 1054, à la séparation des deux Églises (schisme), qui s'excommunient mutuellement. L'Église de Constantinople s'affirme alors orthodoxe. Les siècles suivants sont marqués notamment par le sac de Constantinople lors de la quatrième croisade (1202-1204), et l'instauration, pour cinquante-sept ans, d'un royaume latin (catholique) ; cet événement est encore considéré par les orthodoxes comme une trahison. Des tentatives de rapprochement ont lieu en 1274 au concile de Lyon et en 1439 à celui de Florence, mais sans résultat. Il faut attendre le concile Vatican II (1962-1965) pour que les excommunications mutuelles soient levées.

Les orthodoxes partagent avec les catholiques la valeur donnée aux sept sacrements. Mais ils s'en distinguent en ne reconnaissant que les sept premiers conciles (de Nicée I en 325 à Nicée II en 787) – contre vingt et un pour les catholiques. Aucune évolution de doctrine ne s'étant produite depuis ces temps lointains, la liturgie orthodoxe, d'une grande profondeur, puise dans une tradition très ancienne : absence d'instruments de musique, silence, méditation, icônes... tout participe au mystère de Dieu. Enfin, étant donné que les orthodoxes sont unis par la foi et l'Esprit saint, ils ne sont pas organisés à partir d'une fonction centrale telle que celle représentée par le pape. Chaque pays possède son Église, dirigée par un patriarche, ce qui explique le rôle politique joué par la plupart d'entre elles, tant elles sont ancrées dans les histoires nationales. Il existe certes un patriarche œcuménique de Constantinople, mais sans grande autorité, ce titre étant principalement honorifique.

→ **Autocéphale (Église), concile, icône, iconostase, patriarche.**

Osée ✡

Le prophète Osée a laissé l'un des deux plus anciens livres de la Bible, avec celui d'Amos. Ses oracles, empreints de sensibilité et d'une douleur personnelle, sont prononcés vers 740 av. J.-C. dans le royaume de Samarie, que convoite alors l'Assyrie – celle-ci l'envahira en 722. Il est en effet la proie de deux tourments qui, dans son texte, se confondent : Gomer, sa femme, sans doute une de ces prostituées qui se donnaient dans les sanctuaires voués aux dieux païens (baals), le trompe, et Israël est infidèle à son Dieu en se donnant à ces mêmes divinités. Gomer mérite d'être punie, mais Dieu conseille l'attente : elle se souviendra bientôt de l'amour de naguère, et se convertira. Dieu patiente aussi, mais n'hésitera pas à frapper si Israël persiste à adorer les idoles, ses ennemis. Il est aussi un père fâché de la désobéissance de son fils. Israël doit donc abandonner les dieux étrangers, renouer la « connaissance » (amour réciproque), comme au temps du Sinaï.

→ **Amos, Assyrie, Baal, prophète, Samarie.**

Ostensoir †

L'ostension (du latin *ostendere*, « présenter ») consiste à exposer à des fidèles les reliques d'un saint qu'ils vénèrent et qu'ils portent parfois en procession. De même, à la fête du Saint-Sacrement (eucharistie), ou Fête-Dieu, l'hostie consacrée (devenue le corps de Jésus) est présentée aux fidèles sur un support appelé précisément ostensoir – les plus anciens sont de véritables chefs-d'œuvre d'orfèvrerie. Cet objet, qui prend souvent la forme d'un soleil, est apparu en même temps que cette fête, instituée en 1264.

→ **Eucharistie, Fête-Dieu.**

Othman ☪

Othman est le troisième calife (successeur) du Prophète Mahomet (vers 570-632), fonction qu'il exerce de 644 à 656. Avec ses deux prédécesseurs, Abou Bakr et Omar, et son successeur Ali, il fait partie des quatre califes dits « bien guidés » (*Rachidoun*), car, au contraire des suivants, ils furent choisis pour leur mérite moral et religieux ainsi que pour leurs relations étroites avec le Prophète. C'est sous le califat d'Othman que le Coran, livre sacré de l'islam, fut compilé pour constituer la version canonique (règle), la Vulgate. Mais il fut assassiné par des musulmans lui reprochant de favoriser un clan, celui d'où naîtra la dynastie des Omeyyades (660-750).

→ **Abou Bakr, Ali, Coran, Mahomet, Omar, Omeyyades.**

Ottomans ☪

Le mot « ottoman » désigne le plus long règne qu'ait connu l'islam (1281-1924). Il vient d'Osman (mort vers 1326), chef d'une tribu conquérante d'Asie centrale. À la fin du XIIIe siècle, ces « combattants de la foi » (*ghazis*) mènent la guerre contre Byzance (Turquie), l'Empire chrétien d'Orient, depuis l'Anatolie (est de la Turquie). En 1453, la capitale chrétienne, Constantinople, finit par tomber et devient celle des Ottomans : cette date, pour les historiens, met fin au Moyen Âge. Dès lors, les Ottomans, déjà présents dans les Balkans (Serbie et Grèce, par exemple) depuis 1357, poussent jusqu'en Égypte (1517) où ils chassent les mamelouks : le sultan, plus haute autorité ottomane, prend alors le titre de calife, c'est-à-dire de successeur du Prophète Mahomet (vers 570-632) et commandeur de tous les croyants (musulmans). À son apogée, du XVIe au XVIIIe siècle, l'empire englobe aussi la plupart des pays arabes. En même temps est menée une islamisation plus ou moins ferme des pays conquis, les chrétiens et les juifs faisant cependant l'objet d'une certaine bienveillance. En 1683, l'échec du siège devant Vienne, capitale de l'empire autrichien des Habsbourg, marque le début d'une longue érosion, économique par un manque d'adaptation aux mentalités de l'époque, et politique par la lutte que leur livrent les puissances européennes. Au XIXe siècle, les Ottomans, en appelant à l'unité de tous les musulmans, suscitent des révoltes dans les pays colonisés par les Occidentaux, au Maghreb par exemple. Mais ce sursaut ne peut enrayer le processus encouragé par les pays européens, dont la Russie, décidés à se partager la dépouille. Fragilisé par les guerres balkaniques (1912-1913), qui aboutissent à l'émancipation des Serbes, des Grecs ou encore des Bulgares, et sorti vaincu de la Première Guerre mondiale, l'Empire ottoman est démantelé. Une république laïque est instaurée en 1923 sur sa terre natale, la Turquie, où le sultan est détrôné (1922) : elle est dirigée par Mustapha Kemal, l'Atatürk, qui abolit le califat en mars 1924. Les Ottomans ont laissé, outre une trace historique riche et vaste, la mémoire d'un soutien actif au sunnisme (première famille de l'islam) et les confréries de derviches, mystiques musulmans.

→ **Derviche, janissaire, soufisme, sultan.**

Ouléma

Ouléma vient de l'arabe *'ulama*, pluriel de *'alim*, qui signifie « savant » en matière religieuse. Les oulémas sont des lettrés qui ont atteint un haut degré de connaissance de la théologie (études de la religion, dont le droit musulman) et des textes sacrés, en premier lieu le Coran, livre saint de l'islam. Peuvent être ouléma : un imam (celui qui conduit la prière dans une mosquée), un mufti (autorité dans le domaine de la chariah, la loi), un *qadi* (juge), un *faqih* (spécialiste des jurisprudences à partir de la chariah, ou *fiqh*), un professeur de *madrassa* (université religieuse) ou toute autre personne ayant les compétences requises sans pour autant exercer une fonction religieuse. L'érudition des oulémas leur valut, dans le passé, une haute considération, car l'islam, où la religion est inséparable de l'État, eut recours à leur savoir afin d'adapter son expansion aux exigences religieuses. Leur poids diminua avec l'influence des modes de gouvernements occidentaux, sensible dès le XIXe siècle. Mais ils sont toujours respectés et jouissent d'une grande autorité.

→ **Chariah, fiqh, imam, madrasa, qadi.**

Oumma

L'*oumma* est la « communauté » en général, et musulmane en particulier, c'est-à-dire celle des croyants. Le Coran, livre sacré de l'islam, indique ce que Dieu (Allah) entend par ce terme.

À l'origine, les hommes ne formaient qu'une communauté, mais peu à peu celle-ci se scinda en plusieurs autres car l'humanité passe son temps à se disputer, se battre, s'entre-déchirer. Il envoya des prophètes afin de montrer la vérité (Dieu lui-même) et le chemin à suivre. Ces communautés pouvaient être formées d'hommes, de bêtes ou de djinns (êtres invisibles capables de bien ou de mal, comme les hommes). Mais les humains refusèrent d'entendre ces envoyés : Dieu alors les frappa de malheur, les égara par des joies éphémères, illusoires. Il plaça en rang ces injustes, qui avaient qualifié de mensonges ses signes annoncés par ses messagers. Il les promit au feu de l'enfer, et à leur maître, le démon, sans que leur volonté pût inverser leur sort.

En révélant le Coran à Mahomet (vers 570-632), le Prophète, Dieu le chargea de transmettre désormais son message clairement, en arabe, afin que tous comprennent qu'il faudrait désormais former une seule communauté, soumise à Dieu et tournée vers la *qibla* (direction de La Mecque), ce qui distingue les musulmans des autres croyants. Les musulmans forment ainsi l'islam, communauté cohérente, soudée, la communauté unique, celle du Dieu qu'il faut adorer et craindre, dont il faut respecter les rites qu'il a institués. Chacune des autres communautés sera convoquée au jour du Jugement de Dieu, et recevra la sentence qu'elle mérite, enfer ou paradis.

→ **Djama'a, islam.**

Ouverture, L' ☪

Dans *L'Ouverture* (*al-Sharh*), 94e sourate (chapitre) du Coran, Dieu (Allah) montre en quelques paroles (huit versets) combien la condition de l'homme est fragile et précaire. En révélant le Coran à Mahomet, il lui a ouvert le cœur, lui faisant prendre conscience que « le bonheur est proche du malheur ». La véritable félicité se recherche en Dieu, vient de lui, la prière (*salat*) étant le chemin à suivre.

→ **Salat.**

P

P

Païen

Le mot « païen », et celui de « paganisme », trouvent leur origine dans le latin *paganus*, le « paysan ». Ils ont été créés par le christianisme à la fin de l'Empire romain, tombé en 476, pour désigner, outre les Romains eux-mêmes, ceux qui continuaient de pratiquer les religions polythéistes en vigueur dans les territoires romains. Ces cultes persistaient en effet essentiellement dans les campagnes, d'où le choix de *paganus*. Quant à Jésus, il désapprouva que le judaïsme officiel interdît l'intégration et même le contact avec les païens : toute personne ne faisant pas partie du peuple élu était alors considérée comme un pécheur, en premier lieu les Romains. Il se démarqua en ouvrant justement le Royaume de Dieu à ces mêmes païens, tels le centurion de Capharnaüm, ou cet autre, Corneille, rencontré par Pierre. Saint Paul, qui se convertit après avoir rencontré Jésus ressuscité sur la route de Damas, fut ainsi appelé « l'apôtre des gentils [païens] » parce que ses missions concernèrent presque uniquement les communautés vivant hors de la Palestine.

Le paganisme au sens chrétien s'appliqua ensuite à ceux qui, sans être forcément polythéistes, n'adhéraient ni au judaïsme ni au christianisme. Ainsi, au Moyen Âge, l'islam, né au VIIe siècle, fut qualifié de païen, notion bien entendu abandonnée, tandis que l'islam qualifia aussi de païennes les mœurs polythéistes qui existaient en Arabie et à La Mecque avant son avènement. Pourtant, certaines fêtes du calendrier chrétien ont puisé dans les traditions païennes comme Noël. Et, dans une moindre mesure, l'islam a conservé la vénération de la Kaaba (le sanctuaire) à La Mecque. Car le paganisme ne fut pas l'ennemi des trois religions du Livre, mais plutôt une source de spiritualité en communion avec la nature prodiguée par une divinité, multiple pour les peuples païens, unique pour juifs, chrétiens et musulmans.

Le judaïsme et l'islam disposent d'un vocabulaire spécifique qui rend mieux compte de la manière dont elles abordent les autres religions. Pour le judaïsme, tout non-juif est un gentil, ou plutôt un *nohri* (« étranger »), un non-circoncis (*orel*) ou un *goy* parce qu'il ne fait pas partie de la « nation » d'Israël. Ceci n'exclut pas qu'il puisse être converti (prosélyte), à condition de respecter les lois. Sinon, il est considéré comme *akoum*, c'est-à-dire un adorateur d'idole. L'islam, qui range judaïsme et christianisme parmi les Gens du Livre (*ahl al-Kitab*), voit dans le polythéisme, actif en Arabie avant Mahomet (vers 570-632), le *shirk* (« association »), soit la vénération de plusieurs dieux à la place de Dieu ou en même temps que Dieu. C'est une véritable « ignorance » (*jahl*).

→ Ahl-al-Kitab, gentil, idole.

Pain ✡ ✝ ☪

Le pain, sous toutes ses formes, constitue depuis des millénaires la base de l'alimentation humaine. Il en était bien sûr de même à l'époque d'Israël (Ier millénaire avant notre ère) et de Jésus. Le pain (*léhem* en hébreu) occupe ainsi une place de choix dans les célébrations juives, comme au Seder (déroulement) de Pessah (Pâque). En outre, des bénédictions du pain (*ha-motsi* et *birkat ha-mazon*) ont lieu au cours des repas.
Aussi Jésus ne choisit-il pas par hasard le thème du pain. Par exemple, il procède au miracle des pains et des poissons rapporté par les quatre évangiles du Nouveau Testament, ce qui en souligne l'importance. Dans un lieu désertique où il se trouve avec quelques disciples, il voit une foule approcher. Après leur avoir parlé de sa mission, il constate qu'il est tard et qu'il n'y a pas assez de nourriture. Prenant cinq pains d'orge et un poisson, il les multiplie et nourrit tout le monde. Ce miracle est hautement symbolique : Dieu offrit la manne (le « pain du ciel », selon le livre de l'Exode, 16, 4) aux Hébreux conduits par Moïse, lequel fut l'instrument du salut de son peuple ; de même, Jésus a prouvé qu'il était l'instrument du salut des hommes. Il le montre quelques mois plus tard, au cours de la Cène, son dernier repas, la veille de sa crucifixion : au cours d'une Pâque (juive) symbolique, il institue l'eucharistie, où il distribue aux apôtres son corps (le pain) et son sang (le vin) qu'il va offrir pour le salut des hommes. En dehors du sacrement eucharistique, les chrétiens récitent aussi avant chaque repas la bénédiction du pain quotidien, ou bénédicité.

En Islam, s'il n'est pas l'objet de rites aussi particuliers, le pain n'en demeure pas moins un aliment très important, car la charité, l'aumône et l'hospitalité sont des devoirs sacrés pour un musulman. Partager son pain ou en offrir une part à un pauvre sont des œuvres reconnues. Et les musulmans bénissent aussi le pain, qui, comme toutes les nourritures, n'existerait pas sans le pouvoir créateur de Dieu.

→ Azyme, bénédicité, birkat ha-mazon, eucharistie, hallah, matsah.

Palestine ✡ ✝ ☪

La Palestine correspond à peu près à l'ancien royaume d'Israël, ses frontières ayant varié au cours de l'Histoire. Ce nom vient de Syria Palestina, utilisé par les Romains en 138 apr. J.-C., sous l'empereur Hadrien, pour désigner leurs possessions du Proche-Orient. Or, « Palestine » signifie « pays des Philistins ». Ironie du sort quand on sait que ces Philistins furent parmi les plus farouches ennemis d'Israël, auquels se confronta, entre autres, le célèbre Samson, l'un des grands héros de la Bible. Ce peuple s'installa à partir du XIIe siècle avant notre ère sur l'actuelle bande de Gaza, ville qui existait déjà à leur époque.
La Palestine est d'abord occupée par les Cananéens au IIIe millénaire av. J.-C., puis, au Ier millénaire, par le royaume d'Israël. Après la disparition définitive de la monarchie israélite, en 587, le peuple juif est soumis aux Perses, aux Grecs, puis aux Romains en 63 av. J.-C. À cette époque, la Palestine, territoire d'environ 20 000 km^2, est morcelée en trois provinces bordées par un fleuve légendaire, le Jourdain. Au sud s'étend la Judée, au sol aride et rocailleux, aux villes saintes, Jérusalem et Hébron ; au centre la Samarie, pays agricole ; au nord la Galilée, région verdoyante où niche le lac de Tibériade. Ce sont ces terres que Jésus parcourt pendant les quelque deux ans et demi de son ministère, de 28 à 30 environ. La Palestine connaît ensuite deux révoltes juives, la première qui aboutit en 70 à la destruction du Temple de Jérusalem, la seconde étant conduite de 132 à 135 par Bar Kokhba (« Fils de l'Étoile »). Après la chute de l'Empire romain d'Occident (476), elle revient à celui d'Orient (Byzance), puis aux Persans (614-629) et enfin aux musulmans (à partir de 636), que combattent les croisades chrétiennes commencées en 1096. Reprise par Saladin en 1187, elle passe entre les mains de différentes dynasties de l'Islam, dont les mamelouks, avant d'intégrer l'Empire ottoman (1516). Celui-ci, démantelé après la Première Guerre mondiale, laisse place en Palestine

au protectorat britannique, qui cesse définitivement en 1948, avec la création de l'État d'Israël. Mais cette terre reste un sujet de conflit entre l'État juif et l'Autorité palestinienne, laquelle représente une communauté aux racines très anciennes. Ces relations très sensibles sont aussi déterminées par la présence, en Palestine, des Lieux saints. Jérusalem, mais aussi Hébron par exemple, sont considérés comme sacrés par les trois religions du Livre.

→ Hébron, Jérusalem, Philistins, Sémites, sionisme.

Palimpseste †

Le palimpseste (*palimpsêstos* en grec) était un parchemin dont les copistes effaçaient les écritures précédentes pour faire place à un nouveau texte. Le parchemin était en effet très coûteux. Il était fait de peaux d'animaux, le plus précieux étant le vélin, issu d'un veau mort-né. Il servit ainsi à copier et recopier la Bible juive et le Nouveau Testament chrétien.

→ Bible, Testament.

Pantocrator †

Les très anciennes églises byzantines qui parsèment le paysage du monde chrétien orthodoxe (Grèce, Turquie...) sont parfois ornées d'un Christ généralement assis et représenté sur la coupole, bénissant de la main droite et tenant un livre de la main gauche. C'est le Christ dit *Pantocrator*, qui exprime ainsi sa toute-puissance (du grec *pan*, « tout », et *kratos*, « puissance »).

→ Christ.

Pape †

Comme le sens italien de ce mot l'indique (*papa*, « père »), le pape est le patriarche de l'Église catholique de Rome, c'est-à-dire d'Occident. Cette qualité lui vaut d'être appelé aussi Saint-Père. Il est aussi appelé souverain pontife, d'où vient l'adjectif « pontifical », car il « fait un pont » (*pontifex* en latin) entre Dieu et les hommes.

Le pape est responsable du gouvernement de l'Église, dont le siège se trouve au Vatican, État indépendant niché au cœur de Rome. Il est en effet le premier parmi les évêques, successeurs des apôtres, et successeur lui-même du premier des douze apôtres, Pierre, auquel Jésus confia l'Église naissante. Mais si le mot « catholique » veut dire « universel », le pape n'a cependant pas autorité sur tous les chrétiens : les orthodoxes et les protestants restent indépendants de Rome. Pour l'aider dans sa tâche, il est entouré de cardinaux, réunis au sein du Sacré Collège, et d'une administration ou Curie. Depuis le concile Vatican II (1962-1965), il reçoit aussi les conseils des synodes, réunions d'évêques. Pour ce qui concerne la communication avec les catholiques et le clergé, il utilise une lettre appelée *encyclique*. Sur le plan international, le pape est représenté par des diplomates, les *nonces*.

Autrefois, avant le port des vêtements blancs décidé par le pape Pie V en 1566, il était habillé de rouge (couleur du pouvoir suprême). Mais le rouge reste lié à l'autorité pontificale, et se retrouve pour sa cape, par exemple. Cette autorité s'exprime entre autres au travers de l'infaillibilité, c'est-à-dire que le pape ne peut pas se tromper en matière de doctrine, puisqu'il est assisté par l'Esprit saint.

À sa mort, un successeur est désigné par les cardinaux lors d'un conclave, mode d'élection existant depuis 1059 et le pape Nicolas II. Avant cette date, il était élu, comme les autres évêques, par les habitants et le clergé de sa ville, Rome.

→ **Concile, congrégation, curie, œcuménisme, patriarche.**

Pâques †

Pâques est la fête majeure du calendrier chrétien car elle célèbre la résurrection de Jésus, qui eut lieu un dimanche. Ce mot pluriel concerne aussi les éléments clés de la Passion, commémorés pendant la Semaine sainte qui précède.

Il est possible de reconstituer les derniers jours de la Passion à partir des évangiles du Nouveau Testament et du calendrier palestinien en vigueur à cette époque. Il est utile de préciser que les jours commençaient alors au coucher du soleil pour s'achever le lendemain au même moment, rythme conservé par le shabbat juif, par exemple.

Entré quelques jours plus tôt à Jérusalem, Jésus prend son dernier repas (la Cène) un jeudi soir (Jeudi saint), et institue l'eucharistie, qui permettra à ses disciples de ressentir sa présence après sa mort ; il procède alors à une sorte de repas « pascal » en prenant du pain et du vin, en usage dans le rituel juif. Car il sait que sa fin est imminente. Il est en effet arrêté le soir même au jardin des Oliviers. Moqué, flagellé, il comparaît le vendredi matin devant le préfet romain Ponce Pilate, qui a seul le pouvoir de faire exécuter une sentence de mort. Jésus est condamné à la crucifixion (Vendredi saint). Mais au soir de ce vendredi doit commencer le shabbat, qui, cette année-là, coïncide avec la Pâque (Pessah), l'une des grandes fêtes de pèlerinage du calendrier juif – cette concordance a permis de situer ces événements à l'an 30, date la plus plausible. Or, il n'est pas question que des cadavres soient présents à Jérusalem, la Ville sainte, durant ce jour de grande piété. Aussi Jésus est-il descendu de la croix avant la fin du coucher du soleil, pendant que les juifs préparent le repas pascal. Il est placé dans le tombeau de Joseph d'Arimathie. Le lendemain, samedi, est donc doublement sacré, et on ne peut en violer la solennité en se rendant sur la tombe d'un défunt. C'est pourquoi il faut attendre le dimanche matin pour que des femmes viennent se recueillir sur le tombeau de Jésus. Elles le découvrent vide, et l'une d'entre elles, Marie de Magdala, est le premier témoin de la Résurrection. La Pâque proprement dite célèbre ainsi la victoire de Jésus sur la mort, et son « passage » (sens du mot « Pâque ») vers le Royaume de Dieu, son Père, auprès duquel il va siéger.

→ **Cierge, exultet, Passion, Pessah.**

Parabole ✡ ✝ ☪

Une parabole est une « comparaison » (*parabolê* en grec) : il s'agit d'un récit, écrit ou oral, racontant une histoire proche de la réalité destinée à transmettre un enseignement religieux, donc difficile à rendre réel. Commune à tout le monde antique, elle est aussi utilisée dans la Bible, sous le mot hébreu *maschal*, qui signifie aussi « énigme », voire « proverbe » : de fait, le livre des Proverbes y recourt. La parabole se retrouve aussi dans les écrits postérieurs du judaïsme, où elle permet d'approcher Dieu sans dévoiler ou prononcer son nom, ce qu'il est interdit de faire. Mais elle prend un caractère très particulier dans les évangiles du Nouveau Testament, écrits saints du christianisme, qui en rapportent une quarantaine : Jésus, pour parler du Royaume de Dieu à ses auditeurs, utilise des mots simples et compréhensibles par tous. Éloquent et poète, grand conteur et expert dans cet art verbal, il puise dans les thèmes de la vie courante et ceux de la Bible (agriculture, alimentation, vigne... mais n'évoque jamais le métier de charpentier). Le Royaume de Dieu étant par nature invisible, mystérieux, Jésus se sert d'images pour mieux imprimer les mémoires. Ainsi, il compare le Royaume, auquel

chacun a droit, au levain qui fait monter le pain, l'aliment de base. Le Royaume est aussi « le plus grand des trésors », un « trésor qui était caché dans un champ », « un filet qu'on jette en mer ». Il est ce « bon grain » que ne peut étouffer « l'ivraie », c'est-à-dire tout ce qui s'oppose au projet de Dieu, dont Jésus, son Fils, est l'envoyé. Il est donc urgent de se convertir à l'Évangile, la « bonne nouvelle », l'avènement proche du Royaume, comparé à la moisson et aux vendanges. Jésus recourt aussi aux paraboles pour impliquer plus personnellement ses auditeurs. Par exemple, le péché fait appel à la miséricorde, à l'amour et au pardon : tout pécheur regrettant ses fautes est une pièce de monnaie ou une brebis perdues et retrouvées. Ou encore l'histoire de ce fils dépensier (prodigue) qui, après avoir dilapidé son héritage, est fêté par son père ; son frère aîné s'en indigne, lui qui a toujours été fidèle. Mais Dieu ne fait pas de distinction entre celui qui est resté et celui qui, un temps, est parti et revenu : « Qui s'élève sera abaissé, mais celui qui s'abaisse sera élevé », rapporte Luc (18, 9-15).

La parabole est également fréquente dans le Coran, livre saint de l'islam. Elle est parfois empruntée aux évangiles, comme celle où Jésus compare le Royaume au grain de sénevé, la plus petite des semences, mais qui donne des plants d'une hauteur incomparable – récit contenu dans l'évangile de Marc. D'autres sont spécifiques au Coran, comme celle, célèbre, de la 24e sourate (chapitre), *La Lumière* (24, 35-36) : Dieu est la lumière, source de tout qui éclaire toute chose ; elle peut être comparée à une niche abritant une lampe contenue dans un verre qui la reflète, telle une étoile scintillante ; cette lampe est installée dans les édifices permis par Dieu et où il est vénéré. Car « Dieu guide, vers sa lumière, qui il veut. Dieu propose aux hommes des paraboles ». Ainsi, si l'on se réfère à ce passage, d'une symbolique magnifique, nous retrouvons le sens donné au mihrab : cette niche, présente dans la mosquée, abrite l'imam, celui qui conduit la prière.

→ Évangile, lumière, mihrab, Royaume, Ya Sin.

Paraclet †☪

Ce terme français est spécifique à l'évangéliste et apôtre Jean lorsqu'il parle de l'Esprit saint. Il vient de la traduction latine (*paracletus*) du grec *paraklètos* (« avocat »), mot issu d'un verbe dont la signification est incertaine, et qui contient la notion de consolation, d'encouragement ou encore d'exhortation. Mais on retrouve le paraclet dans des écrits non chrétiens, où il prend le sens plus large de médiateur. De fait, dans la diaspora juive, un paraclet traduisait à la synagogue les textes hébreux à ceux qui ne les comprenaient pas.

Chez Jean, le paraclet est donc le transmetteur, l'avocat, le « traducteur » de Dieu – à l'image de Jésus – et l'Esprit saint qu'évoquent déjà plusieurs textes de la Bible ; il est encore l'« Esprit de Vérité » (14, 17), celui qui, après la disparition de Jésus, guidera les disciples dans l'intelligence de la Vérité que Jésus a annoncée. L'annonce de la venue du paraclet est mentionnée dans les adieux de Jésus à ses disciples : « Le Paraclet, l'Esprit saint, que le Père enverra en mon nom, lui vous enseignera tout et vous rappellera tout ce que je vous ai dit » (14, 26). Dans la première épître de Jean, nous trouvons aussi : « Si quelqu'un vient à pécher, nous avons comme avocat [*paraklêtos*] auprès du Père [Dieu] Jésus Christ, le Juste » (2, 1).

En Islam, le mot a été traduit par *faraqlit*. Selon certains auteurs, il s'applique à Mahomet, dont la venue est annoncée par Jésus : « Je suis, en vérité, le Prophète de Dieu envoyé vers vous pour [...] vous annoncer la bonne nouvelle d'un Prophète qui viendra après moi et dont le nom sera : "Ahmad" » (*Le Rang* 61, 6). Ahmad, qui ne figure qu'une fois dans le Coran, signifie « le Très Glorieux » (en grec *pereklutos*).

→ **Esprit saint, Jean, Jésus, Mahomet, prophète.**

Paradis ✡ ✝ ☪

Le mot « paradis » vient du grec *paradeisos* qui signifie « jardin », « parc ». En prononçant ce mot vient aussitôt l'idée de plénitude, de bonheur parfait, de calme et de sérénité. C'est en effet ce que recherchaient les empereurs de Perse (Iran), maîtres de la Palestine et des territoires voisins de 538 à 330 av. J.-C. Ils avaient pour habitude de se reposer avec leur cour dans de vastes parcs naturels très bien entretenus, peuplés d'animaux et plantés d'arbres. Ces parcs étaient les *pardes*, mot hébreu d'origine perse traduit en grec par *paradeisos*. Lors de la composition définitive du livre de la Genèse, premier livre de la Bible, qui relate la création du monde par Dieu, ils inspirèrent donc le lieu merveilleux qu'est le paradis.

Quand Dieu crée le premier homme (Adam), il l'installe dans un jardin (donc un paradis) situé sur Terre, en Éden, c'est-à-dire en Orient. Ce lieu de félicité est traversé par quatre fleuves, dans lesquels on peut reconnaître le Tigre et l'Euphrate, coulant en Mésopotamie (Irak), le

« pays entre les deux fleuves ». On y trouve aussi deux arbres : le premier rend immortel (l'arbre de vie), le second apporte la connaissance du bien et du mal, mais cette dernière ne ressortit qu'à Dieu qui interdit à Adam de consommer les fruits de l'arbre. Dieu n'est-il pas le seul à connaître et décider ce qui est bien ou mal ? Puis apparaît la première femme (Ève), qui rejoint Adam. Tous deux forment le premier couple de l'humanité, animé d'un amour profond et mutuel ; ils vivent nus, sans ressentir la moindre gêne. Mais vient le jour de la tentation, laquelle est présente en chaque homme : un serpent (le démon, le mal) les pousse à goûter au fruit défendu de l'arbre sacré. Ils commettent ainsi le premier péché, c'est-à-dire une décision délibérée qui s'oppose à la volonté et à l'amour de Dieu. Aussitôt conscients de leur nudité, et mal à l'aise, ils couvrent leur sexe de feuilles de figuier. Le serpent est condamné à ramper éternellement ; Ève et Adam, devenus mortels, sont chassés du paradis, et Dieu promet aux hommes et aux femmes des rapports conjugaux difficiles, l'âpreté du travail, des accouchements pénibles et douloureux... Le paradis leur est maintenant interdit à jamais. Le livre de la Genèse poursuit par l'histoire leurs enfants Caïn et Abel, avec le péché qui se répand dans le monde, amenant le Déluge... Le paradis ne sera plus terrestre mais céleste, et accueillera les justes, les croyants fidèles et sincères. Le Coran, livre saint de l'islam, présente des différences avec le récit biblique. Il ne cite pas le lieu de ce paradis. Il ne parle pas de la nature de l'arbre ni du serpent. Adam et Ève n'étaient pas nus. Ils ont perdu leurs habits à cause du péché, puis ont essayé de se couvrir avec les feuilles des arbres. Enfin le Satan (Iblis, leur ennemi) leur a promis que cet arbre (un seul) leur procurerait la vie éternelle et les transformerait en anges.

→ **Arbre, Création, Éden, houris, Iblis, péché, purgatoire.**

Paroisse †

La paroisse est, de par son origine grecque (*paroikia*), un « territoire voisin », une « habitation proche ». Figurant dès la fin du Ier siècle dans des écrits chrétiens, ce mot désigne en effet la communauté de base de l'Église. Depuis le concile de Trente (1545-1563), les paroisses sont les subdivisions d'un diocèse, dont le responsable est l'évêque. Chacune est confiée à un curé, considéré comme le pasteur de l'Église. Il est aidé par des laïcs et, si sa paroisse est très importante, par des vicaires (adjoints).

→ **Curé, diocèse, pasteur.**

Parokhet ✡

Dans le Premier Temple de Jérusalem, le Saint des Saints (*debir*), où résidait la présence de Dieu (*shekina*), était séparé du Saint (*hékal*), partie sacrée, par un « voile » (*parokhet*). Ce rideau remonterait à l'époque des Hébreux qui, dans le désert, construisirent un sanctuaire destiné à les accompagner dans leur périple, le Tabernacle : « Tu feras un rideau de pourpre violette et écarlate, de cramoisi et de fin lin retors, brodé de chérubins [anges]. Tu le mettras sur quatre colonnes d'acacia plaquées d'or, munies de crochets d'or, posées sur quatre socles d'argent. Tu mettras le rideau sous les agrafes, tu introduiras là, derrière le rideau, l'arche du Témoignage, et le rideau marquera pour vous la séparation entre le Saint et le Saint des Saints », indique le livre de l'Exode (26, 31-33). Le second livre (historique) des Chroniques rapporte que Salomon, pour le Premier Temple (détruit en 587 av. J.-C.), « fit le Rideau de pourpre violette et écarlate, de cramoisi et de byssus [fil ornemental venant de la sécrétion de mollusques] ; il y appliqua des chérubins » (3, 14) – il s'agissait en fait d'une porte et non d'un voile. Aujourd'hui, dans la plupart des synagogues, un *parokhet* fait de matières précieuses est placé devant l'arche sainte.

→ **Exode, Jérusalem, Saint des Saints, shekina, tabernacle, Temple.**

Parousie †

La parousie est la « présence » (*parousia* en grec) du Christ à la fin des temps. Il reviendra pour instaurer le Royaume de Dieu après le jugement de tous les hommes, vivants et morts.

→ **Jugement dernier, millénarisme.**

Passion †

Selon la tradition chrétienne, la Passion (du latin *pati*, « souffrir ») désigne les dernières heures de la vie de Jésus. Elle débute un jeudi soir par la Cène, son dernier repas, et par l'arrestation au jardin des Oliviers ; elle se poursuit le vendredi par le procès, la flagellation, la crucifixion, l'agonie, la mort, et enfin la mise au tombeau dans la soirée ; elle s'achève le dimanche matin avec la découverte du tombeau vide par des femmes, dont Marie de Magdala, premier témoin de la Résurrection de Jésus.

→ **Cène, crucifixion, Marie de Magdala, Oliviers (jardin des), Procès de Jésus, résurrection.**

Pasteur †

La figure du pasteur, ou du berger, est souvent évoquée par Jésus, dans les évangiles, pour symboliser sa personne. Dans l'évangile de Jean, il se présente par exemple comme le « bon pasteur » (10, 1-21), par lequel les hommes auront accès au Royaume de Dieu et au salut. Car Dieu et son Fils, Jésus-Christ, veillent sur les âmes. Jésus confère ainsi une mission « pastorale » à ses apôtres, en particulier Pierre, le premier d'entre eux, à qui il confia l'Église.

Les Églises chrétiennes ont donc repris la formule « bon pasteur » pour l'appliquer à leurs propres ministres du culte. Il s'agit du pape (pasteur de l'Église universelle), des évêques et des prêtres, par exemple. Dans le protestantisme, où tous les baptisés sont sur un même pied d'égalité devant Dieu, ce ministère est confié justement à un pasteur. Il s'agit d'une femme ou d'un homme pouvant être marié. Le pasteur, qui a suivi une formation religieuse poussée, a en charge le culte, qui se fait dans un temple, la formation évangélique et l'administration des sacrements (reconnus par les protestants) au sein d'une Église locale, cellule de base de la communauté protestante.

→ **Berger, Église, ordination.**

Patriarche ✡ † ☪

Le patriarche est, au sens strict et au sens large, un chef de famille (*patriarkhès* en grec).

Ce mot est intimement lié à la Bible et, par conséquent, à l'histoire du judaïsme et des juifs. Le livre de la Genèse, qui relate d'abord la création du monde puis les débuts de l'humanité, rapporte ainsi l'existence de premiers patriarches, comme Mathusalem et Noé. Mais il s'intéresse ensuite aux cycles de trois figures éminentes et extraordinaires, considérées comme les ancêtres des juifs : ce sont Abraham, Isaac et Jacob, les patriar-

ches d'où naîtra le peuple d'Israël, les pères (*avot* en hébreu), modèles à suivre pour leur foi et leurs actions. Le rôle de leurs épouses, ou matriarches (Sarah, Rébecca, Rachel et sa sœur Léa), est également loué.
Le Nouveau Testament chrétien s'inscrit dans ce passé prestigieux et, par exemple, l'évangile de Matthieu voit en Abraham l'ancêtre de Jésus. En outre, l'Église chrétienne, dès les premiers temps, s'organisa en cinq patriarcats confiés chacun à un évêque appelé aussi patriarche. Ces communautés pionnières étaient à Jérusalem, Constantinople (Istanbul) et Antioche (Turquie), Alexandrie (Égypte) et Rome. Le titre de patriarche est aujourd'hui donné aux responsables des principales Églises d'Orient, orthodoxes ou dépendantes de Rome.
Enfin, pour l'islam, Abraham n'était ni juif ni chrétien, mais un prophète, un juste (croyant exemplaire) simplement soumis à Dieu, c'est-à-dire le premier musulman. Il en va de même pour son fils Isaac et ses successeurs.

→ **Hébron, Joseph.**

Patron †

Les premiers chrétiens prirent l'habitude de fêter leurs martyrs, qui devinrent les premiers saints. Ils en firent aussi des « patrons », c'est-à-dire des « protecteurs » (*patroni* en latin), en associant leur nom à un métier, une localité, une église, un élément du paysage (montagne, lac...), et bien entendu aux baptisés. Ceci explique le nombre impressionnant de villes et de villages portant le nom d'un saint.
Le patronage, qui contient la notion de patron, a été créé à Turin (Italie) par Jean Melchior Bosco (1815-1888). Il s'agit d'une institution où les jeunes, surtout défavorisés, peuvent se distraire, pratiquer des sports et suivre des cours. Saint Jean Bosco est ainsi le patron des apprentis.

→ **Martyr, saint.**

Paul †

Saint Paul est pour certains le grand inspirateur de l'Église chrétienne, pour d'autres celui qui, tout en posant les bases de cette Église, s'est éloigné, voire a trahi le message de Jésus. Figure complexe, il prend le nom de Paul en tant que citoyen romain, alors que, imprégné de tradition juive, il s'appelle en réalité Saül, nom du premier roi d'Israël. Nous connaissons

Paul, ainsi que son enseignement, par les Actes des Apôtres et ses propres lettres (épîtres) contenus dans le Nouveau Testament, les écrits sacrés du christianisme.

Saül est d'abord au service des autorités juives de Jérusalem qui, désapprouvant la nouvelle voie ouverte par Jésus, en persécutent les adeptes, tout comme les Romains – il ne s'agit en aucun cas du peuple juif dans son entier. Il approuve, et participe sans doute, à la lapidation du premier martyr chrétien, le diacre Étienne. Poursuivant sa mission, il sillonne les routes, quand, sur le chemin de Damas (Syrie), Jésus ressuscité lui apparaît dans une lumière aveuglante et lui demande : « Pourquoi me persécutes-tu ? » Dès lors il se convertit puis, baptisé, se proclame apôtre. Paul entame ensuite un formidable périple à l'extérieur de la Palestine, sur les terres où règne encore le paganisme, c'est-à-dire les cultes polythéistes, ce qui lui vaudra d'être appelé « l'apôtre des gentils [païens] ». Parfait connaisseur des traditions grecques et hébraïques, éloquent et inlassable voyageur, il parcourt les routes, de l'Asie Mineure à la Grèce, entre 44 et 58, pour y fonder des communautés, la première étant celle de Philippes, en Macédoine. Il entretient avec celles-ci des correspondances dans lesquelles il explique ses choix, l'enseignement du Christ Jésus, les ressorts de cette nouvelle foi, l'obligation de rompre avec les rites du judaïsme (comme la circoncision) tout en respectant l'héritage d'Israël. Arrêté à Jérusalem, Paul est transféré à Rome en 60 environ. En tant que citoyen romain, il est décapité et non crucifié.

Les épîtres de saint Paul, attribuées à lui-même ou inspirées de son message, sont insérées dans le Nouveau Testament car elles furent considérées comme étant suscitées par l'Esprit saint. Elles contiennent, outre son œuvre de missionnaire, les fondements de la doctrine du salut par la foi dans le Christ mort et ressuscité. Il s'agit, dans l'ordre alphabétique, des Romains (la plus importante), Corinthiens (deux épîtres), Galates, Éphésiens, Philippiens, Colossiens, Thessaloniciens (deux épîtres), Timothée (deux épîtres), Tite, Philémon.

→ **Gentil, païen.**

Péché ✡ ✝ ☪

Le péché est un choix humain délibéré qui s'oppose à la volonté de Dieu, lequel est le seul à pouvoir le pardonner. Il doit donc être considéré comme une « faute » (*peccatum* en latin, d'où vient le mot « péché », mais

aussi celui de peccadille, « petite faute »). Le péché peut prendre la forme d'une pensée ou d'un acte, car Dieu, qui a établi les règles, voit tout, sait tout, entend tout. Il est un père qui châtie et pardonne, car lui seul peut savoir ce qui est bien et ce qui est mal.

Ainsi, dans la Bible, livre sacré du judaïsme, le péché est symbolisé par Adam et Ève, le premier couple de l'humanité, dont la faute est rapportée dans le livre de la Genèse : le serpent (le mal) les convainc de goûter au fruit défendu de l'arbre de la connaissance du bien et du mal, malgré l'interdiction de Dieu ; ils sont chassés du paradis, et le péché se répand dans le monde. Le péché est donc une transgression consciente, et parfois préméditée, qui entraîne la rupture plus ou moins grave de la relation avec Dieu. L'auteur du péché passe à côté du bien (sens du mot hébreu *het* utilisé dans la Bible) quand sa faute n'est pas volontaire, et commet une faute plus grave (*avon*, « iniquité » en hébreu) si elle l'est. Le christianisme, pour qui Jésus réconcilie les pécheurs avec Dieu, a considéré deux catégories de péchés. Les premiers sont dits mortels (sur le plan spirituel), lorsque le divorce avec Dieu est complet et entraîne la mort spirituelle. Les seconds sont dits véniels, car ils peuvent bénéficier du « pardon » (*venia* en latin). Quant aux péchés capitaux, ils sont à ranger dans la catégorie des vices. Mais les évangiles du Nouveau Testament rappellent que Dieu est prêt à pardonner si le fautif se convertit, c'est-à-dire revient vers Dieu, et s'il se reprend. L'islam ne reconnaît pas le péché originel d'Adam et Ève, mais de grandes et de petites fautes, la plus grave étant le *shirk*, qui est l'« association » d'une ou plusieurs divinités à Dieu et donc la négation de Dieu. Le *koufr* (incroyance) est également fortement condamné. En effet, tout péché est pardonnable par Dieu, sauf ce dernier. À moins que la personne non croyante ait reçu la vérité et la preuve éclatante de Dieu par l'intermédiaire des prophètes. Le Coran le souligne dans certaines sourates (chapitres), comme *Les Abeilles* (*al-Nahl*, 16, 35 et 82), *Le Voyage nocturne* (17, 15), *L'Araignée* (29, 18) et *La Duperie réciproque* (64, 12).

→ Coulpe, fard, haram, indulgence, païen.

Pélagianisme †

Le pélagianisme porte le nom de Pélage (vers 360-432), moine romain originaire d'Irlande, qui développa des idées jugées hérétiques par l'Église chrétienne. Saint Augustin (354-430) s'y opposa, amenant l'Église à se prononcer, aux conciles d'Orange (529) puis de Trente (1545-1563), sur deux points fondamentaux : la grâce (aide de Dieu auprès des hommes) et la place qu'elle occupe dans les relations entre Dieu et les hommes. Pour Pélage, en effet, l'homme n'est pas marqué du péché originel (dès sa naissance), ce qui, dans sa recherche du bien et son combat contre le mal, n'exige pas le recours à la grâce de Dieu. Responsable de sa propre vie, il atteint le bien par sa volonté, en puisant dans l'exemple de Jésus, la grâce n'étant plus qu'un soutien possible. Le pélagianisme prit fin après sa condamnation par le concile d'Orange.

→ **Grâce.**

Pèlerin ✡ ✝ ☪

Le pèlerin est un « voyageur » (*pelegrinus* en latin). Pour les croyants, il s'agit de la quête de la sainteté par le voyage aux Lieux saints, c'est-à-dire aux endroits mêmes où elle s'est exprimée.

À l'époque où le Temple de Jérusalem se dressait encore, il existait les trois fêtes de pèlerinage à pied (*chaloch regalim*) que tout juif se devait d'effectuer dans l'année, au Temple lui-même : Pessah (Pâque), Chavouot (Pentecôte) et Soukkot (fête des Tentes), liées toutes trois à l'origine d'Israël. Après sa destruction en 70 apr. J.-C., ces fêtes persistèrent en Israël et dans la diaspora (dispersion) juive, mais le pèlerinage en tant que tel à Jérusalem prit les accents du deuil. La montée (*aliya*) à Jérusalem et en terre d'Israël (Erets Israël) reste un acte majeur.

Pour les chrétiens, la Terre sainte est celle de Jésus : en priorité Jérusalem, où il fut crucifié, mais aussi les localités qui ont jalonné sa vie et son ministère, comme Bethléem et Nazareth. Pour les catholiques, Rome et Saint-Jacques-de-Compostelle, où la tradition situe la tombe de l'apôtre Jacques, sont des destinations majeures. Mais il existe aussi de multiples lieux de vénération associés à des saints, dont la Vierge Marie reste la première.

En Islam, le pèlerinage (*al-hadjj*) à La Mecque est l'un des « cinq piliers » de cette religion – la splendide 22e sourate (chapitre) du Coran est ainsi intitulée *al-Hadjj* et constitue un appel au pèlerinage. Il existe aussi sous une forme abrégée, le *omra*. Médine, où mourut le prophète Mahomet, est aussi l'objet d'une importante affluence. En outre, les chiites, deuxième grande famille de l'islam après les sunnites, viennent se recueillir sur les tombes d'Ali à Nadjaf et de son fils Hussein à Kerbala, deux villes situées en Irak. Il existe enfin des sanctuaires nationaux,

régionaux et locaux, et d'autres lieux où l'on vient se recueillir sur la tombe de saints (marabouts, zaouïa). Ces pèlerinages ne sont pas des rites conformes à la chariah (loi religieuse de l'islam) ; le seul reconnu est le *Hadjj*, cinquième Pilier de l'islam.

→ **Aliya, Bethléem, Hadjj.**

Pentateuque ✡

La Septante (IIIe-IIe siècles av. J.-C.), traduction grecque de la Bible opérée à Alexandrie (Égypte), intitula Pentateuque (« Cinq Rouleaux ») la première partie de l'ouvrage, la Torah. C'est sous ce nom que la Bible chrétienne rassemble donc (dans l'ordre) la Genèse, l'Exode, le Lévitique, les Nombres et le Deutéronome.

→ **Bible, Septante, Torah.**

Pentecôte ✡ †

La Pentecôte est d'abord une fête juive (Chavouot) qui commémore le don des tables de la Loi à Moïse, sur le mont Sinaï, cinquante jours après la sortie d'Égypte. Dans le christianisme, elle célèbre la descente de l'Esprit saint sur les douze apôtres, et donc la naissance effective de l'Église instituée par Jésus, cinquante jours après Pâques (« Pentecôte » vient du grec *pentecostè*, « cinquantième »). À l'époque de Jésus, Chavouot attirait à Jérusalem de nombreux juifs venus de la diaspora, ce qui est important dans la symbolique chrétienne.
Selon les Actes des Apôtres (chapitres 1 et 2), Jésus, après sa résurrection, est apparu à ses disciples pendant quarante jours, puis est monté au ciel (Ascension) après les avoir avertis d'être présents à Jérusalem le jour de la Pentecôte. Ce jour-là, ils sont réunis dans une maison, quand : « Tout à coup, vint du ciel un bruit tel que celui d'un violent coup de vent. [...] Ils virent apparaître des langues qu'on eût dit de feu ; [...] et il s'en posa une sur chacun d'eux. Tous furent alors emplis de l'Esprit saint [...]. » Ils parlent aussitôt « d'autres langues » (don des langues, ou glossolalie), et peuvent ainsi s'exprimer dans le dialecte des étrangers présents pour la fête et qui sont ébahis. Pierre leur fait un discours, et les premières conversions à l'Évangile commencent : trois mille baptêmes sont célébrés (2, 41). La première communauté chrétienne est née ce jour-là, à Jérusalem.

→ **Apôtre, baptême, Chavouot, conversion, Esprit saint, glossolalie.**

Père de l'Église †

Le titre de Père est donné à d'illustres penseurs et écrivains des tout premiers siècles du christianisme, tant en Orient qu'en Occident. Contrairement à celui de docteur de l'Église, il n'est pas décerné par celle-ci, mais reste le produit de la tradition et de l'usage – certains Pères sont cependant aussi docteurs. Combattants acharnés des hérésies, ils ont laissé une œuvre qui fait l'objet d'une étude particulière, la patrologie. Elle a en effet profondément déterminé les fondements de la foi chrétienne, fournissant aux premiers conciles la matière de réflexions déterminantes. Les premiers Pères sont dits apostoliques car ils ont reçu l'enseignement des apôtres de Jésus eux-mêmes, et œuvrèrent donc dans la seconde moitié du Ier siècle et au début du siècle suivant. Viennent ensuite les Pères anciens, s'exprimant en grec, des IIe et IIIe siècles, auxquels succèdent les derniers Pères, dont la fin est en général fixée à la mort d'Isidore de Séville (636) en Occident, et de Jean Damascène (749) en Orient.

Parmi les Pères orientaux, citons Athanase (295-373), le promoteur du monachisme ; Jean dit Chrysostome (« Bouche d'or »), en raison de son talent d'orateur (vers 345-407), fut un acteur du concile de Constantinople (381), pendant lequel le Credo (contenu fondamental de la foi) fut achevé ; et Grégoire de Nysse (vers 335-395), avec ses réflexions sur la Trinité. Les Pères occidentaux, qui s'exprimaient en latin, comptent deux figures principales : saint Ambroise (vers 340-397), évêque de Milan, et saint Augustin (354-430), évêque d'Hippone (Algérie). Mentionnons aussi Jérôme (vers 345-420), auteur de la traduction en latin de la Bible (la Vulgate) qui s'imposa en Occident, et Grégoire le Grand (vers 540-604), pape et évangélisateur des barbares.

→ **Docteur de l'Église, concile, Credo, grégorien.**

Pessah ✡

Dans le livre de l'Exode, Dieu commande aux Hébreux de créer une fête qui célébrera leur libération imminente : en effet, alors que la dixième plaie s'abat sur l'Égypte, l'Ange de la mort épargne leurs premiers-nés en reconnaissant les linteaux de leurs portes badigeonnés de sang d'agneau. Il ne fit donc que « passer » (*pasah* en hébreu ») devant leurs maisons. Pour les linguistes, c'est ce mot qui aurait donné celui de Pessah (traduit par Pâque).

Pessah, la Pâque juive donc, est issue de deux rites printaniers très anciens d'Israël. Les nomades offraient alors un agneau pour que leurs troupeaux soient protégés des rigueurs du désert. Le second rite, celui des pains azymes, était pratiqué par les agriculteurs qui, pour saluer le réveil de la nature, offraient les prémices de leurs récoltes, une gerbe (*omer*) d'orge, en espérant des moissons généreuses. Ces deux rites furent associés à la libération d'Égypte plus tardivement, avant, et avec plus de certitude après le retour de l'Exil (VIe siècle av. J.-C.).

Pessah, une des trois fêtes de pèlerinage du calendrier juif, se déroule le 15 nisan (mars-avril) et dure sept jours (huit dans la diaspora). En raison de ses origines, elle est aussi appelée fête du Printemps (*Hag ha-Aviv*) ou fête des Azymes (*Hag ha-Matsot*). Célébrée en famille, organisée autour du Séder (déroulement), elle repose sur l'absence totale de pain au levain (*hamets*) et même de levain dans la maison, ainsi que des instruments en matières poreuses ayant servi en dehors de Pessah – on utilise aussi des ustensiles de cuisine en métal ou en verre, après les avoir plongés dans l'eau bouillante ou placés sur un feu (cachérisés). Au cours du repas pascal, le soir du 14 nisan, on mange l'agneau, les herbes amères (*maror*), qui rappellent la servitude en Égypte, et le pain azyme (*matsah*), évoquant celui qui ne put lever tant les Hébreux étaient pressés de partir ; on boit aussi le vin, en plusieurs fois. Sur le plan liturgique, on lit des passages des Nombres, du Lévitique, de l'Exode, de Samuel ou encore le Cantique des cantiques (un des Cinq Rouleaux), et on récite le Hallel (psaumes) et le Yizkor (à la mémoire des morts). Enfin, dans l'ordre Moed de la Michnah (transcription de la Loi orale), le Talmud (prolongement de la Loi orale) et la Tossefta, le traité Pesahim est consacré à Pessah et au Séder.

Pour les chrétiens, la Pâque est le souvenir d'un autre sacrifice, celui de Jésus qui, par sa Résurrection, « passa » dans le Royaume de Dieu.

→ **Agneau, azyme, cacher, Exil, Exode, Pâques, prémices, Séder.**

Peuple élu ✡

Le monde juif est souvent désigné par l'expression « peuple élu ». Au contraire de ce qu'affirment les antijuifs (antisémites), cette appellation ne signifie pas que les juifs se croiraient supérieurs aux autres hommes. Pour mieux comprendre le sens d'une telle expression, il faut remonter aux patriarches, dont l'épopée est racontée dans la Genèse, le premier livre de la Bible. Si Dieu procède à une première alliance avec les hommes après le

Déluge, il noue une Alliance particulière (qui devient nom propre) avec le premier patriarche, Abraham, puis avec ses descendants, autant de personnages qu'il choisit délibérément. Les Hébreux, issus de Jacob, petit-fils d'Abraham, voient l'Alliance renouvelée durant l'Exode. Le signe de cette relation intime, fondée sur l'amour, est la Torah (la Loi divine), transmise par Dieu, qu'Israël devra s'engager à appliquer. Ce livre saint, dont le Décalogue condense les principes, constitue la particularité du judaïsme et du peuple choisi par Dieu.

→ **Alliance, antisémitisme, Décalogue, Hébreux, juif.**

Pharisiens ✡ †

À l'époque du second Temple (515 av. J.-C. à 70 apr. J.-C.), le judaïsme fut traversé par divers courants, certains disparaissant, d'autres se modifiant. L'historien juif Flavius Josèphe (Ier siècle apr. J.-C.) mentionne ainsi l'existence, au temps de Jésus, des sadducéens, des esséniens et des zélotes. À ceux-ci s'ajoutent les pharisiens (de l'hébreu *perush*, « séparé »). Le pharisianisme apparaît au IIe siècle, notamment sous le règne de Jean Hyrcan (134-104 av. J.-C.), fondateur de la dynastie des Hasmonéens (Maccabées). Les pharisiens, qui comptent des prêtres et en grande majorité des laïcs, viennent de toutes les classes sociales. Enracinés dans le peuple, minoritaires au Sanhédrin (grande instance juive), ils accordent beaucoup d'importance aux rites de pureté et évitent les pécheurs – tous ceux qui ne peuvent pratiquer la Torah (la Loi divine) sont appelés par eux « peuple du pays » (*am ha-harets*). Parmi eux, les scribes interprètent et commentent oralement la Torah (écrite), à laquelle ils apportent ainsi un complément, d'où leur nom de « docteurs de la Loi ». On notera que les pharisiens, au contraire des prêtres conservateurs du Temple, acceptaient les idées nouvelles en matière religieuse, par exemple celle de la résurrection des morts, dont la croyance s'ébaucha au IIe siècle av. J.-C. Soutenant la révolte juive de 70 puis celle de Bar Kokhba (132-135) contre les Romains, le pharisianisme sera le seul courant juif de l'époque de Jésus à perdurer. Pendant plusieurs siècles, ses travaux au sein d'académies contribueront à enrichir la pensée religieuse juive. Le judaïsme actuel est le fruit de cette évolution.

Les évangiles du Nouveau Testament évoquent des relations tendues entre Jésus et les pharisiens. Néanmoins, ces derniers n'ont aucune responsabilité dans le drame de la Passion. On remarque aussi que, professant comme Jésus la foi en la résurrection et l'espoir messianique, ils le convient à leur table ; ils vont même jusqu'à le prévenir qu'Hérode Antipas veut sa perte. En revanche, ils désapprouvent sa distance vis-à-vis des pratiques du shabbat et des purifications. Pour Jésus en effet, le salut est offert par Dieu et non par un respect scrupuleux de la Torah. La position des évangiles s'explique peut-être par le fait que les pharisiens participèrent à la répression contre les premiers chrétiens. Pourtant, les Actes des Apôtres, après avoir rapporté l'emprisonnement de ces derniers, relatent leur libération grâce à Gamaliel, pharisien et *nassi* (président) du Sanhédrin.

→ **Actes des Apôtres, Grande Assemblée, Josèphe (Flavius), Maccabées (livres des).**

Phénicie ✡

Installée sur le territoire du Liban actuel, la Phénicie, peuplée de sémites, était, aux temps de la Bible, une confédération de villes autonomes régies par des rois et liées par des intérêts communs. Byblos, Sidon ou encore Tyr, entrées dans l'Histoire, ont fourni ces grands navigateurs qui, habiles commerçants, sillonnèrent la Méditerranée, où ils devinrent incontournables dès le Xe siècle av. J.-C., allant jusqu'en Espagne – et même en Grande-Bretagne selon certains chercheurs, voire au Nouveau Monde pour d'autres. Nous leur devons aussi la fondation de Carthage et de Chypre, ainsi que la création, vers la fin du IIe millénaire, d'un alphabet dont s'inspirèrent ensuite les Grecs. La Phénicie entretenait bien sûr des relations marchandes avec ses voisins, la Mésopotamie, le royaume de Damas (Syrie) et Israël, avec qui les rapports, tant commerciaux que politiques, semblent avoir été bons. Par exemple, le roi Salomon (970-931) fait venir des cèdres du Liban pour la construction du Temple de Jérusalem. Après la séparation d'Israël en deux royaumes, la Samarie, au nord, prospère grâce au commerce, et Jézabel, princesse phénicienne, épouse le roi Achab (874-853). Mais cette reine, à laquelle s'oppose le prophète Élie, représente aussi ce que désavoue la Bible chez les Phéniciens. La Phénicie est en effet la terre des baals, divinités étrangères contre lesquelles se dressèrent les prophètes afin de préserver le culte de Yahvé, le Dieu unique d'Israël.

→ **Baal, Élie, Jézabel, Samarie, Sémites.**

Philémon †

L'épître à Philémon, contenue dans le Nouveau Testament, est une très courte lettre que saint Paul envoie, vers 61 à 63, à cet ami habitant Colosses (Asie Mineure). L'auteur, qui se présente comme « le prisonnier de Jésus-Christ » (les Romains l'ont mis en prison), y salue sa foi, et lui demande de reprendre Onésime et de l'accueillir comme un frère. Cet esclave s'est enfui de chez son maître Philémon et, trouvant refuge auprès de Paul, s'est converti. Au-delà de l'anecdote biographique, Philémon représente l'Église, dont l'une des priorités est la fraternité entre les hommes.

→ **Colossiens (épître aux).**

Philippiens †

De Philippes, en Macédoine, cité fondée au IVe siècle av. J.-C., et qui doit son nom à Philippe, père d'Alexandre le Grand (vers 356), il ne reste que des ruines. Elle fut pourtant une colonie romaine où saint Paul fonda (sans doute) la première communauté chrétienne, en 49 ou 50 de notre ère. Alors qu'il est en prison à Éphèse, en 56-57, il écrit à ces Philippiens une lettre au ton chaleureux. Cette affection est partagée par ses correspondants, qui lui ont fait parvenir de l'argent par un de ses fidèles compagnons, Épaphrodite : Paul tient à les en remercier par cette épître, contenue dans le Nouveau Testament. Il y rappelle aussi la nécessité absolue de vivre dans « le même amour, une seule âme, un seul sentiment », ceux du Christ. C'est le gage du salut, qui exige aussi le dépouillement, tant intérieur que matériel, à l'image de Paul, qui, toujours en quête de la présence de Jésus en lui, a « accepté de tout perdre ».

Philistins ✡

Aux XIIIe et XIIe siècles av. J.-C., des peuples, dits « de la Mer », quittent, pour des raisons mystérieuses, les rives de la mer Égée ou de l'Anatolie (Turquie) pour la côte est de la Méditerranée (Égypte et Proche-Orient), où ils cherchent à s'implanter par la force. Ils sont refoulés par deux pharaons, Menephtah et surtout Ramsès III (vers 1175). L'un de ces peuples, les Philistins, que la Bible dit venir de Crète, s'installe sur l'actuelle bande de Gaza et établit des villes (Asdod, Ashqelon, Eqron, Gath, Gaza), formant une confédération, à une période où, approximativement, les Hébreux gagnent Canaan. La Bible n'est pas tendre avec ces Philistins, non sémites et ne croyant pas en Yahvé, et les cite parfois de manière anachronique pour souligner le danger permanent qu'ils représentent (ainsi Isaac se rend-il en Philistie, qui n'existera que des siècles plus tard). Les psaumes et les prophètes les décrivent comme de redoutables impies. Car, avant et dès les débuts de la monarchie en Israël, ces guerriers, qui maîtrisent le fer auquel les Israélites ne peuvent opposer que des armes de bronze, sont de terrifiants ennemis. Samson, l'un des Juges, les affronte lors de luttes grandioses. Saül, le premier roi d'Israël, les combat pour son malheur, et son successeur David est victorieux, mais sans soumettre ce peuple qui, poursuivant ses incursions, finira par rejoindre l'Empire perse puis celui d'Alexandre le Grand (IVe siècle). Mentionnés encore dans le livre des Maccabées, alors qu'ils sont imprégnés de culture grecque, les Philistins seront à l'origine du mot « Palestine ».

→ **Isaac, Juges (livres des), Maccabées (livres des), Palestine, Samson, Saül.**

Phylactères ✡

Le mot « phylactère » est issu du latin ecclésiastique *phylacterium*, qui signifie « amulette », « talisman ». Les phylactères sont ainsi les *teffilin*, petite boîte sacrée que les juifs portent au bras et au front lors de la prière du matin (Chaharith).

→ **Chaharith, amulette, teffilin.**

Pierre †

Pierre est l'un des plus proches disciples de Jésus, et l'un des piliers de l'Église, selon la formule de saint Paul. Il s'appelle en réalité Simon, et pierre (*kefa* en araméen, *petra* en latin) est le qualificatif que Jésus lui attribue dès leur première rencontre. Le portrait et l'action de cet homme touchant et déterminé, très attaché à Jésus, sont rapportés dans le Nouveau Testament, écrits sacrés du christianisme, au travers des évangiles et des Actes des Apôtres, qui racontent les débuts de l'Église.

Simon et son frère André sont d'abord des disciples de Jean le Baptiste, précurseur de Jésus, qu'ils ont dû rencontrer auprès de ce maître. Tous deux pêcheurs au lac de Tibériade, ils deviennent disciples de Jésus, qui les déclare désormais « pêcheurs d'hommes ». Ils sont suivis peu après

par Jean et son frère Jacques (le Majeur). Simon est, selon la décision de Jésus, le premier parmi le groupe des Douze (apôtres), et le Nouveau Testament le cite toujours en premier. D'un caractère fougueux et spontané, il fait preuve parfois de maladresse et de naïveté. Mais il est le premier à proclamer que Jésus est le Christ (Messie en grec), c'est-à-dire celui qui libèrera les hommes. Jésus prononce alors cette célèbre phrase : « Tu es Pierre, et sur cette pierre je bâtirai mon Église [...]. Je te donnerai les clefs du Royaume des Cieux », rapportée par l'évangile de Matthieu (16, 13-18). Au cours de la Cène, alors que la crucifixion de Jésus est imminente, Simon refuse que celui-ci lui lave les pieds (signe d'humilité) et ne cède que sous la menace d'être écarté. Mais il va montrer aussi de la faiblesse. Après son arrestation au jardin des Oliviers, Jésus est interrogé par les autorités juives de Jérusalem : Simon, pour sauver sa vie, le renie trois fois, comme son maître l'avait prédit. Mais il se repent de sa faute, au contraire de Judas, et Jésus lui pardonne ; après sa résurrection, il le confirmera dans sa mission de pasteur. Nous retrouvons en effet Pierre à Jérusalem, au jour de la Pentecôte, où il conduit toujours le « collège apostolique ». Il est bientôt emprisonné pour avoir proclamé l'Évangile malgré l'interdiction, puis libéré et remplacé à la tête de l'Église par Jacques (le Mineur), « frère de Jésus ». Sa tâche est de propager la nouvelle foi. Il se rend à Antioche (Turquie), où est établie la plus importante communauté de disciples du Christ, appelés désormais « chrétiens ». Nous le retrouvons ensuite à Rome, sous le règne de Néron (54-68), où sévit la persécution contre les chrétiens. Il est crucifié vers l'an 60, la tradition le montrant la tête en bas, par signe d'humilité envers Jésus qui mourut la tête en haut. L'archéologie a montré que sa tombe se situait à l'emplacement de la basilique qui porte son nom. Enfin, le pape, premier évêque (successeur des apôtres), est considéré comme son successeur.
Le Nouveau Testament contient deux épîtres attribuées à Pierre. La première de ces lettres, très certainement de Pierre ou bien de l'un de ses proches, fut rédigée à une date imprécise. Elle montre comment les apôtres de Jésus enseignaient aux premiers chrétiens, car elle est adressée aux fidèles de la diaspora (dispersion) chrétienne, c'est-à-dire vivant en dehors de la Palestine. Soumis aux difficultés et aux épreuves dues à leur foi, ils sont réconfortés par Pierre qui les appelle à vivre la sainteté incarnée par le Christ, à modérer leurs passions, à pratiquer la fraternité. Car les chrétiens sont une « race élue », le peuple de Dieu, des hommes libres qui, sauvés par le baptême, se différencient des païens. La seconde épître n'est pas de

Pierre, puisqu'elle date du début du IIe siècle, mais elle exprime la pensée de cet apôtre majeur. Son auteur montre aussi sa bonne connaissance de la Bible juive, notamment par l'évocation des prophètes. Autant de propos visant à encourager les chrétiens à persévérer dans leur foi, en dépit des persécutions.

→ **Gamaliel, Oliviers (jardin des), Passion, Pentecôte, transfiguration.**

Pierre noire ☪

Insérée dans l'un des angles de la Kaaba (sanctuaire), la Pierre noire (*al-hadjar al-aswad*) est l'objet d'une intense vénération de la part des pèlerins de La Mecque. Tandis qu'ils effectuent les circumambulations autour de la Kaaba, ils l'embrassent ou lui adressent un signe. Constituée à l'origine d'un seul bloc, elle éclata à la suite d'un incendie en 683. Elle est formée désormais de trois gros fragments et d'autres plus petits, le tout cerclé d'un anneau d'argent. Les traditions abondent au sujet de la Pierre noire. Ainsi, elle était blanche mais aurait noirci en absorbant les péchés des pèlerins, ou, selon une autre version, ceux des polythéistes qui venaient déjà adorer la Kaaba avant la naissance de l'islam (622). Cette pierre, dont la matière est difficile à identifier (lave ou basalte), reprend le symbolisme antique des pierres, sièges de l'éternité et de la présence divine sur Terre.

→ **Hadjj, Kaaba, Mecque (La).**

Pietà †

La *pietà* est la « pitié » en italien. Mais, dans l'art chrétien, elle correspond à une représentation, souvent sculptée, de Marie, la mère de Jésus, surnommée Vierge de pitié ou Notre Dame de pitié. On voit Marie portant dans ses bras le corps de son fils descendu de la croix, et pleurant sur sa mort. Cet art correspond au culte marial (de Marie), cette sainte majeure vers qui se tournent tous les affligés. Il ne trouve pas son origine dans les évangiles du Nouveau Testament, mais dans la tradition. S'inspirant du passage de l'évangile de Jean où Jésus confie Marie à celui-ci, les chrétiens se mirent à évoquer la *pietà* à partir du XIIIe siècle.

→ **Marie.**

Piété ✡ ✝ ☪

Les Romains voyaient dans la *pietas* un sentiment de devoir, notamment envers les dieux et la patrie, mais aussi une affection respectueuse entre parents et enfants. En religion, la piété, mot qui en est issu, fait appel à ces mêmes comportements. Elle signifie l'attachement à Dieu et aux pratiques qui l'expriment (prière, pèlerinage...).

Piliers, les Cinq ☪

L'islam repose sur cinq fondements, ou piliers (*arkan*), que tout musulman se doit de respecter, dans la mesure du possible : la *shahada*, ou profession de foi (simple prononciation de cette double attestation : « Dieu est unique et Mahomet est son Messager »), qui est le baptême faisant entrer dans l'islam ; la *salat*, qui correspond aux cinq prières quotidiennes ; la *zakat*, qui est l'aumône ; le jeûne (*saum*) de ramadan ; le pèlerinage à La Mecque (*Hadjj*) et à la Kaaba. Il existe aussi les six piliers de la foi : unicité de Dieu, anges, Livres, Prophètes, jour du Jugement dernier, Destin ou prédestination (*Qadar*).

→ **Islam, Kaaba, Mecque (La), pèlerin.**

Piyyout ✡

Le *piyyout* (du grec *poiêtês*, « poète ») est la poésie chantée du judaïsme. Les *piyyoutim*, produits d'une évolution qui remonte aux premiers siècles de l'ère chrétienne, ont ravivé la liturgie et sont intégrés à différents offices. Ce sont, par exemple, les *yotserot* et les *maaravot* du Chema, ou encore les *hochanot* de Soukkot. Les thèmes des *piyyoutim*, très nombreux, sont variés.

→ **Chema, hochanot, maaravot, Soukkot, yotserot.**

Plaies d'Égypte, les dix ✡

Le livre de l'Exode rapporte comment Moïse est chargé par Dieu de convaincre le pharaon d'Égypte de libérer son peuple, les Hébreux, qu'il a réduits en esclavage. Rendu capable de miracles, Moïse va susciter dix fléaux consécutifs de plus en plus terribles, que la tradition a retenus sous le qualificatif de « plaies d'Égypte ». C'est en quelque sorte la lutte entre le bien et le mal. Ces prodiges, dont certains chercheurs ont voulu démontrer la base réelle, servent avant tout à manifester la toute-puissance de Dieu. À chacune des plaies, Pharaon accepte de laisser partir les Hébreux, puis, Moïse ayant fait cesser le fléau, il se rétracte. Lors de la première, les eaux du Nil se changent en sang, mais les magiciens de Pharaon prouvent qu'ils sont capables d'y faire face. Ils contrent aussi la deuxième, l'invasion par des grenouilles sorties du Nil. Mais ils ne peuvent rien contre la troisième : une nuée de moustiques, nés de la poussière, couvre l'Égypte. Viennent ensuite l'invasion de taons, la peste ravageant le bétail, les Égyptiens et leurs animaux couverts d'une peste étrange, les ravages de la grêle tombant d'un ciel zébré d'éclairs, une nuée de sauterelles mangeant tout sur leur passage, les ténèbres régnant pendant trois jours. À chaque fois, seuls les Égyptiens sont touchés, et les Hébreux, qui vivent au nord du pays, dans le Delta, son épargnés. Dieu protège donc son peuple et va le prouver avec une force extraordinaire : c'est la dixième et dernière plaie. Une nuit, tous les premiers-nés d'Égypte, humains et animaux, meurent, même le fils de Pharaon. Les Hébreux, en enduisant les linteaux de leurs portes avec du sang d'agneau (origine de Pessah, la Pâque juive), ont été épargnés par l'Ange de la mort. Pharaon cède enfin. Les Hébreux empruntent la route du Sinaï. Mais il se ravise et envoie ses meilleures troupes les pourchasser. Ces dernières, stoppées par une nuée venue de Dieu, ne peuvent que les regarder traverser la mer Rouge, dont les flots se sont écartés. Quand ils se remettent à leur poursuite, les vagues immenses se referment sur eux.

→ **Agneau, Exode, Hébreux, Moïse, sang.**

Poètes, Les ☪

Les poètes (*al-shou'ara*) ont marqué la littérature de l'islam, notamment les soufis (mystiques), dont la poésie est d'une beauté stupéfiante. Mais dans le Coran, la 26e sourate (chapitre), qui porte ce titre, se conclut sur l'évocation de ces poètes qui, avant la naissance de l'islam (622), ne remplissaient pas les promesses contenues dans leurs divagations, sauf ceux qui croyaient en Dieu. Auparavant, la sourate développe un long rappel de Moïse.
Moïse, qui a reçu de Dieu la mission de libérer son peuple, les Hébreux, se présente devant Pharaon, qu'il connaît depuis sa plus tendre enfance. Le roi ne manque pas de le lui rappeler, lui reprochant d'avoir tué un Égyptien et de s'être enfui. Mais Moïse a commis ce crime alors qu'il était « au

nombre des égarés ». Dieu lui a ouvert les yeux, l'âme et le cœur, c'est pourquoi il vient demander à Pharaon de laisser partir son peuple. Celui-ci lui réclame un signe de son pouvoir, et Moïse, investi par Dieu, fait jaillir un dragon de son bâton. Les magiciens royaux, avides de récompenses, le défient mais échouent : ils auront la main droite et le pied gauche coupés, et finiront crucifiés. Mais ils se convertissent aussi à Dieu, reconnaissant sa toute-puissance. Puis les troupes de Pharaon sont englouties par les eaux de la mer Rouge.
Cette évocation sert à montrer que tout homme doit tendre vers la sagesse de Dieu, sa miséricorde, sa justice parfaite. Avant Mahomet (vers 570-632), à qui Dieu a révélé le Coran, les hommes n'ont pas écouté ses autres prophètes (envoyés), les traitant de menteurs. Mais Mahomet est le Prophète, celui qui est « digne de foi » car il porte la véritable Parole de Dieu. Celui qui conteste sa légitimité ou le menace conteste Dieu lui-même, dont il faut craindre l'omniscience et la colère.

→ **Ad, Çalih, Chou'aib, fawatih, Houd, Moïse, Thamoud.**

Pogrom ✡

Le mot « pogrom », d'origine russe (de *pogromit*, « dévaster totalement »), s'applique d'abord aux massacres perpétrés contre les populations juives de Russie, de 1881 à 1921, mais on l'utilisait déjà pour désigner la destruction humaine et matérielle d'une population ennemie. Il s'est élargi à d'autres exactions de ce type, commises dans d'autres pays, comme la Pologne.
Tout remonte au tsar Alexandre II, assassiné par les nihilistes à Saint-Pétersbourg, le 13 mars 1881. Les auteurs de l'attentat étant des anarchistes « ultras » ayant eu le soutien actif de juifs, le pouvoir, plutôt que d'informer le peuple sur les motivations de cet acte, déclenche la vindicte populaire contre les juifs. Le 26 avril de la même année, à Kiev, les habitants, du bourgeois à l'ouvrier et au paysan, participent, activement ou implicitement, au saccage des maisons juives, au cours duquel des meurtres sont commis. L'année suivante, Varsovie, sous domination russe, est touchée, tandis que sont promulguées des lois antijuives sévères, bientôt accompagnées d'expulsions. Les pogroms se reproduisent pendant une vingtaine d'années, à la faveur de malaises économiques ou politiques, forçant nombre de juifs à émigrer en Europe de l'Ouest et du Centre, et en Amérique du Nord. Dans ces États, ils doivent encore affronter les consé-

quences du pseudo-complot international des juifs (et de leurs alliés les francs-maçons), rapporté par les *Protocoles des Sages de Sion*, ouvrage accusateur publié en 1905... par la police secrète russe ! À partir de 1917 et de la révolution russe, les pogroms se poursuivent avec plus de sauvagerie encore, surtout en Ukraine, et sont le fait des troupes « blanches » opposées à l'Armée rouge. Celle-ci parvient à y mettre fin en 1921, en même temps qu'elle sort victorieuse de la guerre civile. L'une des conséquences de ces pogroms est l'apparition d'une résistance juive à travers le sionisme.

→ **Juif, Shoah, Sion, sionisme.**

Ponce Pilate ✡ †

Ponce Pilate, préfet romain de Judée, exerce son autorité de 26 à 36 apr. J.-C. – cette fonction sera celle d'un « procurateur », dix ans plus tard, sous l'empereur Claude. Chargé d'administrer cet ancien royaume de Juda, et sa capitale Jérusalem, il est connu pour sa dureté. Nous sommes renseignés sur le personnage par les historiens juifs, qui dénoncent un antijudaïsme sans concession, et par les historiens romains qui rapportent sa manière expéditive d'appliquer le « droit de glaive » (exécution d'un condamné à mort). À peine nommé grâce, dit-on, à Séjan, un antijuif notoire et très influent auprès de l'empereur Tibère (14-37), Pilate commence par mater une rébellion. Mais il est étrange que les Romains, d'ordinaire très prudents dans le choix de leurs représentants dans les provinces impériales, l'aient choisi pour gouverner les juifs, difficiles à diriger, voire très rétifs et séditieux, comme les zélotes. Il est aussi étonnant qu'il ait occupé un tel poste aussi longtemps alors que de l'an 6 à l'an 64, treize préfets remplissent ce rôle, soit un tous les quatre ans en moyenne. Mais Rome, tenant en priorité au calme et à l'ordre, reconnut peut-être ses talents de chef autoritaire et efficace. Ainsi, au contraire de ses prédécesseurs, il n'hésite pas à commettre deux sacrilèges : promener des aigles impériales dans Jérusalem, et placarder sur le palais d'Hérode le Grand des boucliers portant l'effigie de Tibère, qu'il n'enlève que sur l'ordre de l'empereur, averti par une délégation juive. Une autre fois, il prélève dans les caisses du Temple de quoi financer ses travaux, puis écrase la révolte qui s'ensuit. Pourtant, cette efficacité lui sera fatale : en 36, sur le mont Garizim, il massacre des Samaritains. Il est destitué puis exilé en Gaule par l'empereur Caligula. Tout cela indique que le portrait dressé par les évangiles du Nouveau Testament, celui d'un homme hésitant et presque

compatissant à l'égard de Jésus, qui ne présente pas de danger pour Rome, est assez paradoxal. De là provient l'accusation de déicide portée contre les juifs : ceux-ci seraient les véritables responsables de la mort de Jésus, Fils de Dieu. Mais ce qui devint l'une des motivations de leur persécution ne repose sur aucun fondement historique et théologique.
Arrêté au jardin des Oliviers, Jésus est d'abord interrogé par les grands prêtres du Temple. Au petit matin du vendredi, Pilate rejoint le prétoire, l'ancien palais d'Hérode le Grand, où il réside lorsqu'il vient à Jérusalem. Il prend place sur une chaise installée sur le Lithostrotos (« place pavée »), ou Gabbatha en hébreu (Jn 19, 13). Le public se tient devant lui. Le préfet sait que les grands prêtres, dont les privilèges sont combattus par l'action de Jésus, vont tenter de l'influencer pour envoyer cet homme sur la croix, le pire des châtiments romains. Car le motif de cette condamnation doit être politique : il faut prouver que Jésus attente à la sécurité de l'empire. Ainsi, Pilate, interrogeant le prisonnier, ne trouve pas de motif de crucifixion. Jésus affirme bien être le roi des juifs, mais son royaume n'est pas terrestre. D'ailleurs, s'il avait eu une prétention guerrière, ses disciples se seraient battus pour empêcher son arrestation ou le libérer. Cherchant à contrarier ce clergé pressant, Pilate propose de le libérer en vertu d'une certaine coutume, mais la foule, influencée, choisit d'épargner Barabbas, sans doute un zélote, et réclame la crucifixion pour Jésus. Pilate le fait flageller, et, pendant ce temps, « prit de l'eau et se lava les mains en présence de la foule, en disant : Je ne suis pas responsable de ce sang ; à vous de voir ! » (Mt 27, 24-25). Puis il confirme qu'il n'a rien à lui reprocher de grave : « Voici l'homme [*Ecce homo*] », dit-il. Le clergé le menace alors de le dénoncer à Rome s'il ne plie pas et continue de protéger ce rebelle. Il cède alors et envoie Jésus au Golgotha.

→ **Barrabas, crucifixion, Ecce homo, Golgotha, Procès de Jésus.**

Pourim ✡

Dans la Bible, le livre d'Esther raconte comment celle-ci évite à son peuple, les juifs, d'être exterminé par Aman, Premier ministre du roi Assuérus. Pour fixer la date du massacre, le félon lance des dés et, par l'intermédiaire de deux urnes, « tire au sort » (*pour*) le 13 du mois d'adar, qu'Esther consacre à un jeûne (toujours en vigueur). Il échoue, est arrêté et exécuté. Mardochée, cousin d'Esther, institue une fête le lendemain 14, pour marquer le sauvetage providentiel des juifs. C'est la fête de Pourim (les « sorts »), dont les règles sont énoncées par le traité Megillah (« rouleau ») de la Michnah et du Talmud. À cette occasion, on lit principalement le livre d'Esther, l'un des Cinq Rouleaux sacrés du calendrier juif. Cette fête est aussi une occasion de joie et d'échange de cadeaux, comme le stipule le livre d'Esther (9, 21-22) : « Il les conviait donc à faire de ces journées des jours de festins et de liesse, à y échanger mutuellement des portions et à y faire des largesses aux pauvres. » On boit « jusqu'à n'en plus pouvoir » (*ade-lo-yada* en hébreu) afin de distinguer entre Mardochée le Béni et Aman le Maudit ; on chante, on mange et on assiste aussi à des spectacles parodiques de Pourim, comme le *purim shpiel* (« pièce de Pourim » en yiddish), où enfants et adultes se déguisent.

→ **Adar, Cinq Rouleaux, Esther, jeûne, Megillot.**

Prédestination ✡ † ☪

La prédestination (du latin *prædestinatio*) avance que Dieu a tout prévu et tout décidé du destin de chaque homme, qu'il a tout « réservé d'avance » (verbe *prædestinare*). Il ne s'agit pas de despotisme, mais du désir de Dieu, le Créateur éternel, de l'entourer de sa grâce et de son amour. Le christianisme s'inscrit dans cette dimension tout en considérant que l'homme n'est pas soumis au fatalisme et conserve sa liberté d'initiative. Car le salut vient de la miséricorde et de la justice de Dieu par son fils Jésus Christ. Le judaïsme, à la suite de la Bible et des réflexions des rabbins, n'adhère en général pas à la prédestination et privilégie la liberté (ou libre arbitre) des hommes dans leurs choix. Ceci suppose d'en assumer les conséquences, bonnes ou mauvaises, mais tient compte aussi du fait que Dieu exerce sa providence (*hachgahah*) sur chacun, c'est-à-dire qu'il « pourvoie » (*providere*) à son bonheur. L'islam proclame la toute-puissance et l'omniscience de Dieu, qui s'expriment dans le *qadar* (« pouvoir »), son décret immuable, réalisation de son commandement (*amr*), c'est-à-dire de sa volonté. Mais, en même temps, le Coran énonce que tout homme est responsable de ses comportements : il agit selon la volonté de Dieu tout en conservant ses choix, sinon il ne pourrait rien faire, et reste confiant en la miséricorde et l'amour de Dieu. Ces deux notions ont fait l'objet, à la fin du VIIe siècle, de débats entre deux courants : d'un côté les djabrites (de *djabr*, « nécessité »), partisans de la prédestination absolue, de l'autre les qadarites, prônant le libre arbitre absolu. Le sunnisme

(famille principale de l'islam) se situe entre ces deux courants en reconnaissant à la fois le pouvoir de Dieu sur l'homme et le fait qu'il a créé la liberté en l'homme, le rendant responsable de ses choix.

→ **Amr, salut.**

Prélat †

Le mot « prélat » évoque ce qui est « mis en avant », « manifesté », « préféré », autant de sens donnés au latin *praelatus* dont il est issu. Dans l'Église catholique, le prélat est un haut dignitaire qui a reçu la prélature, titre honorifique. Il peut s'agir d'un cardinal, d'un évêque, qui a la responsabilité d'une communauté, ou bien de clercs (par exemple des prêtres) attachés au service du pape.

→ **Cardinal, évêque.**

Prémices ✡

Dans l'ancien Israël, il était d'usage d'offrir au Temple de Jérusalem les prémices (Bikkourim) des récoltes afin de remercier Dieu pour le don de la Terre promise. Cette pratique est ainsi à l'origine de plusieurs fêtes juives, dont Chavouot, appelée aussi « Prémices ». On présentait du blé, de l'orge, du raisin et du vin, des olives, de l'huile ou encore des dattes. La Torah (la Loi) mentionne cette obligation à plusieurs reprises. Par exemple, dans le livre de l'Exode, on peut lire : « Tu apporteras à la maison de Yahvé ton Dieu le meilleur des prémices de ton terroir » (23, 19 et 34, 26).

→ **Chavouot, Israël, Temple, Torah.**

Prémontré †

En 1120, saint Norbert (vers 1080-1134), qui a entamé sa vie religieuse cinq ans plus tôt, fonde une abbaye à Prémontré, dans l'Aisne. L'ordre des Prémontrés, ou norbertins, se prolonge peu après par la naissance de son pendant féminin, les prémontrées ou norbertines. Ces chanoines et chanoinesses réguliers appliquent la règle de saint Augustin, renforcée par la rigueur propre aux cisterciens (de Cîteaux). Par leur profond engagement monastique et leur vie pastorale, extérieure à la clôture, ils préfigurent les ordres mendiants apparus au début du XIIIe siècle. Après le XIIe siècle, son âge d'or, l'ordre connut une histoire chaotique, puis revit au XIXe siècle. Les prémontrés et prémontrées constituent toujours le plus caractéristique des ordres de chanoines réguliers.

→ **Abbaye, chanoine, cisterciens, cloître, ordre.**

Presbytère †

Le mot grec *presbuteroi* (« ancien ») ayant donné celui de « prêtre », le presbytère est l'habitation d'un curé (appelée aussi cure) et de ses vicaires (assistants).

→ **Curé, prêtre.**

Prêtre ✡ † ☪

La fonction de prêtre, c'est-à-dire celle d'une femme ou un homme au service d'une divinité, est commune à toutes les religions de l'Antiquité. Nous la trouvons ainsi en Canaan, marqué par les cultes polythéistes, avant qu'il ne devienne cette Terre promise par Dieu aux Hébreux, qui s'y installent vers le XIIIe siècle av. J.-C. En Israël, né de cette implantation, le prêtre (*cohen* en hébreu) est exclusivement masculin. Il sert au Temple de Jérusalem, la maison de Dieu bâtie par le roi Salomon au début du Xe siècle. Assistés des lévites, les prêtres sont chargés de présenter les offrandes et les sacrifices (dont ils reçoivent leur part), notamment l'holocauste, et de procéder à certains rituels. C'est pourquoi ils sont tenus à des exigences de pureté. Ils sont placés sous l'autorité d'un grand prêtre, descendant d'Aaron, frère de Moïse. Après la destruction du second Temple (70 apr. J.-C.), cette fonction éminente se perpétuera jusqu'à nos jours : par exemple, à la synagogue, le *cohen* est le premier à monter (*aliya*) à la *bimah* (estrade) pour la lecture de la Torah (la Loi divine). Les juifs du monde entier forment en outre une communauté sainte, en vertu de l'Alliance que Dieu scella avec eux par l'intermédiaire de Moïse : il leur demanda alors de vivre en peuple de prêtres, comme le rapporte le livre de l'Exode (19, 6).

Au début du Ier siècle de notre ère, à l'époque de Jésus, où le Temple est encore debout, les prêtres se répartissent en vingt-quatre groupes qui officient chacun à raison d'une semaine par semestre – soit sept mille deux cents prêtres, dont mille cinq cents à Jérusalem. Il en va ainsi de Zacharie, le père de Jean le Baptiste. Mais le seul à pénétrer dans le Saint des Saints du Temple au jour de Yom Kippour (fête des Expiations) est toujours le grand prêtre – de 18 à 37, il s'agit de Caïphe. Ce dignitaire est le plus haut représentant de la société juive auprès des Romains, qui occupent la Palestine. Outre la direction du Temple, dont il retire d'importants revenus grâce aux animaux achetés par les fidèles, il préside le Sanhédrin, la grande institution juive. Pourvu d'une autorité religieuse et politique, il est aussi auréolé d'un prestige considérable. Enfin, pour le culte, mais aussi dans la vie quotidienne, il obéit à des règles de pureté très précises et draconiennes. Il est en outre assisté par trois prêtres chargés des finances, et d'un autre prêtre s'occupant de la sécurité du Temple et disposant d'une garde. Ce sont ces soldats qui arrêtent Jésus au jardin des Oliviers, prélude à la crucifixion. Après la résurrection de Jésus, quand la première Église chrétienne commence à prendre de l'ampleur, les apôtres s'entourent de *presbytres* (du grec *presbuteros*, « anciens »), c'est-à-dire de personnes capables de diriger avec eux les assemblées et de mener la prière. Le latin ecclésiastique transcrira ce mot en *presbyter*, d'où vient celui de prêtre. Aujourd'hui, les catholiques, les orthodoxes et les Églises d'Orient scellent cette fonction par le sacrement de l'ordination – les protestants ordonnent aussi leurs ministres du culte, mais sans accorder à cette cérémonie une valeur sacrée. Le prêtre devient ainsi l'intermédiaire entre Dieu et les hommes. Il peut alors célébrer la messe et administrer à son tour les sacrements. Il est en charge d'une paroisse et placé sous l'autorité de l'évêque du diocèse dont il fait partie.

L'islam n'a pas de prêtres et donc aucun clergé, contrairement à ce que l'on entend dans la bouche de certains commentateurs occidentaux. Il n'existe aucun sacrement tel que l'ordination, car la pratique religieuse musulmane est accessible à tout un chacun, par exemple par les *salat*, prières quotidiennes. Il existe certes des fonctions telles que celle de l'imam (directeur de la prière dans une mosquée), du *qadi* (juge) ou du cheikh (un sage), mais elles correspondent uniquement à des connaissances poussées en matière de religion et de textes sacrés (Coran, *hadith*...) avec des conditions morales connues de tous.

→ **Aaron, cohen, curé, diacre, lévites, onction, presbytère.**

Preuve décisive, La ☪

La 98e sourate (chapitre) du Coran porte le titre de *La Preuve décisive* (*al-Bayyina*), en l'occurrence le Coran lui-même, qui contient les véritables Écritures venues de Dieu et autour desquelles les hommes pourraient former une communauté unie. Malgré cela, les Gens du Livre (*ahl al-Kitab*), c'est-à-dire juifs et chrétiens, et ceux qui adorent des dieux, n'ont pas changé de voie. Ils sont promis à l'enfer, mais les vrais croyants connaîtront la récompense : le paradis.

→ **Ahl al-Kitab.**

Prière ✡ ✝ ☪

Le mot « prière » vient du pluriel latin *preces*, qui a aussi le sens de vœux, de souhaits, d'imprécations. La prière est pour le croyant le moyen de se recueillir, de s'adresser à Dieu, de le louer (action de grâces), et aussi de lui communiquer une demande particulière. Inscrite dans les offices religieux et la liturgie, elle peut être solitaire ou collective, Dieu étant le seul à l'exaucer, c'est-à-dire à répondre à cette demande. Juifs, chrétiens et musulmans recourent alors aux traits spécifiques de leur religion et à leurs propres écrits révélés par Dieu (Torah, évangiles, Coran). Ceci explique que les prières, tout en appelant le même Dieu unique, soient différentes dans le judaïsme (Alénou, Chema et Qaddich par exemple), le christianisme (Notre-Père, prière centrale) et l'islam (*salat* ou prières quotidiennes, et grande prière du vendredi).

→ **Office, oraison, salat, tallit, teffilin.**

Prieur ✝

Le prieur, mot spécifiquement religieux, n'a rien de commun avec la prière. Il vient du latin *prior*, c'est-à-dire « premier » en parlant de deux personnes. Dans l'Église catholique, le prieur est un moine qui assiste le supérieur d'une abbaye, l'abbé. Il s'agit aussi du supérieur d'un prieuré, c'est-à-dire un couvent ou un monastère dépendant ou non d'une abbaye.

→ **Abbaye.**

Procès de Jésus ✡ ✝

La manière dont les évangiles présentent le procès de Jésus, particulièrement Jean, est à replacer dans le contexte de leur rédaction (seconde moitié du Ier siècle). À cette époque, les Romains, maîtres du monde, et les autorités juives pourchassent et persécutent les chrétiens, dont ceux de culture grecque présents dans de nombreux pays de l'empire – Saül, l'un de ces persécuteurs, se convertira et prendra le nom de Paul. Il en ressort que les évangiles, pour éviter la colère des Romains, limitèrent le rôle de Ponce Pilate, dont la responsabilité reste pourtant essentielle. Il n'a donc pas existé de « procès juif », argument avancé par ceux qui accusèrent les juifs de déicide pour mieux les persécuter.

En fait, si nous reprenons les évangiles, en tenant compte de leurs divergences ou de leurs points communs, Jésus, après son arrestation au jardin des Oliviers, est d'abord interrogé par Anne, ancien grand prêtre encore influent, puis par Caïphe, grand prêtre en exercice et président du Sanhédrin, grande instance juive. Ces personnages représentent donc une autorité soucieuse de ses privilèges, comme il en existe partout, et non un peuple entier, pas même l'assemblée du Sanhédrin tout entière. Car n'oublions pas que Jésus comptait des partisans au sein du Sanhédrin, par exemple Joseph d'Arimathie, qui récupérera son corps pour l'ensevelir dans son tombeau. Sachant que les Romains détestent le désordre, un certain clergé, inquiet de la popularité de Jésus, a décidé de l'éliminer et, auparavant, de prendre connaissance de ses véritables intentions religieuses. Mais Jésus continue d'affirmer sa mission : il est bien le Messie, le Fils de Dieu qui sera présent au jour du Jugement. Pour ces prêtres, il blasphème en se situant au-dessus de la Torah (la Loi divine), et même de Moïse. Mais seuls les Romains possèdent le « droit de glaive », c'est-à-dire d'exécuter une peine capitale. Pour cela, Jésus doit être jugé en tant que criminel politique par Ponce Pilate, préfet de Judée, qui finira par l'envoyer sur la croix.

→ **Clerc, déicide, évangiles, Oliviers (jardin des), Ponce Pilate, prêtre, Sanhédrin.**

Profane †

Pour le christianisme, si le sacré est tout ce qui se rapporte à Dieu (lieux de culte, littérature, musique...), son contraire, le profane, est tout ce qui est « hors du temple » (*profanus* en latin). Par extension, le profane est celui qui n'a pas été initié à une discipline (science, art...), et n'en possède donc pas les clés.

Profès †

Le mot latin *professio* désignait une « déclaration publique ». Dans l'Église catholique, le terme profès, qui en est issu, s'applique à un religieux ou à une religieuse ayant prononcé ses vœux temporaires ou définitifs. Cette « profession » lui donne alors « voix au chapitre », c'est-à-dire de participer aux réunions de la communauté autour du supérieur.

→ **Chapitre, religieux.**

Propagande †

La propagande n'est pas, à l'origine, l'action de convaincre politiquement l'opinion au moyen de supports adaptés (presse, télévision, littérature...), parfois jusqu'à l'écœurement. Dans son sens premier, c'est « propager » ou « prolonger » (*propagare* en latin). En 1599 fut ainsi instituée, au Vatican, une congrégation (commission) particulière, dite *congregatio de fide* (propagation de la foi), appelée couramment « propagande ». Elle a été débaptisée en 1967 pour devenir la Congrégation pour l'évangélisation des peuples.

→ **Congrégation.**

Prophète ✡ † ☪

Le mot « prophète » est issu du grec *prophêtês*, « interprète d'une divinité ». Il ne s'agit donc pas d'un devin ou autre prédicateur qui, entré en transe, tiendrait des propos incohérents, envoûtant des adeptes subjugués et soumis. Pour les trois religions du Livre, et selon son sens originel, le prophète a été choisi par Dieu pour transmettre sa parole. Il a été appelé par Dieu.

Le prophétisme est d'abord un phénomène particulier et caractéristique du judaïsme, dont la Bible dresse un tableau impressionnant. Au début de la naissance d'Israël, vers les XIIIe-XIIe siècles av. J.-C., Yahvé, le Dieu unique, côtoie des divinités étrangères, les baals, qui menacent son culte. Pour que celui-ci s'affirme et prédomine, des prophètes (*nabi* en hébreu) se lèvent et, à cette époque, sont assez proches de ces personnages qui, dans les pays voisins, vivent en bandes, entrent en transes, se dénudent, chantent et dansent. Par exemple, ils n'hésitent pas à se battre contre les prêtres des sanctuaires voués aux idoles. Avec le temps émergent des

prophètes plus modérés, tout en restant déterminés. Directement inspirés par Dieu, ils sont animés d'une spiritualité plus approfondie et choisissent d'entretenir d'une autre manière la foi en Yahvé, sur une terre menacée par le polythéisme. Ces missions, dans la Bible, s'étalent du IXe siècle à la fin du Ve siècle av. J.-C. Durant cette longue période, leurs oracles, plus souvent chargés de malheurs que de bonheurs, s'adressent aux Israélites, mais aussi, et surtout, aux rois et aux prêtres chargés de la nation. C'est pourquoi, fidèles aux commandements de Dieu, ils ont une dimension morale (comportement de certains souverains), religieuse, politique (dénoncer certaines alliances, par exemple) et sociale (injustices). Ainsi, tout comportement, individuel ou collectif, peut provoquer la colère ou la bienveillance de Dieu. Ces vrais prophètes s'opposent ainsi aux « faux » prophètes, appelés ainsi dans la Bible, et qui, au service de la monarchie, ne cherchent qu'à flatter leurs maîtres et la Cour. Parfois suivis par quelques fidèles seulement, ils ont donc eu un rôle déterminant et central dans la survivance et la pérennité du judaïsme, certains allant jusqu'à mettre leur vie en danger (Jérémie par exemple). Le premier des grands prophètes de la Bible est Samuel, qui, vers 1040, oint Saül, le premier roi d'Israël. Viennent ensuite Nathan, conseiller de David (1010-970), puis Élie et Élisée (IXe siècle). À partir du VIIIe siècle, et à la faveur de l'expansion de l'écriture, les prophètes ou leurs disciples commencent à constituer des recueils. Les Neviim, deuxième partie de la Bible hébraïque, comprend ainsi quinze de ces « prophètes écrivains » : les livres les plus volumineux sont ceux d'Isaïe, de Jérémie, d'Ézéchiel ; viennent ensuite Osée (plus ancien écrit daté de la Bible, avec Amos, vers 750), Joël, Amos, Abdias (Obadiah), Jonas, Michée, Nahum (Nahoum), Habaquq (Habacuc), Sophonie, Aggée, Zacharie, Malachie (fin du VIe siècle). Quant à la Bible chrétienne, elle ajoute dans sa dernière partie (Les livres prophétiques) Les Lamentations, le livre de Baruch et Daniel. La compilation de ces ouvrages fut achevée vers le IVe siècle, en même temps que le dernier d'entre eux (Jonas), cette période marquant aussi la fin du courant prophétique. Enfin, le classement, dans les deux Bibles, n'obéit pas à une chronologie, et un livre peut comporter des passages ultérieurs au prophète qui lui a donné son nom (Isaïe par exemple). C'est pourquoi l'étude proprement historique ou biographique de ces textes est ardue, leur contenu étant avant tout spirituel et religieux.

À l'époque de Jésus, soit dans la première moitié du Ier siècle de notre ère, la voix des prophètes s'est définitivement éteinte ; la dernière remonte à la toute fin du VIe siècle précédent (avec Malachie). C'est pourquoi les juifs espèrent en leur retour, et en particulier en celui d'Élie, qui fut enlevé vivant au ciel et doit revenir à la fin des temps, quand Dieu dominera le monde. Ainsi, Jean le Baptiste, cousin et précurseur de Jésus, est vu comme le nouvel Élie, notamment par Jésus lui-même (rapporte l'évangéliste Matthieu, 11, 9) : ses vêtements, ses propos tranchés, sa dénonciation des autorités religieuses de Jérusalem, ses appels pressants à la conversion des cœurs en vue de se préparer au jugement de Dieu, tout cela rappelle le grand prophète du IXe siècle av. J.-C. Après la mort du Baptiste, décapité sur l'ordre d'Hérode Antipas, Jésus devient pour certains le nouvel Élie, comme le proclame l'évangéliste Jean (6, 14). Mais il ne peut être Élie ou un prophète : l'autorité qu'il se donne est supérieure à celle de Moïse, lequel a rempli pourtant une mission plus importante encore que celle des prophètes. Cette affirmation, considérée par le clergé de Jérusalem comme un blasphème, poussera celui-ci à convaincre le préfet romain Ponce Pilate de condamner Jésus à mort. Il faut préciser que les évangiles du Nouveau Testament comportent de nombreuses références aux prophètes de la Bible.

Les prophètes sont également indissociables du Coran, qui en distingue deux catégories et leur consacre la 21e sourate (*Les Prophètes, al-Anbiya*). Le *nabi*, dans la première catégorie, est un « avertisseur » (*nadîr*), c'est-à-dire que Dieu l'a désigné pour transmettre aux hommes son « message » (*balâg*), destiné à les ramener dans le droit chemin, et ce depuis l'origine du monde (par exemple Çalih, Chou'aïb, Houd). Mais l'humanité a traité ces messagers de menteurs, voire de fous. Aussi Dieu a-t-il dépêché ses « envoyés » (*rassoul*) chargés de transmettre la parole qui leur a été révélée : Abraham – le premier et le père des croyants, qui l'exprima par sa foi –, Moïse et Jésus – au travers des écrits révélés (Torah et évangiles) – furent les trois précurseurs. Mais Mahomet, pour qui le mot prophète devient un nom propre en islam, est venu parachever la révélation de Dieu.

→ Grande Assemblée, mouled en-Nabi, Neviim.

Propitiation

Dans l'Antiquité, le mot latin *propitius*, traduit par propitiation, consistait à s'attirer l'attention et les faveurs des dieux en leur offrant des sacrifices, afin d'obtenir leur pardon en cas de faute. Autant de pratiques qui ont disparu. Ainsi, dans le Temple de Jérusalem, il était d'usage de sacrifier des animaux, notamment lors du Yom Kippour, jour des Expiations ; si cette célébration est restée un moment fort du calendrier juif, les immolations animales n'existent plus. Le christianisme considère que Jésus ne fut pas une victime « propitiatoire » : Dieu n'accorde pas son pardon et son amour en échange d'une victime ; il rend l'homme bon et juste grâce au sacrifice de son Fils, Jésus Christ. De leur côté, les musulmans accordent une grande importance symbolique à l'aïd al-Kébir (ou plutôt aïl al-Ahda, « fête du Sacrifice »), mais pour célébrer Abraham. Ainsi, pour les trois religions du Livre, la prière et le repentir restent les appels essentiels à la miséricorde de Dieu.

→ Aïd al-Kébir, Pâques.

Prosélyte

Le prosélyte (du grec *prosêlutos*, « nouveau venu ») désigne l'étranger converti au judaïsme.

→ Conversion, judaïsme, juif.

Prosternation, La

La prosternation (*al-sajda*) est inscrite au cœur de la pratique religieuse, tant juive que chrétienne et musulmane. En islam, elle est d'autant plus sensible qu'elle fait partie du rite entourant chaque prière. La 32e sourate (chapitre) du Coran, qui porte ce titre, rappelle ainsi que Dieu est le Créateur, le maître de toutes choses, le Tout-Puissant qui sait tout, voit tout, entend tout, même ce qui est caché. Il a ainsi créé l'homme, lui a offert les cinq sens et la chair. C'est pourquoi ceux qui croient en ses signes (sa science parfaite) se prosternent devant lui, pratiquent la prière et l'aumône, et auront accès au paradis. Les autres, injustes et incrédules, connaîtront l'enfer au jour de la résurrection, où ils souffriront éternellement de ce feu dont ils niaient l'existence.

→ Fawatih, salat.

Protestant †

Protester est avant tout « déclarer publiquement » (en latin *protestari*, de *testari*, « attester »). Ce verbe s'applique parfaitement à la Réforme qui, au XVIe siècle, fit vaciller l'Europe catholique.

En 1517, l'Allemand Martin Luther propose des changements au sein de l'Église catholique et les placarde sur la porte de l'église de Wittenberg, en Saxe, faisant donc acte de protestation – il dénonce par exemple l'indulgence, achat du pardon des péchés, alors que le mérite doit venir de la foi et du pardon accordé par Dieu. Il initie la Réforme, qui gagne bientôt l'Europe, où les partisans du mouvement sont appelés justement « protestants », puis le monde entier à la faveur des missions.

Le monde protestant s'est cependant scindé en de nombreuses Églises au fil des siècles. Les plus importantes sont l'Église luthérienne fondée par Luther (1517), l'Église calviniste du Français Jean Calvin (1509-1564) et une forme de protestantisme particulière à l'Angleterre, l'anglicanisme. Nous trouvons ensuite les baptistes, les anabaptistes, les méthodistes, les pentecôtistes (nés du baptisme), les adventistes (millénaristes, c'est-à-dire attendant le retour du Christ dans mille ans).

Les protestants se démarquent des catholiques par des points essentiels : le salut est donné par Dieu (et non par la foi et les œuvres) ; les écrits saints restent la Bible et le Nouveau Testament (sont exclus la tradition et les Pères de l'Église) ; l'eucharistie est une présence symbolique du Christ, et non réelle (par le pain et le vin) ; la prière s'adresse directement à Dieu et n'a pas besoin d'intermédiaires (Vierge et saints catholiques). Ils se distinguent aussi par leur fonctionnement, qui repose sur les Églises locales et non sur une hiérarchie, et les prêtres (pasteurs) peuvent être mariés. Enfin, les protestants ne valident en général que deux des sept sacrements, le baptême et l'eucharistie.

→ **Baptisme, calvinisme, luthéranisme, méthodisme, millénarisme, Réforme.**

Proverbes, livre des ✡

Le livre des Proverbes, constitué sans doute au milieu du Ve siècle av. J.-C., appartient à la littérature du courant de Sagesse. Il se compose de trente et un chapitres contenant des éléments d'époques différentes, parfois très anciens : la Bible hébraïque lui donne en effet le titre de *Meshalim*, pluriel de *mashal*, exercices de style très en vogue chez les sages qui, pour montrer leur inventivité, recouraient aux conseils, aux paraboles, aux énigmes et autres démonstrations courtes et concises. La tradition a donc attribué cet ouvrage à ces sages, mais aussi à Salomon, « le » roi sage. Il commence par les conseils éducatifs d'un père à son fils (bons et mauvais amis, insouciance, amour, paresse, respect des parents, argent...). Car pour atteindre la sagesse, dont le modèle est celle du Dieu créateur, il faut combattre le mal, les « abominations », l'incroyance, la folie (son grand adversaire), et se vouer au bien, à la justice, afin d'en tirer l'énergie bénéfique. Le livre enchaîne sur une suite d'environ six cents proverbes transcrits pêle-mêle, les premiers étant attribués à Salomon, les suivants de sages anonymes ou identifiés (Agur et Lemuel). Il s'achève sur un poème intitulé *La Parfaite Maîtresse de maison*, où chaque lettre de l'alphabet hébreu (de *aleph* à *tav*) correspond à un vers, autre exercice de style présent également dans d'autres ouvrages de la Bible, notamment le Siracide (51, 13-29) et les Psaumes.

→ **Parabole, psaumes, Sagesse (littérature et courant de), Salomon, Siracide ou Ecclésiastique.**

Psaumes ✡ ✝ ☪

La destruction de Jérusalem par les Romains, en 70 apr. J.-C., a eu pour conséquence de faire disparaître les textes liturgiques d'Israël. Mais des prières du peuple d'Israël nous sont heureusement parvenues : ce sont les Psaumes (*tehillim* en hébreu), splendeurs à la fois littéraires et religieuses, où les poètes ont chanté leur foi, l'âme, les joies et les peines d'Israël. Le psaume était en effet très connu en Israël, comme le montrent des rouleaux découverts à Qumrân. Il était d'usage de le rythmer à l'aide d'instruments de musique – le mot vient du grec *psalmos,* mélodie jouée sur un instrument à cordes, le psaltérion. Et les lévites en magnifiaient le contenu au cours des services du Temple.

Ce psautier (ensemble de psaumes), terminé au IIIe siècle av. J.-C., véritable cœur de la Bible, est centré sur la louange du Dieu créateur et rédempteur, maître de l'Histoire et de son peuple. Il évoque ainsi l'Exil et les persécutions, l'amour de Dieu et la confiance qu'il implique (toujours salvatrice dit la fin de chaque psaume), la glorieuse Jérusalem où resplendit le Temple... Il est chargé de confidences, de dialogues d'amour entre l'homme et son Dieu. Les thèmes des cent cinquante poèmes qui le composent sont en effet d'une grande variété. Ils sont également d'épo-

ques, de provenances et de factures très diverses (soixante-douze sont attribués au roi David, contre deux à Salomon et un à Moïse, plusieurs à des chantres du Temple, beaucoup n'ont pas d'auteur).

Les psaumes ont toujours une grande importance dans le judaïsme, tant sur le plan liturgique que privé (on peut les réciter chaque jour, pour conjurer tel ou tel mal par exemple). Ils interviennent au cours des grandes fêtes annuelles, Pâque (Pessah), Rosh ha-Shanah ou Hanoukah, au cours du shabbat et du mariage, lors des prières quotidiennes aussi.

Dans les évangiles, Jésus se réfère souvent aux psaumes, ce qui montre sa très bonne connaissance des textes sacrés. Ainsi, sur la croix, il reprend, peu avant de rendre son dernier soupir, cette célèbre première phrase du psaume 22 (21), qui relate les souffrances d'un juste persécuté : « *Eli, Eli, Lama Azavtani* » (« Mon Dieu, mon Dieu, pourquoi m'as-tu abandonné ? »), rapporte Marc (15, 34). Les psaumes ont toujours une part active dans la liturgie chrétienne, où ils sont chantés. Chacun est précédé et suivi d'un petit extrait des Écritures saintes condensant son propos ; c'est l'antienne (du grec *antiphona*, « réponse chantée »).

Dans le Coran, la phrase : « Et nous avions donné des Psaumes à David » (4, 163) laisse entendre que l'islam reconnaît ces psaumes (sous le titre Zabour) comme étant des écrits révélés.

→ **Hanoukah, liturgie, Qumrân, Rosh ha-Shanah.**

Pseudépigraphe ✡ †

Du IIe siècle av. J.-C. au Ier siècle apr. J.-C., la littérature religieuse juive s'est enrichie d'ouvrages qui n'ont pas été retenus dans la Bible hébraïque et la Bible chrétienne. Ces écrits, appelés apocryphes par certains, portaient sur des sujets bibliques, notamment le thème apocalyptique – citons par exemple ceux découverts à Qumrân en 1947, parmi lesquels figurait la règle de vie communautaire des esséniens. Tous ces écrits, selon un principe répandu dans la Bible, étaient soit attribués à des personnages illustres, comme le *Livre d'Hénoch* (patriarche antérieur au Déluge), les *Psaumes de Salomon*, l'*Apocalypse de Baruch*, soit des œuvres patronnées par des patriarches ou des prophètes comme Ézéchiel et Daniel. C'est pourquoi ils furent appelés pseudépigraphes, c'est-à-dire « fausse inscription ». Pour les chercheurs, il est presque certain que cette littérature, impressionnante par son contenu, a inspiré les chrétiens des quatre premiers siècles de notre ère. D'ailleurs, ces derniers ont aussi produit des pseudépigraphes, dont des évangiles (Pierre, Thomas, etc.), des Actes (faits et gestes d'apôtres), des récits apocalyptiques et des écrits qui devaient bâtir une grande partie du culte rendu aujourd'hui à la Vierge Marie. Ils ont tous été composés après les livres du Nouveau Testament, mais certains peu de temps après ces derniers, voire presque de manière contemporaine.

→ **Actes des Apôtres, apocryphe, Apocalypse, Ézéchiel, Hénoch, Marie, Qumrân.**

Publicain ✡ †

Au temps de Jésus, les publicains, agents des impôts dans la Palestine occupée par les Romains, récoltent les taxes sur les marchandises et tous droits de douane, tant pour le préfet Ponce Pilate que pour Hérode Antipas. Leur métier leur attire l'animosité et les rend impurs et pécheurs aux yeux du judaïsme officiel et de la Loi. Côtoyer ces hommes est donc préjudiciable. Jésus n'hésite pourtant pas à s'afficher avec deux d'entre eux, qui deviennent ses disciples : Zachée, à Jéricho, abandonne une moitié de ses biens (Lc 19, 1-10) ; Matthieu (ou Lévi), à Capharnaüm, quitte ses fonctions lucratives pour le suivre (Mc 2, 13-17). Enfin, la célèbre parabole du pharisien et du publicain, rapportée par Luc (18, 9-14), montre que la prière d'un pharisien, qui se prévaut d'être un juste et veut démontrer qu'il pratique bien la Loi, est moins louable que celle d'un publicain regrettant ses péchés : « Tout homme qui s'élève sera abaissé, mais celui qui s'abaisse sera élevé. »

→ **Hérode, pharisiens.**

Purgatoire †

Le purgatoire est un lieu destiné à purifier (*purgare* en latin) les fautes. Héritée du judaïsme, la prière des vivants pour les morts fit partie des rites du christianisme naissant. Ainsi se forma l'idée de purgatoire, lequel ne figure pas dans le Nouveau Testament : les défunts seraient purifiés par la prière des péchés qui n'ont pas été effacés, condition pour l'accès au paradis. En 1563, le concile de Trente rendit cette tradition officielle, par un décret qui fit désormais entrer le purgatoire dans la doctrine catholique, la prière et la messe étant les moyens d'aider les morts à rejoindre Dieu.

Mais il faut plutôt y voir une construction théologique destinée à atténuer la terreur qu'inspirait l'enfer. L'Église, en effet, évoque le feu purificateur, mais ne donne pas de description précise des moyens de purification, laissant à chacun le soin de les imaginer. Car le purgatoire reste une quête du bien. Il est interdit aux plus mauvais, démons et damnés de l'éternité, qui rejoignent l'enfer. L'existence du purgatoire n'est pas reconnue par les orthodoxes et les protestants.

→ **Araf, doctrine, paradis.**

Q

Q

Qaddich ✡

Clôturant les trois offices quotidiens, le Qaddich (« saint » en araméen), prière très ancienne, est la proclamation (en araméen) de la sainteté (*qedoucha*) absolue, de la toute-puissance de Dieu, le Créateur – il est aussi récité à l'occasion d'un deuil et dans les onze mois qui suivent pour accompagner le défunt. Cette prière fondamentale, dont il existe des versions abrégées en fonction des circonstances, condense le cœur de la foi juive. À la synagogue, elle requiert le *minyan*, ou nombre minimum de récitants. Elle se prononce debout, en direction de Jérusalem (*mizrah*).
Le Qaddich, tout en louant Dieu, est aussi un appel à l'instauration de son règne. « Qu'il soit magnifié et sanctifié son nom grand dans le siècle, qu'il a créé suivant son bon plaisir ; qu'il fasse régner son règne et germer sa rédemption et qu'il introduise son Messie et qu'il rachète son peuple, en vos vies et en vos jours et dans les jours de toute la maison d'Israël, à l'instant et dans un temps. Et qu'on dise Amen ! [...] Que votre prière soit accueillie et que votre supplication soit réalisée, avec la supplication de toute la maison d'Israël, devant notre Père dans le ciel ! [...] [traduction de Joseph Boursiven] » C'est ainsi que Jésus, qui connaissait le Qaddich en tant que juif, s'en approche lorsqu'il transmet le Notre-Père (cœur de la foi chrétienne) à ses disciples, lors du discours sur la Montagne.

→ **Montagne (discours sur la), Notre-Père, office, qedoucha, synagogue.**

Qadi ☪

Le *qadi* (« juge ») est indissociable de la notion de droit en islam. Si le Coran est un Livre sacré, il contient assez peu de dispositions purement juridiques, celles-ci ressortissant d'un droit élaboré à sa suite. Les Omeyyades, première grande dynastie de l'islam (660-750), sont ainsi les initiateurs de cette science juridique, qui devait prendre forme sous les Abbassides (750-1258), surtout au XIe siècle. Les *qadis*, ou *cadis*, étaient alors les dépositaires du pouvoir judiciaire par la volonté du calife (successeur du Prophète Mahomet, vers 570-632). Aujourd'hui, ils font appliquer des jugements fondés sur le droit musulman (chariah), tout en tenant compte des coutumes et spécificités locales.

→ **Abbassides, chariah, Omeyyades.**

Qaf ☪

Qaf est la 21e lettre de l'alphabet arabe, mais aussi le titre de la 50e sourate (chapitre) du Coran. Celle-ci rappelle que le « glorieux Coran » est descendu sur les hommes qui, jusque-là, avaient refusé d'écouter les prophètes, les traitant de menteurs. Il leur suffit pourtant de contempler le firmament et la Terre, et jusqu'à l'homme lui-même, pour constater l'œuvre créatrice de Dieu. Végétation, montagne, nourriture sont parmi les bienfaits qu'il prodigue. Dieu a désormais ôté le voile qui masquait la vue des hommes convertis à son appel. Mais il reste les incrédules, qui rejoindront la géhenne, cet enfer qui ne se lasse jamais d'accueillir ceux qui lui sont promis par Dieu. Dieu entend en revanche les prières de ceux qui, du lever au coucher du soleil, et « une partie de la nuit », se prosternent devant lui. Ils rejoindront le paradis, non sans avoir auparavant averti, par le Coran, « celui qui redoute » la sanction de Dieu.

→ **Fawatih, salat.**

Qalam, al- ☪

Dans l'Antiquité, le calame était un morceau de tige de roseau (*calamus* en latin) taillé à son extrémité et qui permettait d'écrire sur différents supports, comme les tables de terre cuite. Il est toujours employé par les calligraphes arabes, et correspond, dans le Coran, à un symbole puissant. La 68e sourate, *al-Qalam* (« plume »), traduit par *Le Calame*, commence en effet par ce verset : « Par le calame et par ce qu'ils écrivent. » Dieu a crée le calame avant toute chose, et le Coran, le Livre (*Kitab*), est écrit grâce à sa Parole, mise par écrit.

→ **Fawatih, Livre.**

Qedoucha ✡

La « sainteté » (*qedoucha* en hébreu) de Dieu est le fondement des trois religions du Livre. Le nom *Qedoucha* s'applique spécialement à des versets des prophètes Ézéchiel et Isaïe, chantés à la synagogue lorsque le *minyan* (nombre requis de participants) reprend les bénédictions de l'Amidah (prière), récitées par le chœur au cours des offices quotidiens – il existe aussi une Qedoucha spéciale pour l'office du matin (Chaharith). Le texte de la Qedoucha est très ancien, puisque, selon la tradition, son origine remonterait à l'époque de la Grande Assemblée (vers les Ve-IIe siècle av. J.-C.). Il reprend un passage d'Ézéchiel (3, 12) : « Bénie soit la gloire de Yahvé au lieu de son séjour ! », et d'Isaïe (6, 3), dont l'œuvre est centrée sur la sainteté de Dieu : « Saint, saint, saint est Yahvé Sabaot, sa gloire emplit toute la Terre. »

→ **Amidah, Chaharith, Ézéchiel, Grande Assemblée, Isaïe.**

Qeriah ✡

La Bible mentionne à de nombreuses reprises des personnages, notamment des prophètes, déchirant leurs vêtements pour signifier l'accablement ou une tristesse intense. La tradition juive, au travers de la Michnah et du Talmud (ouvrage fondamental du judaïsme), a repris ce comportement, ou *qeriah*, pour l'appliquer aux personnes en deuil d'un proche (parents, frère ou sœur, fils ou fille, mari ou femme). Le *qeriah* est toujours pratiqué dès l'annonce du décès et, dans tous les cas, après la mise en terre.

Qibla ☪

La *qibla* apparaît dans la 2e sourate (chapitre) du Coran, intitulée *La Vache* (2, 142-145), où elle désigne la direction de la prière. Cette *qibla*, pour juifs et chrétiens, était orientée vers l'est, en particulier Jérusalem, mais le Coran indique que, désormais, les musulmans se tourneront vers la « mosquée sacrée », c'est-à-dire le sanctuaire de La Mecque, la Kaaba. Dans une mosquée, la *qibla* est indiquée par le *mihrab* (niche aménagée dans le mur de la mosquée correspondant à la *qibla*).

→ **Kaaba, mihrab, mosquée, salat.**

Qiddouch ✡

Au début du shabbat et des grandes fêtes du calendrier – donc le soir après le coucher du soleil –, ainsi qu'à la fin de l'office du matin (Chaharith), il est d'usage de réciter des bénédictions et des prières, en principe au-dessus d'une coupe de vin (recommandation du Talmud, écrit saint du judaïsme), afin de procéder à la « sanctification » (*qiddouch*) de la journée qui s'annonce. Ce Qiddouch reprend la règle énoncée par le livre de l'Exode (20, 8) : « Tu te souviendras du jour du shabbat pour le sanctifier. »

→ **Bénédiction, Chaharith, office, shabbat, vigne.**

Qitel ✡

Le *qitel* (mot venant de l'allemand *Kittel*) est une « blouse » en yiddish. Il s'agit d'un vêtement blanc, couleur symbolisant la purification des péchés. Il s'agit en fait d'une partie du linceul que la jeune mariée apporte à son futur époux. Chez les ashkénazes (juifs d'Europe centrale et de l'Est), il est porté lors des offices de Rosh ha-Shanah (Nouvel An) et de Yom Kippour (Grand Pardon).

→ **Ashkénazes, péché, yiddish.**

Qodachim ✡

Sixième ordre de la Michnah (premiers écrits de la Loi orale), le Qodachim (« choses sacrées ») comprend onze traités portant essentiellement sur les sacrifices et sur ce qu'il convient d'offrir à Dieu. Mais la plupart de ces mesures sont tombées en désuétude depuis la destruction du second Temple de Jérusalem, en 70 apr. J.-C.

Toujours actuel et très important, l'abattage rituel, ou *chehita*, est abordé dans le premier traité, Zevahim (« sacrifices »), et dans le troisième, Houllin (« profanes »). Le traité Bekhorot s'intéresse au premier-né (traduction de ce mot), humain et animal. Nous trouvons aussi des informations sur les dispositions foncières entourant le jubilé (traité Arakhin, « valeurs »). Keritot est le traité de l'« excommunication ». Tamid est celui du « sacrifice perpétuel », l'holocauste pratiqué en permanence dans le Temple. Middot est le traité recensant toutes les « mesures » (dimensions) du Temple, qui, pourtant détruit, restera ainsi dans toutes les mémoires.

→ **Holocauste, jubilé, Michnah, Temple.**

Qohélet ou Ecclésiaste ✡

Ce livre de la Bible fait partie du courant de Sagesse. Il fut écrit sans doute vers 250 av. J.-C. par un auteur qui, pour puiser dans l'Histoire la légitimité de son propos, se présente comme Salomon, fils de David (le sage par excellence). Le titre hébreu de l'ouvrage, Qohélet, et sa traduction grecque d'où vient le mot « ecclésiaste », signifient tous deux « membre de l'*ekklêsia* » (« assemblée »). Contrairement aux Proverbes et au Siracide (Ecclésiastique), livres également sapientiaux (du courant de Sagesse), il a une conception désabusée et pessimiste du monde et des hommes, comme le souligne la célèbre phrase introductive : « Vanité des vanités, dit Qohélet ; vanité des vanités, tout est vanité. Quel profit trouve l'homme à toute la peine qu'il prend sous le soleil ? » (1, 2-3). Il ne met pas l'existence de Dieu en question (il ne l'appelle jamais Yahvé), mais souligne le résultat parfois absurde et déroutant de son œuvre : l'humanité tout entière attend une mort incontournable, toute perspective de salut semble lointaine, la nature et le travail se répètent jusqu'à lasser, l'Histoire est un éternel recommencement, l'avenir reste flou... Autant de considérations qui, étrange prémonition, agitent notre monde actuel : « Toute parole est lassante ! Personne ne peut dire que l'œil n'est pas rassasié de voir, et l'oreille saturée par ce qu'elle a entendu. Ce qui fut, cela sera, ce qui s'est fait se refera, et il n'y a rien de nouveau sous le soleil » (1, 4-9), lance Qohélet. Cependant, la vie existe parce qu'elle est un cadeau de Dieu, dont le pouvoir sur le monde n'est pas du ressort de l'esprit humain. Tout homme doit donc s'employer à mener son existence en obéissant au destin que Dieu lui a donné, jusqu'à cette mort où « la poussière retourne à la terre comme elle est venue, et le souffle à Dieu qui l'a donné » (12, 7).

→ **David, Proverbes (livres des), Sagesse (littérature et courant de), Salomon, Siracide ou Ecclésiastique.**

Quiétisme †

Le quiétisme est un courant spirituel, ou plutôt mystique, qui prônait le « repos » (*quies* en latin) de l'âme. En s'unissant à Dieu, l'âme atteint une plénitude totale, et la personne n'a plus besoin de raisonner, d'agir, de faire fonctionner ses sens ou encore de résister aux tentations, de sorte qu'elle n'a pas conscience, par exemple, de commettre des actes contraires à la volonté de Dieu. L'être deviendrait ainsi passif, ce qui allait à l'encontre des enseignements et du rôle de l'Église. L'initiateur en fut le prêtre et théologien espagnol Miguel de Molinos (1628-1696), qui en énonça les principes dans la *Guide spirituelle* (1675). Condamné en 1687 par le pape Innocent XI, le quiétisme retrouva de la vigueur en France avec Mme Jeanne-Marie Guyon qui, prônant l'amour pur de Dieu, fut soutenue par Fénelon, auquel s'opposa Bossuet, tous deux évêques. Finalement, en 1699, ce dernier parvint à faire condamner par le pape Innocent XII les écrits de Fénelon, qui se soumit à cette décision.

→ **Mystique.**

Qumrân ✡

En 1947, et peut-être avant, des bédouins découvrirent dans les grottes de Qumrân, site proche de la mer Morte, des jarres contenant des rouleaux mystérieux. Après une étude approfondie, ces ouvrages, rédigés en araméen, hébreu ou grec, ont révélé de véritables trésors ayant appartenu à une communauté de fervents défenseurs de la Torah (la Loi divine), les esséniens. Ils avaient été cachés et miraculeusement préservés par le climat sec pendant près de deux mille ans, du moins pour certains d'entre eux. L'ensemble, un millier de rouleaux répartis sur onze grottes, fait partie des « Manuscrits de la mer Morte » découverts dans cette région de Judée. Ils ont apporté de précieux renseignements sur la religion juive au tournant de notre ère, notamment sur ces esséniens. On y trouve aussi des fragments, voire la presque totalité, de tous les livres de la Bible, dont la rédaction s'étala sur les quelque trois cents ans de l'existence des esséniens – les différences minimes avec les versions connues jusqu'alors ont prouvé que les copies n'avaient pas altéré le sens premier de la Bible. Certains de ces livres font l'objet de plusieurs copies, comme les Psaumes (trente-cinq). Le livre d'Isaïe est presque complet, ainsi qu'une douzaine d'autres ouvrages. Le Siracide, des fragments de Daniel ou le livre de Tobie (original) figurent aussi parmi ces écrits. En revanche, le livre d'Esther n'en fait pas partie – les esséniens rejetaient en effet la fête de Pourim, qui y puise son origine. Enfin, ces grottes abritaient des pseudépigraphes ainsi que des ouvrages écrits par des membres de la communauté et exprimant sa doctrine et sa règle de vie.

→ **Apocryphe, Araméens, esséniens, intertestamentaire, pseudépigraphe.**

Quraïch, Les, ou Qoraychites ☪

Selon la tradition, Mahomet est né en 570, au sein des Hachémites, clan de la tribu des Qoraychites, Arabes du Nord rassemblant des clans plus ou moins influents. Cette tribu, très puissante en Arabie, vivait du commerce et portait le nom de Qossavy, illustre ancêtre. Elle régnait autour de La Mecque et de son sanctuaire, la Kaaba, où l'on honorait des divinités. Mahomet, après sa révélation, fut en butte à l'hostilité des Qoraychites contre lesquels il dut combattre, parvenant à leur faire rejoindre l'islam. La Kaaba, dont l'origine remontait désormais à Abraham, commença à devenir le grand lieu de pèlerinage. Les Qoraychites ont fourni ensuite les Rachidoun (quatre premiers califes, dits « bien guidés »), les Omeyyades, les Abbassides et les Alides, ainsi que de nombreux dignitaires musulmans. Ils restent présents à La Mecque. La 106ᵉ sourate (chapitre) du Coran, composée de quatre versets, porte précisément le titre *Les Quraïch* : elle fut donnée à Mahomet la sixième année après l'Hégire (628), alors que la paix était revenue.

→ **Calife, Kaaba, Mahomet, Mecque (La).**

R

R

Rabbin ✡

Le nom « rabbin » (de l'hébreu *rabbi*, « maître ») était une marque de respect donnée par les juifs à une personne sage, cultivée et instruite en matière religieuse. Par exemple, Jésus était appelé souvent Rabbi par ses disciples. Certes, dans la Bible, il est recommandé aux juifs de s'entourer de ces maîtres, parfaits connaisseurs de la Torah (la Loi divine) et capables d'en faire appliquer les règles. Mais la fonction officielle de rabbin n'apparaît qu'au Ier siècle apr. J.-C. et concerne les membres du Sanhédrin (grande institution juive), qui la reçoivent par ordination (*semikha*) selon le principe de l'imposition des mains (chirotonie). Cette cérémonie, supprimée au IVe siècle, fut remplacée par un permis d'enseigner. Nous devons ainsi à ces érudits et à leurs successeurs l'élaboration des textes de la législation juive, et la fondation d'écoles, les *yéshivot*.

Aujourd'hui, le rabbin, formé au sein de séminaires, est choisi par les membres du consistoire de sa communauté, où l'autorité supérieure est assurée par le grand rabbin. Il est toujours désigné pour sa maîtrise de la Torah, du Talmud (livre sacré), de la liturgie, des lois (notamment alimentaires et conjugales), et pour sa capacité à faire respecter et à organiser le shabbat et les fêtes du calendrier (il n'a pas, au contraire du prêtre catholique, la primeur des pratiques et du culte à la synagogue, il partage ceux-ci avec le *cohen* et le *hazzan*, le « chantre »). Véritable guide spirituel et religieux de sa communauté, il a aussi une dimension sociale, en intervenant dans les querelles entre personnes, en s'occupant de charité ou encore en rendant visite aux malades, et en servant de pont avec les autorités civiles de son pays. Sa fonction, très prenante comme on le voit, et donc inconciliable avec l'exercice d'une profession, fait l'objet depuis le XIIe siècle d'un dédommagement financier. Précisons que les femmes ne sont acceptées à ce poste que par le judaïsme réformé, mais parfois aussi conservateur.

→ **Cohen, consistoire, Sanhédrin, séminaire, synagogue, yéshivah.**

Rabi al-awwal ☪

Le « premier printemps » (*rabi al-awwal*) est le troisième mois du calendrier religieux musulman. Il est marqué par la date du 12, qui célèbre l'anniversaire de la naissance du prophète Mahomet (vers 570-632), le *mouled el-nabi*. Le mois suivant est le *rabi ath-thâni*, le « second printemps ».

→ **Mouled en-nabi.**

Rachel ✡ ✝

Dans le livre de la Genèse, Rachel est la fille de Laban. Jolie, elle est la seconde épouse (et la préférée) du patriarche Jacob, après sa sœur Léa. Jacob, en arrivant chez son parent Laban, en Mésopotamie, la rencontre au bord d'un puits et en tombe aussitôt amoureux. Mais, avant de l'épouser, il doit d'abord se marier avec Léa, qui lui donnera six garçons et une fille. Quant à Rachel, Dieu la rend d'abord stérile en raison de la préférence de Jacob, puis fertile. Elle peut ainsi donner naissance à un fils, Joseph, tandis que sa servante Bihla, unie à Jacob comme Agar s'unit jadis à Abraham, accouche de deux garçons (Dan et Nephtali). Et, quand Jacob quitte Laban avec ses deux femmes et ses enfants, elle vole à son père des idoles (les *téraphim*, statuettes en bronze ou de terre cuite dédiées à des divinités domestiques). Laban, furieux, les poursuit, fouille leur camp et, en entrant dans la tente de Rachel, la trouve assise sur le palanquin de son chameau. C'est là qu'elle a caché ces images. Elle prétend que, ayant ses règles, elle ne peut se lever (mais elle finit par les lui rendre). Pour la Bible, en effet, elle ne peut entrer souillée sur la terre de la promesse, Canaan. Rachel meurt sur la route d'Hébron, à Éphrata (identifiée à Bethléem), en mettant au monde Benjamin, dernier fils de Jacob. Celui-ci, profondément peiné, l'enterre sur place et retrouve son père Isaac à Mambré (Mamré). Ses douze fils seront les ancêtres des douze tribus d'Israël.

Rachel (« brebis mère » en hébreu) est l'une des matriarches d'Israël avec Sarah, Rébecca et Léa, car elle est à la source du peuple d'Israël. Sa tombe, localisée par la Genèse à Hébron, pourrait plutôt se situer à Rama

(Er-Rama), à neuf kilomètres au nord de Jérusalem, et non loin d'un autre site appelé également Éphrata, d'où sans doute la confusion. Ainsi, le prophète Jérémie (609-587 av. J.-C.) souligne (31, 15-22) : « À Rama, une voix se fait entendre, une plainte amère ; c'est Rachel qui pleure ses fils. » Jérémie évoque Rachel, vivante, pleurant sur les Israélites (donc ses enfants) de Samarie déportés par l'Assyrie en 722 av. J.-C. Dans le Nouveau Testament, l'évangile de Matthieu (2, 13-18) reprend ce passage. Et quand Hérode le Grand apprend la naissance d'un roi des juifs (Jésus), il procède à ce qu'on appellera le massacre des Innocents (tous les enfants juifs de moins de deux ans). Avertis par un ange, les parents de Jésus fuient avec lui en Égypte, jusqu'à la mort d'Hérode : « Alors s'accomplit l'oracle du prophète Jérémie : "Une voix dans Rama s'est fait entendre, pleur et longue plainte : c'est Rachel pleurant ses enfants ; et elle ne veut pas qu'on la console, car ils ne sont plus." » Rappelons que Jésus, d'après les évangiles, naît à Bethléem.

À Hébron, les femmes ayant perdu un enfant viennent toujours se recueillir sur la sépulture supposée de Rachel.

→ **Hébron, Léa, massacre des Innocents, Rébecca, Samarie, Sarah.**

Rajab ☪

Le mois de *rajab* (« le vénéré ») est le septième du calendrier religieux musulman. C'est durant cette période qu'est fêté le Voyage nocturne du Prophète Mahomet (vers 570-632), qui fit l'aller-retour de La Mecque à Jérusalem sous la conduite de l'ange Gabriel (Djibril).

→ **Isra, miraj.**

Rak'a ☪

La *rak'a* (« inclination », de « s'incliner ») est l'ensemble des mouvements composant un cycle lors des prières musulmanes. Le nombre de ces mouvements varie d'une prière à l'autre, allant de deux à quatre. Une *rak'a* comprend en principe, après la proclamation *Allahou Akbar* (« Allah est le plus grand »), la récitation de la *Fatiha*, la première sourate du Coran dont elle condense le contenu, suivie de versets coraniques ; puis s'enchaînent l'inclinaison du buste (*roukou*), la prosternation (*soujoud*), la position assise pour réciter le *tassahoud*, salutations à Dieu, enfin la position debout (*joulous*).

→ **Salat, vendredi (prière du).**

Ramadan ☪

Ramadan (« mois de la chaleur ») est le neuvième mois du calendrier religieux de l'islam. C'est surtout le mois de jeûne (*saum*), l'un des « cinq piliers » de l'islam, qui débute à la nouvelle lune. Le calendrier musulman étant lunaire (354 jours et 8 heures), il est donc en décalage de quelques heures par rapport au calendrier grégorien, en vigueur dans la plupart des pays (355 jours et 0,2422166 jour). C'est pourquoi, en Occident, il ne tombe jamais au même moment de l'année, et fait le tour de celle-ci tous les trente-six ans.

Tout musulman sain d'esprit ayant atteint la puberté, femme ou homme, a l'obligation (*fard*) d'accomplir le ramadan, lequel est soumis à des règles qui diffèrent selon les écoles juridiques (*madhahib*). L'essentiel est, depuis le lever jusqu'au coucher du soleil, de s'abstenir de boire, de manger, d'avoir des relations sexuelles et de fumer, tout en continuant à travailler. Après la prière du soir, on mange ; la nuit est réservée à la prière et au recueillement, et une collation (*sahour*) précède l'aube.

Il existe cependant des dérogations et des remises. Les enfants le font progressivement, en commençant par une demi-journée. Sont dispensés les personnes très âgées et les malades graves, pour la santé desquels le jeûne peut être néfaste. Les femmes enceintes, celles ayant leurs règles ou allaitant un enfant, les voyageurs et les personnes victimes d'une indisposition pendant la période du ramadan devront rattraper plus tard les jours manqués. En revanche, toute rupture (*al-muftirat*) du jeûne qui n'est pas justifiée doit être compensée, par des pratiques différant selon les écoles.

Le mois est donc une période de grande unité des musulmans. Il est marqué par des prières spéciales (*tarawih*) comprenant de nombreuses *rak'a* (« inclination »), et surtout par la célébration du Coran. Ainsi, dans les dix derniers jours du mois, souvent le 27, est fêtée la nuit du Décret, ou nuit du Destin (*Laylat al-Qadr*), qui célèbre la descente du Coran, c'est-à-dire le début de sa révélation à Mahomet en 610. « Le Coran a été révélé durant le mois de ramadan. [...] Quiconque d'entre vous verra la nouvelle lune jeûnera le mois entier », rapporte la 2e sourate (chapitre), *La Vache* (2, 185). C'est « une nuit bénie », souligne *La Fumée* (44, 3). À la mosquée, cette nuit est l'occasion de réciter plus spécialement ce Livre sacré.

Le ramadan s'achève quand apparaît dans le ciel le nouveau quartier de lune. C'est alors l'aïd al-Fitr (« fête de la Rupture du jeûne »), qui commence le 1er du mois de shawwal et dure trois jours, festivité qui est aussi l'occasion de pratiquer l'aumône (*zakat*), un autre « pilier » de l'islam.

→ **Aïd al-Fitr, Décret (Le), jeûne, zakat.**

Rameaux †

En pénétrant à Jérusalem, quelques jours avant sa Passion, Jésus, juché sur un âne en signe d'humilité, est accueilli par des fidèles qui jalonnent son parcours de palmes – le palmier, planté devant les églises des martyrs, était un arbre sacré des premiers chrétiens. Cet événement marque le début de la Semaine sainte. Les chrétiens le fêtent le dimanche précédant celui de Pâques, et, à cette occasion, bénissent des branches de buis ou d'olivier, par exemple, qui viendront orner leur maison. À la messe de ce dimanche-là, on lit en entier le récit de la Passion.

→ **Dimanche, Jésus, Pâques, Passion, Semaine sainte.**

Rang, Le ☪

La 61e sourate (chapitre) du Coran est intitulée *Le Rang* (*al-Saff*), c'est-à-dire celui (le premier) qu'occupent, dans le cœur de Dieu, l'islam et les musulmans. Elle évoque le mensonge, par lequel s'égarent encore davantage ceux qui ont dévié du chemin tracé par Dieu, le sage par excellence, et que celui-ci ne peut donc pas tolérer. Les croyants doivent en revanche rester solidaires, former comme « un édifice scellé avec du plomb ». Le Prophète Mahomet, en recevant la révélation du Coran, leur a montré « la direction ». Et Dieu a apporté son aide aux premiers combattants de l'islam.

→ **Paraclet.**

Rassemblement, Le ☪

Le rassemblement (*al-Hashr*) est celui qu'évoque la 59e sourate (chapitre) du Coran, et dont il est le titre. Ce sont les musulmans qui, à Médine, où Mahomet s'est installé après l'Hégire (622), forment les premières troupes inaugurant la conquête de l'islam. Ils chassent les juifs (Gens du Livre), qui ont trahi le pacte qu'ils ont signé avec le Prophète. Le butin pris, comme tout autre, ne reviendra pas aux riches. Il appartient à Dieu, à son Prophète (Mahomet) et son entourage, mais aussi aux plus démunis, aux orphelins, aux expulsés (mesure toujours d'actualité), et même au voyageur (loi sacrée de l'hospitalité musulmane). Quant aux hypocrites, ils doivent prendre garde aussi à la colère de Dieu, le Saint, le Sage, le Tout-Puissant, qui est aussi la paix (*salam*), et auquel personne ne peut résister.

→ **Hégire, Hypocrites (Les).**

Rébecca ✡

Le livre de la Genèse raconte comment le patriarche Isaac épouse Rébecca. Abraham envoie son serviteur Éliézer à Harân, en Mésopotamie, sa patrie d'origine, avec la mission de trouver une femme pour Isaac, son fils, afin d'éviter que celui-ci ne s'unisse à une étrangère de Canaan. Éliézer s'en remet à Dieu pour qu'il l'aide dans sa tâche. Car comment reconnaître la jeune fille qui convient ? Dieu le guide alors vers la maison de Bétuel, parent d'Abraham. (24, 12-16). « "Je me tiens près de la source et les filles des gens de la ville sortent pour puiser de l'eau. La jeune fille à qui je dirai : Incline donc ta cruche, que je boive et qui répondra : Bois et j'abreuverai aussi tes chameaux, ce sera celle que tu as destinée à ton serviteur Isaac, et je connaîtrai à cela que tu as montré ta bienveillance pour moi." Il n'avait pas fini de parler que sortait Rébecca, [...] et elle avait sa cruche sur l'épaule. La jeune fille était très belle, elle était vierge, aucun homme ne l'avait approchée. » Rébecca répond à la prévision et, heureuse de ce mariage, annonce son départ à sa famille. En la voyant, Isaac en tombe aussitôt amoureux. Longtemps stérile, elle est rendue féconde par Dieu, sur le tard, et donne naissance à des jumeaux : Jacob, le cadet, et Ésaü, l'aîné, qui se battent dès leur présence dans son sein. Plus tard, elle s'arrange pour que Jacob dérobe à son frère le droit d'aînesse, ce qui fait de lui le successeur de la Terre promise. Car « Isaac préférait Ésaü parce que le gibier était à son goût, mais Rébecca préférait Jacob » (25,28). De fait, Jacob, ou Israël, sera le père des douze fondateurs des tribus d'Israël. Rébecca est enterrée à Hébron, dans la grotte de Makpéla. Elle est l'une des matriarches d'Israël, femmes juives exemplaires, avec Sarah, Léa et Rachel.

→ **Abraham, Isaac, Israël.**

Récit, Le ☪

Le Récit (*al-Qasas*), titre de la 28e sourate (chapitre du Coran), est celui de Moïse qui, dérivant sur le Nil sous la surveillance de sa sœur (Myriam), est recueilli par la cour du pharaon d'Égypte, mais allaité par sa mère. Il a reçu de Dieu la sagesse et la science, et son destin est raconté par la Bible : il tue un Égyptien, mais Dieu, le Miséricordieux, le pardonne ; il fuit au pays de Madiân, où il épouse la fille (Çippora) du berger (Jethro) qui l'a recueilli. Viennent ensuite la rencontre avec Dieu près du Buisson ardent, l'affrontement avec le pharaon d'Égypte pour l'obliger à libérer son peuple – les Hébreux – qui franchit la mer Rouge dont les eaux se referment sur les soldats égyptiens. Pour le Coran, Moïse est celui qui reçu le Livre (la Torah, sur le mont Sinaï) de Dieu « comme un appel à la clairvoyance adressé aux hommes ». Mais, au fil des générations, le message divin a été fourvoyé, et Mahomet a été choisi par Dieu pour être son dernier Prophète chargé d'avertir ses semblables, après Moïse et Jésus (à qui fut révélé l'Évangile). La révélation du Coran lui est ainsi donnée à La Mecque, la « mère des cités ».

→ **Coré, fawatih, Moïse.**

Réconciliation †

La réconciliation est l'un des sept sacrements pratiqués par l'Église catholique, mais aussi par les orthodoxes – il est appelé plus correctement « sacrement de pénitence et de réconciliation ». En reconnaissant ses péchés, le fidèle les voit absous par le prêtre, qui en a le pouvoir de par son ordination. Il fait ainsi acte de confession. Mais il ne faut pas voir dans cette démarche la reconnaissance de fautes aussi futiles que la gourmandise, c'est-à-dire le simple désir de soulager sa conscience. Il s'agit de confier à Dieu les difficultés qui compromettent ou rendent impossible la relation avec lui. Cette démarche peut avoir lieu dans un confessionnal d'église, élément apparu au XVIe siècle. En retour, Dieu accorde son pardon, renoue le lien, montrant ainsi la toute-puissance de la vie.

→ **Confession, ordination.**

Reconquista ✝☪

La *Reconquista* est la « reconquête » (en espagnol) de l'Espagne. Cette campagne longue et complexe visa à en chasser les musulmans, présents dès 711 sur cette terre. Elle obéissait à deux motifs, l'un territorial et l'autre religieux (enrayer et combattre l'islam). Entamée en 722, elle fut surtout active aux XIe et XIIe siècles, lesquels coïncident avec l'essor irrésistible du pèlerinage à Saint-Jacques-de-Compostelle (Galice). À ce propos, une anecdote veut que saint Jacques, dont la tombe se situerait dans cette ville, ait alors sauvé un catholique de la noyade, le transportant sur un coquillage qui, depuis, porte son nom. En 844, on vit saint Jacques, vêtu de blanc et chevauchant un cheval, en train de tuer de nombreux musulmans, d'où son surnom de *Matamoros* (matamore, « tueur de Maures »). De sorte que saint Jacques devint le patron de la Reconquête.

Tolède tombe définitivement aux mains des chrétiens en 1085, tandis que Valence, conquise une première fois par Rodrigo Díaz (le Cid), retourne aux musulmans après la mort de ce dernier, en 1099. Après une série de revers et de succès aux conséquences diverses, l'Espagne catholique connaît une sévère défaite à la bataille d'Alarcos, en 1195, remportée par les Almohades venus d'Afrique du Nord. Les armées chrétiennes réagissent et sortent victorieuses de Las Navas de Tolosa (1212), puis étendent les reconquêtes, dont les plus significatives sont Cordoue (1236), Valence (1238), Séville (1248) et, pour finir, Grenade (en 1492, au plus fort de l'Inquisition espagnole, orchestrée par les Rois dits « Catholiques »).

→ **Inquisition, Jacques (le Majeur), Maures.**

Rédemption ✡✝☪

La rédemption (*geoulah* en hébreu) est le fait de se « racheter » (*redimere* en latin) d'une faute, ce qui fait accéder au salut, c'est-à-dire au fait d'être sauvé. Juifs et chrétiens (pour ces derniers, le salut est apporté par la mort puis la Résurrection de Jésus-Christ) en appellent ainsi à la miséricorde de Dieu, par la prière par exemple. La rédemption ainsi décrite n'est pas inscrite dans l'islam, où tout musulman se sait comptable de ses comportements devant Dieu, le Miséricordieux qui sait tout, voit tout, entend tout. Il existe en revanche la *fidiah*, une compensation, quand un musulman a failli à une pratique rituelle (pèlerinage et jeûne notamment).

→ **Miséricorde, prédestination, salut.**

Rédemptoriste †

La congrégation des Rédemptoristes, fondée en 1732 par le Napolitain Alphonse de Liguori (1696-1747), est marquée par un esprit avant tout missionnaire, en particulier l'évangélisation des populations les plus pauvres. Les rédemptoristes se sont aussi distingués par des recherches intellectuelles. Pèlerinages, retraites et publications font aussi partie de leurs activités. Leur vie est communautaire.

→ **Congrégation.**

Réforme †

Le latin *reformatio* désigne dans son sens premier une métamorphose, et par extension un changement en matière de mœurs. La « réforme », qui en est issue, possède une dimension plus morale et sociale. Mais, pour le christianisme, le mot « Réforme » s'applique à la réaction d'un prêtre et moine augustin allemand, Martin Luther (1483-1546), qui, au début du XVIe siècle, devant un besoin de renouveau au sein de l'Église catholique, demanda l'ouverture d'un débat. À cette époque, en effet, l'Église de Rome souffre de maux multiples (corruption, népotisme, scandales divers…) qui suscitent la désapprobation. À ce constat s'ajoute l'achat des indulgences (qui permettait la remise des péchés, provisoire ou entière), qui a pris la dimension d'un trafic aux tarifs réglementés. Certains s'indignent par exemple que des sommes provenant de ce trafic servent à financer la construction de la basilique Saint-Pierre de Rome. Le 30 octobre 1517, Luther placarde sur la porte du château de Wittenberg, en Saxe, un texte dénonçant les indulgences et réclamant l'ouverture du débat. Il énonce ainsi que, contrairement à l'enseignement de l'Église, le mérite ne peut venir d'une œuvre (don d'argent), mais de la foi en la miséricorde de Dieu. Le pape Léon X refusant la discussion, Luther développe et durcit son propos. C'est le début de la Réforme. L'Église le juge hérétique en 1521, mais ses thèses ont fait des partisans dans l'Empire allemand. Réfugié auprès de Frédéric de Saxe, il traduit la Bible en allemand, se marie (1525), tandis que les réformés ne cessent d'augmenter. En 1530 paraît la Confession d'Augsbourg (charte de la réforme), qui, cinq ans plus tard, est officialisée dans certains États allemands. La Réforme gagne bientôt l'Europe avec le Français Calvin, et l'Angleterre avec l'anglicanisme. Un an avant la mort de

Luther, à Eisleben, l'Église catholique réagit en convoquant le concile de Trente, ou Contre-Réforme. Mais le mouvement protestant a déjà fait vaciller son autorité.

→ **Augsbourg (Confession d'), calvinisme, Contre-Réforme, indulgence, luthéranisme, protestant.**

Religieux †

Une religieuse ou un religieux (prêtre ou non) est une personne qui s'est engagée par des vœux à respecter une *règle* de vie communautaire. C'est pourquoi les religieux forment le clergé dit « régulier ». Il peut s'agir d'un ordre monastique (cloîtré ou non), d'une compagnie (comme les jésuites) ou d'une congrégation (augustins de l'Assomption, ou assomptionnistes, par exemple).

→ **Congrégation, ordre.**

Religion ✡†☪

Le mot « religion » possède deux origines latines qui en définissent le rôle et la dimension : *religare* (« relier », « attacher ») et *relegere* (« rassembler »). La religion est donc à la fois ce qui relie des personnes autour d'une même croyance (foi) et du sacré, et ce qui les rassemble au sein d'une communauté (juive, chrétienne, musulmane par exemple). L'arabe *din*, que l'on retrouve dans « Médine », est la religion. Le judaïsme utilise le même mot, qui compose celui de *bet din* (« maison de droit ») par exemple.

→ Confession, foi.

Repentir ✡†☪

Le repentir est le regret d'une faute en même temps que la promesse personnelle de ne plus la commettre. C'est un sentiment humain ordinaire, mais qui, pour les trois religions du Livre, prend un relief particulier.

La Bible résonne des appels au repentir (*techouvah* en hébreu), notamment de la part des prophètes, que cette démarche soit motivée par la crainte du châtiment ou par l'amour porté à Dieu. Car le repentir amène à la rédemption et à la conversion (« se tourner ») en vue de se réconcilier avec Dieu – un juif qui s'est éloigné de Dieu et qui revient vers lui étant

appelé *baal techouvah* (« celui qui s'est repenti »). Le judaïsme met cette quête en pratique au travers de prières (Avinou par exemple), ou encore de jeûnes marquant les pénitences, mot signifiant simplement « se repentir » (*pænitere* en latin) de ses fautes. La pénitence a pour but de retrouver le chemin de la foi, donc de Dieu. Il en va ainsi des dix jours de pénitence (*asséreth yemé techouvah*) séparant Rosh ha-Shanah (Nouvel An) du Yom Kippour, la fête des Expiations (appelée aussi Grand Pardon) : car sans repentir, il ne peut exister de pardon (*melihah* ou *selihah*).
Le christianisme et l'islam s'inscrivent dans cette perspective, mais avec leur foi propre. Le sacrement de réconciliation, pratiqué par les catholiques et les orthodoxes, est appelé aussi pénitence. Mais la reconnaissance de ses péchés devant Dieu, en vue de demander son pardon (« donner totalement » ou « parfaitement », du latin *par* et *donare*), est commune à tous les chrétiens, qui se réconcilient avec Dieu par l'intermédiaire de son fils, Jésus-Christ. L'islam ne fait pas appel à des intermédiaires. Le Coran répète de nombreuses fois que Dieu, le Miséricordieux, peut pardonner les fautes de tout musulman sincère et fidèle qui se repent, excepté l'incroyance, faute la plus grave. Car Dieu est *Celui qui pardonne* (*al-Ghafir*, du verbe *ghafara*, « pardonner »), titre de la 40e sourate (chapitre). Il se tourne en permanence vers le croyant repenti qui, de son côté, revient vers lui. Dieu efface (*'afa*) alors ses fautes, même celles dont il n'a pas exprimé le regret. Mais il accorde son pardon à qui il veut, selon ses choix, rappelle très souvent le Coran.

→ **Conversion, rédemption, Yom Kippour.**

Répons ✡ †

Le répons (du latin *responsum*, « réponse ») correspond, dans le judaïsme, à des mots ou des phrases déclamés ou chantés par les fidèles à la synagogue, pendant l'office, répondant ainsi à des interventions de l'officiant. Dans le christianisme, c'est un refrain entonné entre chaque verset d'un psaume chanté. C'est aussi, après la lecture d'un écrit saint, le commentaire qui apporte des éclairages, et donc une réponse, aux fidèles.

→ **Psaumes.**

Répudiation, La ☪

La Vache, 2e sourate (chapitre) du Coran, évoque longuement la séparation des femmes et de leurs époux : l'homme a certes une prééminence sur la femme (trait commun à toutes les mentalités de cette époque), mais un mari doit se séparer décemment de son épouse (qui possède des droits) ; il peut annuler sa décision après un délai (Dieu n'y voit pas de faute), mais ne peut prononcer que deux séparations. La femme garde ce qui lui appartient (ces biens devant respecter les règles de Dieu), reçoit une « pension convenable » (proportionnellement aux revenus de l'homme, qui en a le devoir) et peut se remarier après un certain laps de temps. « N'oubliez pas d'user de générosité les uns envers les autres », rappelle Dieu qui sait et voit tout (2, 237). La 4e sourate, *Les Femmes*, précise (4, 128-130) qu'un homme doit traiter ses femmes à égalité, et qu'en cas de séparation conforme à ses préceptes, Dieu apportera l'abondance à l'un et à l'autre. Auparavant, un arbitre de chaque conjoint aura pu œuvrer à la réconciliation qui, si elle est voulue, amènera Dieu à « rétablir la concorde » dans le couple (4, 35). En outre, Dieu condamne tout homme qui convoite d'autres femmes que les siennes (*Les Croyants*, 23, 6-7). *Al-Talaq* (la « séparation », traduit souvent et de manière erronée par *la Répudiation*) est aussi le titre de la 65e sourate : le délai d'attente avant la répudiation effective est de trois mois (période qui permet de savoir s'il y a eu procréation), mais les femmes ménopausées sont également concernées. Pour une femme enceinte, le délai correspond au temps de la grossesse, et elle recevra une pension, voire l'aide d'une nourrice si cela s'avère nécessaire. Dans la *Sunna* (Tradition du Prophète), la femme peut aussi prendre l'initiative de divorcer de son mari par le procédé du *khul'e*.

→ **Discussion (La).**

Requiem †

Requiem est le premier mot latin de la prière d'introduction (introït) de la messe des morts, appelée ainsi messe de Requiem : *Requiem ærternam dona eis Domine/Et lux perpetua luceat eis* ; « Donnez-leur le repos [*requies*] éternel, Seigneur, et que la lumière brille sans fin pour eux ». Depuis 1969 et la réforme de la liturgie, un ensemble d'autres prières sont proposées. De prestigieux compositeurs classiques ont composé des messes de requiem, tels Mozart, Brahms, Verdi ou Fauré.

Responsa ✡

Quand la diaspora (dispersion des juifs dans le monde) commença à se heurter aux caractéristiques culturelles des différents pays où vivaient ses communautés, les sages juifs (*geonim*) entamèrent un travail fondamental. Aux questions qui leur étaient posées, ils apportèrent, en effet, des « réponses » (*responsa* en latin), plus ou moins développées selon les sujets. Composés pour les plus anciens dès le VIIe siècle, ces écrits enrichirent les communications entre les centres spirituels et les communautés isolées, et entre les spécialistes religieux, et contribuèrent donc à l'unité du monde juif. Leur production n'a pas cessé, et ils font toujours autorité dans des domaines variés (loi, érudition, morale, éthique, pratiques religieuses ou Halakhah, Shoah, etc.).

→ **Diaspora, geonim, Halakhah, Shoah.**

Résurrection ✡ ✝ ☪

La résurrection est le fait de « se relever » (*resurgere* en latin) d'entre les morts. Un tel pouvoir était celui des dieux de l'Égypte ancienne et de la Grèce, notamment dans la religion crétoise. Mais dans les trois religions du Livre, il prend une dimension particulière, puisque la résurrection concerne les hommes. À la fin des temps, au jour du Jugement dernier, les morts reviendront pour être jugés par Dieu, avec les vivants. Il est utile de rappeler qu'une telle croyance doit être considérée comme un élément fondamental de la foi.

Jusqu'à l'époque des Maccabées (IIe siècle av. J.-C.), la résurrection (*tehiyyath ha-métim* en hébreu) n'est pas une préoccupation majeure du judaïsme, qui voit le séjour des morts au travers du *shéol*, un monde que la Bible décrit vide, Dieu restant cependant le maître de ce qui vit et meurt. Le prophète Ézéchiel (VIe siècle) a déjà abordé le thème de la résurrection, laquelle est précisée pour la première fois dans le livre de Daniel, composé au IIe siècle, où apparaissent les notions de vie éternelle récompensant les uns et de torture perpétuelle infligée aux autres. Avec les réflexions des rabbins, la résurrection des morts devient un article de foi dans la Michnah (achevée vers 200 apr. J.-C.) et reste présente au sein de la foi juive : le corps et l'âme (qui continue d'exister après la mort physique) se rejoindront sur Terre après la venue du Messie (sauveur), et les justes connaîtront la vie éternelle (*olam ha-ba*). Nous la trouvons

d'ailleurs intégrée dans la liturgie, notamment dans l'Amidah, prière centrale des offices, où une bénédiction loue Dieu qui ressuscite les hommes. La résurrection est cependant rejetée par le judaïsme réformé.
À l'époque de Jésus, le judaïsme est scindé en différents courants, dont celui des pharisiens qui partagent la croyance en la résurrection. Celle-ci va devenir le cœur de la foi chrétienne. Par nature, la résurrection de Jésus est un mystère et ne peut donc être décrite. Elle est rapportée par les quatre évangiles et les Actes des Apôtres du Nouveau Testament. Crucifié un vendredi matin, Jésus est transporté dans le tombeau de Joseph d'Arimathie en fin d'après-midi, avant le coucher du soleil. Le dimanche matin, des femmes apportent des aromates pour embaumer son corps. Mais la pierre qui fermait la sépulture a été roulée sur le côté. Avertis, les apôtres Pierre et Jean accourent et constatent que le tombeau est vide. Après leur départ, Marie de Magdala, restée seule, voit Jésus s'avancer. Le premier témoin de la Résurrection est donc une femme. Les disciples sont alors presque tous dispersés, certains de la mort de leur maître. Pierre et Jean, originaires de Galilée, sont par exemple prêts à rentrer chez eux pour reprendre leur métier de pêcheur. La suite des événements est difficile à préciser car les livres ne s'accordent pas sur le nombre et la durée des apparitions de Jésus. Mais, en regroupant les informations contenues dans les évangiles, on peut dire que Jésus se montre d'abord à Pierre, ensuite à deux disciples marchant vers Emmaüs, puis aux Douze (apôtres). L'un d'eux, Thomas, apprenant son retour, lance cette célèbre phrase : « Je ne crois que ce que je vois » ; puis, en face de Jésus, constatant les blessures infligées par les clous de la croix, il ne peut que s'écrier : « Mon Seigneur et mon Dieu ! » Ces apparitions, qui se situent surtout à Jérusalem et en Galilée, vont ressouder la communauté que Jésus a confiée à Pierre. De fait, selon l'évangéliste Jean, Jésus est présent sur la rive du lac de Tibériade (Galilée), où se tiennent Jean lui-même, son frère Jacques, six apôtres et Pierre. Après avoir permis une pêche miraculeuse, il accorde à ce dernier le pardon de ses reniements et le confirme responsable de l'Église. Enfin, sur une montagne de Galilée, il s'adresse aux apôtres et leur confie la mission de répandre l'Évangile en tout pays, et de faire « des disciples, les baptisant au nom du Père, du Fils et du Saint-Esprit », rapporte Matthieu (28, 18-20) – c'est la Trinité, au nom de laquelle l'Église baptise toujours. Il annonce alors : « Je suis avec vous pour toujours jusqu'à la fin de l'âge. » Selon les Actes des Apôtres (naissance et débuts de l'Église), il apparaît une

dernière fois aux apôtres puis monte au ciel (Ascension), juste avant la Pentecôte, pendant laquelle les conversions commencent. Cette fête, commémorant la naissance de l'Église, a lieu cinquante jours après Pâques, qui célèbre la Résurrection.

Le Coran fait souvent référence au jour de la Résurrection (*yaoum al-qiyâma*), l'un des Piliers de la foi, auquel tous les musulmans doivent se préparer, d'où l'importance extrême accordée aux comportements des vivants. Car seront alors soldés les comptes. Tous les hommes seront rassemblés pour ce jour, où la vérité éclatera et où le Jugement sera prononcé, mais sa date n'est bien sûr pas précisée – comme dans le judaïsme et le christianisme. « Oui, Dieu a le pouvoir de le [l'homme] ressusciter » parce qu'il a tout créé, précise la 86e sourate (chapitre), intitulée *L'Astre nocturne* (*al-Tariq*, c'est-à-dire Vénus). La résurrection est aussi le titre et le thème de la 75e sourate : les hommes seront alors aveuglés, la lune disparaîtra et s'unira au soleil ; personne ne pourra s'échapper ; chacun reviendra vers Dieu, qui aura réuni tout le monde, et répondra de ses actes. Les uns, aux « visages brillants », rejoindront le paradis, les autres (incrédules, hypocrites...), les « visages sombres », connaîtront un terrible châtiment.

→ **Apocalypse, judaïsme, Jugement dernier, juste, Piliers (les Cinq), shéol.**

Retable †

Le retable (de l'espagnol *tabla*, « planche ») est un panneau de bois placé derrière les autels des grandes chapelles. Dépassant ceux-ci tant en hauteur qu'en largeur, ils sont le plus souvent en bois, parfois en pierre ou en métal ouvragé, et peuvent accueillir de grands tableaux. Certains retables sont de véritables chefs-d'œuvre, comme celui de Simon Vouet (1629), le seul ayant survécu à la Révolution française. Il est conservé à Saint-Nicolas-des-Champs, son église d'origine, dans le IIIe arrondissement de Paris, ce qui constitue un miracle.

→ **Autel, chapelle.**

Retraite †

La retraite dite « spirituelle » consiste à « se retirer » (*retrahere* en latin) du monde dans lequel on vit habituellement afin de consacrer un temps plus ou moins long à la réflexion et à la prière. Il ne faut pas confondre cette démarche avec celle des reclus, ces ermites qui, dès le IVe siècle et jusqu'au XVIe siècle, où ils se firent rares, s'enfermaient dans une cellule, sans voir personne, pour des années, voire pour le reste de leur vie.

Pratiquée dans le silence, la retraite spirituelle peut se faire seul, mais plus généralement en groupe, et dure de un ou deux jours (la récollection, du latin *recolligere*, « se ressaisir ») à un mois (retraite solitaire prévue par les *Exercices* d'Ignace de Loyola, fondateur de la Compagnie de Jésus (les jésuites), en 1534). La retraite est aussi l'un des traits caractéristiques du monde monastique, par essence ouvert à l'accueil, et ce phénomène est en expansion régulière. Les retraitants, qui ne sont pas nécessairement des croyants, sont hébergés dans une « hôtellerie » (structure spéciale et non hôtel au sens strict), peuvent participer à la liturgie, au travail des moines et, bien sûr, bénéficier de leurs conseils. Certaines initiatives, menées par des moines et des médecins, ont permis à des personnes en manque de repères de se retrouver, montrant ainsi, s'il en était besoin, que les monastères ont un sens.

→ **Monachisme.**

Rétribution ✡ † ☪

La rétribution, du latin *retributio*, de *retribuere* (« donner en échange »), est une notion fondamentale des trois religions du Livre. Elle fait appel à la justice, tant de Dieu que des hommes, lesquels sont responsables de leurs actes. En effet, chacun, en fonction de ses comportements, conformes (amour, charité, aumône...) ou contraires (injustices, iniquités, blasphème...) à Dieu, sera récompensé ou châtié, en ce monde et dans le monde à venir.

→ **Juges (livres des), prédestination.**

Révélation ✡ † ☪

Par la révélation, Dieu, par nature mystérieux, caché et inconnaissable, fait « découvrir » (*revelare* en latin) aux hommes ce qui est caché et secret ; il lève le « voile » (*velum*, d'où vient *revelare*). Il se révèle par des actes (par exemple en créant le monde ou en permettant à des hommes de faire des miracles), des messagers (anges), et des paroles qu'il communique à ceux qu'il a choisis : les prophètes (ses envoyés), et, au-dessus de ceux-ci, Moïse à qui il a transmis la Torah (la Loi divine). Pour le

christianisme, il s'est de plus révélé en son Fils Jésus-Christ, chargé de transmettre l'Évangile, c'est-à-dire la « bonne nouvelle » du Royaume de Dieu, dont l'avènement instaurera un monde nouveau. Cette révélation est contenue dans les évangiles du Nouveau Testament, que l'Église considère comme inspirés par l'Esprit saint. Pour l'islam, le Coran est descendu (du verbe *nazzala*, « faire descendre ») sur les hommes par Mahomet, le Prophète, chargé par Dieu de consigner le parachèvement de sa volonté, l'expression pure de son amour et de sa puissance. Mais le Coran considère quand même la Torah et l'Évangile comme révélés.

→ Coran, Étoile (L'), Évangile, Torah.

Révérend †

Quelque peu tombé en désuétude, le mot « révérend » vient du latin *reverendus*, « vénérable », « digne de respect ». Ce titre est encore donné, comme par le passé, aux religieuses (révérende mère) et aux religieux (révérend père). Mais ceux-ci se font le plus souvent appeler sœur ou père.

→ Religieux.

Ribat ☪

Dès sa naissance, au VIIe siècle, l'islam se préoccupa de préserver ses frontières, en installant des forts garantissant son intégrité à la fois territoriale et religieuse. Cet établissement était le *ribat*, mot qui peut être traduit par « lien ». Le financement, l'approvisionnement et l'aménagement de cet avant-poste, ainsi que d'appartenir à sa garnison étaient considérés comme un acte pie, en rapport étroit avec le *djihad* (défense de l'islam). Le *ribat*, le plus souvent bâti par des souverains, servait à donner l'alerte, à se défendre, à attaquer et à accueillir les populations venues s'y réfugier. Ainsi, les occupants, qui alternaient exercices militaires et pratiques religieuses, étaient appelés *al-mourabitoun* (« gens du lien », du *ribat*), qui, en espagnol, donna « Almoravides ». La dynastie de ce nom (1056-1147), qui trouve donc son origine dans les *ribat*, régna sur l'Espagne et l'Afrique du Nord, où ils se répandirent depuis le Ribat al-Fath (« fort de la victoire »), source du nom Rabat, actuelle capitale du Maroc.

Les *ribat* ponctuèrent ainsi le paysage depuis les limites de l'Afrique noire jusqu'en Syrie, en passant par le Maghreb. Au XIIe siècle, excepté en Occident où se poursuivait le combat contre les chrétiens, l'islam mit un frein à ses formidables conquêtes. Le *ribat* se réduisit essentiellement à une communauté religieuse à prédominance mystique (soufi), d'abord en Iran (où le *ribat* est le *khanqa*), puis dans les autres pays (c'est le *tekkiyé* en Turquie et la *zaouïa* au Maghreb). On les trouvait même à l'intérieur des villes.

→ **Almoravides, djihad, marabout, zaouïa.**

Rite ✡ † ☪

Le rite est ce qui est fait « selon les règles » (*rite* en latin). Il est indissociable de la « pratique religieuse » (*ritus*), c'est-à-dire les cérémonies entourant le culte. Les rites diffèrent d'une religion à l'autre, mais aussi au sein d'une même religion : par exemple, entre ashkénazes et séfarades, les deux grandes familles du judaïsme. Ces différences, perceptibles aussi dans le christianisme et l'islam, résultent de schismes (séparations), de circonstances historiques ou encore d'une lecture différente des textes sacrés.

Rogations †

Ce mot vient du latin *rogationes*, pluriel de *rogatio*, « demande, prière, sollicitation ». Il s'agit d'une très ancienne pratique, remontant sans doute au VIIe siècle et destinée à solliciter Dieu pour qu'il bénisse les récoltes et les rende abondantes. Les rogations se faisaient à la campagne au cours de processions, essentiellement pendant les trois jours précédant l'Ascension (cinquième semaine après Pâques). Avec le dépeuplement du monde rural, les rogations ont perdu de leur importance.

Rois, livres des ✡

Le magnifique ensemble appelé livre des Rois, qui fait suite au livre de Samuel, a été divisé en deux parties par la Septante, traduction grecque de la Bible. Il est fondamental sur le plan historique, puisqu'il contient le récit du passé monarchique d'Israël : la fin du règne de David (1010-970 av. J.-C.), le schisme en deux royaumes, Juda et Samarie (931), le départ de l'exil à Babylone (587). Des archives royales, comme les Annales rassemblées dès l'époque de Salomon, furent utilisées et se combinent à des traditions moins historiques, comme l'épopée (IXe siècle) des prophètes Élie et Élisée. Car ce livre est également important sur le plan religieux. L'œuvre de tous ces monarques (sans exception) est jugée selon ce qui « plut » ou « déplut » à Dieu, c'est-à-dire en fonction de la fidélité ou de l'infidélité à Dieu. Parallèlement, elle est approuvée ou dénoncée dans les écrits des prophètes, qui n'ont cessé d'annoncer l'exil en cas de désobéissance – cet ouvrage fut sans doute terminé à la fin du ve siècle, c'est-à-dire après le retour de Babylone (à partir de 538). La monarchie d'Israël semblait en effet entachée dès sa fondation et son premier roi, Saül. Les rois, jugés responsables du châtiment de l'Exil, sont pour la plupart présentés comme des impies, particulièrement Achab et Jézabel (Samarie), auxquels s'opposent Élie et Élisée, et Athalie (Juda, 841-835), fille de Jézabel. En revanche, deux rois de Juda sont loués pour leurs tentatives de réforme religieuse, Ézéchias (716-687) et surtout Josias (640-609). Enfin, pour signifier qu'Israël ne peut mourir et renaîtra de l'Exil, le livre des Rois se termine sur cet espoir : Joakîn, avant-dernier roi de Juda, reste captif pendant trente-sept ans avant d'être libéré par Évil-Mérodak, empereur de Babylone.

→ **Babylone, David, Exil, Israël, Jézabel, Juda, Salomon, Samarie, Saül, Septante.**

Romains ✡ ✝ ☪

Les Romains occupent une place particulière dans le judaïsme et le christianisme. Ils envahissent la Palestine en 63 av. J.-C. et ne l'abandonnent qu'en 476, date de la chute de Rome, mais en la laissant aux mains de Byzance, l'Empire romain d'Orient. Entre-temps ont eu lieu la crucifixion de Jésus, vers l'an 30, prononcée par le préfet romain Ponce Pilate, la destruction du second Temple de Jérusalem en 70 par les armées de Titus, la répression de la révolte juive de Bar Kokhba (132 à 135)... Il est donc logique que les premiers chrétiens aient souhaité s'implanter au cœur de l'empire, c'est-à-dire Rome.

La communauté chrétienne de Rome est fondée vers 48, soit peu de temps après la mort et la résurrection de Jésus. Elle reçoit la visite de Pierre, qui y subit le martyre vers 60, mais aussi de Paul, décapité vers 62 ou 63. Auparavant, en 57 ou 58, ce dernier a adressé une épître aux chrétiens romains, contenue dans le Nouveau Testament. Cette lettre occupe la première place dans l'ordre des épîtres de Paul. L'auteur, qui mène activement ses missions depuis une quinzaine d'années, y condense les traits majeurs de sa pensée et de son enseignement, qui marqueront l'Église. « Le juste [croyant sincère et fidèle] vivra de la foi », au contraire des païens qui récolteront la colère de Dieu. Car Dieu est le juge par excellence, dont la justice est parfaite, et qui transmet sa grâce (aide) à qui le mérite « en vertu de la rédemption accomplie par le Christ Jésus ». Saint Paul évoque ensuite Abraham (chapitre 4), le grand patriarche du judaïsme, son ancienne religion : il fut un juste parce qu'il crut en la promesse de Dieu, mais il ne pratiquait pas la Torah, la Loi, qui fut donnée longtemps après à Moïse ; l'homme n'est donc pas justifié (ne devient pas juste) par la pratique mais par la foi en Dieu et en son Fils Jésus-Christ. Seule cette condition permet d'accéder au salut. Croire au Christ, c'est croire en la vie, c'est devenir « enfant de Dieu » bénéficiant de la gloire (puissance et sainteté) de Dieu, c'est exercer la bonne justice envers les autres, mais aussi envers soi-même, en prenant garde au péché qui se tapit en chacun. La loi, quelle qu'elle soit, ne peut combattre le péché, au contraire de la foi, car Dieu seul peut pardonner en accordant sa miséricorde. Charité, humilité, amour fraternel doivent conduire les comportements.

Les Romains est aussi le titre de la 30e sourate (chapitre) du Coran. Ils sont simplement évoqués au tout début dans les versets 2 à 4 qui ont prédit la victoire des Romains, prédiction qui se réalisa. Ils sont appelés *al-Rûm*, nom que les Arabes donnaient aux Romains d'Occident, et d'où vient le terme *rûmi* (*roumi*) qui sert toujours à qualifier ce qui vient d'Occident ou n'est pas du pays musulman concerné. Dans cette sourate, il s'agit en fait des Byzantins qui, en Palestine, furent aux prises avec les Persans, lesquels finirent par l'emporter en 614 – rappelons que le Prophète reçut la révélation du Coran de 610 à 622. Puis la Palestine fut conquise par les musulmans en 636. Les versets suivants sont consacrés aux thèmes essentiels du Coran, comme le Jugement, le pouvoir créateur de Dieu et les signes qu'il envoya aux hommes pour leur montrer la voie droite et sûre.

→ Fawatih, foi, grâce, juste, rédemption.

Roman †

Au XIXe siècle, les archéologues qualifient de roman un art qui, du Xe siècle à la fin du XIIe siècle, et au travers de ses expressions régionales, a marqué l'Europe chrétienne, tant en architecture qu'en peinture, sculpture, mobilier, vitrail, textile, décoration, et jusque dans les enluminures. Il était désigné auparavant par le terme général de « gothique », référence à son successeur, l'art gothique, apparu au milieu du XIIe siècle. Le terme « roman » est choisi pour le mettre en rapport avec l'évolution de la langue – le roman, langue d'où vint le français, était issu du latin comme l'art roman était un héritage romain. Si l'on y trouve, en effet, des rappels de l'architecture antique, les œuvres romanes possèdent cependant une identité propre, ne serait-ce que par l'utilisation, nouvelle en architecture religieuse, de la voûte, qui fait de cet art le premier grand style occidental. De fait, il est représenté par de multiples témoignages, églises et abbayes par exemple (Cluny), en France, en Méditerranée ou encore au-delà de la Manche et du Rhin. Certains chercheurs avancent que son remplacement par le gothique ne signerait pas un déclin, mais que celui-ci pourrait représenter l'un des courants qui le traversaient dans les dernières décennies de son évolution. Son âge d'or, sa « maturité », se situe d'ailleurs de la fin du XIe siècle à la fin du siècle suivant.

→ **Abbaye, Église, gothique.**

Rosaire †

Forme de prière formée de trois chapelets, le rosaire est inséparable de la Vierge Marie, car il est directement lié à la tradition du Moyen Âge qui consistait à orner les statues de la Vierge de « guirlandes de roses » (extension de roseraie, *rosarium* en latin). Certaines églises portent d'ailleurs le nom de Notre-Dame-du-Rosaire. C'est, dit-on, saint Dominique (1170-1221), fondateur des Dominicains, qui se fit offrir le rosaire par la Vierge et le répandit. Mais celui-ci existait au siècle précédent où il était déjà en faveur. Il fait l'objet depuis 1573 d'une fête dans le calendrier, année où le pape Grégoire XIII fixa le 7 octobre pour célébrer la victoire de Lépante (Grèce), bataille navale remportée en 1571 par la Sainte Ligue chrétienne contre les Ottomans, réputés jusque-là invincibles. Le rosaire, comme le chapelet, peut se pratiquer seul ou collectivement. Il permet de se concentrer sur les mystères entourant Marie et Jésus : ceux qui ont présidé à la vie de Jésus (premier chapelet), comme la Nativité ; ceux concernant la Passion (deuxième) ; ceux relatifs à la Résurrection et ce qui suivit (troisième). Jean-Paul II a ajouté en 2003 un quatrième chapelet, consacré aux événements du ministère de Jésus.

→ **Chapelet, Marie, Notre Dame, Vierge.**

Rosh ha-Shanah ✡

Célébré le 1er et le 2 du mois de tichri (septembre-octobre), premier mois de l'année religieuse juive, le Rosh ha-Shanah est la « tête de l'année » (en hébreu) ; cette expression figure dans le livre biblique du prophète Ézéchiel (40, 1), qui ne parle pas de fête mais déclare : « En ce jour même, la main de Yahvé fut sur moi. » De fait, en ce Nouvel An, chaque juif révise sa relation avec Dieu, le juge et le juste par excellence. Cette fête est ainsi appelée « jour du Jugement », car elle est suivie de dix jours consacrés à la pénitence, jusqu'à Yom Kippour, le jour des Expiations. Dans cet esprit, Rosh ha-Shanah commémore aussi la création du monde et d'Adam, œuvre du Dieu Créateur. En outre, il se distingue par l'utilisation du *chofar*, corne de bélier dont la sonnerie en marque le début, et, sur le plan spirituel, représente le réveil de la foi et du repentir. Ce rite évoque deux passages de la Bible : dans le livre des Nombres (29, 1), où il est question du « jour des Acclamations », et dans le Lévitique (23, 24), où il est le « jour de repos, appel en clameur ».

À la synagogue, le blanc, symbole de pureté, domine : rouleaux de la Torah, *parokhet* (voile) de l'Arche sainte, vêtements des officiants (rabbin, chantre ou *hazzan*) et des fidèles. Le *chofar* est présent aux offices, intervenant différemment selon les communautés juives. Par exemple, chez les séfarades (juifs du bassin méditerranéen), il retentit trente fois à l'office supplémentaire du matin. Enfin, la liturgie abonde en *piyyoutim* (poèmes) et en prières, comme l'Avinou, l'Amidah ou l'Adon Olam. En écho aux paroles du prophète Michée (7, 19), qui énonce : « Tu jetteras [*tachlikh*] au fond de la mer tous nos péchés », certains juifs orthodoxes perpétuent une tradition ancienne, qui consiste à réciter des textes sacrés avant de retourner ses poches au-dessus d'une étendue d'eau pour se défaire de ses fautes.

Rosh ha-Shanah est développé dans la Michnah et le Talmud (prolongement de la Michnah) par des traités du même nom (dans l'ordre Moed). À côté de l'aspect purement religieux, il est aussi l'occasion de déguster des sucreries et les premiers fruits annonçant les douceurs (espérées) de l'année qui commence.

→ **Amidah, Avinou, chofar, Michnah, Moed, repentir, Yom Kippour.**

Royaume ✡ ✝ ☪

Le Royaume de Dieu est un élément essentiel de l'eschatologie (croyance relative à la fin des temps). Dans le judaïsme, les prophètes de la Bible annoncent l'avènement d'un monde nouveau et purifié, mais cette religion ne donne pas de précision quant à ce Royaume, notamment le Talmud (achevé vers 500 apr. J.-C.). En revanche, au travers de la liturgie, l'accent est mis sur la royauté de Dieu qui, un jour, sera instaurée : tout juif s'y soumet, et se conforme aux préceptes de la Torah (Loi de la Bible) venue de Dieu.

Le Royaume en tant que tel est annoncé par l'Évangile : dans les évangiles du Nouveau Testament, Jésus proclame à de nombreuses reprises la « bonne nouvelle » (*evangelium* en latin), inscrite au cœur de la foi chrétienne. C'est l'arrivée imminente du Royaume de Dieu – à une date bien entendu non précisée –, formule très fréquente dans sa bouche. Ce royaume n'a évidemment rien de terrestre, n'est pas statique mais en mouvement, il est une réalité correspondant à l'intervention imminente et directe de Dieu, le Créateur, le Tout-Puissant. L'urgence réclame que chacun se convertisse, c'est-à-dire aille vers Dieu, au risque d'être perdu lorsque viendra le jugement divin. La prière du Notre-Père, que Jésus communique lors du discours sur la Montagne, appelle ainsi au règne de Dieu. Un jour, le Fils de l'homme (Jésus) viendra, et tous les hommes seront jugés par Dieu.

Le Coran se situe dans la même optique. Parmi les noms qu'on y lit, Dieu porte celui de « roi » (*malik*), abondamment cité, afin d'illustrer sa puissance absolue sur tout. Dieu règne sur le Jugement à venir, car il est le roi du monde auquel chacun doit se soumettre (dans le sens porté par le mot « musulman », c'est-à-dire « s'en remettre »). Des sourates (chapitres) telles que *Le Fer* (57), *Le Vendredi* (62) ou *La Duperie réciproque* (64) commencent d'emblée par la reconnaissance de la royauté de Dieu – « le saint, le tout-puissant, le sage » (62, 1). La 67e sourate porte même le titre de *La Royauté* (*al-Mulk*), et l'on peut y découvrir son pouvoir créateur, sa miséricorde, son pardon, et aussi sa colère contre les incrédules.

→ **Évangiles, Jugement dernier, Messie, parabole.**

Rupture du ciel, La ☪

La Rupture du ciel (*al-Infitâr*) est le titre de la 82e sourate (chapitre) du Coran, où, avec la dispersion des étoiles et le retrait des mers, elle annonce le jour du Jugement, où chacun (chaque âme) sera comptable de son passé, en bien et en mal. La décision de récompenser ou de punir appartiendra à Dieu seul, le Créateur, dont l'homme a oublié qu'il lui était redevable de son existence.

→ **Apocalypse, Jugement dernier.**

Ruth, livre de ✡

Le livre de Ruth, second des Cinq Rouleaux sacrés du judaïsme, est lié à la fête de Chavouot (Pentecôte). Il est probablement contemporain du livre de Jonas (IVe siècle av. J.-C.), et, comme lui, porte l'attention sur l'intégration des païens au peuple d'Israël.

Il s'agit d'une nouvelle racontant l'histoire d'une veuve, Noémi, qui, fuyant la famine sévissant à Bethléem, gagne le royaume voisin (et souvent ennemi, dans la Bible) de Moab. Elle est accompagnée de ses deux fils, qui épousent des Moabites, puis meurent jeunes. Quand Noémi décide de rentrer à Bethléem, Ruth, l'une de ses deux brus, la suit de son plein gré et va glaner des épis dans le champ moissonné de Booz. Ce dernier, fidèle à la Torah (la Loi divine), sait qui est cette femme qui n'a pas hésité à quitter sa terre pour suivre sa belle-mère. Il lui offre un repas et de l'orge. Noémi réalise ensuite que Booz est un parent proche et que, en conséquence, il a le droit de se marier avec Ruth, selon la loi ancienne du lévirat. En véritable femme juive maîtresse des circonstances, elle conseille Ruth qui, de nuit, se glisse près de Booz endormi... Après le mariage naît Obed, père de Jessé, lui-même père de David. D'après ce livre, qui contredit ainsi la Loi (Torah), David, le plus prestigieux monarque d'Israël, serait donc le fruit d'une étrangère et d'un juif. Mais d'un autre côté, Ruth, par sa générosité, est l'archétype du prosélyte.

Dans le Nouveau Testament, l'évangéliste Matthieu reprendra cette ascendance, en faisant de Ruth l'une des aïeules de Jésus le Christ (Messie).

→ **Chavouot, Cinq Rouleaux, David, lévirat, prosélyte.**

S

Saba ✡ ☪

Le royaume de Saba (Yemen), dont l'origine remonte au moins au IXe siècle av. J.-C., était installé dans le sud de l'Arabie. Les Sabéens (à ne pas confondre avec les Sabéens mentionnés par le Coran, ou Çabéens) se rendirent maîtres de ce Sud arabique au IIIe siècle de notre ère, et furent influencés par le judaïsme (IVe siècle), puis par le christianisme. Mais, rongé par des dissensions internes, les difficultés financières et les invasions, le royaume finit par s'effondrer au VIe siècle. Pourtant, les Sabéens furent de grands commerçants, notamment des producteurs d'épices, de pierres précieuses et d'encens. Nous trouvons leur trace jusqu'en Éthiopie (ancienne Abyssinie), où, selon une tradition, la reine de Saba aurait eu une liaison amoureuse avec le roi d'Israël, Salomon (970-931 av. J.-C.). L'enfant né de cette union serait Ménélik Ier, le premier des souverains de la dynastie d'Éthiopie, qui reçurent le nom de *négus nigesti*, « rois des rois ». Cette lignée devait s'éteindre en 1974 avec le dernier négus, Haïlé Sélassié, 225e successeur de Ménélik, dont le titre lui valait encore d'occuper toujours la première place lors des cérémonies internationales réunissant les chefs d'État.

L'Éthiopie ayant pour originalité d'abriter une communauté juive très ancienne, de posséder l'une des plus vieilles Églises chrétiennes et d'avoir pratiqué très tôt l'islam, la tradition s'appuie sur le récit de la Bible qui rapporte la visite de la reine de Saba (Shéba en hébreu) à Salomon. Le premier livre des Rois (10, 1-13) relate ainsi que, avertie de la renommée de Salomon, elle vient à Jérusalem, apportant de l'or, des aromates et des joyaux chargés sur des chameaux. Impressionnée par sa sagesse et le luxe de sa cour, elle loue la puissance de Dieu (Yahvé) qui a permis tant de choses, lui offre quantité de cadeaux, en reçoit en retour, puis s'en retourne chez elle.

Le Coran mentionne deux fois la reine de Saba (Bilkis). Dans la 27e sourate (chapitre), *Les Fourmis* (27, 22-38), Salomon apprend qu'elle et son peuple, égarés par le satan (chaïtan), adorent le soleil ; il lui écrit pour lui rappeler qu'il faut s'en remettre à Dieu seul ; la souveraine répond par un riche présent, que Salomon, dont la seule richesse vient de Dieu, refuse. Dans la 34e sourate, intitulée justement *Les Saba* (34, 15-21), Dieu envoie les eaux détruire « les digues » (le barrage de Mareb, la capitale de Saba, qui céda vers 542).

→ **Encens, fawatih, Sabéens, Salomon.**

Sabaot ✡

Dans la Bible, par exemple chez les prophètes Isaïe et Jérémie, et dans les Psaumes, le terme hébreu de Sabaot (« armées ») est ajouté au nom de Dieu pour souligner la toute-puissance divine. Dieu, souverain absolu, est plus fort que la plus redoutable des armées humaines, les siennes rassemblant les anges, les forces du cosmos, les astres qu'il a créés. Ce nom était ainsi invoqué quand les difficultés exigeaient d'Israël une intervention militaire.

→ **Dieu, Isaïe, Jérémie, psaumes.**

Sabbatique, année ✡

À partir du shabbat (« repos » en hébreu) fut instituée l'année dite sabbatique (*chemita* en hébreu), en vertu du passage qui en fait mention dans le livre du Lévitique (chapitre 25) : « Lorsque vous entrerez au pays que je vous donne [Canaan], la terre chômera un shabbat pour Yahvé. » Si l'on pouvait alors continuer à profiter des produits de la terre, et les distribuer aux pauvres en vertu de la charité, le sol restait au repos et ne devait donc pas être cultivé ni ensemencé, car tout ce qui en vient et ce qui le compose appartient à Dieu. On ne pouvait ainsi ni moissonner, ni vendanger, et on devait laisser les productions de la terre aux animaux domestiques et sauvages. Dans l'ordre Zeraïm de la Michnah (écrits de la Loi orale), l'année sabbatique est abordée dans le traité Cheviit. Cette tradition devant normalement être pratiquée en terre d'Israël pour garder tout son sens, elle a disparu avec la dispersion des juifs dans le monde (diaspora), mais certaines communautés de l'actuel État d'Israël l'ont restaurée.

Enfin, tous les quarante-neuf ans, au bout de sept années sabbatiques, avait lieu le jubilé, repris par le calendrier catholique.

→ **Jubilé, Lévitique (livre du), shabbat, Zeraïm.**

Sabéens ☪

Les Sabéens (ou plutôt Çabéens) mentionnés dans le Coran sont comptés parmi les peuples croyant en une religion révélée, avec les juifs, les chrétiens et les zoroastriens. Mais ils n'ont aucun rapport avec les Sabéens, habitants du royaume de Saba (Yémen). Leur identité et leur origine restent mystérieuses.

→ **Saba, zoroastrisme.**

Sacré-Cœur †

Le Nouveau Testament – qui reprend ce mot de la Bible, où il exprime l'amour que Dieu témoigne aux hommes – cite de nombreuses fois le cœur, organe qui, pour toutes les civilisations, est le siège de sentiments forts et de pensées tournées vers le bonheur d'autrui ; il pouvait même contenir la mémoire et l'intelligence. « Heureux les cœurs purs, car ils verront Dieu », rapporte Matthieu (5, 8) dans les Béatitudes, avant de poursuivre : Jésus prévient que les paroles révèlent les véritables intentions du cœur (12, 33-37). Pour les chrétiens, le cœur de Jésus est le symbole de son amour pour les hommes, ce cœur qui fut transpercé sur la croix par la lance d'un soldat (Jean 19, 34), et dont il sortit du sang et de l'eau. D'où, dans la représentation du Sacré-Cœur, la trace du coup de lance, les gouttes de sang étant le symbole de l'amour.

De là est né le culte du Cœur de Jésus, apparu dès le XIIIe siècle. Après le concile de Trente (1545-1563), ou Contre-Réforme, le XVIIe siècle est marqué par un regain de spiritualité. Entre décembre 1673 et juin 1675, sainte Marguerite-Marie Alacoque, visitandine française de Paray-le-Monial (dans l'actuelle Saône-et-Loire), voit plusieurs fois Jésus, qui lui demande de promouvoir la dévotion en son cœur, lequel prend alors l'adjectif de « sacré ». Le culte se répand et bénéficie, en 1899, d'une fête dans le calendrier catholique. Très respecté jusqu'au début du XXe siècle, il décline ensuite, mais reste en vigueur dans l'ancienne abbaye de Paray-le-Monial, et à Paris, dans la basilique du Sacré-Cœur – le financement pour l'édification de celle-ci fut assuré par une souscription que lancèrent après la défaite de 1870 des catholiques particulièrement fervents, fondamentalistes diraient certains. Dans le calendrier officiel catholique, le Sacré-Cœur de Jésus est fêté le vendredi après le deuxième dimanche suivant la Pentecôte.

→ **Béatitudes, crucifixion, fondamentalisme, Jésus, sang.**

Sacré Collège †

Le Sacré Collège (du latin *collegium*, « corporation, association ») de Rome est appelé aussi Collège des cardinaux. Il réunit en effet les cardinaux, et remplit trois fonctions : conseiller le pape dans le gouvernement de l'Église, assurer l'intérim après le décès du pape, et se réunir en conclave pour élire le suivant.

→ **Cardinal, conclave.**

Sacrement †

Le sacrement est un « serment » (*sacramentum* en latin) par lequel une personne s'engage devant Dieu et le Christ. L'Église catholique et les orthodoxes, ceux-ci de manière moins prononcée, valident ainsi sept sacrements institués par Jésus – le chiffre sept, fréquent dans la Bible, le Nouveau Testament et aussi dans d'autres religions, symbolise une totalité, la perfection. Les protestants ne reconnaissent en général que les sacrements du baptême et de l'eucharistie, comme les anglicans, mais ces derniers confèrent cependant aux cinq autres une dimension spirituelle (confirmation, onction des malades, réconciliation ou plutôt pénitence, mariage, ordre ou ordination). En toutes ces occasions, les chrétiens montrent leur foi et s'engagent envers Dieu et Jésus.

Cinq de ces sacrements ne sont administrés qu'une fois. Le baptême marque l'entrée dans l'Église, laquelle est renforcée plus tard par la confirmation. Le mariage, monogame, est indissoluble puisque scellé devant Dieu. En revanche, l'ordination fait de celle ou de celui qui la reçoit un serviteur de l'Église (évêque, prêtre ou diacre). Enfin, à la fin de sa vie, un chrétien reçoit l'onction des malades. Les deux autres sacrements jalonnent toute l'existence : l'eucharistie, qui permet de rencontrer le

Christ en communiant avec son corps et son sang, qu'il donna pour le salut des hommes ; la pénitence, reconnaissance des fautes commises en vue d'obtenir leur pardon.

→ **Huile sainte, chrême, onction.**

Sadaqa ☪

L'aumône est une des valeurs essentielles de l'islam. Elle trouve son aboutissement dans l'un des « cinq piliers » de cette religion, la *zakat*, aumône légale et obligatoire. Elle prend aussi une forme volontaire, la *sadaqa*, mot dérivé de *sidq* qui signifie la sincérité, la droiture et la vertu. Tout musulman étant soucieux des comportements motivés par de bonnes intentions, elle a donc une grande valeur.

→ **Aumône, zakat.**

Sadducéens ✡

Les sadducéens formaient un courant religieux né au IIe siècle av. J.-C. ; ce nom provient peut-être de Sadoq, qui fut grand prêtre sous le règne de Salomon (970-931 av. J.-C.). Cette secte (mot qui n'a ici rien de péjoratif) fait partie de celles mentionnées par l'historien juif Flavius Josèphe (Ier siècle apr. J.-C.), avec les pharisiens, les esséniens, les zélotes. Majoritaires au Sanhédrin, la grande représentation juive au temps de Jésus, les sadducéens présidaient ainsi aux destinées religieuses de la Judée. Contrairement à leurs opposants, les pharisiens, aux racines populaires, ils représentent l'élite sociale, les gros propriétaires fonciers, la caste laïque élevée (ou Anciens), le haut clergé. Pour ces raisons, ils ne dédaignent pas de collaborer avec les Romains, sont proches des grands prêtres du Temple, et comme eux attachés à leur pouvoir et aux privilèges qui en découlent. Le peuple dans son ensemble n'approuve pas cette attitude. D'autant plus que, sur le plan religieux, les sadducéens exigent la stricte observance de la Loi (Torah), dont les rites de pureté (par exemple de la vaisselle lors des repas) nécessitent des moyens matériels dont ne disposent pas les plus humbles. En outre, et ceci les différencie également des pharisiens, ils refusent tout commentaire écrit ou oral de la Loi. Pour cette raison, ils rejettent la résurrection des morts : pour eux ces derniers se trouvent dans le monde vide enseigné par le judaïsme, le shéol. Jésus s'oppose inévitablement à ces notables, qui seront les moteurs de sa Passion. Mais, trop impliqués politiquement avec les Romains, ils disparaîtront après la destruction du Temple en 70 apr. J.-C. par Titus, envoyé de Rome.

→ **Josèphe (Flavius), pharisiens, Sanhédrin, Temple, zélotes.**

Safavides ☪

Les Safavides, ou Séfévides (1501-1732), officialisèrent en Iran le chiisme duodécimain, qui reste la religion d'État. Leur origine puise dans les *tariqa*, les confréries musulmanes. Le cheikh Safi al-din Ishaq (1242-1334) en fut l'initiateur en fondant la *tariqa* qui porte son nom (Safavide), en Azerbaïdjan, et qui se développa en même temps que croissait son influence. Ismaïl, un de ses descendants, remporte la bataille de Sharur en 1501, se rend maître de l'Iran de cette époque (la Perse), se proclame chah (roi) et inaugure la lignée. Il instaure le chiisme duodécimain, dont les tenants se réclament d'Ali, cousin et gendre du prophète Mahomet, et des douze premiers imams historiques (VIIe-IXe siècles). Il appuie son pouvoir sur le parti safavide, les Qizilbash (« têtes rouges » en turc) turkmènes, reconnaissables à leur bonnet rouge comptant douze plis représentant les douze imams. Contenue dans ses frontières par l'Empire ottoman voisin, la Perse connaît une succession de règnes marqués par des luttes intestines et extérieures, et qui aboutissent à la chute des Safavides, renversés par les Afghans. Alors que l'Europe connaît le siècle des Lumières, la Perse, à laquelle les Safavides ont apporté de grandes réalisations architecturales et artistiques (miniatures, tapis...), plonge dans une obscurité qu'entretiennent les appétits des puissances occidentales, et dont elle ne sortira que dans les années 1920, mais sous l'autorité musclée de la dynastie des Pahlevi. La politique de cette dernière, à laquelle s'ajoute l'attrait que le pétrole exerce sur les Occidentaux, créent les conditions de la révolution islamique de 1979. Mais en s'opposant à la mainmise ottomane, les Safavides ont contribué à façonner le visage de l'Iran actuel, nom adopté en 1934.

Sagesse, littérature et courant de ✡

La littérature de Sagesse, ou sapientiale (du latin *sapiens*, « sage »), a fortement marqué les écrits de la Bible. Elle est présente dans les Psaumes, et a produit des chefs-d'œuvre qui ont inspiré le christianisme primitif : le

livre des Proverbes (le plus ancien), Qohélet (ou Ecclésiaste), le Cantique des cantiques, Siracide (Ecclésiastique), le livre de la Sagesse de Salomon. La Bible hébraïque, qui considère ces deux derniers comme apocryphes, inclut aussi le livre de Job.
Enfin, le titre de « sages » était donné aux spécialistes éclairés de la Bible, avant et pendant la rédaction de la Michnah (tradition écrite), par les *tannaïm*, et du Talmud (prolongement de la Michnah), par les *amoraïm* ; leurs travaux servirent de matière à la Halakhah (écrits juridiques).

→ **Cantique des cantiques, psaumes, Sagesse de Dieu, Sagesse de Salomon.**

Sagesse de Dieu ✡ ✝ ☪

La sagesse (*hochmah* en hébreu, *sophia* en grec) est une constante des civilisations. Illustrée par de célèbres proverbes ancestraux, elle suppose, de tout temps, d'être intelligent, de se soucier des autres, d'être mesuré et de donner l'exemple en se conformant aux principes régissant la société. Le judaïsme lui accorde une importance particulière depuis les temps anciens, au point de la personnifier. « La Sagesse crie au-dehors », « Dis à la Sagesse : "Tu es ma sœur !" Donne le nom de parente à l'intelligence », clame le livre des Proverbes (1, 20 et 7, 4). La sagesse doit habiter au quotidien l'être humain, qui doit s'efforcer d'imiter Dieu, son créateur. En cela, elle est un complément de l'enseignement des prophètes, axé sur l'atteinte de la perfection devant Dieu. Dans le christianisme, Dieu, pour insuffler sa puissance, procure ainsi des qualités à l'homme, appelées « sept dons de l'Esprit saint » et évoquées lors de la confirmation. On y trouve l'intelligence, la crainte de Dieu, la piété, ou encore la sagesse, laquelle permet au croyant de savoir comment vivre selon le chemin tracé par Dieu. Enfin, pour le Coran, livre sacré de l'islam, la sagesse (*hikma*) est, comme dans la Bible, l'outil permettant de connaître Dieu et d'en respecter les préceptes moraux. Les prophètes la possèdent également, et elle éclaire leur chemin. D'ailleurs, parmi les nombreux noms donnés à Dieu, on trouve celui d'al-Hakim, « le Sage ».

→ Connaissance, Sagesse (littérature et courant de), Sagesse de Salomon (livre de la).

Sagesse de Salomon, livre de la ✡ ✝

Cet ouvrage du courant de Sagesse, que la tradition chrétienne appelle aussi livre de la Sagesse, ne figure pas dans la Bible hébraïque. Il est patronné par le roi Salomon, sage par excellence. L'auteur anonyme, un juif d'Alexandrie, en écrivit les trois parties, en grec, à la toute fin du Ier siècle av. J.-C. Bien que marqué par la culture grecque, il tient à prévenir ses coreligionnaires contre le péché, l'impiété, l'idolâtrie qui l'entourent en Égypte polythéiste. Si le juste, après sa mort, est récompensé par Dieu, qui lui accorde l'immortalité, l'impie sera châtié. Il convient donc de rechercher la Sagesse, comme le fit Salomon par la prière, car elle procure le bien, et s'impose devant les richesses et les jouissances éphémères parce qu'elle est la grande pourvoyeuse de toute propriété. « J'ai cherché à la prendre pour épouse et je suis devenu amoureux de sa beauté », chante Salomon dans son superbe éloge (8,2). La Sagesse, qui se trouve donc personnifiée, est aussi une actrice de l'Histoire : n'a-t-elle pas été présente auprès d'Adam, dès la Création, et aidé les Hébreux à se libérer de l'Égypte ?

→ **Juste, péché, Sagesse (littérature et courant de), Salomon.**

Saint ✡ ✝ ☪

Le mot « saint » s'applique à une personne, un lieu ou même un objet qui, selon les différents sens de son étymologie latine (*sanctus*), a été « consacré » (voué à Dieu), est « pur », « vénéré ».

Pour le judaïsme, au travers de la Bible, la sainteté, ou plus précisément l'Esprit de sainteté (*rouah Haquodesh*), vient de Dieu seul, qui le dispense aux êtres de son choix. Cet Esprit est aussi à l'œuvre au Jugement dernier. Mais, selon le Talmud (prolongement de la Michnah, version écrite de la Loi orale), il quitta Israël quand disparurent les derniers prophètes (vers le début du Ve siècle av. J.-C.), ces envoyés de Dieu chargés de transmettre sa parole. Pour la Michnah, le *rouah Haquodesh* peut être atteint par les *tsadiqqim*, les croyants parfaits (justes) que compte chaque génération. Bien que le judaïsme ait connu d'innombrables martyrs, en particulier pendant la Shoah, il n'existe pas chez lui de saints au sens chrétien, et plus spécialement catholique, du terme.

L'Église rend un culte à ses saints depuis son origine. Dès le IIe siècle, on se réunissait autour de la tombe des martyrs, qui fournirent la première liste des saints. De cette époque-là date l'habitude de leur rendre

hommage le jour anniversaire de leur mort, et de conserver leurs reliques (parties ou totalité du corps, ou objets leur étant associés). Après l'arrêt des persécutions, en 313, les saints sont surtout choisis parmi les chrétiens dont la vie religieuse et les vertus ont été exemplaires, tels des prêtres, des moines. Dès le IVe siècle, des récits de leur vie, ou *légendes*, commencent à circuler, tandis qu'un premier calendrier (ou martyrologe) voit le jour au VIe siècle. Les saints deviennent en outre les protecteurs (patrons) de villes, de métiers ou encore d'églises. De nos jours, l'Église continue de nommer des saints (canonisation), lesquels doivent d'abord passer par le statut de « bienheureux » (béatification). Il est utile de rappeler que le culte rendu aux saints est appelé « dulie » (du grec *doulos*, « serviteur »), et celui voué à la Vierge, la sainte majeure par excellence, « hyperdulie » (« au-dessus de la dulie »). En revanche, le mot « latrie » (du latin *latria*, « adoration ») ne concerne que Dieu, le maître suprême. La liste des saints comprend aujourd'hui des femmes et des hommes, des clercs, des religieux et des laïcs.

Le culte des saints, hommes ayant reçu des dons de Dieu, s'est également répandu dans l'islam, et leurs fêtes, ou *mouled*, se déroulent près de leur tombeau. Il peut s'agit de membres de la famille du prophète Mahomet (vers 570-632), de maîtres de confréries (*tourouq*) ou de grands érudits. Ces rendez-vous sont l'occasion d'une grande ferveur, mais sont perçus comme hétérodoxes par les savants de la chariah (loi religieuse) car ils ne correspondent pas aux actes cultuels définis par les textes. Ces rendez-vous sont considérés comme des « ajouts » et, à cet égard, comme une innovation (*bidah*) condamnable. Le saint, *el-waly* en arabe, est aussi un mystique ayant atteint un niveau de piété et de foi très élevé : c'est un but recherché par les soufis.

→ Adonaï, béatification, canonisation, Esprit saint, marabout, tariqa, wali.

Saint des Saints ✡

Dans le Temple de Jérusalem, le Saint des Saints (*debir*, « retiré » en hébreu) était la partie la plus sacrée, siège de la présence de Dieu (*shekina*), et seul le grand prêtre était autorisé à y pénétrer, une fois par an, pour la fête des Expiations (Yom Kippour). Là se dressait l'arche d'Alliance. Un voile (*parokhet*) séparait le *debir* du Saint (*hékal*), où opéraient les prêtres. Le premier livre des Rois (6, 15-30) rapporte de quelle manière était décoré le *debir* du premier Temple de Salomon (détruit en 587 av. J.-C.). « Il construisit les vingt coudées [environ 10 mètres] à partir du fond du Temple avec des planches de cèdre depuis le sol jusqu'aux poutres, et elles furent mises à part du Temple pour le Debir, le Saint des Saints. Le Temple avait quarante coudées – c'est le Hékal – devant le Debir. Il y avait du cèdre à l'intérieur du Temple, sculpté d'un décor de coloquintes et de rosaces ; tout était en cèdre, aucune pierre ne paraissait. [...] Le Debir avait vingt coudées de long, vingt coudées de large et vingt coudées de haut, et il le revêtit d'or fin ; il fit un autel de cèdre devant le Debir et il le revêtit d'or. Tout le Temple, il le revêtit d'or, absolument tout le Temple. Dans le Debir, il fit deux chérubins en bois d'olivier sauvage... Il avait dix coudées de haut. [...] La hauteur d'un chérubin était de dix coudées, et de même l'autre. [...] Et il revêtit d'or les chérubins. » Dans une synagogue, le Saint des Saints de l'ancien Temple est représenté par l'arche qui contient les rouleaux de la Torah (la Loi divine).

→ **Alliance, arche, parokhet, Salomon, shekina, synagogue, Temple.**

Saint-Office †

Le Saint-Office (du latin *officium*, « travail, service, devoir ») fut l'autre nom donné à la congrégation de l'Inquisition, fondée en 1542 par le pape Paul III pour lutter contre la toute nouvelle Réforme protestante. Ce qualificatif a été repris pour désigner, sans rapports étroits, une autre congrégation (administration de la Curie, gouvernement de l'Église catholique), chargée de préserver la foi et la morale tout en réfléchissant aux questions des sociétés contemporaines. Cet organisme est aujourd'hui appelé Congrégation pour la doctrine de la foi.

→ **Congrégation, Inquisition.**

Saint-Siège †

De même qu'un évêque remplit sa fonction depuis l'église principale de son diocèse, appelée aussi cathédrale parce qu'elle abrite son « fauteuil » (*cathedra* en latin) – ou trône de l'évêque –, de même le pape, en tant qu'évêque de Rome, possède son fauteuil, ou Saint-Siège, pour marquer sa prééminence – on l'appelle aussi « trône de saint Pierre », le pape étant considéré comme le successeur de l'apôtre de Jésus. Par extension, le Saint-Siège désigne aussi le gouvernement de l'Église, installé au Vatican.

→ **Cathédrale, ex cathedra.**

Sakina ☪

La *sakina* (« la sérénité »), mentionnée par la sourate (chapitre du Coran) *La Vache* (2, 247) à propos de l'arche d'Alliance, est, étymologiquement, la présence de Dieu dans un lieu donné, apparaissant dans toute sa Gloire, à Moïse par exemple lors des épisodes du mont Sinaï et du Buisson ardent, ou encore lors de la Transfiguration de Jésus. L'équivalent hébreu de ce mot est *shekina*, qui, comme on le voit, possède une racine très proche : la *shekina* accompagne en permanence Israël, comme au cours de l'Exode, et, dans la tradition rabbinique, est associée à la présence d'anges. Dans le Coran, nous trouvons ainsi des anges combattants accompagnant la *sakina* : « Dieu fit descendre sa Sakina sur son Prophète et sur les croyants. Il fit descendre des armées invisibles. Il a châtié ceux qui étaient incrédules » (*L'Immunité*, 9, 26). Dans *La Victoire*, Dieu donne la victoire aux musulmans : « Dieu était satisfait des croyants [...]. Il connaissait le contenu de leurs cœurs. Il a fait descendre sur eux la Sakina. Il les a récompensés par une prompte victoire et par l'abondant butin dont ils se sont emparés » (48, 18).

→ **Buisson ardent, Gloire de Dieu, shekina, Sinaï, transfiguration.**

Salam ☪

Salam 'alaïkoum, « Salut (paix) à vous », est dit plusieurs fois dans le Coran, qui préconise de saluer correctement tout croyant sincère, juifs et chrétiens compris. Ainsi, dans la 19e sourate (chapitre), *Marie*, à Jean le Baptiste est promis la paix lors de sa naissance, de sa mort, de sa résurrection (19, 15). *Salam 'alaïkoum* fait partie des grandes formules de politesse du monde musulman. On la retrouve aussi à la fin des *salat*, les prières quotidiennes.

→ **Chalom, salat.**

Salat ☪

La *salat*, mot signifiant « prière » quand il concerne l'humain, « bénédiction » quand il se rapporte à Dieu, est le deuxième des « cinq piliers » de l'islam. Prononcée en arabe, langue du Coran, seul ou en commun (elle est alors supérieure, selon la *Sunna*, la coutume), elle intervient cinq fois par jour et constitue, avec la prière du vendredi, l'essentiel de la liturgie musulmane. Elle peut se faire dans le monde entier, dans une mosquée, à condition d'en respecter le déroulement, notamment la propreté du lieu et la présence de tapis. Ceci explique que l'on se déchausse pour ne pas salir le tapis. Il ne s'agit pas d'un acte rituel mais d'une question d'hygiène. Un musulman priant sur une pelouse, par exemple, peut garder ses chaussures. Ainsi le Prophète lui-même et ses compagnons priaient chaussés dans la mosquée de Médine où il n'y avait pas de tapis, mais du sable. La *salat* peut se pratiquer aussi en dehors d'une mosquée, à condition de ne pas en anticiper les échéances. La *salat* doit être effectuée par tout musulman, femme (excepté pendant la période des règles) et homme, ayant atteint la puberté. Les *salat* des grandes fêtes, comme la fin du jeûne de ramadan, sont l'occasion d'assemblées souvent très impressionnantes. Dans les mosquées, elle est annoncée à des heures précises par le muezzin, qui en prononce le premier appel, ou *adhan*, puis le *iqâma*, second appel, fait dans la salle de prières quand l'imam, qui la conduit, en fixe le début. Après s'être purifié par une ablution, grande (*ghousl*) ou petite (*woudou*), le priant, correctement vêtu, doit se mettre en condition de prier, en formuler intérieurement l'intention. Il se place devant la *qibla* (direction de la Kaaba de La Mecque) ; la prière est ensuite codifiée par le *rak'a*, ensemble de formules (*Allahou Akbar*, lecture de *La Fatiha*, première sourate du Coran, *tassahoud* ou salutations à Dieu) et de postures (inclinaison du buste, prosternation, position assise) sur un tapis. Le nombre de *rak'a* varie selon les prières : deux pour l'aube (*soubh*), quatre à midi (*zouhr*), quatre pour l'après-midi (*asr*), trois au crépuscule (*maghreb*), quatre après la tombée de la nuit (*isha*). Mais tout musulman peut en ajouter. À la fin, on tourne la tête à droite et à gauche pour saluer les autres musulmans en prononçant le *taslîm* (« sortie »), formule de salutation (*As-salamou 'alaïkoum*, « Que la paix soit sur vous »).

→ **Adhan, muezzin, prière, rak'a, salam.**

Salésiens †

Le nom de salésien est donné aux religieux qui se réclament de saint François de Sales, patron des journalistes et des écrivains. Né François-Bonaventure de Boisy (1567-1622), à Sales (Haute-Savoie), il devient prêtre en 1593. Dans la région du Chablais (duché de Savoie), il convertit des calvinistes dans le cadre de sa lutte contre la Réforme protestante, apparue au début du XVIe siècle et en expansion à cette époque. Il se situe en effet dans le prolongement du concile de Trente (1515-1563), ou Contre-Réforme. En 1602, il devient évêque de Genève, mais à Annecy, car la Suisse est protestante. Il fonde ensuite l'ordre des Visitandines avec sainte Jeanne de Chantal. Connu pour ses talents de prédicateur et d'évangélisateur, il a laissé une œuvre écrite où perce un grand humanisme. Au XIXe siècle, l'Italien Jean Melchior Bosco (1815-1888), ordonné prêtre en 1841, se place dans le sillage de François de Sales. À Turin, il se consacre aux pauvres, en particulier les jeunes pour qui il ouvre le premier « patronage » (enseignement, loisirs, sports...). En 1859, pour rassembler les prêtres éducateurs chargés des patronages, est fondée la société de Saint-François-de-Sales, ou Société salésienne de Jean-Bosco (salésiens), suivie en 1872 de la branche féminine, la congrégation des Sœurs de Marie-Auxiliatrice.

→ **Patron, visitandines.**

Salomon ✡ ✝ ☪

Le roi Salomon (970-931 av. J.-C.) est le fils de Bethsabée et de David, auquel il succède sur le trône d'Israël. La Bible le considère comme « Salomon le Magnifique », car son très long règne, rapporté par le premier livre des Rois (Rs 1-11), fut marqué par la paix, au contraire de celui de David, et par son œuvre de grand bâtisseur (5, 15-9, 25), notamment l'édification du premier Temple, que son père n'avait pu mener à bien. Pour la maison de Dieu, il fait venir des matériaux précieux, comme des cèdres de Phénicie (Liban), et multiplie les prouesses architecturales. Habile commerçant, il mène des transactions avec des pays voisins ou plus lointains, tel le royaume de Saba (au sud de l'Arabie), dont la reine lui rend une visite devenue célèbre. Salomon est aussi, et enfin, le « sage » par excellence, qualité reçue de Dieu – certains livres bibliques du courant de Sagesse lui sont ainsi attribués. Dans un épisode fameux (3, 17-28), confronté à deux femmes qui se disputent le même enfant, il propose de fendre celui-ci en deux pour que chacune ait sa part : la réaction d'une des femmes lui permet de reconnaître la véritable mère. Mais, comme souvent dans la Bible, Salomon n'est pas entièrement innocent. Il s'est en effet rendu coupable de deux sacrilèges méritant le courroux de Dieu : son mariage avec une Égyptienne et son gynécée regroupant des concubines étrangères. Il existe donc un risque de contamination du pays par les idoles : les hauts lieux de ce culte sont toujours debout. Mais le châti-

ment n'atteint pas Salomon. Il frappe ses descendants. Après sa mort, Israël est partagé en 931 par un schisme d'où naissent deux royaumes : Juda au sud et Samarie au nord.

Dans les évangiles du Nouveau Testament, Jésus rend hommage à cette figure prestigieuse d'Israël : « La reine du Midi régnera lors du Jugement avec cette génération et elle la condamnera, car elle vint des extrémités de la terre pour écouter la sagesse de Salomon, et il y a ici plus que Salomon » (Mt 12, 42), citation que l'on retrouve presque textuellement chez Luc (11, 31).

Pour l'islam, Salomon (Sulayman, évoqué dix-sept fois dans le Coran), descendant de Noé (6, 84), est inspiré par Allah (4, 163). La sourate 21 (78-81), *Les Prophètes*, en fait précisément un prophète (comme David), le symbole de la sagesse et de la science, capable de parler aux oiseaux, de se faire obéir du vent. De même, la sourate 27 (15-44), *Les Fourmis*, ajoute que Salomon commanda des armées « composées de Djinns, d'hommes et d'oiseaux », qu'il persuada la reine de Saba, « se prosternant devant le soleil et non pas devant Dieu », d'épouser la vraie foi ; elle finit par se ranger à l'islam : « Je me soumets à Dieu, Seigneur des mondes ! » Ailleurs (Çad, 38, 30-40), Salomon est qualifié d'« excellent serviteur », capable de se repentir d'une faute (l'épouse idolâtre) : « Oui, Salomon a près de nous une place et un beau lieu de retour. » Cette place explique qu'il a été le personnage de traditions mystérieuses et merveilleuses.

→ David, djinns, idole, Saba, Sagesse de Salomon (livre de la), Temple.

Salut ✡ ✝ ☪

La notion de salut (du latin *salus*, « santé ») est présente dans toutes les religions sous des formes différentes, mais renvoyant toutes à l'essentiel. Elle correspond à la libération des hommes qui, débarrassés de leurs fautes (péchés), tant vis-à-vis de leurs semblables que de la divinité, sont restaurés dans leur relation avec cette dernière. Ils connaissent ainsi le bonheur et la plénitude, ici-bas et dans un monde à venir.

Dans les trois religions du Livre, le salut possède deux dimensions. D'une part, il exige la pénitence, c'est-à-dire la reconnaissance des fautes qui aboutit au pardon de Dieu. D'autre part, il conduit à la vie éternelle auprès de Dieu. Cependant, il réclame que chacun adopte des comportements conformes à sa religion, et tournés vers le bien. De son côté, Dieu, tout-puissant, écrase tout ce qui s'oppose au bonheur des hommes, comme les démons.

Le judaïsme, au travers de la Bible, donne au salut une dimension individuelle et, surtout, collective. Dieu délivre de l'esclavage les Hébreux conduits par Moïse, les escorte dans le désert pendant l'Exode et leur permet de conquérir la terre qu'il leur a promise, Canaan, d'où naîtra Israël. En échange, chacun, en vertu de l'Alliance scellée avec Dieu, doit respecter sa Loi, c'est-à-dire la Torah (les cinq premiers livres de la Bible). C'est le principe de la conversion, le retour vers Dieu recommandé par les prophètes, gage du salut, tant spirituel que matériel. Dieu, sur qui l'on peut s'appuyer totalement, veille ainsi sur son peuple particulier, Israël, qui peut grâce à lui revenir de l'exil de Babylone (538 av. J.-C.). Surmontant les épreuves du passé, les juifs vont ensuite développer la réalisation du salut dans le futur, au travers du Jugement dernier et de la figure eschatologique (relatif à la fin des temps) du Messie, sauveur d'Israël. Le salut prend une dimension présente et future. Cette conception du salut est très présente dans le judaïsme au temps de Jésus. Durant son ministère, Jésus appelle ainsi à la conversion des cœurs, ce qui est indispensable pour accéder au salut, qui concerne tout le monde et coïncide avec la venue prochaine du Royaume de Dieu. Il annonce ce salut au travers de ses actions. Par ses miracles, il rend aux paralytiques, aveugles et autres lépreux, une double « santé » : l'une physique, et l'autre sociale en les réintégrant dans une société qui, à cette époque, les rejette parce qu'ils sont impurs. Le salut ne passe donc plus par le respect scrupuleux de la Loi prôné par les autorités religieuses juives, mais par la miséricorde, le pardon, l'incommensurable bonté de Dieu. Le salut passe aussi par la mort et la résurrection de Jésus. C'est pourquoi Jésus-Christ, qui a donné sa vie pour sauver les hommes, a ressuscité, montrant l'autre dimension du salut, celle de la vie éternelle auprès de Dieu, son Père. Aussi doit-il revenir à la fin des temps, au côté de Dieu, pour instaurer le Royaume parfait où règnera le bien. Jésus reste ainsi, pour tout chrétien, le Sauveur, ce que rappelle la forme hébraïque de son nom, Yeshouah, « Dieu sauve ». À ce propos, il faut préciser que la célèbre expression « hors de l'Église, point de salut » remonte au IIIe siècle, époque où celle-ci était confrontée à des courants divergents et devait donc s'imposer. Pour le christianisme, Dieu seul apporte le salut : il a confié à son Fils Jésus la mission de l'annoncer aux hommes. En islam, enfin, le Coran résonne en son cœur du Dieu le Miséricordieux, qualificatif inscrit dès la première sourate (*al-Fatiha*) et présent dans la *basmallah* (« Au nom de Dieu »). L'islam considère que le salut dépend du comportement personnel, qui doit se conformer aux préceptes

de Dieu, qui voit tout, sait tout, entend tout et accorde son pardon à qui il veut. En retour sont promis les jardins merveilleux du paradis. Le croyant doit garder l'espoir (*el-ajâ*) en Dieu, car c'est Lui qui sauve.

→ **Expiation, péché, rédemption, repentir.**

Salve Regina †

Le *Salve Regina* (« Salut, Reine ») est une prière adressée à la Vierge Marie afin de s'en remettre à son immense bonté et à sa douceur, elle qui porta Jésus, le « fruit béni de ses entrailles ». Elle est chantée à la fin des complies, l'office du coucher du soleil dans le livre des heures. Son origine semble remonter au XIe siècle et sa généralisation au XIIIe, par l'intermédiaire d'ordres monastiques.

→ **Heures.**

Samarie ✡

Quand les Israélites adoptent la royauté sous Saül (1030-1010 av. J.-C.), ils occupent des villes qui, pour la grande majorité, existaient avant leur arrivée en Terre promise, Canaan. Jéricho et même Jérusalem en sont des exemples. En 931, ils se séparent en deux royaumes, dont les relations, pourtant fraternelles, seront souvent houleuses. Celui du Sud (Juda), gouverné par les descendants de David, rassemble deux des douze tribus. Celui du Nord, où se trouvent les dix autres, prend le nom d'Israël (donné par Dieu au patriarche Jacob), et se dote ensuite d'une capitale sous le règne d'Omri (885-874) : c'est la Samarie, qui en viendra à désigner également ce royaume. Samarie-Israël, situé sur les grandes routes commerçantes reliant la Phénicie à l'Égypte, bénéficie de cette situation, qui le rend plus riche et plus prospère que Juda. Mais, dans l'ensemble, la Bible, au travers des prophètes et des livres historiques, désapprouve les actions de ses souverains, les meurtres commis pour l'accession au pouvoir, les intrigues de palais et, surtout, l'infidélité à Yahvé, le Dieu unique. Pour preuve, les baals supplantent ce dernier dans certains sanctuaires, tandis qu'il est représenté par un veau dans d'autres lieux sacrés. Ainsi, Élie et Élisée (IXe siècle) s'opposent à Jézabel princesse phénicienne (Tyr) ayant épousé le roi Achab. En outre, les rois, les prêtres et les « faux prophètes » (à la solde du pouvoir) détournent les hommes du Temple de

Jérusalem, la seule et véritable maison de Dieu. À cela s'ajoutent encore de criantes inégalités sociales, que ne manquent pas de dénoncer les prophètes Amos et Osée (milieu du VIIIe siècle). Ces prophètes précèdent de peu la catastrophe (voulue par Dieu) qu'ils ont annoncée, et qui s'abat en 722 sur la Samarie : les Assyriens ravagent la capitale, investissent le pays, exilent les habitants en Assyrie et implantent à leur place des étrangers, des païens. Ce sont les futurs Samaritains. La Samarie ne sera plus alors qu'une simple province des empires successifs, comme au temps de Jésus.

→ **Baal, Assyrie, Israélites, Juda, prophète, Veau d'or.**

Samaritains ✡ †

En 931 av. J.-C., Israël se scinde en deux royaumes : Juda au sud, et au nord un royaume qui prendra le nom de sa capitale, construite vers 880 : Samarie. Mais le Proche-Orient étant soumis au jeu des grands empires, la Samarie est prise en 722 par l'Assyrie, sa capitale ravagée, sa population exilée et remplacée par des étrangers, des païens appelés Samaritains, qui vont adopter la religion de Yahvé. Juda tombe à son tour en 587, sous les coups de Babylone, qui en exile aussi les habitants. Puis, le Perse Cyrus le Grand, le juste, balaie Babylone et, par décret, autorise en 538 les exilés de toutes nationalités à retrouver leur patrie. Aussi, quand les Judéens rentrent à Jérusalem, ils se heurtent aux Samaritains qui, non contents de refuser la prééminence de la Ville sainte, gênent la restauration du Temple et de la cité, comme le rapporte le livre d'Esdras.
Au début du Ier siècle apr. J.-C., les rapports se sont encore envenimés entre juifs et Samaritains. Ces derniers rendent leur culte dans un sanctuaire concurrent, sur le mont Garizim, et sont considérés par les juifs comme des hérétiques. En outre, Jean Hyrcan (134-104), fondateur en Judée de la dynastie des Hasmonéens (Maccabées), a fait de violentes incursions en Samarie, endommageant le sanctuaire et la capitale. Enfin, en 30 av. J.-C., la province est offerte par les Romains à Hérode le Grand, qui débaptise Samarie pour la nommer Sébaste (aujourd'hui Sébastyeh). Aussi, quand Jésus entame son ministère, vers 28 ou 30, les Samaritains, étrangers considérés comme possédés par les démons, sont fuis comme la peste par les juifs de Palestine. Il est interdit de les croiser, de leur parler, et bien sûr de traverser la Samarie. Jésus paraît respecter cette

mesure quand il déclare, dans l'évangile de Matthieu (10, 5) : « Ne prenez pas le chemin des païens et n'entrez pas dans une ville de Samaritains. » Mais il montre aussi que l'Évangile s'adresse à tous, juifs et païens, pauvres et riches, justes et pécheurs... Par exemple, devant des pharisiens, il utilise la parabole du bon Samaritain qui, au contraire d'un prêtre et d'un lévite, donc de juifs, n'a pas hésité à venir au secours d'un homme blessé par des brigands. Tout homme est capable de donner et de recevoir l'amour du prochain. Une autre fois, raconte l'évangéliste Jean (4, 1-42), Jésus n'hésite pas à passer en Samarie pour se rendre de Judée en Galilée. Pendant que ses disciples se procurent des provisions, il s'assoit au bord d'un puits et demande à boire à une Samaritaine venue prendre de l'eau. Elle s'étonne qu'un juif lui adresse la parole. Jésus lui prouve qu'il connaît sa vie, répréhensible aux yeux de la vertu : elle a eu cinq maris et vit en concubinage. Elle déclare qu'il est un prophète et le Messie ! Jésus annonce alors que l'inimitié entre les deux peuples n'a plus lieu d'être. Bientôt tous les hommes seront rassemblés, non dans le temple des Samaritains ni dans celui de Jérusalem (détruit quarante ans plus tard), mais dans le même amour de Dieu, « en esprit et en vérité ». Ce message est confirmé quand, après avoir guéri dix lépreux, un seul vient le remercier : c'est un Samaritain. Des apôtres de Jésus, dont Pierre et Jean, poursuivront son œuvre en Samarie, où ils fonderont des communautés, ce que relatent les Actes des Apôtres du Nouveau Testament. Aujourd'hui, les Samaritains, au nombre de quelques centaines, parlent l'arabe (leur rapport avec l'islam a toujours été riche), ne reconnaissent que la Torah (Pentateuque), pratiquent une liturgie en hébreu ancien et fêtent la Pâque (Pessah) sur le mont Garizim. Ils résident à Naplouse, en territoire palestinien, et autour de Tel-Aviv, en Israël.

→ **Assyrie, Babylone, Exil, Hérode, païen, Samarie, Temple.**

Samson ✡

Samson est sans doute le plus connu des douze héros du livre des Juges, dont il est le dernier représentant. Issu de la tribu de Dan, doué d'une force prodigieuse qu'il puise dans la longueur de ses cheveux, il est décrit comme un homme courageux et téméraire, mais aussi sensuel et amateur de beautés féminines. Cette robustesse, offerte par Dieu (comme sa naissance annoncée par un ange), doit lui servir à combattre les ennemis de ses compatriotes israélites, en l'occurrence les redoutables Philistins qui ne cessent d'importuner Israël. Dans un récit qui s'affirme un véritable conte populaire, on le voit déchiqueter un lion avec autant de facilité qu'il tue trente Philistins. Ailleurs, il incendie des cultures à l'aide de torches attachées aux queues de trois cents renards ! Alors qu'il est prisonnier, l'Esprit de Dieu lui permet de se libérer sans difficulté et de tuer mille Philistins avec une mâchoire d'âne... Puis il s'éprend de la splendide Dalila, qui n'est pas philistine mais complice de ce peuple. À force d'obstination, la perfide réussit à lui arracher le secret de sa force, pour lequel lui ont été promis mille cent sicles d'argent. Profitant de son sommeil, les Philistins rasent « les sept tresses de cheveux » de Samson, lui crèvent les yeux, le jettent pendant des mois en prison, d'où ils le tirent parfois lors des cérémonies vouées à Dagôn, leur dieu, l'obligeant à faire l'acrobate. Mais ses cheveux ont repoussé : un jour, il parvient à faire écrouler le palais en repoussant les colonnes, et meurt avec l'assistance. « Ceux qu'il fit mourir en mourant furent plus nombreux que ceux qu'il avait fait mourir pendant sa vie » (16, 30).

→ **Juges (livre des), nazir, Philistins.**

Samuel, prophète et livre de ✡

Samuel (« nom de Dieu » en hébreu) est un prophète et le dernier des Juges. Le livre qui, dans la Bible, porte son nom fut rassemblé après le retour de l'Exil, puis divisé en deux parties dans la Septante (traduction grecque), et enfin dans la Vulgate (traduction latine). La première relate les débuts de la royauté en Israël, à partir de Saül (1030-1010), et s'achève à la mort de ce dernier. La seconde se penche longuement sur le règne de David (1010-970). Les sources proprement historiques, bien que mêlées à des traditions populaires, prennent le pas sur les éléments plus anecdotiques.

Samuel est l'une des grandes figures d'Israël, salué par la Haggadah (ensemble littéraire), le Talmud (prolongement de la Michnah, version écrite de la Loi orale) quant à lui n'hésitant pas à le comparer à Moïse. Sa mère Anne est stérile, mais Dieu la rend féconde. Elle le remercie dans un cantique et promet de consacrer l'enfant à son service. Éli, prêtre de Silo, un sanctuaire situé à environ trente kilomètres de Jérusalem, prend en charge le petit Samuel, qui est bientôt appelé à devenir prophète dans un récit flamboyant et envoûtant (1 Sm 3, 1-20). À cette époque, les Philistins menacent les tribus d'Israël, qui, divisées mais exhortées par Samuel, se solidarisent autour de Dieu et remportent la victoire. La paix règne sur la Terre de la promesse, jusqu'à ce que les propres fils de Samuel viennent la perturber. Les anciens, sachant que seule la royauté, en usage dans les pays voisins, peut garantir la stabilité, chargent alors le prophète de leur trouver un roi. Yahvé choisit Saül, dont les choix et les attitudes finissent par décevoir Samuel. Celui-ci prévient alors Saül que Dieu lui a trouvé un successeur « selon son cœur ». C'est David, qui reçoit l'onction royale de ses mains. Le livre signale simplement la mort de Samuel, tandis que Saül et David se livrent une lutte épique et sans merci.

→ **David, Exil, Haggadah, Philistins, Saül.**

Sanctuaire ✡ † ☪

Le sanctuaire est, au sens large, un espace saint (*sanctus* en latin), c'est-à-dire réservé au culte (temple antique, église, chapelle, lieux de pèlerinage…). Au sens strict, c'est un « lieu consacré » (*sanctuarium* en latin), c'est-à-dire voué à ce qu'il y a de plus sacré : Dieu. Dans le judaïsme, le sanctuaire (*michkan*) fut d'abord abrité dans le Tabernacle, la tente que les Hébreux transportèrent durant l'Exode dans le désert et qui contenait l'arche d'Alliance ; seul le Temple (détruit en 70 apr. J.-C.) fut plus grandiose encore, et comprenait le Saint des Saints (*debir*), la partie la plus sacrée, le sanctuaire de Dieu où seul le grand prêtre pouvait pénétrer. Dans les églises, le sanctuaire est la partie du chœur où se déroulent les offices et où est célébrée l'eucharistie : elle est marquée par une séparation (iconostase chez les orthodoxes et les catholiques d'Orient ; barrière chez les catholiques de l'Église romaine d'Occident). Dans l'islam, le seul sanctuaire, dans cette acceptation, est la Kaaba de La Mecque.

→ **Kaaba, saint, Saint des Saints, shekina, tabernacle.**

Sang ✡ † ☪

Pour les religions de l'Antiquité, le sang jouait un grand rôle lors des sacrifices car il avait le pouvoir d'éloigner les menaces. Pour les trois religions du Livre, il est le principe de la vie, dont chacun est redevable à Dieu. Le sang est inscrit dans la Bible dès le premier livre, la Genèse : Caïn tue son frère Abel et Dieu le frappe d'une malédiction pour avoir versé ce sang. Après le Déluge, Dieu demande à Noé et ses trois fils (Sem, Cham et

Japhet) de se multiplier pour peupler la Terre. Les hommes seront aussi les maîtres des animaux, mangeront leur chair, mais pas leur sang, « l'âme de la chair ». En outre, aucun homme ne devra verser le sang d'un autre, sous peine de châtiment, car l'homme est à l'image de Dieu. Le sang des agneaux sert ensuite à signaler à l'Ange de la mort les maisons des Hébreux, lors de l'épisode des « dix plaies d'Égypte » : la fête de Pessah (Pâque), qui célèbre la fin de l'esclavage en Égypte, trouve là son origine. Le sang joua aussi un rôle dans les sacrifices pratiqués au Temple de Jérusalem. Les victimes étaient ainsi vidées de leur sang, une partie de celui-ci étant donnée à Dieu, l'autre étant répandue sur le sol. Il permettait de redonner vie à la foi corrompue par les fautes ; c'est le principe de l'expiation, célébrée à Yom Kippour. Depuis la destruction du Temple de Jérusalem en 70 apr. J.-C., les sacrifices d'animaux n'ont plus cours dans le judaïsme ; mais l'abattage rituel (*chehita*) et les lois alimentaires (*cacherout*) prévoient des normes précises concernant le sang. Nous trouvons ainsi, dans l'ordre Qodachim de la Michnah (la tradition écrite), le traité Zevahim (« sacrifices »), qui réglementait l'abattage et l'aspersion de sang.

Pour le christianisme, le sacrifice est celui de Jésus mort sur la croix pour le salut des hommes. Il l'a annoncé à la Cène, son dernier repas, quand, procédant à une Pâque juive symbolique, il institue l'eucharistie : le pain (son corps représenté par l'hostie consacrée) et le vin (son sang) constituent depuis ce temps le moyen, pour chaque chrétien, de se porter à sa rencontre.

L'islam possède également ses normes d'abattage rituel. Il procède à l'aïd el-Adha, « fête du sacrifice », appelée aussi aïd al-Kébir (« grande fête »), pour célébrer le sacrifice d'Abraham. En outre, symbole important selon les exégètes (spécialistes de l'écriture sacrée), la dictée du Coran, faite à Mahomet par l'ange Gabriel, commença par les versets 1 à 8 de la 96ᵉ sourate (chapitre), intitulée *al-Alaq, Le Caillot de sang*. Le mot *alaq*, au sens étymologique, signifie l'« adhérence », quelque chose qui s'accroche, qui ressemble à une sangsue ; ce qui correspond à la « nidation » où l'embryon (qui deviendra fœtus) est fixé à l'utérus et vit du sang de sa mère. Mahomet est chargé d'annoncer que Dieu est le Créateur, qu'il a façonné l'homme à partir d'un caillot de sang, qu'il lui a donné la véritable connaissance. L'homme doit revenir sans cesse à lui, et se garder de tomber dans les illusions et les fautes qu'entraîne la richesse matérielle.

→ Alaq, cacher, Caïn, chehita, eucharistie.

Sanhédrin ✡

Dans la Bible, le livre des Nombres (11, 25) et celui de l'Exode (24, 9-11) rapportent qu'un groupe de soixante-dix sages assista Moïse. Aussi se développa une tradition selon laquelle ces anciens seraient à l'origine du Sanhédrin (du grec *sunedrion*, « tribunal, conseil »), la grande institution juive créée dès le IVe siècle av. J.-C., à partir d'une assemblée née après le retour d'Exil (VIe siècle). À l'époque du second Temple, le Sanhédrin, souverain en matière religieuse, judiciaire et politique, vit ses pouvoirs limités par les Romains à une dimension essentiellement religieuse, celle du respect de la Torah (la Loi divine). Le premier écrit à en faire mention est le livre de l'historien juif Flavius Josèphe, *Les Antiquités juives*, qui rapporte que, au Ier siècle av. J.-C., Hérode le Grand comparut pour crime.
Composé de soixante et onze membres, religieux ou laïcs, le Sanhédrin se réunit dans le Temple, précisément dans la salle de la Pierre taillée (*lichkat ha-Gazit*). Mais si son histoire est à peu près circonscrite, son fonctionnement, dont le mode d'élection des membres est peu connu. Selon les évangiles et les Actes des Apôtres du Nouveau Testament, au temps de Jésus, il est présidé par le grand prêtre, et se compose de sadducéens (majoritaires) et de pharisiens, dont des scribes. Mais d'autres sources, juives, avancent qu'il était présidé par un *nassi* (« chef »), assisté d'un *ab bet-din* (« père du tribunal »). En fait, selon certains chercheurs, il devait réunir trois conseils sous la responsabilité de ces deux personnages : la religion et les rites, les fautes vis-à-vis de la Torah, les affaires civiles de Jérusalem. Il était chargé par exemple de juger les faux prophètes, toute forme d'impiété ou encore l'adultère.
Sanhédrin, titre du quatrième traité de l'ordre Neziqin de la Michnah (version écrite de la Loi orale), développe les prérogatives du Sanhédrin. Décisionnaire en matière de Halakhah (partie juridique du judaïsme), de décrets (*gezerah*) et d'ordonnances (*taqqanah*), il fixait aussi le calendrier juif, mais un doute subsiste sur sa capacité à prononcer des condamnations à mort. Ainsi, Jésus, au cours de sa Passion, comparaît devant le grand prêtre, mais c'est Ponce Pilate, le préfet romain, qui fixe la sentence car il a seul le « droit de glaive ». Après la destruction du second Temple, en 70 de notre ère, le Sanhédrin, où prédominent les pharisiens, s'installe à Jabneh (Jamnia), et, après la révolte de Bar Kokhba (132-135), à

Tibériade. En 425, les Romains mettent fin à la fonction de *nassi*, et l'assemblée disparaît, laissant l'autorité au *bet din*. Durant cette période s'illustre une grande famille de *nassi*, les Gamaliel.
Afin de gérer les affaires religieuses, la création d'un Sanhédrin dans l'actuel État d'Israël est attendue par certains juifs.

→ **Bar Kokhba, bet din, nassi, Neziqin, sadducéens, scribe.**

Sarah ✡ †

Dans le livre de la Genèse, Sarah, d'abord appelée Saraï, deux noms signifiant « princesse », est l'épouse du patriarche Abraham, et, à ce titre, la première des matriarches d'Israël, avant Rébecca, Rachel et Léa. Elle suit son époux qui, appelé par Dieu, part de Mésopotamie pour la Terre promise, Canaan. La Genèse la décrit d'une beauté telle que le pharaon d'Égypte, où elle est venue avec Abraham pour fuir une famine, en est séduit et prêt à l'intégrer dans son harem. Mais Yahvé, qui veille, intervient et l'en empêche. Longtemps stérile, elle permet à son époux de s'unir avec sa servante Agar, qui accouche d'un fils, Ismaël, ancêtre du peuple arabe – et vénéré dans l'islam. Devenue féconde par faveur divine, mais sur ses vieux jours, elle conçoit Isaac, le fils de la promesse. Sarah disparaît à cent vingt-sept ans. Elle est enterrée à Hébron, dans la grotte de Makpéla, achetée par Abraham. Dans l'épître aux Hébreux, du Nouveau Testament, elle fait partie de ces ancêtres ayant fait preuve d'une foi exemplaire, comme Abraham, Noé ou Hénoch : « Par la foi, Sarah, elle aussi, reçut la vertu de concevoir, et cela en dépit de son âge avancé, parce qu'elle estima fidèle celui qui avait promis. C'est bien pour cela que d'un seul homme, et déjà marqué par la mort, naquirent des descendants comparables par leur nombre aux étoiles du ciel et aux grains de sable sur le rivage de la mer, innombrables... » (11, 11-12). La première épître de Pierre la désigne même ainsi : « Sarah obéissait à Abraham, en l'appelant son Seigneur. C'est d'elle que vous êtes devenus les enfants, si vous agissez bien, sans terreur et sans aucun trouble » (3, 6).

→ **Abraham, Agar, Isaac, Ismaël, patriarche.**

Sarrasins ☪

Les Romains appelaient *Sarraceni* les Arabes avec lesquels ils entretenaient des relations. Au Moyen Âge, le mot « Sarrasins », qui en est issu, en vint à désigner les musulmans en général, au même titre que celui de « Maures ».

→ Barbaresques, Maures.

Satan ✡ † ☪

Le mot *satan*, « accusateur », « adversaire », est le nom hébreu du diable, le prince des démons. Dans la Bible, il est d'abord un auxiliaire de Dieu, qui l'envoie auprès des hommes, puis celui qui accuse les hommes devant Dieu. Ce rôle détestable est décrit avec éclat dans le début du splendide livre de Job (milieu du ve siècle av. J.-C.), dans lequel Satan parvient à convaincre Dieu de punir Job, homme pourtant juste, c'est-à-dire croyant fidèle et sincère. Le pauvre Job parvient à s'entretenir avec Dieu qui, reconnaissant sa sincérité, le restaure dans une condition meilleure que la précédente. Cependant, pour la Bible, Satan reste dans le domaine de Dieu qui, seul, peut déterminer ce qui est bien ou mal. Il prend une dimension supérieure dans les écrits ultérieurs, dont le Talmud (prolongement de la Michnah) et le Midrash (commentaire de la Bible), en devenant le tentateur par excellence ; les manuscrits de Qumrân parlent du Bélial (mot hébreu synonyme de méchanceté), de l'ange des ténèbres toujours prêt à égarer les hommes. Si la tradition populaire s'en est emparée, il reste peu présent dans la liturgie juive.

Satan, spécialiste du mensonge et de la manipulation, devient un personnage à part entière dans le Nouveau Testament. Jésus, peu avant d'entamer son ministère, se retire pendant quarante jours dans le désert de Juda, qui s'étend aux portes de Jérusalem. Il y affronte Satan, qui cherche à le perdre en lui promettant monts et merveilles. Jésus, à chaque fois, en revient à Dieu, montrant son pouvoir de chasser les démons. Le récit est rapporté par les évangiles synoptiques (ceux de Matthieu, Marc et Luc). Chez Matthieu, il s'achève par cette célèbre exclamation : « *Vade retro Satanas* » (Mt 4, 7), « retire-toi Satan ». Jésus sait désormais que Satan ne cessera d'intervenir pendant le temps de sa mission ; selon l'évangéliste Jean (13, 27), il prendra par exemple possession de Judas pour le

conduire à trahir Jésus. De son côté, l'Apocalypse assimile Satan au serpent qui tenta Ève et Adam au paradis, et lutta contre les armées de Dieu ; mais, vaincu, il laisse le Royaume de Dieu s'installer sur Terre.
Dans l'islam, le mot *satan* (*chaïtan*) est utilisé dans le Coran et dans la Tradition du Prophète (*hadith*) pour qualifier tout être humain, ou djinn (créature bénéfique ou maléfique), qui fait et prône le mal. Mais il s'applique souvent, et plus spécifiquement, aux djinns qui tentent les humains et les égarent par le biais des « susurrations » (*el-waswâs*).

→ **Démon, diable, djinns, Job, Qumrân.**

Saül ✡

Le premier livre de Samuel raconte l'histoire terrible de Saül, premier roi d'Israël (1030-1010). Samuel, le prophète, se voit demander par les anciens d'Israël de trouver un roi pour assurer la stabilité du pays, où les tribus ont été trop longtemps divisées. Dieu guide son choix vers Saül, fils de Qish, de la tribu de Benjamin, auquel il donne l'onction royale. Saül se révèle bientôt un grand chef de guerre, en battant les voisins d'Ammon et les Philistins. Mais il commet deux fautes impardonnables aux yeux de Dieu. D'abord, alors qu'il s'apprête à affronter les Philistins, il s'irrite car Samuel est en retard pour l'holocauste promis à Dieu. Il procède donc lui-même au sacrifice. Samuel, en colère, prévient que Dieu ne le protège plus et qu'il va trouver un roi qui sera plus « selon son cœur ». Ensuite, il omet de tuer un ennemi, et partage avec ses troupes le butin pris aux vaincus. C'est un viol de l'anathème ! Samuel ne peut que regretter : « Parce que tu as rejeté la parole de Yahvé, il t'a rejeté, tu n'es plus roi » (15, 23). De fait, le jeune David est oint à Bethléem, et épouse la fille de Saül. Mais ce dernier éprouve une jalousie croissante pour ce gendre : il tente de l'assassiner, le pourchasse à travers le pays, mais sans succès, entre autres grâce à l'amitié profonde qui unit son fils Jonathan et David. Délaissé par Dieu, il sent sa raison chavirer, dévorée par la jalousie et sa haine pour David. Au final, il fait parler Samuel (mort entre-temps) par la bouche d'une nécromancienne (la « sorcière d'En-Dor »), mais n'entend que ce qu'il sait déjà : Dieu l'a maudit, il n'est plus et ne sera plus jamais le roi. Il apprend aussi qu'il doit mourir le lendemain. En ce jour, Saül et trois de ses quatre fils, dont Jonathan, meurent sous les coups des Philistins. La tête du roi déchu est fichée sur une pique et exhibée dans toute la Philistie.

→ **Anathème, David, holocauste, Philistins, Samuel (prophète et livre de).**

Saum ☪

Le jeûne (*saum* en arabe), recommandé à plusieurs reprises dans le Coran, est le moyen de se purifier pour être en accord avec Dieu, avec les saints aussi, mais également pour rappeler, souci constant de tout musulman, que la satiété ne peut voisiner avec ceux qui ont faim. Il atteint son point culminant avec celui du mois de ramadan, le quatrième « pilier » de l'islam. Mais il existe d'autres jeûnes dans le calendrier musulman, chez les mystiques par exemple, ou lors de la fête d'Achoura, surtout de la part des chiites (tenants du chiisme, un des deux courants majoritaires de l'islam) puisque cette dernière commémore la mort d'Hussein, le fils d'Ali (cousin et gendre du Prophète), dont ils se réclament.

→ **Jeûne, mystique, ramadan.**

Scapulaire †

Le scapulaire (du latin *scapulae*, « épaules ») est, dans certains ordres religieux, une pièce de tissu couvrant les épaules, la poitrine et le dos, avec en plus une capuche pour les hommes. Le « scapulaire de Marie », souvent utilisé comme signe de dévotion à la Vierge, est quant à lui une petite pièce de tissu retenue par un cordon passé autour du cou.

→ **Marie, ordre.**

Schisme ✡ † ☪

Le schisme est une « séparation » (*skhisma* en grec). Il correspond en effet à la séparation de deux courants issus d'un même moule politique ou religieux, et se différencie donc de l'hérésie, laquelle professe une opinion divergente. Le judaïsme, soudé depuis des siècles autour de son Dieu et de ses livres sacrés, n'a pas connu de schismes religieux, mais divers courants issus d'une longue évolution. En revanche, il a existé un schisme

politique, celui du royaume d'Israël qui, en 931 av. J.-C., après le règne de Salomon, se scinda en deux royaumes : Samarie au nord et Juda au sud. Il n'en va pas de même dans le christianisme, où l'Église, dès sa naissance, se partagea entre ceux qui souhaitaient conserver les rites juifs et ceux qui y étaient opposés. Mais le plus célèbre reste celui qui divisa, en 1054, le monde chrétien en deux pôles : les orthodoxes et les catholiques s'excommunièrent mutuellement, cette sanction n'ayant été levée qu'au concile Vatican II (1962-1965). Enfin, l'islam a connu de nombreux schismes ; il comporte ainsi deux grandes familles, que séparent depuis des siècles des points fondamentaux : le sunnisme, largement majoritaire, et le chiisme.

→ Chiisme, Église, hérésie, Samarie, sunnisme.

Scribe ✡ †

Les scribes (*soferim* en hébreu, pluriel de *sofer*, « comptable ») occupent une place particulière dans l'histoire du judaïsme. Sachant lire et écrire, grand privilège dans le monde antique, où l'analphabétisme était le lot commun, ils furent d'abord, dès le règne de David (XIe - Xe siècles av. J.-C.), attachés aux cours des rois. À partir du retour d'Exil (Ve siècle), et tandis que la Torah (la Loi divine) est en cours d'achèvement, ils recopient celle-ci, tâche de tout scribe, mais en deviennent aussi des spécialistes et se mettent à l'enseigner, ce qui leur vaut d'être appelés aussi « docteurs de la Loi ». Le premier de ces scribes, et sans doute le plus célèbre, est Esdras (fin IVe siècle). Très présents politiquement, les scribes, qui sont des laïcs, perdent de leur influence après la fin la Grande Assemblée (IIe siècle). À l'époque de Jésus, formés par de longues études, ils poursuivent leur activité de spécialistes et d'enseignants, et se recrutent essentiellement parmi les pharisiens. Selon les évangiles de l'Enfance, Jésus, à douze ans, les subjugue par ses connaissances. Dans les évangiles, il entame avec eux plusieurs discussions au cours de son ministère, leur reprochant de trop suivre à la lettre le contenu de la Loi et de ne pas tenir compte des réalités de la vie juive d'alors. « Gardez-vous des scribes qui se plaisent à circuler en longues robes, à recevoir les salutations sur les places publiques, à occuper les premiers sièges dans les synagogues et les premiers divans dans les festins, qui dévorent les biens des veuves, et affectent de faire de longues prières. Ils subiront, ceux-là, une condamnation plus sévère », rapporte Marc (12, 39-40). Pour Matthieu, Jésus a ces mots : « Si votre justice ne surpasse pas celle des scribes et des pharisiens, vous n'entrerez pas dans le Royaume des Cieux » (5, 20) ; il couvre ensuite scribes et pharisiens de sept malédictions (23, 13-32). De leur côté, les scribes s'étonnent qu'il s'attribue une autorité de docteur de la Loi sans reconnaissance officielle ; ils lui reprochent notamment de vouloir remettre les péchés (en lieu et place de Dieu), de s'afficher avec des publicains (les collecteurs d'impôts), etc., mais certains d'entre eux approuvent ses propos, par exemple en ce qui concerne la résurrection.

Spécialistes en matière de décrets (*taqqanah*), les scribes (appelés *rabbi* à quarante ans) ont produit d'importantes décisions, comme l'institution de la fête de Pourim. La fonction de scribe existe toujours dans le judaïsme. C'est lui qui, témoignant d'une grande compétence, conserve et recopie par exemple les *sifré tora* (rouleau comprenant le Pentateuque), les *Megillot* (les Cinq Rouleaux) ou encore les *teffilin*. Un scribe doit être attaché au tribunal rabbinique chargé de rédiger l'acte de répudiation (*guett*). Le traité Soferim du Talmud (prolongement de la Michnah, version écrite de la Loi orale) recense les règles de ces écritures.

Le mot « scribe » est aussi parfois utilisé pour désigner ceux qui sont chargés de recopier le Coran.

→ **Cinq Rouleaux, Esdras, Grande Assemblée, pharisiens.**

Secte ✡ † ☪

On appelle secte ce qui correspond à une doctrine réunissant des disciples qui suivent sa « direction » (*secta*, d'où vient le mot « secte »). Au sens premier, et large, une secte est donc la formation, à l'intérieur d'une religion, d'un groupe de personnes adhérant à des principes qui leur sont communs, et qui suivent une voie proche sur l'essentiel, mais parallèle à celle de cette religion. Dans le judaïsme, et au temps de Jésus, les pharisiens et les esséniens considérèrent par exemple le christianisme naissant comme une secte. L'islam engendra aussi des sectes, qui se distinguèrent pendant des siècles puis finirent pour la plupart par se fondre dans la religion commune, en l'enrichissant par la même occasion.

Mais ce mot a pris au fil du temps un sens péjoratif, en raison du caractère radical de certains de ces groupes. De fait, dans un sens plus étroit, la secte est une organisation fermée, opaque, aux antipodes des principes prônés par les trois religions du Livre : ouverture, amour, fraternité,

charité, paix... Les adeptes, des personnes particulièrement vulnérables, sont envoûtés par de soi-disant maîtres se réclamant d'une puissance spirituelle supérieure.

Sécularisation †

La sécularisation est le passage du religieux au séculier, c'est-à-dire à ce qui est à l'extérieur de l'Église. Elle s'applique à un religieux vivant selon une certaine règle (un moine bénédictin par exemple), et allant dans le monde extérieur pour y remplir une autre fonction (prêtre par exemple). Elle qualifie aussi le transfert à l'État d'un bien de l'Église. Par extension, elle définit ce qui devient profane (non sacré) et également le passage de toute société à un fonctionnement exempt de références et d'influences religieuses.

→ **Profane, séculier.**

Séculier †

Le christianisme désigne par « séculier » ce qui appartient au siècle (*saeculum* en latin), c'est-à-dire ce qui est profane, qui se situe en dehors de l'Église. Autrefois, lorsque les tribunaux ecclésiastiques ne s'estimaient pas compétents, ils faisaient appel, par exemple au cours de l'Inquisition, à l'État, dont les lois étaient habilitées à trancher une affaire et à exécuter un condamné : on parlait alors de s'en remettre au « bras séculier », expression illustrant la puissance temporelle qui ne peut être comparée à la puissance spirituelle. Mais un clerc, prêtre par exemple, est encore dit séculier lorsqu'il n'est pas régulier (c'est-à-dire lorsqu'il n'obéit pas à une règle, comme les moines). Le « séculier » peut, par extension, s'appliquer à tout pays où la religion n'est pas au fondement du gouvernement.

→ **Clerc, Église, Inquisition, prêtre, spirituel.**

Séder ✡

Le Séder (« ordre » en hébreu) est la manière dont se déroule le premier soir de Pessah, la Pâque (les deux premiers soirs dans la diaspora). Se substituant au simple sacrifice de l'agneau effectué à l'origine de la fête, il consiste en un enchaînement de rites pratiqués en famille. Sa première codification apparut dans la Michnah (version écrite de la Loi orale), dans le traité Pesahim de l'ordre Moed, tandis que l'ordre de sa liturgie est contenu dans la Haggadah (ensemble littéraire). Le Séder consiste en prières et dispositions alimentaires, le tout renvoyant à la libération des Hébreux, d'Égypte, événement situé au cœur de l'histoire d'Israël.

D'abord, on saisit une coupe de vin symbolisant la rédemption et on prononce le Qiddouch – en récitant deux parties du Hallel. Puis, après l'ablution des mains, on trempe un légume vert dans de l'eau salée (larmes des Hébreux), on partage en deux la *matsah* (pain azyme), l'une des moitiés étant réservée pour le « dessert » (*afikomane*). Pour que les enfants apprennent l'histoire exemplaire des Hébreux, on lit ensuite des récits extraits de la Haggadah. À cette occasion, le plus jeune participant (en général) pose quatre questions (dont *Pourquoi manger la matsah, les herbes amères...*). Suivent le Hallel – au cours duquel trois autres coupes, symbolisant aussi la rédemption, seront bues –, la consommation de la *matsah*, du *maror* (herbes amères) trempé dans le *harosseth* (pâte faite de pommes, de dattes, de noix, d'amandes, le tout arrosé de vin), celui-ci symbolisant le mortier utilisé par les esclaves Hébreux. Enfin, vient le repas proprement dit, qui doit comprendre un os rôti (rappelant les anciens sacrifices de l'agneau). Après l'*afikomane*, et donc la fin du repas, on récite une formule d'action de grâces et la seconde partie du Hallel, avant de terminer par une formule renvoyant à l'année suivante.

→ **Ablution, Had gadya, Hallel, Moed, Qiddouch, vigne.**

Séfarades ✡

Les séfarades constituent aujourd'hui l'une des deux grandes familles juives, avec les ashkénazes. L'hébreu *Sefarad* ou *Sepharad* est utilisé dans la Bible par le prophète Abdias (20) : « Les exilés de cette armée, les enfants d'Israël, posséderont la terre des Cananéens jusqu'à Sarepta, et les exilés de Jérusalem qui sont à Sepharad posséderont les villes du Négeb [région d'Israël]. » On interpréta ensuite cette phrase en appliquant le mot à l'Espagne, puis, au fil du temps, aux juifs originaires de ce pays et du Portugal, ou résidant en péninsule Ibérique : ce furent les séfarades, francisation de l'hébreu *sefaradim*.

Les juifs s'implantèrent assez tôt en Espagne, mais à une date imprécise. Avant le VIIe siècle, nous trouvons des communautés paisibles, en liaison avec les autorités de Babylone et de Palestine ; puis vient une période de persécution engagée par les rois convertis au catholicisme, jusqu'à l'arrivée des musulmans en 711. Pendant trois siècles, le judaïsme espagnol prospère, produit une littérature prestigieuse et de grands esprits, comme Moïse Maïmonide, auteur du Michneh Torah, actualisation de la Torah (1135 ou 1138-1204). Mais les Almohades (dynastie berbère, 1130-1269), moins tolérants que les Almoravides (autre dynastie, 1056-1147), qu'ils chassent d'Espagne, et la Reconquista (reconquête) catholique les évincent du pays, en forçant les juifs du Sud à rejoindre le Nord. Là, ils vivent tranquillement, leur culture rayonnant en Europe, tel, en littérature, le *Zohar* de Moïse de Léon (1240-1305), livre fondamental de la kabbale (mystique juive). Mais les persécutions se généralisent en Espagne, et aboutissent, sous la pression de l'Inquisition, à l'expulsion des juifs ou à leur conversion forcée (ces convertis sont appelés marranes), mesure qui raye de la carte le grand centre juif du Moyen Âge. Les juifs de la péninsule Ibérique, espagnols et portugais, désormais « séfarades », se répartissent dans les territoires de l'Empire ottoman (dont l'Afrique du Nord), à Venise et Amsterdam (centre très important), en Palestine, qu'ils impriment de leur culture, et jusqu'en Amérique. Ils conservent leurs traditions, leur liturgie, une langue particulière (le judéo-espagnol, ou ladino, encore parlé de nos jours), éditent leurs grands textes, participent au commerce avec le Nouveau Monde. Actifs dans l'émergence du sionisme, au XIXe siècle, les séfarades d'Europe sont, au siècle suivant, décimés par la Shoah, notamment en Grèce. Aujourd'hui, la diaspora séfarade a des représentations en France et aux États-Unis. En Israël, où 60 % des juifs sont séfarades, le grand rabbin séfarade a une autorité supérieure à son homologue ashkénaze, mais les rouages de l'État sont dominés par les ashkénazes, ce qui a créé, selon certains commentateurs, une disparité sociale.

→ **Abdias, ashkénazes, diaspora, Inquisition, kabbale, Reconquista, sionisme.**

Sefer Hassidim ✡

Le Sefer Hassidim, ou « Livre des Dévots », a profondément marqué la Halakhah (guide de conduite du judaïsme) et le monde juif en général. Il s'agit d'une œuvre du hassidisme (mouvement pieux) allemand attribuée à Yehoudah le Hassid (1150-1217), qui fut un grand maître de ce courant, bien qu'une partie, selon les chercheurs, serait de la main de son père, Rabbi Yehoudah Samuel. L'ouvrage est centré sur la conduite éthique individuelle, le péché et sa conséquence, le repentir, autant de caractéristiques de l'homme pieux (*hassid*). Dans ce livre, pionnier en matière d'éthique du judaïsme, on apprend ce que pouvait être l'existence individuelle et collective à cette époque. Et en premier lieu celle du *hassid*, chez qui les brimades et quolibets ne doivent recueillir qu'impassibilité et respect, pour qui l'ascèse et le dépouillement sont nécessaires afin de mieux lutter contre les richesses (source des inégalités), tout comme les pénitences le sont pour les péchés qui résultent des tentations. On y trouve décrit jusqu'au mode de vie, par exemple comment s'habiller, travailler, prier, commercer… Car, tout en aimant Dieu, il faut le craindre.

→ **Ascèse, hassidisme, péché, repentir.**

Sefer Torah ✡

Le Sefer Torah (« Livre de la Torah »), objet particulièrement sacré du judaïsme, parfois richement ouvragé, est le rouleau de la Torah (Loi divine). Son existence remonte aux rois d'Israël, qui devaient en posséder un exemplaire. Recopié à l'encre noire et à la plume par un scribe, il est conservé dans l'arche sainte de la synagogue. Il en est sorti lors de l'ouverture (*petiha*) de celle-ci, à diverses occasions (shabbat, jeûnes, fêtes comme celle du Simhat Torah). Les fidèles se lèvent lors de sa sortie et le baisent à son passage, aller et retour. Ce parchemin doit provenir d'un animal abattu selon les règles de la *chehita* (abattage rituel), ou simplement avoir été autorisé à la consommation. Tout juif se doit de participer au financement d'un Sefer Torah, même d'une seule de ses lettres, et, quand il le peut, de l'écrire lui-même.

→ **Bimah, chehita, Kéter, maftir, Simhat Torah, Torah.**

Sefer Yétsira ✡

Le Sefer Yétsira, ou « Livre de la Création », fut composé du IIIe au VIe siècle apr. J.-C. Cet ouvrage est à la fois philosophique, linguistique (hébreu), et surtout mystique en raison de son influence ultérieure sur la kabbale (mystique juive). Il comprend six chapitres évoquant la création du monde au travers des outils de la Sagesse divine. Ce sont les vingt-deux lettres de l'alphabet hébraïque (pouvant par exemple insuffler la vie au golem), et les *sefirot* (les dix nombres ou degrés du monde divin), mot qui apparaît pour la première fois dans ce traité et dont l'utilisation sera développée dans le

Sefer ha-Bahir (« Livre de la Clarté »). Ces lettres sont réparties en trois familles : les trois mères (*aleph*, *mem*, *shin*), les lettres à double prononciation et les lettres simples. Les *sefirot*, soumis aussi à Dieu, correspondent aux éléments (air, feu, eau) et à l'Esprit divin, mais aussi aux directions du cosmos (points cardinaux, début et fin, haut et bas, etc.).

→ **Création, Golem, kabbale, mystique, Sagesse de Dieu, sefirot.**

Sefirot ✡

Les *sefirot* sont les dix nombres ou degrés du monde divin qui, par nature, est infini (*En Sof*), intemporel, inconcevable.

Le Sefer Yétsira (« Livre de la Création », IIIe-VIe siècle apr. J.-C.), grande source d'inspiration de la kabbale, mystique juive apparue au XIIIe siècle, cite pour la première fois les *sefirot* (de l'hébreu *safar*, « compter »). Édité à la fin du XIIe siècle, le Bahir (Sefer ha-Bahir « Livre de la Clarté »), autre livre fondamental de la kabbale, en reprend le principe. Les *sefirot* y sont qualifiées d'« arbre mystique » ou « de la Sagesse », pour signifier que ces puissances sont à la source de la Création. Le *Zohar* et la kabbale en développeront ensuite la nature et le rôle.

Comme l'univers qui a été créé par étapes, les *sefirot* viennent de l'essence même de Dieu (principe dit de l'émanation). Elles forment une structure géométrique complexe, ou « arbre sefirotique », au centre duquel rayonne la plus puissante, le *Kéter* (« couronne »). Diverses classifications ont été données, mais la plus répandue les range par ordre décroissant d'importance. Nous trouvons d'abord les trois *sefirot* majeures : *Kéter*, la volonté suprême de Dieu ; la Sagesse (*Hochmah*), inhérente à Dieu, et indispensable dans l'œuvre de création, laquelle ne peut s'organiser sans l'Intelligence (*Binah*). Suivent les *sefirot* correspondant à ce que Dieu dispense. Elles permettent donc de réaliser concrètement la Création : placées à droite et à gauche de l'arbre, elles peuvent voir leur harmonie bouleversée par le péché, dispensant alors le mal au lieu du bien. Il s'agit de Guevourah (rigueur ou puissance), Hessed (grâce ou charité), Tiphéret (splendeur), Nétsa (Victoire), Hod (Gloire), Yessod (fondement du monde). La dernière, Malkout (Royaume), est assimilée à la *shekina* (présence divine) : de principe féminin, elle émane grâce aux trois *sefirot* majeures afin de se manifester à notre monde, qu'elle gouverne.

→ **Bahir (Sefer ha-), kabbale, Loubavitch, mystique, Sagesse de Dieu, Sefer Yétsira, Zohar.**

Seigneur ✡✝☪

Dieu, en tant que créateur et maître du monde, est le Seigneur (du latin *senior*, « aîné ») de la Terre, de l'univers, le seigneur de tous les seigneurs. Il ne dépend de personne, et devant lui, tout homme n'est qu'une minuscule créature, un humble serviteur. Cette prééminence se retrouve dans la Bible sous le nom d'Élohim. Les juifs, qui ne prononcent pas le nom de Dieu (Yahvé est la prononciation du tétragramme YHWH), lui ont substitué celui d'Adonaï, « Mes Seigneurs ». Les évangiles du Nouveau Testament évoquent aussi souvent Dieu sous le qualificatif de Seigneur (*Kyrios* en grec, traduction d'Adonaï), mais aussi Jésus en tant que Fils de Dieu. Dans l'islam, Dieu reçoit aussi le nom de Seigneur (Rabb), omniprésent dans le Coran.

→ **Adonaï, Élohim, Kyrie.**

Seldjoukides ☪

Les Seldjoukides, d'origine turque, ont constitué l'une des plus grandes dynasties de l'islam (XIe-XIIIe siècles) car ils ont contribué, entre autres, à ouvrir la voie aux Ottomans (1281-1924) et donc à bâtir la Turquie d'aujourd'hui. Ils correspondent en outre à l'arrivée des Turcs dans le monde musulman. Il a existé en fait deux dynasties de Seldjoukides.

Au tournant du Xe siècle, Seldjouk, fils de Dokak, se convertit à l'islam avec son peuple. Son fils Arslan lui succède et élargit ses possessions, notamment grâce à ses deux neveux, Tchaghri beg et Toughroul beg. Le premier État Seldjoukide voit ainsi le jour en 1034, dans l'actuelle Turquie. En 1040, Toughroul beg est fait sultan et pousse jusqu'en Iran, en Afghanistan, en Irak (1055) : ce sont les Grands Seldjoukides (1038-1194). Après sa mort (1063), Alp Arslan, son neveu, lui succède, met en place une administration et étend les conquêtes jusqu'en Arménie (1064), dans le reste de la Turquie, et remporte une victoire éclatante au lac de Van, en 1071, contre l'empereur de Byzance. L'année suivante, son fils Malik shah le remplace ; mais, après la disparition de celui-ci (1092), l'empire se délite et la lignée des Grands Seldjoukides s'éteint en 1194. On doit aux Grands Seldjoukides de profondes réflexions sur le fonctionnement d'un État musulman : système de formation des fonctionnaires, finances. Le grand artisan en fut le vizir (chef de l'administration) Nizam al-Moulik (1018-1092).

Parallèlement se développa une dynastie dissidente de la première. Ce sont les Seldjoukides de Roum (Rome en arabe, en référence à l'Empire romain de Byzance), en Anatolie. Fondée en 1077, elle concourt à l'implantation turque en Asie Mineure, et dans cette vaste région (Anatolie) de la Turquie actuelle. Brillante, elle est établie à Konya, et, bien que menacée dès 1237 par des querelles de pouvoir puis par les Mongols en 1243, se prolonge jusqu'en 1307 avec le dernier sultan, Massoud. Les Ottomans se rendront maîtres de l'Anatolie, d'où ils entameront leurs conquêtes au XIVe siècle. Pendant le règne de ces Seldjoukides de Roum, le commerce fut très actif, notamment en Anatolie, où subsistent des caravansérails, témoins d'une architecture florissante que l'on peut aussi admirer dans certaines mosquées, ornées de splendides éléments sculptés et de décorations de faïence – par exemple, à Konya, la mosquée Alaedin (1220-1221), et la madrasa (école coranique de 1251), abritant le musée des céramiques. Enfin, les Seldjoukides d'Anatolie ont favorisé le soufisme (mystique), avec notamment la confrérie des mawlawi de Konya, appelés derviches.

→ **Croisades, derviche, soufisme.**

Semaine sainte †

La Semaine sainte est le nom donné aux sept jours précédant Pâques, fête de la Résurrection de Jésus. Elle commence au dimanche des Rameaux (entrée triomphale de Jésus à Jérusalem) et de la Passion, se poursuit avec le Jeudi saint (jour de la Cène, donc consacré à l'eucharistie et au sacerdoce) et le Vendredi saint (jour de la crucifixion). La veille de Pâques, le samedi soir, a lieu une veillée.

→ **Carême, Pâques, Passion, Rameaux, Vendredi saint.**

Séminaire ✡ †

Le mot « séminaire » vient du latin *seminarium*, « pépinière », issu de *semen*, « semence ». Ce sont des établissements où sont formés et éduqués à l'exercice du culte rabbins juifs et prêtres catholiques. L'islam ne possède pas de telles structures, puisqu'il n'existe pas de clergé. D'abord formés au sein des *yéshivot*, écoles religieuses supérieures, les rabbins commencèrent à rejoindre les séminaires au XIXe siècle, période suivant l'émancipation des juifs d'Europe et qui nécessita la désignation de responsables de communautés, au sens large et non plus seulement religieux. Cette responsabilité est toujours d'actualité.

Le séminaire catholique trouve son origine dans des écoles fondées dès le IVe siècle et destinées à la formation des clercs. D'abord présents dans les diocèses qui pouvaient en créer, les séminaires furent généralisés à tous les diocèses lors du concile de Trente (1545-1563), qui décida de changements destinés à combler le manque de prêtres suffisamment et correctement formés. Ainsi naissent des congrégations engagées dans ce défi, comme les lazaristes de saint Vincent de Paul (1625) et les sulpiciens de Jean-Jacques Olier (633). Nous pouvons distinguer le « petit séminaire », école secondaire dispensant un enseignement général sans que l'on soit obligé de s'engager ultérieurement dans la vie religieuse ; et le « grand séminaire », où les élèves reçoivent un enseignement théologique en vue de recevoir le sacrement de l'ordre. Tous les séminaires dépendent de l'évêque du diocèse. Ils dispensent une formation sous le contrôle de la Sacrée Congrégation de l'enseignement catholique, qui siège au Vatican.

→ **Lazaristes, prêtre, rabbin, sulpiciens.**

Sémites ✡ ✝ ☪

Le mot de sémite a pour origine Sem, fils de Noé, le héros du Déluge. La Bible, qui dans le livre de la Genèse explique l'origine des peuples du Proche-Orient, en fait l'ancêtre des sémites (Gn 6, 9), nom repris en 1781 par l'orientaliste allemand Schlözel.

Les sémites ont produit l'écriture alphabétique, et le monde leur doit les trois religions du Livre. Ils ne sont pas définis par des critères religieux ou physiques, mais par leur langue. Ils se répartissent en effet en quatre grandes familles issues d'un rameau linguistique très ancien, datant du IVe millénaire av. J.-C. À cette époque, des peuples nomades (la Bible les appelle Akkadiens ou Amorites), venant sans doute de la péninsule Arabique, se répandirent progressivement au Proche-Orient, depuis le Sinaï jusqu'à la Mésopotamie (Irak), en passant par la Palestine et Israël (les Hébreux), la Syrie (les Araméens), la Phénicie (Liban). Les sémites gagnèrent également l'Arabie dès le milieu du Ier millénaire. Ainsi sont apparues plusieurs langues, à l'est (assyrien, babylonien), au sud (arabe,

éthiopien...), à l'ouest (hébreu, phénicien...) et au centre (araméen, syriaque...). Nous constatons alors que le mot « antisémitisme », né en 1873 dans un texte prônant la haine des juifs, n'est pas adapté à ce qu'il veut signifier. Arabes, Syriens, Palestiniens, Israéliens sont en effet tous sémites par leur langue.

→ **Antisémitisme, arabe, Araméens, hébreu.**

Sept Dormants † ☪

La légende des Sept Dormants raconte que l'empereur romain Dèce (250-251), particulièrement actif dans les persécutions contre les chrétiens, s'arrêta à Éphèse (Turquie), une splendide ville antique. Là, sept jeunes chrétiens, déserteurs de l'armée impériale pour ne pas adorer les divinités païennes, s'étaient arrêtés dans une grotte pour s'y reposer. Dèce ordonna de les emmurer vivants. Ils s'endormirent et se réveillèrent sous l'empereur Théodose II, en 448, soit bien après l'arrêt des persécutions (313) et le décret instituant le christianisme comme religion officielle de l'empire. Ils apparurent peu de temps, annonçant la résurrection des morts au jour du Jugement dernier, et, pour l'y attendre, retournèrent dans leur grotte, qui fut murée. Cette légende, au sens religieux du terme (récit de la vie d'un saint), fut composée à Éphèse au Vᵉ siècle, en grec, puis traduite en latin au VIᵉ siècle, période où le souvenir de ces sept martyrs fit l'objet d'une vénération, tant en Orient qu'en Occident. Une fête, fixée au 28 juillet chez les catholiques et au 23 octobre en Orient, en célèbre la mémoire.
Dans l'islam, le Coran se fait l'écho de la légende des Sept Dormants (*Ahl al-Kahf*, les Gens de la Caverne) dans *La Caverne* (18, 8-12). Cette 18ᵉ sourate (chapitre), dont la lecture est recommandée le jour du vendredi, les présente aussi comme les messagers du Jugement, thème eschatologique (relatif à la fin des temps) fréquent dans le Coran et très développé dans la religion musulmane.

→ **Caverne (La), Jugement dernier, légende, vendredi (prière du).**

Septante ✡ †

Commencée vers 250 avant notre ère et terminée au siècle suivant, la Septante (« soixante-dix »), la plus ancienne traduction de la Bible, fut faite en grec, à la demande des rois Ptolémées d'Égypte, pour les juifs de la diaspora qui, pénétrés de culture grecque, ne lisaient plus l'araméen et l'hébreu. Le travail commença par les cinq livres de la Torah (Pentateuque, ou « Cinq Rouleaux ») – une légende prétend que, à Alexandrie, en Égypte, 72 (ou 70 ?) traducteurs travaillant indépendamment en donnèrent en soixante-douze jours des versions identiques. Puis ce travail fut augmenté d'une cinquantaine de traductions de provenances diverses, certaines tirées de livres de la Bible hébraïque, dont certains reçurent des ajouts (Daniel, Esther, Jérémie, Psaumes), et d'autres de livres qui n'en font pas partie (Esdras, Judith, Maccabées, Sagesse de Salomon, Siracide, Tobie). Enfin, le classement des ouvrages de la Septante différait de l'original en hébreu. Cette traduction fut plutôt mal accueillie par les milieux rabbiniques de Palestine.

Au Ier siècle de notre ère, le judaïsme la rejeta, mais elle fut adoptée par la jeune Église chrétienne, qui devait en faire l'« Ancien Testament ». La Septante resta la principale référence en matière de traductions, jusqu'à la Vulgate de saint Jérôme (347-420). Depuis la Renaissance, et Luther en particulier (promoteur de la Réforme protestante), les traducteurs œuvrent à partir de l'original en hébreu.

→ **Bible, Pentateuque, Testament, Tobie (livre de), Torah, Vulgate.**

Séraphin ✡ ✝ ☪

La Bible mentionne une fois les séraphins, dans la vision d'Isaïe, qui, en 740 avant notre ère, reçoit alors dans le Temple de Jérusalem sa vocation de prophète (chapitre 6) : « Des séraphins se tenaient au-dessus de lui. Ils avaient chacun six ailes : deux pour se couvrir le visage, deux pour se couvrir les pieds, et deux pour voler. Ils se criaient l'un à l'autre : "Saint ! Saint ! Saint ! Yahvé, Dieu de l'univers. Toute la terre est remplie de sa Gloire." Les pivots des portes se mirent à trembler à la voix de celui qui criait, et le Temple se remplissait de fumée. Je dis alors : "Malheur à moi ! Je suis perdu, car je suis un homme aux lèvres impures, j'habite au milieu d'un peuple aux lèvres impures : et mes yeux ont vu le Roi, le Seigneur de l'univers !" L'un des Séraphins vola vers moi, tenant un charbon brûlant qu'il avait pris avec des pinces sur l'autel. Il l'approcha de ma bouche et dit : "Ceci a touché tes lèvres, et maintenant ta faute est enlevée, ton péché est pardonné." » Dans le christianisme, ils occupent le haut de la hiérarchie des anges, dans le judaïsme et dans l'islam, les séraphins sont les

soutiens du trône de Dieu. Dans la sourate (chapitre) 40 du Coran, *Celui qui pardonne*, et dans la sourate 69, *Celle qui doit venir*, ils sont au nombre de huit. Malgré leur nom, issu du pluriel hébreu *seraphim*, qui signifie peut-être « brûlants », ils ne semblent pas dénués de vie, tout comme leurs cousins chérubins. Ils ne sont pas sans rappeler les figures humaines ou animales qui, au Proche-Orient, étaient associées aux cultes.

→ Ange, chérubin, Isaïe, Temple, vocation.

Sermon ✡ † ☪

Le sermon n'est pas une leçon de morale, mais une « conversation » (*sermo* en latin). En cela, il ressortit à la prédication, laquelle est l'art de « prêcher » (*prædicare* en latin), c'est-à-dire d'enseigner. Par exemple, le discours sur la Montagne, prononcé par Jésus, est appelé aussi sermon. Ainsi est apparue une discipline particulière, l'homilétique (du grec *homilia*, « enseignement »), dispensée dans les séminaires juifs par les rabbins. Le sermon (*drasha* en hébreu), qui englobe divers domaines de la vie et de la foi, est pratiqué dans les synagogues depuis des siècles, mais aussi par l'Église catholique, qui l'a remplacé, depuis le concile Vatican II (1962-1965), par l'homélie. Dans l'islam, il est également d'usage de prononcer un sermon (*al-khoutbah*) avant la grande prière du vendredi, dans les mosquées principales, depuis le *minbar* (chaire) et lors de la prière des deux fêtes (aïd al-Fitr et aïd al-Kébir).

→ Homélie, Montagne (discours sur la).

Shabbat ✡ † ☪

Respectant la définition antique de la journée, le shabbat (« repos »), septième et dernier jour de la semaine, commence le vendredi soir juste après le coucher du soleil et s'achève le lendemain, samedi, au même moment, lorsque les étoiles pointent dans le ciel. Il est aussi le jour de congé officiel de l'État d'Israël. En outre, il est à l'origine de l'année sabbatique (année de repos particulier).

Le shabbat a deux origines dans la Bible. L'une, dans le livre de l'Exode (20, 8-11), le rattache au dernier jour de la Création, où, rapporte la Genèse, Dieu se reposa : « Tu te souviendras du jour du shabbat pour le sanctifier. Pendant six jours tu travailleras et tu feras tout ton ouvrage ; mais le septième jour est un shabbat pour Yahvé ton Dieu. Tu ne feras aucun ouvrage, toi, ni ton fils, ni ta fille, ni ton serviteur, ni ta servante, ni tes bêtes, ni l'étranger qui est dans tes portes. » L'autre, énoncée par le Deutéronome (5, 12-15), se trouve dans le Décalogue lu par Moïse sur le mont Sinaï, devant les Hébreux rassemblés pour recevoir l'Alliance avec Dieu : « Observe le jour du shabbat pour le sanctifier, comme te l'a commandé Yahvé, ton Dieu. Pendant six jours tu travailleras et tu feras tout ton ouvrage, mais le septième jour est un shabbat pour Yahvé ton Dieu. Tu n'y feras aucun ouvrage, toi, ni ton fils, ni ta fille, ni ton serviteur, ni ta servante, ni ton bœuf, ni ton âne ni aucune de tes bêtes, ni l'étranger qui est dans tes portes. Ainsi, comme toi-même, ton serviteur et ta servante pourront se reposer. »

Le shabbat est donc un jour chômé, entouré d'une série de règles, d'interdictions, mais aussi d'aménagements (*érouvim*). Sa naissance se perd en fait dans un très lointain passé, et peut-être a-t-il été emprunté à l'une des civilisations du Proche-Orient, où la consécration divine d'un jour particulier était une pratique fréquente. Quoi qu'il en soit, depuis le retour de l'Exil (VIe siècle av. J.-C.), le shabbat est le pilier du judaïsme et de son calendrier, un bien précieux dont les prophètes recommandèrent la stricte observance, sous peine du châtiment de Dieu – lequel s'abattit en effet sur Israël. Dans la Michnah (version écrite de la Loi orale), les règles entourant le shabbat sont consignées dans le traité du même nom (ordre Moed). Aux trente-neuf interdictions qu'il contient, le Talmud (prolongement de la Michnah) en a ajouté d'autres, comme les *gezerot* (décrets). Nous y trouvons notamment proscrit tout ce qui ressemble à un échange (transport d'un objet par exemple), une activité productrice et commerciale, une production d'énergie (allumer la lumière électrique).

À la synagogue, avant l'office du soir, Maariv, a lieu le kabbalath shabbat (« accueil du shabbat »), où sont notamment récités des psaumes. À Maariv, la prière de l'Amidah est différente de celle des autres jours. Le samedi, Chaharit (matin) et Minhah (après-midi) suivent une liturgie également particulière et variant selon les communautés. Le shabbat est aussi une source de joie familiale. Le vendredi soir, la maîtresse de maison l'inaugure en allumant deux bougies (symbole de la lumière divine et référence aux deux passages de la Bible cités plus haut). Puis viennent des *zémiroth* (cantiques), et le chalom alekhem (« que la paix soit sur vous »). Après le Qiddouch (bénédiction au-dessus d'une coupe de vin), on bénit le pain (*hallah*), et on mange le repas de fête préparé au préalable.

Ce repas se clôt par le *birkat ha-mazon* (« action de grâces après le repas »). Le lendemain, le déjeuner et le plat dégusté dans l'après-midi sont aussi précédés du Qiddouch.

Le shabbat est bien entendu une institution centrale au temps de Jésus, qui, tout en respectant sa sainteté, déclare que tous les interdits qui l'entourent, particulièrement contraignants, ne sont pas conformes à la Loi (la Torah) dont il est issu. Ainsi, il est impossible de guérir les malades, part importante des miracles de Jésus. Les évangiles synoptiques (Matthieu, Marc et Luc) rapportent que, pour Jésus, « le shabbat a été fait pour l'homme et non l'homme pour le shabbat ». Jésus s'affirme comme le « maître du shabbat » : « Le Fils de l'homme est maître du shabbat », ajoute-t-il dans l'évangile de Marc (2, 27-28). Sa volonté d'adapter une législation trop lourde provoque l'opposition des autorités religieuses de Jérusalem et concourt à son arrestation. Jésus est crucifié la veille de la Pâque, qui, cette année-là, tombait en même temps que le shabbat. Les chrétiens reprendront le principe du shabbat pour le dimanche, leur jour de repos.

Pour le Coran, le shabbat est sacré, et ceux qui le transgressent sont transformés en « singes abjects » (sourate *La Vache*, 2, 65) – on retrouve ici une tradition du Talmud selon laquelle des hommes, après l'épisode de la tour de Babel, furent changés en singes. Ce respect du shabbat figure aussi dans les sourates *Les Femmes* (4, 47 et 154), *al-Araf* (7, 163) et *Les Abeilles* (16, 124).

→ Alliance, Deutéronome, dimanche, érouv, Genèse, sabbatique (année), Talmud.

Shekina ✡

Le mot hébreu *shekina* (« demeure ») n'apparaît pas dans la Bible, mais à partir de l'époque des *tannaïm* (début Ier siècle- fin IIe siècle apr. J.-C.), prestigieux érudits. Il peut désigner Dieu lui-même, mais s'applique surtout à sa présence. La *shekina*, synonyme de lumière, fut ainsi présente dans le Tabernacle des Hébreux, dans le Saint des Saints (*debir*) du premier Temple de Jérusalem. Elle accompagna aussi les prophètes, les juifs durant leurs divers exils et, dit-on, serait encore présente au mur Occidental de Jérusalem (mur des Lamentations pour les chrétiens). Si le péché l'éloigne, le respect de la Torah (la Loi divine) et l'amour la ramènent, et tout prosélyte (converti) est placé sous son aile. Dans la mystique juive, la kabbale, la *shekina*, principe féminin, est la dernière des dix *sefirot* (nombres magiques du monde divin) ; en recevant l'énergie des neuf autres, qui lui sont supérieures, elle diffuse sa lumière. Son mariage avec la sixième *sefirah*, le Mari, conduit à l'harmonie suprême avec le monde divin. Dans l'islam, l'équivalent de la *shekina* est la *sakina*, qui, on le constate, est un mot très proche.

→ **Kabbale, Lamentations, sakina, Saint des Saints, tabernacle.**

Shéol ✡

Le *shéol*, dont l'étymologie est incertaine, est, dans la Bible, le séjour des morts, qu'ils aient été bons ou mauvais. Hénoch et le prophète Élie, objets d'une ascension au ciel, font exception. Mais, au contraire des mondes d'en bas en vigueur dans l'Antiquité égyptienne, grecque puis romaine, il est synonyme de vide, de néant. Les défunts n'y rencontrent aucune divinité, aucun démon, pas de diable ni de liturgie. Il ne s'agit donc pas encore de la résurrection, qui sera abordée par le prophète Ézéchiel, et surtout Daniel.

→ **Ascension, Daniel, Élie, enfer, Ézéchiel, résurrection.**

Shoah ✡

Le mot hébreu Shoah, ou Choah (« cataclysme, catastrophe »), désigne le génocide des six millions de juifs, femmes, hommes, enfants, perpétré par les nazis durant la Seconde Guerre mondiale – il est préférable à celui d'holocauste (destruction par le feu), sacrifice ancien du judaïsme.

Le vieux fonds antijuif européen, exprimé dans des ouvrages du XIXe siècle et perceptible par exemple lors de l'affaire Dreyfus (1894-1899), trouve un terreau favorable dans l'Allemagne meurtrie par la Grande Guerre, puis ruinée par la crise de 1929. Les Allemands, pour qui la défaite est « politique » et non militaire, éprouvent une frustration nationale dont profite le NSDAP, le parti national-socialiste d'Hitler : la faute, dit ce dernier, en revient aux « races inférieures », surtout le juif, étranger dangereux, parasite et machiavélique, prêt à s'emparer du monde. Hitler préconise une Allemagne « purgée des juifs » (*judenrein*). Quand il accède au pouvoir en 1933, et qu'il prend les premières mesures antijuives – comme celles de Nuremberg (1935), qui privent les juifs de leur citoyenneté allemande –, aucun pays européen ne bouge ni ne proteste ; on dénombrera environ deux mille mesures entre 1933 et 1945. Tandis que l'étoile jaune (de David), rappelant la rouelle du Moyen Âge, a déjà envahi les rues, la conférence internationale d'Évian, chargée d'étudier le cas des réfugiés, publie en juillet 1938 ce texte stupéfiant : « Aucun des États [...] ne conteste au gouvernement allemand le droit absolu de prendre à l'égard de certains de ses ressortissants des mesures qui relèvent uniquement de l'exercice de sa souveraineté. » Jusqu'à cette date-là, des juifs d'Allemagne ont été incités à émigrer, ou ont été expulsés. Le 7 novembre 1938, le diplomate allemand von Rath est assassiné à Paris par un jeune juif polonais : les nazis déclenchent alors la nuit de Cristal (9-10 novembre), nom inspiré par des vitrines éclatant en mille morceaux, pogrom à l'échelle nationale et début de la déportation massive de juifs vers les camps. Cette nuit, trop démonstrative, laisse place à une répression sournoise.

Le principe du « camp » a déjà existé, par exemple à Cuba sous les Espagnols (1896), en Afrique du Sud sous l'autorité du général anglais Kitchener, au cours de la guerre des Boers (1899-1902), lors du génocide arménien par le pouvoir turc (1915), en URSS avec les goulags de Staline ouverts dès 1918. Mais les nazis l'« industrialisent ». En 1933 s'ouvrent les *Konzentrationslager*, ou KL (« camps de concentration »), comme celui de Dachau, où sont envoyés les opposants, surtout communistes, les homosexuels, les juifs « politiques », tout ce qui n'est pas de « race pure ». En 1935, les SS d'Himmler intensifient la terreur.

En septembre 1939, l'Allemagne nazie, qui a annexé les Sudètes et l'Autriche, écrase la Pologne, où vivent trois millions de juifs. Himmler crée le RSHA (Office central pour la sécurité du Reich), dirigé par Heydrich, Adolf Eichmann s'occupant de la « question juive ». La guerre entravant l'émigration, il est prévu de masser les juifs autour de Lublin, en Pologne, mais le gouverneur de ce pays, Hans Franck, s'y oppose. Le choix se porte sur Madagascar, colonie de la France vaincue en avril 1940, mais les Anglais, présents sur les mers, contrarient ce projet. Enfin, en juin 1941, l'invasion de l'URSS (opération Barbarossa) marque le début de l'extermination : derrière les lignes arrière, les *Einsatzgruppen* (« groupes d'action spéciale ») fusillent un tiers des trois millions de juifs d'URSS. À la fin de 1941, l'Allemagne, dont les conquêtes ont atteint leur plus grande extension, rend donc l'Europe *judenrein*. Le 20 janvier 1942, Heydrich préside la conférence de Wannsee, non loin de Berlin, qui élabore la « solution finale [*Endlösung*] de la question juive », idée née on ne sait quand dans l'esprit d'Hitler : les juifs seront transférés à l'Est. Puis, rapportera Eichmann à son procès (1961), leur élimination est évoquée oralement. En février, Madagascar n'est qu'un souvenir. Les juifs, et d'autres, sont désormais « déportés » par train jusqu'aux *SS Sonderkommando*, ou SK, les six camps « d'extermination » installés en Pologne : Auschwitz-Birkenau, Belzec, Chelmno, Maïdanek, Sobibor, Treblinka. Les victimes subissent la chambre à gaz, technique essayée dès l'automne 1939 sur des malades mentaux, puis perfectionnée en décembre 1941 avec le désinfectant Zyklon B, testé à Auschwitz sur des prisonniers soviétiques. En 1943, les cadavres commencent à être incinérés dans des fours crématoires.

La Shoah ne répond à aucune raison politique, mais relève de la sauvagerie pure. Elle est facilitée par la complicité plus ou moins active des pays occupés. Si la Hollande et le Danemark tentent de s'opposer aux déportations, la Croatie, par exemple, les favorise. En France, le gouvernement de Vichy édicte des lois antijuives, qui aboutissent à l'incarcération des juifs dans des camps (Beaune-la-Rolande, Compiègne, Drancy ou Pithiviers), avant de les déporter. En zone occupée, ils sont « raflés » par la police française. Le 16 juillet 1942, au Vel d'Hiv (Vélodrome d'hiver) de Paris, s'entassent 12 884 personnes.

En douze ans, environ douze millions de personnes (résistants, Tsiganes, Slaves, prisonniers politiques, soldats...) sont mortes dans les quelque mille camps de toute nature. Sur les dix millions de juifs vivant en 1939, six millions ont été exterminés. Les Alliés, au courant de la Shoah dès 1942, n'ont rien tenté, même après le débarquement de Normandie de juin 1944. Ils découvrent la réalité de l'horreur au procès de Nuremberg (1945-1946), où témoigne Rudolf Hoös, directeur du camp d'Auschwitz-Birkenau, et où est défini le principe du crime contre l'humanité, abordé en 1915 à propos du génocide arménien. En 1948 est créé l'État d'Israël, où affluent de nombreux survivants. Israël va donner aux Européens ayant sauvé des juifs le titre de « justes ».

→ **Antisémitisme, déicide, étoile de David, ghetto, Juif errant, juste, pogrom, Sémites.**

Simhat Torah ✡

Fêté le 23 du mois de tichri, le lendemain de Chemini Atseret (fin de Soukkot) dans la diaspora et le même jour en Israël, le Simhat Torah remonte sans doute à l'époque des *geonim* (présidents des académies du Talmud, au XIe siècle). On y célèbre la fin du cycle annuel des lectures de la Torah (la Loi divine), faites semaine après semaine. À la synagogue, on sort alors le Sefer Torah (rouleau contenant la Torah) de l'arche sacrée, qui est portée au cours de sept processions (*haqqafot*) effectuées autour de la *bimah* (tribune), tandis que sont chantées des actions de grâces et que les participants expriment leur « joie » (*simhat*) en dansant. Le lendemain, marqué par d'autres *haqqafot*, sont lus les derniers chapitres du Deutéronome (33 et 34), dernier ouvrage de la Torah, puis le cycle de lecture annuel recommence avec les premiers versets de la Genèse.

→ **Arche, Chemini Atseret, Sefer Torah, Soukkot.**

Sinaï ✡

Le Sinaï, massif montagneux situé au sud de la péninsule du même nom, entre Égypte et Israël, est le cadre de deux événements majeurs du judaïsme et, par corollaire, du christianisme et de l'islam. D'abord, c'est au pied du Sinaï que se déroule l'épisode du Buisson ardent, au cours duquel Dieu dévoile son nom à Moïse – le tétragramme YHWH, transcrit en « Yahvé ». Le mot « Sinaï » pourrait même avoir pour origine, d'après certains chercheurs, le mot hébreux *seneh*, qui signifie « buisson d'épines », mais cette thèse n'est pas la seule, et l'étymologie de ce mot reste entourée de mystère. Pour les livres de l'Exode et du Deutéronome, par exemple, le mont Sinaï est appelé Horeb (« montagne aride »), et c'est là que se rendra aussi le prophète Élie après une série d'épreuves dans le désert. Mais la tradition juive n'a pas jugé primordial d'en localiser précisément le lieu, privilégiant la valeur religieuse de cette révélation, et de l'épisode qui suit. Toujours selon la Bible, sept semaines après que les Hébreux sont sortis d'Égypte, Moïse, qui connaît le chemin pour l'avoir fait en sens inverse, les conduit jusqu'au Sinaï, avec pour objectif de rejoindre la Terre promise (Canaan). Le 6 du mois de sivan, il gagne le sommet de la montagne, où Dieu lui remet les tables de la Loi (Torah), signe de l'Alliance avec son Peuple élu, et le Décalogue, qui contient les commandements majeurs.

La tradition chrétienne a localisé le mont Sinaï au sud de la péninsule, au djebbel Moussa (« mont de Moïse »), où s'élève le monastère Sainte-Catherine (VIe siècle), et où prirent naissance les fondements de l'ordre actuel du Carmel. Le Coran, livre sacré de l'islam, comporte quant à lui une sourate (chapitre) intitulée *Le Mont*, c'est-à-dire le Sinaï.

→ **Alliance, Buisson ardent, Décalogue, Élie, Exode, Loi, Moïse, Yahvé, YHWH.**

Sion ✡

Sion désigne la colline sur laquelle Jérusalem était bâtie, quand, à la fin du XIe siècle avant notre ère, le roi David ravit la cité aux Jébuséens, tribu installée en Canaan (Palestine) depuis quelque mille ans. Cette éminence accueillit ensuite le Temple, la maison de Yahvé, et se vit ainsi conférer une haute valeur historique et religieuse. Dans la Bible, le nom de Sion est assimilé à Jérusalem, surtout dans les psaumes et les livres des prophètes : les « fils de Sion » désignent le Peuple élu, et la « Fille de Sion » Jérusalem elle-même, soumise aux menaces de l'Assyrie (722 av. J.-C.), puis aux assauts de Babylone (597 et 587) ; Sion représente aussi, après l'Exil, qui prit fin en 538, la renaissance d'Israël à partir du « petit reste » revenu de sa captivité à Babylone, et placé sous l'œil protecteur de Dieu qui enverra le Messie et régnera sur la Terre. Puis, Sion appuie la résistance du judaïsme à l'époque des Maccabées (167-63). Pour le Nouveau Testament, enfin, Sion est le symbole de la ville où s'établiront Dieu et la nouvelle Alliance.
Au XIXe siècle, le mot « Sion », reprenant cette impressionnante tradition, a servi de racine au terme « sionisme ». À l'opposé, il a été utilisé par les propagandistes antijuifs : en 1905, en Russie, où les pogroms sévissaient depuis 1881, fut publié un ouvrage, les *Protocoles des Sages de Sion*, rapportant un prétendu complot juif international, et qui eut un certain succès après la Grande Guerre, en Europe et aux États-Unis. Les juifs de Suisse entamèrent un procès et démontrèrent l'absence de fondement des propos de ce livre, dont les auteurs n'étaient autres que les services secrets russes. Les *Protocoles* furent utilisés par Hitler pour justifier la Shoah, et continuent à recueillir une certaine audience...

→ **Alliance, Exil, Jérusalem, Peuple élu, Shoah, sionisme.**

Sionisme ✡

Dans la seconde moitié du XIXe siècle, marquée par la montée des nationalismes (qui conduira à la Première Guerre mondiale), ghettos, pogroms et autres exactions antijuives (particulièrement dans les années 1880) ont fait naître dans le monde juif un fort sentiment d'identité religieuse et, au-delà, de reconnaissance nationale de la part d'Européens de religion juive qui, pourtant citoyens à part entière, se voyaient trop souvent rejetés et brimés par leur propre pays. Le sionisme est issu directement de cette prise de conscience.

De tout temps, comme le montre la Bible et les autres écrits sacrés du judaïsme, le monde juif, la diaspora en particulier, a été marqué par l'exil, mais aussi par le désir d'un retour en « terre d'Israël » (Erets Israël). C'est ce qui a fait sa faiblesse mais aussi sa force, et ce en dépit des catastrophes qui s'abattirent sur ce pays et sa religion. Le sionisme, mot apparu en 1890 et issu de Sion, nom d'une colline de Jérusalem – puis de la ville elle-même et par extension du pays –, possède également cette dimension historique et religieuse. Son objectif est devenu une réalité le 14 mai 1948 : la fondation d'un État juif en Palestine, la Terre sainte du judaïsme, la terre promise par Dieu à Abraham et à ses descendants. Le premier congrès sioniste, qui eut lieu à Bâle (Suisse), en août 1897, proclama la revendication d'un tel État, et trouva un écho le 2 novembre 1917 avec la déclaration Balfour : ce ministre britannique des Affaires étrangères assurait aux juifs l'établissement d'un foyer en Palestine (sous domination britannique après la victoire de 1918), territoire dont il avait pourtant promis la souveraineté aux Arabes, suite à l'action du colonel Lawrence. Une décision trouble mettant en péril une cohabitation pourtant possible entre les deux populations, et dont les répercussions se font encore sentir. Il fallut cependant que le monde découvre les atrocités de la Shoah pour enfin octroyer aux juifs (non sans mal) une partie de la terre de l'antique Israël, où, d'ailleurs, certains étaient déjà « montés » (*aliya*) depuis 1881.

Il revient à Theodor Herzl (1860-1904), journaliste d'un quotidien viennois en poste à Paris – et qui fut marqué par le spectacle de la dégradation militaire du capitaine Dreyfus, le 5 janvier 1895 –, d'avoir conféré au sionisme la dimension d'une véritable force politique, et de lui avoir donné son poids diplomatique. Mais le sionisme, avant même de trouver son nom, avait déjà pris corps dans l'esprit de nationalistes juifs, la plupart rabbins, à partir des années 1850.

→ **Aliya, antisémitisme, ghetto, pogrom, Sémites, Shoah, Sion.**

Siracide ou Ecclésiastique ✡ †

Le Siracide est un livre faisant partie du courant de Sagesse. Rédigé en hébreu par un auteur du nom de Ben Sira, sans doute dans la seconde moitié du IIIe siècle av. J.-C., il figure dans la version grecque de la Bible (Septante) mais non dans la Bible hébraïque. Il fut traduit en grec par le neveu de l'auteur. Le Siracide se distingue de Qohélet, autre ouvrage sapiential (du courant de Sagesse) légèrement postérieur, par sa volonté de transmettre aux jeunes générations la longue tradition d'Israël. Ben Sira, juif aisé de Jérusalem, vit à une époque pacifique et prospère. Il respecte la Loi (Torah) et les rituels du Temple. Pour lui, la principale richesse est cette sagesse venue de Dieu, remontant à la Création et contenue dans la Torah, expression de la parole divine. Il décrit les prestigieuses figures d'Israël dans une série de portraits magnifiant l'œuvre et l'amour de Dieu. Ben Sira fait aussi un éloge magnifique du Temple, en montrant le grand prêtre en train d'officier. Il s'attache également à l'existence générale et quotidienne, tout aussi concernée par la sagesse. Parmi les valeurs fondamentales qu'il prône figurent la mesure, les bons choix, l'éducation des enfants, qui doivent le respect aux parents, une « bonne épouse », le repentir des fautes avouées, l'application de la Loi, la charité...

Le Siracide a inspiré la catéchèse de l'Église chrétienne, laquelle a donné à ce livre le titre d'Ecclésiastique (« utilisé dans l'assemblée »).

→ **Bible, catéchisme, Nathan, Qumrân, Sagesse de Dieu, Temple.**

Sivan ✡

Sivan (mai-juin) est le neuvième mois du calendrier religieux juif et le troisième mois du calendrier civil. Selon la tradition, la Torah (la Loi divine) aurait été donnée aux Hébreux au début de cette période de trente jours. Chavouot, qui célèbre ce don, se déroule le 6 et le 7.

→ **Chavouot.**

Sodome et Gomorrhe ✡ † ☪

Ces deux villes font l'objet d'un récit particulier dans le livre de la Genèse (18, 17-33 à 19, 1-29), qui les localise dans la dépression de la mer Morte. Les scribes qui consignèrent ce récit, au retour de l'Exil, c'est-à-dire plusieurs siècles après les faits, l'utilisèrent dans un but très symbolique : mettre en garde Israël contre les manquements à son Dieu, comme l'avaient déjà annoncé les prophètes Isaïe et Ézéchiel par exemple. Sodome et Gomorrhe sont coupables de pratiques sexuelles masculines (« sodomie »), réprouvées par la Bible et passibles de mort (Lv 20, 13). Ces mœurs sont à mettre en parallèle avec certains mauvais comportements d'Israël à l'égard de son Dieu. Le message est précis : il faut placer sa confiance en Dieu ou mourir.

Le patriarche Abraham apprend de Dieu que celui-ci va châtier ces cités, où tous les mâles sans exception recourent à ces pratiques réprouvées. Il objecte qu'il existe peut-être des justes dans cette ville, voire un seul, qui ne mériterait pas de mourir ainsi. En fait, son neveu, Lot, se trouve à Sodome, où deux anges, venus d'abord rencontrer Abraham, lui rendent visite. Lot les accueille avec toute l'hospitalité des Orientaux, mais les habitants de Sodome ont vent de la nouvelle et exigent qu'on leur livre ces deux étrangers. Lot, son épouse et ses deux filles quittent Sodome, sur le conseil des anges. À l'aube, une pluie de feu et de soufre anéantit les deux villes.

Dans le Nouveau Testament, Jésus prolonge le message des prophètes en l'appliquant à Capharnaüm et les autres villes du lac de Tibériade. « Au jour du Jugement, il y aura moins de rigueur pour le pays de Sodome et de Gomorrhe », rapporte l'évangéliste Matthieu (10, 15), qui poursuit : « Si les miracles qui ont eu lieu chez toi avaient eu lieu à Sodome, elle subsisterait encore aujourd'hui ». En résumé, au jour du Jugement dernier, les villes ayant connu les miracles de Jésus seront châtiées, plus durement encore que Sodome, si elles rejettent l'Évangile. Ce que confirme aussi Luc (10, 12), qui ajoute : « Mais le jour où Lot sortit de Sodome, Dieu fit pleuvoir du ciel du feu et du soufre, et il les fit tous périr. De même en sera-t-il, le Jour où le Fils de l'homme doit se révéler » (17, 29). De son côté, saint Paul, dans son épître aux Romains, déclare : « Si le Seigneur Sabaot [nom guerrier] ne nous avait laissé un germe [les exilés retournés à Jérusalem], nous serions devenus comme Sodome, assimilés à Gomorrhe » (9, 29).

Le Coran range ces deux villes parmi les « cités renversées » (traduction de certains chercheurs), aux côtés des Adéens et des Thamoud, comme le stipule la sourate 53 (*L'Étoile*) : « Il a fait tomber la cité renversée ; il l'a recouverte de ce qui devait la recouvrir » (53). Car, dit la sourate *L'Illuminé*, les « prophètes [des cités renversées] leur avaient apporté des preuves incontestables. Dieu ne voulait pas les léser, mais ils se sont fait tort à eux-mêmes » (9, 70-71). Pour l'islam, la faute qu'est l'incroyance est donc impardonnable.

→ **Abraham, Capharnaüm, Lot, Sabaot, Thamoud.**

Soleil, Le ☪

Le Soleil (*al-Shams*), 91e sourate (chapitre) est assez courte (quinze versets), mais condense un certain nombre d'éléments dispersés par ailleurs dans ce livre sacré qu'est le Coran. Le soleil, notre unique étoile à la fois crainte et vénérée depuis la nuit des temps, est le maître de la lune et du jour, tandis que la nuit l'enveloppe. Dieu, le Créateur, est aussi le maître : il a donné le ciel, la Terre, les âmes. Celles-ci, il a le pouvoir de les corrompre, mais aussi de récompenser ceux qui parviennent à purifier la leur. Rappelons-nous de ces Thamoud, peuple ancien, qui refusèrent le message de leur prophète (envoyé) : cesser d'idolâtrer des animaux, comme la chamelle de Dieu (*naqatou Allah*), que l'on trouve plusieurs fois dans le Coran. Mais ils ne l'ont pas écouté, l'ont traité de menteur et ont poursuivi leurs sacrifices. Dieu les a anéantis, car il n'y a pas pire faute que l'incrédulité et l'idolâtrie.

→ **Croissant, idole, lumière, Thamoud.**

Solennité †

Le calendrier officiel de l'Église catholique comprend deux cycles, l'un temporal (les fêtes comme Noël, Pâques…), l'autre sanctoral (les saints), regroupant toutes les dates à respecter dans le monde catholique. Le cycle sanctoral s'organise selon trois célébrations, les deux premières ayant un caractère obligatoire. Ce sont d'abord les Solennités (du latin *solennitas*, « fête solennelle »), qui célèbrent cinq saints majeurs du christianisme : la Vierge Marie, de loin la plus présente de tous dans le calendrier, Joseph (son époux), Jean le Baptiste (précurseur de Jésus),

Pierre et Paul (les deux apôtres les plus proches de Jésus et acteurs essentiels des débuts de l'Église), auxquels s'ajoute la Toussaint. Viennent ensuite les Fêtes des apôtres (des douze) et des quatre auteurs des évangiles du Nouveau Testament, dont Jean, et les premiers martyrs chrétiens comme Étienne. Enfin, les Mémoires *ad libitum*, « selon le désir », c'est-à-dire facultatives, se rapportent à une centaine de saints. Dans son sens large, une solennité est aussi une fête majeure à l'échelle d'un diocèse, d'une ville, voire d'une église.

→ **Saint, Toussaint.**

Sophonie ✡

Sophonie (en hébreu *Tsafanyah*, « Dieu a caché ») est un prophète de Juda (royaume sud d'Israël). Le livre de la Bible qui porte son nom le présente comme un descendant du roi Ézéchias (716-687 av. J.-C.). Il intervient en même temps que le prophète Nahum, plus précisément vers 630, alors que l'Assyrie, empire cruel qui a soumis la Samarie (royaume nord), est proche de sa fin. Cette date s'insère aussi dans le règne du roi de Juda, Josias (640-609), qui mènera une réforme religieuse selon les désirs de Dieu. Sophonie met en garde son peuple contre l'idolâtrie, qui lui vaudra bientôt la colère divine sous la forme du « Jour de Yahvé », thème prophétique récurrent. Les grands coupables sont les dirigeants de Juda. Mais il proclame aussi que le véritable Israël renaîtra d'un « reste » fidèle à Dieu.

→ **Apocalypse, idole, Juda, Nahum, Samarie.**

Soubh ☪

La prière de l'aube (*salat al-soubh*) intervient juste avant le lever du soleil. Cet intervalle de temps est dit aussi *al-fajr*, titre de la 89e sourate (chapitre) du Coran et nom donné à cette prière dans le Maghreb. Lors de son appel, qui ouvre donc la journée, le muezzin annonce qu'elle est préférable au sommeil. Le priant, en réponse, reconnaît que la puissance et la force ne sont qu'en Allah, sans qui le jour n'existerait pas.

→ **Fajr (al-).**

Soufisme ☪

Le mot « soufisme », d'origine arabe (*tasawwouf* signifie « mystique »), sert à désigner la mystique de l'islam. Présent dès les débuts de l'islam, soit au VIIIe siècle en Irak et en Syrie, répandu dans le monde musulman au XIIe siècle, il se poursuit de nos jours au travers de courants quelquefois très anciens. Mais le soufisme émerge véritablement en Irak, au IXe siècle, se dotant de traités, se structurant autour d'écoles dirigées par des maîtres (cheikh), définissant les moyens d'atteindre l'extase (*wadjd*), comme le *dhikr* (invocations de Dieu) ou le *wird* (litanies extraites du Coran). Pour le soufi, profondément musulman, il ne s'agit pas de se fondre en Dieu ou de s'unir à lui, principe impossible en islam en raison de l'unicité absolue de Dieu, mais de s'abstraire totalement afin de s'abandonner entièrement à lui, de suivre la voie (*tariqa*) vers l'anéantissement de soi (*fana*).

Aux XIe-XIIe siècles, déjà présent en Égypte, le soufisme se répand au Proche-Orient, et même jusqu'en Iran. Il bénéficie en effet de la protection des Seldjoukides, maîtres de la région. Au XIIe siecle apparaissent les *tourouq* (singulier *tariqa*), des confréries comme celle des mawlawi de Konya (Turquie), appelés aussi derviches. Surtout à partir du XIIIe siècle, nous trouvons aussi des soufis installés dans les *ribat*, ces communautés à la fois religieuses et guerrières établies aux marges des territoires de l'islam. Dès lors, le soufisme essaime au rythme de l'islamisation, et bien sûr reste présent dans l'Empire ottoman (1281-1924). En dehors de sa dimension spirituelle, parfois impressionnante, le soufisme a fortement contribué à l'enrichissement de la culture musulmane, par exemple par la littérature, tant arabe que persane, qui comprend des poésies dont la beauté ne peut laisser indifférent.

→ **Fakir, marabout, mystique, ribat, tariqa.**

Souk ☪

Le souk, mot venant de l'araméen *shuka* (rue), est un lieu d'échanges à la fois humains et commerçants. Il peut, comme le bazar, le marché ou la foire, être rural et périodique, ou bien urbain et permanent et se concentrer alors dans une zone particulière, parsemée d'échoppes. Organisé autour d'une unité couverte et fermée, la *qaysariya* arabe ou le *bedesten* ottoman, il se trouve souvent, pour les plus importants, dans la partie la plus ancienne des villes, mais aussi dans d'autres quartiers ou en périphérie.

Les souks ont déterminé l'architecture de nombreuses cités, encore évidente aujourd'hui, mais dont l'utilité se rencontre avant même la naissance de l'islam, La Mecque étant par exemple un site arabe de premier plan. Au Moyen Âge, ces lieux, déjà grouillants de vie, étaient soumis à la *hisba*, sorte de code de conduite (moral) conforme à la religion, prévoyant de privilégier le bien au détriment du mal, et placé sous le contrôle d'un inspecteur, le *mouhtasib*, chargé de vérifier par exemple l'honnêteté des transactions ou la solidité des bâtiments. Le *mouhtasib* existait encore au XXe siècle dans certains pays, bien que l'économie traditionnelle, ainsi que le visage des villes, aient subi l'influence de l'Occident et de ses modes de commerce urbains...

→ **Arabe, bazar, caravansérail, islam.**

Soukkah ✡

La *soukkah* est la « hutte » ou la « cabane » provisoire présente à la fête appelée précisément Soukkot, c'est-à-dire fête des Tentes, ou des Tabernacles. Dans la Michnah (version écrite de la Loi orale), ainsi que dans le Talmud (prolongement de la Michnah) et la Tossefta (ensemble de textes absents de la Michnah), la manière dont elle doit être dressée est indiquée dans le traité du même nom (ordre Moed) : elle doit pouvoir renfermer un homme mangeant sur une table, posséder un toit léger cachant le soleil, etc. La *soukkah* symbolise l'habitat rudimentaire des Hébreux pendant l'Exode.

→ **Exode, Hébreux, Soukkot.**

Soukkot ✡

Soukkot, l'une des trois fêtes de pèlerinage, se déroule le 15 du mois de tichri (septembre-octobre), cinq jours après Yom Kippour (Expiations). Soukkot est aussi appelée fête de la Récolte (*hag ha-Asif*) : comme la plupart des rendez-vous du calendrier juif, elle possède une origine agricole. Elle célèbre la nature qui s'est montrée généreuse, puisqu'elle intervient en automne, après les moissons – de nombreux juifs de Palestine s'éparpillèrent après la destruction du second Temple, en 70 apr. J.-C., délaissant ainsi leurs travaux agricoles. Mais elle est surtout la fête des Tentes, ou des Cabanes (*soukkot* en hébreu), ou des Tabernacles, car elle commémore les habitats rudimentaires qui servirent d'abri aux Hébreux durant leur séjour dans le désert, lors de l'Exode. À cet effet, les juifs, quelle que soit leur condition sociale, construisent à l'extérieur de leur domicile (jardin, balcon...) une *soukkah*, petite hutte de branchages, dans laquelle ils prennent leur repas si le temps le permet.

Pendant les sept premiers jours de Soukkot, la liturgie est marquée par un rite particulier : pendant le Hallel (prière d'action de grâces), les fidèles, afin de louer Dieu, agitent un bouquet fait des « quatre espèces », c'est-à-dire le palmier (*loulav*), le cédrat (*etrog*), le seul fruit, le myrte (*hadassim*) et le saule (*aravot*). Ces plantes sont également portées pendant que l'on prononce un extrait des *hochanot* (poèmes) et que l'on tourne autour de la *bimah* (tribune ou chaire) de la synagogue. La fête, marquée par la joie a pourtant pour texte principal le Qohélet (ou Ecclésiaste), l'un des Cinq Rouleaux (Pentateuque), livre de la Bible connu pour son pessimisme, ce choix se justifiant sans doute par l'approche de l'hiver. Le septième jour se déroule Hochana Rabba (« grand Hochana »), pendant lequel les fidèles font en procession sept fois le tour de la *bimah*, tout en portant les quatre espèces. Le huitième jour, ou Chemini Atseret, marque la fin de Soukkot et coïncide (en Israël) avec Simhat Torah, la fin du cycle de lecture hebdomadaire de la Torah.

→ **Chemini Atseret, hochanot, soukkah, tabernacle.**

Sourate ☪

Adapté de l'arabe *surah* ou *surat*, « échelle » ou « niveau », la sourate est le nom du chapitre dans le Coran, qui en comporte cent quatorze. Les sourates sont de longueurs inégales (de 3 à 287 versets). Chacune d'elles porte un titre.

→ **Coran.**

Soutane †

Reprenant d'anciens usages communs à de nombreuses civilisations, tel le port de la toge chez les Romains, les titulaires actuels de certaines fonctions, comme les juges, les avocats, les membres de confréries, les sommités de l'Université, se signalent par le port d'une longue robe. On rencontrait ainsi, sous l'Ancien Régime, les « gens de robe », regroupant magistrats et autres hommes de loi. Il en va de même dans l'Église, où les clercs portent la soutane, mot venant de l'italien *sottano*, « vêtement de dessous », car ce vêtement se porte sous les habits liturgiques. La soutane, qui se boutonne par le devant, est de couleur différente selon la fonction : noire (prêtre), violet (évêque), rouge (cardinal), blanc (pape). La soutane fut le vêtement du clergé, du XVIe siècle (rendue obligatoire lors du concile de Trente, 1545-1563) jusqu'en 1969, année où furent autorisées les tenues ordinaires, ce qui explique qu'elle soit largement abandonnée de nos jours. Pour la vie quotidienne, la plupart des clercs sont vêtus comme tout le monde, une croix signalant cependant leur statut religieux. Pour les offices, ils revêtent en général une aube-coule, large tunique blanche.

→ **Aube.**

Spirituel ✡ † ☪

Le spirituel est ce qui concerne l'esprit (*spiritus* en latin). En matière religieuse, il s'applique à une relation personnelle avec la religion ainsi qu'avec Dieu et ses mystères.

→ **Mystère.**

Stabat mater †

Stabat mater (« Debout, la mère » en latin) sont les premiers mots d'une prière apparue sans doute au XIIIe siècle parmi les franciscains, car souvent attribuée à l'un d'eux, Jacopone da Todi (vers 1230-1306). Elle célèbre la présence de Marie en larmes au pied de la croix où son fils souffre. D'illustres compositeurs comme Palestrina, Haydn, Rossini en ont laissé des versions musicales majeures. Le *Stabat mater* est chanté à la messe.

→ **Franciscains, Marie, messe.**

Stigmates †

Les stigmates (du grec *stigma*, « piqûre ») sont les blessures, les cicatrices arborées et les douleurs ressenties par des chrétiens, en général de grands mystiques, aux endroits précis du corps où Jésus reçut les clous de la croix (poignets et pieds), le coup de lance (côté) et la couronne d'épines (tête). Parmi les plus célèbres figure saint François d'Assise (1181-1226), fondateur de l'ordre monastique qui porte son nom, les Franciscains. L'Église catholique est extrêmement prudente à l'égard de ces phénomènes, qui touchèrent plus de trois cents personnes. Elle ne les considère que lors d'une enquête pour béatification (devenir bienheureux) ou canonisation (devenir saint), pour lesquels ils n'ont d'ailleurs jamais constitué un argument favorable.

→ **Crucifixion, franciscains, mystique.**

Stylite †

Issu du mot grec *stulitês*, « colonne », le mot « stylite » désigne l'adepte d'un mouvement d'ermites particulier à l'Orient. Ces solitaires, reconnus pour leur sainteté, vivaient en haut d'une colonne pouvant atteindre 10 mètres de hauteur. Été comme hiver, ils priaient apostrophaient parfois les passants, se nourrissaient de ce qu'on leur envoyait par l'intermédiaire d'une corde. L'ascète Siméon le Stylite (vers 390-459), dit Siméon le Vieux, qui vivait quasiment nu, en est le promoteur. On peut voir la base de sa colonne, qu'il fit surélever plusieurs fois pour atteindre 18 mètres, à l'église en ruines de Qalat Siman, en Syrie, qui lui est consacrée. Ce courant s'essouffla peu après sa mort.

→ **Ascèse, ermite, monachisme.**

Suaire †

Le mot « suaire » vient du latin *sudarium*, « mouchoir », et désigne plus précisément le linge qui servait à essuyer la transpiration sur le visage des morts. Jésus, après avoir été descendu de la croix, fut mis dans le tombeau de Joseph d'Arimathie. Il était enveloppé d'un linceul (du latin *linteum*, « toile de lin »), et avait le visage couvert d'un *sudarium*. Ces deux pièces de tissu étaient à terre lorsque les apôtres Jean et Pierre découvrirent le tombeau vide. Elles disparaissent des récits du Nouveau Testament après l'épisode où Marie de Magdala est le premier témoin de la résurrection de Jésus. Aussi, dès les débuts du christianisme, particulièrement au Moyen Âge, une intense vénération entoura les saintes reliques, parmi lesquelles le suaire, la couronne d'épines ou encore des morceaux de la croix, sans oublier le Graal, la coupe dans laquelle Jésus aurait versé le vin au cours de la Cène pour célébrer l'eucharistie, et qui aurait ensuite servi à recueillir son sang sur la croix. Il circula ainsi de nombreux suaires, mais l'un d'eux a connu un destin particulier. L'histoire de ce linge reste un mystère jusqu'à son acquisition, en 1357, par un Français, le seigneur de Charny, puis son transfert à la cathédrale de Turin en 1578. Il ne s'agit pas du suaire proprement dit (le *sudarium* donc), mais du linceul dans lequel aurait été enveloppé le Christ. Mesurant 1,10 mètres sur 4,30 mètres, soit légèrement trop grand pour un homme de l'époque de Jésus, il est exposé à certaines dates et reste l'objet d'une vénération. Mais il n'a cessé d'avoir ses partisans et ses détracteurs, chacun essayant de prouver qui son authenticité, qui son imposture. Pour les premiers, les preuves résident dans la photographie en négatif prise en 1898 et révélant la silhouette d'un homme portant des traces de sévices semblables à ceux de Jésus (flagellation, clous...). À cela s'ajoute la présence de sang humain. Les seconds s'en remettent à des analyses au carbone 14 réalisées dans les années 1980, et prouvant que le linge, en lin, date de 1260 à 1390 au maximum. Le débat sur le suaire de Turin n'est toujours pas clos.

→ **Crucifixion, Joseph d'Arimathie.**

Sulpiciens †

Le mot « sulpicien » est emprunté à saint Sulpice le Pieux, ou le Débonnaire, évêque de Bourges au VIIe siècle, et surtout à l'église qui porte son nom, à Paris (VIe), où fut fondée au XVIIe siècle la Compagnie des prêtres de Saint-Sulpice, ou sulpiciens.

L'origine en remonte au lendemain de la Contre-Réforme catholique, résultat du concile de Trente (1545-1563), convoqué pour enrayer l'avance protestante, mais qui aboutit aussi à des changements attendus au sein de l'Église, notamment la généralisation des séminaires, destinés à former des prêtres désormais plus compétents en matière religieuse et humaine. C'est dans ce courant que s'inscrit l'action de Jean-Jacques Olier (1608-1657). Devenu prêtre en 1633, il poursuit des missions dans les campagnes, dans la lignée de saint Vincent de Paul, l'une des figures qui l'ont marqué. Mais six ans plus tard, il connaît une grave crise spirituelle qu'un pèlerinage à Chartres, en 1641, parvient à surmonter. En décembre de cette même année, assisté de deux autres prêtres, Caulet et du Ferrier, il fonde une communauté pour la formation de clercs et de prêtres, qui s'installe en 1642 à Saint-Sulpice. Devenu curé de la paroisse, Olier est un inlassable pasteur, qui ne dépend que du pape lui-même. Son séminaire, abrité dans un vaste édifice neuf, dispense un enseignement centré non plus sur une théologie quelque peu théorique, mais sur la réalité des missions. Les sulpiciens voient ainsi le jour, et s'étendent en province. Enfin, Olier, souffrant et épuisé, cède sa place de curé, tout en veillant de loin au devenir d'une colonie du Nouveau Monde fondée en 1642, Ville-Marie, la future Montréal, où des sulpiciens sont envoyés en 1657. Il laisse une œuvre dont le caractère, parfois sévère, influencera les séminaires ultérieurs. Les sulpiciens existent toujours.

→ **Séminaire.**

Sultan ☪

Le mot arabe « sultan » (*soultan*) apparaît dans le Coran, où il est synonyme d'autorité, de pouvoir. Il est distinct de celui de *mouqtadir*, la toute-puissance qui revient à Dieu, et de celui de *malik* (« roi »), ce dernier étant l'un des noms de Dieu dans le Coran et donc un titre que ne peuvent s'attribuer les hommes. Dès la dynastie des Abassides (750-1258), la dignité de sultan fut dédiée aux califes (successeurs du Prophète), puis par ceux-ci à divers personnages aux fonctions importantes, avec un caractère honorifique et plus temporel (opposé à spirituel). Certains rois de territoires indépendants, ainsi que les souverains de l'Empire ottoman, portaient le titre de sultan. Le sultanat a été aboli en 1922, par Mustapha Kemal, dirigeant de la république qui se substitua en Turquie au pouvoir ottoman.

→ **Calife et califat, émir, Ottomans, Royaume, vizir.**

Sunna ☪

La *Sunna* (« coutume », « usage », « règle de conduite ») recense des actes et des paroles du prophète Mahomet (vers 570-632), qui forment ainsi la voie à suivre par chaque musulman. Transmises oralement par les compagnons de Mahomet, ces actes et paroles furent consignés par écrit au sein des *hadith*, la Tradition de l'islam (dires, actions et commentaires de Mahomet). Elle comprend deux formes : la *Sunna al-mouakkadah* (« confirmée »), correspondant à des éléments datant du vivant de Mahomet, fondateur de l'islam et donc modèle exemplaire ; la *Sunna al-zaidah* (« supplémentaire »), relative à des points moins essentiels.

La *Sunna* est le « Pilier » (ou encore l'« orthodoxie ») sur lequel se reposent les sunnites, famille très majoritaire au sein des musulmans. C'est aussi un complément très important du Coran, et l'une des sources de la chariah, la loi de l'islam. Par exemple, la pratique et le nombre de prières quotidiennes (*salat*), l'un des « cinq piliers » de l'islam, ressortissent du Coran et de la *Sunna*.

→ **Chariah, hadith, sunnisme.**

Sunnisme ☪

Les sunnites forment la plus grande famille de l'islam, ou communauté (*oumma*), soit environ 90 % des musulmans. Ils sont en effet présents en Arabie Saoudite (berceau de l'islam), au Maghreb, en Égypte, au Proche-Orient, en Afrique noire, en Indonésie... avec toutes les différences linguistiques qu'impliquent une telle couverture géographique, l'arabe restant la langue sacrée, celle du Coran.

Le mot « sunnite » vient du fait qu'ils accordent, le Coran mis à part, une place prépondérante à la *Sunna*, coutume transmise par le prophète Mahomet et portant sur la loi, la pratique et autres notions. Ceci leur vaut d'être appelés parfois orthodoxes, c'est-à-dire se réclamant de la « juste opinion », selon le vrai sens de ce mot, bien que la notion d'orthodoxie, si elle est bien adaptée au christianisme en raison des instances qui en définissent les règles, ne convient pas à l'islam, où il n'existe aucun clergé ni concile.

Les sunnites respectent la chariah, loi de l'islam élaborée par quatre écoles juridiques différentes (*madhahib*). Ils reconnaissent les quatre premiers califes (successeurs de Mahomet), dits « bien guidés » (*Rachidoun*), qui remplirent cette fonction éminente de 632 à 661 : Abou Bakr, Omar, Othman et Ali (cousin et gendre du Prophète). Mais le sunnisme n'accorde aucune dimension religieuse et politique aux descendants d'Ali, ce qui l'oppose au chiisme, jugé hétérodoxe (en dehors de l'orthodoxie) : les chiites se réclament d'Ali, considéré comme le seul successeur de Mahomet, et d'une lignée d'imams sacrés et historiques descendant de Mahomet, ce que ne peut accepter le sunnisme, pour qui le prophétisme s'est arrêté à Mahomet.

Les sunnites sont ainsi appelés *ahl as-Sunna wa al-ijma*, « les gens de la *Sunna* et du consensus », ou encore *wal al-djamâ'a*, « de la communauté ».

→ **Chiisme, hadith, ijma, kharidjite, madhahib, oumma, Sunna.**

Synagogue ✡

La synagogue (du grec *sunagôgê*, « assemblée ») est la *bet knesset* (« maison de la réunion ») en hébreu – la Knesset étant l'actuel Parlement de l'État d'Israël. Apparue en Palestine après le retour des juifs de l'exil à Babylone (538 av. J.-C.), elle connut son véritable développement au IIIe siècle av. J.-C.

Au contraire des temples polythéistes de l'Antiquité, elle est, dès son origine, vouée uniquement à la prière, sans le moindre sacrifice, et à la lecture des écrits saints (Torah, la Loi divine), s'affirmant aussi comme un pôle social où l'on vient gérer et discuter les affaires de la communauté. La synagogue n'est dévolue au culte qu'après la destruction du second Temple de Jérusalem, en 70 apr. J.-C. En ce Ier siècle, elle s'est répandue en Palestine, mais aussi dans la diaspora (« dispersion des juifs en dehors d'Israël), devenant le cœur géographique et religieux des communautés, avec ses offices particuliers et sa liturgie hérités des rituels du Temple, et où les sacrifices sont remplacés par les prières. Autant de pratiques cultuelles qui ont toujours cours de nos jours. Mais les persécutions, les spoliations et autres expulsions qui ont marqué l'histoire juive au Moyen Âge n'ont laissé que de très rares témoignages en Europe. De la fin du XVIIe siècle au suivant, celui des Lumières et de l'émancipation du monde juif, et surtout au XIXe siècle, ces édifices, auparavant petits et modestes, souvent cachés, gagnent en grandeur et en opulence, épousant les styles successifs tout en se centrant désormais uniquement sur le culte. Si l'émigration massive de juifs aux États-Unis favorise l'édification de nombreuses synagogues dans ce pays, celles d'Europe disparaissent par milliers durant la Seconde Guerre mondiale.

Depuis, les synagogues ont resurgi dans nos régions, et ont également fleuri dans l'État d'Israël. Elles sont en principe orientées vers Jérusalem, et portent les Tables de la Loi ou l'étoile de David sur leur fronton. À l'intérieur, où domine parfois le blanc, symbole de pureté, les éléments centraux sont la *bimah* (tribune), la *genizah*, où sont gardés des objets sacrés (toutes les synagogues n'en possèdent pas), et l'arche sainte, contenant un manuscrit de la Torah (la Loi divine) et protégée par un voile (*parokhet*). La synagogue comprend souvent une salle d'étude des textes sacrés, le *bet ha-midrash* (« maison d'étude »).

→ **Arche, bimah, genizah, menorah, parokhet, rabbin.**

Syncrétisme ✡ ✝ ☪

Le mot « syncrétisme » vient du grec *sugkrêtismos*, « union des Crétois ». Il apparaît chez le philosophe grec Plutarque (vers 50-120 apr. J.-C.) pour montrer que les différents pouvoirs régnant en Crète parvenaient à s'unir contre des menaces étrangères à l'île. Il fut adopté par le Hollandais Érasme (vers 1469-1536), le grand philosophe humaniste, pour appeler ces mêmes humanistes à se fédérer afin d'affronter la sévérité prônée par la Réforme protestante née en 1517, et, du même coup, la réaction de l'Église catholique, qui se concrétisera par la Contre-Réforme, au concile de Trente (1545-1563). Le syncrétisme abandonna ensuite sa signification première pour devenir synonyme de la fusion de plusieurs croyances en une seule religion. Il diffère donc de l'œcuménisme, qui désigne la réunion de toutes les Églises chrétiennes autour de leur foi commune, universalité voulue par Jésus lui-même.

Dans l'Antiquité, le syncrétisme fut en action, par exemple, au sein de la religion grecque, qui se nourrit d'apports étrangers, et de la religion romaine, qui s'en inspira tout en assimilant aussi des dieux venus d'Orient. En revanche, si le judaïsme, le christianisme et l'islam ont repris des éléments « païens » (terme chrétien) issus de leur longue histoire et de leurs traditions culturelles anciennes, ils ne peuvent accepter l'irruption de toute autre foi. Ainsi, ashkénazes et séfarades juifs, sunnites et chiites musulmans possèdent leurs spécificités, mais se rejoignent sur les principes essentiels. De même, le christianisme, en tant que première religion du monde, s'est étendue sur toute la planète. Ceci a eu pour conséquence, en Afrique noire et en Amérique du Sud, par exemple (notamment le candomblé du Brésil), la naissance de cultes syncrétiques reprenant des traits ancestraux propres à chaque population concernée.

→ **Œcuménisme, secte, vaudou.**

Synode ✝

Synode vient du grec *sunodos*, « assemblée », qui a été traduit en latin par *concilium*, d'où vient celui de « concile ». Le synode est appliqué aujourd'hui aux réunions d'évêques moins importantes que les conciles, qui sont des assemblées dites œcuméniques, c'est-à-dire rassemblant les évêques du monde entier en vue de changements et de grandes décisions au sein de l'Église.

Dans l'Église catholique, les synodes peuvent avoir lieu à l'échelle d'un pays ou, à l'intérieur de celui-ci, au niveau d'une province épiscopale ou d'un diocèse. Il existe aussi le synode des évêques, qui, auprès du pape, concurrencent les cardinaux. Dans les Églises d'Orient, unies à Rome (uniates) ou orthodoxes, le patriarche, supérieur d'une Église nationale, est assisté aussi par un synode d'évêques. Enfin, les Églises protestantes, notamment les calvinistes et les luthériens, se réunissent en synodes régionaux et nationaux, les protestants accordant la priorité aux communautés locales.

→ **Concile, évêque, orthodoxe, protestant.**

Synoptique †

Dans le Nouveau Testament, les trois premiers évangiles (Matthieu, Marc et Luc) sont dits synoptiques (du grec *sunoptikos*, « vue d'ensemble ») car, quoique rédigés en des lieux différents, dans la seconde moitié du Ier siècle, ils possèdent des points communs qui en font des témoignages troublants et précieux. Ils forment ainsi un ensemble, tout en possédant chacun leur spécificité.

Les synoptiques obéissent d'abord au même plan, de la préparation du ministère de Jésus à sa Passion puis à sa Résurrection. On y retrouve ensuite, par deux ou par trois, des sources identiques, des récits communs utilisant parfois les mêmes phrases, des styles se rapprochant fortement dans certains passages... Mais il existe aussi des différences. Matthieu et Luc (surtout) sont, par exemple, les seuls à rapporter la Nativité et l'« enfance » de Jésus, et l'ordre et le traitement des événements (paraboles, miracles, apparitions de ressuscités...) peuvent être très distincts d'un ouvrage à l'autre.

→ **Enfance (évangiles de l'), miracle, nativité, parabole, Passion, résurrection.**

T

T

Ta Ha ☪

Ta, troisième lettre de l'alphabet arabe équivalant au T, et *Ha*, septième lettre correspondant au H, forment le titre de la 20e sourate (chapitre) du Coran, selon l'utilisation, toujours mystérieuse, des « lettres d'ouverture » (*al-huruf al-fawatih*). Le Coran est descendu sur les hommes non pour les rendre dépendants ou malheureux, mais pour leur apporter la véritable révélation du Dieu créateur, à qui reviennent tant de noms merveilleux (Seigneur, Roi, Très-Haut, Miséricordieux…). Ne s'est-il pas révélé à Moïse, auquel il a donné le pouvoir de faire des miracles ? Ne lui a-t-il pas permis de libérer les Hébreux de l'esclavage en Égypte, malgré l'opposition de Pharaon ? Moïse put ainsi conduire son peuple jusqu'à la terre promise par Dieu, Canaan, d'où sortit ensuite Israël. Dieu, dans cette sourate, ne rappelle ce souvenir que pour montrer son pouvoir, sa puissance. Ceux qui ignorent ses paroles seront châtiés au jour de la résurrection. Que chacun se remémore Adam et Ève, qui faillirent à la promesse qui les unissait à Dieu, au paradis. Mais, au contraire de l'enseignement juif et chrétien, le péché n'est pas inscrit dans l'homme. Dieu a ensuite dirigé Adam et Ève dans sa voie, sa direction.

→ **Adam, fawatih, péché, révélation.**

Tabernacle ✡ ✝

Durant l'Exode, les Hébreux vivent sous des tentes. Ils sont aussi accompagnés par celle de la Réunion (ou de la Rencontre), où est conservée l'arche d'Alliance contenant les tables de la Loi transmises par Dieu à Moïse sur le mont Sinaï. À cette tente succéda le Temple de Jérusalem. Dans le judaïsme, la fête des Tentes, ou Soukkot, célèbre ce séjour des Hébreux dans le désert. Elle est aussi appelée fête des Tabernacles.

En effet, la Vulgate, traduction en latin de la Bible, utilisa le mot *tabernaculum* pour « tente ». Les catholiques reprirent avec le « tabernacle », le symbole de la permanence de la présence divine dans un lieu clos. Ce petit meuble, en principe placé près de l'autel d'une église, contient les hosties de l'eucharistie, conservées dans un petit vase sur pied, le ciboire. Une petite lumière en signale la présence, comme la *menorah* (le chandelier à sept branches) éclairait la tente de l'Exode.

→ **Arche, eucharistie, Exode, hostie, Moïse, Soukkot, Temple.**

Table servie, La ☪

La Table servie (*al-Ma'ida*) est le titre de la splendide 5e sourate (chapitre) du Coran. Dieu y rappelle les engagements de tout musulman, notamment les interdits liés aux lieux sacrés (principe du *haram*, interdit). Il est précisé ensuite que le crime, la haine ou encore l'injustice, par exemple envers ceux qui empêchent les musulmans de pratiquer leur religion, sont prohibés, ce qui va à l'encontre des préjugés occidentaux entourant l'islam. Cette sourate apporte en outre un démenti à ceux qui pensent que cette religion est faite d'interdits : sont seulement prohibés la divination, le sang, la consommation de la chair d'un animal mort sans avoir été abattu ou encore du porc. Et tout croyant qui se voit contraint de consommer de tels aliments est pardonné, car Dieu est le Miséricordieux. Nous constatons que nombre de choses sont permises, dont les mariages avec des juives et des chrétiennes car celles-ci appartiennent aussi aux religions à qui le Livre fut révélé. Au sujet des ablutions en prélude aux prières, il est dit que Dieu ne veut pas les imposer comme des contraintes s'ajoutant à celles de la vie ordinaire, mais comme une purification (*tahâra*) permettant de recevoir sa grâce (aide). Auparavant, les Livres révélés aux juifs (Torah) et aux chrétiens (Évangile) ont été véritables, mais Dieu, par le Coran, montre qu'ils ont été rendus incomplets par les hommes. Par exemple, il n'existe pas de péché originel remontant à Adam et Ève, seulement la responsabilité individuelle, la plus grande des fautes étant l'incrédulité et le polythéisme, telle la croyance aux Taghout (5, 60), divinités mentionnées plusieurs fois dans le Coran. Aussi abroge-t-il une grande partie de ces Livres pour montrer que le salut se trouve dans la nouvelle direction, la vérité indiquée par le Coran. Plus loin figure l'ordre de couper les mains des voleurs, femmes ou hommes, mais le code d'Hammourabi, roi de Babylone (Mésopotamie) au XVIIIe siècle av. J.-C.

environ, prescrivait aussi une telle punition pour divers crimes ; en outre, il était recommandé dans le livre du Deutéronome de la Bible de trancher la main d'une femme qui s'en prend aux parties intimes d'un homme en cas de lutte (25, 11-12). En conclusion, nous pouvons dire que cette sourate est une mine d'informations sur certaines pratiques de l'islam et sur l'attitude que cette religion adopte vis-à-vis du judaïsme et du christianisme, c'est-à-dire les Gens du Livre, *ahl al-Kitab*.

→ **Ablution, ahl al-Kitab, cacher, haram, Livre, talion.**

Tables de la Loi ✡

Les tables de la Loi sont les deux tablettes de pierre que Dieu remet à Moïse sur le mont Sinaï, et sur lesquelles il a gravé les Dix Paroles (Décalogue). En redescendant de la montagne avec ces tables (rendues légères), Moïse trouve les Hébreux en pleine adoration d'une idole, le Veau d'or. Furieux, il les brise. Dieu lui en remet deux autres, qui prendront place dans l'arche d'Alliance.

→ **Alliance, arche, commandement, Décalogue, Loi, Moïse, Sinaï, Veau d'or.**

Tafsir ☪

Le *tafsir* (« explication », « élucidation ») n'est pas une interprétation du Coran, car ce livre sacré de l'islam étant révélé, il contient directement la Parole de Dieu et ne peut donc être interprété. Il s'agit d'un commentaire du Coran visant à en éclairer le contenu. L'initiative en est attribuée à Ibn al-Abbas, parent du prophète Mahomet. Les commentateurs ont toujours eu recours aux anciennes écritures dans leur *tafsir* ; c'est ce qu'on appelle *el-içrâiliyyaté*. Les *tafsir* sont toujours compilés. À côté, nous trouvons les *tawil*, « interprétations » mystiques pratiquées par le soufisme mais aussi par les théologiens.

→ **Haggadah, Mahomet, mystique, soufisme.**

Tajwid ☪

Le mot arabe *tajwid* signifie « ornement », « embellissement », dans le sens d'atteindre la perfection. Car il s'agit de l'art de réciter le Coran, Livre révélé par Dieu au prophète Mahomet (vers 570-632). Cette déclamation diffère de l'appel à la prière (*adhan*) ou de la lecture ordinaire (*qira'a*) par les critères qui président à son déroulement. La récitation du Coran (*tillawatu al-Qo'ran*), entrecoupée de pauses (*waqf*), se fait en prononçant pleinement les lettres et leurs accentuations, si importantes dans la langue arabe, et selon trois rythmes possibles : lent, en prenant son temps (*tartil*) ; modéré (*tadwir*) ; rapide et enlevé (*hadr*)...

→ Coran.

Talibans ☪

Le mot *talib* signifie « celui qui cherche », ou plus précisément « étudiant en religion ». Son pluriel, *taliban*, est associé à un mouvement politique de « moines guerriers » qui, à partir d'août 1994, se sont jetés sur l'Afghanistan. Les talibans sont entrés à Kaboul le 15 septembre 1996.

Avant l'invasion soviétique, en 1979, les étudiants recevaient depuis longtemps leur formation dans des madrasas afghanes, puis se perfectionnaient au Pakistan. Ces écoles, qui faisaient ainsi partie de réseaux religieux (en expansion à partir des années 1950) étaient en grande majorité très fondamentalistes. Les talibans, tous originaires de l'ethnie pachtoune, au sud de l'Afghanistan, ont été formés très jeunes, et entre hommes, au sein de madrasas situées entre le Pakistan et l'Afghanistan. Pendant la guerre contre les Soviétiques, basés dans leurs madrasas, ils ont combattu au sein des mouvements traditionalistes de la résistance. Leur émergence en 1994, en tant que force politique, a été rendue possible par le besoin d'édifier un pays stable et sécurisé, par l'appui pakistanais et saoudien, et par le soutien des pays occidentaux.

L'arrivée des talibans est marquée par deux événements : le retour au pouvoir des Pachtoun, majoritaires dans le pays, et l'instauration d'un État islamique puritain et répressif. Les talibans, sunnites hanafites représentant la tendance la plus ultra du soufisme, sans reconnaître le culte des saints, sont violemment opposés aux chiites – et aux *moudjahidin* (combattants du *djihad*). Ils imposent la chariah (la « coutume » du Prophète) comme cœur de l'État, et de manière très stricte afin de garantir l'ordre : l'anarchie régnera si les mœurs se relâchent et si le droit est trop laxiste. Les femmes, interdites de vie sociale, doivent porter le *chadri* et sont l'objet d'une répression terrible. Les talibans circulent et frappent ceux qui ne font pas la prière dans la rue, ou ne portent pas de barbe... La musique, les sports, toute forme de loisir sont prohibés. Les talibans, qui n'avaient pas de programme politique, ont été chassés du pouvoir en novembre 2001, après les attentats du 11 septembre, commandités par celui qu'ils hébergeaient, Oussama ben Laden.

→ **Fondamentalisme, hanaféisme, madrasa, moudjahidin, soufisme, sunnisme.**

Talion ✡ ✝ ☪

Talion (du latin *talis*, « tel ») est le nom donné à une loi contenue dans la Bible, plus précisément dans le livre de l'Exode, deuxième livre de la Torah. Elle est annoncée aux Hébreux par leur guide Moïse, qui a reçu la Torah de Dieu. Cette loi, qui prévoit de châtier un agresseur en lui appliquant le même traitement que celui qu'il a administré à sa victime, est énoncée par des mots devenus très célèbres : « Tu donneras vie pour vie, œil pour œil, dent pour dent, pied pour pied, brûlure pour brûlure, meurtrissure pour meurtrissure, plaie pour plaie » (21, 23-25). Mais la tradition juive n'a pas appliqué cette mesure à la lettre. La punition n'est pas physique mais financière. Par exemple, si un homme crève l'œil d'un autre, il devra lui verser un dédommagement.

Dans le Nouveau Testament, Jésus se situe dans cet esprit mais va plus loin. L'évangéliste Matthieu (5, 38-48), par exemple, rapporte qu'il abolit la loi du Talion, prêche la non-violence et le pardon de l'ennemi, qu'il faut entourer d'amour. Jésus a cette célèbre phrase : « Quelqu'un te donne-t-il un soufflet sur la joue droite, tends-lui encore l'autre. »

La loi du Talion (*diya* en arabe, « prix du sang ») était aussi présente en Arabie avant la naissance de l'islam (VIIe siècle), qui la reprit sous la forme d'une compensation matérielle ou d'une sanction en cas de blessure ou de mort. Ainsi, dans la 5e sourate (chapitre) du Coran, intitulée *La Table servie* (5, 45), il est spécifié que tout dédommagement versé et reconnaissance de faute entraînent le pardon de Dieu.

Tallit ✡

Le *tallit*, appelé souvent *tallit gadol* (« grand ») pour le distinguer du *tsitsit*, « petit » (*katan*) *tallit*, est un châle de prière, fait de laine, de soie ou de coton. Mais, quelle que soit la matière, il faut qu'elle comporte aussi les franges qui ornent les quatre coins du *tallit*. Celui-ci, réservé en principe aux hommes, est en général porté pendant les offices et lors des principales fêtes du calendrier. À la synagogue, au cours d'une bénédiction, le fait de se couvrir la tête du *tallit* signifie que l'officiant est en contact avec la présence de Dieu.

→ **Bénédiction, office, synagogue, tekhelet, tsitsit**

Talmud ✡

Le mot hébreu *talmud* renvoie à la notion d'enseignement, d'étude. L'ensemble d'écrits portant ce titre est une compilation de réflexions de grands esprits juifs sur la Loi (Torah), le cœur de la Bible hébraïque et de la foi juive. C'est pourquoi le Talmud, ouvrage fondamental du judaïsme, est appelé aussi Torah orale, en tant que complément de la Torah écrite transmise à Moïse sur le mont Sinaï. Enfin, il utilise à la fois l'hébreu, la langue sacrée de la Bible et d'Israël, et l'araméen, langue qui s'imposa au Proche-Orient au VIe siècle av. J.-C. environ, puis se diversifia en dialectes.

Le Talmud reprend la Michnah, commencée trois siècles avant J.-C. environ et achevée vers 200, c'est-à-dire un ensemble de jurisprudences issues également de la Torah écrite et composé par les *tannaïm* (pluriel de *tanna*, « maître d'enseignement »). Il est complété par la Gemara (mot araméen signifiant « achèvement » ou « complément »), réflexions et commentaires de la Michnah opérés par des rabbins, les *amoraïm* (*amora* au singulier,« interprète »), de 200 environ à la toute fin du Ve siècle apr. J.-C. .Le Talmud est ainsi le fruit de près de sept siècles d'étude, de discussions et de piété rabbiniques, ce qui explique la place centrale qu'il occupe dans la pratique religieuse. En effet, il a fourni deux matières qui continuent de jouer un grand rôle aujourd'hui : la Halakhah (« chemin »), qui porte sur l'aspect juridique du judaïsme, et la Haggadah (« narration »), qui concerne son aspect théologique et surtout littéraire, voire légendaire.

Il existe en fait deux Talmud. Le premier est le Talmud de Palestine, appelé aussi Talmud de Jérusalem (Talmud Yérouchalmi), formule inadaptée car trop restrictive. En effet, il est le fruit du travail de trois académies situées au nord de la Palestine, Césarée, Séphoris et Tibériade. Rédigé en hébreu et dans le dialecte araméen des juifs de Palestine, il fut terminé à la fin du IVe siècle. Le seul manuscrit complet date de 1289. Le second Talmud, et le plus volumineux, est le Talmud de Babylone (Talmud Babli). Écrit en hébreu et en dialecte araméen oriental, il est le fruit du travail d'académies installées en Babylonie (actuel Irak), dont celles de Pumpédita et de Sura (non loin de Bagdad). Il fut classé et harmonisé par Rav Ashi (352-427), sage et recteur de l'académie de Sura. Le travail colossal de ce dernier fut poursuivi par Rabbina (mort en 499), recteur de Sura et dernier des *amoraïm*, qui donna sa forme presque définitive à l'ouvrage, lequel reçut ensuite quelques compléments dus aux sages suivants, les *saboraïm* (les « raisonneurs »), actifs jusqu'au VIIe siècle. Enfin, les *geonim* (VIIe-XIe siècles), présidents des académies du Talmud, imposèrent le Talmud de Babylone dans le monde juif. La version de référence est celle de Venise (1520). La pensée des sages, au sein des *yéshivot* (écoles), a produit ensuite les commentaires du Talmud, les Tosafot.

Le Talmud est le grand sujet d'étude des *yéshivot* (*yéshivah* au singulier), les écoles religieuses supérieures.

→ **Michnah, Haggadah, Halakhah, rabbin.**

Tammouz ✡

Tammouz était le dieu de la végétation dans la mythologie babylonienne (Dumuzi pour les Sumériens). En juillet, quand le soleil assèche la végétation, il mourait et descendait aux enfers, puis il renaissait au printemps, cycle qui provoquait la désolation ou la fécondité de la terre. Appelé Adonaï (« Seigneur ») en hébreu, il devint le dieu grec Adonis. Il était d'usage de fêter son deuil. Le prophète Ézéchiel (8, 14-15) rapporte par exemple que, transporté au Temple par Yahvé, il voit « les femmes qui y étaient assises, pleurant Tammouz ». Et Yahvé l'avertit : « Tu verras encore d'autres abominations plus affreuses que celles-ci. » Il est donc logique que tammouz, dixième mois du calendrier religieux et quatrième mois du calendrier civil, corresponde à juin et juillet.

Traditionnellement, le 17 du mois de tammouz est un jour de jeûne (le *Chivah assar be-Tammouz*). Il correspond au début du démantèlement du premier Temple par les Babyloniens en 587 av. J.-C. (en fait le 9), et du second Temple par les Romains (70 apr. J.-C.). Cette date est suivie de trois semaines de deuil, jusqu'au neuvième jour d'av (*Tichah be-Av*), qui commémore la destruction des Temples.

→ **Adonaï, av (neuvième jour d'), jeûne, Temple.**

Tanakh ✡

Le mot Tanakh est en fait un acronyme (un mot formé de syllabes ou d'initiales d'autres mots). Il est composé à partir du nom des trois parties de la Bible hébraïque : la Torah (Pentateuque), Neviim (Prophètes), Ketouvim (Hagiographes).

→ **Bible, Ketouvim, Neviim, Torah.**

Tanna, tannaïm ✡

Les *tannaïm* (pluriel de *tanna*, « maître d'enseignement ») sont des rabbins érudits qui représentaient les juifs auprès des Romains. Ces sages intervinrent depuis le tout début de l'ère chrétienne jusqu'à la constitution de la Michnah (version écrite de la Loi orale), réalisée par l'un d'eux, Yehoudah (Judas) ha-Nassi (vers 135-220). On leur doit, outre la Michnah, d'autres consignations par écrit de la Loi orale, la Tossefta et le Midrash Halakhah. Leur action se situe d'abord à Jérusalem, puis, après la destruction du Temple (70), à Jabneh (Jamnia), où fut transféré le Sanhédrin (institution juridique juive), et enfin, après la révolte de Bar Kokhba (132-135), à Tibériade. Parmi les illustres *tannaïm* figure Rabbi Akiba (vers 50-135), à qui est attribué l'Avinou (prière), et Siméon bar Yohaï (IIe siècle), qui pourrait être l'auteur du *Zohar*, le grand livre de la kabbale, la mystique juive. Les successeurs des *tannaïm* furent les *amoraïm*, les artisans du Talmud.

→ **Amora, Halakhah, kabbale, Michnah, Midrash, Talmud, Tossefta, Zohar.**

Taqqanah ✡

Les *taqqanot* (singulier *taqqanah*, de *tikkoun*, « réparation ») sont des ordonnances prononcées par les sages juifs et les responsables de communautés afin d'adapter les règles du judaïsme (contenues dans la Halakhah) aux évolutions du temps. Depuis l'époque de la Grande Assemblée, donc avant l'ère chrétienne, les *taqqanot* portent sur la liturgie, les prières ou des aspects divers de l'existence comme le mariage, le commerce, la fiscalité. Aujourd'hui, en Israël, les autorités juives n'en décrètent que pour ce qui concerne la religion, laissant à l'État et à son Parlement le soin de décider de tout ce qui ressortit au domaine civil.

→ **Grande Assemblée, Halakhah.**

Targoum ✡

En araméen, langue véhiculaire de l'Empire perse devenue celle de la Palestine au temps de Jésus, le mot « traduction » se dit *targoum*, ou *targum*. De fait, à partir du retour d'Exil (VIe siècle av. J.-C.), les juifs étaient rares à parler encore l'hébreu, supplanté par l'araméen. La presque totalité de la Bible hébraïque (sauf Daniel, Esdras et Néhémie), et particulièrement la Torah (Loi divine), fut donc transcrite en version araméenne. Les exemplaires de ces traductions, dont quelques-uns furent retrouvés dans les célèbres grottes de Qumrân, sont appelés *targoums*. Ils sont divisés en deux catégories (palestiniens et babyloniens) qui diffèrent sur les plans linguistique, littéraire (conformité babylonienne à l'hébreu, par exemple) et juridique, ce dernier domaine révélant des conceptions distinctes au sein des écoles d'où naîtront les deux Talmud.

→ **Araméens, Qumrân, Septante, Talmud, Torah.**

Tariqa ☪

Le mot arabe *tariqa* désigne la « voie », le « chemin » qu'emprunte le mystique musulman (soufi) pour parvenir à l'illumination totale, notamment par le *dhikr*, invocations du nom de Dieu. Il s'applique aussi, par extension, à ces mystiques qui forment des confréries (*tourouq*) vivant dans des édifices communautaires (*ribat*), et qui s'appellent « frère » (*ikhâne*, singulier de *akh*). Chacune de ces confréries est placée sous l'autorité, en général posthume, d'un maître spirituel (cheikh) ou d'un ancêtre prestigieux. Mais cette autorité remonte presque toujours à Mahomet lui-même (vers 570-632), voire à son cousin et gendre Ali, par l'intermédiaire de la *silsila*, la « chaîne » de transmission des maîtres successifs. Sur le plan historique, bien que très minoritaires en islam, les *tourouq* ont contribué à l'islamisation des terres conquises et à la résistance contre les tentatives de reconquête, leur âge d'or se situant du XIIe au XVe siècle. Elles sont encore actives aujourd'hui, surtout dans le Maghreb et en Afrique noire.

→ **Derviche, ribat, soufisme.**

Tasbih ☪

L'islam est une religion dans laquelle la grandeur de Dieu est proclamée chaque jour. Par exemple, l'*Allahou Akbar* (« Allah est le plus grand ») est partie intégrante de l'appel à la prière (*adhan*) et s'entend souvent en dehors des pratiques religieuses. Il existe aussi le *tasbih*, c'est-à-dire *soubhâna Allah*, « gloire à Dieu », prononcé au quotidien.

→ **Allahou akbar.**

Te Deum †

Le *Te Deum* est un cantique très ancien, qui pourrait remonter au IVe siècle. Louant Dieu le Créateur et le Seigneur, il est interprété à certains offices du jour (heures) et à l'occasion de cérémonies particulières : *Te Deum Laudamus, te Dominum confitemur* (« À toi, Dieu, notre louange, nous t'acclamons, tu es Seigneur ! »). De grands compositeurs l'ont mis en musique, comme Marc Antoine Charpentier (XVIIe siècle) ou Anton Dvorak (XIXe siècle).

→ **Cantique, heures.**

Tefillin ✡

Les *teffilin* (« objet de prière »), mot issu de *teffilah* (« prière » en hébreu), sont deux petites boîtes de cuir, de forme carrée, abritant des parchemins – elles sont appelées phylactères en français, du grec *phulaktêrion*, « amulette », « talisman ». Sur le document sacré qu'elles contiennent, le scribe a recopié les quatre passages de la Bible qui sont à la source de cette pratique, laquelle est attestée depuis le IIIe siècle av. J.-C. environ. Deux d'entre eux viennent du livre de l'Exode (13, 1-10 et 11, 16), dont le verset suivant : « Ce sera pour toi un signe sur ta main, un bandeau sur ton front, car c'est par la force de sa main que Yahvé nous a fait sortir d'Égypte. » Les deux autres sont extraits du Deutéronome (6, 4-9 et 13-21), où l'on retrouve le principe des *teffilin*, mais aussi des *mezouzot* (étuis contenant des extraits de la Bible et fixés sur le montant d'une porte) : « Que ces paroles que je te dicte aujourd'hui restent dans ton cœur ! Tu les répéteras à tes fils, tu les leur diras aussi bien assis dans ta maison que marchant sur la route, couché aussi bien que debout ; tu les attacheras à ta main comme un signe, sur ton front comme un bandeau ; tu les écriras sur les poteaux de ta maison et sur tes portes » (6-9).

Aux offices du matin (Chaharith), les juifs continuent de porter ainsi une *teffilah* sur le front et une autre sur un bras, pour montrer l'attachement indissoluble à Dieu. En revanche, le shabbat et les fêtes majeures, par leur grande portée religieuse, suffisent à représenter ce lien et n'exigent pas le port des *teffilin*.

→ **Amulette, Grande Assemblée, mezouzah, scribe.**

Tehinot ✡

Les *tehinot* sont les « supplications » (en hébreu) qui, renforçant les prières, appellent encore davantage la miséricorde de Dieu. On les retrouve déjà dans la Bible, notamment dans les Psaumes. Le judaïsme en a produit de nombreuses, de styles et de provenances variés.

→ **Bible, miséricorde, psaumes.**

Tekhelet ✡

Tekhelet (« bleu azur » en hébreu) est le nom d'une teinture que l'on utilisait pour colorer de bleu les franges du *tsitsit* et du *tallit* (châles de prière), comme le stipule le livre des Nombres (15, 38) de la Bible : « Tu leur diras, pour leurs générations, de se faire des houppes aux pans de leurs vêtements et de mettre un fil de pourpre violette à la houppe du pan. » Obtenue peut-être à partir d'un coquillage recueilli sur les rivages d'Israël, le *hilazon*, cette couleur symbolisait la mer et le ciel, le trône de Dieu. Mais cette couleur bleue, qui n'est pas obligatoire dans la loi juive, a été abandonnée, et la recette qui permettait de l'obtenir est oubliée. Les juifs recourent aujourd'hui au blanc.

→ **Nombres (livre des), tallit, tsitsit.**

Temple ✡ † ☪

Depuis près de trois mille ans, le Temple de Jérusalem est ancré dans l'âme et la foi juives, et dans la littérature, les oracles des prophètes comme Ézéchiel, les écrits rabbiniques, les pèlerinages... Cet édifice, maison de Dieu célébrée par la Bible, plonge en effet dans l'identité et l'histoire du judaïsme.

Quand les Hébreux quittent l'Égypte sous la conduite de Moïse, ils sont accompagnés d'une Tente dite « de la Réunion », dans laquelle réside l'arche qui contient les termes de l'Alliance unissant Dieu à ce peuple. Après la conquête de Canaan, la terre promise par Dieu (vers le XIIIe siècle av. J.-C.), commence l'histoire d'Israël proprement dite. Puis la royauté est instaurée avec Saül (1030-1010), et surtout avec son successeur : le prestigieux David (1010-970) fait de Jérusalem sa capitale et y installe la Tente, décidé à lui construire un sanctuaire digne de Dieu. Pour cela, il choisit une hauteur, que la tradition associe au mont Moriyya, lieu où Abraham s'apprêta à sacrifier (Aqédah) son fils Isaac. Mais Dieu décide que c'est à son fils, Salomon (970-931), le sage par excellence, que revient le privilège de bâtir sa demeure. Celui-ci déploie des moyens colossaux, durant un chantier de sept ans. La seule description que nous possédions de cet édifice est celle donnée, dans la Bible, par le premier livre des Rois (1 Rs 5, 15-9, 25). Nous apprenons que le cèdre venu de Phénicie (Liban) et le cyprès voisinaient avec l'or, la pierre et un mobilier splendide. Le bâtiment, rectangulaire, couvrait 200 mètres carrés et s'élevait à 10 mètres de hauteur. Il se composait de trois parties : un vestibule (*oulam*), le Saint (*hekal*), où se trouvait, entre autres, la *menorah*, chandelier à sept branches, enfin le Saint des Saints (*debir*), qui abritait l'arche d'Alliance. Autour du Temple se dressaient des entrepôts de trois étages, et un luxueux palais royal.

Mais ce premier Temple est détruit en 587 av. J.-C. par les troupes de Nabuchodonosor, roi de Babylone, qui exile la population. L'arche est saisie, et disparaît. À partir de 538, le Perse Cyrus le Grand, vainqueur des Babyloniens et nouveau maître du Proche-Orient, autorise les populations exilées à retrouver leur terre. Le retour à Jérusalem commence, ainsi que la reconstruction de la ville et du Temple. Mais le chantier est long et difficile, le Temple n'étant consacré qu'en 515, sans retrouver ses dimensions et sa splendeur première. Ce qu'on appelle le second Temple est agrandi par Hérode le Grand, « roi des juifs » (40-4 av. J.-C.), installé sur le trône de Palestine par les Romains. L'édifice n'est pas décrit dans la Bible, dont la rédaction est achevée, mais par l'historien juif Flavius Josèphe et dans le traité Middot de l'ordre Qodachim de la Michnah (version écrite de la Loi orale) – *middot* signifie « mesures » en hébreu, en l'occurrence celles du Temple. Il est détruit à son tour en 70 apr. J.-C. par les armées romaines de Titus, à la suite de la révolte juive. Il ne sera jamais reconstruit. Le judaïsme cesse ensuite d'appliquer les rituels qui y étaient pratiqués, dont les sacrifices, et élabore progressivement sa liturgie actuelle. En 638, en prenant Jérusalem, les musulmans découvrent un lieu désolé, les juifs s'étant dispersés (diaspora). De nos jours, il ne reste de ce monument prestigieux que le mur Occidental, appelé « mur des Lamentations » par les chrétiens. L'ancienne esplanade est occupée par deux hauts lieux de l'islam, la mosquée al-Aqsa (« La [mosquée] Lointaine », 660), nom que le Coran donne au mont du Temple, et le dôme du Rocher, commencé en 691, depuis lequel Mahomet aurait fait son ascension au ciel (*miraj*) lors de son Voyage nocturne (*isra*). Selon certains auteurs juifs, comme le grand Moïse Maïmonide (vers 1165-1204), le troisième Temple, bâti au ciel, viendra reprendre sa place à la fin des temps.

Le Temple se dresse donc encore à l'époque de Jésus – il ne sera définitivement achevé qu'en 64, soit six ans avant sa destruction. Commencé en 15 avant notre ère sous Hérode le Grand, dédicacé cinq ans plus tard, il s'affirme comme le centre du culte juif, où convergent par milliers les pèlerins venus pour les trois grandes fêtes de l'année : Pessah (Pâque), Chavouot (Pentecôte) et Soukkot (fête des Tentes). C'est aussi une source importante de revenus pour les prêtres, et surtout pour le grand prêtre, grâce à l'impôt de la dîme et au commerce des animaux destinés aux sacrifices. Sur le plan architectural, le second Temple est entouré d'une enceinte dont la porte d'accès, monumentale, est couverte d'or. Puis s'étend le vaste parvis des Gentils (non-juifs), entourant le terre-plein central, limite que ces gentils n'ont pas le droit de franchir sous peine de mort. Ce terre-plein, accessible par neuf portes imposantes, renferme en effet deux parties : le parvis des Femmes, où peuvent aussi se rendre les hommes, et le parvis d'Israël, réservé aux hommes s'étant auparavant purifiés. Enfin l'on trouve le parvis des Prêtres, où se dresse l'autel des sacrifices et où brûle l'encens. Un voile (*parokhet*) sépare ce dernier du Saint des Saints, le sanctuaire, où seul le grand prêtre peut pénétrer, une fois par an, pour le Yom Kippour, le jour des Expiations. Au nord-ouest de l'enceinte du Temple se dresse la forteresse Antonia, où une garnison romaine surveille en permanence les allées et venues sur le parvis, situé en contrebas, surtout lors des grandes fêtes.

Les évangiles du Nouveau Testament, malgré leur pauvreté biographique, permettent de reconstituer les épisodes liant Jésus et le Temple. En tant que juif, et selon la coutume, Jésus est présenté au Temple et circoncis à l'âge de huit jours. À douze ans, ses parents l'ayant un jour perdu dans la foule, ils le retrouvent au Temple, la « maison de mon Père », dit-il. Nous savons que, durant son ministère, soit de 28 à 30 environ, il se rend plusieurs fois à Jérusalem, surtout pour les trois grandes fêtes de pèlerinage. Le Temple, où les marchands vendent le bœuf au riche et la colombe aux pauvres, est un lieu de culte et de sacrifices, mais aussi de rencontres, de réunions et d'échanges. Ainsi, Jésus y prononce plusieurs paraboles et dispense son enseignement, au risque de se heurter à une forte opposition : par exemple, un jour, il manque d'être lapidé et doit fuir pour sauver sa vie. Mais le fait le plus marquant est celui qui précède de peu sa Passion. De fait, juste avant la Pâque, Jésus entre triomphalement à Jérusalem, décidé à convaincre les autorités religieuses du Temple de la justesse de son message. Sur le parvis, rapporte l'évangile de Marc (12, 17-64), a lieu une confrontation au sujet de la Torah. Ce sont les trois célèbres controverses. Elles portent sur l'impôt dû à César (« Rendez à César ce qui appartient à César, et à Dieu ce qui est à Dieu »), sur la résurrection des morts (« Il [Dieu] n'est pas un Dieu de morts, mais de vivants ») et sur les deux grands commandements (foi au Dieu unique et amour du prochain). Dénonçant le trafic lucratif d'animaux, il chasse les marchands du parvis, scène célèbre : « Ma maison sera une maison de prière. Mais vous, vous en avez fait un repaire de brigands », s'écrie-t-il [Lc 19, 45]. Où le culte trouve-t-il sa place alors que Dieu doit être adoré « en esprit et en vérité » ? ajoute-t-il (Jn 4, 24). Jésus ne rejette pas le Temple, il en dénonce les abus. Et s'il promet ce pilier du judaïsme à la destruction, celle-ci reste symbolique. Mais les autorités religieuses du Temple ont décidé de l'éliminer. Obtenant le concours de Judas, elles envoient leur garde arrêter Jésus au jardin des Oliviers. Le Temple reste donc lié, pour des raisons diverses, au christianisme : les protestants par exemple n'exercent pas leur culte dans une église mais dans un temple, appelé ainsi en sa mémoire.

→ Av, Jérusalem, Dôme du Rocher.

Testament †

Dès sa naissance, l'Église chrétienne se place dans la continuité d'Israël, dont elle adopte les livres sacrés qui relatent son histoire et celle du judaïsme, religion première de Jésus. Elle se sert alors, non de la version hébraïque de ces livres, mais de leur traduction grecque (Septante), réalisée dans la diaspora juive (IIIe-IIe siècles av. J.-C.), donc hors de Palestine. Puis, pour montrer que l'histoire du salut des hommes ne s'est jamais interrompue depuis la Création et se poursuit au travers d'elle, elle enchaîne par ses écrits propres. Cet ensemble, ou Bible, débute par la création du monde, racontée dans le livre de la Genèse, et s'achève par l'Apocalypse de Jean, apôtre de Jésus, ouvrage qui évoque le jugement de tous les hommes à la fin des temps. Elle comprend donc deux parties, appelées Ancien et Nouveau Testament. Mais ce sens « testamentaire » ne correspond plus à cette réalité ancienne qui prévalut dans la tradition occidentale. En effet, le mot « Bible » vient du grec *ta biblia*, qui signifie « livres saints ». Or « l'Ancien Testament », où retentit le premier appel au Dieu unique loué par juifs, chrétiens et musulmans, est en lui-même un écrit sacré, aussi avons-nous pris ici le parti de ne donner le nom de Bible qu'à cette collection spécifiquement juive, d'une richesse et d'une splendeur incomparables. Il convient donc de distinguer deux étapes à la fois distinctes et étroitement liées dans l'histoire du salut. La première est celle d'Israël, où des hommes inspirés par Dieu, les prophètes, jouèrent un rôle essentiel. La seconde est celle de Jésus et de ceux qui se réclamèrent de son enseignement. En effet, le « Testament » n'est pas la transmission devant notaire d'un héritage légué par un défunt. Le mot « testament » est en réalité la traduction en latin du grec *diathêkê*, « alliance », « traité », lui-même traduisant l'hébreu *berith*. Aussi, de nos jours, cette « alliance » reflétant fidèlement ce que fut le passé biblique, le consensus s'est fait autour d'une autre dénomination : celle de Premier Testament (l'Alliance mutuelle entre Dieu et Israël, le peuple qu'il choisit) et de Second Testament (renouvellement de cette alliance sans pour autant rompre l'ancienne, objectif central du ministère de Jésus, qui voulait débarrasser cette dernière des pratiques trop contraignantes du judaïsme de son époque).

Le « Second » Testament se présente donc comme le récit de la mission de Jésus et des premières décennies de son héritage, l'Église. Il se compose de 27 livres, retenus à la fin du IVe siècle par le canon (règle) chrétien. Il débute par les quatre évangiles, mot qui constitue la matrice du message de Jésus, c'est-à-dire la venue imminente du Royaume auquel chacun aura accès, message qui n'était pas celui de ses coreligionnaires juifs. Les auteurs en sont Matthieu, Marc, Luc – dont les évangiles respectifs ont des points communs qui leur valent d'être appelés synoptiques (« vue d'ensemble » en grec) – et Jean, ce dernier apôtre très proche de Jésus, et dont l'œuvre se distingue par un style et un contenu très personnels. Nous découvrons dans ces évangiles le ministère de

Jésus, sa vie, sa mort sur la croix et sa résurrection. Puis viennent les Actes des Apôtres, qui rapportent les débuts de l'Église, d'abord dirigée par l'apôtre Pierre, puis par Jacques, « frère de Jésus », et où apparaît Paul, ancien persécuteur de chrétiens converti. Celui-ci consacre une importante correspondance (les plus anciens textes) aux communautés chrétiennes qu'il visite, les épîtres (genre plus littéraire que les lettres ordinaires). Ces dernières seront augmentées de celles d'autres auteurs. Enfin l'ensemble se clôt par l'Apocalypse de Jean, merveille littéraire que le canon, d'ailleurs, mit un certain temps à admettre, tant son contenu est stupéfiant. Au final, le Nouveau Testament reste la référence de la foi chrétienne, la tradition s'étant aussi nourrie de livres qui n'y figurent pas, les apocryphes.

→ **Actes des Apôtres, Alliance, Apocalypse, épîtres, évangiles.**

Tévet ✡

Tévet, ou tébèt (décembre-janvier), est le quatrième mois du calendrier religieux juif et le dixième mois du calendrier civil. À son début s'achève Hanoukkah, la fête des Lumières. Le 10, un jour de jeûne (Assarah be Tévet), marque le début du siège de Jérusalem par Nabuchodonosor, roi de Babylone, qui devait aboutir à la destruction du Temple (587 av. J.-C.).

→ **Babylone, Hanoukah, Jérusalem, jeûne, Temple.**

Thamoud ☪

Thamoud est le nom d'un peuple qui incarne l'archétype de l'idolâtrie, des cultes polythéistes, des sacrifices. Il est mentionné dans quelque vingt sourates (chapitres) du Coran, ce qui en souligne l'importance. Dieu leur envoie un prophète, Çalih, mais ils le repoussent, comme avant eux les Adéens avaient refusé le message du prophète Houd. Pour cela, ils sont anéantis par un cataclysme, plus précisément par la foudre, rapporte *Celle qui doit venir* (69, 4-5).

→ **Ad, Çalih, Houd, idole.**

Théologie ✡✝☪

La théologie est, étymologiquement, le « discours sur Dieu » ou la « doctrine de Dieu » (du grec *theos* et *logos*), c'est-à-dire l'ensemble des matières qui étudient la religion (juive, chrétienne ou musulmane). Elle concerne trois grands domaines : les livres sacrés, le dogme et la morale (vérités que l'on ne peut pas mettre en doute), et la tradition orale ou écrite (par exemple, certains passages de la Michnah juive, les *hadith* musulmans, les décrets des conciles pour les Églises chrétiennes). Il s'agit d'étudier Dieu et ses relations avec les hommes, ainsi que l'univers, au travers de différents thèmes auxquels les recherches historiques et archéologiques ont apporté de précieux renseignements. Par exemple, l'exégèse est l'étude des écrits sacrés – la Bible pour les juifs, les deux Testaments pour les chrétiens, le Coran pour les musulmans – à l'aide de leur langue d'origine, de leurs sources et d'autres matériaux. L'apologétique, quant à elle, se charge de comprendre les mécanismes de la foi, tandis que l'eschatologie s'intéresse à la fin des temps. Il existe aussi des matières spécifiques à une religion, comme l'ecclésiologie chrétienne (étude de l'Église), ou le *kalam* musulman.

→ **Concile, dogme, Église, foi.**

Théophanie ✡✝

La théophanie (du grec *theos*, « dieu », et *phaïno*, « montrer ») est la manifestation directe de Dieu.

Dieu, dont on ne peut faire de représentation car il n'est pas visible, intervient pourtant à des occasions exceptionnelles et à l'aide de signes puissants. Dans le judaïsme, Moïse voit ainsi la présence de Dieu dans le Buisson ardent, puis dans la nuée lumineuse lors de l'Alliance et lorsque la Loi lui fut délivrée par Dieu au mont Sinaï ; durant l'Exode, il est, comme son peuple, guidé par cette nuée divine. Dans le christianisme, Jésus est le sujet de la Transfiguration, où son corps et ses habits se parent de la Gloire de Dieu.

→ **Buisson ardent, Gloire de Dieu, Moïse, Sinaï, transfiguration.**

Theotokos †

C'est la traduction grecque, en vigueur dans le christianisme orthodoxe, du titre « Mère de Dieu » donné à Marie, mère de Jésus, au concile d'Éphèse, en 431.

→ **Concile, Marie, orthodoxe.**

Thessaloniciens †

Thessalonique, en Macédoine (Grèce), où résidaient de nombreux juifs mais aussi des Grecs convertis à la foi au Dieu unique, accueillit saint Paul en l'an 50, dans l'ensemble avec bienveillance, écoutant son enseignement sur Jésus. Mais il fut en butte à l'hostilité de certains juifs qui l'obligèrent à quitter la ville et à gagner Corinthe (Péloponnèse).

Paul rédigea ainsi deux épîtres adressées aux Thessaloniciens, et qui constituent les plus anciens écrits du Nouveau Testament – il y cite Timothée, un fidèle compagnon, qui le retrouvera à Corinthe. La première est envoyée depuis Corinthe, et datée de 51 environ, donc quelque vingt ans après la crucifixion de Jésus ; la seconde est plus difficile à situer dans le temps, peut-être à peu près contemporaine de la précédente. Dans la première, Paul parle des juifs qui ont tué Jésus, mais cette accusation doit être mise sur le compte des événements vécus à Thessalonique – rappelons que Paul, juif lui-même, fut d'abord un persécuteur de chrétiens avant de se convertir. Ces deux œuvres sont fondamentales car elles évoquent le jour du Seigneur, qui sera celui de la résurrection, du retour de Jésus (parousie) à la fin des temps pour sauver ceux qui entreront dans le Royaume de Dieu, c'est-à-dire l'un des fondements de la foi chrétienne.

→ **Épitres, Timothée.**

Thomas †

Thomas est l'un des apôtres de Jésus et l'un des saints les plus vénérés. Ce nom, et prénom, a pour origine l'araméen *toma* (« jumeau »), qui correspond à l'hébreu *taom* (« être double »), et que le quatrième évangile du Nouveau Testament (Jean) traduit par le grec « Didyme » – Thomas fut ainsi considéré par certains chrétiens comme le « jumeau de Jésus ». Mais les trois autres évangiles le citent simplement parmi les Douze (apôtres), sans autres détails. Seul Jean mentionne son intervention à trois reprises. Ainsi, peu avant la résurrection de Lazare et la Passion de Jésus, qui sent sa fin proche, il déclare : « Allons, nous aussi, pour mourir avec lui ! » (11, 16), ce qui montre sa détermination. Puis, lors de la Cène, lorsque Jésus institue l'eucharistie et, selon Jean, qu'il affirme aux Douze que ceux-ci le rejoindront dans le Royaume de Dieu par un chemin qu'ils connaissent, Thomas s'étonne : « Comment saurions-nous le chemin ? Jésus lui dit : Moi, je suis le Chemin, la Vérité et la Vie. » (Jn, 14, 1-7). Enfin, après sa résurrection, Jésus se montre aux apôtres à Jérusalem, et Thomas, absent, affirme plus tard qu'il ne croira à cet événement qu'en voyant les plaies infligées à son maître. De fait, huit jours plus tard, Thomas peut toucher les plaies du crucifié. Il lance cette proclamation de la divinité de Jésus : « Mon Seigneur et mon Dieu ! Jésus lui dit : Parce que tu me vois, tu crois. Heureux ceux qui n'ont pas vu et qui ont cru. » (Jn 20, 24-29). Thomas fait ensuite partie du groupe des sept disciples qui ont la chance de voir Jésus sur le bord du lac de Tibériade (Jn 21, 1-14). Puis, excepté une unique mention dans les Actes des apôtres, il disparaît totalement du Nouveau Testament. D'où vient alors sa vénération ?

Des écrits apocryphes, c'est-à-dire ne figurant pas dans le Nouveau Testament, ont largement contribué à bâtir la tradition entourant Thomas. Il aurait ainsi évangélisé les Mèdes et les Perses, puis l'Inde, plus précisément la côte sud-ouest du Deccan (Kerala), où une « Église de Saint-Thomas », de rite syro-malabar, l'honore toujours. Cependant, deux de ces apocryphes revêtent une grande importance. Le premier, l'évangile de Thomas, commence par cet avertissement : « Voici les paroles secrètes que Jésus le Vivant a dites et que Didyme Jude Thomas a écrites. » Ce texte, écrit peut-être à Édesse (Mésopotamie), a été conservé dans un manuscrit découvert en 1945 à Nag Hammadi (Égypte) et datant du IVe siècle ; mais l'original est beaucoup plus ancien, du début du IIe siècle, voire de la seconde moitié du Ier siècle, ce qui le rendrait presque contemporain des évangiles canoniques. Au contraire de ces derniers, il n'obéit pas à un plan narratif, n'évoque ni la mort ni la résurrection de Jésus. Il rassemble cent quarante paroles (*logia*) de Jésus, transmises oralement puis consignées, dont l'authenticité est tout aussi complexe à établir que les sentences contenues dans les ouvrages canoniques.

Le second apocryphe, les Actes de Thomas, aurait été rédigé à Édesse – où, selon une tradition, Thomas aurait été enterré et où sa sépulture était d'ailleurs vénérée. L'original dont nous disposons remonte sans doute à la première moitié du IIIe siècle. Il est complet et surtout en bon état, ce qui est exceptionnel. Pour saint Augustin (354-430), Père de l'Église, ce récit alimentait les hérésies, notamment parce que Jésus y apparaît physiquement, et en Inde. Le texte raconte qu'à Jérusalem, les apôtres se partagent le monde et que Thomas reçoit l'Inde. Le roi indien Goudnaphar (qui a bien existé vers le Ier siècle) cherche un charpentier (métier de Thomas) pour se construire un palais. Il délègue un certain Habban, qui achète l'apôtre, lequel lui bâtit un palais dans le ciel. Après de multiples rebondissements, parsemés de miracles et d'emprisonnements, Thomas finit par subir le martyre de la part du roi Mazdaï. Ses reliques sont transportées vers l'Occident (Édesse ?).

Le prénom de Thomas a été donné à d'illustres figures du christianisme, comme les Anglais Thomas Becket (1117-1170), archevêque de Canterbury, qui s'opposa à son roi Henri II et mourut assassiné, et Thomas More (1477-1535), décapité sur l'ordre d'Henri VIII à qui il avait dénié le droit de diriger l'Église anglaise, et d'où naîtra l'anglicanisme. Citons aussi le mystique allemand Thomas Hemerken (vers 1380-1471), ou Thomas a Kempis, qui serait peut-être l'auteur de L'*Imitation de Jésus-Christ* : ce célèbre ouvrage chrétien se compose de quatre livres ; les trois premiers rassemblent des conseils relatifs à la vie spirituelle et intérieure ; le quatrième, consacré à l'eucharistie, est l'aboutissement d'une intimité personnelle avec Jésus-Christ. La plus éminente de ces figures est sans doute saint Thomas d'Aquin (1226-1274), docteur de l'Église et illustre théologien, formé à l'université de Paris par Albert le Grand (1200-1280). Son œuvre est une synthèse entre la pensée des Pères de l'Église et de la tradition, d'une part, et l'esprit rationaliste qui agite son époque, d'autre part – courant appuyé notamment par la redécouverte d'Aristote, philosophe grec du IVe siècle avant notre ère, chez qui transparaît (entre autres) le rôle essentiel des sens dans l'élaboration de la connaissance. Sa *Somme théologique* (1266-1273) condense son propos. Dans les *Commentaires des Œuvres d'Aristote* (1269-1272), il expose ce qui peut être utilisé de ce philosophe dans l'enseignement théologique. De 1259 à 1269, il écrit aussi la *Chaîne dorée*, axée sur la Parole de Dieu, et la *Somme contre les Gentils*, destinée aux missionnaires partis évangéliser les terres musulmanes. Thomas, toujours guidé par la révélation de Dieu qui anime le croyant, porté vers la contemplation et la prière, a su ménager la foi et la raison, la pensée philosophique et la théologie, la nature et ce qui ressortit à une force supérieure. Sa pensée, ou thomisme, fut, pour ces raisons, à la fois encensée et combattue.

→ **Évangiles, Jésus, Lazare, Passion, résurrection.**

Tibériade ✡ †

Le lac de Tibériade, situé en Galilée, au nord de la Palestine, tient son nom de la ville qu'Hérode Antipas, roi de cette province juive au temps de Jésus, a fait édifier en l'honneur de l'empereur romain Tibère. Situé à 208 mètres au-dessous du niveau de la mer, et traversé par le Jourdain, c'est une vaste étendue d'eau salée de quelque 27 kilomètres carrés, profonde de 42 à 48 mètres et très poissonneuse. Il est appelé aussi mer de Galilée, ou lac de Génnésareth, du nom d'une des villes prospères établies sur ses rives. Outre Tibériade et Génnésareth, nous y trouvons aussi les villes de Bethsaïde, Corozaïn, Magdala, sans oublier celle où Jésus choisit de s'établir lors de son ministère, Capharnaüm, située à l'ouest. La pêche est la principale activité des riverains, profession qu'exercent aussi les quatre premiers et plus fidèles disciples de Jésus : Pierre et son frère André, Jacques (dit le Majeur) et son frère Jean. Tous quatre sont originaires de Bethsaïde, et sont d'anciens disciples de Jean le Baptiste, le précurseur de Jésus. Celui-lui les rencontre sur le bord du lac et en fait des « pêcheurs d'hommes », rapporte, dans le Nouveau Testament, l'évangile de Marc (1, 17). Jésus y revient pour enseigner les foules et, selon les évangiles, pour procéder à des miracles, comme par exemple marcher sur les eaux et apaiser une tempête, afin de renforcer l'adhésion des disciples. Nous l'y retrouvons aussi après sa résurrection, suscitant une pêche miraculeuse devant les yeux ébahis des apôtres.

Mais le lac de Tibériade, partie intégrante de la terre promise aux juifs par Dieu, a aussi joué un rôle dans le judaïsme. Ainsi, le Talmud, prolongement des réflexions des rabbins sur la Torah, la Loi de la Bible, fut composé pour une part en Palestine. Au IVe siècle, des combats détruisirent Tibériade, Césarée et Séphoris, où étaient établies les académies du Talmud. Dès lors, le Talmud se poursuivit à Babylone, jusqu'en 500 environ, et cette dernière version, dite « de Babylone », finit par s'imposer au détriment de la première, moins volumineuse. En revanche, la *massorah*, règles de lecture et de chant de l'hébreu et de l'araméen composant le texte authentique le plus ancien de la Bible, fut mise au point à la fois à Babylone et à Tibériade, du VIIe au Xe siècle, mais c'est la partie conçue à Tibériade qui s'imposa et survécut, grâce à la famille de ben Nephtali, et surtout à celle d'Aaron ben Asher (milieu Xe siècle).

→ **Massorah, Sanhédrin, Talmud.**

Tichri ✡

Dans l'ancien calendrier juif, en vigueur avant l'Exil (VIe siècle av. J.-C.), septembre-octobre correspondait au mois *étanim*, mot d'origine cananéenne signifiant « rivière permanente », en référence aux cours d'eau continuant de couler pendant la période sèche. Après le retour de l'Exil, le judaïsme adopta le terme babylonien de tichri, premier mois du calendrier religieux et septième mois du calendrier civil. De fait, le Nouvel An (Rosh ha-Shanah) est fêté le 1er et le 2, et correspond à la notion de Jugement de Dieu, présent durant tout le mois. Le 3 est un jour de jeûne, Guédalia, qui rappelle la mémoire de Godolias (Guédalia en hébreu), gouverneur de Juda nommé par Nabuchodonosor après l'exil de la population à Babylone. Godolias était établi à Miçpa, à 13 kilomètres au nord de Jérusalem, et était entouré de Judéens demeurés dans le pays, dont le prophète Jérémie, qui rapporte les événements (40,5-41,3). Mais le roi d'Ammon, pays ennemi d'Israël, craignant que Godolias ne redonne naissance à une nation puissante, envoie Yishmaël, de la famille royale de Juda, tuer Godolias.

Le 1er tichri commence aussi un temps de pénitence, qui trouve son aboutissement le 10, à Yom Kippour, le jour des Expiations. Puis vient Soukkot (15-22 ou 23), la fête des Tentes ou des Tabernacles, avec Hochana Rabba et Chemini Atseret (célébrations) qui, en Israël, coïncide avec Simhat Torah (fin du cycle annuel de la lecture de la Torah, la Loi divine).

→ **Babylone, Exil, hochanot, Juda, Rosh ha-Shanah, Soukkot, Yom Kippour.**

Timothée †

Dans le Nouveau Testament, deux épîtres de saint Paul, écrites vers 63-64, sont adressées à Timothée (« qui honore Dieu »), l'un de ses disciples et proche collaborateur auquel il a confié des missions. Dans la première, Paul l'appelle d'emblée « mon véritable enfant dans la foi » (1 Tm, 1, 1). Il insiste ensuite sur la nécessité de résister aux faux propagateurs de la foi, ou « faux docteurs ». La prière, adressée à tous les hommes sans distinction, reste un des moyens de vivre la paix et la quiétude. Suit une réflexion sur la condition féminine de cette époque : « Je ne permets pas à la femme d'enseigner ni de faire la loi à l'homme » (2, 12). Paul s'attache ensuite à montrer comment organiser la communauté (prêtres, diacres), l'attention qu'il faut porter aux plus faibles (vieillards), le devoir pour les esclaves de respecter leur maître, surtout s'il est croyant, tout cela dans un esprit de justice et de charité. La seconde épître à Timothée porte sur le courage que nécessite l'évangélisation, cette force étant procurée par Dieu. Paul y rappelle que le Jugement dernier n'épargnera pas les « égoïstes, cupides, vantards, orgueilleux... », tous ces êtres qu'il faut éviter, et dont Paul donne la liste et les défauts (2 Tm 3, 1-9).

→ **Paul, Thessaloniciens, Tite.**

Tite †

Insérée dans le Nouveau Testament, l'épître de Tite est, avec les deux épîtres de Timothée, envoyées aussi vers 63-64 par saint Paul, l'une des épîtres dites « pastorales », car elles concernent plus spécifiquement l'organisation des communautés chrétiennes auxquelles elles sont adressées. Tite est un très proche disciple de saint Paul. Certains chercheurs ont même supposé qu'il pourrait avoir fourni les informations concernant Paul dans les Actes de Apôtres, livre rapportant les débuts de l'Église chrétienne. Nous le retrouvons aussi dans l'épître aux Galates, également de Paul. Dès le début, celui-ci appelle Tite son « véritable enfant en notre foi commune », comme Timothée. Suit un développement sur la place des prêtres (presbytres), la vigilance contre les faux détenteurs de la foi ou « faux docteurs », une série de recommandations morales sans lesquelles le salut ne peut s'opérer : sobriété, soumission des femmes à leur mari, pondération de la jeunesse, soumission des esclaves. Cette soumission doit être aussi le fait des fidèles envers les autorités dont ils dépendent, ainsi que l'exercice de la douceur et de la bonté envers les hommes, l'oubli des plaisirs futiles, des révoltes inutiles et des inimitiés insensées.

→ **Paul, Timothée.**

Tobie, livre de ✡

Ce livre, écrit en hébreu ou en araméen vers 200 av. J.-C., a été traduit en grec par la Septante (version grecque de la Bible), mais ne figure pas dans la Bible hébraïque. Tobit, le père, sa femme Anna et leur fils Tobie sont des fidèles de Dieu vivant à Ninive (capitale de l'Assyrie), donc après la ruine de Samarie en 722, l'époque restant indéterminée. Ces fidèles de Dieu sont loin de Jérusalem, ce qui ne les empêche pas de respecter la Loi (Torah). Tobit, grâce à Dieu, a pu devenir un commerçant riche et respecté. Pourtant, la cécité le frappe. Anna, obligée de travailler, n'a que faire de cette foi qui n'a pu lui éviter sa condition malheureuse. Tobit s'en remet à Dieu : sachant que nul homme n'est exempt de faute devant son créateur, il doit forcément avoir commis un péché et préfère mourir. Pendant ce temps, Sarra, une jeune veuve juive vivant à Ectabane, en Perse, prie aussi Yahvé. Un démon, Asmodée, lui ayant fait perdre ses sept époux durant la nuit de noce, elle songe également à mourir. L'ange Raphaël (« Dieu guérit ») intervient alors : il accompagne Tobie, le fils, lors d'un périple, le fait rencontrer Sarra, et, grâce à un subterfuge, parvient à guérir la jeune femme. Puis, il escorte le couple jusqu'à Tobit, qu'il guérit aussi.

Ce livre montre que les juifs de la diaspora, pauvres ou riches, ont droit au même amour de Dieu que les habitants d'Israël. Si l'on ne peut pas aller au Temple de Jérusalem pour y louer Dieu, l'important est de respecter la Torah, que les communautés soient solidaires et que la famille soit la cellule essentielle.

→ **Araméens, Asmodée, Assyrie, Samarie, Septante, Torah.**

Tohorot ✡

Tohorot est le sixième et dernier ordre de la Michnah (version écrite de la Loi orale). Ses douze traités se rapportent à la pureté (*tohorah* en hébreu, *tohorot* au pluriel) et à l'impureté en matière de rituels. On y trouve des considérations portant sur l'alimentation, sur les épanchements humains (dont les règles des femmes), sur les maladies qualifiées de lèpre (dont la maladie elle-même), considérées par la Bible comme un châtiment de Dieu et très craintes dans le judaïsme ancien, sur le contact avec les cadavres, hommes ou animaux. Ces développements, particulièrement contraignants, n'ont pour la plupart plus cours aujourd'hui, et, après la destruction du second Temple de Jérusalem (70 apr. J.-C.), n'ont pas été repris par le Talmud (prolongement de la Michnah).

Kelim (« ustensiles ») se rapporte à la vaisselle et à tout ce qui entourait la préparation et la consommation d'un repas. Oholot est consacré aux moyens de se purifier (cendres obtenues par le sacrifice de la vache rousse par exemple) après avoir été en contact avec un cadavre, dont le sang. Negaïm se concentre sur les « signes de la lèpre ». Parah aborde le sacrifice purificateur de la vache rousse. Tohorot traite de tout ce qui conduit à la pureté et, de ce fait, nécessite d'éviter tout ce qui est impur, thème que reprend aussi la Tossefta (textes non intégrés dans la Michnah). Miqvaot est consacré au *miqveh*, le grand bain de purification encore en vigueur dans le judaïsme. Tevoul yom Niddah, le seul traité de la Michnah à être développé dans le Talmud, est littéralement la « menstruation » : aujourd'hui encore, selon la Halakhah (partie juridique du judaïsme), les femmes sont considérées comme impures pendant et après leurs règles, ce qui nécessite une purification (*miqveh* par exemple) et une parfaite collaboration avec la médecine lorsqu'une pathologie (dérèglement par exemple) intervient. Makhchirin se rapporte aux « liquides » susceptibles de rendre impur, comme l'eau entrée en contact avec un cadavre ou les produits transmis par un gentil (un non-juif). Zavim se penche sur les « écoulements » féminins et masculins lors et en dehors des rapports sexuels. Yadayim s'intéresse aux « mains », à purifier en diverses circonstances, et à la dîme versée autrefois au Temple. Enfin, Ouqtsin complète les dispositions concernant les aliments purs, surtout les fruits et légumes.

→ **Michnah, miqveh, sang, Talmud, vache.**

Tohu-bohu ✡

« Tohu-bohu » est synonyme de désordre et de confusion. Ce terme trouve son origine au tout début du livre de la Genèse : « Au commencement, Dieu créa le ciel et la terre. Or la terre était vide et vague, les ténèbres couvraient l'abîme et un vent de Dieu agitait la surface des eaux » (1, 1-2). Le « vide » et le « vague » sont les traductions des mots hébreux *tohû* (« désert ») et *bohû* (« vide »), qui décrivent le chaos, c'est-à-dire l'état du monde avant la Création.

→ **Création, Genèse.**

Tonnerre, Le ☪

Le Tonnerre (*al-Ra'd*), humeur des orages, est une crainte redoutée par tous les peuples depuis la nuit des temps, et encore aujourd'hui, mais aussi un bienfait. La 13e sourate (chapitre du Coran), qui porte ce titre, rappelle que, comme les montagnes et les rivières, le jour et la nuit, il est une œuvre de Dieu, le Très-Haut, le Dominateur, le Créateur, qui, dans le ciel, a soumis le soleil et la lune. Le tonnerre, qui, avec les anges (messagers), « célèbre[nt] ses louanges avec crainte » (13, 13), peut frapper n'importe qui, selon la volonté de Dieu. Mais il annonce aussi la pluie qui fait croître la végétation, vigne, palmier ou céréales, chacun d'eux recevant la même quantité d'eau tout en bénéficiant, de la part de Dieu, d'un goût plus ou moins délicieux, expression de la puissance divine, de ses signes. De même, Dieu fait croître l'homme si celui-ci accepte de suivre sa direction.

→ Fawatih, Très-Haut.

Torah ✡ ✝ ☪

La Torah, première des trois parties de la Bible hébraïque, constitue le cœur de la foi juive. La traduction grecque de la Bible, la Septante (IIIe-IIe siècles av. J.-C.), la désigna sous le nom de Pentateuque (« Cinq Rouleaux »), puisqu'elle est formée de cinq livres. Le mot hébreu *torah* signifie « enseignement », « instruction », « transmission ». Il fut traduit par le grec *nomos*, qui signifie « loi », mais cantonner la Torah à un rôle purement législatif est l'éloigner de ce qu'elle représente en réalité. Certes, elle renferme tous les grands préceptes du judaïsme, lesquels évoluèrent aussi au fil du temps, mais elle contient avant tout la parole de Dieu, qui s'exprime dans des domaines divers. De fait, pour le judaïsme et la Bible, la Torah est la révélation de Dieu, qui la communiqua à Moïse sur le mont Sinaï. Elle fait ainsi du judaïsme la première des trois religions du Livre, avec le christianisme (révélation de Dieu par Jésus et l'Évangile) et l'islam (révélation du Coran à Mahomet).

D'une incroyable richesse, la Torah est également complexe. Elle fut composée très tôt en Israël à partir de traditions et de sources de provenances variées, puis, selon les chercheurs, achevée vers 300 av. J.-C. Pour toutes ces raisons, elle ne peut être lue comme un livre ordinaire, en continu, tant elle fait appel à des styles littéraires différents ; elle comporte aussi des anachronismes et des contradictions qui font l'objet de nombreux commentaires. Au-delà de ces considérations historiques, elle reste la référence du judaïsme : son respect ou son non-respect détermina les joies ou les peines d'Israël. Ainsi, après le retour des juifs de leur exil à Babylone, à partir de 538 av. J.-C., la Torah devint la législation régissant la communauté de Judée, et le prêtre Esdras en fit la proclamation à Jérusalem, en 398. Évoquée par la Bible comme une référence constante à la source de la foi, elle contient en effet l'événement fondateur d'Israël : la libération des Hébreux de l'esclavage en Égypte, sous la conduite de

Moïse. Dès le IIIe siècle av. J.-C. environ, la Torah fut l'objet de commentaires oraux qui seront réunis plus tard dans la Michnah, achevée vers 200 de notre ère, puis par le Talmud, terminé vers 500 et appelé Torah orale.
La Torah débute par le livre de la Genèse : c'est la création du monde, qui montre la puissance de Dieu dès les commencements de l'univers, les débuts de l'humanité et le péché qui se répand, forçant Dieu à envoyer le Déluge, les trois grands patriarches d'Israël, Abraham, le premier à croire au Dieu unique, son fils Isaac et son petit-fils Jacob. Puis vient le livre de l'Exode, décrivant l'esclavage en Égypte, Moïse recevant sa vocation, la libération des Hébreux, l'alliance avec Dieu sur le Sinaï, le don de la Torah. Le livre du Lévitique évoque les règles concernant les rites et le culte de Dieu. Le livre des Nombres, le quatrième livre, prolonge l'Exode : les Hébreux partent du Sinaï et restent trente-neuf ans dans le désert, à l'oasis de Cadès, prélude à la conquête de Canaan, la terre promise par Dieu dès Abraham, futur Israël. Enfin, dans le Deutéronome, les Hébreux reçoivent les dernières recommandations de Moïse, peu avant d'entrer dans cette terre. Moïse meurt et ne foulera pas ce pays tant désiré. Josué, son fidèle lieutenant, mènera cette conquête.
En tant que juif, Jésus est formé aux écrits bibliques, au sein d'une de ces écoles qui jouxtent alors les synagogues. Les évangiles du Nouveau Testament montrent d'ailleurs qu'il connaît bien la Bible, les prophètes et la Torah. Car, à son époque, le judaïsme est toujours régi par la Torah, dont le respect scrupuleux n'est pas toujours facile pour les gens du peuple – par exemple les changements de vaisselle aux repas, les ablutions ou les lois alimentaires. Tout est en effet centré sur la pureté et l'impureté. Sont ainsi considérés comme impurs, et à éviter, les étrangers (ou païens), dont les Romains, les pécheurs, les prostituées, les collecteurs d'impôts (publicains), les bouchers qui, par leur métier, entrent au contact de la chair morte... De sorte que le quotidien est encadré par des règles particulièrement contraignantes. Jésus, qui respecte, pratique et honore la Torah, car elle est la Parole de Dieu, dénonce cependant ces obligations, qui entravent plus qu'elles ne libèrent. Par exemple, le jour de shabbat, jour sacré de repos hebdomadaire, il accomplit des guérisons, il mange avec des publicains, ce qui est bien sûr interdit. Une autre fois, devant des scribes, il interprète la Torah en utilisant le « je », alors que, d'ordinaire, ces érudits se réfèrent à leur maître. Et, lors du discours sur la Montagne, il a ces mots célèbres, rapportés par l'évangile de Matthieu : « N'allez pas croire que je sois venu abolir la Loi ou les

Prophètes : je ne suis pas venu abolir, mais accomplir » (Mt 5, 17). Le cœur et l'amour des hommes ne doivent plus être conditionnés par des dispositions juridiques, mais s'affirmer dans une relation nouvelle avec Dieu, fondée effectivement sur l'amour. Car Jésus annonce l'avènement imminent du Royaume de Dieu. À l'époque où Matthieu consigna ces propos, le respect ou non de la Loi dans la toute jeune communauté chrétienne, composée de juifs et de païens convertis, était âprement discutée. Les épîtres de saint Paul, par exemple, s'en font l'écho. Le non l'emporta. La Torah (*at-tawra* en arabe) est considérée par le Coran comme un Livre révélé par Dieu à Moïse. Elle est, avec les Psaumes, la seule référence aux livres bibliques que l'on trouve dans les 114 sourates (chapitres) du Coran, où elle est citée près de vingt fois. Mais, comme l'Évangile, elle n'a été qu'une transition, une première direction dans le projet de Dieu. « Nous avons, en vérité, révélé la Torah où se trouvent une direction et une lumière. [...] Nous lui [Jésus] avons donné l'Évangile où se trouvent une direction et une lumière, pour confirmer ce qui était avant lui de la Torah : une direction et un avertissement destinés à ceux qui craignent Dieu », précise *La Table servie* (5, 44-46). Mais le Coran, révélé à Mahomet, est l'aboutissement de la révélation.

→ Aliya, maftir, Michnah, Michneh Torah, révélation, Talmud.

Tosafot ✡

Les *tosafot* sont des « compléments » (en hébreu), c'est-à-dire ces commentaires sur le Talmud (prolongement de la Michnah, la tradition écrite) et ses traités, plus précisément les réflexions des sages qui se penchèrent sur ce monument au sein de leur *yéshivah* (école talmudique). On trouve aussi des *tosafot* portant sur la Torah (la Loi divine). L'ensemble de ces travaux a joué un grand rôle dans la compréhension des textes bibliques et leur enseignement, et dans l'élaboration des règles du judaïsme contenues dans la Halakhah (partie juridique du judaïsme).

→ Halakhah, Pentateuque, Talmud, Torah, yéshivah.

Tossefta ✡

La Tossefta (« supplément » en hébreu), réunie par les *tannaïm* (sages érudits des Ier-IIIe siècles apr. J.-C.), est un ensemble de textes qui n'ont pas été intégrés dans la Michnah (la tradition écrite). Six fois plus importante que cette dernière, elle la paraphrase, l'explique, la contredit ou apporte des propositions inédites. D'ailleurs, elle obéit au même plan : six ordres portant les mêmes noms et quasiment le même nombre de traités. Ces réflexions sont appelées *baraïtot*, pluriel de *baraïta* (« enseignement extérieur »), mais, en cas de désaccord avec la Michnah, c'est celle-ci qui l'emporte. En revanche, lorsque la Michnah manque de précision ou s'avère incomplète, une *baraïta* peut venir l'éclairer ou la compléter, ce qui souligne son importance dans la tradition juive. Les chercheurs n'ont pas encore identifié précisément son auteur.

→ **Haggadah, Halakhah, Michnah, tanna et tannaïm.**

Tou bi-Chevat ✡

Le quinze (Tou) du mois de chevat, le calendrier juif célèbre le Nouvel An des arbres (Rosh ha-Shanah la-Ilanot). Cette fête mineure, apparue sans doute peu avant l'ère chrétienne, n'est pas d'origine biblique, mais trouve son fondement dans la dîme des arbres fruitiers, dont elle marquait la date de perception. Après la destruction du second Temple de Jérusalem, en 70 apr. J.-C., sa raison d'être n'exista plus, mais les juifs de la diaspora continuèrent de commémorer Tou bi-Chevat, pour se rappeler le climat plus favorable de la terre (Erets) d'Israël. Parmi les fruits consommés aujourd'hui lors de cette fête, on trouve l'amande – l'amandier est le premier arbre à fleurir dans l'année. Ce fruit se retrouve aussi de manière symbolique dans la mandorle chrétienne. En Israël, on a aussi coutume de planter des arbres à cette occasion.

→ **Chevat, dîme, mandorle, Rosh ha-Shanah.**

Tour ✡

Jacob ben Acher (1270-1340), fils d'Acher ben Yehiel, grand spécialiste du Talmud (prolongement de la Michnah, version écrite de la Loi orale) et responsable de la communauté juive allemande, s'est distingué par des écrits, commentaires talmudiques et bibliques. Il s'agit surtout de l'ouvrage intitulé *Le Tour*, abrégé de *Arbaah Tourim*, les « Quatre Rangs », division en quatre parties empruntée à ce précepte du livre de l'Exode : « Tu [Moïse] le [pectoral du jugement, pour le vêtement sacerdotal d'Aaron] garniras de pierres serties disposées sur quatre rangs : une sardoine, une topaze, une émeraude pour la première rangée ; pour la deuxième rangée, une escarboucle, un saphir et un diamant ; pour la troisième rangée, une agate, une hyacinthe et une améthyste ; pour la quatrième rangée, une chrysolithe, une cornaline et un jaspe ; elles seront serties dans des chatons d'or » (28, 17-20). Cet ouvrage, même s'il s'inspire du Michneh Torah (1180), livre fondamental de Moïse Maïmonide, est un condensé des règles de la Torah (la Loi divine), et correspond désormais, en l'absence du Temple détruit en 70 apr. J.-C., aux besoins de cette époque, tant en Allemagne qu'au sud de l'Europe (comportements, pratiques religieuses, mariage, jurisprudences, lois alimentaires, femmes...). *Le Tour* inspira les codificateurs ultérieurs, et continue à être respecté.

→ **Aaron, Michneh Torah, Talmud, Temple, Torah.**

Tourier †

Autrefois, les monastères étaient équipés d'un « tour », sorte de meuble cylindrique qui, respectant la clôture, permettait à la communauté de recevoir tout ce qui venait de l'extérieur. Une moniale (tourière) en était chargée. De nos jours, le tourier est responsable des relations avec l'extérieur de l'enceinte monastique.

→ **Cloître, monachisme.**

Toussaint †

Au mois sacré de samonos, premier mois de leur calendrier, les Celtes célébraient le début de l'année lors de la fête de Samain, à une date correspondant sans doute au 1er novembre actuel. Il semble que, dès le VIIe siècle, l'Église ait remplacé cette fête païenne par une célébration chrétienne qui se répandit au siècle suivant. Il s'agissait de rendre hommage à tous les saints qui, à cette époque lointaine, étaient quasiment tous d'anciens martyrs.

Jusqu'alors, et depuis le Ve siècle, les martyrs, les saints emblématiques, étaient fêtés autour de Pâques (victoire du Christ sur la mort), selon une pratique venant de Syrie. À Rome, le 13 mai 610, le pape Boniface IV avait transféré leurs dépouilles des catacombes au Panthéon – qu'il avait dédié à la Mère de Dieu (Marie) et aux martyrs. Ces saints furent alors fêtés le 13 mai. Mais la date du 1er novembre s'imposa au IXe siècle, sous le pape

Grégoire IV (827-844), et, concernant désormais le monde entier, s'étendit à tous les saints, connus ou inconnus, martyrs ou non. La Toussaint catholique est l'occasion de rappeler que les saints, qui vivent près de Dieu et ont imité le Christ par leur sacrifice, intercèdent en faveur de tous. Elle précède la fête des Morts, le 2 novembre, c'est-à-dire celle de tous les fidèles défunts, rite apparu dès le IXe siècle.

→ **Catacombes, martyr, païen, saint.**

Touwa ☪

Dans le Coran, Touwa est le nom d'une vallée sacrée. Son évocation, faite à deux reprises, concerne Moïse et rappelle l'épisode du Buisson ardent où il rencontre Dieu. La 20e sourate (chapitre), *Ta Ha* (20, 8-14), rapporte que Moïse, apercevant un feu, s'en approcha, et qu'alors Dieu se révéla, lui ordonnant d'enlever ses sandales. La seconde évocation, dans la 79e sourate, *Ceux qui arrachent* (79, 16), mentionne seulement la vallée.

→ **Buisson ardent, salat.**

Transfiguration †

Quelques mois avant la crucifixion, Jésus, qui sillonne la Galilée, commence à enregistrer des défections au sein de ses disciples. Ces départs sont dus aux difficultés d'une telle existence, qui exige un engagement total, et à la campagne d'intoxication menée par les autorités religieuses de Jérusalem, décidées à lui barrer la route. C'est alors que survient un événement hautement symbolique, rapporté par les évangiles synoptiques (Matthieu, Luc et Marc), et que la tradition chrétienne situe au mont Thabor (588 m), non loin du lac de Tibériade.

Jésus, conscient que la Passion est imminente, emmène Pierre, Jean et Jacques au « sommet d'une haute montagne » (Mc 9, 2). Soudain, ses habits se parent d'une blancheur incomparable, son visage change. Puis apparaissent Moïse et, à son côté, le prophète Élie, celui qui, selon le judaïsme, doit revenir à la fin des temps pour le Jugement. Stupéfaits, les yeux grands ouverts, les trois apôtres voient Jésus parler avec eux. Une nuée (qui marque la présence divine) les submerge et une voix clame : « Celui-ci est mon Fils bien-aimé ; écoutez-le » (Mc 9, 7). Quand elle s'est dissipée, Moïse et Élie ne sont plus là. En descendant de la montagne, Jésus demande aux apôtres de révé-

ler tout cela « quand le Fils de l'homme serait ressuscité d'entre les morts » (Mc 9, 9). Ils obéissent, « tout en se demandant entre eux ce que voulait dire : "ressusciter d'entre les morts" » (Mc 9, 10).
Il faut voir dans cet épisode la référence à deux piliers du judaïsme : la théophanie (apparition) de Dieu à Moïse (qui représente la Loi) sur le mont Sinaï, où, par ailleurs, une grotte servit d'abri à Élie (qui représente les prophètes) auquel Dieu se manifesta. Jésus se montre ainsi dans sa dimension divine et sa dimension humaine. La tradition chrétienne y lit aussi l'annonce de la Résurrection.

→ **Élie, Jugement dernier, Moïse, Passion, résurrection, Sinaï, théophanie.**

Trappiste †

Le nom de trappiste vient de l'abbaye de La Trappe, dans le département de l'Orne. Il est associé à l'ordre des cisterciens, fondé à la fin du XIe siècle à Cîteaux (Côte-d'Or) par Robert (1024-1110), abbé de Molesme. Cet ordre connaît un formidable essor européen sous Bernard de Fontaine (1090-1153), abbé de Clairvaux (Aube), essor qui se prolonge après sa mort, l'abbaye de Cîteaux restant le cœur du monde cistercien. Les événements de l'Histoire, dont la guerre de Cent Ans (1337-1453), la commende (bénéfices des monastères qui enrichissent des privilégiés) et les questions agitant l'Église catholique, compromettent la vie monastique en général et l'expansion cistercienne en particulier. Le concile de Trente (1545-1563), ou Contre-Réforme, répond à ces besoins de changements et favorise la naissance de nouveaux engagements religieux, comme les jésuites. La Trappe entre bientôt en action.
Armand Jean Le Bouthillier de Rancé (1626-1700), filleul de Richelieu, restaure en 1664 l'abbaye de La Trappe, fondée en 1140 mais promise à la disparition. Il y applique la règle de l'ordre avec une grande rigueur, suscitant aussi de nombreuses vocations au sein de ce qu'on appelle les « trappes ». En 1791, en pleine Révolution française, les moines sont chassés et se réfugient en Suisse, avant de revenir en France en 1798, et à La Trappe en 1815. De nos jours, l'ordre cistercien comprend ainsi la Stricte Observance (issue de la Trappe) et la Commune Observance (dans la lignée de l'ordre originel).

→ **Jésuites, cisterciens, religieux.**

Très-Haut ✡✝☪

Dans la plupart des religions antiques, le ciel occupe une place particulière puisque, en l'absence de connaissances plus précises, le grand vide du cosmos, mystérieux à première vue, générait une crainte et un respect mêlés. Ainsi, dans la mythologie romaine, la Voie lactée serait née d'une goutte de lait (*lactus* en latin, *gala* en grec, d'où vient le mot galaxie) tombée du sein de Junon tandis qu'elle allaitait Hercule (l'Héraclès des Grecs). Junon était d'ailleurs l'épouse de Jupiter, le maître des cieux. Il n'est donc pas étonnant que les trois religions du Livre situent Dieu dans le ciel, monde inaccessible et mystérieux, dispensant ses humeurs bonnes ou mauvaises, comme la pluie ou le tonnerre... Le qualificatif de « Très-Haut » (*El-Elyon* en hébreu) est ainsi donné à Dieu dans la Bible, dans les Psaumes et le Siracide (livre du courant de Sagesse) notamment. Dans les évangiles du Nouveau Testament, Jésus déclare souvent que tout vient d'en haut, comme lui-même. Depuis sa hauteur, Dieu dispense son amour et sa force sur ceux qui sont en bas. Dans l'évangile de Marc (5, 1-20), on assiste ainsi à un épisode marquant : un homme possédé par des démons apostrophe Jésus en l'appelant « fils du Très-Haut » ; sur leur demande, Jésus envoie ces esprits mauvais habiter deux mille porcs, qui se précipitent dans la mer, permettant à leur victime de recouvrer sa raison. Cette démonstration de puissance venue de Dieu, le miracle, est également racontée par Luc (8, 26-39). L'évangéliste rapporte ces mots de l'ange Gabriel, venu annoncer la naissance de Jésus (Annonciation, 1, 26-38) à Marie : « Il sera grand, et sera appelé Fils du Très-Haut. » Jésus qui, toujours chez Luc (6, 37-35), prônera l'amour de tous les pécheurs sans exception, ennemis y compris, avec ces paroles : « Aimez vos ennemis, faites du bien et prêtez sans rien attendre en retour. Votre récompense alors sera grande, et vous serez les fils du Très-Haut, car il est bon, Lui, pour les ingrats et les méchants. »

Le Coran se fait aussi l'écho de cette dimension divine du ciel. La 87e sourate (chapitre) du Coran, *al-A'la* (*Le Très-Haut*), y est consacrée. Dieu est aussi l'Élevé (*al-Azim*), dit la 2e sourate, *La Vache* (2, 255), car il n'existe rien au-dessus de lui. *La Délibération* (42, 4) stipule qu'il est l'Inaccessible, car rien, décidément, ne peut l'atteindre, l'égaler ; tout juste peut-on comprendre sa volonté et sa miséricorde infinie.

→ Annonciation, miracle, Siracide ou Ecclésiastique, vache.

Trinité †☪

La Trinité est un élément essentiel de la foi chrétienne, laquelle, de ce fait, se distingue radicalement du judaïsme et de l'islam. Elle représenta aussi un sujet de discorde entre Églises catholique et orthodoxe. Le concile de Nicée (qui condamna l'arianisme, doctrine niant la divinité de Jésus, en 325) et celui de Constantinople (381) en fixèrent le dogme.

Le chiffre « 3 », hautement symbolique dans de nombreuses religions, prend ici un sens mystérieux qui fait entrer dans le monde même de Dieu. Les Pères de l'Église en ont vu l'amorce dans l'épisode des trois anges rendant visite à Abraham (Gn 18). Mais, si le Nouveau Testament ne cite pas le mot « Trinité », la mention la plus explicite se trouve dans l'évangile de Matthieu, où Jésus, après sa résurrection, recommande à ses apôtres de faire des disciples en « les baptisant au nom du Père, du Fils et du Saint-Esprit. [...] Je suis avec vous pour toujours jusqu'à la fin de l'âge » (28, 18-20). Paul et Jean évoquent aussi la Trinité.

Dieu, personne invisible et omnipotente, est un car il est unique. Mais il est aussi *trine*, c'est-à-dire trois personnes, car, pour apporter le salut et son amour, il a envoyé son Fils (Jésus-Christ, « Le Fils du Dieu vivant », dit Matthieu 16, 16), engendré par l'Esprit saint. De la même manière qu'il descendit sur Jésus au jour de son baptême, l'Esprit saint habite chaque chrétien dès son baptême, effectué au nom de la Trinité, selon la formule de Matthieu.

L'islam, de son côté, rejette nettement la Trinite, en vertu de l'unicité absolue d'Allah, que proclame, par exemple, la sourate 112, *Le Culte pur*. Pour le Coran, Jésus n'est que le prophète de Dieu : « Ne dites pas : "Trois" [...] Dieu est unique ! Gloire à lui ! Comment aurait-il un fils ? » dit la sourate 4 *Les Femmes* (171).

→ **Abraham, baptême, Christ, dogme, Esprit saint, Filioque, Fils.**

Troupeaux, Les ☪

Les Troupeaux (*al-An'am*), titre de la 6e sourate (chapitre du Coran), rappelle que Dieu, avant qu'il ne révèle le Coran à Mahomet (vers 570-632), a créé l'homme à partir d'argile. Mais une part de l'humanité, endurcie par l'incrédulité et par ses fausses croyances polythéistes, n'a pas cru en ses prophètes précédents et s'est moquée d'eux. Même un Livre écrit ne les aurait pas convaincus. Mahomet, son Prophète, est chargé de transmettre sa parole, d'être le premier musulman, c'est-à-dire soumis à Dieu, le Tout-

Puissant qui accordera sa miséricorde aux croyants qui le méritent, lorsque viendra le jour du Jugement. Les autres seront la proie des regrets et dévorés par le feu de l'enfer. Si « la vie de ce monde n'est que jeu et divertissement » (6, 32), et éloigne de la vraie foi, en revanche, l'existence au paradis, promise aux justes, aux croyants sincères, à ceux qui se repentissent, est incomparable, car Dieu rassemblera autour de lui toutes les créatures qui lui sont fidèles, dont les bêtes. Dieu est le détenteur de la véritable justice, le maître et le roi, lui seul « possède les clés du mystère » (6, 59), le pouvoir de faire naître le jour, de transformer la nuit en repos, de faire tomber la pluie pour nourrir la végétation. Il est donc inconcevable qu'une divinité quelconque lui soit associée ou se substitue à lui – c'est le principe du *shirk*, « association », la pire des fautes. Abraham, le premier croyant en Dieu, n'a-t-il pas vécu et reconnu tout cela ? Dieu le récompensa en lui donnant un fils, Isaac, et un petit-fils, Jacob, les deux autres patriarches du peuple d'Israël, auxquels il indiqua la voie à suivre. Il combla aussi ceux qui le méritaient et dont la direction est également à suivre : Moïse, qui libéra son peuple, les Hébreux, pour le conduire jusqu'à la Terre promise, Canaan, et à qui Dieu révéla la Torah, Loi au cœur de la Bible ; David et son fils Salomon, les plus grands rois d'Israël (XIe-Xe siècles av. J.-C.) ; les prophètes Élie et Élisée (IXe siècle) ; Zacharie et son fils Jean le Baptiste, sans oublier Jésus. Mahomet doit emprunter ce chemin, et Dieu lui révèle le Coran pour confirmer tout ce qui s'est passé. Il en a le pouvoir : « il fait sortir le vivant du mort ; et il fait sortir le mort du vivant » (6, 95). Chaque homme est ainsi responsable de ses comportements, qui attirent ou le châtiment ou le pardon du Dieu miséricordieux.

→ **Abraham, Job, Jonas, Joseph, Lot, péché.**

Tsaddiq ✡

Le *tsaddiq*, figure idéale du judaïsme, est, conformément à son sens hébreu (« juste »), celui qui, suivant la voie tracée par Dieu, parvient à un état d'exceptionnelle piété, tant par sa foi (respect de la Torah) que par ses actes. Les personnages essentiels de la Bible, comme Noé, le patriarche Joseph, ou Esther (une femme), sont ainsi qualifiés de *tsaddiq*. Dans le hassidisme, courant du judaïsme en quête de pureté, certains personnages éminents recevaient ce titre, des rabbins par exemple, qualifiés aujourd'hui de *rebbe*.

→ **Foi, juste, patriarche, rabbin.**

Tsitsit ✡

Comme le stipule le livre des Nombres (15, 37-41), dans la Bible, les juifs doivent « se faire des houppes aux pans de leurs vêtements ». De là vient le *tsitsit* (« frange » en hébreu). Le mot désigne la frange elle-même, mais aussi un petit châle de prière moins grand que le *tallit*, et comportant aux quatre coins, comme ce dernier, des franges teintées au *tekhelet* (teinture de couleur bleue). Fait de laine ou de lin, il est porté le jour sous les vêtements. Lors de la récitation du Chema (prière), il est habituel de le baiser dès qu'il est mentionné, afin de se souvenir de respecter les commandements, les franges représentant le lien entre les hommes et Dieu.

→ **Chema, commandement, tallit, tekhelet.**

Turban ☪

Le turban (du turc *tülbend*, issu d'un mot persan signifiant tulipe) est indissociable de l'islam et de son paysage humain. Cette longue écharpe ornant la tête, faite parfois d'étoffes précieuses, selon le rang social, se rencontre aussi bien au Proche-Orient qu'en Inde (chez les Sikhs) et au Maghreb, où elle est appelée chèche. Il existe d'autres couvre-chefs traditionnels, comme le *fez* (du nom de la ville du Maroc), de forme conique, qu'inaugurèrent les dirigeants ottomans (turcs) au XIXe siècle, ou encore la *chéchia*, en forme de calotte. Précisons qu'aucun texte ne stipule que se couvrir la tête est une marque de respect envers Dieu. Cet acte n'a aucun caractère obligatoire, même si le Prophète lui-même l'eût pour pratique sans toutefois lui conférer une dimension canonique.

→ **Kippa.**

U

U

Ultramontanisme †

L'ultramontanisme (« au-delà des montagnes », c'est-à-dire des Alpes), né au XVIIIe siècle, après le concile de Trente (Contre-Réforme), avait pour objectif d'empêcher la mainmise des États sur l'Église, mais surtout de placer l'autorité du pape au-dessus du pouvoir des Églises nationales. En France, il s'opposa à son contraire, le gallicanisme, et à des chrétiens libéraux, notamment monseigneur Dupanloup, évêque d'Orléans. Il fut assez influent pour être l'un des moteurs de la préparation du concile Vatican I qui, en 1870, déclara l'infaillibilité du pape. Depuis le concile Vatican II (1962-1965), cette primauté pontificale est considérablement moins déterminante, mais Jean-Paul II, dont les décisions sont parfois jugées autoritaires, semble avoir retrouvé un certain élan ultramontain.

→ **Concile, Contre-Réforme, Église, gallicanisme, infaillibilité.**

Uniate †

Le mot *uniatisme*, employé par les orthodoxes, s'applique aux Églises de rite et de langue orientaux qui, tout en conservant ces spécificités, ont choisi de s'unir à l'Église catholique de Rome (« uniate » vient du russe *ouniyat*, « union »). L'initiative en revient à Rome, qui chercha à restaurer l'unité avec le monde orthodoxe, mais sans grand succès. On trouve parmi les uniates une partie des nestoriens, les melkites, les Grecs ou encore les coptes catholiques.

→ **Coptes, Église, nestoriens, orthodoxe.**

Urbi et orbi †

Les Romains considéraient leur capitale, Rome, comme LA « ville » (*urbs* en latin) rayonnant sur le « monde » (*orbis*). Ceci explique la formule *urbi et orbi* : lors de grandes occasions, comme Pâques ou Noël, le pape, évêque de Rome et pasteur universel, adresse sa bénédiction *urbi* (« à la ville », c'est-à-dire aux fidèles de Rome) *et orbi* (« au monde »).

→ **Évêque, pape, pasteur.**

Ursulines †

En 1535, à Brescia (Italie), est fondée par Angèle Merici (1474-1540) la congrégation des ursulines, placée sous le patronage de sainte Ursule, martyre supposée du IIIe siècle et héroïne d'une légende incroyable : elle aurait refusé de se marier à Attila, chef des Huns, qui l'aurait fait exécuter avec les onze mille vierges qui l'accompagnaient, thème raconté par Jacques de Voragine dans sa *Légende dorée* (XIIIe siècle), et à l'origine de nombreuses représentations. Angèle Merici rassemble autour d'elle des jeunes filles destinées à secourir et éduquer les nécessiteux, mais qui ne vivent pas sous le même toit, ne revêtent pas l'habit religieux et ne prononcent pas de vœux. Si les ursulines se sont ensuite répandues dans le monde et se consacrent toujours à l'enseignement, elles s'engagent maintenant par des vœux solennels et vivent en communauté au sein de couvents.

→ **Couvent, légende, vœux.**

V

ق

V

Vache ✡✝☪

La vache est un animal emblématique pour de nombreuses religions, en Inde comme en Égypte ancienne. Comme les moutons et les chèvres, elle fournit à la fois le lait, liquide nourricier, sa viande, et une peau réservée à de multiples usages. Il n'est donc pas étonnant de la voir figurer dans la Bible. Ainsi, Joseph, petit-fils d'Abraham et fils de Jacob, s'installe en Égypte, où il prédit au pharaon sept années d'abondantes récoltes (symbolisées par sept « vaches grasses ») et sept années de disette (sept « vaches maigres ») – rejoint ensuite par son père et ses frères, il sera avec ces derniers l'ancêtre des douze tribus qui formeront le pays d'Israël. Plus tard, quand les Hébreux vivent leur Exode dans le désert, est institué le sacrifice de la vache rousse, couleur liée traditionnellement, et injustement, au péché et au Malin. Dans la Bible, le livre des Nombres (19, 1-22) en décrit le déroulement. Cette vache doit avoir presque la couleur du sang (expression de la vie), ne comporter aucun défaut (poil blanc par exemple), et n'avoir jamais porté le joug, car elle aurait alors servi au domaine profane, c'est-à-dire non sacré. Elle est ensuite sacrifiée et entièrement brûlée ; ses cendres, mélangées à de l'eau, servent alors à composer une préparation destinée à purifier ceux qui ont été au contact d'un cadavre, humain ou animal ; on y ajoute du bois de cèdre, symbole de résistance, et de l'hysope, plante odorante qui sert à purifier les lépreux (maladie considérée comme un châtiment de Dieu). Cette pratique, ou « offrande d'expiation » (*hattat* en hébreu), fut poursuivie dans le Temple de Jérusalem, et prit fin après la destruction de celui-ci (70 apr. J.-C.). Dans la Michnah (commentaires des rabbins du IIIe siècle av. J.-C. à la fin du IIe siècle de notre ère), le traité Parah (« vache »), intégré dans l'ordre Tohorot, s'intéresse à la manière de choisir, d'abattre et de brûler les vaches rousses. Selon ces écrits, le rite de la vache rousse,

considéré comme majeur, était si difficile à appréhender pour les humains que, dit-on, même Salomon, le roi réputé pour sa sagesse, ne pouvait le comprendre.
Le christianisme n'a pas retenu ce sacrifice. Dans le Nouveau Testament, l'épître aux Hébreux (9, 13-14) est claire : le sang versé par le Christ, qui s'est volontairement sacrifié pour le salut des hommes, est infiniment plus purificateur.
Enfin, *La Vache* (*al-Baqara*) est le titre de la 2e sourate (chapitre) du Coran, la plus longue avec ses 286 versets. Après avoir évoqué le mystère de Dieu et les fondements de l'islam (aumône, dénonciation de l'incrédulité, nécessité de louer le Dieu créateur, paradis et enfer...), cette sourate se penche ensuite sur Moïse et sur la vache rousse (67-73), puis sur d'autres éléments essentiels, comme la révélation du Coran, le pouvoir qu'a Dieu d'abroger des versets du Coran, la *qibla*, direction de la Kaaba (sanctuaire) de La Mecque, où se tournent les prières des musulmans, le pèlerinage à La Mecque (*Hadjj*), la communauté musulmane (*oumma*), la condition des femmes. Nous y retrouvons aussi Abraham, le père des croyants (juifs, chrétiens et musulmans), Saül, le premier roi d'Israël, Goliath, l'ennemi abattu par David, Jésus, les « gens du Livre » (*ahl al-Kitab*), c'est-à-dire juifs et chrétiens, et enfin le démon, source du mal.

→ Fawatih, Joseph, versets sataniques.

Vatican †

Le Vatican est le plus petit État du monde, avec une superficie de quarante-quatre hectares, et le moins peuplé (environ mille habitants). Installé sur l'une des sept collines dominant Rome, il abrite le Saint-Siège (gouvernement de l'Église catholique) et son autorité supérieure, le pape. C'est aussi un État souverain, comme la France, c'est-à-dire autonome dans ses décisions et son fonctionnement, ce qui lui garantit une indépendance vis-à-vis des pays laïcs. De fait, le Vatican possède un hymne, des journaux, dont un quotidien (*L'Osservatore romano*), une radio, un drapeau. Son armée est une garde instituée en 1480 par le pape Sixte IV, et composée de cent Suisses catholiques dont l'uniforme n'a quasiment pas changé depuis cette époque.

L'origine sacrée du Vatican remonte à l'apôtre Pierre, premier responsable de l'Église, et qui fut martyrisé à Rome vers 64. Selon la tradition, alors qu'il quittait la ville, où l'empereur Néron avait déclenché les persécutions, Jésus lui serait apparu et lui aurait demandé : « Quo Vadis ? » (« Où vas-tu ? »). Pierre serait alors retourné volontairement dans la ville pour y être crucifié. Il fut enseveli sur place, sur la colline du Vatican. Une première basilique fut érigée à cet endroit, à partir de 326, sous le règne de l'empereur Constantin, qui mit fin aux persécutions et officialisa le christianisme ; elle fut remplacée par l'édifice actuel, consacré en 1626, qui porte le nom de Pierre et célèbre sa mémoire. Les papes, successeurs de Pierre, résidèrent ensuite à Rome, à différents endroits, comme autour de la cathédrale de Rome, Saint-Jean-de-Latran (d'où les noms des conciles du Latran). Pour des raisons de commodité, le Vatican se situant de l'autre côté de la ville, il fut décidé d'y bâtir un palais afin de se rapprocher de l'illustre Pierre. Au XIVe siècle, les papes s'installent définitivement dans ce vaste complexe architectural cerné de remparts. À cette époque, l'Église est le plus important pouvoir d'Italie, et ses possessions territoriales, vastes (Ancône, Rimini...), vont jusqu'en Provence (Comtat Venaissin). Ce capital est ensuite émietté à diverses reprises, notamment par la Révolution française, qui rattache le Comtat Venaissin à la France. En 1929, par les accords du Latran, le gouvernement italien parvient à mettre un terme à une vieille querelle : il récupère les États pontificaux, et l'Église, en contrepartie, obtient la souveraineté territoriale du Vatican, qui devient un État.
Le Vatican a accueilli les deux derniers conciles, assemblées exceptionnelles qui réunissent les évêques du monde entier et où sont prises des décisions capitales. Le premier, en 1870, a proclamé de dogme de l'infaillibilité du pape, qui stipule que le pape ne peut pas se tromper lorsqu'il se prononce *ex cathedra*, c'est-à-dire sur des points fondamentaux de la foi. Ce point est le sujet d'un vif débat chez les catholiques, mais les mesures prises par le pape *ex cathedra* sont très rares – la dernière est celle concernant l'Assomption de la Vierge (1950). Le second concile (1962-1965), convoqué par le pape Jean XXIII, a correspondu à des besoins de changements au sein de l'Église, afin de lui apporter une nouvelle vitalité : renforcement du rôle des laïcs, dialogue avec les autres religions, réconciliation avec les orthodoxes (levée des excommunications mutuelles de 1054), évolution de la liturgie, dont, par exemple, la possibilité de remplacer le latin par les langues nationales, comme le français.

→ **Aggiornamento, curie, pape.**

Vaudois †

Les vaudois, ou « pauvres de Lyon », formèrent un courant dissident de l'Église de Rome, leur nom étant associé à leur fondateur, le marchand lyonnais Pierre Valdo, ou Valdès (vers 1140 - vers 1206). Ils professaient, entre autres, que l'évangélisation, les sacrements et l'enseignement de l'Église étaient du ressort tant des laïcs que des prêtres, remise en question de l'autorité et de la légitimité du clergé que Rome ne pouvait admettre. En conséquence, le troisième concile du Latran, réuni en 1179, les déclara hérétiques. Les vaudois, qui se répandirent dans le sud de la France, le nord de l'Italie, et même en Espagne et en Allemagne, furent pourchassés par l'Inquisition, notamment sous le pape Innocent III (1198-1216). Malgré les persécutions, ils se maintinrent et rejoignirent la Réforme protestante au XVIe siècle. Réprimés avec dureté au siècle suivant, ils se concentrèrent dans les vallées situées au sud-ouest de Turin, où ils obtinrent en 1848 la liberté religieuse et les mêmes droits que les autres confessions. Ils sont toujours présents dans cette région d'Italie, mais aussi dans le reste du pays.

→ **Concile, Inquisition, Réforme, sacrement.**

Vaudou †

Le vaudou est un exemple démonstratif du syncrétisme, c'est-à-dire la réunion d'une ou plusieurs croyances ou religions en une seule. Il n'est pas né à Haïti (où l'on écrit *vodou*), mais en Afrique, où il est toujours vivant, précisément au Dahomey, l'ancien royaume du Bénin, et au Togo. Il s'agit d'une croyance en des dieux invisibles, ou *vodu*, à des puissances naturelles louées pour qu'elles influent sur le bonheur des hommes et sur leur environnement. Cette région d'Afrique fournit de nombreux esclaves noirs qui, exilés au Nouveau Monde dès le XVIe siècle, parvinrent à conserver leurs traditions malgré les interdits de la culture occidentale blanche et chrétienne. À Haïti, ils réussirent à maintenir leur héritage linguistique et culturel, et à développer le *vodou* ainsi que la langue créole.

Cette religion, qui n'est pas de la sorcellerie, comme on l'affirme trop souvent, se caractérise par les *lwa*, les esprits, invoqués lors de cérémonies impressionnantes, individuelles ou collectives. Ces *lwa* forment un véritable panthéon, dont le sommet est occupé par le Grand Maître, et entretiennent des rapports avec les vivants. Tout candidat désirant rejoindre le *vodou* passe ainsi par une initiation, où il se laisse envahir par son *lwa* personnel et entre en transes, le rite étant marqué par des sacrifices d'animaux. Chaque *lwa* est associé à un arbre, habite dans un décor naturel (cimetière, grotte, rivière...), possède sa couleur, son jour, ses offrandes favorites, son rôle spécifique, et un double catholique. Il a aussi sa manière personnelle, parfois très brutale, de posséder les humains, ceux-ci se jetant par exemple dans une rivière. Citons le célèbre Baron Samdi, chef des *lwa* de la mort, qui, coiffé d'un chapeau haut de forme et célébré bien sûr le samedi, aime le citronnier et la couleur noire. Mais un autre exemple illustre parfaitement le syncrétisme : Ezili ou Erzulie, *lwa* de l'amour, est fêtée les mardis et jeudis ; présentée comme une mulâtresse séduisante et lascive, elle aime le laurier, les plats raffinés, habite dans les eaux ; associée à la Vierge Marie, elle est fêtée le 16 juillet (fête de Notre-Dame du Carmel dans le calendrier catholique) et le 26 juillet (jour de la Sainte-Anne, sa mère et bien sûr celle de Marie).

→ **Syncrétisme.**

Veau d'or ✡

Environ trois mois après avoir quitté l'Égypte, les Hébreux campent au pied du mont Sinaï. Moïse s'est déjà rendu une première fois sur cette montagne, lors de l'épisode du Buisson ardent. Délaissant momentanément son peuple, il y retourne une deuxième fois, et reçoit le code de l'Alliance, fondement de la Torah (la Loi divine). Pour sceller cette alliance, il sacrifie de jeunes taureaux. Puis il y revient une troisième fois, et Dieu (Yahvé) lui remet alors deux tables de pierre sur lesquelles est gravé le Décalogue (les Dix Paroles), qui stipule notamment : « Tu ne feras pas d'images de moi. » Il reste sur le Sinaï pendant quarante jours, et les Hébreux, au bas de la montagne, se croient abandonnés. Moïse serait-il mort ? Inquiets pour leur avenir, ils ressentent le besoin d'un support spirituel. Aaron, le prêtre, menacé de mort (cela pourrait entraîner la disparition du sacerdoce), accède à leur demande : construire un veau en or, une représentation païenne par excellence, qui fait penser à Baal, souvent figuré par cet animal, ou aux taureaux divinisés d'Égypte, Apis, Boukhis et Mnèvis. En redescendant du Sinaï, Moïse constate le sacrilège : son frère Aaron a construit un autel pour cette statue, autour de laquelle dansent les Hébreux. Il parvient à calmer la colère de Dieu et, devant les siens, brise les tables, signifiant ainsi que l'Alliance est rompue. Il fait fondre le métal de l'idole, lequel, réduit en poudre, est mélangé à de l'eau que chaque Hébreu doit boire pour prouver son repentir. Moïse retourne sur le Sinaï, où Dieu lui remet deux autres tables identiques aux premières. L'Alliance est renouée. Cet épisode célèbre a bien entendu une grande portée religieuse : l'Alliance ne doit jamais cesser, les exigences de Dieu sont grandes, mais son amour et son pardon sont immenses.

→ **Aaron, Alliance, Décalogue, Exode, Moïse, Sinaï.**

Vendredi, prière du ☪

Yawm al-djoum'a est le jour de la « grande assemblée », la grande prière communautaire et collective du vendredi en islam (*al-salat al-djoum'a*). C'est aussi le titre de la 62e sourate (chapitre) du Coran, qui explicite le contenu particulier de ce rassemblement : « Ô vous, les croyants ! Quand on vous parle de la prière du vendredi, accourez à l'invocation de Dieu ! Interrompez tout négoce. [...] Lorsque la prière est achevée, dispersez-vous dans le pays ; recherchez la grâce de Dieu » (62, 9-10). Cette prière, d'une durée d'une heure environ, a lieu à midi, dans la Grande Mosquée, unique dans chaque ville, et appelée ainsi mosquée « du vendredi » (al-djami). La prière, obligatoire seulement pour les hommes (les femmes peuvent cependant y participer), nécessite d'abandonner toute activité, notamment le commerce, comme le stipule le Coran. Elle se distingue des autres prières par le sermon (*al-khoutbah*), qui est prononcé depuis le *minbar* (chaire), et qui rappelle les fondements de la religion et les comportements humains qui en découlent. Au contraire du shabbat juif, qui commence le vendredi soir et se poursuit le samedi, et du dimanche chrétien, le vendredi n'est pas ici un jour de repos, chaque État musulman fixant le sien propre – les musulmans vivant dans un pays non musulman respectent le calendrier local.

→ **Rak'a, salat, sermon.**

Vendredi saint †

Le vendredi en général est considéré par l'Église catholique comme un jour de pénitence, de jeûne, où l'on s'abstient de viande, par exemple. Car il est plus spécialement consacré à la Passion de Jésus, celui-ci ayant été

crucifié un vendredi matin. C'est ainsi que le Vendredi saint, inclus dans la Semaine sainte, célèbre la mort de Jésus sur la croix, soit deux jours avant le dimanche de Pâques, jour de sa résurrection, c'est-à-dire de la victoire sur la mort. Il existe depuis les débuts du christianisme, mais a trouvé son déroulement particulier, sous une première forme, à partir du VIIe siècle.
Le Vendredi saint est, avec le mercredi des Cendres, l'un des deux jours de jeûne complet du calendrier catholique. Un office, et non une messe, prévoit la lecture de passages de la Bible et du Nouveau Testament évoquant des personnages ayant sacrifié leur vie pour leur foi, à l'image de Jésus. Une prière d'intercession en faveur de tous les hommes (y compris les juifs) est adressée à Dieu, un hommage rendu à la croix, symbole de la souffrance de Jésus. Les fidèles concluent par la communion, à l'aide d'hosties consacrées la veille, le Jeudi saint.

→ **Messe, office, Semaine sainte.**

Vêpres †

Les vêpres font partie des « heures » (prières) de l'office catholique quotidien. Cette prière, la plus importante avec celle du matin (laudes), a lieu le soir, d'où son nom (*vesper*, « soir » en latin).

→ **Complies, heures, laudes, office.**

Verbe ✡†☪

Le mot « verbe » vient du latin *verbum*, traduction du grec *logos* (« parole »). Dieu n'est pas un créateur ordinaire, qui aurait façonné le monde à partir d'outils perfectionnés. Dans la Bible, le premier livre, la Genèse, qui débute par la Création, le montre avec éclat : Dieu « dit » et fait. Ainsi, les prophètes furent chargés, en Israël, de transmettre cette Parole de Dieu (*dabar* en hébreu). Elle exprimait sa puissance, son pouvoir créateur. C'est dans cet esprit que se situe le Nouveau Testament, que l'Église considère, avec la Bible, comme l'expression de cette Parole. En outre, Jésus incarne la Parole de Dieu. Ainsi, Jean, apôtre de Jésus, utilise ce mot chargé de sens dans les ouvrages qui lui sont attribués, le quatrième évangile, les deux épîtres et l'Apocalypse : c'est le Verbe, vu comme un nom propre tant il condense le mystère même de Dieu. Par Jésus, son Fils, Dieu a donc fait de sa Parole éternelle, fiable et efficace, un homme transmettant sa Gloire, c'est-à-dire sa puissance, sa majesté,

sa sainteté, son amour, son pouvoir de pardon. Jésus reste ainsi le seul médiateur entre Dieu et les hommes. C'est dans cet esprit que l'on doit lire le célèbre début de l'évangile de Jean (1, 1) : « Au commencement était le Verbe et le Verbe était avec Dieu et le Verbe était Dieu. »
Dans l'islam, le Coran se fait aussi l'écho de ce Verbe. Par exemple, la 3e sourate (chapitre), *La Famille d'Imran*, stipule que Jean le Baptiste, précurseur de Jésus, « déclarera véridique un Verbe [*kalimah*] venu de Dieu » (3, 39) et qui sera compté parmi les justes, nouvelle annoncée ensuite à Marie (3, 45). Pour les musulmans, Jésus vint au monde par la Parole de Dieu, son Verbe, mais il ne fut qu'un prophète, qu'un messager, le transmetteur de sa Parole, car la divinité n'appartient qu'à Dieu.

Versets sataniques ☪

La notion de « versets sataniques » est un sujet de vive discussion depuis les débuts de l'islam. Elle concerne les versets que le démon aurait soufflés à Mahomet durant la révélation du Coran. Dieu, tout-puissant et seul dépositaire de ce Livre contenant sa Parole, les aurait abrogés. C'est le principe de l'abrogation (*al-nask*) et de l'abrogé (*al-mansouk*), que Dieu énonce par exemple dans la sourate *La Vache* : « Dès que nous abrogeons un verset ou dès que nous le faisons oublier, nous le remplaçons par un autre, meilleur ou semblable » (2, 206). Car « Dieu sait ce qu'il révèle » (*Les Abeilles*, 16, 101), et les hommes l'ignorent Aussi ces versets constituent-ils un mystère que les érudits tentent de percer depuis des siècles. Selon l'opinion la plus courante, il s'agirait de la 53e sourate, *L'Étoile*, où, après les versets 19 et 20, qui évoquent des divinités adorées à La Mecque avant l'islam, aurait figuré la reconnaissance de leur grandeur par Mahomet : « Avez-vous considéré al-Lat et al-Uzza [verset 19], et l'autre, Manat, la troisième ? [verset 20] Ce sont là des déesses sublimes et leur intercession est souhaitée [versets abrogés]. » Même si le démon a toujours cherché à contrarier l'action des prophètes envoyés par Dieu (Jésus en butte à Satan, par exemple), ceci supposerait que Mahomet aurait fait des concessions à ses compatriotes polythéistes de La Mecque pour mieux les rallier, ce qui est en contradiction avec le Coran et la mission du Prophète.

→ **Démon, Étoile (L'), idole.**

Vertu ✡ † ☪

Dans l'Antiquité, les Romains estimaient que la valeur et le mérite s'obtenaient par la force (*virtus* en latin), celle-ci étant vue comme exclusivement masculine (*virilis*, de *vir*, « homme »). Dans les trois religions du Livre, la vertu, qui obéit à la même étymologie, est un comportement conforme aux règles morales de Dieu, et qui exige parfois, il est vrai, un effort sur soi-même, une force personnelle. Ainsi s'obtient le mérite devant Dieu. La Bible, particulièrement la Torah (la Loi divine), contient de multiples recommandations en vue de perfectionner l'homme qui, cependant, ne sera jamais totalement parfait devant Dieu. Le courant de Sagesse, notamment, avec par exemple le livre des Proverbes, a développé de nombreuses considérations morales, et la tradition rabbinique, juste avant et pendant l'ère chrétienne, s'est attachée à réfléchir sur leur contenu (Michnah et Talmud).

Le christianisme attache bien sûr une grande importance aux vertus, lesquelles se répartissent en trois familles. Il existe d'abord les vertus que l'on acquiert soi-même, par son attitude et ses efforts pour s'améliorer, pour acquérir plus de sagesse, de patience. Elles doivent être recherchées en respectant celles de la deuxième famille, qui comprend les quatre vertus dites « cardinales », c'est-à-dire centrales, donc essentielles, soit la justice, la prudence, la tempérance (savoir se contrôler) et la force (en général). Enfin, la troisième famille concerne les trois vertus théologales (« données par Dieu ») : la foi, l'espérance, la charité.

Dans l'islam, où la notion de péché originel n'existe pas, le musulman se doit d'être irréprochable, dans un souci vécu quotidiennement – c'est le sens de l'arabe *ihsan*, que l'on peut traduire aussi par « comportement correct ». Il existe ainsi deux domaines, l'un portant sur le bon comportement (*adâb*) vis-à-vis de Dieu, du Prophète Mahomet, du Coran, de soi-même et des autres (charité par exemple), et l'autre se rapportant aux vertus (*akhlâq*) telles que la patience ou la fidélité.

→ Ihsan, vice.

Viatique ✝

Le viatique est l'eucharistie administrée aux mourants conscients, afin de leur ouvrir le « chemin » (*via* en latin) vers Jésus-Christ, dont ils partagent ainsi la mort tout en offrant leur vie à Dieu.

→ **Extrême-onction, eucharistie, onction.**

Vicaire ✝

Pour les Romains, le *vicarius*, d'où provient le mot « vicaire », était un lieutenant, un suppléant ou un remplaçant. Dans l'Église catholique, le vicaire remplit un rôle identique : le pape, qui en est à la tête, est ainsi le vicaire du Christ. Dans les diocèses importants, l'évêque s'entoure ainsi d'un ou plusieurs vicaires dits « généraux », ses plus proches collaborateurs, qui l'aident dans l'exercice de ses fonctions, et d'un ou plusieurs vicaires « épiscopaux », à qui est confiée en revanche une mission particulière (un territoire, une charge diplomatique…). De même, le curé d'une paroisse (subdivision d'un diocèse) peut avoir un vicaire « paroissial ». Il existe aussi des vicaires « apostoliques », désignés par le pape pour s'occuper d'un territoire qui n'est pas encore un diocèse ; ces cas relèvent de pays où le christianisme est très peu présent. Enfin, l'évêque qui s'occupe du diocèse de Rome, dont le pape est l'évêque, est appelé « cardinal vicaire ».

→ **Cardinal, curé, diocèse, évêque, pape.**

Vice ✡✝☪

Le vice est l'ennemi de la vertu, car il est littéralement le défaut (*vitium* en latin), la faute par excellence. Il correspond ainsi à un choix délibéré, dénoncé par le judaïsme et le christianisme au travers du péché, par l'islam au travers de la responsabilité personnelle tout au long de l'existence. Le vice, généré par le mal, produit le mal et éloigne de Dieu. Chaque vice correspond à une vertu. Par exemple, la calomnie s'oppose à la sincérité : dans la Bible, la lèpre s'abattait sur les coupables, et le Coran, avec notamment la 104e sourate (chapitre), intitulée *Le Calomniateur*, réserve à celui-ci les feux de l'enfer. De son côté, le christianisme a dressé, au VIe siècle, la liste des sept vices les plus redoutables, appelés aussi péchés capitaux en raison de leur importance primordiale. Si

l'orgueil, l'avarice, l'envie et la colère sont intemporelles, les trois autres ont beaucoup évolué depuis cette époque lointaine. Aujourd'hui, la luxure et la paresse sont abordées selon des critères moraux différents, et, concernant la gourmandise, des démarches ont été faites auprès du Vatican pour qu'elle soit retirée de cette liste.

→ Vertu.

Victoire, La ☪

La Victoire (*al-Fath*), titre de la 48e sourate (chapitre) du Coran, est celle que le Prophète et ses compagnons remportèrent sur les ennemis de l'islam, Dieu ayant fait descendre sur eux sa sakina (sa présence). La confiance en la toute-puissance de Dieu, en son amour et sa miséricorde, sont les gages de cette aide divine. Le Coran reprend alors une parabole biblique, contenue aussi dans les évangiles du Nouveau Testament : les vrais musulmans sont comme le grain qui croît et devient une tige forte et persistante, provoquant la colère des impies.

→ Parabole, sakina.

Vigne ✡ ✝ ☪

La vigne est un arbrisseau généreux. Elle est en effet à l'origine de deux produits fort prisés, son fruit, le raisin, et le vin. Cultivée déjà par les Égyptiens, qui possédaient même des appellations, par les Grecs et les Romains, elle faisait aussi l'objet d'une activité importante dans le Proche-Orient ancien. La Bible juive s'en fait l'écho à de nombreuses reprises. Dans le livre de la Genèse (9, 18-28), Noé, qui « commença de planter la vigne », a trois fils, de qui descendra « le peuplement de toute la Terre » : Sem, Japhet et le plus jeune, Cham, « père de Canaan », la terre que Dieu promettra à Abraham. Un jour, enivré par le vin, Noé s'endort sans aucun vêtement. Cham, au lieu de cacher sa nudité, se moque et prévient ses deux frères qui, aussitôt, couvrent leur père d'un manteau. Réveillé et dégrisé, Noé maudit Cham. La vigne est également présente quand, durant l'Exode, Moïse envoie des éclaireurs explorer Canaan : ils reviennent portant une énorme grappe de raisin sur une perche, car cette terre est exceptionnelle. Le peuple d'Israël est aussi souvent associé à la vigne, dont prend soin le plus sublime des vignerons, Dieu lui-même. Les prophètes le proclament à plusieurs reprises,

notamment Amos et Osée (VIIIe siècle av. J.-C.), et surtout Isaïe (vers 740-700) dans un poème somptueux, *Le Chant de la Vigne* (5, 1-7). Les prophètes Michée, Jérémie et Ézéchiel interviennent aussi, en prenant le contre-pied d'un proverbe fameux en Israël : « Les pères ont mangé des raisins verts, et les dents des fils ont été agacées. » Ils veulent faire comprendre que la responsabilité d'une faute n'est plus uniquement collective, mais aussi individuelle. Le Cantique des cantiques, splendide chant d'amour, recourt aussi à des allégories. Nous comprenons pourquoi, par exemple, le vin est toujours très présent à Pessah, la Pâque juive.
Justement, Jésus, quand il institue l'eucharistie lors de la Cène, son dernier repas, où il annonce son prochain supplice, reprend de manière symbolique la Pâque juive. Le vin symbolise son sang et le pain son corps, qu'il va sacrifier pour le salut des hommes, le lendemain matin, sur la croix. Le vin est consommé lors des fêtes, comme les mariages, et c'est précisément aux noces de Cana que Jésus procède à son premier miracle. Cet événement est rapporté par l'évangile de Jean. Le Nouveau Testament, qui recense d'autres évocations de la vigne dans des paraboles. Dans l'évangile de Matthieu, par exemple (Mt 21, 33-46), Jésus cite ces vignerons homicides qui tuèrent les serviteurs et le fils du propriétaire qui leur avait confié sa vigne, et qui était venu en toucher les légitimes bénéfices ; Dieu rejettera ces vignerons qui se sont montrés indignes de son Royaume. L'évangéliste Jean (15, 1-17), rapporte aussi ces mots de Jésus : « Moi, je suis la vraie vigne et mon Père est le vigneron. Tout sarment en moi qui ne porte pas de fruit, il l'enlève, et tout sarment qui porte du fruit, il l'émonde, pour qu'il porte encore plus de fruit. »
La vigne est également évoquée par le Coran, qui y voit un bienfait de Dieu. Mais il s'agit de son fruit, le raisin. Car le vin ne jouit pas de la même considération que dans la Bible et le Nouveau Testament, du moins ici-bas. La 16e sourate, *Les Abeilles*, énonce que vin et vigne sont des signes de Dieu : « Vous retirez une boisson enivrante et un aliment excellent des fruits des palmiers et des vignes. [...] Mangez de tous les fruits. [...] De leurs entrailles sort une liqueur diaprée où les hommes trouvent une guérison » (16, 67-69). Mais cette « guérison » concerne le paradis, réservé aux croyants fidèles, où couleront en effet quatre boissons : eau, lait, miel et vin. Dans la 83e sourate, *Les Fraudeurs* (83, 25-26), ces élus de Dieu pourront en effet goûter un vin merveilleux mélangé à l'eau du Tasnim, source du paradis, alors que le vin est interdit sur Terre. Il est – avec les jeux de hasard et les procédés divinatoires – jugé comme une

« abomination », selon *La Table servie* (5, 90). Se reposant sur ces versets et sur de nombreux *hadith* (paroles, actes et commentaires du Prophète), le droit musulman stipule que le vin est interdit ainsi que toute forme de drogue (*khamr*). Le vin est une « œuvre du démon », au même titre que « le jeu de hasard, les pierres dressées [sanctuaires des divinités polythéistes] » et la divination, précise *La Table servie* (5, 90-91). Il procure un plaisir immédiat, l'ivresse, mais il génère aussi la discorde et la haine. De plus, il éloigne de Dieu car l'ivresse est incompatible avec la prière.

→ Caverne (La), Jézabel, parabole.

Visitandines †

La congrégation de la Visitation de Marie fut fondée en 1610 par saint François de Sales (1567-1622) et sainte Jeanne de Chantal (1572-1641). Le mot « Visitation » désigne bien entendu la visite que Marie, après avoir appris l'annonce de la naissance de Jésus, rend à sa cousine Élisabeth, elle-même enceinte de Jean le Baptiste. Cette congrégation, destinée dès l'origine à secourir les pauvres et les malades, se répandit en France, jusqu'à Paris où la communauté fut placée sous l'aile de saint Vincent de Paul. Réunies au sein d'un ordre en 1619, les visitandines existent toujours.

→ **Lazaristes, ordre, salésiens.**

Vizir ☪

Le mot « vizir » est la francisation de l'arabe *wazir*, issu d'un verbe (*wazara*) signifiant « porter un fardeau ». En effet, le *wazir* (*sadr* en persan) était un très proche collaborateur des califes, c'est-à-dire les successeurs du prophète Mahomet (vers 570-632). Bien que le califat ait été aboli en 1924, le titre de *wazir* est encore donné aux ministres. Nizam al-Moulik (1018-1092), sous la dynastie des Seldjoukides, est considéré comme le plus grand vizir en raison de son apport essentiel dans le fonctionnement de l'État musulman.

→ **Calife et califat, Seldjoukides.**

Vocation ✡ † ☪

Le mot « vocation » (du latin *vocare*, « appeler ») est appliqué à tous les appels de Dieu (ceux d'Abraham, des prophètes, des disciples de Jésus et même de tous les chrétiens et musulmans). Dans l'Église catholique, il concerne plus spécifiquement ceux qui sont appelés, par Dieu ou par l'Église, à entrer dans le ministère sacerdotal ou dans un ordre religieux, ou bien dans les deux (on dit alors « avoir la vocation », c'est-à-dire être appelé ou se sentir appelé).

→ **Église, foi, ordre, religieux.**

Vœux †

Le vœu (*votum* en latin) est une démarche volontaire destinée à consacrer quelque chose ou quelqu'un à Dieu. Il ne s'agit pas du vœu ordinaire prononcé par tout un chacun, mais une décision par laquelle on s'engage à réaliser ce que l'on a ainsi promis à Dieu. Le vœu est donc inscrit dans le judaïsme, le christianisme et l'islam. Les chrétiens marchent sur les pas de Jésus en appliquant son message (fraternité, amour…), mais certains d'entre eux décident, un jour, de se mettre à son service de manière plus entière et solennelle. Ils entrent alors dans l'exigence que représente le respect de la pauvreté, de l'obéissance et de la chasteté. Ce sont les religieux (moines, prêtres…), qui s'engagent à vivre selon ces trois principes et à respecter une règle de vie communautaire. Ces vœux peuvent être temporaires ou définitifs, simples ou solennels, selon qu'ils sont prononcés dans une congrégation ou un ordre.

→ **Congrégation, novice, ordre, religieux.**

Voile ✡ † ☪

Chez les Romains, le voile identifiait la femme mariée. Dans le judaïsme, le voile est resté un symbole puissant, qui se concrétisait par le *parokhet*, voile qui masquait le Saint des Saints, partie la plus sacrée du Temple de Jérusalem et où résidait la *shekina*, la présence de Dieu. Aujourd'hui, la plupart des synagogues comportent un *parokhet* placé devant l'arche sainte. De nos jours encore, certaines femmes juives, dès qu'elles sont mariées, se couvrent la tête, par signe de pudeur, avec un fichu, un foulard ou un chapeau, même à la maison. Mais dans le monde juif, la grande

majorité des femmes sont tête nue, et ne se coiffent que par souci pratique ou d'élégance. De même dans le monde chrétien, avec cependant une exception : ne dit-on pas « prendre le voile », en parlant d'une religieuse entrant dans les ordres ? En effet, le voile est, pour les religieuses, le symbole de leur engagement religieux, de leur vie désormais consacrée au Christ, union sacralisée par le port d'une alliance, qui est la marque de leur mariage indissoluble.

→ Hidjab, parokhet, religieux.

Vulgate ✡ † ☪

Issue du mot latin *vulgata versio*, « version la plus répandue », la Vulgate est, depuis la fin du Moyen Âge, la traduction en latin de la Bible faite par saint Jérôme (347-420), et commandée par le pape Damase (366-384), mécontent des versions précédentes, de mauvaise qualité. Pendant vingt-deux ans, saint Jérôme travailla à partir de l'original hébreu, à Rome puis à Bethléem. Les quelques livres qu'il n'avait pas traduits le furent après sa mort. Mais son œuvre s'imposa dans tout le monde chrétien, à partir du VIIIe siècle, comme la version de référence, et Gutenberg l'imprima en 1456. Le concile de Trente (1545-1563), ou Contre-Réforme, la déclara authentique en matière de doctrine, c'est-à-dire l'enseignement de l'Église. Une décision confirmée par le pape Pie XII en 1943. Cette authenticité, cependant, ne porte pas sur la valeur linguistique de la traduction, mais sur sa valeur au regard de la foi.
Dans le judaïsme, la Massorah, constituée du VIIe au Xe siècle, est considérée aussi parfois comme une Vulgate. Reproduite dans les bibles hébraïques d'aujourd'hui, elle définit en effet les vocalisations de l'hébreu et de l'araméen composant le texte authentique le plus ancien de la Bible.
La Vulgate désigne aussi la compilation du Coran établie sous Othman, troisième calife (644-656), c'est-à-dire successeur de Mahomet (vers 570-632). Elle est reconnue par tous les musulmans, et donc largement diffusée, car elle contient le texte de la révélation, parole de Dieu donnée à Mahomet.

→ Bible, Coran, Othman.

W

W

Wahhabites et wahhabisme ☪

Le wahhabisme est le nom d'un mouvement religieux et politique fondé par Muhammad Abd al-Wahab (1703-1792) dans le Nedjd, région centrale de l'Arabie. Au début du XIXe siècle, il s'est opposé violemment aux Ottomans. Ses adeptes sont aujourd'hui moins tolérants en matière d'hétérodoxie (*bidah*).

Les wahhabites (qui préfèrent s'appeler les « unitaires », *Al-Mouwahhidoun*) prônent l'unicité absolue de Dieu, un respect littéral et scrupuleux du Coran et de la chariah (loi de l'islam), donc des Cinq Piliers de l'islam ; ils rejettent toute innovation et commentaires en ces domaines dont le contenu originel doit être préservé. C'est pourquoi ils condamnent le chiisme, la mystique et le soufisme, le culte des saints et la visite de leur tombeau ou celle des morts ordinaires, qu'ils assimilent à une sorte de polythéisme. La loi religieuse est ainsi la loi de l'État. De fait, le wahhabisme est le support du royaume d'Arabie Saoudite depuis sa fondation en 1932 par Ibn Séoud, dont la famille, les Sa'oud, avait adopté cette doctrine dès 1744. Il est aussi un tuteur à partir duquel croissent des mouvements fondamentalistes.

→ **Arabie, bidah, chariah, chiisme, hadith, soufisme.**

Wali ☪

Dans le Coran, le Wali-Allah est un « ami de Dieu ». Le mot *wali* (*waliya* au pluriel), qui implique la notion de protection, s'est étendu ensuite aux hommes que le christianisme qualifie de saints. Le titre de *wali* était aussi appliqué aux gouverneurs dont le pouvoir était la *wilaya*.

→ **Wilaya.**

Wilaya ☪

La *wilaya* désigne le pouvoir souverain, dont celui (important) du *wali*, ainsi que la circonscription administrative que celui-ci gouvernait, chez les Mamelouks ou dans l'Empire ottoman (où elle était appelée *vilayet*). L'Algérie est toujours divisée en quarante-huit *wilayas*.

→ **Ottomans, wali.**

Y

Y

Ya Sin ☪

Les lettres de l'alphabet arabe possèdent une identité et une vie propres qui, associées, confèrent à cette langue une complexité et une richesse extraordinaires. Cette particularité, qui rend très ardue toute traduction d'écrits arabes, est illustrée par le titre de la sourate (chapitre) 36 du Coran, composé des deux lettres (francisées) *Ya* et *Sin*, dont la signification reste entourée de mystère – ce sont les *fawatih*, présentes dans d'autres sourates. La sourate débute par la révélation « descendue » sur Mahomet, « pour que tu avertisses », et qu'une parabole sert à illustrer : à la suite d'Abraham, de Moïse et de Jésus, Mahomet est l'envoyé de Dieu. Nous y trouvons en effet condensés les grands traits de l'islam, le paradis et l'enfer, le Dieu créateur, les débuts de l'humanité et le Déluge. Il y est question aussi du Jugement dernier, qui attend tous les hommes, dont les incrédules, et qui sera annoncé par une trompette – instrument également très important dans le judaïsme, où il porte le nom de *chofar*. Le thème de la résurrection est développé avec tant de force que cette sourate est souvent récitée pour les morts.

→ **Chofar, Déluge, fawatih, Jugement dernier, résurrection.**

Yahvé ✡

Yahvé (ou Yahvo) est la forme prononcée du tétragramme YHWH, que Dieu dévoile à Moïse lors de l'épisode du Buisson ardent, récit contenu dans le livre de l'Exode (3, 1-15). Certains chercheurs pensent que Yahvé fut d'abord le nom d'un dieu parmi d'autres divinités importantes (les El) du monde sémitique, sans doute celui d'une tribu du désert, puis qu'il fut adopté par Israël qui appela ainsi très tôt son Dieu personnel, et bien sûr unique, Dieu ne cessant d'intervenir dans son histoire. Le nom de Dieu, YHWH, ne pouvant être prononcé dans les milieux lettrés juifs, on le remplaça, dans la Bible, peut-être dès le IIIe siècle av. J.-C., par celui d'Adonaï (« Seigneur »), qui illustre bien la royauté totale que Dieu, le Créateur par excellence, exerce sur son peuple et sur l'univers.

→ **Adonaï, Buisson ardent, El, Élohim, Sémites, YHWH.**

Yéshivah ✡

La *yéshivah* (« sessions » en hébreu, pluriel *yéshivot*), école supérieure où l'on étudie le Talmud (prolongement de la Michnah, version écrite de la Loi orale), remonte au IIe siècle apr. J.-C. et se propagea dans la diaspora. À cette époque, chaque maître dirigeait sa *yéshivah*. Aujourd'hui, les *yéshivot* (ou *kolel*) sont concentrées principalement dans l'actuel État d'Israël, où les étudiants sont pour le moment dispensés de service militaire. Pour la tradition rabbinique, les sages ayant étudié la Torah, les érudits et les personnes particulièrement méritantes rejoignent après leur mort l'académie céleste, ou académie d'en haut (*yéshivah chel Maalah*).

→ **Bet ha-midrash, diaspora, Talmud, Torah.**

YHWH ✡

Dans l'épisode du Buisson ardent, rapporté par le livre de l'Exode (3, 1-15), Moïse rencontre Dieu à l'Horeb (mont Sinaï) et Lui demande son nom. Dieu répond « YHWH », tétragramme prononcé *yahvé*, mais dont la signification profonde et mystérieuse continue à faire couler beaucoup d'encre. Bien que son origine hébraïque, ou amorrhéenne (de Mésopotamie), soit encore discutée, on s'accorde pour le rapprocher du verbe « être ». YHWH pourrait ainsi signifier : « Je suis qui je suis, serai qui Je serai », formule qui, influencée par la philosophie grecque, a donné : « Je suis celui qui est. » Au IIIe siècle avant notre ère environ, et peut-être plus tôt, il fut interdit de prononcer le tétragramme, et même de le lire, excepté par le grand prêtre du Temple, qui y était autorisé une fois par an. Il fut remplacé par Adonaï (Seigneur).

→ **Adonaï, Buisson ardent, Élohim, Moïse, Sinaï, Yahvé.**

Yiddish ✡

Le yiddish était la langue parlée par les juifs ashkénazes établis en Europe. Le mot même est une référence à l'origine de cette branche juive, laquelle était appelée par exemple yiddish *taytsh*, c'est-à-dire juif allemand. Le yiddish semble donc être né en Allemagne (vers le Xe siècle), mais son berceau est mal localisé. Comme l'hébreu, dont il a repris l'alphabet, il s'écrit et se lit de droite à gauche. Les emprunts au vocabulaire hébraïque, mais aussi araméen, sont nombreux. Après la Shoah, qui décima les juifs d'Europe centrale et de l'Est, le yiddish, peu en faveur auprès des sionistes qui privilégiaient l'hébreu, a périclité, puis retrouvé une certaine faveur en Israël et auprès des ashkénazes, aujourd'hui répartis dans le monde entier. Le yiddish, qui fut longtemps un véhicule de culture orale, a laissé une littérature et un théâtre qui rendent compte de l'histoire, des vicissitudes et des souffrances des juifs en général, et des ashkénazes en particulier. Isaac Bashevis Singer (1904-1991), prix Nobel de littérature (1978), en est l'un des prestigieux représentants ; on lui doit de superbes évocations des *shtetl*, la « petite ville » (en yiddish) d'Europe de l'Est où vivait une communauté juive.

→ **Araméens, ashkénazes, hébreu, juif, Shoah, sionisme.**

Yom ha-asmaout ✡

Le 5 du mois d'iyyar, Israël fête sa naissance en tant qu'État (14 mai 1948). Cet anniversaire est aussi une fête religieuse, le *yom* (« jour ») *ha-asmaout* (« de l'Indépendance »), célébrée en terre d'Israël et dans la diaspora.

→ **Diaspora, Israël, iyyar.**

Yom Kippour ✡

Le Yom Kippour, célébré le 10 du mois de tichri, est le « jour du Pardon », ou Grand Pardon. En ce jour de jeûne, qui clôt la période de dix jours commencée à Rosh ha-Shanah (Nouvel An), les juifs ne mangent pas, ne boivent pas, ne portent pas de cuir à leurs pieds et s'abstiennent de tout acte sexuel. Par la reconnaissance de ses péchés (*achamnou*) et la demande de pardon, deux démarches qui peuvent se faire aussi bien auprès de Dieu qu'entre juifs, le fidèle se purifie afin de restaurer sa relation avec Dieu. En contrepartie, il devra se rendre meilleur, dans ses intentions et dans ses actes.

Le Yom Kippour est la fête la plus sainte et la plus importante du calendrier juif – par exemple, il n'est pas différé s'il tombe le jour du shabbat. Son origine puise dans le livre du Lévitique (23, 27-28), qui en précise le culte (*avodah*, qui désigne aujourd'hui un service supplémentaire de la fête) : « Le dixième jour de ce septième mois [septembre-octobre], c'est le jour des Expiations. Il y aura pour vous une sainte assemblée. Vous jeûnerez et vous offrirez un mets à Yahvé. Ce jour-là vous ne ferez aucun travail, car c'est le jour des Expiations où l'on accomplit sur vous le rite d'expiation devant Yahvé votre Dieu. » Plus loin (23, 32), le Kippour, comme le nomment simplement les séfarades (juifs du bassin méditerranéen), est qualifié de « repos complet », ou plutôt de « repos solennel », c'est-à-dire *shabbat shabbaton* (« Shabbat des shabbats »). Les prescriptions en sont contenues dans le traité Yoma (ordre Moed) de la Michnah (version écrite de la Loi orale), mais des variantes existent en fonction des communautés. La tradition juive de la Haggadah (ensemble littéraire), quant à elle, le relie au jour où Moïse reçut sur le Sinaï les secondes tables de la Loi, après la destruction des premières lors de l'épisode du Veau d'or.

À l'époque du Temple de Jérusalem, comme le stipule le Lévitique (16), le grand prêtre devait se vêtir de lin (humilité) blanc (couleur de la pureté). Il commençait par offrir un taureau en sacrifice, puis franchissait (unique fois dans l'année) le voile (*parokhet*) séparant le Saint des Saints (partie la plus sacrée du Temple) du reste de l'édifice. Ensuite, pour représenter les péchés, il sacrifiait un bouc sur l'autel, dont le sang servait également d'offrande. Enfin, un autre bouc (« émissaire »), porteur de toutes les fautes d'Israël, était envoyé dans le désert, où habitait le démon Azazel. Au Moyen Âge, il n'était pas rare de lui substituer une poule, que l'on égorgeait puis qu'on faisait tourner autour de sa tête pour reporter sur elle ses péchés. Cette pratique, appelée *kapparot* (« expiations »), au caractère superstitieux, intervient encore, la veille de la fête, dans certaines communautés juives, mais l'animal est la plupart du temps remplacé par des pièces de monnaie.

Aujourd'hui, le Yom Kippour est précédé par un repas plantureux, et à la synagogue par l'office du Kol Nidré – certains juifs se préparent par des bains de purification, les *miqveh*. Des bougies brûlent dans les maisons. Dans la synagogue, où le blanc domine, notamment avec le rideau symbolisant le voile du Temple, les juifs portent le *tallit* (châle blanc à franges). Quatre autres offices marquent la célébration, comprenant (entre autres) la récitation de l'Avinou Malkenou (« Notre Père, notre Roi »), du Qaddich, du Chema. Le dernier office, une demande de pardon, la *neïla* (« fermeture »), précède la sonnerie du *chofar* (trompe) qui clôture le Yom Kippour.

→ **Avodah, Azazel, bouc émissaire, Chema, Kol Nidré, Qaddich, sang.**

Yotserot ✡

Le *yotser* (pluriel *yotserot*) est un *piyyout* (« poème »). Il encadre le Chema (prière) pendant les offices de la journée, lors de fêtes ou à l'occasion de shabbats particuliers. Pratique très courante dans le judaïsme, *yotser* (« celui qui crée ») est le premier mot de la première bénédiction avant le Chema. Les *yotserot* existent dans la tradition ashkénaze.

→ **Ashkénazes, Chema, office, piyyout, shabbat.**

Z

Z

Zacharie ✡

Zacharie (en hébreu Zekharyah) intervient en même temps qu'un autre prophète, Aggée, mais prolonge son action deux ans de plus, soit de 520 à 518 av. J.-C., sous le règne de Darius Ier, empereur de Perse, alors maîtresse de la Palestine. Le livre de la Bible qui porte son nom est composé de deux parties. Dans la première (chapitres 1 à 8), qui lui revient, ce rapatrié de l'Exil s'exprime à la première personne, exhortant les juifs à rebâtir le Temple de Jérusalem. Au travers de visions, il proclame que Dieu interviendra pour restaurer sa demeure et la ville. Ainsi, il loue l'un de ceux qui ont guidé les juifs exilés depuis Babylone : Zorobabel, petit-fils de Joiakîn, avant-dernier roi de Juda, qui reçoit le qualificatif de « germe », c'est-à-dire de ferment d'un retour au pouvoir royal – mais Zorobabel disparaît mystérieusement. De même, Josué, qui dirige le chantier du Temple, symbolise le retour du sacerdoce. Le Temple est achevé et consacré en 515, comme le rapporte le livre d'Esdras. La seconde partie du livre (chapitres 9 à 14), constituée d'ajouts ultérieurs étrangers à Zacharie, consiste en une évocation des temps messianiques, et s'achève par un « combat eschatologique » (de la fin des temps) et par la « splendeur de Jérusalem ». L'ensemble de l'ouvrage a alimenté la littérature apocalyptique d'Israël.

→ **Aggée, Apocalypse, eschatologie, Exil, Juda, Temple.**

Zakat ☪

Inscrite dans le Coran, l'aumône, forme de solidarité à mettre à l'honneur du monde musulman, est l'un des Cinq Piliers de l'islam. Elle se traduit concrètement par une donation légale et obligatoire (*fard*), en argent ou en nature, de la part de tout musulman capable de l'acquitter. C'est la *zakat* (« devenir pur »), qui, présente au cœur de la foi, peut quand même être considérée comme une forme de dîme – la *sadaqa* est de son côté une aumône volontaire. Les prélèvements, effectués sur ce qui excède les besoins, donc « le superflu » (sourate *La Vache*, 2, 219), permettent ainsi, par exemple par l'intermédiaire de l État, de secourir les plus nécessiteux ou toute personne accablée par des soucis d'argent, mais aussi de soutenir les œuvres de bienfaisance, les voyageurs dans le besoin et diverses activités servant l'islam. À l'origine, la *zakat* était prélevée sur les produits agricoles et sur le cheptel, puis elle s'étendit à d'autres biens. Très encadrée sur le plan législatif, elle n'est aujourd'hui appliquée *stricto sensu* que par de rares pays musulmans (Pakistan et Arabie Saoudite, par exemple). En revanche, le don libre est répandu, particulièrement en période de ramadan. Il existe une autre *zakat*, appelée *zakat el-fitr* : elle doit être effectuée, même par le pauvre, à la fin du mois de ramadan, mois du jeûne, et correspond en général à l'équivalent d'un repas.

→ **Aumône, dîme, fard, ramadan, sadaqa.**

Zaouïa ☪

La zaouïa (de l'arabe *zawiya*, « retraite ») est, au Maghreb, associée au mot *ribat*, qui désigne une fondation et communauté religieuse, ainsi que la construction qui l'abrite. Ce lieu est étroitement lié au maraboutisme. On vient s'y recueillir sur la tombe d'un saint important, y pratiquer la prière et d'autres rituels liturgiques, faire une retraite, ou encore perfectionner sa connaissance des Écrits saints.

→ **Maghreb, marabout, monachisme, ribat.**

Zélotes ✡ †

Au tournant de l'ère chrétienne apparaît un mouvement dont l'historien juif Flavius Josèphe (vers 37-100 apr. J.-C.) qualifiera les adeptes de « brigands » (*lestsai*). Il s'agit des zélotes, secte due à l'initiative de Judas le Galiléen, originaire du Golan. Les zélotes, contrairement aux pharisiens, dont ils sont pourtant proches sur le plan religieux, font preuve d'un « zèle » excessif (d'où leur nom), et n'hésitent pas à prendre les armes. Nationalistes, violents et sans pitié, ils mènent une lutte s'apparentant à la guérilla, tuant les Romains, les juifs placés sous l'autorité de ces derniers, ou tous ceux qu'ils jugent trop modérés. Ils conduisent aussi une action contre le recensement organisé en l'an 6 apr. J.-C. par Quirinius, légat romain de Syrie dont dépend la Palestine. Car seul Dieu est autorisé à recenser ses sujets ou à demander un tribut, non les Romains ! Judas trouve sans doute la mort après la répression qui suit cette rébellion, peut-être sur la croix, comme le rapportent les Actes des Apôtres (5, 36-37). Car le châtiment qui est réservé aux zélotes, quand ils sont pris vivants, est la crucifixion. En 66, lors de la grande révolte juive, Menahem, l'un des trois fils de Judas le Galiléen (les deux autres ont été exécutés quelque vingt ans auparavant), investit la forteresse de Massada puis conduit ses partisans dans Jérusalem. Il y meurt, mais les zélotes font preuve d'une résistance acharnée jusqu'à la chute de la Ville sainte (70), allant jusqu'à éliminer leurs coreligionnaires trop rétifs... À Massada, où l'on trouve aussi quelques esséniens, les zélotes tiennent jusqu'en 73, préférant se suicider plutôt que de se rendre. Ainsi disparaît cette terrible secte.

Il est étonnant que les zélotes ne soient pas cités clairement dans les évangiles. Mais il est fait mention de l'apôtre Simon le Zélote (Lc 6,15 et Ac 1, 13), et certains chercheurs pensent que les deux « larrons » suppliciés avec Jésus étaient membres de la secte, dont d'autres adeptes venaient d'être crucifiés par Ponce Pilate – Marc parle même de « brigands » (15, 27). Il est très possible, d'ailleurs, que des zélotes aient fait partie des disciples de Jésus, mais la théorie selon laquelle lui-même aurait été zélote est contredite par la teneur son message, fait avant tout d'amour et de paix.

→ **Crucifixion, Josèphe (Flavius), Judas et Judas Iscariote, Palestine, pharisiens, Ponce Pilate.**

Zémiroth ✡

Les *zémiroth* sont les « cantiques » chantés à table, lors des repas ponctuant le shabbat, afin de louer Dieu et les bienfaits de la fête – les séfarades (juifs du bassin méditerranéen) appellent aussi *zémiroth* les extraits de la Bible chantés à l'office du matin, Chaharith. L'origine de ces textes, poèmes et *piyyoutim* écrits par des sages, est très ancienne, certains étant antérieurs au xᵉ siècle. Des auteurs de la kabbale, grand courant de la mystique juive, ont aussi produit des *zémiroth*.

→ **Cantique, Chaharith, kabbale, piyyout, shabbat.**

Zeraïm ✡

Les « Semences » (Zeraïm) forment le premier ordre de la Michnah (version écrite de la Loi orale), repris et développé dans le Talmud (prolongement de la Michnah) et la Tossefta (ensemble de textes non inclus dans la Michnah). Traitant des besoins humains élémentaires, il est consacré à l'agriculture, à son organisation et à ses produits, essentiellement en terre d'Israël. Le premier traité, Berakhot (Bénédictions), inaugure logiquement l'ensemble puisqu'il recense les formules pieuses destinées à la nourriture, et les louanges au Dieu créateur, sans lequel rien ne peut exister ; on y retrouve des prières essentielles comme le Chema et l'Amidah. La suite concerne les « prémices » (Bikkourim) à offrir, et la dîme (développée aussi dans les traités Demaï, Maaser Chéni et surtout Maasérot, « dîme ») ; les règles entourant la septième (Cheviit) année, dite sabbatique, où la terre doit se reposer ; le pain et la part qui doit revenir aux prêtres (traité Hallah), lesquels reçoivent aussi une partie de la production agricole (traité Teroumot) ; les végétaux et les animaux qu'il convient ou non d'associer (traité Kilayïm), notamment à propos du *chaatnez*, vêtement fait de laine et de lin ; les fruits à ne pas cueillir les trois premières années (traité Orlah). Mais tout juif se rappelle aussi qu'il doit réserver un « coin » (Péah) de ses cultures aux indigents.

→ **Amidah, Chema, dîme, pain, prémices, sabbatique (année).**

Zohar ✡

Le Sefer ha-Zohar (« livre de la Splendeur » en hébreu) est un ouvrage fondamental de la mystique juive, la kabbale (née au XIIIe siècle), car il aboutit à une synthèse de tous les courants qui l'ont caractérisée depuis l'ouvrage précurseur qu'est le *Bahir* (fin du XIIe siècle). Il avance que son auteur serait Siméon bar Yohaï, éminent *tanna* (sage érudit) du IIe siècle apr. J.-C. Mais il s'agit en fait d'un pseudépigraphe (ouvrage empruntant le nom d'un illustre personnage). D'après les travaux des chercheurs, il s'avère que le savant juif et grand kabbaliste Moïse de León en écrivit l'essentiel entre 1270 et 1300, le reste ayant été composé sans doute par l'un de ses disciples. Le *Zohar* est un ensemble de cinq volumes, où la Torah (la Loi divine) et la Bible sont interprétées de façon symbolique et mystique. Nous y trouvons l'explication des *sefirot* (nombres et degrés du monde divin et outils de la Création), qui viennent de l'En Sof, l'infini de Dieu, par essence caché et insaisissable, et qui les utilise pour se manifester. Il faut préserver l'harmonie entre ces *sefirot*, masculines ou féminines, et pour cela combattre le mal sous toutes ses formes (tentations, péchés, démons...) et respecter les commandements.

→ Bahir, commandement, démon, kabbale, mystique, sefirot.

Zoroastrisme ✡ ✝ ☪

Au VIIIe siècle av. J.-C., les prophètes d'Israël ravivent un judaïsme menacé par les divinités étrangères. Presque en même temps, sans doute au VIIe siècle, un prophète d'Iran (Perse), Zarathoustra (Zoroastre en grec), purifie la religion de son pays en écartant les cultes anciens. Dans les textes qui lui sont attribués, les *ghathâs*, partie la plus ancienne de l'Avesta, recueil sacré de cette religion, il loue le dieu principal, Ahura Mazda (« Seigneur Sage »), créateur et puissant, qui lutte contre le maléfique Ahriman. À l'issue d'une bataille apocalyptique, Mazda doit triompher, car le mal ne peut régner. Cette forme de monothéisme est appelé zoroastrisme, du nom de son promoteur, ou mazdéisme, du nom de son Dieu. Elle naît donc peu avant Cyrus le Grand (549), fondateur de l'Empire perse, qui libère les Israélites de l'exil à Babylone et leur permet de retourner en Judée pour reconstruire leur pays, Jérusalem et le Temple. Le mazdéisme restera la religion dominante en Perse jusqu'à la conquête musulmane, au VIIe siècle de notre ère. Certains chercheurs ont ainsi supposé qu'il aurait imprégné le judaïsme, et, à la suite de ce dernier, le christianisme et l'islam. Ils s'appuient pour cela sur certains points communs, comme les notions de Jugement dernier, d'enfer et de paradis, de résurrection des morts, voire les cinq prières quotidiennes de l'islam. D'autres arguments avancent que des écrits prophétiques d'Israël auraient pu être inspirés par l'amanite tue-mouches, champignon entrant dans la composition de l'*haoma* (« jus »), liquide sacré des zoroastriens, hérité de pratiques anciennes, et équivalent du soma indien. Le mazdéisme est toujours pratiqué en Iran, par les Guèbres, et en Inde au sein des Parsis, qui considèrent Zarathoustra à l'égal de Jésus et Mahomet. Les Azéris, population majoritaire d'Azerbaïdjan, pays qui fut conquis par les Perses, ont gardé dans leurs traditions des traces de mazdéisme, voisinant avec la religion musulmane officielle (chiite et sunnite).

→ Enfer, Jésus, Jugement dernier, Mahomet, paradis, résurrection.

Annexes

Les trois Livres de référence

Bible hébraïque ou Tanakh

Tanakh est composé des lettres initiales des trois titres des parties de la Bible hébraïque (système de l'acronyme).

La Torah (Pentateuque)

Les noms correspondent aux premiers mots de chaque livre ;

Berechit, « Au commencement » (Genèse)
Chemot, « Tels sont les noms » (Exode)
Va-yiqra, « Et Yahvé appela Moïse » (Lévitique)
Ba-midbar, « Dans le désert » (Nombres)
Devarim, « Telles sont les paroles » (Deutéronome)

Les Neviim (Prophètes)

Les prophètes premiers : Josué ; Les Juges ; Samuel ; Les Rois.

Les prophètes postérieurs
– Les grands prophètes : Isaïe ; Jérémie ; Ézéchiel.
– Les douze prophètes ou « petits prophètes » : Osée ; Joël ; Amos ; Abdias (Obadiah) ; Jonas ; Michée ; Nahum (Nahoum) ; Habaquq (Habacuc) ; Sophonie ; Aggée ; Zacharie ; Malachie.

Les Ketouvim, écrits ou hagiographes

Les Psaumes
Job
Les Proverbes
Ruth [un des Cinq Rouleaux]
Le Cantique des cantiques [un des Cinq Rouleaux]
Qohélet ou Ecclésiaste [un des Cinq Rouleaux]
Les Lamentations ou *Ékhah* [un des Cinq Rouleaux]
Esther [un des Cinq Rouleaux]
Daniel
Esdras et Néhémie
Les Chroniques

Bible chrétienne

Les citations de la Bible et du Nouveau Testament figurant dans ce dictionnaire sont extraites d'une même traduction, par souci de simplicité et d'uniformisation. Il s'agit de *La Bible de Jérusalem*, Éditions du Cerf, Paris, 1998. Les livres sont suivis de leurs abréviations en usage.

Selon la convention, les références des citations sont indiquées entre parenthèses : abréviation du titre du livre, numéro du chapitre, numéro(s) du ou des versets (indiqués en marge des traductions). Par exemple, Jn 1, 24, correspond à l'évangile de Jean, premier chapitre, verset 24.

Ancien Testament

Le *Pentateuque* : Genèse (Gn) ; Exode (Ex) ; Lévitique (Lv) ; Nombres (Nb) ; Deutéronome (Dt).

Les livres historiques : Josué (Jos) ; Juges (Jg) ; Ruth (Rt) ; livres de Samuel (1 Sm et 2 Sm) ; livres des Rois (1 Rs et 2 Rs) ; livres des Chroniques (1 Ch et 2 Ch) ; Esdras (Esd) ; Néhémie (Ne) ; Tobie (Tb) ; Judith (Jdt) ; Esther (Est) ; livres des Maccabées (1 Mac et 2 Mac).

Les livres poétiques et sapientiaux

Job (Jb) ; Les Psaumes (Ps) ; Les Proverbes (Pr) ; L'Ecclésiaste ou Qohélet (Ec) ; Le Cantique des cantiques (Ct) ; Livre de la Sagesse de Salomon (Sg) ; L'Ecclésiastique ou Siracide (Ecq).

Les livres prophétiques : Isaïe (Is) ; Jérémie (Jr) ; Les Lamentations (Lm) ; Livre de Baruch (Ba) ; Ézéchiel (Ez) ; Daniel (Da) ; Osée (Os) ; Joël (Jl) ; Amos (Am) ; Abdias (Ab) ; Jonas (Jon) ; Michée (Mi) ; Nahum (Na) ; Habaquq (Ha) ; Sophonie (So) ; Aggée (Ag) ; Zacharie (Za) ; Malachie (Ml).

Nouveau Testament

Les évangiles : L'évangile selon saint Matthieu (synoptique, Mt) ; L'évangile selon saint Marc (synoptique, Mc) ; L'évangile selon saint Luc (synoptique, Lc) ; L'évangile selon saint Jean (Jn).

Les Actes des Apôtres (Ac)

Les épîtres de saint Paul : Épître aux Romains (Rm) ; Première épître aux Corinthiens (1 Cor) ; Seconde épître aux Corinthiens (2 Cor) ; Épître aux Galates (Ga) ; Épître aux Éphésiens (Ep) ; Épître aux Philippiens (Php) ; Épître aux Colossiens (Col) ; Première épître aux Thessaloniciens (1 Th) ; Seconde épître aux Thessaloniciens (2 Th) ; Première épître à Timothée (1 Tm) ; Seconde épître à Timothée (2 Tm) ; Épître à Tite (Tt) ; Épître à Philémon (Phm).

Épître aux Hébreux (Ne)

Les épîtres catholiques : Épître de saint Jacques (Ja) ; Première épître de saint Pierre (1 Pi) ; Seconde épître de saint Pierre (2 Pi) ; Première épître de saint Jean (1 Jn) ; Deuxième épître de saint Jean (2 Jn) ; Troisième épître de saint Jean (3 Jn) ; Épître de saint Jude (Jde).

*L'*Apocalypse (Ap)

Coran
(liste des sourates)

La plupart des traductions du Coran utilisent les chiffres romains pour numéroter les sourates, de même pour la Bible. Il nous a paru plus logique et plus respectueux de recourir aux chiffres « arabes ». Rappelons que nous devons aux savants arabes le chiffre zéro... Les sourates sont mentionnées d'abord par leur titre arabe, puis leur traduction française quand il y a lieu. Suivent l'ordre de leur révélation, puis la période de la révélation qui leur correspond (La Mecque, la première, ou Médine, la seconde). Ces périodes sont déterminées par les premiers versets. Mais, par exemple, une sourate mecquoise peut contenir ensuite des versets dictés à Médine, et inversement pour une sourate médinoise.

De même que pour la Bible et le Nouveau Testament, toutes les citations contenues dans ce dictionnaires proviennent d'une seule et même traduction, celle de Denise Masson, Gallimard, Bibliothèque de la Pléiade, 1967. Ce travail, reconnu comme l'un des plus fidèles à l'arabe, est aussi disponible en poche, chez Folio classiques.

Selon la convention, les références des citations sont indiquées entre parenthèses : numéro de la sourate, numéro(s) du ou des versets (indiqués en marge de la traduction). Par exemple, 1, 1, correspond au premier verset de la première sourate (Al-Fatiha).

N^os^	Titre arabe	Titre français	Ordre de révélation	Période
1.	Al-Fatiha	*La Fatiha*	5	Mecquoise (610-622)
2.	Al-Baqara	*La Vache*	87	Médinoise (622-632)
3.	Al 'Imran	*Famille d'Imran*	89	Médinoise (622-632)
4.	Al-Nisa	*Les Femmes*	92	Médinoise (622-632)
5.	Al-Ma'ida	*La Table servie*	112	Médinoise (622-632)
6.	Al-An'am	*Les Troupeaux*	55	Mecquoise (610-622)
7.	Al-Araf	*Al-Araf*	39	Mecquoise (610-622)
8.	Al-Anfal	*Le Butin*	88	Médinoise (622-632)
9.	Al-Tawba	*L'Immunité*	113	Médinoise (622-632)
10.	Yunus	*Jonas*	51	Mecquoise (610-622)

N^{os}	Titre arabe	Titre français	Ordre de révélation	**Période**
11.	Houd	*Houd*	52	Mecquoise (610-622)
12.	Yusuf	*Joseph (patriarche)*	53	Mecquoise (610-622)
13.	Al-Ra'd	*Le Tonnerre*	96	Médinoise (622-632)
14.	Ibrahim	*Abraham*	72	Mecquoise (610-622)
15.	Al-Hijr	*Al-Hijr*	54	Mecquoise (610-622)
16.	Al-Nahl	*Les Abeilles*	70	Mecquoise (610-622)
17.	Al-Isra	*Le Voyage nocturne*	50	Mecquoise (610-622)
18.	Al-Khaf	*La Caverne*	69	Mecquoise (610-622)
19.	Maryam	*Marie*	44	Mecquoise (610-622)
20.	Ta Ha	*Ta Ha*	45	Mecquoise (610-622)
21.	Al-Anbiya	*Les Prophètes*	73	Mecquoise (610-622)
22.	Al-Hadjj	*Le Pèlerinage*	103	Médinoise (622-632)
23.	Al-Mu'minûn	*Les Croyants*	74	Mecquoise (610-622)
24.	An-Nûr	*La Lumière*	102	Médinoise (622-632)
25.	Al-Furqân	*La Loi*	42	Mecquoise (610-622)
26.	Al-Shou'ara	*Les Poètes*	47	Mecquoise (610-622)
27.	Al-Naml	*Les Fourmis*	48	Mecquoise (610-622)
28.	Al-Qasas	*Le Récit*	49	Mecquoise (610-622)

Nos	Titre arabe	Titre français	Ordre de révélation	Période
29.	Al-Ankabût	*L'Araignée*	85	Mecquoise (610-622)
30.	Al-Rûm	*Les Romains*	84	Mecquoise (610-622)
31.	Luqman	*Luqman*	57	Mecquoise (610-622)
32.	Al-Sajda	*La Prosternation*	75	Mecquoise (610-622)
33.	Al-Ahzab	*Les Factions*	90	Médinoise (622-632)
34.	Saba	*Les Saba*	58	Mecquoise (610-622)
35.	Fâtir	*Le Créateur*	43	Mecquoise (610-622)
36.	Ya Sin	*Ya Sin*	41	Mecquoise (610-622)
37.	Al-Sâffât	*Ceux qui sont placés en rang*	56	Mecquoise (610-622)
38.	Çad	*Çad*	38	Mecquoise (610-622)
39.	Al-Zumar	*Les Groupes*	59	Mecquoise (610-622)
40.	Al-Ghafir	*Celui qui pardonne*	60	Mecquoise (610-622)
41.	Fussilat	*Les Versets clairement exposés*	61	Mecquoise (610-622)
42.	Al-Nasr	*La Délibération*	62	Mecquoise (610-622)
43.	Al-Zukhruf	*L'Ornement*	63	Mecquoise (610-622)
44.	Al-Dukhan	*La Fumée*	64	Mecquoise (610-622)
45.	Al-Jathiya	*Celle qui est agenouillée*	65	Mecquoise (610-622)
46.	Al-Ahqaf	*Al-Ahqaf*	66	Mecquoise (610-622)

N^{os}	Titre arabe	Titre français	Ordre de révélation	**Période**
47.	Muhammad	*Muhammad*	95	Médinoise (622-632)
48.	Al-Fath	*La Victoire*	111	Médinoise (622-632)
49.	Al-Hujurât	*Les Appartements privés*	106	Médinoise (622-632)
50.	Qaf	*Qaf*	34	Mecquoise (610-622)
51.	Al-Dhariyat	*Ceux qui se déplacent rapidement*	67	Mecquoise (610-622)
52.	Al-Tur	*Le Mont*	76	Mecquoise (610-622)
53.	Al-Najm	*L'Étoile*	23	Mecquoise (610-622)
54.	Al-Qamar	*La Lune*	37	Mecquoise (610-622)
55.	Al-Rahmân	*Le Miséricordieux*	97	Médinoise (622-632)
56.	Al-Waqi'a	*Celle qui est inéluctable*	46	Mecquoise (610-622)
57.	Al-Hadid	*Le Fer*	94	Médinoise (622-632)
58.	Al-Mujadala	*La Discussion*	105	Médinoise (622-632)
59.	Al-Hashr	*Le Rassemblement*	101	Médinoise (622-632)
60.	Al-Mumtahina	*L'Épreuve*	91	Médinoise (622-632)
61.	Al-Saff	*Le Rang*	109	Médinoise (622-632)
62.	Al-Djoum'a	*Le Vendredi*	110	Médinoise (622-632)
63.	Al-Munafiqun	*Les Hypocrites*	104	Médinoise (622-632)
64.	Al-Taghabun	*La Duperie réciproque*	108	Médinoise (622-632)

N^os	Titre arabe	Titre français	Ordre de révélation	**Période**
65.	Al-Talaq	*La Répudiation*	99	Médinoise (622-632)
66.	Al-Tahrîm	*L'Interdiction*	107	Médinoise (622-632)
67.	Al-Mulk	*La Royauté*	77	Mecquoise (610-622)
68.	Al-Qalam	*Le Calame*	2	Mecquoise (610-622)
69.	Al-Hâqqa	*Celle qui doit venir*	78	Mecquoise (610-622)
70.	Al-Maarij	*Les Degrés*	79	Mecquoise (610-622)
71.	Nouh	*Noé*	71	Mecquoise (610-622)
72.	Al-Djinn	*Les Djinns*	40	Mecquoise (610-622)
73.	Al-Muzzammil	*Celui qui est enveloppé*	3	Mecquoise (610-622)
74.	Al-Muddaththir	*Celle qui est revêtue d'un manteau*	4	Mecquoise (610-622)
75.	Al-Qiyâma	*La Résurrection*	31	Mecquoise (610-622)
76.	Al-Insan	*L'Homme*	98	Médinoise (622-632)
77.	Al-Mursalât	*Les Envoyés*	33	Mecquoise (610-622)
78.	Al-Naba	*L'Annonce*	80	Mecquoise (610-622)
79.	Al-Nâzi'at	*Ceux qui arrachent*	81	Mecquoise (610-622)
80.	'Abasa	*Il s'est renfrogné*	24	Mecquoise (610-622)
81.	Al-Takwir	*Le Décrochement*	7	Mecquoise (610-622)
82.	Al-Infitâr	*La Rupture du ciel*	82	Mecquoise (610-622)

N^os^	Titre arabe	Titre français	Ordre de révélation	**Période**
83.	Al-Mustaffifin	*Les Fraudeurs*	86	Mecquoise (610-622)
84.	Al-Inshiqaq	*La Déchirure*	83	Mecquoise (610-622)
85.	Al-Buruj	*Les Constellations*	27	Mecquoise (610-622)
86.	Al-Tariq	*L'Astre nocturne [Vénus]*	36	Mecquoise (610-622)
87.	Al-A'la	*Le Très-Haut*	8	Mecquoise (610-622)
88.	Al-Ghâshiya	*Celle qui enveloppe*	68	Mecquoise (610-622)
89.	Al-Fajr	*L'Aube*	10	Mecquoise (610-622)
90.	Al-Balad	*La Cité*	35	Mecquoise (610-622)
91.	Al-Shams	*Le Soleil*	26	Mecquoise (610-622)
92.	Al-Layl	*La Nuit*	9	Mecquoise (610-622)
93.	Al-Duha	*La Clarté du jour*	11	Mecquoise (610-622)
94.	Al-Sharh	*L'Ouverture*	12	Mecquoise (610-622)
95.	Al-Tîn	*Le Figuier*	28	Mecquoise (610-622)
96.	Al-Alaq	*Le Caillot de sang*	1	Mecquoise (610-622)
97.	Al-Qadr	*Le Décret*	25	Mecquoise (610-622)
98.	Al-Bayyina	*La Preuve décisive*	100	Médinoise (622-632)
99.	Al-Zalzala	*Le Tremblement de terre*	93	Médinoise (622-632)
100.	Al-Adiyât	*Les Coursiers rapides*	14	Mecquoise (610-622)

Nos	Titre arabe	Titre français	Ordre de révélation	**Période**
101.	Al-Qari'a	*Celle qui fracasse*	30	Mecquoise (610-622)
102.	Al-Takathur	*La Rivalité*	16	Mecquoise (610-622)
103.	Al-Asr	*L'Instant*	13	Mecquoise (610-622)
104.	Al-Humaza	*Le Calomniateur*	32	Mecquoise (610-622)
105.	Al-Fîl	*L'Éléphant*	19	Mecquoise (610-622)
106.	Quraïch	*Les Quraïch*	29	Mecquoise (610-622)
107.	Al-Ma'oun	*Le Nécessaire*	17	Mecquoise (610-622)
108.	Al-Kawthar	*L'Abondance*	15	Mecquoise (610-622)
109.	Al-Kafiroun	*Les Incrédules*	18	Mecquoise (610-622)
110.	Al-Nasr	*Le Secours*	114	Médinoise (622-632)
111.	Al-Masad	*La Corde*	6	Mecquoise (610-622)
112.	Al-Ikhlâs	*Le Culte pur*	22	Mecquoise (610-622)
113.	Al-Falaq	*L'Aurore*	20	Mecquoise (610-622)
114.	Al-Nas	*Les Hommes*	21	Mecquoise (610-622)

Chronologie

Par souci de compréhension et d'uniformité, nous avons adopté les noms francisés courants des personnages cités (Mahomet par exemple). Les dates anciennes précédant l'ère chrétienne sont des estimations. La chronologie s'arrête à 1948, à la création de l'État d'Israël et au concile Vatican II. Le reste appartient au monde contemporain...

Avant l'ère chrétienne

3761	Création du monde (et de l'homme) : début du calendrier juif.
3500-1900	Empires sumérien et akkadien, naissance de l'écriture cunéiforme.
3100-2100	Égypte : Ancien Empire et pyramides.
vers la fin du IIIe millénaire	Patriarches Abraham (né en 1812 pour la tradition juive), Isaac, Jacob. Jacob et ses douze fils dont Joseph, en Égypte. Prospérité de leur descendance, puis esclavage. Arrivée des premiers Sémites au Proche-Orient.
1720-1560	Égypte : dynastie des Hyksos, peuple sémite.
vers 1560-715	Égypte : Nouvel Empire.
1304-1238	Égypte : règne de Ramsès II.
vers 1250-1220	✡ Moïse, libération des Hébreux (Égypte), Exode et Alliance au Sinaï. Conquête de la Terre promise (Canaan) par Josué.
vers 1200-1040	✡ Les Juges.
vers 1050-1010	✡ Prophète Samuel et fondation de la monarchie en Israël. Règne du roi Saül (1030-1010).
1010-970	✡ Roi David, conquête de Jérusalem.
970-931	✡ Roi Salomon, construction du Temple.
931	✡ Schisme d'Israël : Samarie (royaume du Nord), Juda (royaume du Sud).
IXe siècle	✡ Prophètes Élie et Élisée.

vers 750-740	✡ Prophètes Amos et Osée. Premières traces écrites de la Bible.
745	✡ Téglat-Phalasar III (745-727) fonde l'Empire néo-assyrien.
740-700	✡ Prophète Isaïe. Annonce (736) de la naissance de l'Emmanuel (Messie). Prophète Michée (740).
722	✡ L'Assyrie prend la Samarie ; Juda épargné.
622-609	✡ Josias, roi de Juda, tente une réforme religieuse. Les prophètes Nahum, Sophonie, Habaquq.
612	✡ Chute de l'Assyrie. Babylone ravage Ninive.
609-587	✡ Prophète Jérémie.
587	✡ Chute de Juda et Jérusalem.
587-538	✡ Exil des Israélites de Juda à Babylone. Prophète Ézéchiel (597-570) et Deutéro-Isaïe (Is 40-55).
539-333	✡ Cyrus le Grand, fondateur de l'Empire perse, prend Babylone (539). La Perse gouverne la Palestine jusqu'en 333.
538	✡ Édit de Cyrus le Grand ; retour des juifs en Judée (Juda).
515	✡ Dédicace du Temple reconstruit. Prophètes Aggée et Zacharie.
445	✡ Mission de Néhémie. Achèvement de la Torah. Psaumes, livres de Job, Proverbes, Cantique des cantiques. Livres de Josué, Juges, Samuel, Rois.
398	✡ Mission d'Esdras. Livres d'Isaïe (parties), de Joël, Ruth, Jonas.
333	✡ Alexandre le Grand (356-323) inaugure la période hellénistique.
331	✡ Alexandre le Grand soumet les Perses.
323	✡ L'empire d'Alexandre partagé entre ses généraux : Lagides d'Égypte, Séleucides d'Antioche.
323-200	✡ Les Lagides gouvernent la Judée. Livres d'Esdras et Néhémie, Siracide, Qohélet, Chroniques, Tobie.
IIIe-IIe siècles	✡ Septante, traduction grecque de la Bible, Alexandrie (Égypte).
200-63	✡ Les Séleucides en Judée.
167	✡ Persécution juive par Antiochos IV Épiphane. Les Maccabées libèrent la Judée.
IIe et Ie siècles	✡ Livre de Daniel (156). Achèvement de la Bible. Livres des Maccabées, Esther, Judith.
142	✡ Indépendance de la Judée (Maccabées).
63	✡ Pompée prend Jérusalem et la Palestine. Domination romaine.

37-4	✡ Règne d'Hérode le Grand. Second Temple.
6 à 4	† Naissance possible de Jésus.

Ère chrétienne

28-30	✡ La Judée gouvernée par le procurateur romain Ponce Pilate. † Ministère, Passion et mort de Jésus. Naissance de l'Église.
vers 36	† Premier martyr chrétien, Étienne.
39-60	† Missions et épîtres de Paul.
47 ou 48	† Concile de Jérusalem.
50	✡ L'empereur Claude chasse les juifs de Rome.
vers 64-67	† Incendie de Rome et persécution des chrétiens, dont Pierre (64) ; Paul meurt à Rome (67).
vers 65-85	† Évangiles du Nouveau Testament.
66-73	✡ Révolte juive. Chute de Jérusalem et destruction du Temple (70). Chute de la dernière résistance, la forteresse de Massada (73).
vers 95-100	† Possible rédaction de l'Apocalypse de Jean (Nouveau Testament).
Fin Iᵉʳ-IIIᵉ siècles	† Pères de l'Église ; querelles de doctrines.
vers 100	† Mort de Jean.
132-135	✡ Révolte juive de Bar Kokhba ; répression et nouveaux départs en diaspora.
vers 200	✡ Fin de la Michnah.
Fin IIIᵉ siècle	† L'Église se répand.
313	† Édit de l'empereur Constantin : arrêt des persécutions, liberté de culte.
323	† Pacôme fonde le premier monastère en Égypte.
325	† Concile de Nicée I présidé par Constantin ; condamnation de l'arianisme ; première approche de la Trinité (Fils et Père) ; Pâques fixé un dimanche.
330	† Byzance devient Constantinople.
379-385	† L'empereur Théodose règne sur l'Orient et l'Occident ; christianisme, religion de l'empire.
381	† Concile de Constantinople I ; fin de la définition de la Trinité (divinité du Saint-Esprit).
385	† Saint Jérôme traduit la Bible en latin (Vulgate).

395	✝ Saint Augustin crée sa règle monastique.
410	✝ Les Wisigoths saccagent Rome.
430	✝ Les Francs viennent en Gaule.
476	✝ Fin de l'Empire romain d'Occident (Rome) .
481-496	✝ Clovis devient roi des Francs. 496 : selon la tradition, date du baptême de Clovis ; début de l'évangélisation des barbares européens.
vers 500	✡ Fin du Talmud de Babylone.
vers 529	✝ Saint Benoît de Nursie et sa règle « bénédictine ».
570	☪ Selon la tradition, date de la naissance du Prophète, Mahomet.
587	✝ Les Wisigoths d'Espagne se convertissent ; recul de l'arianisme.
610	☪ Début de la révélation du Coran à Mahomet qui mène sa prédication dès 613.
614	✡ Les Sassanides prennent Jérusalem.
615	☪ Répression des Mecquois contre les premiers musulmans, dont certains se réfugient en Abyssinie (Éthiopie).
622	☪ Hégire : fuite de Mahomet de La Mecque pour Yathrib (Médine).
630	☪ Les musulmans prennent La Mecque.
632	☪ Mort de Mahomet.
632-661	☪ Les quatre premiers califes dits « bien guidés » (Rachidoun).
632-634	☪ Calife Abou Bakr.
634-644	✡ Les musulmans prennent Jérusalem (638). ☪ Calife Omar : début de l'expansion musulmane ; l'Hégire devient le début de l'ère musulmane.
644-656	☪ Calife Othman ; compilation du Coran (Vulgate).
656-661	☪ Calife Ali, fondation du chiisme, un des trois courants de l'islam avec le sunnisme (très majoritaire) et le kharidjisme.
660-750	☪ Omeyyades ; nouvelle expansion musulmane, dont Maghreb.
680	☪ Mort d'Hussein.
711	✝ ☪ Les musulmans en Espagne.
732	✝ ☪ Bataille de Poitiers ; Charles Martel arrête Arabes et Berbères.
750	☪ Abbassides (750-1258) ; l'arabe défini (750) ; écoles juridiques musulmanes (750-850).
756	☪ Omeyyades d'Espagne (756-1031).

762	☪ Fondation de Bagdad par les Abbassides.
787	✝ Concile de Nicée II ; condamnation de l'iconoclasme, règles du culte des images.
800	✝ Charlemagne, empereur d'Occident.
819	☪ Samanides (819-1005).
850-930	☪ Mise en forme des *hadith*.
869-870	✝ Concile de Constantinople IV ; Rome affirme son autorité sur le monde chrétien.
909	☪ Fatimides (909-1171) ; fondation de l'université d'Al-Azhar (969) au Caire.
An Mil	✡ Grande culture juive en Espagne sous les Omeyyades.
1038	☪ Grands Seldjoukides (1038-1194).
1054	✝ Schisme entre Église d'Orient (orthodoxes) et Église d'Occident (catholiques).
1056	☪ Almoravides (1056-1147) du Maghreb.
1077	☪ Seldjoukides de Roum (1077-1307).
1096	✡ ✝ ☪ Première croisade. ✡ exactions chrétiennes contre les juifs, début de la répression ✝ renouveau monastique. ☪ prise de Jérusalem (1099).
XIIe-XIIIe siècles	✝ La chrétienté vit son âge d'or ; style gothique, édification des cathédrales ; débuts de l'Inquisition.
XIIe-XVe siècles	☪ Implantations musulmanes en Malaisie, Indonésie, puis aux Philippines.
1123	✝ Concile du Latran I ; fin de la querelle des Investitures.
1130	☪ Almohades (1130-1269) du Maghreb.
1147-1149	✡ ✝ ☪ Deuxième croisade.
1174-1250	☪ Dynastie des Ayyoubides, dont Saladin.
1179	✝ Concile du Latran III : condamnation et persécution des Cathares ; modalité de l'élection du pape à la majorité des deux tiers.
1187	☪ Jérusalem est reprise par Saladin.
1189-1204	✡ ✝ ☪ Troisième et quatrième croisades.
1210	✝ Saint François d'Assise fonde l'ordre des Franciscains.
1215	✝ Saint Dominique fonde l'ordre des Dominicains. Concile du Latran IV ; confession et communion annuelle obligatoires.

1217-1229	✡ ✝ ☪ Cinquième et sixième croisades.
1244	✡ Manuscrits du Talmud brûlés en place publique sur ordre de Saint Louis.
1248-1249	✡ ✝ ☪ Septième croisade.
1250-1517	☪ Mamelouks d'Égypte.
1258	☪ Les Mongols prennent Bagdad ; fin des Abbassides.
Seconde moitié du XIIIe siècle	✡ Essor culturel juif en Espagne.
1264	✡ Protection des juifs en Pologne.
1268-1270	✡ ✝ ☪ Huitième croisade ; mort de Saint Louis.
1281	☪ Ottomans (1281-1924).
1290	✡ Les juifs expulsés d'Angleterre.
1306	✡ Philippe le Bel fait expulser les juifs de France.
1311-1312	✝ Concile de Vienne : condamnation et dissolution des Templiers.
1348	✡ Début de la Peste noire ; juifs accusés de la propager en Allemagne, en Espagne, au Portugal.
1354-1396	☪ Conquête ottomane des Balkans.
1366	✡ Venise accueille des juifs.
1378-1417	✝ Grand Schisme d'Occident.
1414-1418	✝ Concile de Constance : fin du schisme.
1450	✡ ✝ Début de l'imprimerie en Europe.
1453	✝ ☪ Chute de Constantinople qui devient Istanbul, fin de l'Empire byzantin.
1492	✡ Les juifs expulsés d'Espagne et du Portugal. ✝ ☪ Fin de la Reconquista entamée dès 722.
1500	✡ ☪ Les Ottomans accueillent des juifs d'Espagne.
Première moitié du XVIe siècle	✡ Juifs expulsés d'Allemagne.
XVIe -XVIIe siècles	✝ Essor des missions en Asie, Amérique.
1501-1732	☪ Dynastie des Safavides en Iran ; chiisme duodécimain proclamé.
1512-1517	✝ Concile du Latran V : concordat avec François Ier.
1516	✡ Naissance du ghetto de Venise. ☪ Les Ottomans prennent le Proche-Orient (1516-1517).
1517	✝ Début de la Réforme initiée par Luther.

1526	✝ ☪ Vienne assiégée par les Ottomans.
1528	☪ Les Moghols arrivent en Inde.
1534	✝ Henri VIII rompt avec Rome ; l'anglicanisme s'installe en Angleterre.
1540	✝ Création de la Compagnie de Jésus.
1545-1563	✝ Concile de Trente ou Contre-Réforme ; changements dans l'Église de Rome.
1556-1707	☪ Âge d'or des Moghols en Inde.
1609-1614	☪ Les morisques expulsés d'Espagne.
1656	✡ Cromwell fait revenir les juifs en Angleterre.
1562-1598	✝ La France et les guerres de religion.
1572	✝ Massacre de la Saint-Barthélemy à Paris.
1598	✝ Édit de Nantes d'Henri IV ; fin des guerres de religion.
1640	✝ Expansion du jansénisme en France.
1685	✝ Révocation de l'édit de Nantes par Louis XIV.
1700-1772	✡ Baal Chem Tov et le hassidisme en Pologne.
1789	✝ Début de la Révolution française.
1791	✡ Droits des juifs reconnus en France.
1799	✝ Concordat entre Rome et Bonaparte.
1815-1848	✝ Restauration de la monarchie ; essor missionnaire dans le monde.
1857-1858	☪ Les Anglais mettent fin au règne des Moghols en Inde.
1869-1870	✝ Concile de Vatican I ; infaillibilité du pape définie.
1882	☪ Les Anglais prennent l'Égypte.
1894-1899	✡ ✝ Affaire Dreyfus en France.
1896-1897	✡ Theodor Herzl et le sionisme ; premier congrès.
1897	✡ Des juifs inaugurent le retour en Palestine.
1905	✝ Loi de séparation de l'Église et de l'État en France.
1912-1913	☪ Guerres balkaniques contre l'Empire ottoman.
1914-1918	✡ ✝ ☪ Première Guerre mondiale.
1917	✡ Déclaration de Balfour autorisant la création d'un foyer juif en Palestine. ☪ Mission officielle du colonel Lawrence (dit d'Arabie) auprès des Arabes (1916-1918).

1924	☪ Fin de l'empire Ottoman ; Mustapha Kemal (1923-1938) proclame la fin du sultanat et du califat, réforme la Turquie.
1929	✝ Accords du Latran entre Mussolini et le pape ; création de l'État du Vatican.
1932	☪ Fondation du royaume d'Arabie Saoudite (wahhabite).
1933-1939	✡ Accession légale d'Hitler au pouvoir (1933) ; mesures antijuives, premiers camps et émigrations juives.
1939-1945	✡ ✝ ☪ Seconde Guerre mondiale.
1942-1945	✡ Shoah.
1948	✡ Création de l'État d'Israël. ✝ Fondation du Conseil œcuménique des Églises.
1962-1965	✝ Concile de Vatican II : changements dans l'Église et évolution de l'œcuménisme.

Calendriers et fêtes

Judaïsme

Le calendrier

Le calendrier civil juif, à la fois lunaire et solaire, se compose de douze mois de 29 ou 30 jours. À ces mois, dont les noms sont empruntés à Babylone, est ajouté un treizième, le second adar (*adar sheni*), Adar II, afin de combler le décalage avec le temps solaire, comme pour le 29 février des années bissextiles du calendrier grégorien. Soit sept fois sur une période de dix-neuf ans. L'ère juive débute traditionnellement à la date estimée de la Création, soit 3761 av. J.-C.

Dans le calendrier juif, les jours (*yom*), respectant les principes de l'Antiquité et celui du livre de la Genèse (« Il y eut un soir et il y eut un matin : premier jour » 1, 5), commencent au coucher du soleil pour s'achever le lendemain au même moment. En dehors du shabbat, jour sacré de repos hebdomadaire (vendredi-samedi), ils sont jalonnés de célébrations dont les plus importantes sont les trois fêtes de pèlerinage : Pessah (Pâque), Chavouot (Semaines ou Pentecôte) et Soukkot (Tentes ou Tabernacles).

Mois	Fêtes	Correspondances
Nisan	15-22. Pessah (Pâque) 27. (en général). Commémoration de la Shoah	Mars-avril
Iyyar	5. Yom ha-Asmaout, indépendance de l'État d'Israël (14 mai 1948) 18. Lag ba-Omer	Avril-mai
Sivan	6-7. Chavouot (Pentecôte)	Mai-juin
Tammouz	17. Jeûne du Chivah assar be-Tammouz, début du démantèlement du premier Temple (587 av. J.-C.) et du second Temple (70 apr. J.-C.)	Juin-juillet
Av	9. Tichah be-Av, neuvième jour de Av, destruction des Temples de Jérusalem (70 apr. J.-C.)	Juillet-août
Éloul		Août-septembre

Mois	Fêtes	Correspondances
Tichri	1-2. Rosh ha-Shanah, Nouvel An 3. Guédalia, jour de jeûne en mémoire de Godolias 10. Yom Kippour, fête des Expiations ou Grand Pardon 15-22 ou 23. Soukkot, fête des Tentes ou Tabernacles 23. Simhat Torah, fin du cycle de lecture hebdomadaire de la Torah	Septembre-octobre
Hechvan		Octobre-novembre
Kislev	25. Hanoukkah, début fête des Lumières	Novembre-décembre
Tèvet	Fin de Hanoukkah 10. Jeûne (Assarah be Tévet) : début du siège de Jérusalem par Nabuchodonosor, roi de Babylone, destruction du Temple (587 av. J.-C.)	Décembre-janvier
Chevat	1. Lecture de la Torah par Moïse 15. Tou bi-Chevat, Nouvel An des arbres	Janvier-février
Adar	7. Naissance et mort de Moïse 13. Jeûne d'Esther 14. Pourim 23. Dédicace du second Temple de Jérusalem (515 av. J.-C.)	Février-mars
Adar II		

Christianisme

Le calendrier

Le calendrier chrétien utilise le modèle dit « grégorien », adopté en 1582 par le pape Grégoire XIII. Ce calendrier suit le cycle solaire. Le calendrier grégorien se substitua au calendrier julien en vigueur depuis Jules César, en 45 av. J.-C. Si l'Église catholique suit le rythme grégorien, les Églises orthodoxes respectent toujours le cycle julien, tandis que leurs pays sont alignés sur toute l'Europe « grégorienne ». Par souci de simplicité, nous reproduisons le calendrier catholique romain qui débute non pas en janvier, comme l'année civile, mais fin novembre avec l'avent, préparation de Noël. Nous demandons donc toute la compréhension des orthodoxes et des protestants.

Le grand jour de la semaine est le dimanche, temps sacré en l'honneur de Dieu. Un dimanche est dit ordinaire lorsqu'il ne correspond pas à l'avent, au carême et à la période de Pâques. Le calendrier comprend deux cycles. Le cycle temporal concerne les grandes commémorations de Jésus (Pâques, Pentecôte, Noël...) et des saints les plus importants (Marie, Pierre, Jean...). Ces fêtes sont, par ordre d'importance : les solennités et les fêtes. Le cycle sanctoral, comme son nom l'indique, correspond aux fêtes des principaux saints, célébrées en principe le jour de leur mort – ce sont les mémoires et les mémoires facultatives ou *ad libitum*.

À ces rendez-vous s'ajoutent ceux qui sont spécifiques à un pays, une région, une ville, voire une église, un ordre religieux ou un métier. Quelque 40 000 saints jalonnant l'histoire du christianisme. Le plus ancien calendrier remonte au IVe siècle, la *Depositio martyrum*.

Nous reproduisons ici les grands moments du calendrier liés à ce dictionnaire.

Mois	Fêtes
Avent (préparation de Noël, 4 semaines, fin novembre au 24 décembre)	
Décembre	8. Immaculée Conception de la Vierge Marie (née exempte de tout péché) 25. Nativité du Seigneur (Jésus) : Noël 26. Étienne, premier martyr chrétien (vers 36) 27. Jean, apôtre de Jésus 28. Massacre des Saints Innocents (massacre des enfants de moins de deux ans ordonné par le roi Hérode Antipas, pour éliminer Jésus) 31. Silvestre ou Sylvestre Ier, pape, mort en 335
Janvier	Dimanche entre le 2 et le 8 janvier, Épiphanie (visite des Mages à Jésus) Dimanche après l'Épiphanie, baptême du Seigneur 1. Marie, Mère de Dieu ; jour de l'An 25. Conversion de saint Paul 26. Timothée, évêque, disciple de Paul. Tite, évêque, disciple de Paul
Février	2. Présentation du Seigneur Jésus au Temple de Jérusalem et Chandeleur (purification de Marie) 22. Chaire de saint Pierre, chaire (de *cathedra*, « siège à dossier ») utilisée par saint Pierre et ses successeurs, les papes
Carême, préparation de Pâques (40 jours) ; début au mercredi des Cendres	
Mars	19. Joseph, père de Jésus et époux de Marie 25. Annonciation, annonce à Marie de la naissance de Jésus
Semaine sainte, semaine précédant Pâques : dimanche des Rameaux (entrée triomphale de Jésus à Jérusalem), Jeudi saint (institution de l'eucharistie au cours de la Cène), Vendredi saint (crucifixion)	
Pâques : dimanche entre le 22 mars et le 25 avril ; résurrection de Jésus	
Avril	25. Marc évangéliste

Mois	Fêtes
Ascension : jeudi de la 6e semaine après Pâques (montée de Jésus au ciel) Pentecôte : 10 jours après l'Ascension (naissance de l'Église) Sainte-Trinité : 1er dimanche après la Pentecôte (le Père, le Fils et l'Esprit saint) Saint-Sacrement, ancienne Fête-Dieu : 2e dimanche après la Pentecôte (fête de l'Eucharistie) Sacré-Cœur de Jésus : vendredi après le 2e dimanche suivant la Pentecôte Cœur immaculé de Marie : 3e samedi après la Pentecôte	
Mai	1. Joseph artisan, père de Jésus 3. Philippe et Jacques, apôtres de Jésus 14. Matthias, apôtre de Jésus 31. Visitation de Marie : visite à sa cousine Élisabeth, qui attend de Jean-Baptiste
Juin	11. Barnabé (Ier siècle), apôtre de l'Église 24. Nativité de Jean le Baptiste : naissance du précurseur de Jésus 29. Pierre et Paul, apôtres de Jésus
Juillet	3. Thomas, apôtre de Jésus 22. Marie-Madeleine (sainte populaire réunissant en fait trois femmes du Nouveau Testament, dont Marie de Magdala, premier témoin de la résurrection) 25. Jacques le Majeur, apôtre de Jésus et frère de Jean ; martyrisé vers 44 26. Anne, mère de Marie et Joachim, père de Marie 29. Marthe, sœur de Lazare et de Marie (de Béthanie)
Août	6. Transfiguration (Jésus, accompagné de Pierre, Jean et Jacques, rencontre Moïse et le prophète Élie au sommet d'une montagne ; annonce de la résurrection pour la tradition chrétienne) 15. Assomption (élévation miraculeuse au ciel) de la Vierge Marie 24. Barthélemy, apôtre de Jésus 22. Marie Reine – la mère de Jésus « resplendit comme Reine et intercède comme Mère » (encyclique *Marialis cultus*, n° 6, 1955) 29. Martyre de Jean le Baptiste
Septembre	8. Nativité de la Vierge Marie 14. Exaltation de la Croix ou Croix glorieuse 21. Matthieu, apôtre de Jésus et évangéliste 29. Michel, Gabriel et Raphaël, archanges 30. Jérôme (vers 345-419 ou 420), prêtre et docteur de l'Église, auteur de la Vulgate
Christ-Roi : 34e dimanche	
Octobre	2. Anges gardiens 18. Luc évangéliste 28. Simon et Jude, apôtres de Jésus

Mois	Fêtes
Novembre	1. Toussaint, commémoration de tous les saints 2. Commémoration de tous les défunts 21. Présentation de la Vierge Marie au Temple de Jérusalem 30. André, apôtre de Jésus

Islam

Le calendrier

Le calendrier musulman suit totalement le cycle de la Lune, astre important en islam, l'image du croissant (héritée des Ottomans) orne les drapeaux, et est aussi l'emblème équivalent de notre Croix-Rouge. Il est ainsi en décalage de neuf à onze jours sur l'année solaire. Les douze mois se composent de 29 ou 30 jours. Aussi, pour rattraper le temps réel du Soleil, il faut attendre trente-trois ans. Ceci explique la grande mobilité des fêtes et la difficulté à faire correspondre les mois entre calendriers musulman et grégorien. L'ère musulmane débute à l'Hégire (622 apr. J.-C.), lorsque Mahomet (vers 570-632) partit de La Mecque pour se rendre à Médine, où naquit l'islam et son premier État.

Le grand jour de la semaine, qui n'est pas pour autant un jour de repos mais est chômé dans certains pays musulmans, est le vendredi, jour de la prière communautaire à la grande mosquée de la ville. Le calendrier musulman est moins chargé que ses homologues juif et chrétien, mais les fêtes qui le rythment sont d'une importance primordiale. À ces rendez-vous s'ajoutent des célébrations de saints, nationales ou locales, et d'autres dates spécifiques à telle ou telle tradition. Mais il n'existe que deux fêtes canoniques : l'aïd al-Adha (fête du sacrifice) et l'aïd al-Fitr (rupture du jeûne du ramadan).

Enfin, le Coran parle de quatre mois sacrés, comme le stipule la 9e sourate (chapitre) *L'Immunité* (9, 36). Ce sont mouharram, rajad, dhou al-qadah, dou al-hijjah que tout musulman se doit de respecter. Durant ces mois, il ne doit mener aucune guerre ou autre conflit.

Mois	Fêtes
Mouharram	1. Nouvel An 10. Achoura (et martyre d'Hussein par les chiites)
Safar	
Rabi al-awwal	12. Mouled el-Nabi, Nativité du prophète Mahomet
Rabi al-thani	
Djoumada al-oula	
Djoumada al-akhira	

Mois	Fêtes
Rajab	27. Miraj, Ascension du Prophète
Chaban	
Ramadan	1. Jeûne du mois de ramadan (29 jours) 27. Souvent considéré comme la nuit du Décret (ou nuit du Destin), Laylat al-Qadr, la descente du Coran sur Mahomet
Shawwal	1. Aïd al-Fitr, rupture du jeûne
Dhou al-qadah	
Dhou al-hijjah	C'est le « mois du pèlerinage », le Hadjj, pèlerinage à La Mecque, que tout musulman doit accomplir au moins une fois dans sa vie 10. Aïd al-Adha, fête du sacrifice, ou aïd al-Kébir

Les offices quotidiens

	Judaïsme	Catholiques[1]	Islam
Matin	Chaharith	laudes (aurore) prime (lever du soleil) tierce (troisième heure du jour)	Soubh (aube)
Midi	/	sexte (sixième, aux alentours de midi),	Zouhr
Après-midi	Minhah,	none (neuvième)	Asr
Soir	Maariv (crépuscule)	complies (coucher du soleil) vêpres (tombée du jour)	Maghreb (crépuscule)
Nuit	/	matines (nuit, autrefois au lever du jour)	Isha (après la tombée de la nuit)

1. Pour des raisons de simplification, nous avons choisi de faire figurer les offices de la famille la plus importante du christianisme, les catholiques. Que les protestants et les orthodoxes nous pardonnent.

Liste alphabétique des abréviations de livres bibliques

(Ab)	Abdias
(Ac)	Actes des Apôtres
(Ag)	Aggée
(Am)	Amos
(Ap)	Apocalypse
(Ba)	Livre de Baruch
(1 Ch)	Premier livre des Chroniques
(2 Ch)	Second livre des Chroniques
(Col)	Épître aux Colossiens
(1 Cor)	Première épître aux Corinthiens
(2 Cor)	Seconde épître aux Corinthiens
(Ct)	Le Cantique des cantiques
(Da)	Daniel
(Dt)	Deutéronome
(Ec)	L'Ecclésiaste, ou Qohélet
(Ecq)	L'Ecclésiastique, ou Siracide
(Ep)	Épître aux Éphésiens
(Esd)	Esdras
(Est)	Esther
(Ex)	Exode
(Ez)	Ézéchiel
(Ga)	Épître aux Galates
(Gn)	Genèse
(Ha)	Habaquq
(Is)	Isaïe
(Ja)	Épître de saint Jacques
(Jb)	Job
(Jde)	Épître de saint Jude
(Jdt)	Judith

(Jg)	Juges
(Jl)	Joël
(Jn)	L'évangile selon saint Jean
(1 Jn)	Première épître de saint Jean
(2 Jn)	Deuxième épître de saint Jean
(3 Jn)	Troisième épître de saint Jean
(Jon)	Jonas
(Jos)	Josué
(Jr)	Jérémie
(Lc)	L'évangile selon saint Luc
(Lm)	Les Lamentations
(Lv)	Lévitique
(1 Mac)	Premier livre des Maccabées
(2 Mac)	Second livre des Maccabées
(Mc)	L'évangile selon saint Marc
(Mi)	Michée
(Ml)	Malachie
(Mt)	L'évangile selon saint Matthieu
(Na)	Nahum
(Nb)	Nombres
(Ne)	Épître aux Hébreux
(Ne)	Néhémie
(Os)	Osée
(Phm)	Épître à Philémon
(Php)	Épître aux Philippiens
(1 Pi)	Première épître de saint Pierre
(2 Pi)	Seconde épître de saint Pierre
(Pr)	Proverbes
(Ps)	Psaumes
(Rm)	Épître aux Romains
(1 Rs)	Premier livre des Rois
(2 Rs)	Second livre des Rois
(Rt)	Ruth
(Sg)	Livre de la Sagesse de Salomon
(1 Sm)	Premier livre de Samuel
(2 Sm)	Second livre de Samuel
(So)	Sophonie
(Tb)	Tobie
(1 Th)	Première épître aux Thessaloniciens
(2 Th)	Seconde épître aux Thessaloniciens

(1 Tm)	Première épître à Timothée
(2 Tm)	Seconde épître à Timothée
(Tt)	Épître à Tite
(Za)	Zacharie

Index

Les mots ci-dessous font l'objet d'une définition.

Les mots, notions et personnages les plus importants qui ne font pas l'objet d'une définition sont répertoriés dans l'index ci-dessous.

Du même auteur

Jésus, l'histoire vraie, avec Jean Potin, Bayard, 1994.
La Mémoire efficace, Manitoba Les Belles Lettres, 1998.
Les Incas, co-auteur, Mila, collection « Les Grandes Aventures », 1999.
La Bible rendue à l'Histoire, avec Jean Potin, Bayard, 2000.
Jésus, homme ou Fils de Dieu, Hachette, collection « Phare », 2000.
Artisans des monastères, Aubanel, 2001.
Les Petits Livres des saints (François, Vincent, Marie, Benoît, Anne, Claire), Flammarion, 2001.
En famille, Flammarion, Les carnets de Geneviève Lethu, 2001.
Au bord de l'eau, Flammarion, Les carnets de Geneviève Lethu, 2001.
Moïse, Gallimard Jeunesse, collection « Sur les traces de... », 2001.
Les Églises de Paris, Flammarion, 2002.
Les Piments du désir, histoire et secret des aphrodisiaques, Aubanel, 2002.
La Cuisine des fromages, Flammarion, 2002.

ABCdaire de la Bible, Flammarion, 2000.
ABCdaire de Jésus, Flammarion, 2000.
ABCdaire du christianisme, Flammarion, 2000.
ABCdaire de Prévert, Flammarion, 2000.
ABCdaire de la Première Guerre mondiale, Flammarion, 2001.
ABCdaire de la Seconde Guerre mondiale, Flammarion, 2001.
ABCdaire de Rimbaud, Flammarion, 2001.
ABCdaire du Surréalisme, Flammarion, 2001.

Remerciements

Je tiens à remercier particulièrement, pour leur accueil, leur savoir, leurs remarques et leur grande disponibilité, ceux qui ont accepté de relire les définitions : Jean Potin (prêtre, exégète et surtout ami), Tareq Oubrou, recteur de la grande mosquée de Bordeaux, le grand rabbin Claude Maman et le rabbin Didier Kassabi de la synagogue de Bordeaux. Mais aussi Fatima et Lahcen Khouya et leurs enfants pour cet islam éclairant que nous aimons, les moniales et moines que j'ai rencontrés, ainsi que le père Ducasse, curé de Gradignan (Gironde) et son humanisme actif, bref, tous ceux qui abattent les préjugés. Que soient également remerciés les Seban, Gilbert Melki et Gilbert Benamou qui, un jour, m'ont fait comprendre ce qu'était être juif. Sans oublier évidemment Hervé de La Martinière et ses collaboratrices qui, enthousiastes et passionnés, ont offert son visage au *Dictionnaire de Dieu*. Une pensée particulière va aux amis très proches et à ceux qui ont suivi pas à pas la rédaction de ces pages, en particulier Pierre Boncenne qui en fut le premier et diligent partisan. Et, bien sûr, la famille, la cellule Catalina Pont-Chavot, mon épouse, nos enfants Victor et Anna, qui ont vécu au quotidien et avec patience cet immense chantier, prodiguant leur fraîcheur et leur amour joyeux : cet ouvrage leur est dédié.

Photocomposition NORD COMPO
59650 Villeneuve-d'Ascq

Achevé d'imprimer en septembre 2003,
par l'Imprimerie Vincenzo Bona, à Turin
Imprimé en Italie
Dépôt légal : octobre 2003
ISBN : 2-84675-071-8